창의적 말하기와 글쓰기

창의적 말하기와 글쓰기

하수연 박원혁 박영태 공저

dm 동문사

PREFACE 머리말

축제가 있을 때마다 함께 동반되는 놀이가 있다. 바로 불꽃놀이이다. 어두운 밤하늘에 현란하게 터트려지는 불꽃은 찬란한 아름다움과 함께 장엄한 마음마저 들게 한다. 좋은 말과 멋진 글은 밤하늘의 불꽃처럼 우리에게 찬란한 아름다움과 함께 장엄한 마음도 가지게 해준다. 좋은 날이 있을 때 축사를 하는 것은 축제 때 불꽃놀이를 하는 것과 같은 느낌이다. 그러나 모든 말과 글이 사람의 마음을 아름답게 만드는 것은 아니다. 그 불꽃의 아름다움은 화약에서 비롯된다. 폭탄 또한 화약을 사용한다. 같은 화약을 기반하지만, 폭탄은 엄청난 파괴를 가져와 사람에게 상처를 준다. 다이아몬드와 석탄도 마찬가지이다. 둘 다 탄소 성분이지만 그 결합구조에 따라 하나는 아름답고 영롱한 빛을 내고 있으나, 다른 하나는 어두운 검은 색이다.

말하기와 글쓰기는 사람의 마음을 아름답고 즐겁게 만들기도 하고, 어지럽고 불편하게 만들기도 한다. 말하기와 글쓰기는 특정 전문가만이 하는 것은 아니다. 모든 사람은 항상 말하고 글을 쓴다. 특히 가상공간의 발달은 말하기 못지않게 글쓰기의 기회를 확대시켰다. 메일, 문자, 카톡 등은 글쓰기를 일상생활화하였다. 때로 익명으로 댓글 달기를 자주 하는 사람들도 있다. 이에 말하기와 글쓰기는 특정 전문가의 영역이 아니라 모든 사람의 일상생활 영역이 되었다.

말하기와 글쓰기는 개인의 생활공간에만 머무르지 않는다. 불꽃이 많은 사람에게 공개되어 영향을 주듯이 적게는 한 사람에게, 많게는 불특정 다수에게 영향을 준다. 혼자 말과 혼자 글쓰기는 다른 사람에게 영향을 주지 않는다고 생각할 수 있다. 그러나 낮말은 새가 듣고 밤말은 쥐가 듣는다는 속담이 아니라도 우리 주변에 늘려 있는 CCTV와 수많은 스마트 폰, 무서운 해킹 기술 등은 개인만의 비밀스러운 말하기와 글쓰기를 쉽게 허용하지 않는다.

이에 저자들은 아름다운 말하기와 글쓰기에 대한 글을 적어보자고 대화를 나눴다. 말하기와 글쓰기에 대한 많은 저서들이 있어 처음에는 망설였으나, 새로운 각도에서 말하기와 글쓰기에 대한 내용이 필요하다는 의견에 이 책을 쓰게 되었다. 밤하늘에 퍼지는 불꽃은 아름답지만 그러한 불꽃을 생성하는 원천적 힘이 무엇일까?라는 생각에 저자들이 의견을 함께했다. 이른바 화려한 불꽃 그 자체를 생성하는 말하기 기법과 글쓰기 기법이 아니라, 그러한 불꽃을 만들어 내는 원천적 힘인 불덩어리를 만드는 방안에 관심을 기울여 보자고 했다. 불꽃은 화려하나 곧 소멸된다. 그러나 불덩어리가 생성되어 있으면 지속적으로 불꽃을 만들어 낼 수 있다는 점에 착안했다. 다시 말하면 말하고 글 쓰는 주체는 인간이기에 인간의 성격에 주안점을 두어서 말하기와 글쓰기의 내용을 작성해보고자 했다. 레빈(Lewin)에 의하면, 인간의 행동은 성격과 환경의 상호작용에 의해 나타난다. 말하기와 글쓰기도 행동의 일부이기에 성격의 변화가 매우 중요하다.

이 책은 크게 3부 12장으로 구성되어 있다.

Ⅰ부 「창의적 말하기와 글쓰기의 중요성 및 의미」에서는 1장 '의사소통으로서의 말하기와 글쓰기', 2장 '자기표현 기반으로서의 듣기와 읽기'로 구성하였다. Ⅰ부는 말하기와 글쓰기의 근본인 의사소통과 듣기, 읽기의 소개에 중점을 두었다.

Ⅱ부 「창의적 말하기」에서는 3장 '상대방을 이끄는 말하기', 4장 '새로운 의견을 제시하는 말하기', 5장 '상대방을 존중하는 말하기', 6장 '감정을 조절하는 말하기', 7장 '다중 앞에서 말하기'로 구성하였다. Ⅱ부는 말하는 사람의 인성 특성인 리더십, 창의성, 사랑, 감정, 생각 다듬기 등에 중점을 두었다.

Ⅲ부 「창의적 글쓰기」에서는 8장 '글쓰기 기법', 9장 '새로운 의견을 생성하는 글쓰기', 10장 '논문 및 리포트 작성하기', 11장 '가상공간에서의 글쓰기', 12장 '진로를 위한 이력서와 자기소개서 작성하기'로 구성하였다. Ⅲ부는 실용적인 부분에 중점을 두었다.

각 장의 구성은 먼저 퀴즈를 제공하여 사전 지식을 탐색하고, 일화를 제공하여 학습 동기를 유발하도록 하였다. 이후 관련 이론을 제시하여 지식을 함양하도록 하고, 학습이 끝나면 배운 내용을 연습하는 상황을 제시하였다. 마무리 부분에 처음에 실시한 퀴즈를 함께 채점해 보도록 구성하였다.

이 책은 단순히 글쓰기·말하기의 기술이나 기교를 위한 책이 아니다. 이 책을 통해 참된 자신을 표현하는 자신을 발견하길 바란다. 또한 그렇게 되고자 노력하는 분들에게 도움이 되었으면 한다.

이 책이 출판되도록 도움을 주신 동문사 이중수 대표님과 지속적으로 독려해 주신 유재영 상무님께 감사의 말씀을 드리며, 편집과 교정을 도와주신 편집부 직원님들께 깊은 감사의 말씀을 드린다.

2023. 2.

저자 하수연·박원혁·박영태

CONTENTS 차 례

PART Ⅱ 창의적 말하기

PART Ⅲ 창의적 글쓰기

창의적 말하기와 글쓰기

PART I

창의적 말하기와 글쓰기의 중요성 및 의의

CHAPTER **01**

의사소통으로서의 말하기와 글쓰기

사람들은 같은 점 때문에 서로 끌리고,
서로의 차이점을 발견하고 존중함으로써 성장한다.

– Virginia Satir –

사람들은 ______ 때문에 서로 끌리고,
서로의 ______을 발견하고 존중함으로써 성장한다.

– ____________________ –

■ 학습목표

1. 인간관계와 의사소통의 관련성을 설명할 수 있다.
2. 의사소통의 의미와 모델을 설명할 수 있다.
3. 의사소통에서 말하기의 중요성을 설명할 수 있다.

■ Quiz[1)]

다음 말이 적합하다고 생각되면 O, 그렇지 않다고 생각되면 X표를 하십시오.

01 의사소통을 잘하는 사람은 타고나는 것이지 만들어지는 것은 아니다.	(O, X)
02 대화를 많이 할수록 두 사람의 관계는 좋아진다.	(O, X)
03 효과적으로 말하는 것과는 달리 효과적으로 듣기는 가르쳐질 수 없다.	(O, X)
04 "안녕하세요?", "오늘 날씨 어때요?" 등의 인사말은 유용한 의사소통 목적에 실제적 도움이 되지 않는다.	(O, X)
05 두 사람이 오랫동안 친밀한 관계에 있으면 서로 상대방의 필요나 소망을 이미 알고 있으므로 이에 대해 대화할 필요가 없다.	(O, X)
06 언어적 메시지와 비언어적 메시지가 서로 모순적일 때 언어적 메시지를 믿는다.	(O, X)
07 의미 있는 관계를 위해 완전한 개방이 상호 이루어져야 한다.	(O, X)
08 대인 간에 갈등이 있을 때, 다른 사람을 희생시켜서라도 이기는 것을 목적으로 하여야 한다.	(O, X)
09 의사소통을 잘하는 사람과 마찬가지로, 리더도 태어나는 것이지 만들어지는 것이 아니다.	(O, X)
10 다중 앞에서 말하는 것에 대한 두려움은 해로운 것으로 제거되어야 한다.	(O, X)

1) [Quiz]에 대한 답은 각 장의 뒷부분에 있습니다. 1장의 Quiz는 Devito(2003)를 참조함.

읽고, 생각하고, 말해보기

1+1=3

하수연

줄리아 로버츠 주연의 「적과의 동침」이란 영화를 보면, 남편은 외면적으로 다정한 척 하면서 폭력을 행하고 내면으로는 아내에게 집착한다. 아내는 외면적으로는 남편의 말에 순종하나 내면적으로는 적대감을 가지고 남편에게서 벗어나려 한다. 여기서 1+1=3 이라는 공식을 말하고 싶다. 1+1=3이라는 것은 두 사람의 성격과 그사이에 형성된 관계이다. 두 사람을 연결시켜주고 의사소통하게 하는 것은 두 사람만이 아니라 두 사람 사이에 형성된 또 하나의 관계가 있다는 것이다.

관계는 심리적 공간이다. 심리적 공간이 수용적이고 즐거움으로 충만하면 '우리'라는 관계가 형성된다. 반면 핍박하고 거부적이며 조롱·고통으로 가득 차면 '적'이라는 관계가 형성된다. 영화 「적과의 동침」에서 결벽증과 의처증을 가진 자기중심적인 남편과 자기가치를 찾으려는 아내와의 관계는, 아내의 입장에서는 벗어나고 싶은 '적'의 관계가 될 수밖에 없다.

이러한 관계는 부부에게서만 나타나는 것이 아니다. 부모와 자식 간의 가족관계에서도 형성된다. 가족 간에 만들어진 관계는 더 복잡하다. 만약, 자녀가 한 명이라면 1(부)+1(모)+1(자녀)=6의 공식이 만들어진다. 부, 모, 자녀의 3사람 외에 부-모, 부-자녀, 모-자녀 간의 관계가 형성된다. 새롭게 형성된 관계 중 어느 하나라도 '우리'의 관계가 아닌 '적'의 관계가 형성된다면 가족의 심리적 분위기는 고통스러워진다. ……

- 화성신문(2021.07.26.). 전문가 칼럼 화성춘추 110 중에서

1. 관계형성과 의사소통

동서고금을 막론하고 사람들은 힘들고 외로울 때 가족이나 친구를 찾는다. 아무리 힘들고 외로워도 함께할 수 있는 가족, 친구가 있다면, 외로움과 고통을 극복하는 데 힘이 될 것이다. 그러나 그렇지 않은 경우 사람들은 이를 극복하기가 매우 어렵다. 힘들고 외로운 사람에게 가족, 친구가 도움이 되는 이유는 무엇일까?

그 해답은 미국 하버드 의대 정신과 의사이자 정신분석가인 왈딩거(Waldinger)[2]가 명쾌하게 제시하고 있다. Waldinger 등의 연구자가 75년 동안 724명의 삶을 추적한 연구에서 인간의 삶에서 가장 중요한 것은 좋은 관계이며, 좋은 관계는 외로움을 소멸시키고, 몸과 두뇌를 보호하여 우리를 더 행복하고 건강하게 만든다고 했다.

아리스토텔레스(Aristoteles)에 의하면 '인간은 사회적 동물(Man is a social animal)'이다. 인간은 혼자 고립되어 있는 것이 아닌, 나와 너의 관계 속에서 인간답게 살 수 있다는 것이다. Aristoteles와 Waldinger의 말을 혼합하면 나와 너 간에 형성되는 좋은 관계는 우리에게 필요한 만병통치약이라고 볼 수 있다. 좋은 관계는 나의 주변을 칭찬, 격려, 웃음, 평화 등으로 꾸며진 아름다운 에덴동산으로 펼쳐 줄 것이고, 나쁜 관계는 질투, 증오, 분노, 투쟁 등으로 채워진 추한 황무지를 줄 것이다. 그렇다면, 우리는 왜 좋은 관계를 형성하기 어려울까? 우리의 삶에 도움되는 만병통치약을 얻기는 왜 이렇게 힘이 드는 것일까?

2) https://www.ted.com/speakers/robert_waldinger, 2023.2.10. 인출.

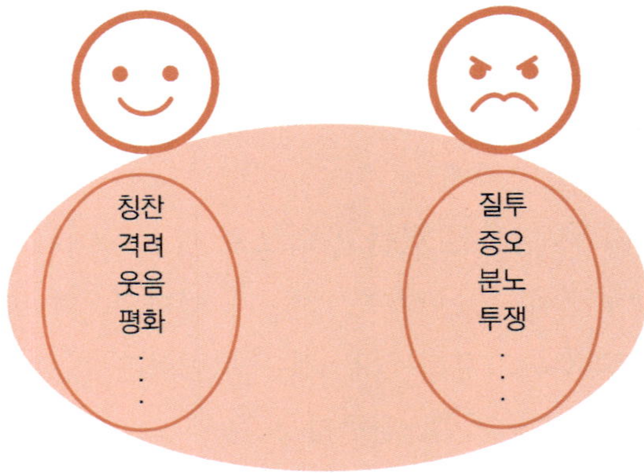

❙그림 1-1❙ 좋은 관계 / 나쁜 관계

Waldinger는 좋은 관계는 친구의 숫자나 특정 집단에 속해 있다는 사실이 아니라, 관계의 질(質)에서 나타난다고 했다. 관계는 둘 이상의 사람들이 연결되어 행동하는 방식(Cambridge Dictionary, 2023)이므로, 한 사람의 의도만으로 형성되지 않고, 여러 사람의 의도로 형성된다. 이러한 인간관계의 유형이 관계의 질을 결정한다.

하수연(2021)에 의하면 관계는 물리적 공간에서 이루어지는 단순한 만남이 아니라 나와 너 외에 별개로 형성되는 또 하나의 심리적 공간이다. 그 공간은 '우리'가 될 수도 있고, '적'이 될 수도 있다. 심리적 공간은 두 사람의 주고받음에 의해 만들어졌지만 일단 만들어진 심리적 공간은 하나의 행동주체로서 나와 너의 행동에 영향을 준다. 다시 말하면, 관계는 나와 너의 의사소통을 통해 만들어진 '우리' 또는 '적'의 내용으로 채워진 심리적 공간이다.

이러한 관계의 특성에 따라 Waldinger는 '좋은 삶은 좋은 관계에서 만들어진다'는 마크 트웨인(Mark Twain)의 말을 인용하고 있다.

❙그림 1-2❙ '우리' 관계 / '적'의 관계

한 어항에 살고 있는 두 마리의 금붕어를 생각해 보자. 금붕어는 한 어항 속에서 물을 마시고 내뱉는다. 한 마리가 마시고 뱉은 물을 다른 한 마리가 또다시 마시고 내뱉는다. 이러한 행위가 반복되면서 어항 속 물의 질이 변화한다. 어항 속 물의 질은 금붕어들이 변화시켰지만 변화된 물의 질은 다시 금붕어의 삶에 영향을 미친다. 여기서 서로의 행위에 의해 형성된 관계는 독자적인 심리적 공간을 형성하고, 이 심리적 공간에 의해 다시 영향을 받는 것을 알 수 있다.

❙그림 1-3❙ 나-너 관계에 의한 심리적 공간

2. 의사소통의 의미와 모델

1) 의사소통의 의미와 중요성

의사소통(communication)은 기호, 신호, 행동 등의 공통 시스템을 통해 개인 간에 정보가 교환되는 과정이다(https://www.merriam-webster.com). 어원적으로 보면 communication은 라틴어의 communis(함께하는, 일반적, 공동의)에 어원을 두고 있다. communis에서 com은 '함께', mun은 '나누다'라는 의미를 가진다. 따라서 의사소통이란 서로의 지식 등을 함께 공유하고 이해하고, 나누는 행위라 할 수 있다.

Communication
Communs(함께하는, 일반적, 공동의)
함께 나누다

| 그림 1-4 | communication의 어원

지식은 정보와 정서가 결합된 것(박영태, 하수연, 2008)이므로 지식의 공유는 결국 정보의 공유와 정서의 공유를 의미한다. 정보의 공유는 학습과 관련되며 정서의 공유는 인간관계와 관련된다. 여기서 의사소통은 지적 발달과 관계형성의 기반이 된다. 특히 의사소통은 인간관계를 가깝게도 멀리도 만들 수 있고, 좋은 관계와 나쁜 관계를 만들 수 있다.

> "말 한마디로 천 냥 빚을 갚는다"는 속담이 시사하듯 의사소통은 상호 간에 단순히 정보만 오고가는 것이 아니라 정서가 오고 가는 것이다. 정서는 상대방의 마음속 깊은 곳에 때로는 감동을 주기도 하고 때로는 상처를 주기도 한다. 여기서 자신에게 감동을 주는 정서는 기꺼이 받아들이고, 잘 가꾸어진 자신의 감정을 담은 아름다운 정서를 상대방에게 보낼 것이다. 그러나 자신에게 상처를 주는 상대방의 정서는 받으

려고 하지 않고, 강력한 거부 반응을 보낼 것이다…. 외부에서 가해지는 타격은 신체에 머무르나, 말은 바로 귀를 통하여 우리의 두뇌 깊숙이 침투하고 있다. 말에 의해 우리는 서로 직접적인 영향을 받고 있다(박영태, 2004).

잠깐!!

말 한마디로 천 냥 빚을 갚는다?

※ '말 한마디로 천 냥 빚을 갚은' 혹은 '말 한마디로 천 냥 빚을 지게 된' 자신의 경험 혹은 다른 사람의 예가 있습니까?

2) 의사소통 모델

의사소통은 하나의 시스템(system)으로 이루어진다. 시스템은 하나의 예정된 기능을 협동적으로 수행하도록 마련된 상호작용하는 요소들의 집합이다(박영태, 2004). 의사소통에는 요인들이 있고 이 요인들 간의 상호작용을 통해 관계라는 심리적 공간을 만든다. 의사소통의 요인은 라스웰(Lasswell, 1948)이 말한 "Who says what in which channel to whom with what effect"에서 다음과 같이 생각해 볼 수 있다.

- 효과(what effect): 의사소통의 최종목적
- 발신자(who)와 수신자(whom): 의사소통을 하는 두 주체
- 내용(what): 교환되는 메시지
- 채널(channel): 의사소통의 방법 또는 통로

이 요인들을 결합하면 의사소통이란 특정 효과(what effect)를 얻기 위해 발신자(who)와 수신자(whom)가 어떤 내용(what)을 어떤 방법(channel)으로 표현하는 것이다.

DeVito(2003)는 의사소통의 모델을 제시하여 의사소통의 요인과 과정을 시각적으로 보여주고 있다.

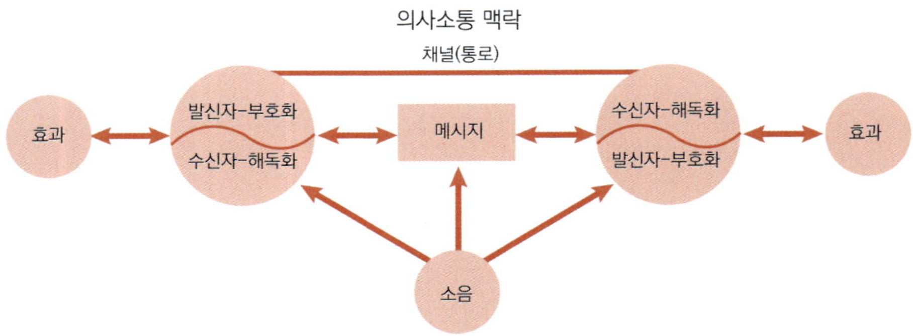

| 그림 1-5 | DeVito의 의사소통 요인들

출처: Devito, J. A.(2003). Human Communication. Pearson Education, Inc. p.4.

DeVito(2003) 모형을 기반으로 한 의사소통 요인과 그 과정은 다음과 같다.

첫째, 의사소통을 하는 두 주체, 즉 발신자와 수신자는 따로 분리되어 있지 않다. 각 개인은 발신자와 수신자의 역할을 동시에 실행한다. 발신자는 말하고, 글 쓰고, 몸짓을 하고, 미소를 지으며 자신의 생각을 보낸다. 수신자는 듣고, 읽고, 냄새 맡는 등 오감을 통해 상대방의 생각을 받아들인다. 발신자가 자신의 생각을 표현하는 것을 부호화라고 하고, 수신자가 상대방의 생각을 수용하는 것을 해독화라고 한다. 의사소통은 실시간으로 발생하기에 부호화와 해독화는 동시에 이루어진다. 발신자가 자신의 인지구조에 따라 말, 글, 몸짓, 표정 등으로 생각을 나타내는 것을 부호화라고 하고, 수신자가 자신의 인지구조에 따라 상대방의 말, 글, 몸짓, 표정 등에서 그 의미를 찾아내는 것을 해독화라고 한다. 발신자와 수신자는 서로의 인지구조가 다르기 때문에 부호화와 해독화가 일치되지 않을 수 있다. 이러한 부호와 해독화를 정확하게 하는 능력이 의사소통 역량이다.

둘째, 교환되는 메시지는 다양한 형태를 취한다. 인간은 오감으로 정보를 수용하기에 메시지는 오감과 깊이 관련된다. 특정 오감 중 하나의 형태를 취하거나 둘 이상의 감각이 혼합된 형태로 메시지를 만든다. 예를 들면 말하기와 글쓰기처럼 언어로 표현하기도 하고, 옷 입기, 걷는 동작, 표정처럼 비언어로 표현하기도 한다.

셋째, 채널(channel)은 메시지가 담겨 있는 매체이다. 채널 역시 오감과 깊이 관련된다. 따라서 하나의 채널로 나타나는 의사소통은 거의 없다. 사람은 청각 채널로 듣고, 시각 채널로 몸짓과 표정을 본다. 때로는 후각 채널을 작동하여 냄새를 맡기도 한다. 오늘날은 인터넷도 채널로 사용된다.

넷째, 발신자가 보낸 메시지는 수신자에게 어떠한 형태의 효과를 발생한다. 이 효과는 수신자가 발신자에게 보내는 반응, 즉 피드백을 통해 알 수 있다. 피드백은 수신자가 발신자의 메시지에 대한 자신의 생각을 담아 되돌려 보내는 메시지이다. 처음 발신자는 이 피드백 메시지를 보고서 자신의 행동을 조정하게 된다. 피드백은 다음과 같은 차원으로 나누어 볼 수 있다.

■ 피드백의 기능

- 긍정적 – 부정적 측면: 칭찬, 미소, 끄떡임 등 긍정적 피드백은 상대방의 말을 잘 알아들었다는 표시이며, 야유, 찡그림, 실망한 표정 등 부정적 피드백은 상대방이 틀렸다는 표시이다.
- 사람 중심 – 메시지 중심: '당신 멋져'와 같은 사람 중심과, '한 번 더 말해줄래요'와 같은 메시지 중심이 있다.
- 즉각적 – 지체적: 메시지를 받은 즉시 피드백을 해주느냐, 아니면 시간이 지난 후에 하느냐의 문제이다.
- 지지적 – 비판적: 지지적 피드백은 상대방의 말을 확인하고 수용하는 것이며, 비판적 피드백은 상대방의 수행을 평가하고 판단하는 것이다.

피드백(feedback)과 관련하여 피드포워드(feedforward)의 의미도 살펴보자. 피드포워드는 핵심 메시지를 꺼내기 전에 생각을 돕거나 분위기 조성을 위해 미리 제시하는 정보이다. 피드포워드는 발신자도 수신자도 모두 할 수 있다. 말하기에서만 피드포워드가 있는 것은 아니다. 책의 서문, 목차, 각 장의 서두, 영화 개관 등도 일종의 피드포워드이다. 피드포워드는 다음과 같은 네 가지 기능을 가지고 있다.

■ 피드포워드의 기능

- 의사소통의 문을 열기: '여기 자주 왔나요?', '오늘 날씨가 춥지요?' 등은 대화를 시작하는 단초가 된다.
- 앞으로 나올 메시지의 개요: '당신에 대한 정보를 가지고 있어(내용)', '움직이기 전에 들으세요(중요성)', '간략히 하겠다(양식)', '당신은 좋아하지 않을 것이나, 내가 들은 바이다(다음에 올 메시지의 긍정적 부정적 질)' 등은 핵심 내용을 이야기하기 전에 궁금증을 야기한다.
- 역할 변경: '당신은 미혼모로서 새로운 유아보호 제안에 대하여 어떻게 생각하나요?'처럼 상대방에게 특정 역할을 부여하여 그 입장에서 말하도록 돕는다.

• 생각 버리기: "나는 성차별주의자가 아니지만 이에 대해 당신은…" 등과 같이 자신의 메시지가 자신에게 부정적으로 반영되지 않도록 하기 위하여 하는 말이다.

다섯째, 소음은 수신자가 메시지를 수용하는 데 방해되는 자극들이다. 큰 소리, 자동차 소리, 날려 쓴 글자와 같은 물리적인 것, 시청각 장애와 같은 물리·논리적인 것, 선입견과 같은 심리적인 것, 잘못 이해된 의미와 같은 음운적인 것이 포함된다. 소음은 의사소통의 장애물이다.

이상으로 부호화와 해독화의 방법, 표현하는 메시지의 유형과 방법, 소음 등으로 인해 두 사람 간에 의사소통이 정확하게 이루어진다는 것은 자연스러운 것이 아니라 오히려 기적에 가까운 현상이라는 것을 생각해 볼 수 있다. 박영태(2004)는 의사소통이 잘 이루어지지 않는 원인으로 다음 네 가지를 제시하고 있다.

첫째, 상대방에 대한 무지이다. 이른바 정보의 부족이다. 상대방에 대한 정보가 없으면 상대방이 해독할 수 있는 방향으로 자신의 생각을 표현할 수 없을 뿐만 아니라 상대방의 생각을 바르게 해석할 수 없다.

둘째, 자신의 욕심이다. 이른바 정서의 오류이다. 상대방에 대한 정보는 있으나 자신의 욕심이나 감정에 얽매여 상대방에게 적절한 정보를 활용하지 못하는 것이다.

셋째, 표현상의 미숙이다. 이른바 표현의 오류이다. 자신의 생각을 적절하게 표현할 수 있는 언어구사력이나 행동 표현의 미숙, 또는 이용하는 신호의 선택이 적절하지 못하여 상대방으로부터 오해를 받는 것이다.

넷째, 전달과정에서의 정보 상실 또는 왜곡이다. 이른바 환경의 장애이다. 빛이 물을 만나면 굴절되듯이 소음은 정보의 의미를 왜곡시킨다.

Ⅰ그림 1-6Ⅰ 천사와 같은 의사소통

여기서 매일 마찰 없이 서로의 생각을 잘 교류하는 두 사람이 있다면 기적을 행하고 있는 천사라고 보아야 할 것이다.

3. 의사소통에서 말하기와 글쓰기

의사소통은 인간관계를 맺는 근원이며 의사소통은 두 사람의 말하기에서 시작하고 끝을 맺는다. 글쓰기 또한 마찬가지이다. 두 사람 간에 오고 가는 말과 글은 두 사람의 관계를 결정짓는 심리적 공간을 만든다. 심리적 공간이 우호적이면 두 사람 간에 원활한 의사소통이 가능해진다. Devito(2003)의 모델에 심리적 공간을 추가하면 [그림 1-7]과 같은 의사소통 모델을 생각해 볼 수 있다.

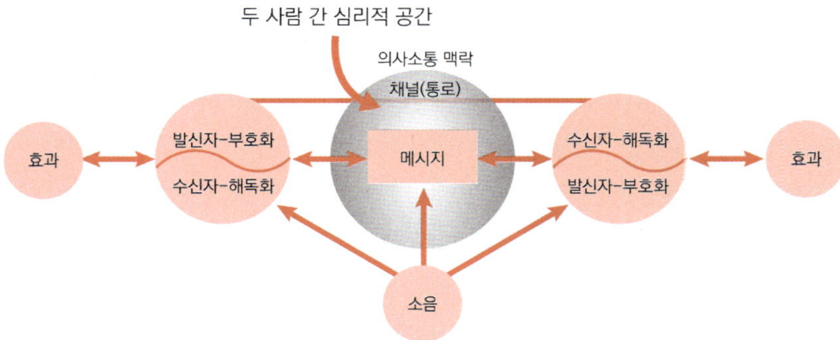

❙그림 1-7❙ 의사소통에서 형성된 심리적 공간

- 두 사람이 주고받는 메시지를 통해 두 사람 간의 심리적 공간이 만들어진다.
- 메시지가 우호적이면 우호적인 심리적 공간이 생성되고, 메시지가 적대적이면 적대적인 심리적 공간이 생성된다.
- 생성된 심리적 공간은 두 사람의 의사소통에 영향을 준다. 우호적인 심리적 공간은 상대방의 메시지를 우호적으로 해석하게 해주고, 적대적인 심리적 공간은 상대방의 메시지를 적대적으로 해석하게 해준다.
- 고든(Gordon)이 제시한 12가지 비수용언어[3]는 심리적 공간의 중요성을 말해준다. 원래 언어 그 자체가 비수용적인 것은 아니다. 두 사람 간에 형성된 심리적 공간이 적대적이 되어 비수용언어가 된 것이다.
- 두 사람이 습관적인 말하기를 한다면 동일한 유형의 메시지가 반복적으로 들어오게 되고, 그 결과 심리적 공간은 변하기 어렵게 굳어진다.
- 심리적 공간은 원래 가변적이다. 그러므로 어느 한 사람이 믿음과 사랑으로 가득 찬 메시지를 상대방의 피드백 내용과 관계없이 반복 제공한다면 심리적 공간은 점차 우호적으로 변할 수 있다.

결론적으로 우호적 의사소통을 위해서는 내가 먼저 우호적으로 말하고 글 쓰는 것이 필요하다. 말하기와 글쓰기는 타인과의 관계를 맺는 출발점이며, 동시에 인간관계를 맺는 기초공사이다.

3) Gordon의 12가지 비수용언어는 6장 참조

CHAPTER 01 연습해 보기

■ 알렉산드로스대왕과 철학자 디오게네스의 대화이다(*말풍선에 있는 화살표 방향이 먼저 말한 사람이다).

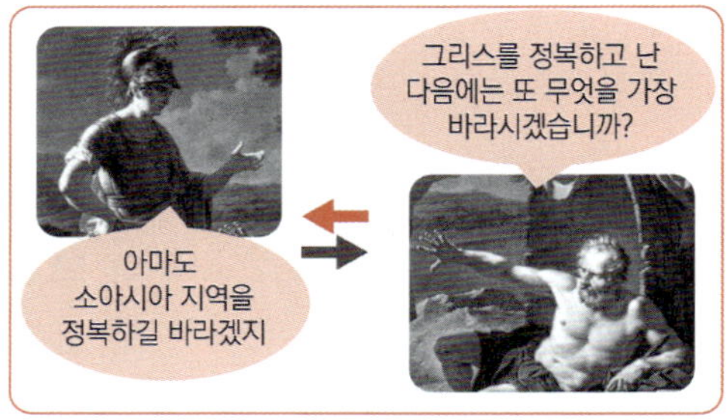

이미지 출처 :
Nicolas-Andre Monsiau(1754 - 1837).
https://commons.wikimedia.org/wiki/File:
Monsiau_-_Alexandre_et_Diog%C3%A8ne.jpg

■ 위 일화를 보고, 다음에 대해 생각해 보자.

1. 대화가 끝난 후 그들 간에 형성된 심리적 공간(관계)은 어떠할까?

① 우호적
② 적대적
(선택 이유:)

2. 이후, 두 사람이 다시 만나면 어떤 행동을 취할까?

3. 알렉산드로스대왕과 디오게네스 중 누가 더 행복할까?

4. (결혼하여 자녀가 있다면) 두 사람 중 누구처럼 되라고 말할 것인가?

CHAPTER 01 연습해 보기에 대한 참고 의견

1. 대화가 끝난 후 그들 간에 형성된 심리적 공간(관계)은 어떠할까?

① 우호적
② 적대적(O)
(선택 이유: 디오게네스가 비판적으로 대화를 이끌어가고 있으므로 알렉산드로스도 마음이 변할 것이다.)

2. 이후, 두 사람이 다시 만나면 어떤 행동을 취할까?

→ 아마도, 서먹서먹하거나, 다시 만나지 않을 것이다.

3. 알렉산드로스대왕과 디오게네스 중 누가 더 행복할까?

→ 흔히 디오게네스가 더 행복한 사람이라고 생각하는 경향이 있다. 왜냐하면, 현실 그 자체를 만족하고 살아가고 있으며, 재산과 권력에 대한 욕심이 없기 때문에

4. (결혼하여 자녀가 있다면) 두 사람 중 누구처럼 되라고 말할 것인가?

→ 아마도 여러분들은 보다 행복하다고 생각하는 디오게네스 같은 사람으로 자녀를 성장하게 하고 싶지 않을 수도 있다.
다른 측면에서 보면, 디오게네스는 성취지향적이지 못하고, 알렉산드로스는 성취지향적이다. 따라서, 부모의 입장에서 자녀가 성취지향적으로 나아가기를 원할 것이다. 역으로, 자녀들은 부모가 디오게네스 같은 사람이 되기를 원할까?

■ Quiz에 대한 해설

01 의사소통을 잘하는 사람은 타고나는 것이지 만들어지는 것은 아니다. **해설** 때로 더 똑똑하고 외향적으로 태어나는 사람도 있지만 효과적 의사소통은 학습된 기술이므로, 모든 사람은 연습을 통해 의사소통 기술을 향상시킬 수 있다.	(X)
02 대화를 많이 할수록 두 사람의 관계는 좋아진다. **해설** 대화를 많이 하는 것은 중요하다. 그러나 어떤 내용의 대화를 하느냐가 더 중요하다. 비우호적 대화를 많이 한다면 돌이킬 수 없는 적대적인 심리적 공간이 만들어질 것이다.	(X)
03 효과적으로 말하는 것과는 달리 효과적으로 듣기는 가르쳐질 수 없다. **해설** 말하기와 마찬가지로 듣기도 학습된 기술이므로 향상시킬 수 있다.	(X)
04 "안녕하세요?", "오늘 날씨 어때요?" 등의 인사말은 유용한 의사소통 목적에 실제적 도움이 되지 않는다. **해설** 인사말은 실제로 중요한 사회적 기능에 도움이 된다. 다음에 이어질 말의 길을 여는 것과 같다.	(X)
05 두 사람이 오랫동안 친밀한 관계에 있으면 서로 상대방의 필요나 소망을 이미 알고 있으므로 이에 대해 대화할 필요가 없다. **해설** 사람들은 상대방의 마음을 항상 기억하고 있는 것은 아니다. 예를 들어 생일을 잊고 있는 상대방을 보면 섭섭해진다. 그러나 상대방은 마음이 없는 것이 아니라 때로 기억하지 못할 수 있다. 이때 서로가 얘기해 줄 필요가 있다.	(X)
06 언어적 메시지와 비언어적 메시지가 서로 모순적일 때 언어적 메시지를 믿는다. **해설** 일반적으로 사람들은 비언어적 메시지를 더 믿는 편이다.	(X)
07 의미 있는 관계를 위해 완전한 개방이 상호 이루어져야 한다. **해설** 의미 있는 관계를 위해 반드시 상호 완전히 개방해야 하는 것은 아니다. 상대방을 배신하지 않는 내용이라면 개방하지 않는 것이 좋을 때도 있다.	(X)
08 대인 간에 갈등이 있을 때, 다른 사람을 희생시켜서라도 이기는 것을 목적으로 하여야 한다. **해설** 대인 간 갈등은 승자와 패자를 만들어서는 안 된다. 함께 승자가 되어야 한다.	(X)

09 의사소통을 잘하는 사람과 마찬가지로, 리더도 태어나는 것이지 만들어지는 것이 아니다. **해설** 리더십도 말하기·듣기와 같이 학습된 기술이다. 따라서 의사소통의 원리를 배우면서 향상될 수 있다.	(X)
10 다중 앞에서 말하는 것에 대한 두려움은 해로운 것으로 제거되어야 한다. **해설** 대부분 말하는 사람들은 소심하다. 따라서 두려움은 관리되어야 하는 것이지 제거되어야 하는 것은 아니다. 두려움은 현재의 두려움 수준에 관계없이 사람을 효과적이게 만들어 준다.	(X)

창의적 말하기와 글쓰기

CHAPTER 02
자기표현 기반으로서의 듣기와 읽기

좋은 삶이란,
사랑으로부터 영감을,
지식으로부터 인도를 받는 삶이다.

– Bertrand Arthur William Russell –

좋은 삶이란,
사랑으로부터 ______을,
지식으로부터 ______를 받는 삶이다.

– ____________________ –

■ 학습목표

1. 자기표현과 듣기, 읽기의 관련성을 설명할 수 있다.
2. 듣기와 읽기의 효과를 설명할 수 있다.
3. 듣기와 읽기의 방법을 설명할 수 있다.

■ Quiz

다음 말이 적합하다고 생각되면 O, 그렇지 않다고 생각되면 X표를 하십시오.

01 듣기는 청각을 중심으로 정보를 수집하는 것이고, 읽기는 시각을 중심으로 정보를 수집하는 것이므로 상호 별개로 작동한다.	(O, X)
02 청각은 다른 감각에 비하여 감정과 깊은 관련성이 있다.	(O, X)
03 듣기와 읽기는 개인의 역량 함양, 창의성 함양 등에는 영향을 주지만, 사랑의 마음을 유발하거나 감정조절, 리더십과는 관계가 없다.	(O, X)
04 읽기에는 건성으로 읽는 것과 의도적으로 읽는 것이 있지만, 듣기는 그냥 들리는 것이므로 이러한 구분은 없다.	(O, X)
05 사물을 받아들일 때, 오감과 육감은 같은 것의 다른 표현이다.	(O, X)
06 칠감은 생각하면서 사물을 받아들이는 것으로, 육감에 비하여 시간이 더 소요된다.	(O, X)
07 아는 것만큼 받아들이는 것은 육감이다.	(O, X)
08 사랑하는 것만큼 받아들이는 것은 팔감이다.	(O, X)
09 프랭클(Frankl)에 의하면 인간은 신체 · 심리 · 정신의 3차원이 있다. 이 중 정신은 다른 동물들은 가지고 있지 않고 인간만이 가진 것으로 환경으로부터 완전 자유로운 존재이다.	(O, X)
10 때로 육감, 칠감 등을 배제하고 오감만으로 사물을 받아들이는 것이 필요하다.	(O, X)

읽고, 생각하고, 말해보기

피그말리온 효과(Pygmalion effect)

박영태

「마이 페어 레이디」라는 영화를 보면 길거리에서 꽃을 팔던 천한 소녀가 히긴스 교수를 만나 고상한 상류층 여인으로 변화하는 감격스러운 장면을 보게 된다. 그러나 히긴스 교수는 교육 중에는 물론 그 후에도 그 여인을 꽃 파는 소녀로 생각하고 함부로 대한다. 이에 비해 교수의 친구는 꽃 파는 소녀를 항상 숙녀로 생각하고 정중히 대해준다. 꽃 파는 소녀에서 점차 고상한 숙녀로 변화해 가던 여자 주인공은 히긴스 교수의 이러한 태도에 불만을 품고 교수의 친구에게 다음과 같은 말을 하고 있다.

"나는 히긴스 교수에게는 꽃 파는 소녀가 될 수밖에 없습니다. 왜냐하면 그는 날 꽃 파는 소녀로 대하기 때문입니다. 그러나 나는 당신에게는 숙녀가 될 수 있습니다. 왜냐하면 당신을 날 숙녀로 대해주기 때문입니다."

이 말은 자신은 항상 동일하나 상대방이 자기를 어떻게 대해주느냐에 따라서 꽃 파는 소녀도 될 수 있고, 숙녀도 될 수 있음을 나타내고 있다. 이와 같이 상대방이 바라보는 대로 자신이 변해가는 현상을 피그말리온 효과라고 한다. 피그말리온 효과는 교육에서 중요시되고 있다. 교사가 학생을 어떻게 생각하고 대해주느냐에 따라 학생의 행동과 모습이 좌우된다고 보기 때문이다….

예를 들면, 부모가 자녀를 매번 부정적으로 보면 자녀의 긍정적 측면은 간과되어 버리고 부정적 측면만 부각되어 자녀의 모든 행동이 못마땅해질 것이고, 자녀는 이에 반발하여 부모를 불신하게 될 것이다. 또 자녀의 행동은 부정적인 측면이 지속적으로 강하게 부각되므로 그러한 방향으로 고착될 것이다. 반면에 부모가 자녀를 매번 긍정적으로 대해주면 부모와 자녀 간에는 따뜻한 인간관계가 형성되고 자녀의 행동은 긍정적 방향으로 고착된다….

– 조흥소식(1993.05.). 가정에서의 피그메이리언 효과, 제400호 중에서

1. 자기표현을 위한 듣기와 읽기

흔히 많이 듣고 적게 말하라는 의미로 '귀는 두 개인데 입은 하나'라는 말을 인용한다. 같은 맥락으로 많이 보고 적게 말하라는 의미로 '눈은 두 개인데 입은 하나'라고 말할 수 있다.

우리는 자기표현을 위해 말하기와 글쓰기를 중요시해오고 있다. 그러나 말하기와 글쓰기는 듣기와 읽기가 없다면 나타나지 않는다. 인간의 소리를 듣고 자라지 못한 늑대소년은 인간의 말을 할 수 없었고, 걷는 모습을 보지 못한 아이는 걷지를 못했다. 날지 못하는 독수리의 이야기는 아무리 날개가 있어도 새끼일 때 나는 모습을 보지 못하였기에 날 수 없다는 것을 보여준다. 사람의 손에서 새끼 때부터 자란 야생동물은 야성을 학습하지 못했기 때문에, 적응의 시간 없이 자연 속으로 그냥 돌려보내지 못한다. 빈 항아리에서 아무것도 끄집어낼 수 없듯이, 빈 두뇌에서도 아무것도 끄집어낼 수 없다. 말하기와 글쓰기를 위해서는 두뇌에 무엇인가를 채워야 한다. 듣기와 읽기는 바로 두뇌를 채우는 최상의 도구이다. 천일야화로 불리는 이슬람 문학인 아라비안나이트(Arabian Nights) 이야기를 보자.

> 페르시아의 왕 샤 리아르는 왕비의 부정에 충격을 받아 여자를 불신하게 되었다. 이후 새로운 법을 만들어 매일 밤 처녀를 아내로 맞아 밤을 보낸 후 아침이면 사형에 처하는 것을 3년간 되풀이하였다. 당연히 온 나라에 딸을 가진 부모들은 공포에 떨었다. 마침내 재상의 큰딸 셰에라자드가 불려 들어가게 되었다. 늙은 재상은 슬픔에 잠겼으나 셰에라자드는 자진하여 왕의 침실에 들어가겠다고 나섰다. 침실에서 셰에라자드는 그 유명한 1001일 동안 지속되는 이야기(千一夜話[1])를 시작하였고, 이야기에 빠진 왕은 그녀의 재능에 감탄하여 자기의 잘못을 뉘우치고 그 악법을 폐지하였다.

1) 천일야화(千一夜話)는 1001일 동안의 밤에 들려준 이야기(千一夜話)란 뜻이다. 1000일(千日)로 착각하는 경우가 많다.

이 이야기는 셰에라자드의 말하기의 힘을 보여주지만, 동시에 듣기의 힘도 보여주고 있다. 이야기를 들으면서 자신의 잘못된 행동을 멈추고 끝내는 악법을 폐지하는 왕의 행동에서 알 수 있다.

듣고 읽는다고 하여 모두 바른 행동을 하는 계기가 되는 것은 아니다. 나쁜 것을 보고 듣거나, 좋은 것을 나쁘게 변형하여 듣고 보는 것은 오히려 나쁜 것이다. 듣고 읽는 바른 태도가 중요하다.

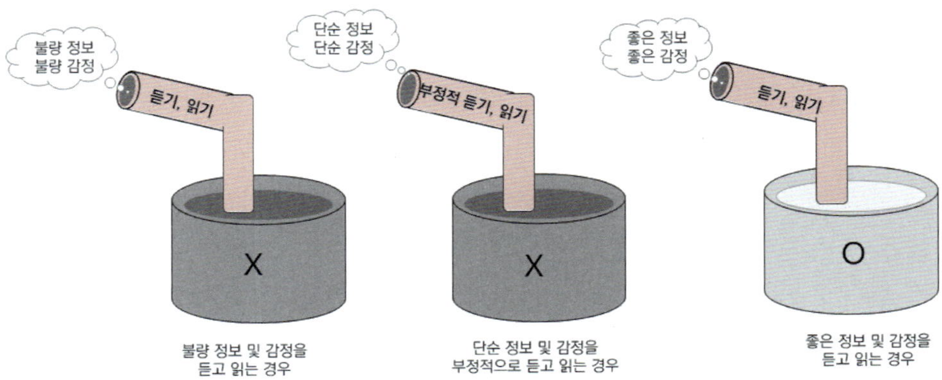

| 그림 2-1 | 바른 듣기, 읽기의 중요성

2. 듣기와 읽기의 효과

듣기와 읽기는 상대방으로부터 정보와 감정을 받아들인다는 측면에서 유사하다. 단지 차이점은 듣기는 청각을 주로 이용하며, 읽기는 시각을 주로 이용한다는 것이다. 그러나 깊이 생각하면 듣기와 읽기 모두 특정 감각에만 의존하지 않는다. 오감(五感)은 개별적으로 작용하는 것이 아니기 때문이다. 통합적으로 작용하여 공감각을 불러일으킨다.

공감각(共感覺, synesthesia)은 무관한 두 개 이상의 감각을 하나의 이디지로 통합하는 것을 말한다. 좋은 공감각적 표현은 문학적으로 아름다움을 느끼게 한다.

- 분홍색 맛(시각적 이미지 + 미각적 이미지)
- 푸른 종소리(시각적 이미지 + 청각적 이미지)
- 따뜻한 목소리(촉각적 이미지 + 청각적 이미지)
- 달콤한 비눗방울(후각적 이미지 + 시각적 이미지)
- 조용한 식탁(청각적 이미지 + 시각적 이미지)
- 바스락거리는 간지러움(청각적 이미지 + 촉각적 이미지)

그러나, 무리한 공감각적 표현은 개인의 지식수준 및 이전 경험에 따라 다르게 해석될 수도 있다.

잠깐!!

공감각 표현 연습

※ 두 가지 이상의 감각을 하나의 이미지로 통합하여 자신의 글로 아름답게 표현해 봅시다.

•	(　　+　　)
•	(　　+　　)
•	(　　+　　)
•	(　　+　　)
•	(　　+　　)
•	(　　+　　)
•	(　　+　　)
•	(　　+　　)
•	(　　+　　)
•	(　　+　　)

'마음으로 듣는다', '몸으로 듣는다', '상대방의 마음을 꿰뚫어 본다', '소리로 듣는다'는 말을 우리는 종종 하거나 듣는다.

듣기는 우리를 새로운 세상으로 안내해 준다. 눈에 보이지 않지만 들을 수 있다는 것은 인간과 동물에게 매우 중요한 신호기능이다(Goldstein, 2007). 움직이지 않고 보는 범위는 전방 120°이다. 그것도 빛이 없으면 보기가 어렵다. 이에 비해 듣기의 범위는 움직이지 않고도 상하좌우 어느 방향이든 360°이다. 어느 방향에서든 소리를 들을 수 있다는 것은 자기보호에 소리가 중요하다는 것을 의미한다. 숲속에서 맹수가 보이지 않더라도 바스락거리는 소리에 우리는 경계태세를 갖출 수 있다. 반면, 보기는 공간적이며 통합된 구체적 상황을 알 수 있게 해준다. 소리를 내지 않고 은밀히 침투하는 적은 보기로서 감시할 수밖에 없다.

우리말로 소리를 듣는다고 하는 글자는 '듣기' 하나이지만, 영어에는 'hearing'과 'listening' 두 가지가 있다.

hearing은 물리적 듣기이고, listening은 심리적 듣기이다. hearing은 주변 매체 압력의 주기적인 변화로 진동을 감지하여 귀와 같은 기관을 통해 소리를 인식하는 것이다(Wikipedia, 2023.2.3. 인출). 이에 비해 listening은 말하는 사람이 음성언어로 표현하는 의미를 이해하는 것이다. 다시 말하면 듣는 사람이 들은 정보를 기계적으로 듣지 않고 종합·분석·비판·감상하면서 의미를 새롭게 구성해 가는 인지적 사고 과정이다(교육학용어사전, 1995).

| 그림 2-2 | hearing과 listening

읽기(reading)는 자료로부터 정보를 이끌어내어 그 의미를 해석하는 과정, 또는 그 과정에 필요한 인지적 기술이다(교육학용어사전, 1995). 읽기를 단지 책을 읽는 것에 한정할 필요는 없다. '자료로부터 정보를 이끌어내는 것'이므로 그 자료는 책 이외에도 무한하다. 읽기도 피상적 읽기와 목적적 읽기로 나누어 볼 수 있다. 피상적 읽기는 아무 생각 없이 건성으로 읽는 것이다. 마치 그물눈이 매우 엉성한 그물을 가지고 고기를 잡는 것과 같다. 그물눈의 간격이 매우 넓으면 물고기들이 다 빠져나가고 잡을 수 없다. 목적적 읽기는 특정 목적을 가지고 주의집중 하여 읽는 것이다. 마치 그물눈이 촘촘한 그물로 물고기를 잡는 것과 같다. 그물눈의 간격이 매우 좁으면 작은 물고기도 잡을 수 있듯이 목적적 읽기는 눈에 보이지 않는 작은 의미도 파악할 수 있다.

이러한 심리적 듣기와 목적적 읽기는 우리에게 [그림 2-3]과 같이 5가지 요인에 효과를 준다.

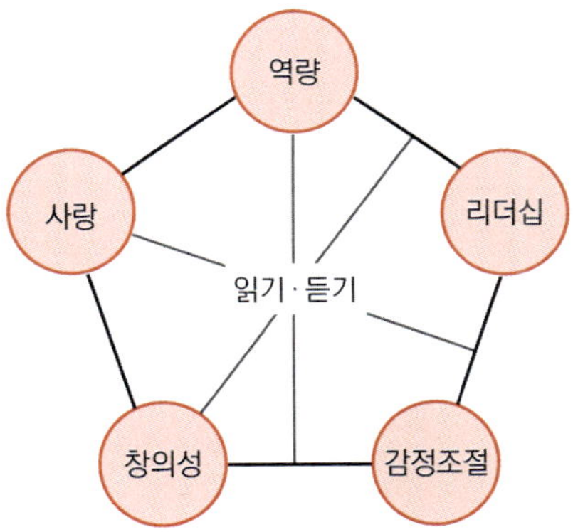

그림 2-3 심리적 듣기와 목적적 읽기의 5가지 효과

첫째, 듣기와 읽기는 많은 정보를 학습할 수 있어 역량이 함양된다. 학습하는 양은 보는 것 83%, 듣는 것 11%로서 전체 학습량의 94% 정도를 차지한다. 듣기의 중요성은 충청북도 진천 지역의 정초와 대보름 사이에 아이들이 사랑방에 모여 밤참을 먹으며 행한 이야기를 듣는 전통놀이에서도 엿볼 수 있다. 이 시기는 농사일이 끝나고 비교적 한가하기에 각 가정의 사랑방에 모여 밤참을 먹으며 자녀들이 할머

니·할아버지나 부모님에게서 전해 내려오는 조상의 이야기나 전설, 훌륭한 인물·효자·효녀·효부 등의 이야기를 들으며 충효정신을 익히고 지혜와 교양도 쌓았다[2]. 읽기의 중요성은 독서백편의자현(讀書百遍義自見)에서 찾아볼 수 있다. 아무리 어려운 글이라도 반복해서 읽으면 그 뜻이 저절로 이해된다는 것은 바로 읽기의 중요성을 보여준다.

둘째, 듣기와 읽기는 사랑의 마음을 불러일으킨다. 시각과 함께 작용한 청각은 시각적 모습에 감정의 옷을 입힌다. 듣기는 소리 자극이 야기한 진동에 의해서 이루어진다. 따라서 소리가 우리에게 더 강하게 감정을 불러일으키는지 모른다. 독일의 교육학자 슈타이너(Steiner)는 남의 말에 귀 기울이기에는 너무나 이기적인 인간이 자신의 영혼으로는 들을 수가 없으며, 단지 천사의 영혼이 함께 도와줄 때에만 비로소 남의 말을 경청할 수 있다고 했다(서영숙 옮김, 2007). Steiner에 따르면 올바른 듣기는 천사의 영혼과 함께하는 것이기에 사랑을 느끼게 해준다고 볼 수 있다.

셋째, 듣기와 읽기는 창의성을 불러일으킨다. 다양한 정보의 학습은 당연히 사고의 자료를 풍부하게 하고, 또 새로운 자극은 새로운 아이디어를 생성하려는 충동을 불러일으킨다.

넷째, 듣기와 읽기는 감정조절을 할 기회를 제공한다. 듣고 보지 못한 헬렌 켈러(Helen Keller)는 듣지 못하는 것이 보지 못하는 것보다 더 나쁘다는 것을 느꼈다고 한다. 보지 못하는 것은 자신을 사물과 떼어 놓았지만 듣지 못하는 것은 다른 사람들과 떼어 놓았기 때문이라고 했다(Goldstein, 2007). 이는 곧 듣는 것이 관계를 유지하는 감정과 밀접하게 관련되었다는 것을 시사한다. 듣는 동안은 자기감정을 표현하지 않았으므로 감정조절을 할 여유가 생긴다. 또한 듣는 동안에 상대방과 주변 상황을 읽을 수 있는 기회도 생기므로 사고의 변화에 도움을 준다.

다섯째, 듣기와 읽기는 리더십에 도움을 준다. 상대방을 응시하면서 말을 귀담아 듣는 것은 상대방을 존중하는 것이다. 상대방이 싫으면 아예 귀를 닫아버리고 듣지 않는다. 따라서 잘 듣기와 읽기 그 자체만으로도 리더십을 발휘하는 것이다.

---

2) http://jincheon.grandculture.net/jincheon. 2023.1.31. 인출.

3. 듣기와 읽기의 방법

심리적 듣기와 목적적 읽기를 하기 위하여 팔감(八感) 이용법을 제시한다. 박영태(2013)는 정보생성과 학습을 위해 오감·육감·칠감·팔감의 여덟 가지 감각을 제안했다. 감각은 우리가 살아가면서 무엇인가를 창조해내는 이 지구의 생태적 관계를 들여다볼 수 있게 하는 통로이다(박종성 역, 2008). 신생아들은 모든 감각양식(sensory modalities)을 보유하고 있으나, 아직 미완성의 형태로 태어난다. 이 미완성의 감각들은 환경 속의 대표적인 물리적 자극과 화학적 자극(빛, 소리, 맛, 냄새, 압력 등)을 받으면서 이에 상응하는 감각, 즉 시각·청각·미각·후각·촉각 등 오감이 발달한다. 오감과 관련된 신경세포의 발달은 두뇌와 연결되어 두뇌에 기억흔적을 남기며 이것이 심리의 원천이 된다. 기억흔적을 자동적으로 발현하는 감각이 육감이다. 또 두뇌에는 두뇌 속의 정보를 탐색하고 생각하는 감각, 즉 칠감이 있다. 프랭클(Frankl)에 의하면 인간은 환경으로부터 자유로운 영적 자유정신을 가지고 있다. 정신은 매슬로(Maslow)의 자아실현의 욕구, 로저스(Rogers)의 실현화 경향성, 융(Jung)의 의식화 과정 등을 실행하는 원천이다. 이 정신의 발현을 연결하는 감각이 팔감이다. 팔감은 개인이 가진 모든 감각이므로 이를 자동적으로 작동하게 하면 학습은 효과적이고, 효율적으로 이루어질 것이다. 팔감의 특성은 다음과 같다(박영태, 2013a).

▼ 표 2-1 PYT의 팔감

감각통로 (대화통로)	오 감 (five senses)	육 감 (sixth sense)	칠 감 (seventh sense)	팔 감 (eighth sense)
학습자 준비	무념	지식	초인지, 사고력	사랑
학습 방법	기계적 학습 (무조건 흡입)	해석적 학습 (선택적 흡입)	창의적 학습 (탐구적 흡입)	공감적 학습 (수용적 흡입)
학습 내용	보는 것만큼 학습	아는 것만큼 학습	생각하는 것만큼 학습	사랑하는 것만큼 학습

출처: 박영태(2013a). 창의인성 함양을 위한 Think Magnet, 2(1), p. 14.

첫째, 듣기와 읽기는 오감, 즉 시각 · 청각 · 후각 · 미각 · 촉각을 모두 활용하여야 한다. 오감은 육감과 직접적으로 연결됨으로써 상호 영향을 미치게 된다. 오감은 육감의 발달에 육감은 오감의 작동에 영향을 준다. 이에 따라 성인이 되면 순수한 오감에 의한 정보 수용은 어려워진다. 육감은 기존 지식으로 사물을 해석하여 받아들이는 감각이므로 육감이 관여하면 사물을 있는 그대로 받아들이기 힘들어진다. 때로 기존 지식에 오류가 있거나 편견이 있을 수 있으므로, 육감을 배제하고 오로지 있는 그대로 받아들이는 오감에 의한 수용이 필요해진다.

둘째, 듣기와 읽기는 여섯 번째 감각인 육감을 활용하여야 한다. 육감이란 경험의 축적물인 지식을 불러일으켜 사물이 무엇인지 이해하며 자신의 생각으로 행동할 수 있게 한다. 육감을 통하여 유의미한 듣기와 읽기가 가능해진다. 의미를 모르고 듣고 읽는 것은 시간 낭비이다. 이러한 경우 관련 지식을 먼저 학습하여야 한다.

셋째, 듣기와 읽기는 일곱 번째 감각인 칠감을 활용하여야 한다. 육감을 통한 듣기 · 읽기는 사물을 자동적으로 해석하여 시간 절약을 도와준다. 그러나 자료와 자료 간의 관계는 파악하기 힘들다. 이른바 자간의 의미를 파악할 수 없다. 요즘 유튜브(YouTube)에서 빠른 말로 안내하는 것은 시청자의 지루함을 감소시키는 것과 함께 안내하는 사람의 말만 해석하고 말 속에 담긴 깊은 의미는 생각하지 말라는 심리적 의미가 내포되어 있다. 칠감은 생각하면서 사물을 해석하는 것이다. 칠감을 활용하기 위해서는 사고할 기회를 제공해야 한다.

넷째, 듣기와 읽기는 여덟 번째 감각인 팔감을 활용하여야 한다. 팔감은 자기중심적 사고에서 벗어나 사물의 존재를 있는 그대로, 다시 말하면 사물의 근본을 탐구하려는 것이다. 이에 비해 칠감은 사물의 근본 탐구보다 사고기제에 중점이 있다. 자신이 가진 지식의 영향을 받아 자기중심적으로, 즉 이기적으로 사고가 흘러갈 가능성이 높다. 사물의 있는 그대로의 모습을 탐구하는 점에서 팔감은 오감과 유사하다. 그러나 오감은 감각신경을 통해 들어오는 자극에 중점을 두고 기계적으로 받아들이는 데 비해, 팔감은 오감으로 느낄 수 없는 숨겨진 원리들을 발견하기 위해 노력한다.

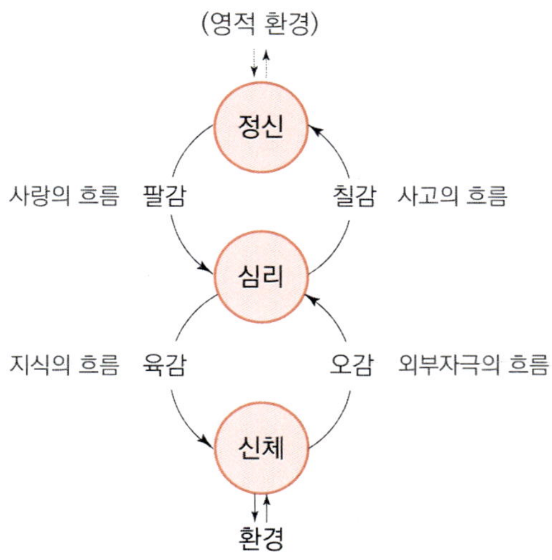

그림 2-4 팔감각의 흐름

CHAPTER 02 연습해 보기

■ 다음은 영화 「니벨룽겐의 반지」 스토리의 일부이다. 읽고 몇 가지 생각해보자.

색슨족의 침략으로 모두 죽고, 홀로 남은 잔텐 왕국의 어린 왕자 지그프리드는 이웃에 있는 군터 왕국의 대장장이 아이빈트에 의해 목숨을 건지고, 12년 동안 아이빈트를 양아버지로 모시며 대장장이로서 자랐다.

그러던 어느 날 유성이 떨어진 자리에서 아이슬란드의 여왕 브룬힐드와 만나, 결투를 하면서 서로 사랑에 빠졌다. 그들은 하룻밤을 보낸 후 다시 만날 것을 굳게 약속하며 유성에서 떨어진 운석을 나누어 가지고 헤어졌다. 지그프리드는 이 운석으로 명검을 만들어 마을 동굴에 신들의 금을 지키고 있던 용을 물리치고 수많은 보물과 니벨룽겐의 반지를 얻었다. 그리고 용의 피로 목욕하여 나뭇잎이 붙은 위치를 제외한 모든 몸에 칼이 들어가지 않는 불사신이 되었다. 니벨룽겐의 반지는 신들의 저주가 깃들어 있었다.

지그프리드는 브룬힐드 여왕을 그리워하여 군터 왕국의 공주 크림힐드의 유혹에도 넘어가지 않았다. 그러나 그녀가 주는 사랑의 묘약을 마신 뒤 그 약 성분으로 인해 브룬힐드 여왕을 기억하지 못하고, 크림힐드 공주와 사랑에 빠진다. 크림힐드의 오빠 군터왕은 지그프리드에게 크림힐드 공주와 결혼하려면 자신이 브룬힐드 여왕과 결혼하도록 도와 달라고 했다. 브룬힐드 여왕은 지그프리드만이 자기 자신을 이길 수 있다고 믿고 결혼 조건으로 자신과의 싸움에서 이겨야만 결혼할 수 있다는 조건을 내세우고 지그프리드를 기다리고 있었다. 군터왕은 자기 힘으로 도저히 브룬힐드 여왕을 이길 수 없기에 지그프리드의 힘을 이용하려고 한 것이다. 약 성분으로 인해 브룬힐드 여왕을 기억하지 못하는 지그프리드는 군터왕의 부탁을 들어주었다. 브룬힐드 여왕은 자신을 잊고 군터왕을 위해서 따라온 지그프리드를 증오하게 된다. 더구나 자신과 결투한 대상이 군터왕이 아니라 눈에 보이지 않는 망토를 쓴 지그프리드라는 느낌을 받아 증오심과 함께 연민의 정을 가지고 있었다.

브룬힐드 여왕은 군터왕과 결혼하고, 지그프리드는 크림힐드 공주와 결혼했다. 이후 브룬힐드 여왕과 지그프리드 사이를 오해한 크림힐드 공주는 브룬힐드 여왕을 모욕하였다. 브룬힐드 여왕은 지그프리드가 자신을 배신하고 군터왕을 돕고 있는 것도 증오스러운데, 자신이 공주에게 모욕당하도록 거짓을 꾸몄다고 믿고 증오심이 크게 치솟았다. 이에 군터왕의 삼촌에게 지그프리드를 죽이라고 했다. 사실 삼촌은 지그프리드가 군터왕을 지극히 돕고 있지만 결국은 왕을 배신할 것이라고 오해하여 죽이려는 마음을 먹고 있었다.
그러나 지그프리드가 불사신이라는 것을 아는 삼촌은 함부로 공격하지 못하였다. 그러다 공주에게 지그프리드를 지키기 위해서 신체의 가장 약한 부분을 알려 달라고 부탁하고 공주는 그 속임수에 넘어가 알려준다. 지그프리드의 약점을 알게 된 삼촌은 기회를 노려 지그프리드의 약한 부위에 창을 꽂아 죽였다. 한편 지그프리드의 약점을 삼촌에게 알려준 크림힐드 공주는 말 못 할 불안에 휩싸이며, 브룬힐드 여왕을 찾아가 그동안 모든 사실을 고백한다. 지그프리드는 여왕만을 사랑했으며 자기가 약을 먹여 기억을 잊게 만들었고, 모욕한 것도 지그프리드는 전혀 상관없고 자신이 질투심에 의해 꾸몄다는 것을 말했다.
여왕은 충격을 받았다. 지그프리드가 의도적으로 자신을 모른 체하고 모욕을 주었다고 생각했는데 사실은 피해자라는 것을 알고 지그프리드를 죽이라고 한 자신을 원망했다. 그러나 지그프리드는 죽어서 돌아왔다.

출처: 씨네21 (http://www.cine21.com/movie/info/?movie_id=17999)

■ 위 이야기를 보고, 다음에 대해 생각해 보자.

1. 남을 도와주기만 하다가 죽임을 당한 지그프리드는 어디에서부터 잘못이 있었을까?

2. 브룬힐드 여왕은 잘못한 것이 없을까? 있다면 어디에 있을까? 그리고 이후 어떻게 행동했을까?

3. 크림힐드 공주는 잘못한 것이 없을까? 있다면 어디에 있을까? 그리고 이후 어떻게 행동했을까?

4. 지그프리드를 죽인 군터왕의 삼촌은 잘못한 것이 없을까? 있다면 어디에 있을까? 그리고 이후 어떻게 행동했을까?

CHAPTER 02 연습해 보기에 대한 참고 의견

1. 남을 도와주기만 하다가 죽임을 당한 지그프리드는 어디에서부터 잘못이 있었을까?

- 영화 속에서 지그프리드는 여왕을 사랑했고, 단지 공주의 약에 의해 기억을 상실해서 사랑하는 여왕을 기억하지 못한 피해자이다. 그는 군터왕이 어려울 때마다 도와주었지만 왕의 권위를 걱정한 군터왕의 삼촌, 자기를 오해한 여왕, 그리고 사랑을 의심한 공주 모두에게서 억울하게 오해를 받고 끝내는 죽임을 당한다.
- 지그프리드는 잘못이 전혀 없이 피해만 입은 모습이다. 굳이 따지자면 공주가 주는 약을 마신 것이다. 여기서부터 자신의 불행이 시작된 것이다.

2. 브룬힐드 여왕은 잘못한 것이 없을까? 있다면 어디에 있을까? 그리고 이후 어떻게 행동했을까?

- 여왕은 진실로 지그프리드를 사랑했다. 군터왕과 결혼하여 지그프리드를 증오하면서도 속으로는 사랑했다. 그러나 공주가 거짓으로 자신에게 모욕을 준 후 생각이 크게 바뀌었다. 자신에게 의도적으로 모욕을 준 사실을 용서할 수 없었다. 그러나 여왕은 모든 것이 자신의 오해임을 깨닫고 지그프리드 옆에서 자결한다.
- 어쩌면 여왕도 잘못이 없어 보인다. 모든 사건이 그렇게 흘러가도록 유도하고 있다. 공주가 거짓으로 모욕만 주지 않았더라도 죽이라는 말을 하지 않았을 것이다. 그러나 여왕은 모욕을 주었다고 생각한 지그프리드와 직접 대화를 나누어 보지 않았다. 만약 그렇게 했다면 오해가 풀렸을 수 있다.

3. 크림힐드 공주는 잘못한 것이 없을까? 있다면 어디에 있을까? 그리고 이후 어떻게 행동했을까?

- 공주는 지그프리드를 너무나 사랑했다. 사랑하는 사람을 차지하고 싶어 약을 먹이고 자신의 남자로 만들었다. 그러나 밤에 여왕의 허리띠를 몰래 가지고 오는 지그프리드를 오해하고, 그 허리띠를 가지고 여왕에게 자기 남편과 몰래 관계를 가지는 나쁜 여자로 모욕을 주었다. 사실 여왕의 허리띠는 여왕의 힘의 상징으로서 항상 허리에 차고 있는 것이다. 지그프리드가 가지고 온 것은 허리띠의 힘 때문에 여왕에게 접근도 못 하는 군터왕이 지그프리드에게 부탁하여 허리띠를 가져가라고 한 것이다. 지그프리드는 곤란한 부탁을 거절하였으나, 워낙 간절한 부탁을 이기지 못하고 눈에 보이지 않는 망토를 쓰고 군터왕과 여왕이 있는 침상에 들어가 허리띠를 풀어 가져온 것이다.
  공주는 알 턱이 없었다. 삼촌에게 속은 자신의 어리석음에 분통을 터드린 공주는 후에 다른 나라의 왕과 결혼하여 군사력을 키운 후 군터왕, 삼촌, 오빠 등 모두를 전멸시킨다.

- 공주의 잘못은 두 가지이다. 하나는 약을 먹인 것이고, 다른 하나는 오해를 한 것이다. 남편의 뜻을 제대로 읽지 못한 것이다.

4. 지그프리드를 죽인 군터왕의 삼촌은 잘못한 것이 없을까? 있다면 어디에 있을까? 그리고 이후 어떻게 행동했을까?

- 군터왕의 삼촌은 약한 왕이 강한 지그프리드에 의해 피해를 입을까 두려웠다. 왕의 약점을 잘 알고 있는 지그프리드를 제거하여야 왕이 안전해질 것이라고 생각했다. 그러나 지그프리드가 불사신이라 함부로 손댈 수 없음에도 죽음을 각오하고 지그프리드를 죽였다. 개인의 욕심이 아니라 왕의 안전이었다. 어떻게 보면 충신이다. 나중에 공주에 의해 죽임을 당한다.
- 그러나 지그프리드의 착한 마음을 읽지 못한 것은 충신여부를 떠나 잘못된 것이다.

(*이 영화는 전반적으로 듣기와 읽기를 잘못하고 표현도 잘못한 것을 보여준다.)

■ Quiz에 대한 해설

01 듣기는 청각을 중심으로 정보를 수집하는 것이고, 읽기는 시각을 중심으로 정보를 수집하는 것이므로 상호 별개로 작동한다. **해설** 일반적으로 듣기는 청각을 중심으로 정보를 수집하는 것이고, 읽기는 시각을 중심으로 정보를 수집하는 것이 맞다. 그러나 바람직한 읽기와 듣기는 모든 감각기관이 통합하여 작동한다. 예를 들면 소리가 나는 쪽으로 몸을 돌려 소리를 내는 대상을 주시하는 것, 말은 부드럽게 하면서 표정이 험악해 있는 경우 등이다.	(X)
02 청각은 다른 감각에 비하여 감정과 깊은 관련성이 있다. **해설** 청각은 다른 감각에 비하여 감정과 깊은 관련성이 있다. 맞는 말이다.	(O)
03 듣기와 읽기는 개인의 역량 함양, 창의성 함양 등에는 영향을 주지만, 사랑의 마음을 유발하거나 감정조절, 리더십과는 관계가 없다. **해설** 듣기와 읽기는 정보를 수집하여 표현하는 기반이므로 특정 영역에만 영향을 주는 것이 아니라 인간의 모든 발달 영역에 영향을 준다. 특히 개인의 역량 함양, 창의성 함양, 사랑의 마음, 감정조절, 리더십에 영향을 준다.	(X)
04 읽기에는 건성으로 읽는 것과 의도적으로 읽는 것이 있지만, 듣기는 그냥 들리는 것이므로 이러한 구분은 없다. **해설** 읽기나 듣기나 모두 건성으로 이루어지는 것과 의도적으로 이루어지는 것이 있다. 자신과 관련성이 없으면 듣기나 읽기나 모두 건성이 될 수 있다. 그러므로 반드시 자신과 관련 지우는 것이 필요하다.	(X)
05 사물을 받아들일 때, 오감과 육감은 같은 것의 다른 표현이다. **해설** 오감은 외부정보를 받아들이는 시각·청각·미각·후각·촉각 등을 말한다. 육감은 학습된 지식으로 무의식으로 들어오는 자극을 해석하는 것이다. 그러나 정보 수용과 해석이 거의 동시에 이루어지므로 오감과 육감이 같은 것으로 착각하기 쉽다. 영아들은 아직 아무것도 모르기 때문에 있는 그대로 받아들여 관찰력이 더 높다.	(X)
06 칠감은 생각하면서 사물을 받아들이는 것으로, 육감에 비하여 시간이 더 소요된다. **해설** 칠감은 생각하면서 사물을 받아들이는 것이므로 의식적으로 실행된다. 따라서 자동적으로 작동하는 육감에 비하여 시간이 더 소요된다.	(O)
07 아는 것만큼 받아들이는 것은 육감이다. **해설** 아는 것만큼 받아들이는 것은 육감이다. 보는 것만큼 받아들이는 것은 오감이고, 생각하는 것만큼 받아들이는 것은 칠감이다.	(O)

08 사랑하는 것만큼 받아들이는 것은 팔감이다. 해설 팔감은 신체, 심리와 독립된 영적 자유로운 존재이므로 자아에서 벗어나 사물을 있는 그대로 수용하는 힘이 있다.	(O)
09 프랭클(Frankl)에 의하면 인간은 신체 · 심리 · 정신의 3차원이 있다. 이 중 정신은 다른 동물들은 가지고 있지 않고 인간만이 가진 것으로 환경으로부터 완전 자유로운 존재이다. 해설 프랭클에 의하면 인간은 신체·심리·정신의 3차원이 있다. 이 중 정신은 동물들이 가지고 있지 않은 것으로 환경으로부터 완전 자유로운 존재이다. 이에 비해 신체와 심리는 밀접하게 연결되고, 환경의 지배를 받는다. 동물은 신체와 심리만 있으므로 환경에 예속되어 있으나, 인간은 자유롭다. 따라서 환경의 자극에 구속되어 벗어나지 못하면 동물적 상태에 머물러 있는 인간이 된다.	(O)
10 때로 육감, 칠감 등을 배제하고 오감만으로 사물을 받아들이는 것이 필요하다. 해설 때로 육감, 칠감 등을 배제하고 오감만으로 사물을 받아들이는 것이 필요하다. 사물을 있는 그대로 받아들이면서 기존 생각과는 다른 아이디어를 생성할 수 있는 계기가 된다.	(O)

창의적 말하기와 글쓰기

PART Ⅱ

창의적 말하기

CHAPTER **03**

상대방을 이끄는 말하기

내가 바칠 것은
피와 땀과 눈물밖에 없습니다.

– Winston Leonard Spencer–Churchill –

내가 바칠 것은
____와 ____과 ____밖에 없습니다.

– ____________________ –

■ 학습목표

1. 인간관계와 리더십의 관련성을 설명할 수 있다.
2. 리더십의 의미와 유형을 설명할 수 있다.
3. 상대방을 이끄는 말하기의 방법을 설명할 수 있다.

■ Quiz

다음 말이 상대방을 이끄는 말로써 적합하다고 생각하면 O, 그렇지 않다고 생각하면 X표를 하십시오.

01 관계가 서먹한 친구에게 나의 일을 부탁하고 들어주지 않으면, 다른 친한 친구에게 그가 나쁘다고 비난한다.	(O, X)
02 팀 과제를 할 때 개인에게 주어진 분량을 지키도록 강요하고, 지키지 못할 때는 비난한다.	(O, X)
03 팀 과제에서 자신에게 할당된 과제를 수행하지 못한 친구에게, 팀장의 권위로 추가 기간을 주고 그 기간 내에 해내도록 말한다.	(O, X)
04 팀 과제에서 개인별 부과된 과제를 방치하는 친구에게, 정해진 기간이 될 때까지 아무 말도 하지 않는다.	(O, X)
05 사랑하는 연인의 마음을 떠보기 위해, 무시하는 말을 하거나 나를 위해 무엇을 해 달라고 요구한다.	(O, X)
06 마음과 일치되는 일관된 행동은 중요하므로, 상황과 관계없이 내 마음을 그대로 표현한다.	(O, X)
07 나의 발전을 위해 거울을 보면서 나의 꿈, 나의 행동, 나에 대한 칭찬을 수시로 한다.	(O, X)

읽고, 생각하고, 말해보기

리더십과 인간관계

박원혁

어느 날 카페에 앉아 있으니 옆자리에서 "나는 ENTP인데 넌 뭐야?", "난 ISTJ야", "그래 난 INFP"인데 라는 말이 들렸다. 처음에는 그들이 무슨 말을 하는지 즉시 이해가 되지 않았다. 그러나 조금 더 생각해보니 융(Jung)의 성격이론에 기반을 둔 MBTI 유형을 말하고 있었다. 그 이후 카페 등에서 MBTI의 성격유형을 말하는 것이 자주 들렸다. 자신의 성격유형을 당당하게 말하는 모습을 보고 한편으로 매우 놀랐다. MBTI 성격유형은 자신의 성격과 일치되는 문항을 스스로 선택하여 나타낸 것이므로 자신의 성격을 적나라하게 표현하는 것과 같다. MBTI의 유형은 외향형(E)과 내향형(I), 감각형(S)과 직관형(N), 사고형(T)과 감정형(F), 인식형(P)과 판단형(J) 중 하나를 스스로 선택한 것이므로 ENTP 형은 '나는 외향적이며 직관적으로 생각하며, 판단보다는 인식하는 형이야.'라고 말하고 있는 것이다. 여기서 MBTI 유형은 상호 깊은 이해를 통해 관계를 더 돈독히 하는 데 도움을 줄 수 있을 것이다.

MBTI 유형과 마찬가지로 개인의 리더십 유형도 카페처럼 개방된 자리에서 스스럼없이 나온다면 어떨까? 예전에는 리더십은 한 집단의 리더만이 가지고 있는 특성으로 생각하였지만, 오늘날은 일상생활에서 개인과 개인과의 관계에서도 리더십은 존재한다고 보고 있다. 상대방을 리드하는 유형에 따라 두 사람 간의 인간관계가 결정되기 때문이다. MBTI 유형이 상대방을 이해하는 데 도움이 된다면 리더십 유형은 두 사람 간의 관계가 어떻게 형성될 것인지 예측하게 해 줄 수 있다. 만일 두 사람 간에 갈등과 충돌이 빈번하다면 각자의 리더십 유형을 생각해 볼 필요가 있다.

1. 인간관계와 리더십

Waldinger는 인간에게 가장 중요한 것은 관계라고 했다. 본 저서의 저자 중 한 명인 박영태 교수는 매일 오후 한 시간가량 등산을 한다. 걷기 위한 것이 아니라 자연과 친구의 마음을 나누기 위해서라고 한다.

'너희들은 언제나 나와 생각이 같은 친구들이야. 너희는 내가 기쁠 때나 힘들 때나 언제나 변함없이 나와 같은 생각을 가져 주어서 정말 고맙다.'라는 말을 하면서 마음이 편안해진다고 했다. 그러나 그는 자연과의 일치된 마음도 좋지만 보다 더 중요한 것은 사람과 일치된 생각을 가질 때 더 편안하다고 했다. 자연은 법칙에 따라 움직이므로 나와 자연의 관계가 부정적으로 되는 것이 오히려 어렵지만, 인간관계는 개인의 특성에 따라 달라지므로 긍정적으로 되기가 더 어렵다는 것이다.

모든 인간관계의 기본 단위는 삼자관계로 이루어진다. 나와 너, 그리고 이를 매개해 주는 '무엇'이다. 매개해 주는 무엇은 사람일 수도 있고, 사물이거나 사건일 수도 있다. 삼자관계는 나와 너의 관계, 나와 무엇의 관계, 너와 무엇의 관계 등 3개의 관계로 이루어진다. 삼자관계는 기본적으로 나와 너가 이 무엇에 어떠한 생각을 가지느냐에 따라 균형 또는 불균형관계로 형성된다.

균형관계는 [그림 3-1]과 같이 삼자관계에서 나타난 부정적 관계(−)의 수가 짝수이거나 부정적 관계가 없는 경우로 쉽게 변화되지 않는 관계를 말한다. 불균형관계는 [그림 3-2]와 같이 부정적 관계(−)의 수가 홀수로서 세 개의 관계 중 어느 한 관계가 변화해야 하는 처지에 있는 불안한 관계를 말한다(박영태, 2004).

균형관계와 불균형관계는 변화를 요구하는 순간이 동반되느냐, 아니냐의 관계를 말하는 것이지 나와 너의 관계가 좋거나 나쁜 관계를 말하는 것은 아니다. 나와 너의 관계가 (+)이면 좋은 관계이고, (−)이면 나쁜 관계이다.

[그림 3-1]에서 균형관계 A는 나와 너 모두 사과를 좋아하므로(+) 나와 너의 관계도 역시 좋다(+). 혹은 나와 너 모두 사과를 좋아하지 않으므로(−) 나와 너의 관계에

서 사과 때문에 관계에 균형이 깨어질 일은 없다. 이에 비해 균형관계 B는 나와 너의 관계(−), 너와 사과의 관계(−), 나와 사과의 관계(+)에서 부정적 관계(−)가 짝수이므로 균형관계를 이루고 있으나, 나와 너의 관계는 부정적 관계(−)이다. 이 관계는 안정적 관계이므로 변화 없이 지속될 수 있다. 만일 나와 너의 관계를 긍정적 관계(+)로 만들려면 나와 너가 친해지자고 말하기보다 내가 사과를 싫어하든지(−), 아니면 너가 사과를 좋아하면(+) 된다. 그러면 나와 너의 관계는 자연스럽게 좋아질 것이다.

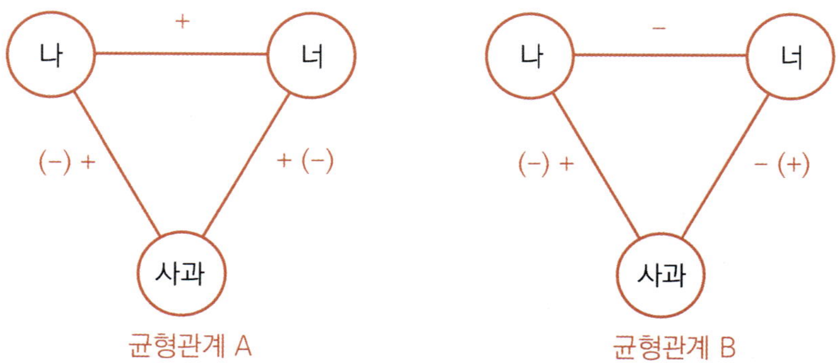

| 그림 3-1 | 균형관계

[그림 3-2]에서 불균형관계 A는 나와 너가 모두 사과를 좋아하나(+), 나와 너의 관계는 좋지 않다(−). 이에 비해 불균형관계 B는 나와 너의 관계는 좋으나(+), 너와 사과의 관계는 좋지 않고(−), 나와 사과의 관계는 좋다(+). 여기서 부정적 관계(−)가 홀수이므로 불균형관계를 이루고 있으나, 나와 너의 관계는 긍정적일 수도(+), 부정적일 수도(−) 있다. 그러나 이 관계는 불균형이므로 어느 한 관계가 변화되어야 하는 순간에 있다. 이 관계에서는 약한 관계가 변할 가능성이 가장 높다. 예를 들면, 불균형관계 A에서 나와 네가 사과를 좋아하는 강도가 매우 높다면 나와 너의 관계는 좋아질 것이고, 그렇지 않고 나와 너 간의 관계가 매우 좋지 않다면 나와 너 중에 누군가는 사과를 싫어하게 될 것이다. 불균형 관계 B에서는 나와 사과에 대한 긍정적 관계(+)와 너의 사과에 대한 부정적 관계(−)가 매우 강하다면, 나와 너의 관계는

긍정적 관계에서 부정적 관계로 바뀌게 될 것이다. 이른바 사과 때문에 두 사람이 헤어지게 되는 결과가 초래된다. 반면에 나와 너의 긍정적 관계(+)가 매우 강하다면 둘 중 한 사람의 사과에 대한 관계가 바뀌게 될 것이다. 이른바 "그래 네가 사과를 좋아한다면 나도 좋아할게."가 이루어진다.

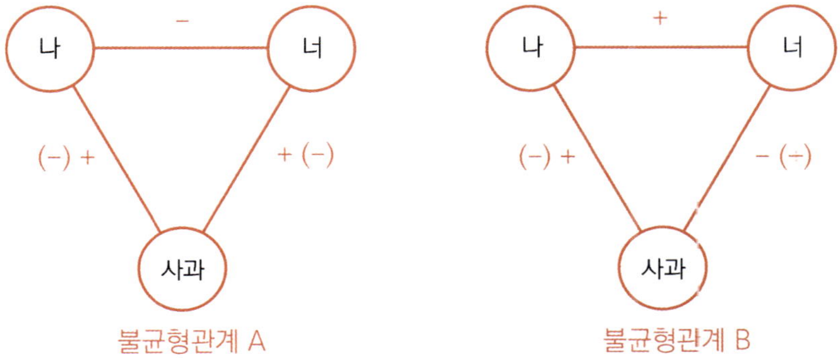

| 그림 3-2 | 불균형관계

이 삼자관계에서 두 사람의 관계는 인간관계를 중시할 것인가? 과업(여기서는 사과)을 중시할 것인가에 따라 결정된다고 유추할 수 있다. 여기서 인간관계는 리더십과 연결된다. 관계를 중시할 것인지? 과업을 중시할 것인지? 상황을 중시할 것인지? 판단하는 것은 바로 리더십의 특성이기 때문이다.

잠깐!!

삼자관계 연습

※ 특정 인물과 사물, 사건 등을 떠올리고, 그에 대한 균형관계와 불균형 관계를 설정해 봅시다. 불균형 관계에서 어느 관계를 변화시켜 균형관계로 만들겠습니까? 이를 도식화하는 것만으로도 자신이 관계를 중시할 것인지, 과업을 중시할 것인지의 판단에 도움이 될 것이다.

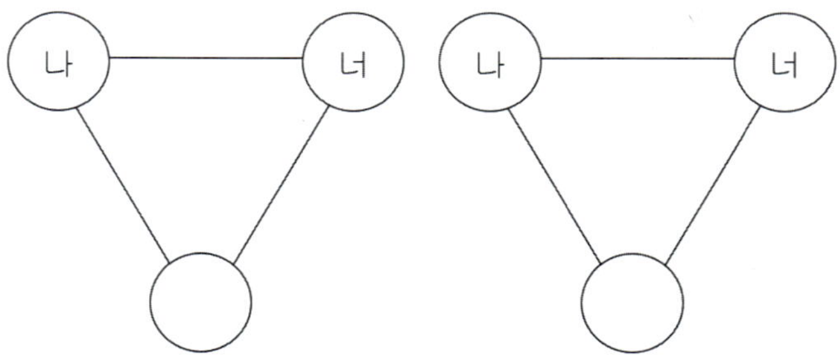

2. 리더십의 의미와 유형

리더(leader)는 조직의 목적을 달성하기 위해 조직 구성원들을 도와 그들을 선발하고 평가하고 개발하고 유지시키는 역할을 수행한다(Steward, Manz, & Sims, 1999). 이러한 리더의 역할에 의해 집단이나 조직에만 리더가 존재하는 것으로 생각하기 쉽다. 그러나 일상생활 속의 나와 너의 관계에서도 인간관계를 구성하고 이끌기 위해 리더는 존재한다. 심지어 혼자의 생활에서도 자신을 이끌어 주는 셀프리더가 존재한다. 모든 인간은 자신을 포함하여 다른 사람을 이끄는 리더이다.

따라서 리더십(leadership)은 특정 조직의 리더가 갖추어야 하는 덕목에서 모든 개인이 갖추어야 하는 덕목으로 확산되고 있다. 리더십은 공동목표를 달성하기 위하여

한 개인이 집단성원들에게 영향을 미치는 과정이며(Northouse, 2004), 사람들로 하여금 공동목표를 달성하는 데 따라오게끔 영향력을 행사하는 과정이다(Koonts & O'Donnel, 1976). 다시 말하면 리더십은 목표달성을 위해 리더가 집단 맥락 내에서 구성원에게 영향력을 행사하는 과정이다. 여기서 리더십은 기본적으로 과정(process), 영향(influence), 집단맥락(group context), 목표 달성(goal attainment)이라는 핵심요소를 가진다(Northouse, 2004; 박원혁, 2016에서 재인용).

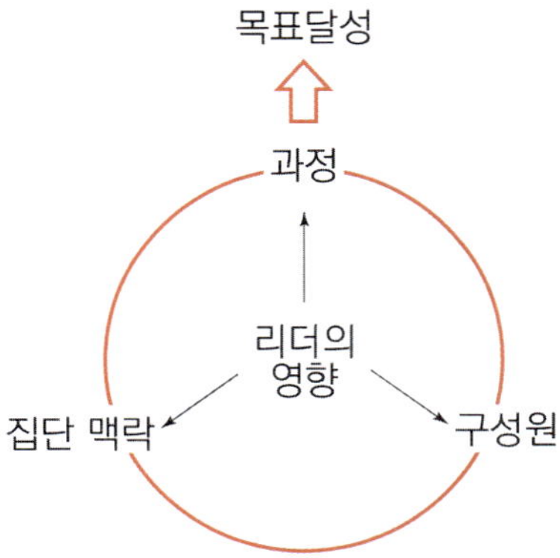

| 그림 3-3 | 리더의 의미

박원혁(2016)은 이러한 네 가지 핵심요소와 관련시켜 리더십 이론의 변화를 다음과 같이 정리하였다.

20세기 초부터 1980년대 초반까지 등장한 전통적 리더십(traditional leadership theories)은 목표달성과 집단맥락을 중시한다. 다시 말하면 전통적 리더십은 주로 조직의 효과성에 중점을 두고 이 조직의 효과성을 위해 필요한 것이 무엇이냐에 따라 리더의 특성이론과 행동이론, 그리고 상황에 따른 효과의 차이를 중시한 상황이론이 주였다.

이에 비해 1980년대부터 소개된 신조류리더십이론(new leadership theories)은 리더는 비전을 지녀야 하며 하위자에게 강한 정서적 반응을 이끌어내는 과정과 영향을 중시한다(최수일, 2006). 신조류리더십이론은 변혁적 리더십(transformational leadership), 서번트 리더십(servant leadership), 거래적 리더십(transactional leadership), 윤리적 리더십(moral leadership), 진성 리더십(authentic leadership), 슈퍼 리더십(super leadership), 셀프 리더십(self leadership) 등 여러 명칭의 리더십이 나타나고 있다. 이러한 리더십에서 몇 가지를 소개하면 다음과 같다.

첫째, 전통적 리더십 이론은 어떤 특정한 상황 하에서 조직의 목적을 가장 효과적으로 달성하기 위해 리더가 조직구성원을 어떻게 대하느냐에 중점을 두고 있다. 이에는 특성 이론적 접근방법, 행동 이론적 접근방법, 상황 이론적 접근방법이 있다.

- 특성 이론적 접근: 효과적인 리더와 비효과적인 리더를 구별하는 다양한 리더의 특성을 확인하는 것에 중점을 두고 있으며, 리더의 특성을 갖추지 못하면 그 사람은 리더가 되지 못한다고 본다(Stogdill, 1974).
- 행동 이론적 접근: 리더십 행동과 리더십 유효성 간의 관계에서 최선의 리더십 행동 유형을 탐색하는 것이다. 리더십 행동 중 인간관계를 중시하는 배려와 과업달성을 중시하는 구조주도라는 두 차원의 리더십 행동에 초점을 맞추고 있다. 일부 연구들(Nystron, 1978)은 관계와 과업 달성 두 차원의 리더십 행동이 모두 높을 때 리더십이 가장 효과적이라는 가설을 주장한다.
- 상황 이론적 접근: 구성원의 개인차를 인정하면서 리더의 행위가 상황에 적합할 때 리더십이 효과적으로 발휘된다는 것이다. 특히 부하들의 성숙도에 따른 리더십행동을 분석한 허쉬와 블랜차드(Hersey & Blanchard, 1988)의 상황대응이론에 의하면 리더는 구성원의 성숙수준이 가장 낮은 상황에서는 과업지향적이어야 하고, 성숙수준이 중간 정도인 상황에서는 관계지향적이어야 하며, 성숙수준이 가장 높은 상황하에서는 의사결정 권한을 부하에게 대폭 위양을 해주어야 한다(Yukl, 2002).

둘째, 변혁적 리더십은 조직의 사명과 비전의 달성을 위해 조직의 주요 변화과정을 주도하면서, 동시에 구성원의 개별적 가치를 존중하고, 스스로 업무에 대한 확신감을 가질 수 있도록 동기를 부여하여 기대 이상의 성과를 가져오게 하는 리더십이다(Bass, 1985). 변혁적 리더십의 요소로 카리스마, 영감적 동기부여, 개별적 배려, 지적 자극이 제시되고 있다(Burns, 1978).

- 카리스마: 구성원들이 확신감을 가지고 리더를 신뢰하고 존경하며 나아가 리더와 동일시하는 긍지를 갖도록 하며 비전과 사명감을 제공하는 것이다.
- 영감적 동기부여: 감각과 직관에 호소하여 구성원을 격려하고 기운을 북돋움으로써 자신감을 가지고 업무에 열심히 매진하도록 하는 것이다.
- 개별적 배려: 개인이 가지는 욕구의 차이를 인정하며 잠재력을 개발하도록 관심을 기울이는 것이다. 즉 개별적 구성원의 관점에서 사물을 바라보며 구성원의 욕구를 충족시키면서 조직목표달성을 추구한다.
- 지적 자극: 구성원의 이해력과 합리성을 드높이고, 문제해결 방법에 대한 인식을 새로운 방향으로 각성시키는 것이다. 즉 리더가 새로운 아이디어를 유입하여 구성원에게 도전감을 느끼게 하고, 기존 문제를 다시 한번 생각해 보게 만들어 새로운 시각의 사고방식을 가지도록 돕고 자극하는 것이다.

셋째, 거래적 리더십은 리더와 구성원 간 계약에 의해 합의된 목표를 달성하였을 시 구성원에게 약속한 보상을 제공하는 교환관계이다(Bass, 1985). 리더는 내재적 동기요인보다 외재적 동기요인을 이용한다. 구성원들에게 요구되는 성과를 명확히 제시하고 이를 달성하였을 때에 보상을 약속함으로써 동기를 유발한다. 또한 업무달성의 약속을 지켰을 때는 약속했던 보상과 더불어 아낌없는 칭찬을 제공한다(Bass, 1990). 거래적 리더십은 조건적 보상, 예외에 의한 관리로 구성된다.

- 조건적 보상: 구성원의 동기유발을 위해 과업 달성과 보상을 명료하게 제시하는 것이다.
- 예외에 의한 관리: 구성원이 과업의 실패 또는 기준으로부터 이탈 시(즉 과업달성에서 예외가 발생할 시) 리더가 개입하는 방법을 말한다. 만약 구성원이 직무를 성공적으로 수행하면 예외관리의 대상이 아니다. 예외에 의한 관리는 구성원의 수행이 잘못되어 갈 때만 몇 가지 수정을 위해 개입하는 '소극적 예외에 의한 관리'와

구성원의 실수와 규칙 위반을 빈틈없이 지켜보면서 작업수행을 적극적으로 간섭하는 '적극적 예외에 의한 관리'가 있다.

넷째, 서번트 리더십은 구성원의 인격을 존중하면서 그들 스스로 잠재력을 발휘할 수 있도록 도와주고 이끄는 섬기는 리더십이다. 이른바 앞장서서 이끄는 리더는 구성원의 주인이 아니라 구성원으로부터 위임받은 권한을 행사하는 종이라는 것이다. 서번트 리더십의 리더가 수행하여야 하는 역할은 학자에 따라 다양하게 제시되고 있다. 스피어스(Spears, 1995; 이언영, 2017에서 재인용)는 서번트 리더십의 하위 행동 특성을 경청(listening), 공감(empathy), 치유(healing), 인지(awareness), 설득(persuasion), 비전 제시(presentation of a vision), 통찰력(foresight), 청지기 정신(stewardship), 성장 지원(commitment to the growth of people), 공동체 구축(community building) 등 10가지로 제시하고 있다. 몇 가지 주요 개념을 보면 다음과 같다.

- 비전 제시: 비전을 조직 내의 목표와 통합시켜 명백한 수행방향을 제시하는 것이다.
- 청지기 정신: 리더가 의사결정을 하거나 행동을 할 때 그러한 결과가 본인 자신의 욕구보다 조직 구성원의 요구를 우선시하는 것을 의미한다.
- 성장지원: 구성원이 능동적으로 업무에 몰입할 수 있도록 지원하고, 잠재력을 발휘하도록 돕는 것이다.
- 공동체 구축: 구성원이 개인적인 성과보다는 전체의 성과를 중요하게 인식하는 공동체 의식을 가지도록 하는 것이다.

다섯째, 진성 리더십은 리더가 자신의 참되고, 정직한 행동을 보여주고(예: 자신의 실수를 인정하는), 다른 사람들에게 진실되게(예: 다른 사람들에게 오직 진실만을 얘기하고), 자신의 가치관을 반영하여 행동하는 리더십이다(Walumbwa, et al., 2008; 김애경, 2019에서 재인용). 이에 진성 리더는 자신의 가치관과 신념을 깊이 인식하고 있으며, 자신감이 있고, 참되며, 의지할 수 있으며, 신뢰할 수 있다. 진성 리더는 구성원의 강점을 키우고, 그들의 사고력을 넓히고, 긍정적이고 매력적인 조직 환경을 조성하는 데 중점을 둔다(Ilies et al., 2005; 김애경, 2019에서 재인용). 진성 리더십은 자기인식(self-awareness), 내면화된 도덕관점(internalized moral perspective), 균형 잡힌 정보처리(balanced information processing) 및 관계적 투명성(relational transparency)을 중시한다(Walumbwa et al., 2008).

- 자기인식: 리더가 내면으로 주의를 기울여 자신의 행동을 이해하는 것이다. 이를 통해 구성원에게 리더가 추구하고자 하는 방향을 명백하게 인지시킬 수 있다.
- 내면화된 도덕관점: 리더의 핵심 신념과 행동이 얼마나 일치하는지를 나타내는 것으로 구성원들에게 리더의 행동 일관성을 보여준다. 리더가 자신을 희생하면서까지 다른 사람들에게 올바른 행동을 하는 것이다.
- 균형 잡힌 정보처리: 결정을 내리기 전에 논쟁의 모든 측면을 경청하는 것을 말한다. 이는 관련 정보를 공개적, 객관적으로 분석한 후에 결정하는 것이다.
- 관계적 투명성: 정보를 공개적으로 공유하는 것이다. 다시 말하면 리더가 실수를 인정하고, 정확하게 말함으로써 리더에 대한 신뢰를 증진시키는 방안이다.

여섯째, 셀프 리더십은 개인의 목적을 달성하기 위해 의도적으로 자신의 생각, 감정, 행동에 영향을 미치는 행위이다(Bryant & Kazan, 2012). 즉 자기주도(self-direction)와 자기동기화(self-motivation)를 위해 자신에게 영향을 주는 과정이다(Manz, 1983). 셀프 리더십의 구성요소로 행동전략 – 자기관리, 보상전략 – 자연적 보상, 사고전략 – 건설적 사고 등이 제시되고 있다(Manz & Sims, 1990).

- 행동전략: 자신의 행동을 관찰하여 그 원인을 알아보고 자신을 효과적으로 관리하는 데 필요한 정보를 얻는 방법이다(Manz & Neck, 1999). 행동전략을 잘 하기 위해서는 자기목표설정, 연습, 자기실행 등을 잘 하여야 한다.
- 보상전략: 행위의 결과에 대하여 인정을 받는 방법이다. 보상은 스스로 유능감을 느끼고, 자기조절을 하도록 도와준다.
- 사고전략: 아직 이루어지지 않은 현재 상태를 출발점으로 하여 문제해결의 목적

상태에 도달하도록 방향을 잡는 전략이다(Dewey, 1916; 이인학, 2003에서 재인용).

성격	리더십	구성 요소
목표달성의 효용성	**전통적 리더십**	리더의 특성 / 과업 중심 / 관계 중심 / 상황 중심
구성원의 개별적 가치를 존중	**변혁적 리더십**	카리스마, 영감적 동기부여, 개별적 배려, 지적자극
계약과 보상의 교환관계	**거래적 리더십**	조건적 보상, 예외에 의한 관리
구성원의 인격 존중 잠재력을 발휘	**서번트 리더십**	경청, 공감, 치유, 인지, 설득, 비전 제시, 통찰력, 청지기 정신, 성장 지원, 공동체 구축
자신의 가치관과 신념을 반영	**진성 리더십**	자기인식, 내면화된 도덕관점, 균형 잡힌 정보처리 및 관계적 투명성
자기주도와 자기동기화	**셀프 리더십**	행동전략–자기관리, 보상전략–자연적 보상, 사고전략–건설적 사고

❙그림 3–4❙ 주요 리더십 이론의 성격

3. 상대방을 이끄는 말하기

실존주의 철학자 야스퍼스(Jaspers)에 의하면 '우리는 결정하는 존재이다'. 결정하는 존재에게는 자유가 있다. 자유는 자기 삶의 방향을 스스로 선택할 기회를 가진 것을 의미한다. 여기서 모든 사람은 지시를 받는 수동적 존재가 아니라 근본적으로 자신과 타인에게 영향을 주는 자유로운 존재, 즉 리더(leader)라는 것을 말해준다.

프랭클(Frankl, 1970)에 의하면 자유로운 결단이 불가능한 것에 대해서는 도덕적인 책임이 없다. 따라서 자유로운 리더에게는 항상 책임이 따른다. 타인을 리드(lead)하든 자신을 리드하든 리드할 때는 타인 또는 자신의 발전에 대한 책임이 따른다. 그러므로 우리는 리더로서 타인 또는 자신에게 책임을 질 수 있는 '말하기'가 필요하다. 앞에서 제시한 리더십 이론으로서 다음과 같은 상대방을 이끄는 말하기를 생각해 볼 수 있다.

첫째, 상대방과 긍정적 관계를 맺기 위해서는 어떤 대상에 대하여 상대방과 같은 생각으로 말하여야 한다. 상대방이 나와 같은 생각을 갖도록 하기 위해서는 평소에 상대방과 강한 긍정적 관계를 형성하는 것이 필요하다. 이를 위해 상대방의 의견을 존중하는 말을 하여야 한다.

둘째, 상대방과 함께 일을 하거나 놀이를 할 때 일 자체를 강조하거나 두 사람의 관계를 중시하는 말을 할 수 있다. 나아가 주어진 상황 특히 상대방의 조건을 고려하여 말하는 것이 필요하다.

셋째, 상대방이 나를 믿고 따르게 하기 위해서는 상대방을 배려하고 격려하며, 문제해결과 관련된 좋은 지적 자극을 주는 것이 근본적으로 필요하다. 이를 위해 상대방이 공감하는 카리스마를 가져야 한다. 카리스마는 잘난 체하는 말로서 형성되는 것이 아니라 자신의 능력, 상대방에 대한 존중과 배려, 격려, 좋은 지적 자극이 병행할 때 형성된다. 한번 형성된 카리스마는 자신의 말에 권위를 부여하여 상대방을 쉽게 따르도록 만든다.

넷째, 상대방이 약속을 잘 지켰을 경우에는 자신도 약속을 잘 지키고 나아가 약속을 지킨 데 대해 많은 칭찬을 상대방에게 하여야 한다. 조금이라도 약속과 어긋나는 말을 할 때는 신뢰를 잃게 된다. 상대방이 약속을 지키지 못하는 상황이 보일 때에는 약속을 지키도록 도움을 주는 말을 한다.

다섯째, 상대방에게 겸손하게 말을 하여야 한다. 겸손한 말은 자신을 낮추는 말이 아니라 상대방의 인격을 존중하고, 자존감을 지켜주며 스스로 잠재능력을 발휘하도록 지원하는 말이다. 이때 자신의 이익이 우선이 아니라 상대방의 자존감이 우선이 되어야 한다. 이를 위해 상대방의 말에 경청하고 공감하며 상대방의 발전에 도움이 되는 아이디어를 말하여야 한다.

여섯째, 자기 자신의 내면과 일관성 있는 말을 하여야 한다. 여기서 내면과의 일관성이란 상대방의 생각과 관계없이 자신의 생각을 말하는 것이 아니다. 오히려 상황과 관련된 모든 측면의 정보를 경청하고 분석하여 자신의 마음도 그에 일치하게 만들어 진실성 있게 말하는 것이다. 한마디로 가식적 말을 하지 않는 것이다.

일곱째, 공자(孔子, Confucius)의 말씀, '수신제가치국평천하(修身齊家治國平天下)'처럼 자기 자신을 잘 이끄는 것은 상대방을 잘 이끄는 것의 출발이므로, 자신의 발전을 위한 긍정적 말을 하여야 한다. 자신의 행동을 관찰하는 말, 미래의 목적을 세우는 말, 목적 실행과 관련된 현재의 행동 수정의 말, 잘 수행하고 있는 자신에 대한 보상의 말 등을 하는 것이 필요하다.

CHAPTER 03 연습해 보기

■ 다음 글을 읽고, 생각해보자.

1. 어느 지위 높은 귀부인이 하루는 듀마에게 말했다. 자네 부친께서 몸가짐이 좋지 않으셨던 것은 참으로 한심한 일이야 그 말에 듀마는 대답했다. 무엇이라고 말했을까? (심일섭 역, 2002)

2. 직원들을 잔심부름꾼으로 취급하는 독재적인 사장이 있었다. 그의 말투는 "이렇게 하세요. 저렇게 하세요. 이젠 이 일을 하세요. 결정은 내가 합니다."라는 식이다. 심지어 실천단계에 있는 계획을 갑자기 무시하여 처음부터 다시 하라고 하기도 하였다. 직원들은 의사결정에서 소외되었고, 불만은 쌓여 갔다(Covey, 2003; 김경섭 역, 2017).

   1) 위 예에서 사장이 발휘하는 리더십은 어떤 문제가 있는가?

   2) 당신이 이 사장의 부하라면 어떻게 행동할 것인가?

CHAPTER 03 연습해 보기에 대한 참고 의견

듀마는 이렇게 말했다.

"아닙니다. 왕비전하, 아버님은 저의 모범은 못 되시지만 핑계는 됩니다."라고 했다. 직접적으로 아버지의 결함을 말하지 않으면서 간접적으로 왕비의 말을 인정해 주었다.

2-1) 위 예에서 사장이 발휘하는 리더십은 어떤 문제가 있는가?

- 사장은 리더로서의 특성이 부족하다.
- 사장은 과업중심적이고 구성원과의 관계를 무시하고 있다.
- 사장은 스스로 카리스마가 있다고 착각하고 있을 뿐 실제 카리스마는 없다. 카리스마는 구성원이 인정해 줄 때 나타나기 때문이다. 사장은 구성원 개개인을 배려하지도 않았고, 지적 자극이나 칭찬 격려의 동기부여도 없었으므로 카리스마도 존재하지 않는다. 따라서 구성원들로부터 배척당하고 있다.
- 사장은 구성원과의 계약도 없고 그에 따른 보상도 생각하지 않고 있다.
- 사장은 마치 자신이 주인인 것처럼 행세하며 구성원의 인격을 존중하거나 잠재력 발휘에도 관심이 없다.
- 더구나 구성원들의 의견이나 상황 등을 고려하지 않고 오로지 자신의 마음으로만 표현하므로 구성원들에게 진정성이 없다고 인식된다.
- 자기 자신을 변화시킬 셀프 리더십에도 관심이 없는 것 같다.
- 한마디로 직장의 분위기를 어둡게 만드는 최악의 리더로 보여진다.

2-1) 당신이 이 사장의 부하라면 어떻게 행동할 것인가?

- 대부분의 구성원은 이 경우 낙담하고 일에 의욕을 잃고, 사장의 눈치를 살피며 뒤에서 험담을 하기 일쑤다.
- 그러나 구성원은 부하직원으로만 존재하는 것이 아니라 또 하나의 리더이다.
- 그러므로 사장에게 당한다고 하여 자신을 잃어버리는 것은 더 큰 문제이다.
- 먼저 셀프 리더십을 발휘하여 자신이 원하는 목적이 무엇이며, 이 목적을 달성하기 위하여 주변 조건을 파악하고, 자신의 행동을 스스로 조정하도록 자문한다.
- 책(스티븐 코비의 『성공하는 사람들의 7가지 습관』)에 제시된 한 구성원의 행동은 다음과 같다.

"그는 자신이 주체가 되어 행동하였다. 그는 예측을 하고, 입장을 바꿔 생각하고 또 상황을 파악했다. 그도 사장의 결점을 모르는 것은 아니었지만 그것을 헐뜯는 대신 보완해 주었다. … 그도 사장으로부터 하찮게 취급당하기는 마찬가지였다. 그러나 그는 사장이 잔심부름꾼으로부터 기대하는 것보다 훨씬 더 많은 일을 했다. 우선 사장이 필요한 것을 사전에 파악하였다. 그래서 사장에게 보고할 때도 자신이 분석한 것과 이에 기초한 대안을 함께 제시했다."

- 이러한 행동을 한 후에 사장은 어느 날 회의 석상에서 다른 구성원들에게는 이래라저래라 하는 방식으로 일관했지만 단지 이 사람에게는 예외였다. "당신의 의견은 어떻소?' 하고 물어보는 것이다.
- 이 구성원은 단지 부하직원으로서 지시를 받고 움직이는 존재가 아니라 사장의 조건을 수렴하고, 일을 분석하면서 자신의 가치관을 만들고 그에 일치되게 행동한 것이다. 또한 스스로에게 지속적인 긍정적 자극을 주었다. 그는 부하직원이면서 사장까지 자신의 리더십 범주에 넣은 결과가 되었다.

■ Quiz에 대한 해설

01 관계가 서먹한 친구에게 나의 일을 부탁하고 들어주지 않으면, 다른 친한 친구에게 그가 나쁘다고 비난한다. 해설 관계가 서먹한 친구에게 나의 일을 부탁하면 어느 누구도 들어 주기 어렵다. 그러므로 다른 친구에게 그를 비방하면 안 된다. 비방은 돌고 돌아 그 친구 귀에 들어가서 서먹한 관계는 더욱 멀어지게 된다. 이런 경우 삼자관계를 이용해 좋은 관계로 변화시키면서 부탁을 한다.	(X)
02 팀 과제를 할 때 개인에게 주어진 분량을 지키도록 강요하고, 지키지 못할 때는 비난한다. 해설 팀 과제이므로 수행하도록 하여야 하나, 무작정 요구하는 것은 적절하지 않다. 개인적 사정을 함께 고려하여 말을 한다.	(X)
03 팀 과제에서 자신에게 할당된 과제를 수행하지 못한 친구에게, 팀장의 권위로 추가 기간을 주고 그 기간 내에 해내도록 말한다. 해설 추가 기간만 무작정 주는 것은 개인적 배려가 아니다. 못하고 있는 사정을 듣고 이를 고려하여 수행할 수 있는 방안을 제시하는 것이 좋다.	(X)
04 팀 과제에서 개인별 부과된 과제를 방치하는 친구에게, 정해진 기간이 될 때까지 아무 말도 하지 않는다. 해설 기간이 남아 있으므로 중간에 말하는 것은 간섭으로 비칠 수도 있다. 그러나 과제의 양과 남은 기간을 고려하여 수행이 점차 어려워지면 수시로 관여하여 수행에 대한 조언을 해주어야 한다.	(X)
05 사랑하는 연인의 마음을 떠보기 위해, 무시하는 말을 하거나 나를 위해 무엇을 해달라고 요구한다. 해설 나를 사랑한다고 하여 상대방에게 요구하는 것은 부적절하다. 이는 상대방을 이용하는 것이 되고, 상대방은 점차 사랑을 의심하게 된다. 사랑은 주는 것이므로 내가 먼저 해주고 기다리자.	(X)
06 마음과 일치되는 일관된 행동은 중요하므로, 상황과 관계없이 내 마음을 그대로 표현한다. 해설 마음이 일치하도록 말하는 것은 내 마음대로 말하는 것이 아니라 주변 상황조건을 경청하여 그에 맞도록 나의 마음을 다듬고, 진실된 마음으로 말하는 것이다.	(X)
07 나의 발전을 위해 거울을 보면서 나의 꿈, 나의 행동, 나에 대한 칭찬을 수시로 한다. 해설 나의 발전은 상대방의 발전 못지않게 중요하다. 상대방을 이해하기 위해서는 나의 마음에 여유가 있으면 더욱 용이하게 실천된다. 그러므로 나의 발전을 위해 관련된 다양한 말을 수시로 하는 것은 좋다. 그러나, 나르시시즘은 곤란하다.	(O)

창의적 말하기와 글쓰기

CHAPTER **04**

새로운 의견을 제시하는 말하기[1)]

인간의 자유는 어떤 상태로부터의 자유가 아니라
어떠한 상태가 자기에게 다가오든지 간에
그것에 대해 어떤 태도를 취할 수 있는 자유이다.

– Viktor Emil Frankl –

인간의 ____는 어떤 상태로부터의 ____가 아니라
어떠한 상태가 자기에게 다가오든지 간에
그것에 대해 어떤 태도를 취할 수 있는 ____이다.

– ____________________ –

1) 4장의 창의성 관련 글은 박영태(2013). 창의인성 함양을 위한 Think Magnet을 기반으로 재작성되었음.

■ 학습목표

1. 삶과 새로운 아이디어 생성의 관련성을 설명할 수 있다.
2. 생각자석의 유형을 설명할 수 있다.
3. 새로운 생각을 생성하는 방법을 설명할 수 있다.

■ Quiz

다음 말이 적합하다고 생각하면 O, 그렇지 않다고 생각하면 X표를 하십시오.

01 어떤 주제와 관련된 다양한 생각을 하는 것만으로도 새로운 아이디어가 떠오를 수 있다.	(O, X)
02 상대방과 대화할 때 그 생각을 뒤집는 말을 하면 예의에 어긋나므로 해서는 안 된다.	(O, X)
03 새로운 아이디어가 떠오르면 서슴없이 말하는 것이 좋다.	(O, X)
04 다양한 생각을 범주화해 보는 것도 새로운 아이디어를 떠올리게 하는 하나의 방법이다.	(O, X)
05 관련성 없는 아이디어를 연결하여 하나로 만드는 것은 불합리하므로 하지 않아야 한다.	(O, X)
06 마음과 일치되는 행동이 중요하므로 자기중심적으로 생각하는 것은 건전한 대화의 핵심이다.	(O, X)
07 목적은 생각을 한 방향으로 고착시키므로 새로운 아이디어를 만들기 위해서는 목적이 필요 없다.	(O, X)
08 새로운 아이디어는 반드시 유용성이 있어야 한다.	(O, X)

읽고, 생각하고, 말해보기

삶과 창의성

박영태

사람은 배운 지식만으로 세상을 살아가지 않는다. 새로운 환경에의 만남은 언제나 새로움에 대한 도전과 적응을 요구하고 있다. 개인의 삶에 있어 만나는 대상들과 환경이 이전과 동일한 경우는 없다. 만나는 대상들과 환경이 변화하므로 항상 새로운 의미를 내포하고 있다. Frankl은 의미는 특이한 상황에 놓여있는 특수한 사람과 관계가 되어 있으므로 의미는 사람이면 사람마다, 시간이면 시간마다, 날이면 날마다 실제로 다르다고 말할 수 있다(김충선 역, 1984)고 했다. 특히 오늘날처럼 변화가 극심한 사회에서는 배운 지식만으로 생활하기는 더욱 어렵다. 그러므로 만나는 대상들과 환경에서 원만한 상호작용을 위해서는 배운 지식에 덧붙여 끊임없이 새로운 아이디어를 생성하여야 한다. 단순하게 적응하는 것이 아니라 생산적으로 적응하여야 한다. …

인간의 성격은 두 방향으로의 흐름으로 형성된다. 하나는 자기보호기제가 작동하는 방향이고, 다른 하나는 자기성장기제가 작동하는 방향이다. 자기보호기제는 언제나 결핍을 느끼고 결핍을 채우는 데 급급한 동물과 같은 삶을 만들고, 자기성장기제는 더 나은 새로운 것을 추구하는 초인으로서의 삶을 만든다. 따라서 자기성장기제는 자기초월기제이고, 자기보호기제는 자기정체기제이다.

-박영태(2014). 창의인성 함양을 위한 누리과정에의 MeFOT 적용방안. MeFOT 창의인성연구, 3(1)에서.

1. 삶과 새로운 아이디어 생성

어제와 똑같은 오늘, 오늘과 똑같은 내일이 반복된다면 삶은 재미가 있을까? 또 적극적으로 살아가려고 노력할까? 반복되는 삶의 무의미함을 다음 신화를 보고 생각해보자.

> 중국에 오강이라는 이름을 가진 한 남자에게 천제가 진노하여 달에 있는 계수나무를 베어오라는 형벌을 주었다. 그는 나무만 베어오면 끝인 줄 알았지만, 이 계수나무는 키가 오백 자나 되고 아무리 베어내어도 다시 붙어버려 영원히 베어내는 것이 불가능하였다. 오강은 영원히 계수나무를 베어내는 작업을 반복하고 있다.
>
> 그리스 신화에 신의 제왕 제우스를 비롯해 여러 신들을 곤란에 빠뜨린 인간 시지푸스가 신들을 기만한 죄로 산 정상으로 바위를 밀어 올리는 벌을 제우스로부터 받았다. 바위는 정상에 오르면 다시 아래로 굴러떨어지기 때문에 시지푸스는 처음부터 다시 올려야 하는 영원한 노동을 반복하고 있다.
>
> 인간을 창조한 프로메테우스는 제우스 몰래 인간에게 불을 건네준 죄로 코카서스의 바위산에 강력한 쇠사슬로 묶이게 되고, 매일 독수리에게 간을 쪼이는 벌을 받았다. 프로메테우스는 불사신이기에 밤사이 간이 재생되고, 매일 간이 쪼이는 고통을 계속 받았다.

위 신화에서 보듯, 반복되는 일에서 영원히 벗어나지 못한다면 그 고통은 말할 수 없다. 오강은 지금도 계수나무만을 계속 베고 있고, 시지푸스는 굴러떨어지는 바위를 계속해서 밀어 올리고 있을지 모른다. 다행히 프로메테우스는 헤라클레스가 프로메테우스의 간을 쪼는 독수리들을 처치하고 사슬을 풀어줌으로써 그 고통에서 벗어났다.

우리 인간의 삶도 무의미한 일의 반복에 빠지는 경우가 많다. 삶의 허무를 느끼거나 권태를 느끼는 것은 무의미한 일의 반복에 빠져있다는 의미이다. 그러나 중요한 것은 인간의 삶이 시지푸스의 삶에 가까운가 아니면 프로메테우스의 삶에 가까운가의 문제이다. 시지푸스는 영원히 이 굴레에서 벗어나지 못하고 있지만 프로메테우스는 헤라클레스의 도움으로 이 반복된 고통에서 벗어났다.

다행스럽게도 인간은 이 반복되는 단조로움에서 스스로 벗어날 수 있는 기제를 가지고 있다. 인간은 주어진 상황에 적응하도록 자신을 변화시키는 자기보호기제와 상황이 정체되어 있으면 스스로 성장하도록 상황을 변화시키는 자기성장기제가 있다. 이 두 기제는 인간에게 주어진 새롭고 의미 있는 삶을 지향하는 원천적인 힘이요 보물이다. 이 보물을 활용하지 않고 그대로 녹이 슬게 한다면 자신에게 큰 죄를 짓게 되는 것이다(박영태, 2014). 자기보호기제, 자기성장기제 이 두 가지 기제는 창의성이라는 이름으로 우리에게 널리 알려져 있다.

2. 새로운 아이디어를 생성하는 생각자석

1) 생각자석의 의미

새로운 아이디어를 생성하는 창의적 사고 기법은 다양하게 제시되고 있다. 물건을 만들 때 도구를 사용하면 더 효율적이듯이 새로운 아이디어를 만들 때 생각의 도구를 이용하면 더 효율적이다. 우리가 흔히 접하는 다양한 창의적 사고기법은 생각의 도구들이다. 박영태(2013b)는 생각의 도구보다 생각자석이라는 용어를 제시했다. 일상생활에서 도구를 사용하려면 도구가 있는 장소를 찾아 그 도구를 끄집어내야 한다.

그러나 아이디어는 생각만 있으면 자동적으로 떠오른다. 비슷한 말을 연상하면 자연스럽게 비슷한 말이 떠오르고 반대말을 연상하면 반대말이 떠오른다. 비슷한 말을 연상했는데 반대말이 떠오르거나 반대말을 연상했는데 비슷한 말이 떠오르지는 않는다. 이는 마치 전류가 흐르면 자성을 띄어 쇠붙이를 붙이는 자석과 같다. 그러한 의미로 '생각자석(Think Magnet)'이라고 부른다.

생각자석은 타고난 능력이다. 그러나 타고난 능력이라고 하더라도 활용하지 않으면 녹이 슬고 활용하지 못하게 된다. 동물은 딱 살아갈 만큼만 똑똑하다는 크로스(Cross)의 말이나, 뇌는 환경적인 자극이 그렇게 요구할 때에만 더 똑똑하게 성장한다는 다이아이몬드(Diamond, 1998; 김명숙 외 역, 2010에서 재인용)의 말은 유전적으로 가지고 태어난 능력도 환경 속에서의 활용을 통하여 지속적으로 발달시켜야 한다는 것을 말해준다.

2) 7가지 생각자석

박영태(2013)는 [그림 4-1]과 같이 7가지의 생각자석을 제시했다.

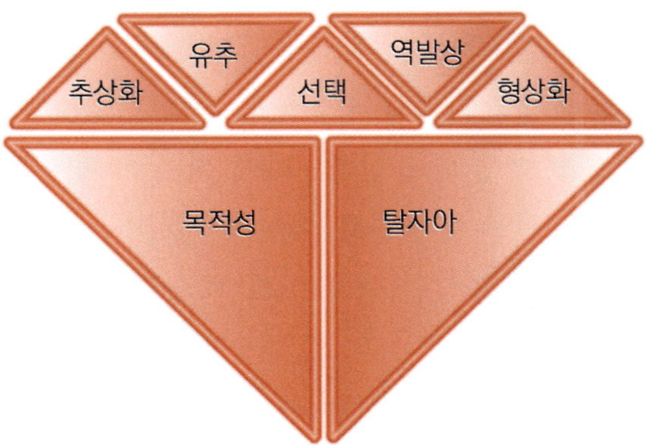

❙그림 4-1❙ 생각자석의 유형

첫째, 유추자석이다. 유추(analogy)란 같은 종류의 것 또는 비슷한 것에 기초하여 다른 사물을 미루어 추측하는 것이다(네이버 국어사전, 2023). 이른바 유사한 특성에 기초한 추론의 한 방식이다. 추론(reasoning)은 기존 지식(전제)을 기반으로 하여 새로운 지식 또는 믿음(결론)을 도출하는 사고방식이며 일반적으로 삼단논법의 형태를 취한다. 추론에는 연역(deductive), 귀납(inductive), 유추(analogy)의 3방법이 있다. 연역은 이미 입증된 진리에 기반하여 결론을 도출하는 것이며, 귀납은 이미 알고 있는 여러 사례를 기반으로 결론을 도출하는 것이다. 유추는 유사한 특성에 기초하여 다른 생각을 떠올리는 것이다. 다음의 질문에 추론의 방법으로 새로운 지식을 도출하는 과정을 보자.

• 질문

식물은 이산화탄소, 물, 햇빛으로 탄소동화작용을 하여 공기 중에 산소를 내뿜는 작용을 한다. 그렇다면 식물은 산소를 소비하지 않을까?

• 추론

모든 생명체는 산소로 숨을 쉰다. → 기존 지식(대전제)

식물도 생명체다. → 기존 지식(소전제)

그러므로 식물도 산소로 숨을 쉰다. → 새로운 지식(결론)

박영태(2013b)는 유추의 방법으로 열차유추, 그물유추, 나무유추, 방사유추 등 네 가지 방법을 제시한다. 주어진 자극을 중심으로 인접된 정보를 떠올리는 것은 같으며, 단지 떠오르는 정보를 어떻게 표상하느냐에 따른 차이가 있다.

• 열차유추: 떠오르는 정보를 열차처럼 이어서 제시하는 것
• 그물유추: 주어진 자극을 중심원 안에 적고 떠오르는 정보를 바깥 원에 표시하는 것
• 나무유추: 주어진 자극을 기점으로 하여 나뭇가지처럼 전개하는 것
• 방사유추: 주어진 자극 중심으로 떠오르는 정보를 서로 관련성으로 연결시키는 것

이러한 방법들은 떠오르는 정보를 체계적으로 제시하는 기능을 한다.

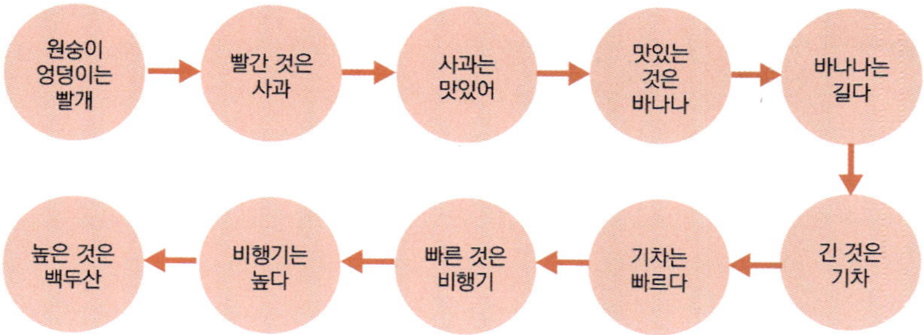

❙ 그림 4-2 ❙ 열차유추

❙ 그림 4-3 ❙ 그물유추

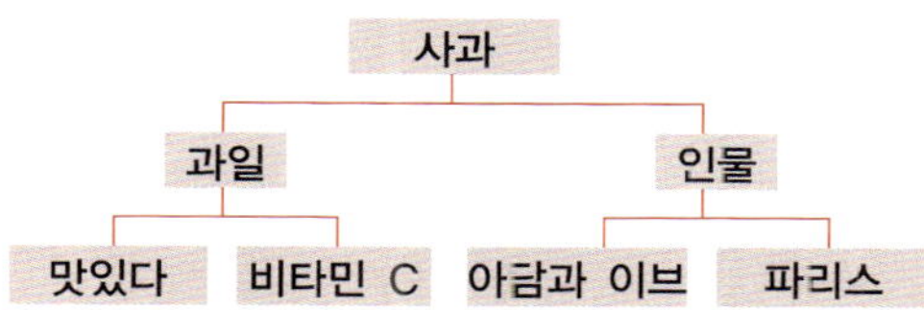

❙ 그림 4-4 ❙ 나무유추

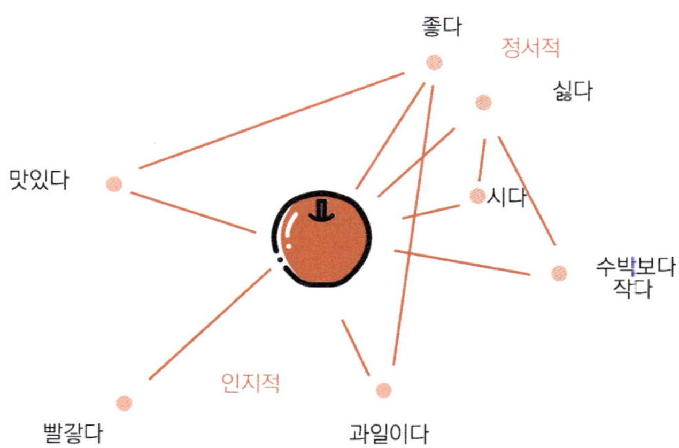

❙ 그림 4-5 ❙ 방사유추

잠깐!!

열차유추 만들어 보기

※ '단어'를 하나 제시하고 떠오르는 정보를 열차처럼 이어서 제시해 봅시다(기억술과도 연결이 됩니다).

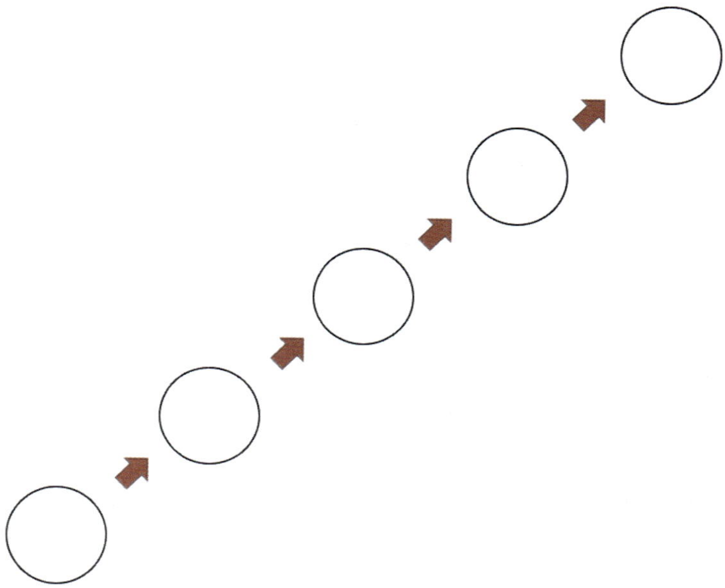

둘째, 역발상(reverse thinking)이란 유추의 보완으로 활용되는 것이다. 유추는 주로 인접된 내용을 생각하는 것이다. 그러므로 그 끝에 있는 상반된 내용은 생각하기 어렵다. 따라서 처음부터 생각의 끝인 상반된 생각을 떠올리는 것을 역발상이라고 한다. 동전으로 비유하면 동전의 앞뒷면을 동시에 뒤집어 생각해보는 것이다. 이에는 공간적 역발상, 시간적 역발상, 인지적 역발상, 정서적 역발상이 있다(박영태, 2013b). 공간적 역발상은 공간을 뒤집어서 생각하는 것이고, 시간적 역발상은 현재의 시간을

뒤집어 과거, 미래를 생각하는 것이다. 인지적 역발상은 정보를 뒤집어서 생각하는 것이고, 정서적 역발상은 감정을 뒤집어서 생각하는 것이다.

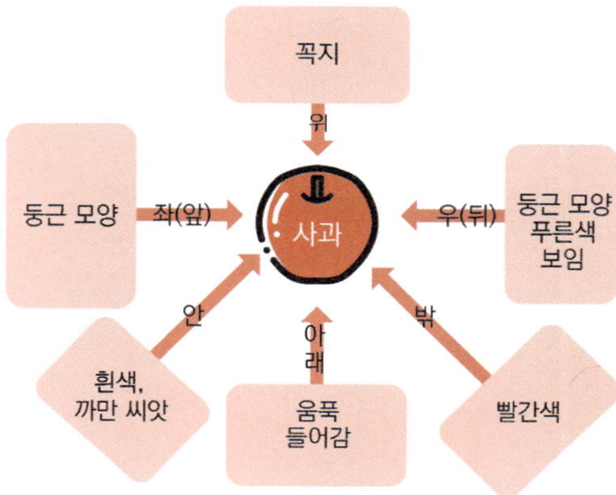

| 그림 4-6 | 공간적 역발상

| 그림 4-7 | 시간적 역발상

그림 출처: https://yourwikis.com/bill-gates/

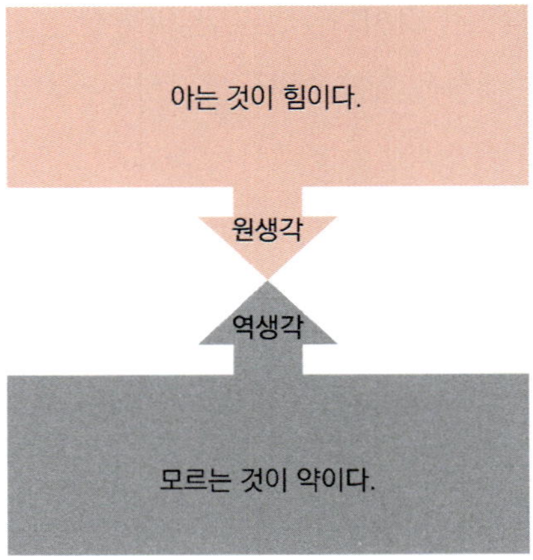

▎그림 4-8▕ 인지적 역발상

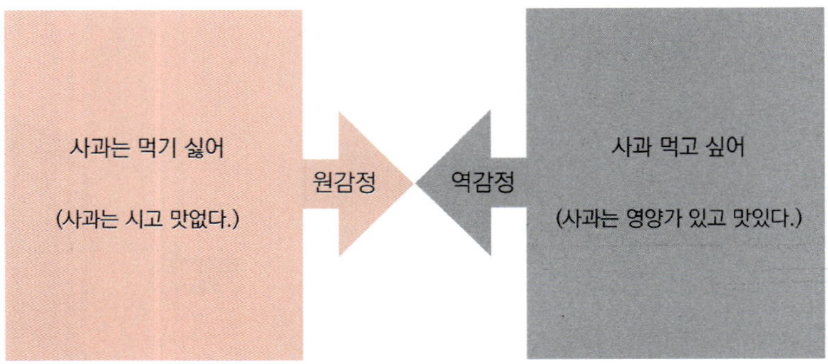

▎그림 4-9▕ 정서적 역발상

셋째, 선택(choose)이란 다양한 아이디어 중에서 목적과 관련된 아이디어를 선별하는 것이다. 생각은 시간을 통해 다양하게 할 수 있지만 행동을 위해서는 하나의 생각을 선택하여야 한다. 따라서 선택은 행동을 위하여 다양한 아이디어 중에서 하나를 판단하는 것이다. 선택 자석에는 신기성, 독창성, 정교성, 유용성 등 네 가지 기준이 있다(박영태, 2013b). 신기성은 이전과 다른 생각이고, 독창성은 남과 다른 생각이며, 정교성은 행동으로 옮길 수 있는 구체적 생각이며, 유용성은 모두가 함께 공존하며 발달할 수 있는 생각이다. 선택은 하나의 아이디어를 결정하여야 하므로 이러한 네 가지 기준을 모두 충족하는지 확인할 필요가 있다. 〈표 4-1〉과 같은 경우, 아이디어 1을 선택하는 것이 가장 바람직하다.

▼ 표 4-1 선택자석의 기준

	신기성	독창성	정교성	유용성
아이디어 1	O	O	O	O
아이디어 2	O	O		
아이디어 3		O	O	O

넷째, 추상화(abstraction)란 복잡한 요소를 제거하여 핵심 요소를 찾는 것이다. 이른바 변죽을 제거하고 핵심을 파악하는 것이다. 핵심요소는 무엇이며, 변죽은 무엇인가? 왜 변죽이 부가되었을까? 등을 생각한다. 추상화는 핵심요소를 중심으로 범주화하는 것이다. 이른바 생각을 분석하여 같은 것은 같게 다른 것은 다르게 구분하는 자석이다. 이에는 오감기반 추상화, 인지기반 추상화, 정서기반 추상화, 정신기반 추상화 등이 있다(박영태, 2013b).

- 오감기반 추상화: 오감이 인식하는 유형에 따라 정보를 범주화하는 것
- 인지기반 추상화: 정보의 특정 요소 중심으로 사물을 범주화하는 것
- 정서기반 추상화: 개인이 느낀 감정 중심으로 사물을 범주화하는 것
- 정신기반 추상화: 스스로 새로운 목적을 생성하여 그 목적에 부합되는 내용을 중심으로 범주화하는 것

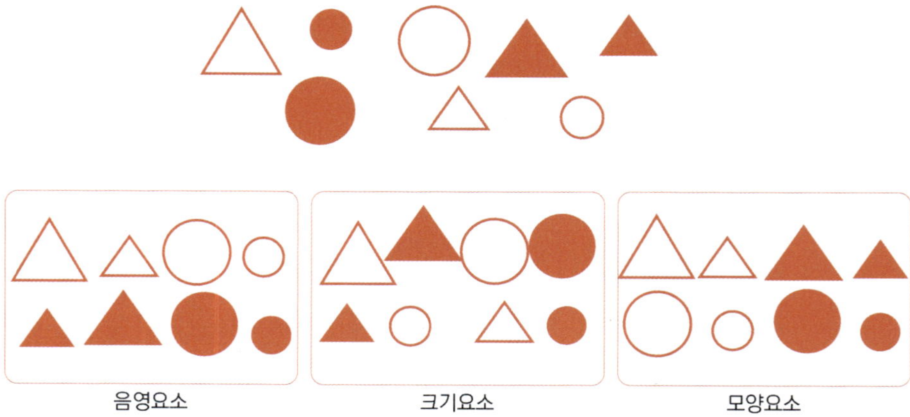

| 그림 4-10 | 오감기반 추상화

▼ 표 4-2 인지기반 추상화

주어진 내용	여자경찰, 남자군인, 남자교사, 여자운동선수, 여자군인, 주부, 여자교사, 남자운동선수
성별	• 여자: 여자경찰, 여자운동선수, 여자군인, 주부, 여자교사 • 남자: 남자군인, 남자교사, 남자운동선수
직업	• 경찰: 여자경찰 • 군인: 남자군인, 여자군인 • 교사: 여자교사, 남자교사 • 선수: 남자운동선수, 여자운동선수 • 일반인: 주부

▼ 표 4-3 정서기반 추상화

주어진 내용	호랑이, 뱀, 토끼, 말벌, 강아지, 체리, 바나나, 사과, 두리안
무서움	호랑이, 뱀, 말벌, 두리안
귀여움	토끼, 강아지, 체리, 바나나, 사과

▼ 표 4-4 목적기반 추상화

주어진 내용	호랑이, 뱀, 토끼, 말벌, 강아지, 체리, 바나나, 사과, 두리안
보고 싶은 것	호랑이, 뱀, 말벌, 두리안
먹고 싶은 것	체리, 바나나, 사과, 두리안

다섯째, 형상화(figuration)란 요소들 간의 결합, 정신적 이미지 그리기, 구체물 만들기, 행동으로 표현하기 등을 말한다. 이른바 새로운 생각을 만들어 내는 생각창조이다. 다른 생각자석들은 자신에 내재된 생각을 떠올리거나 분석하는 데 중점을 두고 있다면 형상화는 새로운 생각을 창조하는 데 중점이 있다. 오계명 만들기, 계획하기, 모형 만들기, 놀이하기, 역할극 하기 등을 통해 창조된 생각이 구체화된다. 이에는 공통요소중심 형상화, 특징중심 형상화, 변형중심 형상화, 목적지향 형상화 등이 있다(박영태, 2013b).

- 공통요소중심 형상화: 사물들 간의 공통요소 또는 공통적으로 기능하는 요소를 결합하여 새로운 형태를 만드는 것
- 특징중심 형상화: 각 사물의 개별적 특징을 결합하여 새로운 사물을 만드는 것
- 변형중심 형상화: 사물의 기능이나 용도를 위해 하여 특징을 변형하여 결합하여 새로운 사물을 만드는 것
- 목적지향 형상화: 사물의 특징보다 설정한 목적에 맞도록 사물의 요소를 결합하여 새로운 사물을 만드는 것

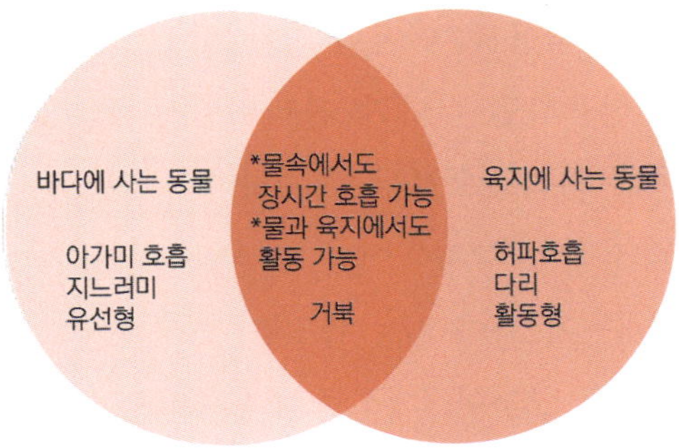

| 그림 4-11 | 공통요소 중심 형상화

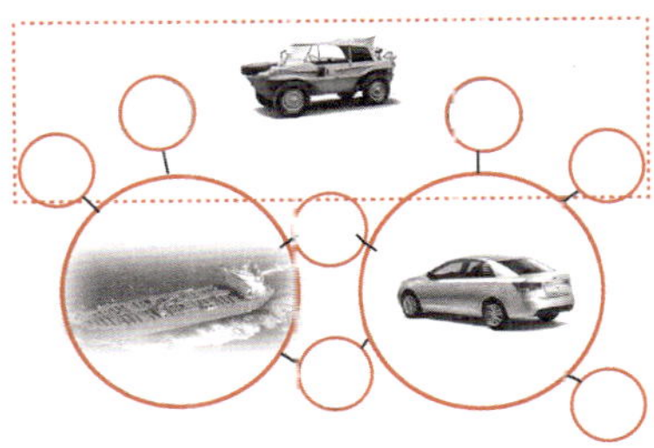

| 그림 4-12 | 특징중심 형상화

| 그림 4-13 | 변형중심 형상화

| 그림 4-14 | 목적지향 형상화

여섯째, 탈자아(de-ego)란 자기중심적 사고에서 벗어나는 것을 말한다. 지식은 정보+정서이다. 따라서 자신에게 불리한 정보는 활용되기 어렵다. 비록 자신의 두뇌 속에 존재하고 있다고 하더라도 그 정보를 적용하면 나에게 불리하다는 생각이 들면 그 정보를 활용하지 않고 의식적으로든 무의식적으로든 배제하게 된다. 따라서 자신의 지배적 정서를 배제하도록 하는 생각자석이 탈자아이다. 이른바 매미가 번데기의 껍질을 벗고 새로운 생명체로서 거듭나듯이 자아라는 껍질을 벗고 다른 입장의 생명체로 태어나는 것이다. 이에는 타인중심 탈자아, 대상중심 탈자아, 상황중심 탈자아, 무념 탈자아 등이 있다(박영태, 2013b).

- 타인중심 탈자아, 대상중심 탈자아, 상황중심 탈자아: 생각의 중심을 자신이 아니라 타인, 대상, 상황 등 어느 측면에 두느냐에 따라 타인중심 탈자아, 대상중심 탈자아, 상황중심 탈자아로 구분
- 무념 탈자아: 아예 모든 것에의 집착을 버리고 생각하는 자아

일곱째, 목적성(purpose)이란 실현하려고 하는 일이나 나아가는 방향이다. 목적은 사고의 흐름을 조정·통제하여 의도한 방향으로 행동하도록 이끌어 준다. 도적성은 어떠한 생각자석에도 동반된다. 사람은 의식적이든 무의식적이든 어떠한 생각을 가지고 행동한다. 여기서 생각의 방향을 명확하게 하기 위해서 명확한 목적을 설정하는 것이 필요하다.

3. 새로운 생각을 제시하는 말하기

생각자석의 7가지 유형은 새로운 아이디어로 생각하도록 도와준다. 이에 생각자석에 기반한 말하는 요령을 생각해보자.

첫째, 주제와 관련된 다양한 정보를 유추한다. 유추한 정보는 머릿속에만 두지 말고 열차형, 그물형, 나무형, 방사형 등으로 기록하여 이러한 정보를 바탕으로 말의 내용을 구성한다. 유추는 기존 생각을 풍부하게 만드는 자료를 제공한다.

둘째, 주어진 생각을 뒤집어서 생각한다. 역발상은 기존 생각을 뒤집어 새로운 아이디어를 끄집어내는 가장 빠른 방법이다. 역발상을 위해서 사물의 앞뒤, 좌우, 위아래 모든 측면을 생각해보고, 시간적으로 과거와 미래도 동시에 생각해본다. 또 인지적, 감정적 생각을 뒤집어 보는 것도 기존의 생각을 변화시키는 매우 좋은 방법이다. 여기서 명심할 것은 역발상이 상대방의 의견을 무시하는 말을 하는 것은 아니라는 점이다. 새로운 관점을 발견하는 것이다. 예를 보자.

- '오르지 못할 나무 쳐다보지도 말라.' – '태산이 높다 하되 하늘 아래 뫼이로다. 오르고 또 오르면 못 오를 리 없건만'
- 아는 것이 힘이다. – 모르는 것이 약이다.

• 키가 작아 높은 것 못 잡지? – 키가 커서 땅에 있는 것 얼른 못 집지?
• star – rats
• god – dog
• mood – doom

셋째, 다양한 생각을 떠올렸을 때 그 중에서 최선의 생각을 선택하는 것이 필요하다. 최선의 생각은 신기성, 독창성, 정교성, 유용성을 모두 충족시키는 데서 나온다.

넷째, 생각을 정리하기 위해서는 떠오르는 생각을 범주화하는 것이 필요하다. 범주화는 사물의 속성을 추상화하는 것에서 나온다. 추상화는 오감을 기준으로 하거나, 정보의 특정요소를 기반으로 하거나, 개인이 느낀 감정을 기반으로 하거나, 스스로 설정한 목적을 기반으로 한다.

다섯째, 떠오른 생각들을 결합하여 하나의 아이디어로 정리하는 것이 필요하다. 이른바 생각들을 결합하여 하나의 구체적 형상을 만든다. 아이디어를 결합할 때 아이디어의 공통요소나 특징요소를 중심으로 하여 결합하거나 어떤 기능이나 용도를 위하여 변형하여 결합하여야 한다.

여섯째, 자기중심적 사고는 언제나 다양한 생각을 방해한다. 인간의 의식적 사고이든 무의식적 사고이든 지배적 아이디어나 감정은 언제나 자신의 생각을 지배하여 생각의 범주를 좁힌다. 따라서 자기중심적 사고에서 벗어나도록 탈자아가 필요하다. 이를 위해, 타인, 대상, 상황 등에 중점을 두고 생각한다.

일곱째, 인간의 행동은 의식적이든 무의식적이든 어떤 생각을 미리 가지고 움직인다. 그러므로 자신에게 필요한 생각을 얻기 위해서는 자신이 설정한 목적을 명료하게 하는 것이 필요하다. 명료한 목적은 자신의 모든 생각을 지배한다. 주어진 상황에서 나의 궁극적 목적은 무엇인가? 이를 반드시 생각하여야 한다.

CHAPTER 04 연습해 보기

■ 한국해학연구회(1994)에서 제시한 일화를 보고 생각해보자.

1. 만일 당신이 이 말을 들은 급사라면 어떻게 반응하겠습니까?

할리우드에 사는 어느 변호사의 젊은 부인은 영화배우 '잉그리드 버그만(Ingrid Bergman)'과 친구 사이였다. 버그만이 세금으로 골치를 앓고 있자 변호사의 젊은 부인은 그녀를 남편에게 데려갔다. 세무 상담을 마치고 그녀들이 돌아간 뒤에 그 변호사는 급사에게 넌지시 말했다.

"여보게, 지금 내 아내가 데리고 온 사람이 누군지 아나?"

"모릅니다. 누구입니까?"

"바로 유명한 '잉그리드 버그만'이야."

2. 만일 당신이 버나드 쇼라면 무어라고 답하겠습니까?

버나드 쇼(Bernard Shaw)가 어느 파티에서 초로의 부인에게 댄스를 신청했다.

"어머나, 쇼 선생님, 어째서 저 같은 늙은이에게 신청을 하시나요?"

CHAPTER 04 연습해 보기에 대한 참고 의견

1. 만일 당신이 이 말을 들은 급사라면 어떻게 반응하겠습니까?

- "네에? 어느 편이 '버그만'이었습니까?"

* 급사는 '잉그리드 버그만'의 얼굴을 알았지만 변호사의 부인도 그만큼 멋지다는 것을 표현하기 위해 재치있는 답변으로 질문을 다시 던졌다. 이른바 목적성 생각자석을 이용하였다. 변호사도 급사의 의도를 눈치채고 칭찬을 했다.

"여보게, 자네는 정말 훌륭한 재능을 지니고 있군. 그 재능으로 인해 자네는 틀림없이 부자가 되고 성공할 것이네."

2. 만일 당신이 버나드 쇼라면 무어라고 답하겠습니까?

- "자선 파티라서."

* 버나드 쇼는 파티가 자선파티임을 인식하여 대답했다. 이른바 유추 자석을 이용했다. 부인은 아마도 섭섭하게 생각하겠지만 주변 사람은 유머로 들을 것이다. 버나드 쇼는 노벨 문학상을 받은 문학가이다.

■ Quiz에 대한 해설

01 어떤 주제와 관련된 다양한 생각을 하는 것만으로도 새로운 아이디어가 떠오를 수 있다. **해설** 생각은 상상을 의미하고 상상은 다양한 아이디어를 생성하는 기본이다. 특히 인간은 태어날 때부터 다양한 사고기법을 가지고 태어나므로 생각하면 자동적으로 다양한 사고기법이 적용된다. 그러나 생각하지 않으면서 시간을 보내면 사고기법이 마비되어 나타나지 않을 수 있다. 이는 신체적 습관형성과 같다.	(O)
02 상대방과 대화할 때 그 생각을 뒤집는 말을 하면 예의에 어긋나므로 해서는 안 된다. **해설** 역발상은 새로운 아이디어 형성에 매우 중요한 기법이다. 역발상은 상대방을 무시하는 것과는 다르다. "그건 그렇지 않습니다. 정반대로 ~입니다."라고 말하는 것은 역발상이라기보다 부정을 위한 부정이다. 역발상은 생각하지 못한 측면을 생각하는 것이므로 "네 그러한 좋은 측면이 있군요. 그러나 (정반대의) ~한 측면도 고려해 볼 필요가 있습니다."라고 말하는 것이 필요하다. 생각을 뒤집는 것이 나쁜 것이 아니라 상대방의 의견을 부정하는 태도가 나쁜 것이다.	(X)
03 새로운 아이디어가 떠오르면 서슴없이 말하는 것이 좋다. **해설** 새로운 아이디어를 서슴없이 말하는 것은 브레인스토밍처럼 아이디어를 생성하는 순간에는 필요하다. 그러나 최종 아이디어를 제출하거나 대화할 때는 새로운 아이디어라고 하여 말하는 것은 적절하지 않다. 그 아이디어가 새로운지(신기성), 남과 다른 아이디어인지(독창성), 행동으로 옮길 수 있도록 구체적인지(정교화), 실생활에 도움이 되는지(유용성)를 생각해 보는 것이 필요하다.	(X)
04 다양한 생각을 범주화해 보는 것도 새로운 아이디어를 떠올리게 하는 하나의 방법이다. **해설** 인간의 의식 범주는 제한적이다. 그러므로 다양한 아이디어가 떠오르면 동시에 생각하기 어려워진다. 이 경우 생각의 단순화와 나아가 아이디어의 통합을 위해서는 범주화가 필요하다.	(O)
05 관련성 없는 아이디어를 연결하여 하나로 만드는 것은 불합리하므로 하지 않아야 한다. **해설** 어떤 아이디어도 추상화하면 연결할 수 있는 기본 요소가 나타난다. 다이아몬드와 석탄은 별개의 존재물로 보이나 분석해보면 탄소(C)라는 공동 요소가 있다. 따라서 아이디어의 요소를 잘 파악하면 어떤 아이디어들도 연결할 수 있다. 아이디어를 연결하여 불합리한 말이 되는 것은 요소의 분석이 잘못된 것이다.	(X)
06 마음과 일치되는 행동이 중요하므로 자기중심적으로 생각하는 것은 건전한 대화의 핵심이다. **해설** 일관성 있는 말은 주변 상황의 모든 조건을 고려한 결정과 나의 마음이 일치한다는 것을 의미한다. 주변 상황의 조건에 어울리지 않는 자기중심적 생각은 이기심의 발로에 그친다. 따라서 자기중심에서 벗어나는 방안을 연습하는 것이 중요하다.	(X)

07 목적은 생각을 한 방향으로 고착시키므로 새로운 아이디어를 만들기 위해서는 목적이 필요 없다. **해설** 목적의 의미를 잘못 해석한 것이다. 목적이 사고의 방향을 제시하는 것은 타당하나 목적을 달성하기 위한 방법을 고착하는 것은 아니다. 방법을 강구하는 것은 목적이 있기에 가능하다. 목적이 없다면 방법을 강구할 수 없다. 따라서 목적은 새로운 아이디어를 생성하는 기준이 된다.	(X)
08 새로운 아이디어는 반드시 유용성이 있어야 한다. **해설** 세상에는 좋은 것과 나쁜 것이 존재한다. 모든 인간이 지향하는 사랑에도 좋은 사랑과 불량 사랑이 존재한다. 마찬가지로 아이디어에도 좋은 아이디어와 불량 아이디어가 존재한다. 좋은 아이디어와 불량 아이디어의 기준은 바로 유용성이다. 새로운 아이디어는 인간에게 도움이 되는 아이디어 즉 유용한 아이디어가 되어야 한다. 두 사람이 대화하는 중에 상대방을 해치거나 자신에게 해로운 아이디어는 좋은 아이디어가 아니다.	(O)

창의적 말하기와 글쓰기

CHAPTER 05
상대방을 존중하는 말하기

사랑은 배우고 배우고 또 배워야 한다.
사랑을 배우는 데는 끝이 없다.

– Katherine Anne Porter –

사랑은 _____ _____ 또 _____ 한다.
사랑을 _______ 끝이 없다.

– ____________________ –

■ 학습목표

1. 삶과 말하기의 관련성을 설명할 수 있다.
2. 사랑의 의미와 유형을 설명할 수 있다.
3. 사랑을 위한 말하기의 방법을 설명할 수 있다.

■ Quiz

다음은 에로스(Eros)와 프시케(Psyche)에 대한 신화입니다. 각 문장의 내용이 사랑의 표현이면 O, 아니면 X를 하십시오.

01 프시케는 언니들을 자기의 궁전으로 안내하여 목소리만 들리는 수많은 시종들로 하여금 언니들에게 시중을 들게 하고 음식도 대접하였다.	(O, X)
02 언니들은 동생이 자기들보다 월등하게 훌륭한 생활을 하고 있는 것을 보고 부러워했다.	(O, X)
03 언니들은 동생이 아직껏 한 번도 남편의 모습을 본 일이 없음을 고백하자, "저 피티아의 신탁이 네가 무서운 괴물과 결혼할 팔자라고 한 것을 잊지 말아라. 주민들 말에 의하면, 너의 남편은 무섭고 괴상한 뱀으로서 한동안 너를 맛있는 음식을 먹여 기른 뒤에 삼켜버린다. 등잔과 예리한 칼을 준비하여 남편이 깊이 잠들거든 등잔불을 켜고 사실인지 네 눈으로 확인해라. 사실이라면 주저하지 말고 괴물의 머리를 베어 너의 자유를 되찾아라."라고 말했다.	(O, X)
04 프시케는 처음에는 이런 말을 개의치 않았다.	(O, X)
05 그러나 언니들이 떠나자, 그들의 말과 그녀 자신의 호기심이 그녀를 더 이상 참을 수 없게 충동질했다.	(O, X)
06 프시케는 등불과 예리한 칼을 감춰두었다가 남편이 잠들었을 때 일어나서 등잔불을 켜고 보았다.	(O, X)
07 프시케의 행동을 본 남편(에로스)은 프시케에게 무엇이라고 말을 했을까?	
08 『신데렐라』 이야기를 생각하면서 사랑의 허점을 생각해보자.	

읽고, 생각하고, 말해보기

어머니의 사랑 표현

박영태

6·25 전쟁 때 남편을 잃고 어린 아들을 데리고 사는 젊은 어머니가 있었습니다. 이 어머니는 배운 것도 없고, 용모도 볼품이 없었습니다. 어머니는 직장을 구할 수가 없어 시장 한구석에서 콩나물 장사를 하면서 생계를 꾸려나갔습니다. 그러면서도 자녀를 잘 키워 보겠다는 마음으로 먹을 것도 제대로 먹지 않고, 입을 것도 제대로 입지 않고 그저 돈만 모았습니다. 아이는 아버지를 닮아서인지 뽀얀 귀공자처럼 자라주었고 아이도 어머니를 잘 따랐습니다. 어머니는 아무리 고통스러워도 자신의 아들만 보면 즐거웠습니다.

어느 날 아이는 어머니가 보고 싶어 시장으로 달려가다 자동차에 치일 위기에 빠졌습니다. 이를 본 어머니는 깜짝 놀라 자신을 돌보지 않고 뛰어들어 자식을 구했으나, 자신은 한쪽 다리가 잘리는 중상을 입었습니다. 그 이후 아이는 학교에 입학을 하였고, 학교에 다닐수록 어머니를 멀리하는 것이 눈에 드러났습니다. 한쪽 다리가 불구가 된 채로 여전히 콩나물 장사를 하던 어머니는 서운한 마음이 들어 자식에게 왜 어머니를 멀리하느냐고 물었지만 자식은 말이 없이 불퉁하기만 했고, 그게 화근이 되어 자식에게 화를 내는 날이 많아졌습니다. 자식은 자식 대로 어머니에게 불만이 더 커졌습니다. 다른 어머니는 예쁜 용모에 항상 부드러운 미소를 띠는데 자기 어머니는 못생긴 얼굴에 매일 짜증만 낸다고 여겼습니다. 나아가 그러한 어머니를 가진 자기가 몹시 불행하다는 생각이 들었습니다. 그것도 모르고 어머니는 누구 때문에 자기가 이런 고생을 하는데 자식 놈이 엄마의 고통도 몰라준다고 화를 냈습니다. 이러는 와중에 자식과 어머니 간에는 서로가 억울하다는 피해의식만 쌓여가고 어머니는 자식에 대한 불만이 극에 달했습니다.

"이놈의 자식, 누구 때문에 엄마가 병신이 되었는데, 네까짓 놈은 없어도 좋으니 나가 죽어버려라."

하는 말을 자주 했습니다. 이에 자식은 끝내 집을 나가버렸고 어머니라고 하면 화만 내고 자신을 항상 구박하는 악마라고 여겼습니다. 어머니는 말은 그렇게 하면서도 여전히 먹지 않고 입지 않고 돈을 모았습니다. 자식이 크면 그래도 돈이 필요할 것이라는 생각에 모으고 또 모았습니다. 객지에서 고생하던 자식은 그래도 마음을 돌려 어머니에게 찾아왔으나 바로 화부터 내는 어머니에게 질려 또 나가버리곤 했습니다. 어머니는 자식에게 화를 내면서도 속으로는

"어머니, 제가 잘못했어요, 다시는 안 그러고 어머니를 따르겠습니다."

라는 말 한마디를 기다렸습니다. 그 말만 하면 자식을 안고 울면서 새 출발을 하려고 했습니다. 자식은 자식 대로 어머니가

"얘야, 에미가 그동안 너무 심했다. 이제 에미도 그러지 않으마. 에미의 이 못난 모습이 너로 하여금 얼마나 친구들에게 기죽게 만들었니. 이제 에미도 조심할 테니 너 자신을 위해서도 함께 힘껏 살자구나."

라고 말해주기를 기대했습니다. 그렇게만 해주면 자기도 땅을 치며 어머니에게 용서를 구하고 함께 행복하게 살 것이라고 생각했습니다. 그러나 어머니는 만나자마자 자신을 무시하며 화를 내었고, 그러면 반발심에 또 뛰쳐나가 버렸습니다. 둘 다 그러한 행등에 한이 맺혀 치를 떨었습니다. 그러다 어머니는 병이 들고 자식을 보지도 못하고 갑자기 세상을 떠나고 말았습니다. 자식은 어머니의 죽음을 알고도 슬퍼하지 않았습니다. 오히려 악마가 없어졌다는 편안한 마음이 들기도 했습니다. 자식은 어머니의 보잘것없고 퀴퀴한 냄새가 나는 물건들을 치우면서 불쾌했습니다. 그러다 그는 신문지로 똘똘 뭉쳐진 뭉치를 발견했습니다. 처음에는 그냥 버리려다가 무엇인가 펼쳐보니 그것은 손때 묻은 저금통장이었습니다. 그는 그것을 보고 깜짝 놀랐습니다. 그곳에는 매우 큰 금액이 자기의 이름으로 저금되어 있었던 것입니다. 저금통장은 넣기만 했지 한 푼도 찾아 쓰지는 않았습니다. 아무리 생각해보아도 어머니의 수입으로는 모으기 힘든 큰돈이었습니다. 자식은 이내 눈물이 글썽해지면서 동봉된 편지를 읽었습니다. 거기에는 따뜻하게 대해주지 못했던 어머니를 용서하라는 말과 자꾸 멀어져가는 자식의 따뜻한 마음이 그리웠다는 말, 그리고 어머니가 너만을 위해서 모은 돈이니 부디 행복하게 살라는 말이 적혀 있었습니다. 자식은 그 글을 읽고는 조금 전까지의 그 원한이 모든 후회와 그리움으로 변하였고 대성통곡을 하였습니다.

"어머니, 평소에 한 마디라도 저를 이해해주고 감싸주셨더라도 이렇게 슬프게는 헤어지지 않았지 않았습니까? 어머니가 가시고 안 계신 마당에 이 돈이 무슨 소용이 있습니까? 어머니!"

– 박영태(2004). 사랑의 학습지도법. 서울: 학지사.

1. 삶과 사랑

삶에서 중요한 것은 다른 사람으로부터 존중받는 것이다. 존중은 현재 있는 그대로의 모습을 인정받는 것이다. 현재 있는 그대로의 모습에는 과거의 경험으로 형성된 현재의 모습과 미래의 변화를 가능하게 하는 잠재능력이 내포되어 있다. 그럼에도 잠재능력을 무시하고 과거의 경험에 의한 현재의 모습만 생각함으로써 존중을 하기가 어려워진다.

따라서 참된 존중을 하기 위해서는 과거의 경험으로 형성된 현재의 모습과 미래의 변화를 가능하게 하는 잠재능력을 모두 인정해 주어야 한다. 여기서 상대방의 잠재능력을 개발시켜 주는 사랑이 참된 존중에 중요함을 알 수 있다.

톨스토이(Tolstoy)가 '인간은 사랑을 먹고 산다'고 한 말에서 시사하듯이 사랑이란 모든 생명체의 생존과 관련하여 가장 중요한 것이다(박영태, 2004). 삶에서 가장 중요한 것으로 Waldinger가 제시한 관계도 역시 사랑을 내포한다. 사랑이 없는 관계는 오히려 고통스럽기만 할 것이다. 사랑의 묘약 '도파민'에 대해 쓴 김형자(2009)의 과학 이야기에서 보면 다음과 같은 문장이 있다.

> 누구든 사랑을 하면 마음이 예뻐지고 눈이 멀어진다. 왜 사랑을 하면 눈이 머는 걸까. 사랑에 빠진 사람에게 연인의 사진을 보여주면 마치 불이 켜지듯 두뇌의 보상중추(補償中樞)가 활발히 반응한다. 보상중추란 음식이나 물 또는 금전적 보상이 주어질 때, 또는 성적(性的) 흥분이 일어날 때 활성화되는 영역이다.
>
> 흥미로운 사실은 보상중추가 활발히 작용하면 반대로 상대에 대한 부정적 판단을 하는 두뇌 기능이 감소한다. 일단 상대에 끌리기 시작하면 결실을 맺기 위해 성격이나 인간성을 평가하는 욕구보다는 서로에게 더욱 애착감을 느끼려는 본능이 강하게 작용해 연인의 웬만한 허물은 눈에 들어오지도 않게 되는 것이다.

이 문장은 삶에서 왜 사랑이 필요한지를 단적으로 보여주고 있다. 상대방의 옳고 그름을 떠나 서로에게 애착감을 느끼는 사랑이야말로 Waldinger가 말하는 관계를 의미한다. 동성 간의 관계보다 이성 간의 관계가 더 마음을 가깝게 한다. 김형자는 자신의 연인이 고통받는다는 사실을 아는 것만으로도 뇌의 고통 관련 부위가 공감한다고 했다. 우리가 잘 아는 오 헨리(O. Henry)의 『크리스마스 선물』 이야기를 보자.

짐과 델라는 가난하지만 서로 사랑하는 부부이다. 부부는 비록 가난하지만 매우 아끼는 자랑스러운 보물을 각자 가지고 있었다. 짐은 할아버지 때부터 물려받은 시계이고, 델라는 길고 아름다운 갈색 머리카락이었다. 그러나 짐은 시계만 있고, 시곗줄이 없었고, 델라는 아름다운 머리카락만 있고, 이를 빛내주는 머리빗이 없었다.

어느 크리스마스 날, 델라는 짐에게 그의 시계와 어울리는 품위 있는 시곗줄을 선물로 사 주고 싶었지만 그동안 아끼고 모은 돈으로는 도저히 살 수가 없었다. 고민 끝에 델라는 아름다운 자신의 머리카락을 팔아서 그 돈으로 시곗줄을 샀다. 그날 저녁 짐이 집에 돌아와서 머리카락이 잘린 델라를 보고 말로 표현 못 하는 미묘한 표정을 지었다. 델라는 짐의 표정에서 머리카락이 잘린 자신의 모습에 실망하여 싫어할까 봐 두려웠다.

"팔았다구요. 오늘은 크리스마스예요. 머리칼은 당신을 위해서 팔았어오…."

그러면서 짐에게 머리카락을 팔아 구입한 고급 시곗줄을 내어놓았다. 이를 본 짐은 자신이 준비한 선물을 내어놓으면서 말했다.

"머리카락을 잘라 버렸건, … 머리를 감았건 그런 것이 당신을 향한 내 애정을 어떻게 할 수는 없어. 하지만 이 선물을 펼쳐보면 내가 왜 멍청해 있었는지 알 거야."

라고 했다. 선물을 풀어 본 델라는 기뻐 어쩔 줄 모르는 환성과 함께 울음을 터뜨렸다. 그 선물은 짐이 가장 아끼던 시계를 팔아 구입한 머리빗이었다. 델라가 그토록 갖고 싶어 한 보석이 박힌 예쁜 머리빗이었다. 짐과 델라는 각자 자신에게 가장 소중한 것을 팔아서 상대방을 위해 선물을 샀지만 그 선물은 당장 사용할 수가 없었다. 짐과 델라는 서로의 사랑을 확인하며 눈물을 흘렸다.

자신에게 가장 귀중한 것을 포기하고 상대방에게 가장 필요한 것을 구입한 두 사람은 삶의 기쁨과 감동을 느꼈을 것이다. 동시에 '나는 혼자가 아니야. 나에게는 네가 있어.'라는 강한 애착관계를 느꼈을 것이다. 강한 애착관계는 재물과는 관계없다. 오로지 사랑이 만들어 준다.

2. 사랑의 의미와 유형

음식에 좋은 음식과 불량음식이 있듯이 사랑에도 좋은 사랑과 불량사랑이 있다. 그런데 우리는 사랑에는 좋은 사랑만 존재하지 불량사랑이 존재한다는 사실은 망각하고 있다. 이는 불량사랑이란 사랑이 아니라고 간주하고 사랑이란 이름을 붙이기도 싫어하기 때문일 것이다. 그러나 신체에 해로우면 불량음식이라고 부르듯이 정신에 해로우면 불량사랑이라고 부른다. 불량음식은 색, 맛, 냄새 등으로 용이하게 판단할 수 있으나, 불량사랑은 무색, 무미, 무취로 이를 쉽게 판단할 수가 없다(박영태, 2004). 그러므로 불량사랑을 피하고 좋은 사랑을 하기 위해서 사랑의 참 의미와 방법을 알 필요가 있다.

1) 사랑의 의미

사랑이란 상대방의 잠재적 능력을 개발시켜주기 위하여 의지적으로 실천하는 행위이다(박영태, 2004).

사랑이란 상대방의 잠재능력을 개발시켜 주기 위하여 의지적으로 실천하는 행위이다.

대상 (상대방의) / 목적 (잠재능력을) / 행위 (실천하는 행위)

그림 5-1 사랑의 의미

사랑의 의미를 보면 대상, 목적, 행위의 3요소를 가지고 있다.

첫째, 사랑에는 대상이 있다. 대상이 있다는 것은 사랑의 표현이 항상 동일하지 않다는 것을 시사한다. 대상은 사람, 동물, 사물, 자연, 사건 등 나를 둘러싸고 있는 모든 것을 포함한다. 대상은 개별적 특성이 있다. 이에 사랑은 대상의 특성에 적합하게 제공되어야 하므로 그 표현이 획일적이지 않다. 건강한 사람에게는 영양제를 주어야 하고, 아픈 환자에게는 약을 주어야 하는 것과 같이 사랑의 행위도 대상에 따라 달라져야 한다.

둘째, 사랑에는 목적이 있다. 사랑을 주는 것이라고 할 때, 그것은 맹목적으로 주는 것이 아니라, 상대방의 성장이라는 목적을 가지고 있다(박영태, 2004). 따라서 맹목적 사랑이라고 하는 것은 좋은 사랑이 아니라 불량사랑이다. 흔히 부모의 자녀사랑은 무조건적 사랑이라고 한다. 여기서 무조건적 사랑을 맹목적 사랑이라고 오해하기도 한다. 무조건적 사랑과 맹목적 사랑은 그 의미가 다르다. 무조건적 사랑이란 상대방의 조건은 고려하나 자신의 조건과 관계없이 상대방의 잠재능력을 개발하는 것이고, 맹목적 사랑은 상대방의 조건, 자신의 조건 등과 관계없이 또 무엇을 개발하는지에 대한 관심도 없이 행동하는 것이다. 예를 들면, 당뇨병 증세가 나타나 몸이 떨리는(상대방의 조건) 사람에게 자신이 아무리 바빠도(자신의 조건) 사탕을 구하여 먹도록 해준다면 무조건 사랑이지만, 건강한 사람이든 당뇨병 환자이든 불문하고(상대방의 조건) 또 자신이 돈이 있든 없든 간에(자신의 조건) 사탕을 구하여 먹게 한다면 맹목적 사랑이다.

사랑의 목적은 상대방의 잠재능력을 개발시켜 주는 것이다. 인간은 잠재능력으로 무한한 발전가능성과 그 가능성을 실현하려는 자아실현의 욕구를 가지고 있다. 따라서 잠재능력을 개발시켜준다는 것은 무한한 발달 가능성을 현실화시켜주거나 스스로 개발하려는 의지, 즉 자아실현의 욕구를 불러일으켜 주는 것이다.

셋째, 사랑은 의지적으로 실천하는 행위이다. 펙(Peck)은 욕구로서만 존재하는 사랑은 사랑이 아니며, 의지로 표출되는 사랑만 사랑이라고 보았다(신승철, 이종만 역, 1991). 상대방에게 무엇인가 실천하기 위해서는 자신의 일을 멈추고 상대방을 위한 일을 하여야 한다. 여기서 사랑은 자신의 시간을 주는 것이다. 다라서 사랑은 추상적인 것이 아니라 구체적인 것이다. "나는 너를 정말 사랑해"라는 언어의 남발은 구체적 행위가 없으므로 그 자체적으로는 좋은 사랑이 아니다. 그러나 구체적 행위를 동반하여 "나는 너를 정말 사랑해"라는 말을 한다면 그 말에 진실성이 담겨 상대방은 더욱 사랑을 느낄 것이다.

사랑을 주는 것이라고 하여 받는 것이 없는 것은 아니다. 작용-반작용이라는 자연의 법칙이 사랑에도 나타난다. 여기서 참다운 사랑에는 기대를 하지 않더라도 다음과 같은 세 가지 대가가 자연스럽게 따라온다(박영태, 2004).

- 사랑은 사랑하는 사람을 능력자로 만들어 준다. 이는 사랑하기 위해서 스스로 능력을 갖추는 과정에서 능력자가 되는 것이다.
- 사랑은 상대방에게 필요한 존재가 되도록 만들어 준다. 상대방은 자신의 잠재능력 개발을 위해 사랑하는 사람이 필요해진다.
- 사랑은 사랑하는 사람에게 아름다움을 선물한다. 사랑을 하면 매일 새로 태어나는 500억의 세포를 건강한 세포로 태어나게 만들어 준다. 그러므로 사랑을 하면 아름다워지는 것이다.

잠깐!!

참사랑의 대가

※ 사랑은 주는 것이다. 그러나 참사랑에는 기대를 하지 않아도 돌아오는 긍정적 대가가 있다. 당신은 그것이 무엇이라 생각되시나요?

사랑은 주는 것이라고 할 때 생각해 볼 점은 누구에게 사랑을 주느냐의 문제이다. 부모-자녀 간은 혈연관계로 사랑을 주지만 처음 만나는 사람에게 사랑을 주는 것은 무엇인가에 이끌려야 한다. 박영태(2004)는 지속적 사랑을 받기 위해서는 다음을 갖추는 것이 필요하다고 했다.

- 둥그스름한 신체적 특성과 순수한 표정
- 상대방이 자신의 삶에 반드시 필요한 존재라는 것을 느끼도록 해주는 태도
- 상대방을 자신의 주변에 오게 하는 친밀감의 표시인 미소와 웃음
- 상대방에 대한 존경

2) 사랑의 유형

스턴버그(Sternberg, 1988)는 사랑은 친밀감, 열정, 의사결정/실행의 세 가지 요소로 구성되며, 이 3요소의 결합으로 사랑의 유형이 나타난다고 했다.

첫째, 친밀감(intimacy)은 어떤 관계에 내포된 가까움, 유대, 결속 등의 감정을 말한다. 친밀감은 자신을 숨김없이 털어놓을 때 비로소 시작되는 사랑의 기초이다. 친밀감은 다음과 같은 모습으로 표현된다(Sternberg, 1988).

- 상대방의 행복을 기원하며 함께 나눈다.
- 상대방을 매우 존중하고, 가치 있게 여긴다.
- 상대방으로부터 정신적 지지를 받고, 서로 의지할 수 있다.
- 상대방과 서로 이해하고, 믿음을 준다.
- 상대방과 친밀한 의사소통을 하고, 모든 것을 서로 공유한다.

둘째, 열정(passion)은 '다른 사람과 하나가 되고 싶은 강한 욕망의 상태'를 말하며 사랑하는 대상에 자신의 모든 것을 투자하도록 만드는 강렬한 내적 힘이다. 사랑에 있어 열정의 근원은 자기실현이지 타인지배라든지 타인에의 복종이 아니다. 그러므로 상대방을 지배하려는 욕구로 열정적이게 되면 그 열정은 잘못된 것이고, 그러한 열정에 의한 사랑 역시 잘못된 것이 된다.

셋째, 의사결정/실행(decision/commitment)은 사랑의 발생과 존속에 필요한 요인이다. 의사결정은 한 개인이 다른 사람을 사랑한다는 마음의 결정으로 사랑의 발생을

의미하고, 실행은 사랑의 행동을 나타내는 것으로 사랑의 존속을 의미한다.

Sternberg(1988)는 이 사랑의 3요소를 상호 결합시키면서 [그림 5-2]와 같이 사랑의 종류로 여덟 가지로 제시하고 있다(박영태, 2004).

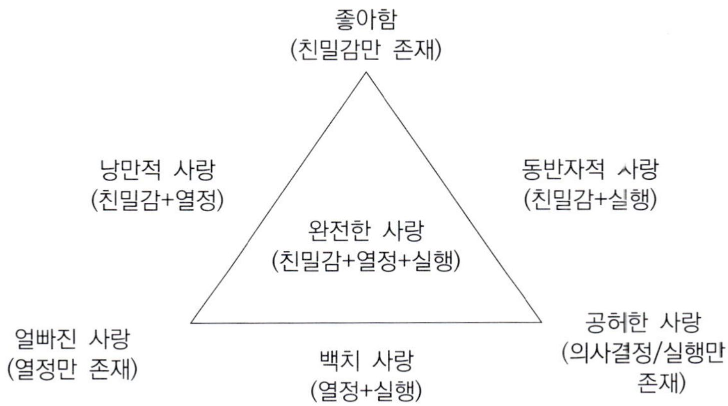

❙그림 5-2❙ 사랑의 3요소의 상이한 결합에 의한 사랑의 종류

- 좋아함(liking): 개인이 열정과 의사결정/실행요소 없이 단지 사랑의 친밀성 요소만 경험할 때 나타난다.
- 얼빠진 사랑(infatuated love): 친밀감이나 의사결정/실행요소 없이 열정적 각성으로부터 나타난다. 일반적으로 그 사람의 현재 있는 그대로의 모습으로서보다는 이상적 모습으로 생각하여 망상(obsession)으로 변신하는 사랑이다.
- 공허한 사랑(empty love): 친밀감도 열정도 없으면서 타인을 사랑한다는 결정을 내렸을 때 나타난다. 이 사랑은 상호 간에 정서적 교류 없이 수년간 지속되고 있는 정체된 관계에서 쉽게 나타난다.
- 낭만적 사랑(romantic love): 친밀감과 열정의 결합에서 나타난다. 신체적 정서적으로 서로에게 이끌린다.
- 동반자적 사랑(companionate love): 친밀감과 의사결정/실행의 결합에서 나타난다. 이것은 본질적으로 장기적으로 실행된 우정이고, 신체적 매력이 약해진 결혼생

활에서 흔히 나타나는 사랑이다.

- 백치 사랑(fatuous love): 친밀감이 없이 열정과 의사결정/실행의 결합에서 나타난다. 그러나 열정이란 거의 불가피하게 감소하고, 의사결정/실행도 장기간 지속되거나 깊어지기가 쉽지 않다. 이에 따라 이 사랑은 개인에게 쉽게 고통을 안겨준다. 동정에 의해 나타나는 사랑의 표현이 이에 해당된다.
- 완전한 사랑(consummate love): 친밀감, 열정, 의사결정/실행의 세 요소 모두의 결합으로 나타난다. 이 사랑은 모두가 갈구하는 사랑이다. 이 사랑에 도달하는 것은 어려우나 그것을 유지하는 것은 더 어렵다.
- 비사랑(nonlove): 세 요소가 모두 없는 것이다. 비사랑은 대부분의 대인관계를 나타낸다. 통상적 상호관계는 사랑도 아니고 우정도 아니다. 그냥 관계없는 타인이다.

박영태(2004)는 위 사랑의 모형에 색의 특성을 접목하여 [그림 5 - 3]과 같이 제시했다. 특이한 것은 외형적으로 완전한 사랑으로 보여지는 사랑을 하얀 사랑과 검정 사랑으로 구분하였다. 하얀 사랑은 친밀감, 열정, 의사결정이 진실로 함께 어우러진 완전한 사랑임에 비해, 검정 사랑은 친밀감, 열정, 의사결정이 거짓으로 나타나는 위선적 사랑을 말한다.

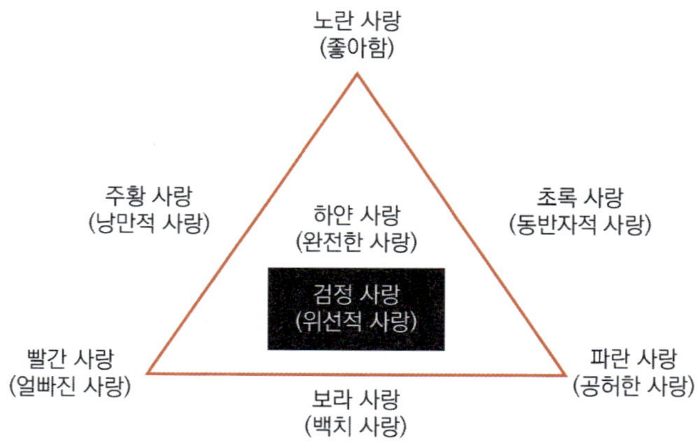

| 그림 5-3 | 색으로 표현한 사랑의 유형

출처: 박영태(2004). 사랑의 학습지도법. p.62.

프롬(Fromm, 1978)은 인간의 잠재능력 개발이라는 생산성에 근거하여 사랑을 생산적 사랑과 비생산적 사랑으로 구분하고 있다(박영태, 2004에서 재인용).

비생산적 사랑은 수용형, 착취형, 저장형, 판매형과 같은 비생산적 성격과 관련되어 있다. 성격이 주로 비생산적인 사람은 주는 일을 손해로 생각한다. 그래서 이런 종류의 모든 사람은 주기를 거부한다. 생산적 성격인 사람은 주는 것이야말로 자신이 가지고 있는 잠재력을 최고로 발휘하는 것으로 생각한다. 그들은 주는 행위 속에서 자신의 생이 표현된다고 보며 받는 것보다 더 기쁘게 생각한다(Fromm, 1978). 여기서 생산적 성격은 참된 사랑을 할 수 있는 성격이므로 다음과 같은 특성을 가지고 있다.

- 상대방을 독립적 존재로 인정하고 존중한다.
- 상대방의 요구에 반응할 수 있는 능력을 가지고 있다.
- 상대방의 잠재능력 개발에 관심을 기울인다.
- 상대방에게 친밀감을 가지고 접근한다.
- 상대방을 위한 올바른 판단을 한다.

비생산적 성격의 행동 특성을 보면 다음과 같다.

- 수용형의 성격: 마조히즘적이고, '내 것은 모두 너의 것이다.'라는 생각을 한다. 복종적, 우유부단하며, 사랑, 만족 등을 외부의 원천인 타인에게서 얻기를 기대한다.
- 착취형의 성격: 사디즘적이고, '너의 것은 모두 내 것이다.'라는 생각을 한다. 공격적이고, 경솔하며, 타인을 착취의 대상으로 본다.
- 보존형의 성격: 파괴적이고, '너의 것은 너의 것이고 내 것은 내 것이다.'라는 생각을 한다. 인색하고 의심이 많으며, 물질적, 정서적으로 구두쇠적인 면을 보인다.
- 판매형의 성격: 무관심적이고, '나의 것은 교환가치를 가진 상품이다.'라는 생각을 한다. 기회주의, 비일관성, 무분별하며, 성실보다는 얼마나 훌륭하게 포장되어 있는가에 더 관심을 가진다.

3. 사랑과 말하기

말하기는 인성이 그대로 반영되어 표출되는 점이 크다. 이는 Fromm(1978)의 생산적 성격과 비생산적 성격이 사랑에 대한 말하기의 좋은 기준이 될 것으로 보인다.

■ 다음 문항을 보고 평소 자신의 말하는 습관 태도와 어느 정도 일치하느냐에 따라 자신의 사랑의 유형을 체크해보자. 대상에 따라 말하는 태도가 달라질 수 있으므로 특정 대상을 생각하면서 체크해 보자.

(매우 일치 5, 대략 일치 4, 보통 3, 대략 일치하지 않음 2, 매우 일치하지 않음 1)

번호	문항	수준					번호	문항	수준				
1	수용적	5	4	3	2	1	25	수동적	5	4	3	2	1
2	희망에 의거한	5	4	3	2	1	26	낙천적	5	4	3	2	1
3	헌신적	5	4	3	2	1	27	종속적	5	4	3	2	1
4	비현실적	5	4	3	2	1	28	공상적	5	4	3	2	1
5	겸손한	5	4	3	2	1	29	감상적인	5	4	3	2	1
6	민감한	5	4	3	2	1	30	결단력 없는	5	4	3	2	1
7	매혹적인	5	4	3	2	1	31	유혹적인	5	4	3	2	1
8	착취적	5	4	3	2	1	32	활동적	5	4	3	2	1
9	자기확신적	5	4	3	2	1	33	거만한	5	4	3	2	1
10	이기주의적	5	4	3	2	1	34	자기주장적	5	4	3	2	1
11	충동적	5	4	3	2	1	35	경솔한	5	4	3	2	1
12	자발적	5	4	3	2	1	36	공격적	5	4	3	2	1
13	규율 바른	5	4	3	2	1	37	강박적인	5	4	3	2	1
14	완고한	5	4	3	2	1	38	안정된	5	4	3	2	1
15	조심스러운	5	4	3	2	1	39	의심 많은	5	4	3	2	1
16	경제적	5	4	3	2	1	40	인색한	5	4	3	2	1
17	보존적	5	4	3	2	1	41	냉담한	5	4	3	2	1
18	상상력이 없는	5	4	3	2	1	42	실제적	5	4	3	2	1
19	재치있는	5	4	3	2	1	43	어리석은	5	4	3	2	1
20	무관심한	5	4	3	2	1	44	참을성 있는	5	4	3	2	1
21	호기심 많은	5	4	3	2	1	45	식별력이 없는	5	4	3	2	1
22	원칙이 없는	5	4	3	2	1	46	개방적인	5	4	3	2	1
23	유치한	5	4	3	2	1	47	발랄한	5	4	3	2	1
24	목적적인	5	4	3	2	1	48	기회적인	5	4	3	2	1

■ 문항을 체크하였으면 다음 표에 따라 각 유형의 합을 구하고 그래프에 예와 같이 해당 점수에 점을 찍고 선으로 이어보자.

유형	문항 번호	점수
수용형	1, 2, 3, 4, 5, 6, 25, 26, 27, 28, 29, 30	합:
착취형	7, 8, 9, 10, 11, 12, 31, 32, 33, 34, 35, 36	합:
보존형	13, 14, 15, 16, 17, 18, 37, 38, 39, 40, 41, 42	합
판매형	19, 20, 21, 22, 23, 24, 43, 44, 45, 46, 47, 48	합
생산형	1, 3, 5, 6, 7, 9, 11, 12, 13, 15, 16, 17, 19, 21, 24, 26, 28, 32, 34, 38, 42, 44, 46, 47	합/2:

❙그림 5-4❙ 성격유형 그래프 예

Fromm이 제시한 성격의 유형은 고정적으로 어느 한 유형으로 표출되는 것이 아니라 여러 유형이 혼합된 가운데 어느 한 유형이 보다 부각되어 나타난다. 또 대상에 따라 달라질 수 있다. 그러나 일반적인 자신의 말하기 습관을 알 수 있다. 만일 비생산적 성격 특성이 높다면 생산적 성격 특성으로 변하도록 노력할 필요가 있다.

CHAPTER 05 연습해 보기

■ 다음 제시한 일화를 보고 생각해보자.

1. 다음 말을 들은 남자는 무엇이라고 말할까? 당신이 남자 친구라고 가정하고 말해보세요.

한 여자가 연인이 좋아하는 간식을 만들다 어깨가 삐끗하였다. 음식을 계속 만들었지만 어깨의 통증이 계속 나타났다. 여자는 짜증이 났다. 이를 본 남자는 자기를 위해 간식을 만들다 고통을 느끼는 여자를 보니 마음이 아팠다. 그래서 "저녁은 밖에서 먹을까?"하고 물었다. 이에 여자는 "내가 짜증 나는 것을 참으라며 밥 먹으러 가자고 해?"라고 물었다.

2. 탈무드에 있는 「세 가지 보물」 이야기를 보자

옛날 어떤 나라의 공주가 병에 걸렸다. 왕은 의원을 백방으로 수소문해 치료하였으나 소용이 없었다. 왕은 나라 곳곳에 방을 붙였다. 공주의 병을 낫게 하는 자에게 공주와 결혼하게 하고 나라를 물려준다는 내용이었다. 수많은 사람들이 공주의 병을 낫게 하려 모여들어 나름의 모든 재주를 다하여 치료하였으나 공주의 병은 더욱 깊어져만 갔다.

결국 공주의 병은 이웃 나라의 세 가지 보물을 가진 형제들에 의해 낫게 된다. 세 형제 중 첫째는 아무리 멀어도 볼 수 있는 망원경을 가졌으며, 둘째는 아무리 먼 곳이라도 단숨에 갈 수 있는 하늘을 나는 양탄자를 가졌으며, 셋째는 어떤 병이라도 치료할 수 있는 사과를 가지고 있었기 때문이다. 공주의 병이 세 형제의 도움으로 낫자 왕은 또 다른 문제에 부딪히게 된다. 세 형제 모두 공주의 병이 나은 것은 자기의 공이라고 주장하였기 때문이다. 첫째는 자신이 망원경으로 방을 보지 못했으면 공주가 아프다는 사실을 몰랐을 것이라 하고, 둘째는 공주의 병환을 알았더라도 양탄자가 없었더라면 빨리 날아올 수 없었을 것이라 하고, 셋째는 자신들이 도착하더라도 사과가 없었더라면 공주를 낫게 할 수 없었을 것이라 주장을 했던 것이다. 셋 다 모두 일리 있는 주장이라 할 수 있겠다.

1) 탈무드 이야기에서 왕은 과연 이 셋 중 누구를 사위로 삼았을까? 이유도 말해보자.

2) 셋째와 결혼한 공주는 그를 계속 사랑할까? 이유도 말해보자.

CHAPTER 05 연습해 보기에 대한 참고 의견

1. 이 말을 들은 남자는 무엇이라고 말할까? 당신이 남자 친구라고 가정하고 말해보세요.

- 남자친구는 말했다.
  "짜증 나는 것을 참으라고 그러는 것이 아니라 짜증 나는 것을 풀려고 가자고 했어."

2. 탈무드에 있는 「세 가지 보물」 이야기

1) 탈무드 이야기에서 왕은 과연 이 셋 중 누구를 사위로 삼았을까? 이유도 말해보자.

- 고심 끝에 왕은 셋째를 사위로 삼았다.
  이유는 두 형제에게는 보물이 그대로 남아 있지만, 셋째는 보물을 잃었기 때문이다. 다시 말하면 자신의 모든 것을 주었기 때문이다.

2) 셋째와 결혼한 공주는 그를 계속 사랑할까? 이유도 말해보자.

- 셋째와 결혼한 공주는 과연 행복했을까? 하는 측면을 생각해보아야 한다. 세 형제가 가진 보물은 각자의 능력이다. 첫째와 둘째는 자신의 능력을 활용했으나 여전히 남아 있다. 그러나 셋째가 가진 사과는 공주에게 아낌없이 다 주었기 때문에 자신의 능력을 상실하였다. 세월이 흘러가면 첫째, 둘째는 여전히 자신의 능력을 발휘할 수 있으나, 셋째는 능력을 상실하여 더 이상 병을 낫게 할 수 없다. 여기서 공주가 결혼한 이유 즉 병을 낫게 하는 능력이 상실된 셋째에게서 사랑을 받는다는 느낌이 없을 것이다. 그러므로 참된 사랑을 지속하려면 일회성의 능력이 아니라 지속적으로 가지고 있는 능력을 갖추는 것이 필요하다. 일회성의 능력이 아니라 지속성의 능력이란 무엇일까?

■ Quiz에 대한 해설

01 프시케는 언니들을 자기의 궁전으로 안내하여 목소리만 들리는 수많은 시종들로 하여금 언니들에게 시중을 들게 하고 음식도 대접하였다. **해설** 언니들에게 따뜻한 마음을 베풀어 행복하게 해주었다.	(O)
02 언니들은 동생이 자기들보다 월등하게 훌륭한 생활을 하고 있는 것을 보고 부러워했다. **해설** 부러워하는 마음은 당연히 있을 수 있으나, 시샘에 가까운 부러움은 사랑이 아니다.	(X)
03 언니들은 동생이 아직껏 한 번도 남편의 모습을 본 일이 없음을 고백하자, "저 피타아의 신탁이 네가 무서운 괴물과 결혼할 팔자라고 한 것을 잊지 말아라. 주민들 말에 의하면, 너의 남편은 무섭고 괴상한 뱀으로서 한동안 너를 맛있는 음식을 먹여 기른 뒤에 삼켜버린다. 등잔과 예리한 칼을 준비하여 남편이 깊이 잠들거든 등잔불을 켜고 사실인지 네 눈으로 확인해라. 사실이라면 주저하지 말고 괴물의 머리를 베어 너의 자유를 되찾아라."라고 말했다. **해설** 상황상 정말 위험한 것이라는 사실을 확실히 파악하여 인식하고 한 말이라면 사랑의 행동이 될 수 있다. 그러나 여기서는 동생을 위해서 한 말이 아니라 동생이 잘 사는 것에 대한 시기와 질투심에서 한 말이므로 사랑이 아니다. 속담에 '등치고 간 빼먹는다.'는 말과 같이 위하는 척하고 힘들게 만드는 말은 사랑이 아니다.	(X)
04 프시케는 처음에는 이런 말을 개의치 않았다. **해설** 언니의 말보다 자신을 대하는 남편을 믿었다.	(O)
05 그러나 언니들이 떠나자, 그들의 말과 그녀 자신의 호기심이 그녀를 더 이상 참을 수 없게 충동질했다. **해설** 의심스러운 행동을 전혀 보이지 않은 남편에게 불신을 스스로 생성했다.	(X)
06 프시케는 등불과 예리한 칼을 감춰두었다가 남편이 잠들었을 때 일어나서 등잔불을 켜고 보았다. **해설** 믿지 못하는 마음에 실제로 행동했다.	(X)

07 프시케의 행동을 본 남편(에로스)은 프시케에게 무엇이라고 말을 했을까?

해설 덮개를 벗기고 보니 눈앞에 보이는 것은 무서운 괴물이 아니고 신들 중에서도 가장 아름답고 매력 있는 신이었다.

남편의 얼굴을 더 가까이 보기 위해서 등불을 기울였을 때, 불붙은 기름 한 방울이 그의 어깨에 떨어졌다. 남편(에로스)은 깜짝 놀라 눈을 뜨고, 프시케를 응시한 후 흰 날개를 펴고 창밖으로 날아갔다. 프시케는 그를 따라가려고 노력했으나, 창틀에서 땅으로 떨어졌다. 에로스는 프시케가 땅바닥에 엎어져 있는 것을 보고 말했다.

"오! 어리석은 프시케야. 이것이 나의 사랑에 보답이란 말인가? 나는 어머니의 명령에도 복종하지 않고 너를 아내로 맞았는데, 너는 나를 괴물로 여기고 나를 해치려고 생각하였단 말이냐? 언니들한테로 돌아가거라. 나의 말보다 그들의 말을 들었으니까. 나는 너에게 다른 벌을 가하지 않겠다. 오직 영원히 너와 이별할 따름이다. 사랑은 의심과 동거할 수 없는 것이다."

08 『신데렐라』 이야기를 생각하면서 사랑의 허점을 생각해보자.

해설 우리는 신데렐라의 이야기를 보고 사랑의 위대함과 아름다움에 감동한다. 「마이 페어 레이디」, 「귀여운 여인」 등의 영화에서도 마찬가지다. 맺어질 수 없는 두 사람의 사랑이 맺어질 때 우리는 아름다움을 느낀다. 그러나 사랑의 시작과 사랑의 지속은 구분하여 생각해 볼 필요가 있다. 사랑이란 '상대방의 잠재능력을 개발시켜주는 것'인데 서로의 능력이 매우 차이가 날 때는 능력이 부족한 사람은 상대방의 잠재능력을 개발시켜주는 데 한계를 느낀다. 반면 상대방은 상대방의 사랑을 의심하게 된다. 따라서 이 사랑의 지속이 어려워진다. 사랑할 때 활성화되는 뇌 부위는 보상과 관련되는 부위로서 도파민 등을 분비해 기분이 좋아진다고 하고, 또 비판적인 사고와 부정적인 감정을 일으키는 편도체 뒤쪽은 비활성화된다고 한다.

이에 사랑하게 되면 기분이 좋아지고, 상대방의 결점을 보아도 잘 보지 못한다. 그러나 사랑이 지속되지 않으면 반대의 현상이 일어날 것이다. 즉 편도체 뒤쪽이 활성화되어 비판적인 사고와 부정적인 감정을 일으키고, 보상과 관련되는 뇌 부위는 도파민 등을 분비하지 못해 기분이 좋아지지 않는다. 이것이 사랑의 대상을 선정할 때 지속할 수 있는 사랑인지 깊이 생각하여야 하는 이유이다. 탈무드에 '남자는 한 계단 아래에 있는 여자를 택하라'고 하였다. 만일 세상이 바뀌었다면 '여자는 한 계단 아래에 있는 남자를 택하여야 한다'고 보는 것이 아닐까? 중요한 것은 두 사람 간의 차이가 한 계단 정도라는 것이다. 사랑의 시작과 지속은 다르다. '난 이 사람을 행복하게 해주어야지.'라는 생각만으로도 사랑은 시작할 수 있으나, 행복하게 해줄 수 있는 능력을 계속 가지고 있지 못하면 사랑은 지속되기 어렵다. 이른바 찰라적 기쁨과 지속적 고통을 주는 사랑을 할 것인가? 찰라적 기쁨과 지속적 행복을 주는 사랑을 할 것인가는 두 사람 모두가 상대방의 잠재능력을 개발시켜주는 능력을 항상 가지고 있느냐에 의해 좌우된다.

창의적 말하기와 글쓰기

CHAPTER 06

감정을 조절하는 말하기

뇌는 바이올린이고 영혼은 바이올리니스트다.
아름다운 음악이 나오려면 이 두 가지가 긴밀하게 작용하여야 된다.

– 찰스 아라 –

____는 바이올린이고 ____은 바이올리니스트다.
아름다운 _____이 나오려면 이 두 가지가 긴밀하게 작용하여야 된다.

– ____________________ –

■ 학습목표

1. 감정조절의 중요성을 설명할 수 있다.
2. 감정조절을 위한 방안을 설명할 수 있다.
3. 감정조절을 위한 말하기 방법을 설명할 수 있다.

■ Quiz

다음 말이 적합하다고 생각하면 O, 그렇지 않다고 생각하면 X표를 하십시오.

01 나와 너 사이는 막역하므로 농담으로 모욕을 주는 말을 하여도 무방하다.	(O, X)
02 말을 하지 않는 친구에게 좋은 말로 설교를 한다.	(O, X)
03 집안 일로 과제를 해결하지 못하여 불안해하는 친구에게 "걱정하지 마, 아직 3일이나 남았어. 너는 할 수 있어!"라고 말해준다.	(O, X)
04 친구가 한 말에 내가 상처를 받아 그 친구와 대화하기 싫다면, 이건 친구에게 문제가 있기 때문이다.	(O, X)
05 나와 대화하다 친구가 말을 하지 않으면 나의 말에 친구가 상처를 받았을 가능성이 있으므로, "너는 매우 현명하니까 나의 말에 상처받지 않을 거야"라고 하면서 친구를 북돋아 준다.	(O, X)
06 감정이 상한 친구의 말은 우선 묵묵히 들어 주어야 한다. 또 상대방의 말을 들어준다는 표시를 보여야 하므로 상대방의 눈을 똑바로 응시한다.	(O, X)
07 친구에게 나의 감정을 솔직히 있는 그대로 표현한다. 예를 들면 "네가 하는 행동은 너무 나쁘다. 그래서 내 기분 매우 안 좋다."	(O, X)
08 매사에 부정적인 행동을 한다고 생각하는 친구를 떠 올리며, 백색모를 사용하여 사실과 진리만 생각해 본다.	(O, X)
09 여섯 가지 색깔의 사고모에서 황색모는 감정을 표현하는 것이고, 적색모는 부정적 생각을 하는 것이다.	(O, X)
10 정말 마음에 들지 않는 행동을 한 친구에게 "너 또 왜 그래"라고 말을 하면서 방긋 웃어준다.	(O, X)

읽고, 생각하고, 말해보기

따스함, 부드러움, 생명의 힘

하수연

자녀양육에서 따뜻하고 부드러운 부모의 중요성이 부각되었다. 먹는 것, 물질적인 것만 제공해 주는 것이 최상이 아니라, 따뜻하고 부드러운 모습을 함께 지녀야 부모의 역할을 제대로 수행한다는 것이다. 때로 따뜻함과 부드러움을 망각한 듯한 모습을 보여주는 부모들이 있다. 항상 무서운 표정을 짓거나 무서운 표정은 아니어도 근엄한 표정을 짓고 있으면 자녀가 가까이하기 어렵다. "엄마~" 하고 밝게 달려오다가도 차가운 엄마의 표정을 보면 망설이다 그냥 돌아서거나 표정도 어두워진다.

사실 따스함과 부드러움은 생명의 부화에 매우 중요한 에너지이다. 씨앗의 싹틈, 알의 부화에서 보듯 따뜻하고 부드러움이 없다면 생명의 발현은 기대할 수 없다. 음식이 신체의 영양소라면 따뜻함과 부드러움은 정신의 영양소이다. 씨앗 속에는 배젖이라는 영양소가 이미 준비되어 있지만 따스한 온도가 없으면 싹을 틔우지 못한다. 조류의 알 속에도 영양소가 있지만 따스함이 없으면 부화하지 못한다. 따스함과 부드러움은 생명을 부화시키는 에너지이다.

우리 자녀들은 수많은 생명의 씨앗을 내포하고 있다. 다른 말로 잠재능력의 씨앗이라고 할 수 있다. 엔지니어가 될 수 있는 씨앗, 예술가가 될 수 있는 씨앗, 학자가 될 수 있는 씨앗, 교육자가 될 수 있는 씨앗, 사업가가 될 수 있는 씨앗 등 모든 종류의 씨앗이 자녀에게 내포되어 있다. 이 씨앗들은 가능성이라는 자체 영양소를 가지고 있다. 그러나 부모의 따뜻하고 부드러운 품이 없다면 생명으로 부활되지 못하고 그대로 약화되면서 소멸되고 만다.

그러므로 자녀가 잠재능력이 개발되지 못한다면 이는 자녀의 잘못이 아니다. 따뜻함과 부드러움을 제공하지 못한 부모의 잘못이다. ……

- 화성신문(2021.11.15.). 전문가 칼럼 화성춘추 124 중에서

1. 감정조절의 중요성

프로이트(Freud)에 의하면 개인은 제한된 자원의 세계에서 개인적 욕구를 만족시키기 위해 쾌락주의를 우선시 한다(박영태, 2015). 쾌락주의는 즐거움과 행복을 삶에서 가장 중요한 목적으로 하는 것이다. 즐거움과 행복은 정서조절과 깊은 관련이 있다. 밀렌슨(Millenson, 1967)에 의하면 기본적 정서는 기쁨 · 화 · 불안이다. 기쁨은 긍정적 마음에 의한 조화로운 행동과 관련되고, 화는 부정적 마음에 따른 저항 행동과 관련되고, 불안은 예기되는 부정적 마음에 의한 갈등적 행동과 관련된다. 즐거움과 행복은 화와 불안을 조절하여 기쁨을 느끼는 데서 나타난다. 화와 불안은 결국 부정적 마음과 연계되어 나타나므로 부정적 마음을 갖지 않도록 조절하는 것이 행복으로 가는 길이다.

Millenson(1967)은 기쁨 · 화 · 불안의 세 가지 기본정서를 제시하면서 정서의 크기도 고려했다. 기쁨은 가장 낮은 수준인 기쁨에서 점차 의기양양, 환희로 그 크기가 증대된다. 화는 가장 낮은 수준인 성가심에서 점차 화, 분노로 그 크기가 증대된다. 불안은 가장 낮은 수준인 우려에서 점차 불안, 공포로 그 크기가 증대된다. 이러한 정서의 유형과 그 크기를 조절하는 것이 감정조절의 핵심이다. 다시 말하면 화, 불안을 기쁨으로 전환하는 것만 감정조절이 아니라 분노에 달한 극도의 감정을 화로 가라앉히거나, 공포에 휩싸인 마음을 단순 불안으로 가라앉히는 것도 감정조절이다.

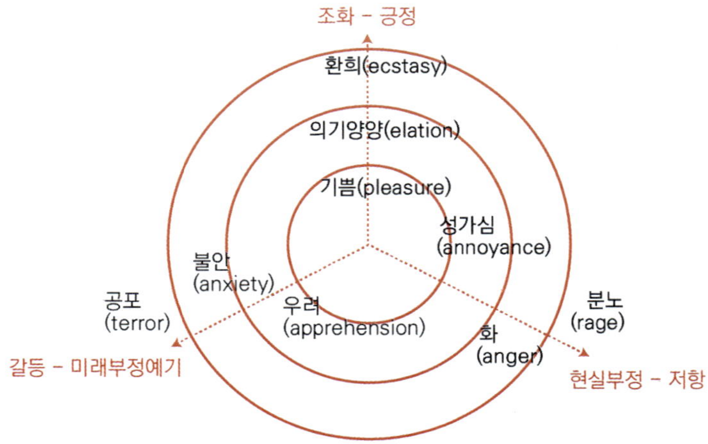

▌그림 6-1▐ 감정 강도의 3차원 모델

출처: Millenson, J. R.(1967). The Psychology of Emotion: Theories of Emotion Perspective. John Wiley & Sons, p. 172.

이러한 감정조절의 방법을 알기 위해서 감정을 인식하는 과정을 살펴보자. 정서를 인식하는 과정에 있어 제임스-랑게(James-Lange)와 캐논-바드(Cannon-Bard)는 서로 다른 관점을 제시하였다. James-Lange는 심장박동이나 호흡과 같은 자율신경계에 의한 신체변화에 대한 느낌을 정서라고 본다[1]. 따라서 정서인식은 신체적 반응 이후에 따라온다. 예를 들면, 도망가기 때문에 무섭고, 공격하기 때문에 화가 나는 것이다. 이에 비해 Cannon-Bard는 정서적 경험과 신체적 각성이 동시에 발생한다고 한다[2]. 이 두 이론에 의하면 감정조절은 일단 감정이 발생한 후에 이루어진다. 신체반응이 일어난 후에 정서를 인식하든 신체반응과 동시에 정서를 인식하든 일단 신체반응이 일어났기에 감정조절은 '소 잃고 외양간 고치는 격'이 된다. 르두(LeDoux, 1996)의 정서이론을 고려하여 정서인식의 과정을 도표화하면 [그림 6-2]와 같다.

1) https://en.wikipedia.org/wiki/James-Lange_theory. 2023.2.7. 인출.
2) https://en.wikipedia.org/wikI /Cannon-Bard_theory. 2023.2.6. 인출.

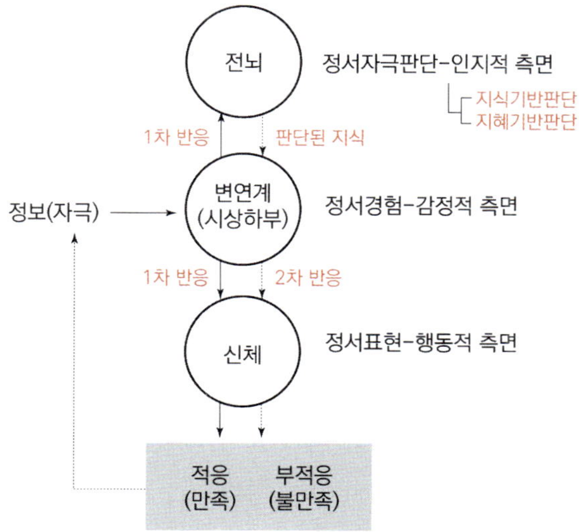

❙그림 6-2❙ 정서인식과 행동의 관계

정서반응[3]은 1차 반응과 2차 반응으로 나타난다. 인간의 두뇌회로는 1차적 정서반응을 합리적으로 처리하지 않는다. 시상에서 무의식적으로 처리하도록 구성되어 있다(Hughes, Patterson, & Terrell, 2005). 따라서 외부의 자극이 들어오면 직관적으로 기존 학습된 지식과 연결되어 감정을 일으킴(정서경험)과 동시에 무의식적으로 두 방향으로 진행된다(1차 반응). 하나는 즉각적으로 자율신경계에 의한 신체반응(정서표현)을 일으킨다. 이와 동시에 전뇌에 외부 자극을 통지하여 그 자극에 대한 판단(정서자극 판단)을 요구한다. 자극을 받은 전뇌는 일반적으로 정서자극이 무엇인지 즉시적, 자동적, 거의 무의식적으로 인지적 판단을 한다(Arnold, 1960). 전뇌가 정서자극이 무엇인지 판단을 하면 다시 시상에 전달하여 시상이 신체에 2차 반응을 하도록 한다. 이 모형에서 보면 1차 반응은 신체적 정서반응과 정서인식은 동시적이다. 그러나 2차 반응은 전뇌의 판단에 의하여 신체적 정서반응이 나타난다. 감정조절은 바로 2차

3) 정서와 감정을 구분하지 않고 사용

반응에서 이루어질 수 있다.

"자라 보고 놀란 가슴 솥뚜껑 보고 놀란다"는 속담을 예로 생각해 보자.

① 솥뚜껑을 보고 그 형태와 유사한 자라로 인식한다(정서적 경험). 자라와 연결된 두려움의 정서는 순식간에 두 방향으로 정보를 전달한다.

② 한 방향은 신체에 자기보호를 위한 두려움에 대한 정서반응을 유발하고(1차 정서표현), 다른 방향은 전뇌에 솥뚜껑 정보를 전달하여 무엇인지 판단을 요구한다(정서자극판단요구).

③ 전달을 받은 신체는 두려움에 따라 몸을 움츠리며 긴장을 한다. 전뇌는 모양은 비슷하나 자라가 아니고 중립적 감정인 솥뚜껑임을 판단한다.

④ 판단된 정보는 즉각적으로 변연계에 전달된다.

⑤ 위험하지 않은 솥뚜껑임을 인지하여 신체에 이완의 정서반응을 유발한다(2차 정서표현).

⑥ 이에 따라 신체는 긴장을 풀고, 움츠린 자세도 원상으로 회복된다.

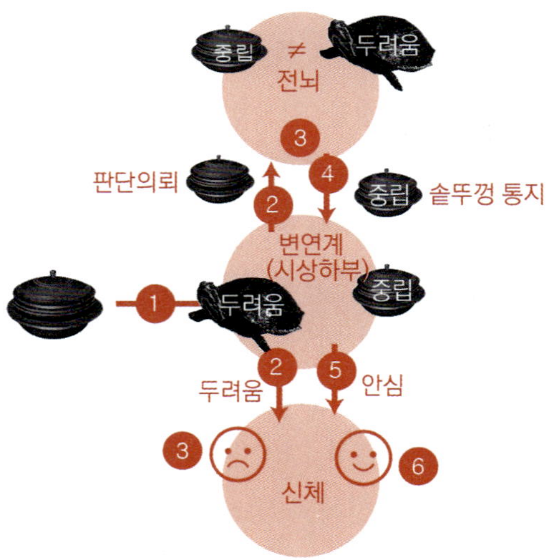

| 그림 6-3 | 자라 보고 놀란 가슴 솥뚜껑 보고 놀라는 정서반응

이러한 정서반응과정을 보면 정서조절은 정서자극판단 과정에서 이루어질 수 있음을 시사한다. 다시 말하면 정서조절은 결국 인지조절을 기반으로 한다. 정서는 자신의 안전을 위해 신체의 반응을 요구하는 것이고, 외부정보의 위험 여부는 인지적 판단으로 이루어진다. 박영태(2002)가 제시한 '지식=정보+정서'라는 공식은 정서조절을 쉽게 이해하게 만들어 준다. 학습 시 외부에서 들어오는 정보들은 자기보호기제와 연계하여 정서가 부착되어 지식의 형태로 두뇌에 저장된다. 정보가 자신에게 위해가 된다고 여겨지면 싫음, 두려움 등과 관련된 정서가 결합되고, 자신에게 도움이 된다고 여겨지면 좋음, 기쁨과 관련된 정서가 결합된다. 위험도 아니고 도움도 아니면 중립적인 정서가 결합된다. 이른바 학습된 모든 정보들은 정서에 뿌리를 내리고 있는 지식의 형태로 존재한다. 외부에서 정보가 들어오면 그 정보가 활성화되고 동시에 결합된 정서가 작동하여 1차 반응으로 신체의 반응을 요구한다. 그러다 전뇌의 판단으로 정보가 잘못되었다는 것이 판단되면 올바른 정보에 부착된 정서가 새로운 신체반응을 요구한다. 위 속담으로 다시 생각하면 [그림 6-3]과 같다.

일상생활에서 화가 나 있는 사람에게 '화내지 마라'는 말보다 '사실은 그게 아니고…'라고 하면서 화를 풀도록 유도한다. 이것은 바로 감정조절의 핵심이 감정과 연결된 정보를 변화시키는 것이라는 것을 보여준다. 정서조절능력이 높으면 자신의 감정을 잘 관리하여 자신과 타인의 욕구를 조화롭게 잘 유지한다. 이에 비해 정서조절능력이 부족하면 부적응 행동이 나타나 대인관계에 어려움을 야기한다.

2. 감정조절을 위한 방안

1) 고든(Gordon)의 수용언어와 비수용언어

수용언어와 비수용언어는 Gordon(1970)이 P.E.T.(Parent Effectiveness Training) 프로그램에서 제시한 언어이다. Gordon(1970)은 부모-자녀 간의 관계에서 발생한 정서의 해결을 중요시하고 있다. 만일 상대방의 말을 수용하기 어려우면 수용하지 못하는 사람을 '문제를 소유'하였다고 본다. 여기서 '문제'라고 하는 것은 욕구좌절로 인하여 마음이 불편한 상태를 말한다. 따라서 마음이 불편한 감정을 해결하지 못하면 이 감정이 장애가 되어 상대방의 어떠한 말도 수용하지 못하게 된다. 이때 주고받는 언어를 '의사소통의 걸림돌'이라고 하며, 12가지 비수용언어로 제시하고 있다.

12가지 비수용언어는 일상 대화에서 자주 사용하는 다양한 언어의 유형이다. 그럼에도 비수용언어라고 하는 것은 당사자의 마음에 문제가(걸림돌이) 발생하여 상대방의 말을 수용할 수 없는 마음 상태가 되기 때문이다. 그러므로 문제 소유자가 상대방인지, 나인지, 혹은 쌍방인지에 따라 의사소통 기술을 달리하는 것이 대화를 위한 전제조건이 된다. 상대방이 문제를 소유했을 때는 먼저 잘 들어 주어야 한다. Gordon(1970)은 상대방의 문제를 파악하기 위해 잘 들어 주는 방법을 능동적 경청(반영적 경청)이라고 하고 이를 수용언어라고 했다.

박영태는 이를 두 지점 간을 호스에 비유한다. 문제를 소유한 사람은 마치 감정의 장애물이 호스를 막고 있는 것과 같다. 그러기에 상대방이 물을 보내도 장애물로 인해 물이 흘러가지 않는다. 관계의 단절이다. 수용언어는 이 장애물이 무엇인지 찾아 제거하는 언어이다. 호스에서 막힌 장애물만 제거하면 물은 서로 잘 흐른다. 12가지 비수용언어도 감정의 장애가 없으면 수용언어가 될 수 있다. 그러므로 두 사람 간에 감정의 장애가 발생하면 먼저 감정을 해결해주는 언어, 즉 수용언어를 사용하여야 한다.

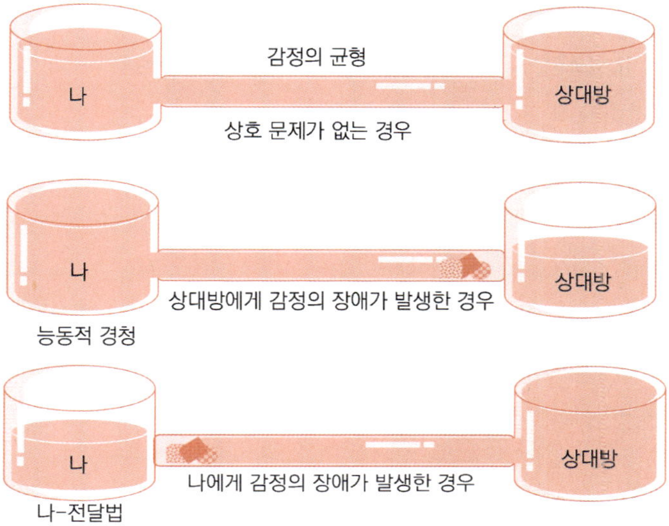

▎그림 6-4▎ 감정의 장애물

Gordon(1970)의 P.E.T.를 설명하면 다음과 같다.

- 먼저 대화가 잘 이루어지는지를 탐색한다. 나와 상대방이 서로 말을 수용하고 있으면 문제가 없다.
- 그러나 나와 상대방 중 상대방의 말을 수용하는 척하거나 수용하지 못하면 수용하지 못하는 사람은 문제를 소유한 것이다. 이런 경우에 상대방이 어떠한 말을 하더라도 수용되기 어렵다. Gordon은 문제가 발생했을 때 효과가 없는 말을 12가지 비수용언어(의사소통의 걸림돌)로 제시하였다(〈표 6-1〉 참조).
- 이를 해결하는 방법은 두 가지이다. 하나는 문제를 소유한 사람이 스스로 '나-전달법'을 이용하여 자신의 감정을 상대방에게 표현하는 것이다. '나-전달법'의 방법은 〈표 6-3〉과 같다. 다른 하나는 문제를 소유하지 않은 상대방이 '능동적 경청'을 하여 문제를 가진 사람의 마음을 알아주고 풀어주는 것이다. 능동적 경청의 방법은 〈표 6-2〉와 같다.
- '나-전달법'과 '능동적 경청'이 함께 사용되면 효과가 빨리 나타날 수 있지만 둘이 함께 나타나기는 어렵다. 일반적으로 상대방의 말을 수용하지 못하여 문제를

소유한 사람은 스스로 상처를 입었다고 생각한다. 상처를 입은 사람은 화가 나 있기 마련이다. 그러므로 상대방이 능동적 경청을 하여 왜 화가 났는지 그 이유를 찾아 해결하도록 노력하는 것이 좋다.

- 만일 상대방이 문제의 원인을 찾으려고 하지 않으면, 문제를 소유한 사람이 스스로 나-전달법을 이용하여 상대방이 자신의 감정의 장애를 파악하도록 도와주어야 한다.
- 쌍방이 문제를 소유하였다면, 갈등을 해결하기 위해 제3의 방법을 사용한다. 문제가 해결되지 않으면 어느 누구도 패자가 되지 않는 윈윈(win-win)원칙을 적용한다. 문제해결과정을 적용하여 모두의 욕구를 충족시켜주는 해결책을 강구한다.

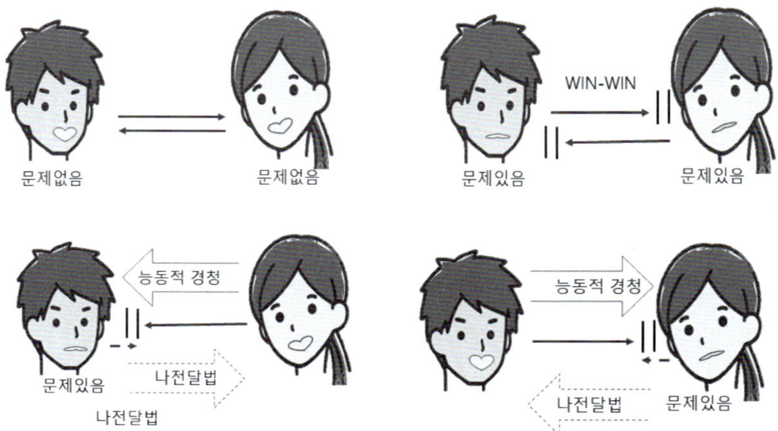

| 그림 6-5 | 문제 소유에 따른 의사소통 기술

정리하면 수용 언어는 상대방의 마음속에 숨겨져 있는 문제의 근원을 알 수 있는 언어이며, 비수용 언어는 감정의 문제가 발생한 상대방의 마음을 계속 닫게 하고, 자기방어적으로 만드는 언어이다. 나-전달법(I-message)은 말하는 사람의 감정을 알려 주는 것이다. 여기서 특히 강조하고 싶은 것은 문제가 발생한 후에 해결하기 위해 노력하기보다 사전에 상호 간에 문제가 발생하지 않도록 유의하는 것이 중요하다. 마치 가정에서 변기가 막히지 않도록 사전에 조심하는 것이 중요한 것과 같다. 비수용 언어와 수용 언어, 나-전달법을 소개하면 〈표 6-1〉, 〈표 6-2〉, 〈표 6-3〉과 같다(박영태, 2004에서 재인용).

▼ 표 6-1 의사소통의 걸림돌(12가지 유형의 비수용 언어)

제1영역: 학생의 문제에 해결책을 제시하는 언어	
범주 1	• 명령, 강요 예: "불평 그만하고 숙제를 끝마치도록 해."
범주 2	• 경고, 위협 예: "이 과목에서 좋은 성적을 받으려면 빈틈없이 해야 돼."
범주 3	• 훈계, 설교 예: "학교에 왔을 때는 공부하는 것이 네 임무라는 것을 알아야 해."
범주 4	• 충고, 해결방법 제시 예: "네가 해야 할 일은 시간을 적절히 활용할 수 있는 계획을 세우는 거야 그러면 너의 숙제를 끝마칠 수 있어."
범주 5	• 논리적 설득, 논쟁 예: "자, 현실을 바로 보자. 그 숙제를 끝마칠 때까지 3, 4일밖에 남지 않았어."
제2영역: 학생을 판단하고, 평가하고, 경멸하는 내용을 내포한 언어	
범주 6	• 비판, 비평, 비난 예: "너는 아주 게으른 녀석이거나 꾸물거리는 녀석이야."
범주 7	• 욕설, 조롱 예: "너는 고등학교에 들어갈 학생 같지가 않아. 꼭 초등학교 4학년 같이 행동하고 있어."
범주 8	• 분석, 진단 예: "너는 '어떻게 하면 그 숙제를 하지 않고 넘어갈까?' 궁리하고 있지?"
제3영역 : 학생을 기분 좋게 하거나 문제가 없어지도록 하기 위해 또는 문제를 가지고 있다는 사실조차 부인하도록 하는 내용을 내포하는 언어	
범주 9	• 칭찬, 찬성 예: "너는 정말로 똑똑한 아이야. 나는 네가 어떻게든지 숙제를 해낼 수 있으리라 확신해."
범주 10	• 동정, 위로 예: "이처럼 느끼는 사람은 너 혼자만이 아니야. 나도 어려운 숙제에 대해 그렇게 느꼈었단다. 그렇지만 숙제에 열중하면 그렇게 어렵지는 않아."

제4영역: 학생의 자기방어기제를 초래하는 내용을 내포하는 언어	
범주 11	• 캐묻기와 심문 예: "숙제가 너무 어렵다고 생각하니?" "왜 진작 도움을 청하지 않았니?" "몇 시간이나 숙제를 했니?"
제5영역: 학생의 관심을 돌리거나 학생들과 대응하는 것을 피하기 위해 사용하는 내용을 내포한 언어	
범주 12	• 화제 바꾸기, 빈정거림, 후퇴 예: "얘, 우리 좀 더 재미있는 얘기나 하자." "지금은 그 시간이 아니야." "누군가 오늘 아침 기분이 언짢은 것 같아."

▼ 표 6-2 수용 언어

수동적 경청(침묵)	아무 말도 하지 않고 침묵으로써 상대방의 말을 받아주는 것
인정 반응	상대방에게 주의를 기울이고 있다는 증거를 보여주는 반응 • 비언어적 단서: 고개를 끄덕임, 앞으로 몸을 기울임, 미소 지음 등 신체 동작 • 언어적 단서: "아하", "오오", "응, 그래" 등
대화의 문을 열게 하는 메시지	학생들이 더 깊은 이야기를 하도록 격려하는 언어 예: "그것에 대해서 좀 더 말해주겠니?" "그것에 참 흥미 있는데, 계속 해봐" "그것에 대해 강한 인상을 받을 것처럼 들려" "네가 말하고 있는 것에 흥미가 있어"
능동적 경청	상대방의 얘기를 듣고 있을 뿐만 아니라, 정확하게 이해하고 있다는 것을 나타내는 것

▼ 표 6-3 나-전달법의 3요소

포함되어야 할 세 가지 요소	1. 수용할 수 없는 행동에 대한 비난이나 비평 없는 서술
	2. 나에게 미치는 구체적인 영향
	3. 구체적인 영향에 대한 자신의 감정, 느낌
예시	네가 약속 시간보다 30분이 늦어지니(행동) 나는 계획한 것들을 시간 내에 하지 못하게 될까(구체적 영향) 초조하고 마음이 바빠진다(감정).

잠깐!!

나-전달법 연습해 보기

※ 상대방과 대화하다 상대방은 문제를 소유하지 않았는데, 내가 마음이 불편한 상황이 발생한 것을 전제하고, 나-전달법에 맞추어 말을 해 보십시오.

행동	
구체적 영향	
감정	

2) 여섯 가지 색깔의 사고모

드 보노(de Bono)가 제시한 여섯 가지 색깔의 사고모(四考帽)는 감정조절을 의도적으로 연습하는 좋은 방법이다. de Bono는 사고방법을 여섯 가지로 나누어, 색깔을 연계시켜 여섯 가지 색깔의 모자로 만들었다(박권생·손기준 역, 1991).

┃그림 6-6┃ 여섯 가지 색깔의 사고모

사고방법도 반복하면 습관이 된다. 이른바 습관적 사고가 되어 다른 방법의 사고를 활용하기 어려워진다. 사실보다는 감정에 얽매인 생각을 주로 하는 사람은 사실보다는 감정을 우선시하는 생각만 하게 되고, 부정적으로만 생각하는 사람은 긍정적 생각을 하기 어렵다. 그 결과 올바른 판단을 내리기가 무척 어렵게 되고 나아가 대인관계나 문제해결에 어려움이 있게 된다. de Bono가 제시한 여섯 가지 색깔의 사고모는 일종의 역할극으로, 해당 모자를 쓰면 그 모자가 요구하는 사고방법을 실시하여야 한다. 또 특정 색깔의 모자만 사용해서는 안 되고 다양한 색깔의 모자를 번갈아 가며 쓰면서, 그 색깔이 요구하는 방향으로 생각하여야 한다. 자신에게 주어진 역할이므로 생각하기 싫더라도 그 모자 색깔이 지시하는 방향으로 생각하는 체하여야 한다. '체'하는 생각을 하다 보면 그 방향으로 여러 가지 사실을 생각하게 되고, 그 사실들은 판단에 도움을 준다.

날씨를 주제로 색깔에 따른 생각의 예를 들면 다음과 같다.

- 백색모: 반드시 진리, 사실 등만을 생각하여야 한다. 예를 들면 "뉴스에 의하면 어제 날씨는 맑았으며 온도는 18°C로서 포근하였다."
- 적색모: 반드시 느낌이나 감정만을 생각하여야 한다. 예를 들면 "어제는 따뜻해서 기분이 좋았다."
- 흑색모: 반드시 부정적으로만 생각하여야 한다. 예를 들면 "어제는 스키도 못 타게 왜 그렇게 따뜻한지 미치겠어."
- 황색모: 반드시 긍정적으로 생각하여야 한다. 예를 들면 "어제는 모처럼 따뜻해서 활동하기 너무 좋았다."
- 청색모: 반드시 생각의 흐름을 통제하는 생각을 해야 한다. 예를 들면, "나는 지금 계속해서 흑색모만 쓰고 있잖아, 이제 백색모를 써보자."
- 녹색모: 반드시 주제에서 벗어난 다른 방향의 말을 하여야 한다. 예를 들면, "○○○이 드론을 이용해서 사진을 찍었는데 멋있더라."

이와 같이 여섯 가지 색깔의 사고모는 개인의 감정을 다양한 방향으로 표출하도록 하여 감정조절에 도움을 줄 수 있다. 특히 진리와 사실을 생각하도록 하여 감정과 연결된 정보도 생각하게 하고, 기존 정보로 부족하면 창의적 아이디어로 보완할 수 있는 기회도 제공한다.

3) Mehrabian 법칙

미국 캘리포니아대학 메라비언(Mehrabian, 2009) 교수는 7%－38%－55% 법칙을 제안했다. 7%－38%－55% 법칙은 일반적으로 메시지의 의미가 언어적 소통에서는

7%, 청각적 소통에서는 38%, 몸짓과 얼굴표정을 통한 소통에서는 55%가 전달되는 것이라고 알려져 있다. 그러나 Mehrabian 법칙은 인지적 정보(의미)가 아니라 정서적 정보(좋아함)가 전달되는 정도를 나타낸 것이다. Mehrabian 법칙은 일반적으로 언어적 말하기보다 비언어적 말하기의 중요성을 말하고 있다. 특히 감정을 표현하기 위해서는 언어적 표현보다 비언어적 표현이 더 적절하다.

전체적 좋아함 = 언어적 내용의 좋아함(7%) + 소리 톤으로서의 좋아함(38%)
+ 얼굴 표정으로서의 좋아함(55%)

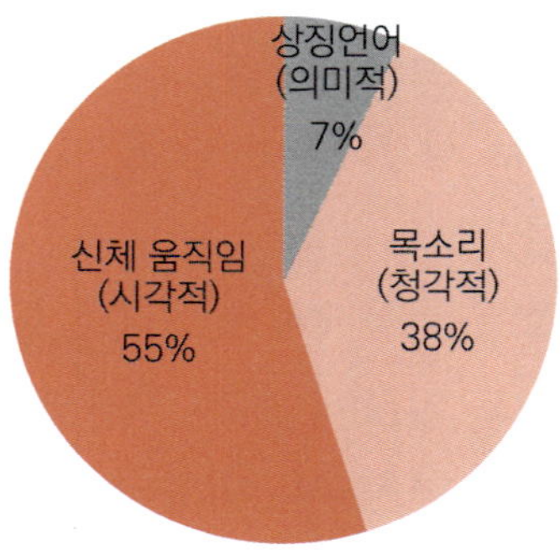

| 그림 6-7 | Mehrabian 법칙

3. 감정조절과 말하기

감정조절을 하는 말하기의 요령을 제시하면 다음과 같다.

첫째, 감정조절은 특정 감정에 모든 에너지를 집중하면 하기 어렵다. 에너지의 분배가 중요하다.

둘째, 두 사람 간에 감정의 문제가 발생하면 어떠한 말을 해도 대화가 어렵다. 따라서 감정을 먼저 해소하는 말을 하여야 한다.

셋째, 상대방이 말을 하지 않으면 상대방이 문제를 소유했다는 것을 보여주므로, 12가지 비수용언어의 사용보다 상대방의 감정 해소를 위해 문제부터 먼저 파악하도록 수용언어를 사용하여야 한다.

넷째, 수용언어는 능동적 경청이라고 하며 먼저 상대방의 말을 잘 들어주고, 잘 듣고 있다는 표시로 고개를 끄덕이거나 눈을 마주 보고, 나아가 "그랬구나, 그런 점이 있었구나" 등 대화의 문을 열게 하는 메시지를 보낸다. 그리고 상대방의 달을 이해했다고 싶으면 상대방의 마음을 반영하여 말로 표현해본다.

다섯째, 상대방이 능동적 경청을 시도하든 않든 간에 문제를 소유한 당사자는 자신의 감정을 나-전달법으로 솔직하게 표현한다.

여섯째, 자신의 감정을 표현할 때는 발생한 상황을 무비판적으로 객관적으르 기술한 후, 그 상황이 미친 영향력을 제시한 후 자신의 감정 상태를 표현한다.

일곱째, 평소에 말하기 습관으로 인해 생각이 굳어져 있으므토 여섯 가지 색깔의 사고모를 이용하여 의도적으로 부정적 생각, 긍정적 생각, 사실적 생각, 감정적 생각, 창의적 생각, 사고를 통제하는 생각을 연습한다.

CHAPTER 06 **연습해 보기**

▪ 다음 내용을 보고 생각해보자.

1. 다음 그림을 보고 두 사람의 실제적 관계를 얘기해보자.

2. 다음은 인도 영화 「신상(神象)」 스토리의 일부이다.

드라이브를 하다 어린 아들 라주를 잃어버린 아버지는 아들을 찾다 지쳐 쓰러지고 한편 숲속에 떨어진 아들은 표범에게 공격을 당하지만 어디선가 나타난 코끼리에 의해 구조된다. 자신을 구해준 코끼리 무리와 함께 집으로 돌아오니 쇠약해진 아버지는 코끼리를 항상 곁에 두라는 유언을 남기고 세상을 떠났다. 주인공은 코끼리의 도움으로 예쁜 여인 타누자와 결혼하게 되고 아들까지 두었다. 코끼리는 보모처럼 아들도 옆에서 지켜보며 돌보았다. 그러던 어느 날 아이의 엄마 타누자가 병원에 갔다가 코끼리에 밟힌 아이의 모습을 보고 자신의 집에도 코끼리가 항상 아이와 함께 있다는 것을 생각하고 공포에 휩싸였다. 심지어 코끼리가 자신의 아이를 밟는 망상에까지 빠지게 되었다. 이 고통을 견디다 못한 타누자는 남편 라주에게 코끼리를 팔아버리라고 한다. 어떻게 하든 아이에게서 떨어지게 만들고 싶었다. 그러나 남편은 자신의 생명을 구해준 코끼리이므로 아이를 절대 해치지 않는다면서 말을 들어주지 않았다. 그러나 코끼리의 위험을 지나치게 의식한 타누자는 결국 말을 들어주지 않는 라주와 크게 싸우고 아이를 데리고 친정으로 가 버렸다.

- 이 이야기에서 아이의 엄마 타누자의 행동으로 인해 결과가 어떻게 진전되었을지 상상해보자.

CHAPTER 06 연습해 보기에 대한 참고 의견

1. 다음 그림을 보고 두 사람의 실제적 관계를 얘기해보자.

언어적 표현과 비언어적 표현을 생각하면서 어떤 장면이 가장 효과적일지 생각해보자.

2. 인도 영화 「신상(神象)」

억울하게 오해를 당한 코끼리는 오해를 풀기 위해 타누자의 친정으로 따라갔으나 집안에는 들어가지 못하고 문 앞에서 기다렸다. 타누자는 코끼리가 따라온 것을 보고 아들에게 해코지할 것이라는 생각에 아버지에게 연락하여 사냥꾼을 불러와서 코끼리를 죽이라고 했다. 코끼리는 이 사실도 모른 채 문 앞을 지키고 있었는데, 아들이 잠자고 있는 요람에 코브라 독사가 기어드는 것을 보았다. 코끼리는 소리를 크게 지르며 문을 부수고 들어갔다. 타누자는 코끼리의 고함과 문 부서지는 소리에 놀라서 기절하고 만다. 그 사이에 코끼리는 아이에게 접근한 독사를 코로 낚아채어 밟아 죽이고 쓸쓸히 라주에게로 떠났다. 사냥꾼을 데리고 돌아온 타누자의 아버지는 문이 부서져 있고, 독사가 아이 옆에 납작하게 터져 죽은 것을 보고 코끼리의 진심을 알았다. 코끼리가 아이를 해치려고 한 것이 아니라 독사로부터 지키고 있었다는 것을 기절한 타누자를 깨워 말해주었다. 타누자도 그제서야 코끼리는 아이를 지켜주는 수호신이라는 것을 알고 후회하면서 집으로 향했다.
한편 라주는 자신을 해치는 악당과 싸우고 있었다. 악당이 라주에게 총을 쏘는 순간 어느새 왔는지 코끼리가 와서 총을 맞고 쓰러졌다. 라주는 자기 대신 총 맞고 죽은 코끼리를 안고 울부짖었다. 그때 타누자가 자신이 잘못 생각했다면서 달려왔다. 그러나 코끼리는 이미 죽었다. 타누자는 순간적으로 감정조절을 못 한 자신의 행동을 탓하였지만 이미 무서운 결과가 나타났다.
감정조절의 포기는 결국 불행을 불러일으켰다.

■ Quiz에 대한 해설

01 나와 너 사이는 막역하므로 농담으로 모욕을 주는 말을 하여도 무방하다. **해설** 아무리 친한 친구라도 문제를 야기하는 언행은 피하여야 한다.	(X)
02 말을 하지 않는 친구에게 좋은 말로 설교를 한다. **해설** 말을 하지 않는 친구는 어떤 감정적 문제를 가지고 있으므로, 설교보다 감정을 파악하는 능동적 경청을 이용하여야 한다.	(X)
03 집안 일로 과제를 해결하지 못하여 불안해하는 친구에게 "걱정하지 마, 아직 3일이나 남았어. 너는 할 수 있어!"라고 말해준다. **해설** 집안 일로 인한 감정의 문제가 있으므로 논리적 의견은 도움이 되지 못한다. 능동적 경청이 필요하다.	(X)
04 친구가 한 말에 내가 상처를 받아 그 친구와 대화하기 싫다면, 이건 친구에게 문제가 있기 때문이다. **해설** 상처를 받은 사람은 말문이 막히게 된다. 즉 문제를 소유한다. 이 상황은 나가 문제를 소유한 상황이다. 그러므로 내가 친구에게 나-전달법을 사용할 필요가 있다.	(X)
05 나와 대화하다 친구가 말을 하지 않으면 나의 말에 친구가 상처를 받았을 가능성이 있으므로, "너는 매우 현명하니까 나의 말에 상처받지 않을 거야"라고 하면서 친구를 북돋아 준다. **해설** 이미 문제를 소유한 친구에게 격려나 칭찬은 도움이 되지 않고, 오히려 의사소통의 걸림돌이 될 수 있다. 먼저 능동적 경청을 해 주어야 한다.	(X)
06 감정이 상한 친구의 말은 우선 묵묵히 들어 주어야 한다. 또 상대방의 말을 들어준다는 표시를 보여야 하므로 상대방의 눈을 똑바로 응시한다. **해설** 감정이 상한 친구의 말은 능동적 경청으로 묵묵히 들어 주는 것은 좋다. 또한 듣고 있다는 표시로 시선을 상대방의 얼굴로 향하는 것도 필요하다. 그러나 눈동자를 똑바로 응시하는 것은 상대방에게 위협을 줄 수 있다.	(X)
07 친구에게 나의 감정을 솔직히 있는 그대로 표현한다. 예를 들면 "너가 하는 행동은 너무 나쁘다. 그래서 내 기분 매우 안 좋다." **해설** "네가 하는 행동이 너무 나쁘다. 그래서 내 기분 매우 안 좋다."라는 것은 상대방에게 책임이 있다는 너-전달법이 포함되어 있다. 단지 객관적 상황과 그 상황의 영향으로 인한 나-전달법을 사용해야 한다.	(X)
08 매사에 부정적인 행동을 한다고 생각하는 친구를 떠 올리며, 백색모를 사용하여 사실과 진리만 생각해 본다. **해설** 여섯 가지 색깔의 사고모를 이용하여 다양한 생각을 해보는 것은 바람직하다.	(O)

09 여섯 가지 색깔의 사고모에서 황색모는 감정을 표현하는 것이고, 적색모는 부정적 생각을 하는 것이다. **해설** 여섯 가지 색깔의 사고모에서 황색모는 긍정을 표현하는 것이고, 적색모는 감정적 생각을 하는 것이다.	(X)
10 정말 마음에 들지 않는 행동을 한 친구에게 "너 또 왜 그래"라고 말을 하면서 방긋 웃어준다. **해설** 언어적 표현과 비언어적 표현이 일치하지 않으면 자신의 생각을 바르게 전달할 수 없다. 매우 친한 관계일 경우에는 언어적 표현과 비언어적 표현이 일치하지 않을 경우 재치로 보일 수 있다. 그러나 정말 마음에 들지 않는 행동을 한 친구에게 언어적 표현과 비언적 표현을 일치시키지 않는 것은 올바른 의사전달에 방해가 된다.	(X)

창의적 말하기와 글쓰기

CHAPTER 07
다중 앞에서 말하기

이 세상에서 가장 가엾은 사람은 출발할 줄 모르는 사람이다.
이러한 사람은 자신의 능력에 대해 확신을 갖지 못하고,
하늘은 스스로 돕는 자를 돕는다는 말을 믿지 못하는 사람이다.

– Andrew Carnegie –

이 세상에서 가장 가엾은 사람은 ____ 줄 모르는 사람이다.
이러한 사람은 자신의 ____에 대해 확신을 갖지 못하고,
______________________는 말을 믿지 못하는 사람이다.

– ______________ –

■ 학습목표

1. 다중 앞에서 말하기의 중요성을 설명할 수 있다.
2. 프레젠테이션의 의미 및 방법을 설명할 수 있다.
3. 프레젠테이션에서 적절한 말을 구사할 수 있다.

■ Quiz

다음 말이 적합하다고 생각하면 O, 그렇지 않다고 생각하면 X표를 하십시오.

01 분명한 발음, 논리적 전개, 청중에 대한 고른 시선 제공 등 말하는 능력이 좋으면 다중 앞에서 말하는 역량으로 충분하다.	(O, X)
02 프레젠테이션을 잘하기 위해서 멀티미디어의 내용구성, 화면구성, 전달방법 등 3박자가 맞아야 한다.	(O, X)
03 다중 앞에서 말하기 위해 멀티미디어 자료의 내용을 구성할 때, 내용과 관련된 목적을 명료히 설정하는 것으로 충분하다.	(O, X)
04 ppt 제작 시 표지에는 주제, 발표자의 인적 사항, 발표일시 등이 들어간다. 또 일반적으로 표지는 프레젠테이션을 하기 전에 미리 보여주는 화면이므로 배경화면에 특별히 신경을 쓰지 않아도 된다.	(O, X)
05 도입단계에서 청중의 호기심과 동기유발을 위해 목적과 관련 없더라도 흥미로운 영상이나 사진 등을 제시하는 것이 좋다.	(O, X)
06 멀티미디어 자료 제작 시 화면구성은 청중의 인지적 부하와 관계없이 지속적 흥미 유발을 위해 화려하고 흥미로운 사진, 부각되는 붉은 색을 자주 사용하는 것이 좋다.	(O, X)
07 멀티미디어 자료를 잘 제작하였으면 프레젠터는 화면을 보고 분명한 발음으로 내용을 읽어야 하지 부가적 설명을 해서는 안 된다.	(O, X)
08 그래픽은 단순한 삽화나 도표가 아니라 그래픽의 구성에 따라 다양한 의사소통 기능을 보여준다. 예를 들면 기억술적 기능을 이용하면 그래픽에 기억에 도움이 되는 상기단서가 제공되고, 변형적 기능을 이용하면 그래픽에 시공간에 따른 변화의 과정이 제시된다.	(O, X)
09 멀티미디어 자료는 한 페이지에 작은 글자로 가능한 많은 문자를 넣어야 하고, 특별한 경우에만 도표나 그림을 삽입한다.	(O, X)
10 프레젠터는 자신감을 가지고 열정적으로 진행하기 위해서 제스처를 적극적으로 사용하고 시선은 청중 모두에게 골고루 두며, 정해진 시간을 초과하여도 모르고 진행한다.	(O, X)

읽고, 생각하고, 말해보기

대인공포증과 다중 강연

박원혁

대중 앞에서 강의를 무척 잘하는 교수님의 강의 비법을 듣고 싶어서 찾아갔다. 그러나 만나는 순간 나는 의외의 장면에 당황했다. 강의하는 동안에 보여준 그렇게 당당하고 카리스마 넘치는 표정은 어디 갔는지 사라지고 수줍게 망설이는 표정을 보았기 때문이다.

교수님은 성장하는 과정에 낯선 사람과의 만남을 두려워하여 낯선 사람만 만나면 머뭇거리고 얼굴이 붉어졌다고 한다. 얼굴만 붉어지는 것이 아니라 무슨 말을 해야 할지 몰라서 스스로 표정이 굳어졌다고 한다. 낯선 한 사람을 만나도 그러한데 여러 사람 앞에서는 더 심했다고 한다. 그래서 대학교에 다닐 때 그 흔한 미팅도 제대로 해보지 못했고, 모처럼 친구와 함께 갔더라도 말을 할 줄 몰라 한 켠에 멍청히 남의 말만 바라보는 외톨이였다고. 심지어 자신이 말을 하면 남들이 들어주지 않고 귀찮게 여길 것이라는 망상에 젖어 있었다고 한다.

이 정도면 대인공포증이나 광장공포증이라고 여겨질 정도인데 그 교수님은 스스로 경제적으로 풍족하지 못한 데서 오는 열등감의 결과라고 생각하고, 열등감을 극복하기 위해 열심히 공부했다고 한다. 그 결과 특정 주제를 중심으로 말을 할 때는 자신이 있지만 여러 사람 앞에 나서면 알고 있어도 여전히 말하기 어려웠다고 한다. 이러한 불안에서 벗어나기 위해 청중을 허허벌판에 피어 있는 꽃으로 생각하여 아름다운 꽃에게 자신의 생각을 펼쳐놓는 상상을 많이 했다고 한다. 그리고 말이 막히지 않도록 주제와 관련된 내용을 반복하여 외웠다고 한다. 내용을 완전히 외우니 말하면서도 여유가 생기게 되었고, 그 여유를 즐기다 보니 청중과 호흡도 맞출 수 있게 되었다고 한다. 그러나 낯선 사람과 만나면 지금도 여전히 머뭇거려진다고 한다.

1. 다중 앞에서 말하기의 중요성

오늘날 교통수단의 발달은 사람과의 만남 폭을 증대시키고, 또 인터넷의 발달은 불특정 다중과의 만남을 증대시키고 있다. 유튜브를 통한 대중과의 만남, Zoom, TED, MOOC 등을 통한 불특정 다수와의 만남이 증대되고, 이를 통한 오프라인에서의 만남도 자연스럽게 증대되었다. 더구나 일대일의 만남도 이전과는 달리 일대 다수와의 만남인 느낌이 많이 든다. 한 사람을 만날지라도 인터넷을 통해 언제라도 다수의 생각을 접할 수 있기 때문이다. 이러한 시대 변화에 따라 종전에 교육의 중요한 방법으로 인정되었던 강의가 점차 약해지고 프레젠테이션이 부각되고 있다. 이른바 자기표현의 방법으로서 프레젠테이션이 우리 삶의 중요한 부분이 되고 있다. 학교 교육의 장면이나 기업체의 업무보고 장면에서는 물론이고, 일상생활에서도 자신을 멀티미디어 정보로 프레젠테이션하는 경우가 많아지고 있다. 이제 프레젠테이션이 이전의 강의나 웅변에 필적하는 중요한 자기표현이 되고 있다.

웅변을 잘하기 위해 웅변술이 필요하였고, 강의를 잘하기 위해 강의 기법이 필요하였다. 프레젠테이션을 잘하기 위해서는 프레젠테이션 기법이 필요하다. 이에 다중 앞에서 말하기는 프레젠테이션을 중심으로 생각해보고자 한다.

2. 프레젠테이션의 의미 및 방법[1)]

1) 프레젠테이션의 의미

인간은 태어나는 순간부터 울음, 표정, 몸짓 등을 통해 상대방에게 자신의 의사를 전달하며, 언어를 습득한 후에는 말과 글 등의 상징적이고 직접적인 표현 수단으로 자신의 의사를 전달하게 된다. 프레젠테이션이란 이처럼 몸짓, 표정, 언어, 문자 등 모든 방법을 통하여 상대방에게 자신의 의사를 전달하는 행위이다. 알기 쉽게 정리하면 다음과 같다.

프레젠테이션(presentation)이란?

- 발표자가
- 자신이 전달하고자 하는 내용 또는 의견을
- 일정한 장소에서
- 정해진 시간 내에
- 다양한 보조수단을 이용하여
- 여러 사람 혹은 특정한 대상에게
- 체계적으로 전달하는 것이다.

일반적으로 프레젠테이션이라고 하면 정보의 전달만 생각하기 쉬우나 여기에는 자신의 인격이 항상 수반된다.

1) 본 내용은 박영태, 하수연(2008). 유아교육과 프레젠테이션. 내용을 재정리하여 제시함.

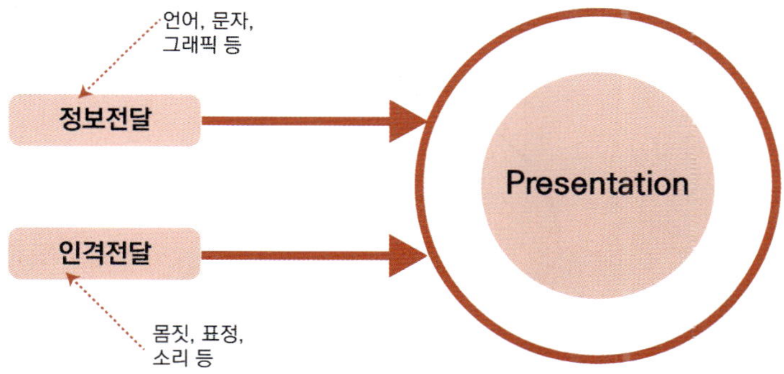

그림 7-1 프레젠테이션의 개념

정보의 전달은 언어, 문자, 그래픽 등을 이용하여 이루어지고 인격의 전달은 몸짓, 표정, 소리 등을 이용하여 이루어진다. 따라서 프레젠테이션은 특정 내용을 중심으로 상대방에게 자신의 인격을 표현하는 방법이다.

2) 프레젠테이션의 3요소와 방법

좋은 프레젠테이션을 위해서 내용, 화면, 전달 등 세 가지 요소를 고려하여야 한다. 먼저 내용이 상대방에게 필요하여야 하고, 화면 구성이 바람직하여야 하고, 전달이 매력적이어야 한다.

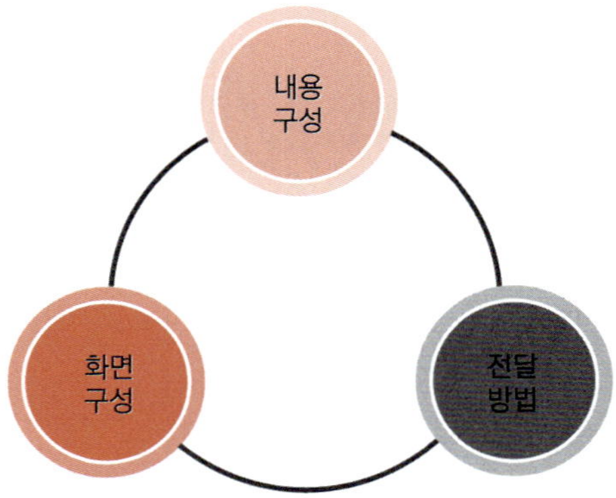

그림 7-2 프레젠테이션의 3요소

(1) 내용구성

내용구성은 프레젠테이션의 목적을 달성하기 위한 내용을 체계적으로 구성한 것이다. 내용구성이 잘못되면 프레젠테이션의 효과는 기대하기 어렵다. 따라서 다음 사항들에 유의하여야 한다.

첫째, 먼저 명료하고 구체적인 목적을 설정하여야 한다. 목적 설정 시 전달하려는 내용은 물론 청중의 정서도 고려하여야 한다. 청중은 내용을 보고 오지만 어떠한 정보도 기계적으로 받아들이는 청중은 없다. 따라서 전달하려는 내용의 목적과 주의집중을 위한 정서적 목적을 동시에 고려하는 것이 필요하다. 또 내용 구성을 체계적으로 하기 위해 목적을 보다 작은 하위목표로 분류하는 것이 필요하다. 이는 관련 자료를 수집하는 데 도움을 줄 뿐만 아니라 프레젠테이션의 페이지 구성에 도움을 준다.

둘째, 목적과 하위목표가 설정되었으면 이에 관련된 자료를 수집하여 구성한다. 일반적으로 자료는 전문서적 중심으로 수집되고 있으나 목적의 현장 활용성과 주의집중을 위해 인터넷, 자원인사 등으로부터 다양한 사례를 수집할 필요가 있다.

셋째, 도입, 전개, 마무리의 단계에 따라 내용을 구성한다. 프레젠테이션은 주로 면대면의 상황에서 수업과 같이 정보전달에 중점을 두므로 서론, 본론, 결론이라는 논문과 같은 용어보다 도입, 전개, 마무리라는 수업에서 사용하는 용어가 더 적절하다. 이에 따라 내용의 구성은 표지, 목차, 도입, 전개, 마무리의 순으로 하는 것이 좋다.

- 표지: 프레젠테이션의 주제가 들어간다. 그리고 발표자의 인적 사항, 발표일시 등이 들어간다. 일반적으로 표지는 프레젠테이션을 하기 전에 미리 보여주는 화면이다. 따라서 비교적 긴 시간 제시되기에 청중들에게 편안한 마음을 심어주는 배경화면으로 구성되는 것이 바람직하다. 배경화면으로 들어가면 좋은 예를 보면 다음과 같다.
  - 편안한 단색의 배경
  - 파란 하늘, 녹색 초원, 잔잔한 바다 등 시선을 편하게 하는 배경
  - 발표되는 내용을 암시해주는 배경화면
  - 발표자가 속한 기관 또는 청중이 속한 기관의 배경화면
- 목차: 목차는 차례, 보고 순서, 발표 순서 등 상황에 따라 적절한 용어를 사용하면 된다. 목차는 전체 내용의 흐름을 알 수 있는 안내 역할을 하게 되므로 반드시 제작하여 삽입하도록 한다. 또 전체 프레젠테이션의 구성을 한 눈에 알 수 있게 하여야 한다.
- 도입: 도입단계는 프레젠테이션의 목표를 청중과 연결시켜주는 부분이다. 이른바 청중의 호기심과 동기유발을 시키는 부분이다. 목적과 관련된 내용의 필요성이나 사례, 사전퀴즈 등이 바람직하다. 이 부분이 너무 장황하면 지겨워할 수 있고, 없으면 청중의 주의집중이 어렵다.
- 전개: 전개 부분은 본론에 해당된다. 이 부분에서 목표와 연관된 구체적인 내용을 설명한다. 이때 두서없이 제시하기보다는 목차에 따라 페이지별로 간략하게 제시할 수 있도록 구성한다. 내용은 설명식으로 제시하기보다 조직화하여 한눈에 내용의 전체적 구조를 파악할 수 있도록 제시한다.
- 마무리: 프레젠테이션의 마지막에는 표지와 같은 디자인의 슬라이드에 '감사합니다'와 같은 짧은 감사의 글을 화면상으로 마무리하여 프레젠테이션이 끝났음

을 알려준다.

(2) 화면구성

화면구성은 선정 조직된 내용을 학습자에게 효과적으로 제시하는 방법이다. 이른바 PPT를 제작하는 방법이다.

첫째, 문자의 나열을 피하고 가능한 도표, 그래픽을 사용한다. 삽화와 도표 등 그래픽은 시각적 요지(visual argument)로서 인지적 부하를 감소시킨다. 복잡한 내용을 의사소통하기 위해서는 그래픽으로 보여주는 것이 문자보다 더욱 효과적이다.

둘째, 형식에 일관성이 있고, 복잡성이 낮은 그래픽을 구상한다. 시각적인 것을 사용할 때, 시각적 잡음이 감소되도록 일관된 그래픽 양식을 적용한다. 특히 초보자에게는 복잡한 사실적 삽화나 사진보다 단순한 선 그림이 학습에 더 도움이 된다.

이는 KISS 기법과 관련된다. KISS는 "Keep it simple and short"의 약자로 프레젠테이션은 "간단하고 짧게 하라"라는 뜻이다. 이 말은 모든 프레젠테이션이 10~15분 이내에 끝내라는 것은 아니다. 1시간 이상 되는 프레젠테이션이라도 요지를 간단, 명료하게 제시하라는 것이다. 명확하고 간결한 메시지 구성을 위해 다음 요소를 고려한다.

그림 7-3 KISS 기법

- 쉬운 단어 사용
- 특수 용어 사용 절제
- 불필요한 단어 삭제
- 짧은 문장
- 알고 있는 사실에서 새로운 사실로 전개
- 시간의 흐름에 맞추어 이야기 전개
- 한 페이지에 하나의 메시지
- 메인 메시지는 큰 글씨로 가능한 1~2줄을 넘지 않도록 작성
- 중복되는 내용의 생략
- 세부적인 내용이 많을 때는 연관성이 있는 내용끼리 몇 개의 그룹으로 나누어 설명
- 문장의 진술형태를 하나로 통일

셋째, 복잡한 그래픽은 음성이 수반된 단어와 함께 설명한다. 이중부호화 이론에 의하면 시각적 정보와 청각적 정보는 동시에 처리가 가능하다. 따라서 시각적 정보를 제시할 때 이를 설명하는 음성을 추가하여 제시한다.

넷째, 내용은 선행조직자를 먼저 제시하고 각 구체적 내용으로 연결시킨다. 학습에서 인지적 부하량을 결정하는 두 주요 요인이 있다. 하나는 학습자의 사전 지식수준이고, 다른 하나는 학습내용의 복잡성이다. 사전 지식수준은 학습에서의 설명량을 감소시키고 이해의 수준을 높여주고 나아가 유의미 학습을 가능하도록 해준다. 따라서 사전지식이 부족한 학생들을 위해서 수업내용의 선행조직자를 작성하여 보여주는 것이 좋다. 선행조직자(advance organizer)란 새로운 내용을 학습하기 이전에 미리 제공되는 자료이다. 이는 새로운 내용의 간단한 전체구조나 관련 용어의 설명으로 제시될 수 있다.

다섯째, 내용을 그래픽으로 제시할 때, 그래픽의 의사소통기능을 고려하여 구성한다. 그래픽은 학습을 위해 7가지 의사소통 기능을 가지고 있다(Clark & Lyons, 2004).

- 장식적 기능: 학습 환경처럼 화면에 미적인 느낌을 준다.
- 해석적 기능: 이론, 원리, 혹은 인과관계를 보여 준다.
- 기억술적 기능: 실제 정보와 관련된 상기 단서를 제공한다.
- 표상적 기능: 실제적 형태로 대상을 묘사한다.
- 변형적 기능: 대상의 변화를 묘사한다.
- 구성적 기능: 내용 간의 질적 관련성을 보여 준다.
- 관계적 기능: 둘 혹은 그 이상의 다양한 변인 간의 양적 관련성을 보여준다.

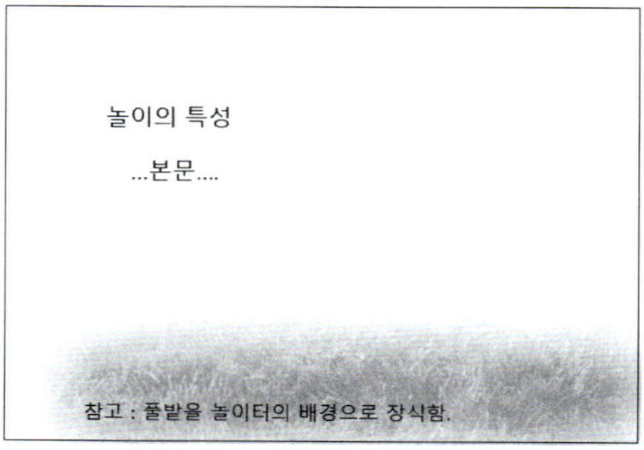

| 그림 7-4 | 장식적 기능

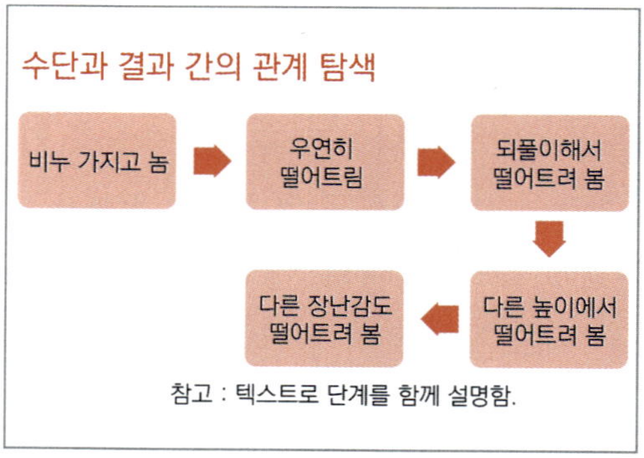

| 그림 7-5 | 해석적 기능

❙그림 7-6❙ 기억술적 기능

❙그림 7-7❙ 표상적 기능

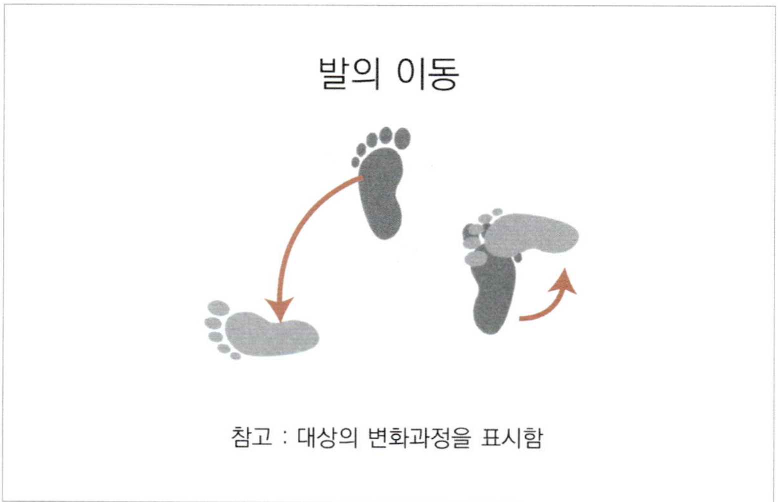

| 그림 7-8 | 변형적 기능

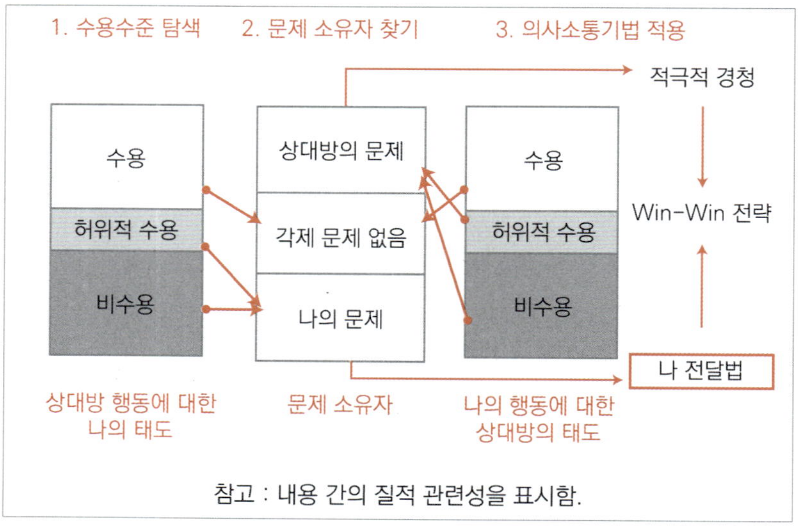

| 그림 7-9 | 구성적 기능

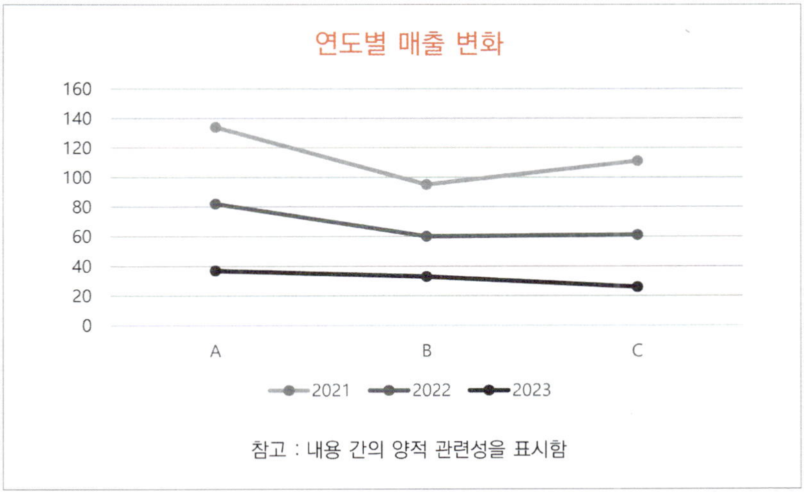

❙그림 7-10❙ 관계적 기능

여섯째, 뒤에서도 잘 보이도록 문자와 자료를 크게 구성한다. 이는 KILL 기법과 관련된다. KILL은 "Keep it large and legible"의 약자로, 프레젠테이션은 "크고 읽기 쉽게 하라"라는 뜻이다.

❙그림 7-11❙ KILL 기법

- 문자를 지나치게 많이 넣지 않는다. 문장은 한 줄 이내로 작성하고, 최대 두 줄을 넘지 않도록 한다.
- 가능한 문장을 도표, 그림으로 표현한다.
- 문자는 눈으로 보고 알아볼 수 있도록 가독성이 있어야 한다. 일반적으로 20포인트 이하의 크기는 보기 곤란한 편이다.

일곱째, 주의집중과 동기유발의 요인을 고려한다. 청중의 주의집중을 유도하고, 학습에의 의욕을 불러일으키도록 구성하여야 한다.

- 여백의 미를 준다. 화면이 너무 꽉 차면 심리적으로 부담감을 주게 된다.
- 한 화면에서 다음 화면으로 전환하는 화면전환 효과는 필요한 경우에만 사용한다.
- 목적에 부합하는 이미지를 사용한다. 내용과 관련 없는 이미지를 사용하면 오히려 내용 전달에 역효과가 나타날 수 있다.
- 화면마다 제시하는 제목이나 부제목의 위치를 일관성 있게 배열한다.

여덟째, 색의 선택에 유념한다. 배경과 글자 색은 프레젠테이션의 설득력에 중요한 영향을 미친다. 좋은 색 조합은 내용 전달에 효과적일 뿐 아니라, 눈의 피로도 줄여주고 가독성도 높여 준다. 그러므로 프레젠테이션을 위한 색깔을 선택할 때 다음을 고려하여야 한다.

- 가능한 1~3가지 정도의 색을 사용한다. 많은 색의 사용은 눈의 피로도는 물론 인지적 부담을 준다.
- 핵심어는 다른 색을 사용하여 다른 내용과 구별되게 한다. 일반적으로 핵심어는 상기단서의 역할을 한다.
- 핵심어에 사용하는 색은 모든 페이지에 가능한 통일시킨다. 이를 통해 그 색이 나오면 핵심어라는 생각을 자연스럽게 가지게 한다.
- 장시간 보아도 피로를 느끼지 않고 싫증이 나지 않는 색을 선택한다.
- 밝은 배경에 밝은색은 가독성이 떨어지므로 주의하여야 한다.

아홉째, 애니메이션 기능을 내용에 맞게 활용한다. 파워포인트에는 다양한 애니메이션 기능이 있다. 애니메이션으로 내용의 제시 순서를 조절하면 주의집중과 학습에 효과를 준다. 그러나 너무 많은 애니메이션은 혼란을 주므로 다음 사항을 고려할 필요가 있다.

- 내용을 정확히 정리하여 어느 부분을 강조할지를 고려한다.
- 설명 순서에 맞게 각 개체가 나타나도록 애니메이션 효과를 주는 것도 좋다. 이때 이중부호화이론에 의한 학습효과가 증대된다. 이중부호화이론이란 동일 내용을 시각과 청각으로 동시에 제시하면 학습효과가 크다는 이론이다. 한 화면에 미리 모든 정보를 제시하면 학습자의 주의는 시각과 청각이 다른 내용으로 분산될 수 있다.
- 그러나 전체구조를 보여주는 내용은 한 화면에 동시에 보여주고 설명하는 것이 좋다.
- 각 화면의 큰 제목, 하위 내용 등에는 같은 효과를 적용한다.
- 효과를 미리 보아 어울리지 않으면 다시 수정한다.

(3) 전달 방법

프레젠테이션 내용과 화면구성이 잘 되었더라도, 발표하는 프레젠터가 적절하게 진행하지 못한다면 효과적이지 않다.

첫째, 발표용 원고를 미리 준비하여 숙지한다. 슬라이드는 기본적으로 컬러로 제작되므로 흑백으로 프린터 할 경우 슬라이드 내용을 잘 알아볼 수 없는 경우가 있다. 이때에는 인쇄 모드를 '회색조'로 선택하여 인쇄하면 된다. 배경화면은 삭제하고 인쇄하는 것이 좋다.

둘째, 리허설을 진행하면서 미비한 점과 실수, 예상되는 돌발 상황 등을 미리 점검해야 한다.

셋째, 성공적 프레젠터(presenter)로서의 마음을 다진다. 마음 다짐은 프레젠테이션의 불안을 감소시킨다.

- 프레젠테이션 내용을 숙지하고, 전문가로서의 자신감을 가진다.
- 청중의 시선을 어지럽히지 않는 옷차림을 한다.
- 긍정적이고, 믿음직하고 겸손하여야 한다.

넷째, 프레젠테이션 시 내용에 청중이 공감하도록 자신감 있고 진지하며 논리적으로 설명한다.

- 시작하기 전에 청중과 래포를 형성한다. 마이크를 잡자마자 바로 본 내용에 들어가지 않는다. 먼저 말없이 청중을 둘러보면서 스스로 자신감과 마음의 여유를 다지고 청중으로 하여금 강사에게 주의집중하도록 유도한다. 날씨, 계절, 청중과의 공통 관심사 등으로 가볍게 대화를 나누면 청중의 마음을 열게 하는 데 도움이 된다.
- 핵심 주제를 확실하게 전달한다. 산만하게 제시하면 청중은 '뭐가 뭔지를 모르는 상황'에 놓일 수도 있다.
- 핵심주제와에 관련된 사례를 준비하여 청중의 흥미를 불러일으킨다.
- 시선은 모든 청중에게 골고루 가도록 한다. 그렇다고 하여 너무 잦은 시선의 움

직임은 청중을 산만하게 만든다. 핵심 인물(key person)이나 열심히 듣는 청중에게 보다 많은 시선을 주면 자신감 유지에 도움을 준다.

- 적절한 제스처를 사용한다. 과도한 제스처는 역효과를 가져올 수 있지만 제스처가 없으면 프레젠터가 무기력해 보인다.
- 한 곳에 고정하지 않고 적절하게 이동한다. 즉 청중에게 다가가거나 좌우로 이동하거나 관련 내용을 지적하기 위해 스크린으로 이동한다. 이때 등을 보이지 않도록 한다.
- 화면 내용을 읽듯이 설명하지 않는다. 물론 준비한 원고를 읽지 않는다. 이를 위해 원고 내용을 완전 숙지할 필요가 있다. 원고 내용을 숙지하면 마음에 여유가 있고 자유롭게 내용을 설명할 수 있다.
- 분명한 목소리로 말의 속도, 강약, 고저에 신경을 써서 자연스럽고 자신 있게 말한다. 청중의 반응을 유도하기 위해 말의 속도나 억양에 변화를 준다. 청중을 긴장시키거나 다른 생각을 하지 못하게 하기 위해서는 말의 속드를 빠르게 하거나 목소리 톤을 높인다. 반면에 특정 내용을 강조하거나 관련 내용을 생각하도록 만들기 위해서는 말의 속도를 느리게 한다. 또 분위기를 엄숙하게 하기 위해서는 말의 톤을 낮게 한다.
- 프레젠테이션은 반드시 정해진 시간을 지킨다. 다소 빨리 마치는 것은 무방하나 시간을 초과하면 부정적 반응을 초래하기 쉽다. 청중들도 다른 약속이 있을 수 있다.
- 끝났음을 정확하게 알린다. 끝날듯하면서 계속 말하는 것은 바람직하지 않다. 청중을 괴롭게 만든다.

다섯째, 청중에게 질문을 받았을 때는 먼저 긍정적 반응을 보인다.

- 질문한 상대방에게 칭찬의 말을 먼저 한다. "좋은 질문 감사드립니다.", "저도 그 문제를 같이 생각해보고자 하였는데 정확히 질문해 주셨네요."라고 칭찬하면서 스스로 생각할 여유를 가진다.

- 질문의 의도와 성격을 파악하여 정확하게 답변해야 한다. 잘 모를 경우는 당황하거나 둘러대지 말고, "미처 그 부분은 고려하지 못하였습니다. 다음엔 꼭 고려하겠습니다.", "연락처를 주시면 준비하여 답변해 드리겠습니다.", "저는 미처 생각하지 못했으나 질문하신 분의 생각을 말씀해 주시면 우리 모두에게 도움이 되겠습니다." 등으로 진실 되게 말한다.
- 비판적 질문도 부드럽게 받아들인다. 간혹 의도적으로 비판적, 부정적으로 꼬투리를 잡아 질문하는 경우도 있다. 이때도 당황하지 말고, "예. 아주 예리한 질문이십니다. 그 부분에 대해서는 설명이 끝난 후에 자세히 설명해 드리겠습니다." 혹은 "좋은 질문이십니다. 질문하신 분께서 이 부분에 대해 좋은 생각을 말씀해 주시면 감사 하겠습니다." 등으로 부드럽게 분위기를 만든다.

여섯째, 청중의 반응을 파악하고 당황하지 않고 긍정적으로 반응한다.

- 고개를 끄덕이거나 시선을 집중하는 청중은 내용에 공감하고 진지하게 듣는다는 의미이다.
- 자료를 뒤척이거나 의자 뒤로 기대는 청중은 지루하거나 이해가 안 된다는 의미이므로 자세한 설명을 추가하거나 앞으로 있을 것이라는 기대를 제공한다.
- 턱을 괴거나 팔짱을 끼는 청중은 다른 생각을 하고 있을 가능성이 높으므로 신뢰성이 높은 자료나 실제 사례를 제시해 주는 것이 좋다.
- 옆 사람과 귓속말을 하는 청중은 부드럽게 시선을 고정하여 설명하면 좋다.
- 청중의 반응이 전반적으로 소극적이고 비참여적이라고 느껴지면 잠시 휴식 시간을 가지는 것도 좋다.

3. 프레젠테이션과 말하기

프레젠테이션과 관련하여 다중 앞에서 말하는 요령을 정리하면 다음과 같다.

첫째, 요즘은 다중 앞에서 멀티미디어를 이용하여 프레젠테이션을 하는 경우가 많으므로 말을 잘 하는 것만으로는 부족하고 프레젠테이션 자료를 준비하는 것이 좋다.

둘째, 프레젠테이션을 잘하기 위해서 멀티미디어의 내용구성, 화면구성, 전달방법 3박자가 맞아야 한다.

셋째, 멀티미디어 자료의 내용 구성을 위해서는 먼저 명료한 목적을 세운다. 목적은 전달내용에 대한 목적과 동기유발에 대한 목적도 동시에 세운다.

넷째, 멀티미디어 자료는 ppt 제작 시 표지, 목차, 도입, 전개, 마무리의 순서로 내용을 구성한다.

다섯째, 도입단계에서 청중의 호기심과 동기유발을 위해 목적과 관련된 내용의 필요성이나 사례, 사전 퀴즈 등을 제시하는 것이 좋다.

여섯째, 멀티미디어 자료의 화면은 청중의 인지적 부하를 감소시키도록 구성한다. 이를 위해 중요한 것은 문자보다 그래픽의 사용, 그래픽과 음성의 동시제공, 그래픽에 내포된 의사소통 기능의 이용, 색의 선택, 적절한 애니메이션의 활용 등이다.

일곱째, 좋은 멀티미디어 자료의 제작과 관계없이 프레젠터의 전달방법은 매우 중요하다. 전달방법에서 중요한 것은 발표용 원고의 사전 준비 및 숙지, 리허설, 성공적 프레젠터로서의 마음가짐, 프레젠테이션 진행방법 등이다.

여덟째, 그래픽은 미적 기능의 표현(장식적 기능), 원리 등의 인과관계 표현(해석적 기능), 상기단서의 제공(기억술적 기능), 실제 형태의 묘사(표상적 기능), 변화의 과정 표현(변형적 기능), 질적 관련성 표현(구성적 기능), 양적 관계의 표현(관계적 기능) 등의 의사소통 기능을 가지고 있으므로 이를 이용한다.

아홉째, 멀티미디어 자료의 가독성을 높이기 위해 한 페이지에 문자를 지나치게 많이 넣지 않고, 20포인트 이상의 글자 크기로 작성한다. 문장은 한 줄 이내가 좋으며 최대 두 줄을 넘지 않는다. 또 문장보다는 도표나 그림으로 구성한다.

열째, 프레젠테이션 진행 시 사전에 청중과 피드포워드(feed forward)로서 래포(rapport)를 형성하고, 시선은 청중 모두에게 골고루 둔다. 또한 제스처를 적당하게 사용하여 자신감을 보여준다. 프레젠테이션은 정해진 시간을 초과하지 않도록 한다.

CHAPTER 07 연습해 보기

■ 다음에 대해 생각해 보자.

1. 이 장의 첫머리에 제공된 「대인공포증과 다중 연설」의 글을 읽고 다중 앞에서 말하기 역량은 타고난 것인지, 학습 가능한 것인지 자신의 경험에 ㅂ추어 생각해보자.

2. 다중 앞에서 말 잘하는 위대한 연설가는 심금을 울리는 짧은 명언으로도 유명하다. 다음 사람이 한 말 중에서 유명한 말은 무엇일까? 또 자신을 명연설가로 만들 명언을 한번 생각해보자.

- 케네디

- 링컨

- 맥아더

- 소크라테스

- 나의 명언

CHAPTER 07 연습해 보기에 대한 참고 의견

1. 대인공포증과 다중 연설

- 다중 앞에서 말하는 것은 타고난 역량이 도움은 되지만 타고나지 않았더라도 노력으로 가능하다. 이 글에서 시사하듯이 발표하는 주제에 대한 깊은 지식과 숙달, 그리고 다중 앞에서 말하는 연습으로 충분히 잘 말할 수 있다. 고대 그리스의 웅변가이자 정치가인 데모스테네스도 고아이면서 말더듬이에 어눌했다고 한다. 그도 배움과 연습으로 웅변가가 되었다.

2. 위대한 연설가

- 케네디
  "국가가 당신에게 무엇을 해줄 것인지 요구하지 말고, 당신이 국가를 위해 무엇을 할 것인지 요구하라."

- 링컨
  "국민의, 국민에 의한, 국민을 위한 정치는 이 땅에서 사라지지 않을 것이다"

- 맥아더
  "노병은 죽지 않는다. 다만 사라질 뿐이다."

- 소크라테스
  "젊은이여, 결혼하라. 좋은 처를 얻으면 행복할 것이고, 악처를 얻으면 철학자가 될 것이다"

- 자신이 생각한 명언(예)
  "신체가 생각을 만드는 것이 아니라 생각이 신체를 만든다. 고로 생각하여 아름답고 건강한 신체를 만들자."

■ Quiz에 대한 해설

01 분명한 발음, 논리적 전개, 청중에 대한 고른 시선 제공 등 말하는 능력이 좋으면 다중 앞에서 말하는 역량으로 충분하다. 해설 원고 없이 대중 연설을 잘 할 수 있는 수준의 경우는 충분할 수도 있다. 그러나 사전에 원고를 준비하는 것이 필요하다. 특히 오늘날 다중 앞에서 말하는 것은 멀티미디어 자료를 이용하는 경우가 많으므로 말하는 역량 이전에 멀티미디어 자료를 제작하는 역량도 필요하다.	(X)
02 프레젠테이션을 잘하기 위해서 멀티미디어의 내용구성, 화면구성, 전달방법 등 3박자가 맞아야 한다. 해설 프레젠테이션을 잘하기 위해서 멀티미디어의 내용구성, 화면구성, 전달방법 등 3박자가 맞아야 한다.	(O)
03 다중 앞에서 말하기 위해 멀티미디어 자료의 내용을 구성할 때, 내용과 관련된 목적을 명료히 설정하는 것으로 충분하다. 해설 다중 앞에서 말하기 위해 멀티미디어 자료의 내용을 구성할 때, 내용과 관련된 목적을 명료히 설정하는 것은 중요하다. 여기에 덧붙여 청중의 주의집중을 우도하기 위한 정서유발을 위한 목적도 설정하는 것이 필요하다.	(X)
04 ppt 제작 시 표지에는 주제, 발표자의 인적 사항, 발표일시 등이 들어간다. 또 일반적으로 표지는 프레젠테이션을 하기 전에 미리 보여주는 화면이므로 배경화면에 특별히 신경을 쓰지 않아도 된다. 해설 ppt 제작 시 표지에는 주제, 발표자의 인적 사항, 발표일시 등이 들어간다. 또 일반적으로 표지는 프레젠테이션을 하기 전에 미리 장시간 보여주는 화면이므로 청중을 편안하게 하는 화면으로 구성하는 것이 필요하다.	(X)
05 도입단계에서 청중의 호기심과 동기유발을 위해 목적과 관련 없더라도 흥미로운 영상이나 사진 등을 제시하는 것이 좋다. 해설 도입단계에서 청중의 호기심과 동기유발을 위한다고 하여 목적과 관련 없는 내용이 들어가는 것은 바람직하지 않다. 주제와 관련 있는 흥미로운 영상이나 사진, 퀴즈 등을 제시하는 것이 좋다.	(X)
06 멀티미디어 자료 제작 시 화면구성은 청중의 인지적 부하와 관계없이 지속적 흥미 유발을 위해 화려하고 흥미로운 사진, 부각되는 붉은 색을 자주 사용하는 것이 좋다. 해설 멀티미디어 자료 제작 시 화면구성은 청중의 인지적 부하와 깊은 관계가 있다. 청중들이 부담 없이 학습하도록 복잡한 사진보다 그림을 제공하는 것이 필요하며 사용하는 색깔도 장시간 보아도 싫증이 나지 않는 색을 사용하는 것이 좋다.	(X)

07 멀티미디어 자료를 잘 제작하였으면 프레젠터는 화면을 보고 분명한 발음으로 내용을 읽어야 하지 부가적 설명을 해서는 안 된다. **해설** 프레젠터는 녹음기가 아니므로 화면을 보고 그대로 읽는 것은 바람직하지 않다. 오히려 부가적 설명을 하는 것이 필요하다.	(X)
08 그래픽은 단순한 삽화나 도표가 아니라 그래픽의 구성에 따라 다양한 의사소통 기능을 보여준다. 예를 들면 기억술적 기능을 이용하면 그래픽에 기억에 도움이 되는 상기단서가 제공되고, 변형적 기능을 이용하면 그래픽에 시공간에 따른 변화의 과정이 제시된다. **해설** 의사소통은 학습내용과 학습자 간의 정보전달이 이루어지는 과정이다. 그래픽은 단순한 삽화나 도표가 아니라 그래픽의 구성에 따라 그 자체가 정보전달의 기능을 가지고 있다. 기억술적 기능을 이용한 그래픽은 기억에 도움이 되는 상기단서가 제공되고, 변형적 기능을 이용한 그래픽은 시공간에 따른 변화의 과정이 제시된다. 장식적 기능을 이용한 그래픽은 화면에 미적인 느낌이 제공되고, 해석적 기능을 이용한 그래픽은 이론, 원리, 혹은 인과관계를 그림으로 제공한다. 표상적 기능을 이용한 그래픽은 실제적 형태로 대상이 제공되고, 구성적 기능을 이용한 그래픽은 내용 간의 질적 관련성이 제공된다. 관계적 기능을 이용한 그래픽은 다양한 변인 간의 양적 관련성이 제공된다.	(O)
09 멀티미디어 자료는 한 페이지에 작은 글자로 가능한 많은 문자를 넣어야 하고, 특별한 경우에만 도표나 그림을 삽입한다. **해설** 한 페이지에 작은 글자로 가능한 많은 문자를 넣고, 특별한 경우에만 도표나 그림을 삽입하는 것은 멀티미디어 자료의 가독성을 낮추는 것이다. 가독성이란 청중이 화면의 내용을 쉽게 이해하도록 하는 것이므로 가독성을 높이는 것이 좋다.	(X)
10 프레젠터는 자신감을 가지고 열정적으로 진행하기 위해서 제스처를 적극적으로 사용하고 시선은 청중 모두에게 골고루 두며, 정해진 시간을 초과하여도 모르고 진행한다. **해설** 프레젠터는 자신감을 가지고 열정적으로 진행하기 위해서 제스처를 적당하게 사용하고, 시선은 청중 모두에게 골고루 두는 것이 좋다. 그러나 정해진 시간은 지켜야 한다. 정해진 시간을 초과하면 오히려 효과가 감소한다.	(X)

창의적 말하기와 글쓰기

창의적 말하기와 글쓰기

PART III

창의적 글쓰기

CHAPTER 08 글쓰기 기법

CHAPTER 09 새로운 의견을 생성하는 글쓰기

CHAPTER 10 학술 리포트 및 논문 작성하기

CHAPTER 11 가상공간에서의 글쓰기

CHAPTER 12 진로를 위한 이력서와 자기소개서 작성하기

CHAPTER 08
글쓰기 기법

아이디어가 없다면 세계는 지금
막 눈을 뜬 갓난아이의
눈에 비치는 것 같이 보일 것이다.

– Platon –

________가 없다면 세계는 지금
____________________의
______________ 같이 보일 것이다.

– __________________________ –

■ 학습목표

1. 글쓰기의 중요성을 설명할 수 있다.
2. 글쓰기를 위한 문제발견과 표현을 설명할 수 있다.
3. 한글 맞춤법에 맞추어 바르게 쓸 수 있다.

■ Quiz

다음 말이 적합하다고 생각되면 O, 그렇지 않다고 생각되면 X표를 하십시오.

01 말과 같이 글도, "엎질러진 물은 되 담을 수 없다."처럼 한 번 글 쓰고 나면 어쩔 수 없으므로 처음부터 잘 써야 한다.	(O, X)
02 브랜스포드(Bransford)와 스타인(Stein)이 제시한 IDEAL은 문제해결을 위한 사고 모형인데 글쓰기에도 응용될 수 있다.	(O, X)
03 문제를 확인하는 것과 문제를 정의하는 것은 같은 의미이다.	(O, X)
04 사람의 생각은 흐르는 물처럼 연속성을 띠고 있으므로, 어느 물줄기를 선택할 것인지 유의하여야 한다.	(O, X)
05 한국어 어문 규범(2023)에서 한글 맞춤법에 대한 정보를 얻을 수 있다.	(O, X)
06 한글 맞춤법은 표준어를 소리대로 적되, 어법에 맞도록 함을 원칙으로 한다.	(O, X)
07 문장의 각 단어는 띄어 씀을 원칙으로 한다.	(O, X)
08 성과 이름, 성과 호 등은 붙여 쓰고, 이에 덧붙는 호칭어, 관직명 등은 붙여 쓴다(예: 하수연교수).	(O, X)
09 단음절로 된 단어가 연이어 나타날 적에는 띄어 쓴다(예: 좀 더 큰 것).	(O, X)
10 두 말을 이어 주거나 열거할 적에 쓰이는 말들은 붙여 쓴다(예: 열내지 스물).	(O, X)

읽고, 생각하고, 말해보기

부모를 훌륭한 분으로 만드는 방법

하수연

"으앙~ 꼬꼬가 내 그림을 쪼아 버렸어"

하고 마당에서 울음을 터트린 어린 여자아이가 있었다. 수박을 그려서 말리려 마당에 놓아두었는데, 닭들이 진짜 수박인 줄 알고 그림을 쪼았던 것이다. 이 어린 여자아이가 바로 우리가 잘 알고 있는 신사임당(申師任堂)이다. 신사임당은 조선시대 제일의 여류 화가이자 율곡 이이(栗谷 李珥)의 어머니로, 본인의 예술적 면모도 훌륭하고 5남 3녀의 자녀 또한 잘 키워 낸 현모양처의 대명사이기도 하다.

여기서 질문이 하나 생긴다. 우리는 왜 훌륭한 어머니 하면 대체로 신사임당을 떠 올리는 것일까? 당시 현모양처인 사람들은 많았을 것이다. 그런데 왜 유독 우리는 신사임당을 현모양처의 대명사로 보는 것일까? 신사임당을 폄하하려는 의도는 전혀 없다. 다만 다른 각도에서 바라보자는 것이다.

신사임당의 여러 자녀 중 셋째 아들은 9번이나 장원급제한 이율곡이다. 한 번의 급제도 어려운데 9번이나 장원급제하였으니, 남들이 부러워할 훌륭한 아들을 키워 낸 어머니에게 초점이 맞춰진 것은 당연한 일일 수 있다. 율곡은 세상에 이름을 떨쳐 부모를 자랑스럽게 한 효(孝)의 극치를 이루었다. 신사임당의 예술적 능력만으로도 한 국가의 5만 원권 화폐 속 인물이 된 훌륭한 분이지만, 동시에 또 다른 화폐 5천 원권의 인물인 그의 아들 율곡으로 인해 더욱 빛나는 분이 되지 않았을까? …

지금 우리는 세분화된 직업 속에서 자신이 해야 할을 찾기 위해 신발 끈을 묶을 때이다. 그리고 각자의 위치에서 목표로 하는 일에 첫발을 내디뎌야 한다. 당연 힘들다. 처음 걷는 걸음이 힘들다고 주저앉고 나아가지 않으면, 절대 이루어낼 수 없다. 각자의 위치에서 열심히 생활하는 그 자체만으로도 율곡이 그런 것처럼 우리의 부모님도 나의 노력으로 인해 자랑스러운 아들, 딸을 길러 낸 훌륭한 부모님이 되실 수 있다. 입신양명 못 하여도, 용돈을 드리지 못하여도 부모님은 여러분이 자신의 자리에서 열심히 생활하는 그 자체로 '이 사람이 저의 아이입니다'라고 말하고 싶을 정도로 여러분이 자랑스러우신 거다.

여러분은 지금 신발 끈을 튼튼히 묶은 상태로 출발할 준비가 되어 있다. 이제 당당히 첫발을 내딛기를 바란다. 그 발걸음으로 이제껏 우리를 기르기 위해 애쓰신 나의 부모님을 훌륭한 분으로 만들어 보자. 신사임당이 율곡으로 인해 더욱 빛나는 분이 되신 것처럼.

\- 장안대학교 학보(2018)

1. 글쓰기의 중요성

일상생활에서 우리가 자주 듣는 말이 있다.

> "생각 좀 하면서 살아라."
> "날아간 화살은 다시 돌아오지 않는다."
> "엎질러진 물은 되 담을 수 없다."

이 말들은 한번 내뱉은 말과 행동은 이미 다른 사람이나 사물에 영향을 미쳐 원래대로 돌아올 수 없다는 말이다. 따라서 '아차' 하고 후회해도 소용없다. 마음속으로 '다시는 이런 말과 행동을 하지 말아야지' 다짐하고 실제로 그렇게 실천하더라도 상대방의 마음에 남긴 흔적은 내가 지울 수가 없다.

이러한 순간적 실수를 피하고, 생각하며 살 수 있는 방법이 있다. 바로 글쓰기이다. 글도 말과 마찬가지로 이미 날아간 화살이지만 말과는 다르다. 글은 화살 뒷부분에 줄을 묶어 쏘는 것과도 같다. 목적지에 도달하기 전에 회수할 수 있다. 반복해서 의도한 목적지에 도달할 때까지 연습할 수 있다. 그 결과 의도하는 목적지에 도달하는 실력이 되면 줄을 풀고 화살을 쏘면 된다.

글은 말과 달리 상대방에게 도달하기 전에 생각하며 수정할 수 있다. 글은 내가 공개하기 전까지는 아직 '엎질러진 물'이 아니다. 글은 다시 읽을 수 있는 나의 생각을 지속적으로 보여준다. 음속과 같은 속도로 쏟아져 나오는 말은 깊은 생각이 끼어들 여지가 없다. 그러나 손의 움직임으로 나타나는 말은 깊은 생각이 끼어들 여지가 충분하다. 따라서 글쓰기는 생각 연습의 과정이기도 하다.

그러나 말하기보다 글쓰기가 더 어렵다. 생각 없이 하는 말은 쉬워도 생각하며 말할 때 어려운 것과 같다. 글쓰기는 항상 생각이 동반되기 때문이다. '붓 가는 대로 쓴다'라는 말이 있다. 이는 '수필(隨筆)'이라는 한자어, '따를 수(隨)'와 '붓 필(筆)'을 글자 그대로 풀이한 문장이다. 글 그대로만 보면 그냥 붓을 들고 붓이 이끄는 대로 적다 보면 글쓰기가 된다는 것처럼 적고 있다. 그러나 우리들의 글쓰기가 과연 붓 가는 대로 적어지며, 적다 보면 수필이 되든가?

글은 자신의 생각을 표현하는 것이며, 의사소통하는 통로이다. 이에 주제가 있어야 하고, 그에 대해 생각을 해야 하며, 문장으로 표현해야 한다. 아울러 그 글을 읽는 독자의 수준과 사회에서 통용되는 바람직한 글쓰기 규범 및 맞춤법 등을 모두 고려하여야 한다.

2. 문제 발견과 표현의 원리

우리가 볼 수 있는 글은 편지, 일기, 수필, 칼럼, 논설, 동화, 소설, 각본 등 다양하다. 그리고 글의 유형에 따라 글쓰기 방법은 다소 차이가 있고, 해당 유형의 전문가들이 작성한 글쓰기 방법 또한 잘 나와 있다. 여기서는 글도 말과 마찬가지로 상대방이 있는 나의 표현으로 간주하여 의사소통이 잘 이루지는 글에 중점을 두고자 한다.

이에 문제해결적 사고인 브랜스포드(Bransford)와 스타인(Stein)의 IDEAL을 소개한다(김언주 역, 1987). IDEAL은 확인하기(Identifying), 표상하기(Defining), 탐색하기(Exploring), 적용하기(Acting), 평가하기(Looking) 등의 영문글자들의 첫 자를 따서 표시한 것이다.

첫째, 글의 주제를 찾기 위해 문제를 발견하고 확인하자(Identifying). 무엇이 문제인지 생각하는 것이다. 문제가 되는 부분을 주제로 선정하면 좋다. 문제가 있음에도 불구하고 문제를 파악하지 못하고 넘어간다거나 문제가 없음에도 불구하고 문제가 있다고 생각하는 것도 모두 주제 선정에 바람직하지 않다. 평범한 일상적인 일이고 일과성으로 넘어갈 수 있음에도 불구하고 문제화하여 문제로 만들어감으로써 시간과 노력을 낭비할 가능성이 있다. 이른바 긁어서 부스럼 만든다는 우리의 속담이 여기에 해당된다(박영태, 2004).

다음 예에서 문제가 있는 것인지 아니면 긁어서 문제를 만드는 것인지 생각해보자.

- 상황: 지하철에서 경로석에 앉아 있는 젊은 사람을 보았다.
- 사람 1, 2: "문제야 문제… 경로석에 저렇게 새파란 젊은이가 앉아 있다니."
- 사람 3: "괜찮아. 자리는 누구든 앉는 자리야. 경로석은 임산부석과 마찬가지로 예우를 위해 있을 뿐이야. 경로석도 비어 있으면 누구나 앉을 수 있지. 자리를 비워 두자는 문구가 있다면 그게 잘못된 것이야."

둘째, 왜 문제인지를 생각하자(Defining). 문제발견과 문제정의는 서로 다르다. 예컨대 문제가 있다는 점에서는 동의하나 문제를 정의하는 방법에는 일치하지 않을 수 있다. 문제를 정의하는 것은 그 문제를 바라보는 사람의 생각이 중요하다. 어떻게 문제를 정의하느냐에 따라 문제를 해결하는 방법이 달라진다(박영태, 2004).

위 예를 계속해서 생각해보자. 문제라고 생각한 사람이 제시한 문제가 되는 이유는 두 사람이 서로 다르다.

- 사람 1: "경로석은 나이 든 사람을 예우해서 만들어 놓은 것인데 저렇게 앉아 있다면 경로사상이 없는 거야. 그게 문제야."
- 사람 2: "경로석에 젊은 사람도 앉을 수 있어. 그런데 다른 곳에 자리가 있는데도 앉아 있으니 그게 문제야."

셋째, 가능한 전략을 탐색하자(Exploring). 문제를 해결할 수 있는 가능한 방법을 탐색하는 것이다. 문제를 해결하기 위해서는' 나를 알고 적을 알면 백전백승'이라는 말처럼 먼저 나를 이해하고 상대방이나 주변 환경을 이해하는 것이 필요하다. 이러한 이해를 바탕으로 바람직한 해결전략이 나온다.

위 예를 계속해서 생각해보자. 문제의 이유가 다르다 보니 해결 전략도 두 사람이 서로 다르다.

- 사람 1: "요즘 교육이 틀려먹었어. 경로사상을 가르치는 교육이 전혀 안 되어 있어. 그 말 안 들어 봤어? '너희들 늙어 봤어? 나는 젊어 본 적 있거든.' 이 말에서 알 수 있듯이 사람은 누구나 늙는 거야. 그러므로 경로사상의 교육은 결국 모든 사람을 위한 거야."
- 사람 2: "요즘 노인인구가 젊은이 보다 훨씬 더 많은데. 젊은이에게 경로사상을 요구하고 있는 것은 무리야. 나이 든 사람 스스로 건강해지려고 노력하는 것이 우선이야. 그리고 젊은 사람도 경로석에 앉아도 돼. 노인이 오면 비켜주는 예의만 가지면 되지."

넷째, 전략을 실제 상황에 적용하여 문제를 해결하는 과정을 생각하자(Acting). 위 예를 계속해서 생각해보자. 해결전략이 다르다 보니 적용하는 과정도 두 사람이 서로 다르다.

- 사람 1: "학교교육에서 체계적인 경로사상을 가르치고, 매스컴에서도 경로사상 캠페인을 벌여야 돼!"
- 사람 2: "노인도 가까운 거리는 승차하기보다 노인 스스로 건강해지기 위한 운동을 해야 해. 그리고 젊은이에게는 경로사상이라는 의미보다 약한 사람을 돌본다는 예의를 가르치면 되지. 몸이 불편한 노인을 보면 노인이라는 선입견보다 약한 사람이라는 생각으로 양보하는 예의를 가르치는 거야."

다섯째, 전략을 적용했을 때 나타나는 효과를 생각하자(Looking). 위 예를 계속해서 생각해보자. 적용하는 전략이 다르다 보니 그 효과에 대한 생각도 두 사람이 서로 다르다.

- 사람 1: "경로사상을 잘 가르치면 경로석은 비어 있어. 노인은 언제나 눈치 안 보고 앉을 수 있고, 나아가 일상생활에서도 존중을 받을 거야."

• 사람 2: “경로사상을 일률적으로 가르치는 것은 바람직하긴 해. 당신 말처럼 누구나 늙으니까 말이야. 그러나 요즘처럼 늘어난 노인인구와 감소한 젊은이를 고려하면 젊은이에게 너무 부담을 주는 거야. 그러므로 내가 말한 대로 하면 젊은이에게 큰 부담도 주지 않고 노인에 대한 예우를 일상생활화할 수 있어. 더구나 노인들도 더 건강해져서 젊은이에게 덜 부담을 줄 거야.”

그림 8-1 IDEAL에 따른 생각과정

IDEAL에 따른 생각과 글쓰기는 생각의 깊이에 따라 달라질 수 있다. 그에 따라 수정도 가능하여 최종적 내용은 처음과 달라질 수 있는 것이다. 그것이 글쓰기의 매력이다.

대체로 글을 쓸 때 단번에 만족할 만큼 완성된 글을 쓰기는 쉽지 않다. 이후 완성된 글을 여러 번 읽고 자구(字句)를 다듬고 고쳐야 한다. 이를 ‘퇴고(推敲)’라고 한다. 그러나, 퇴고 단계에서 많은 내용을 교체하는 것은 바람직하지 않다.

잠깐!!

띄어쓰기 해 보기

※ 띄어쓰기에 따라 의미가 달라져 맥락이 맞지 않거나 오해한 경험은 없었나요?

3. 바르게 쓰기

바르게 쓰기 위해서는 그 사회에서 통용되는 기본 원칙이라는 것이 있다. 여기서는 ≪한국어 어문 규범(2023)≫에서 제시하는 한글 맞춤법에 근거하여 제시하고자 한다.

한글 맞춤법[시행 2017. 3. 28.] 문화체육관광부 고시 제2017-12호(2017. 3. 28.) 총칙

제1항. 한글 맞춤법은 표준어를 소리대로 적되, 어법에 맞도록 함을 원칙으로 한다.
이 조항은 한글 맞춤법의 대원칙을 밝히고 있다. "표준어를 소리대로 적되"가 기본 원칙이라면, "어법에 맞도록 함"은 또 다른 원칙이라고 할 수 있다. 한글 맞춤법은 이 두 가지 원칙에 따라 음성 언어인 표준어를 표음 문자인 한글로 올바르게 적는 방법이다.
먼저 '표준어를 소리대로 적는다'는 말에는 한글 맞춤법이 표준어를 대상으로 한다는 뜻이 담겨 있다. 그리고 '소리대로' 적는다는 것은 그 표준어를 적을 때 발음에 따라 적는다는 뜻이다. 이를테면 [나무]라고 소리 나는 표준어는 '나무'로 적고, [달리다]라고 소리 나는 표준어는 '달리다'로 적는다.
'어법에 맞도록 한다'는 것은 이와 같이 뜻을 파악하기 쉽도록 각 형태소의 본 모양을 밝혀 적는다는 말이다. 이에 따라 '꽃'은 [꼬치], [꼰], [꼳]의 세 가지로 소리 나는 형태소이지만 그 본 모양에 따라 '꽃' 한 가지로 적고, [꼬치], [꼰만], [꼳꽈]도 '꽃이, 꽃만, 꽃과'로 적게 된다. 이는 '꽃'과 같은 명사 뒤에 조사가 결합할 때뿐 아니라 '늙-'과 같은 용언의 어간 뒤에 어미가 결합할 때도 동일하게 적용된다.

제2항. 문장의 각 단어는 띄어 씀을 원칙으로 한다.
국어에서 단어를 단위로 띄어쓰기를 하는 것은 단어가 독립적으로 쓰이는 말의 최소 단위이기 때문이다. '동생 밥 먹는다'에서 '동생', '밥', '먹는다'는 각각이 단어이므로 띄어쓰기의 단위가 되어 '동생 밥 먹는다'로 띄어 쓴다. 그런데 단어 가운데 조사는 독립성이 없어서 다른 단어와는 달리 앞말에 붙여 쓴다. '동생이 밥을 먹는다'에서 '이', '을'은 조사이므로 '동생이', '밥을'과 같이 언제나 앞말에 붙여 쓴다.

제3항. 외래어는 '외래어 표기법'에 따라 적는다.
외래어는 다른 언어에서 들어온 말이므로 원어의 언어적인 특징을 고려해서 적어야 한다. 따라서 '외래어 표기법'을 정하여 그에 따라 적는 것이 원칙이다. 외래어는 고유어, 한자어와 함께 국어의 어휘 체계에 정착한 어휘라고 할 수 있다.

(1) 띄어쓰기

띄어쓰기를 하지 않거나, 잘못된 띄어쓰기는 내용 전달에 큰 오류가 발생할 수 있다.

고양이가죽을까봐
가. 고양이가 죽을까 봐
나. 고양이 가죽을 까 봐

서울시장애인복지관
가. 서울시 장애인 복지관
나. 서울시장 애인 복지관

| 그림 8-2 | 띄어쓰기 오류의 예

출처: 법원사람들(2023.1.23. 인출). 한글 맞춤법 띄어쓰기 규정.

≪한국어 어문 규범(2023)≫의 한글 맞춤법[1]에서는 띄어쓰기에 대해 다음과 같이 명시하면서, 관련 예를 제시하고 있다.

① 조사는 그 앞말에 붙여 쓴다.

꽃**이**	꽃**마저**	꽃**밖에**	꽃**에서부터**	꽃**으로만**	꽃**이나마**	꽃**이다**
꽃**입니다**	꽃**처럼**	어디**까지나**	거기**도**	멀리**는**	웃고**만**	

② 의존 명사는 띄어 쓴다.

아는 **것**이 힘이다.	나도 할 **수** 있다.	먹을 **만큼** 먹어라.
아는 **이**를 만났다.	네가 뜻한 **바**를 알겠다.	그가 떠난 **지**가 오래다.

1) [시행 2017. 3. 28.] 문화체육관광부 고시 제2017-12호(2017. 3. 28.)

③ 단위를 나타내는 명사는 띄어 쓴다.

한 **개**	차 한 **대**	금 서 **돈**	소 한 **마리**	옷 한 **벌**
열 **살**	조기 한 **손**	연필 한 **자루**	버선 한 **죽**	집 한 **채**
신 두 **켤레**	북어 한 **쾌**			

다만, 순서를 나타내는 경우나 숫자와 어울리어 쓰이는 경우에는 붙여 쓸 수 있다.

두**시** 삼십**분** 오**초**	제일**과**	삼**학년**	육**층**	1446**년**	10**월** 9**일**
2**대대**	16**동** 502**호**	제1**실습실**	80**원**	10**개**	7**미터**

④ 수를 적을 적에는 '만(萬)' 단위로 띄어 쓴다.

십이억 삼천사백오십육만 칠천팔백구십팔	12억 3456만 7898

⑤ 두 말을 이어 주거나 열거할 적에 쓰이는 다음의 말들은 띄어 쓴다.

국장 **겸** 과장	열 **내지** 스물	청군 **대** 백군	책상, 걸상 **등**이 있다
이사장 **및** 이사들	사과, 배, 귤 **등등**	사과, 배 **등속**	부산, 광주 **등지**

⑥ 단음절로 된 단어가 연이어 나타날 적에는 붙여 쓸 수 있다.

좀더 큰것	이말 저말	한잎 두잎

⑦ 보조 용언은 띄어 씀을 원칙으로 하되, 경우에 따라 붙여 씀도 허용한다. (ㄱ을 원칙으로 하고, ㄴ을 허용함.)

ㄱ	ㄴ
불이 꺼져 **간다**.	불이 꺼져**간다**.
내 힘으로 막아 **낸다**.	내 힘으로 막아**낸다**.
어머니를 도와 **드린다**.	어머니를 도와**드린다**.
그릇을 깨뜨려 **버렸다**.	그릇을 깨뜨려**버렸다**.
비가 올 **듯하다**.	비가 올**듯하다**.
그 일은 할 **만하다**.	그 일은 할**만하다**.
일이 될 **법하다**.	일이 될**법하다**.
비가 올 **성싶다**.	비가 올**성싶다**.
잘 아는 **척한다**.	잘 아는**척한다**.

⑧ 성과 이름, 성과 호 등은 붙여 쓰고, 이에 덧붙는 호칭어, 관직명 등은 띄어 쓴다.

김양수(金良洙) 서화담(徐花潭) 박원혁 **씨**
하수연 **교수** 박영태 **박사** 충무공 이순신 **장군**

⑨ 성명 이외의 고유 명사는 단어별로 띄어 씀을 원칙으로 하되, 단위별로 띄어 쓸 수 있다(ㄱ을 원칙으로 하고, ㄴ을 허용함).

ㄱ	ㄴ
대한 중학교	대한중학교
한국 대학교 사범 대학	한국대학교 사범대학

⑩ 전문 용어는 단어별로 띄어 씀을 원칙으로 하되, 붙여 쓸 수 있다(ㄱ을 원칙으로 하고, ㄴ을 허용함).

ㄱ	ㄴ
만성 골수성 백혈병	만성골수성백혈병
중거리 탄도 유도탄	중거리탄도유도탄

(2) 문장 부호

글쓰기에 있어 문장 부호는 글의 내용을 명확하게 해 준다. 똑같은 문장이라도 부호에 의해 전달되는 내용과 정서는 달라진다. 다음 글을 문자로 받았다고 생각해 보자.

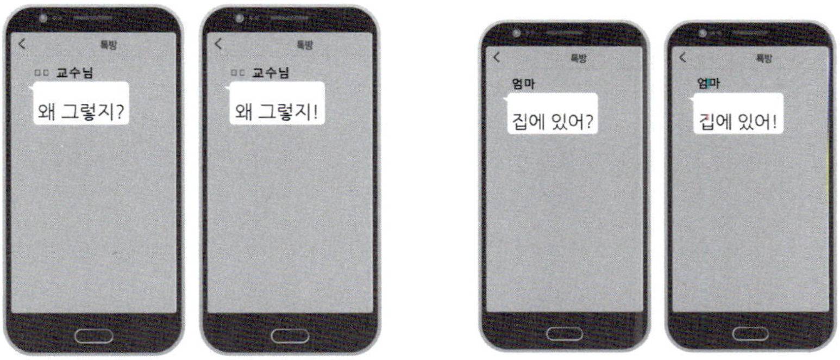

글자는 똑같지만, 문장 부호가 다르다. 어떠한가? 물음표인지, 느낌표인지에 따라 전달되는 정서가 다르지 않는가? 물음표는 말 그대로, 물어보는 것이라면, 느낌표는 놀람이나 항의, 명령, 지시하는 뜻이 내포되어 있다. 다음 문장도 보자.

갑돌이는 울면서 떠나는 갑순이를 배웅했다.

누가 울었다는 것일까? 갑돌이? 갑순이? 둘 다? 명확하지 않다. 쉼표(,)를 넣어 보겠다.

갑돌이는, 울면서 떠나는 갑순이를 배웅했다.

이제 누가 울었는지 명확해진다. 갑순이가 울면서 떠난 것이다.

따라서, 글쓰기에서 문장 부호는 글을 쉽게 이해하고 문장의 이해를 돕고, 오해를 일으키지 않기 위해 사용되기 때문에 반드시 고려해야 할 요소이다.

≪한국어 어문 규범(2023)≫의 한글 맞춤법[2]에서는 문장부호를 다음과 같이 명시하면서, 관련 예를 제시하고 있다.

① 마침표(.)

가. 서술, 명령, 청유 등을 나타내는 문장의 끝에 쓴다.

예 젊은이는 나라의 기둥입니다.

예 가는 말이 고와야 오는 말이 곱다.

■ 직접 인용한 문장의 끝에는 쓰는 것을 원칙으로 하되, 쓰지 않는 것도 허용한다. (ㄱ을 원칙으로 하고, ㄴ을 허용함.)

예 ㄱ. 그는 "지금 바로 떠나자."라고 말하며 서둘러 짐을 챙겼다.

ㄴ. 그는 "지금 바로 떠나자"라고 말하며 서둘러 짐을 챙겼다.

■ 용언의 명사형이나 명사로 끝나는 문장에는 쓰는 것을 원칙으로 하되, 쓰지 않는 것도 허용한다. (ㄱ을 원칙으로 하고, ㄴ을 허용함.)

예 ㄱ. 목적을 이루기 위하여 몸과 마음을 다하여 애를 씀.

ㄴ. 목적을 이루기 위하여 몸과 마음을 다하여 애를 씀

■ 다만, 제목이나 표어에는 쓰지 않음을 원칙으로 한다.

예 꺼진 불도 다시 보자

예 건강한 몸 만들기

나. 아라비아 숫자만으로 연월일을 표시할 때 쓴다.

예 1919. 3. 1.

예 10. 1.~10. 12.

다. 특정한 의미가 있는 날을 표시할 때 월과 일을 나타내는 아라비아 숫자 사이에 쓴다.

예 3.1 운동

예 8.15 광복

2) [시행 2017. 3. 28.] 문화체육관광부 고시 제2017-12호(2017. 3. 28.)

■ 이때는 마침표 대신 가운뎃점을 쓸 수 있다.

예 3·1 운동

예 8·15 광복

라. 장, 절, 항 등을 표시하는 문자나 숫자 다음에 쓴다.

예 가. 인명

예 Ⅰ. 서론

② 물음표(?)

가. 의문문이나 의문을 나타내는 어구의 끝에 쓴다.

예 점심 먹었어?

예 남북이 통일되면 얼마나 좋을까?

■ 한 문장 안에 몇 개의 선택적인 물음이 이어질 때는 맨 끝의 물음에만 쓰고, 각 물음이 독립적일 때는 각 물음의 뒤에 쓴다.

예 너는 중학생이냐, 고등학생이냐?

예 너는 여기에 언제 왔니? 어디서 왔니? 무엇하러 왔니?

■ 의문의 정도가 약할 때는 물음표 대신 마침표를 쓸 수 있다.

예 도대체 이 일을 어쩐단 말이냐.

예 이것이 과연 내가 찾던 행복일까.

나. 특정한 어구의 내용에 대하여 의심, 빈정거림 등을 표시할 때, 또는 적절한 말을 쓰기 어려울 때 소괄호 안에 쓴다.

예 30점이라, 거참 훌륭한(?) 성적이군.

예 우리 집 강아지가 가출(?)을 했어요.

다. 모르거나 불확실한 내용임을 나타낼 때 쓴다.

예 최치원(857~?)은 통일 신라 말기에 이름을 떨쳤던 학자이자 문장가이다.

예 조선 시대의 시인 강백(1690?~1777?)의 자는 자청이고, 호는 우곡이다.

③ 느낌표(!)

가. 감탄문이나 감탄사의 끝에 쓴다.

예 이거 정말 큰일이 났구나!

예 어머!

■ 감탄의 정도가 약할 때는 느낌표 대신 쉼표나 마침표를 쓸 수 있다.

예 어, 벌써 끝났네.

예 날씨가 참 좋군.

나. 특별히 강한 느낌을 나타내는 어구, 평서문, 명령문, 청유문에 쓴다.

예 청춘! 이는 듣기만 하여도 가슴이 설레는 말이다.

예 지금 즉시 대답해!

다. 물음의 말로 놀람이나 항의의 뜻을 나타내는 경우에 쓴다.

예 이게 누구야!

예 내가 왜 나빠!

라. 감정을 넣어 대답하거나 다른 사람을 부를 때 쓴다.

예 네, 선생님!

예 언니!

④ 쉼표(,)

가. 같은 자격의 어구를 열거할 때 그 사이에 쓴다.

예 근면, 검소, 협동은 우리 겨레의 미덕이다.

예 5보다 작은 자연수는 1, 2, 3, 4이다.

나. 짝을 지어 구별할 때 쓴다.

예 닭과 지네, 개와 고양이는 상극이다.

다. 이웃하는 수를 개략적으로 나타낼 때 쓴다.

예 5, 6세기

예 6, 7, 8개

라. 열거의 순서를 나타내는 어구 다음에 쓴다.

예 첫째, 몸이 튼튼해야 한다.

예 마지막으로, 무엇보다 마음이 편해야 한다.

마. 문장의 연결 관계를 분명히 하고자 할 때 절과 절 사이에 쓴다.

예 콩 심은 데 콩 나고, 팥 심은 데 팥 난다.

예 떡국은 설날의 대표적인 음식인데, 이걸 먹어야 비로소 나이도 한 살 더 먹는다고 한다.

바. 같은 말이 되풀이되는 것을 피하기 위하여 일정한 부분을 줄여서 열거할 때 쓴다.

예 여름에는 바다에서, 겨울에는 산에서 휴가를 즐겼다.

사. 부르거나 대답하는 말 뒤에 쓴다.

예 지은아, 이리 좀 와 봐.

예 네, 지금 가겠습니다.

아. 한 문장 안에서 앞말을 '곧', '다시 말해' 등과 같은 어구로 다시 설명할 때 앞말 다음에 쓴다.

예 책의 서문, 곧 머리말에는 책을 지은 목적이 드러나 있다.

예 원만한 인간관계는 말과 관련한 예의, 즉 언어 예절을 갖추는 것에서 시작된다.

자. 문장 앞부분에서 조사 없이 쓰인 제시어나 주제어의 뒤에 쓴다.

예 돈, 돈이 인생의 전부이더냐?

예 그 사실, 넌 알고 있었지?

차. 한 문장에 같은 의미의 어구가 반복될 때 앞에 오는 어구 다음에 쓴다.

예 그의 애국심, 몸을 사리지 않고 국가를 위해 헌신한 정신을 우리는 본받아야 한다.

카. 도치문에서 도치된 어구들 사이에 쓴다.

예 이리 오세요, 어머님.

예 다시 보자, 한강수야.

타. 바로 다음 말과 직접적인 관계에 있지 않음을 나타낼 때 쓴다.

예 갑돌이는, 울면서 떠나는 갑순이를 배웅했다.

예 철원과, 대관령을 중심으로 한 강원도 산간 지대에 예년보다 일찍 첫눈이 내렸습니다.

파. 문장 중간에 끼어든 어구의 앞뒤에 쓴다.

예 나는, 솔직히 말하면, 그 말이 별로 탐탁지 않아.

예 영호는 미소를 띠고, 속으로는 화가 치밀어 올라 잠시라도 견딜 수 없을 만큼 괴로웠지만, 그들을 맞았다.

하. 특별한 효과를 위해 끊어 읽는 곳을 나타낼 때 쓴다.

예 내가, 정말 그 일을 오늘 안에 해낼 수 있을까?

예 이 전투는 바로 우리가, 우리만이, 승리로 이끌 수 있다.

⑤ 가운뎃점(·)

가. 열거할 어구들을 일정한 기준으로 묶어서 나타낼 때 쓴다.

예 민수 · 영희, 선미 · 준호가 서로 짝이 되어 윷놀이를 하였다.

예 지금의 경상남도 · 경상북도, 전라남도 · 전라북도, 충청남도 · 충청북도 지역을 예부터 삼남이라 일러 왔다.

나. 짝을 이루는 어구들 사이에 쓴다[3].

예 우리는 그 일의 참 · 거짓을 따질 겨를도 없었다.

예 빨강 · 초록 · 파랑이 빛의 삼원색이다.

다. 공통 성분을 줄여서 하나의 어구로 묶을 때 쓴다[4].

예 상 · 중 · 하위권

예 금 · 은 · 동메달

3) 다만, 이때는 가운뎃점을 쓰지 않거나 쉼표를 쓸 수도 있다.
4) 다만, 이때는 가운뎃점을 쓰지 않거나 쉼표를 쓸 수도 있다.

⑥ 쌍점(:)

가. 표제 다음에 해당 항목을 들거나 설명을 붙일 때 쓴다.

예 문방사우: 종이, 붓, 먹, 벼루

예 일시: 2014년 10월 9일 10시

나. 희곡 등에서 대화 내용을 제시할 때 말하는 이와 말한 내용 사이에 쓴다.

예 김 과장: 난 못 참겠다.

예 아들: 아버지, 제발 제 말씀 좀 들어 보세요.

다. 시와 분, 장과 절 등을 구별할 때 쓴다.

예 오전 10:20(오전 10시 20분)

예 두시언해 6:15(두시언해 제6권 제15장)

라. 의존 명사 '대'가 쓰일 자리에 쓴다.

예 65:60(65 대 60)

예 청군:백군(청군 대 백군)

⑦ 빗금(/)

가. 대비되는 두 개 이상의 어구를 묶어 나타낼 때 그 사이에 쓴다.

예 먹이다/먹히다

예 금메달/은메달/동메달

나. 기준 단위당 수량을 표시할 때 해당 수량과 기준 단위 사이에 쓴다.

예 100미터/초

예 1,000원/개

다. 시의 행이 바뀌는 부분임을 나타낼 때 쓴다.

예 산에 / 산에 / 피는 꽃은 / 저만치 혼자서 피어 있네

⑧ 큰따옴표(“ ”)

가. 글 가운데에서 직접 대화를 표시할 때 쓴다.

예 “어머니, 제가 가겠어요.”

예 “아니다. 내가 다녀오마.”

나. 말이나 글을 직접 인용할 때 쓴다.

예 나는 “어, 광훈이 아니냐?” 하는 소리에 깜짝 놀랐다.

예 밤하늘에 반짝이는 별들을 보면서 “나는 아무 걱정도 없이 가을 속의 별들을 다 헬 듯합니다.”라는 시구를 떠올렸다.

⑨ 작은따옴표(‘ ’)

가. 인용한 말 안에 있는 인용한 말을 나타낼 때 쓴다.

예 그는 “여러분! ‘시작이 반이다.’라는 말 들어 보셨죠?”라고 말하며 강연을 시작했다.

나. 마음속으로 한 말을 적을 때 쓴다.

예 나는 ‘일이 다 틀렸나 보군.’ 하고 생각하였다.

예 ‘이번에는 꼭 이기고야 말겠어.’ 호연이는 마음속으로 몇 번이나 그렇게 다짐하며 주먹을 불끈 쥐었다.

⑩ 소괄호(( ))

가. 주석이나 보충적인 내용을 덧붙일 때 쓴다.

예 니체(독일의 철학자)의 말을 빌리면 다음과 같다.

예 2023. 1. 23.(월)

나. 우리말 표기와 원어 표기를 아울러 보일 때 쓴다.

예 기호(嗜好), 자세(姿勢)

예 커피(coffee), 에티켓(etiquette)

다. 생략할 수 있는 요소임을 나타낼 때 쓴다.

예 학교에서 동료 교사를 부를 때는 이름 뒤에 ‘선생(님)’이라는 말을 덧붙인다.

예 광개토(대)왕은 고구려의 전성기를 이끌었던 임금이다.

라. 희곡 등 대화를 적은 글에서 동작이나 분위기, 상태를 드러낼 때 쓴다.

예 현우: (가쁜 숨을 내쉬며) 왜 이렇게 빨리 뛰어?

예 "쓰는 것이 습관이 되었죠. 그러다 보니, 상상력이 생겼나 봐요." (웃음)

마. 내용이 들어갈 자리임을 나타낼 때 쓴다.

예 우리나라의 수도는 (　　)이다.

예 다음 빈칸에 알맞은 조사를 쓰시오. 민수가 할아버지(　) 꽃을 드렸다.

바. 항목의 순서나 종류를 나타내는 숫자나 문자 등에 쓴다.

예 사람의 인격은 (1) 용모, (2) 언어, (3) 행동, (4) 덕성 등으로 표현된다.

예 (가) 동해, (나) 서해, (다) 남해

⑪ 붙임표(-)

가. 차례대로 이어지는 내용을 하나로 묶어 열거할 때 각 어구 사이에 쓴다.

예 멀리뛰기는 도움닫기 - 도약 - 공중 자세 - 착지의 순서로 이루어진다.

예 김 과장은 기획 - 실무 - 홍보까지 직접 발로 뛰었다.

나. 두 개 이상의 어구가 밀접한 관련이 있음을 나타내고자 할 때 쓴다.

예 원 - 달러 환율

예 남한 - 북한 - 일본 삼자 관계

⑫ 물결표(~)

기간이나 거리 또는 범위를 나타낼 때 쓴다[5].

예 9월 15일~9월 25일

예 서울~천안 정도는 출퇴근이 가능하다.

5) 물결표 대신 붙임표를 쓸 수 있다.

⑬ 줄임표(……)

가. 할 말을 줄였을 때 쓴다.

예 "어디 나하고 한번……." [6] 하고 민수가 나섰다.

나. 말이 없음을 나타낼 때 쓴다.

예 "빨리 말해!"

"……."

다. 문장이나 글의 일부를 생략할 때 쓴다.

예 '고유'라는 말은 문자 그대로 본디부터 있었다는 뜻은 아닙니다. …… 같은 역사적 환경에서 공동의 집단생활을 영위해 오는 동안 공동으로 발견된, 사물에 대한 공동의 사고방식을 우리는 한국의 고유 사상이라 부를 수 있다는 것입니다.

라. 머뭇거림을 보일 때 쓴다.

예 "우리는 모두…… 그러니까…… 예외 없이 눈물만…… 흘렸다."

6) 점은 여섯 점을 찍는 대신 세 점을 찍을 수도 있다. "…."

CHAPTER 08 연습해 보기

1. 다음은 띄어쓰기가 안 되어 의미가 모호한 문장이다. 띄어쓰기를 해서 문장을 만들어 보자.

   "아버지가방에서나오신다."

   "그일을할제비가온다."

   "원고초안다했습니다."

   "공장이제일났다."

   "너곧잘난체한다."

2. 주제를 하나 정해서 400자 이내의 글을 써보자. 그리고 친구와 교환하여 한글 맞춤법에 맞는지 체크해보자. 빈칸도 글자로 간주합니다.

   (* 뒷장 원고지 활용)

CHAPTER 08 연습해 보기에 대한 참고 의견

1. 띄어쓰기

"아버지 가방에서 나오신다."	"아버지가 방에서 나오신다."
"그 일을 할 제비가 온다."	"그 일을 할 제 비가 온다."
"원고초 안다했습니다."	"원고 초안 다했습니다."
"공장이 제일났다."	"공장 이제 일났다."
"너 곧 잘난체한다."	"너 곧잘 난체한다."

2. 주제를 하나 정해서 400자 이내의 글을 써보자.

- 먼저 주제 및 내용이 IDEAL과 관련 있는지 얘기 나눈다.
- 문장이 한글 맞춤법에 얼마나 정확한지 바꾸어서 체크해본다.

■ Quiz에 대한 해설

문항	정답
01 말과 같이 글도, "엎질러진 물은 되 담을 수 없다." 처럼 한 번 글 쓰고 나면 어쩔 수 없으므로 처음부터 잘 써야 한다. **해설** 글은 말과 달라 쓰면서 생각할 수 있다. 또한 공개되기 전에는 수정 보완할 수 있다.	(X)
02 브랜스포드(Bransford)와 스타인(Stein)이 제시한 IDEAL은 문제해결을 위한 사고모형인데 글쓰기에도 응용될 수 있다. **해설** 글쓰기는 사고과정이 필요하므로 사고모형이 응용될 수 있다.	(O)
03 문제를 확인하는 것과 문제를 정의하는 것은 같은 의미이다. **해설** 문제를 확인하는 것은 문제인지 아닌지 판단하는 것이고, 문제 정의는 왜 문제가 되는지 이유를 찾는 것이다.	(X)
04 사람의 생각은 흐르는 물처럼 연속성을 띠고 있으므로, 어느 물줄기를 선택할 것인지 유의하여야 한다. **해설** 생각은 흘러가는 물 위의 잎새와 같다. 어느 물줄기로 흘러가느냐에 따라 잎새의 운명이 결정되듯 생각도 흐름을 탄다.	(O)
05 한국어 어문 규범(2023)에서 한글 맞춤법에 대한 정보를 얻을 수 있다. **해설** 한국어 어문 규범(2023), 한글 맞춤법[시행 2017. 3. 28.] 문화체육관광부 고시 제2017-12호(2017. 3. 28.) 등에서 맞춤법에 대한 정보를 얻을 수 있다.	(O)
06 한글 맞춤법은 표준어를 소리대로 적되, 어법에 맞도록 함을 원칙으로 한다. **해설** '소리대로' 적는다는 것은 표준어를 적을 때 발음에 따라 적는다는 뜻이다. '어법에 맞도록 한다'는 것은 뜻을 파악하기 쉽도록 각 형태소의 본 모양을 밝혀 적는다는 말이다. 예: '꽃은' 소리 대로 적으면 꼬츤이 되지만 본 모양에 따라 '꽃' 한 가지로 적는다.	(O)
07 문장의 각 단어는 띄어 씀을 원칙으로 한다. **해설** 원칙은 각 단어마다 띄어 쓰나 몇 가지 예외가 있다. 학습내용 참조	(O)
08 성과 이름, 성과 호 등은 붙여 쓰고, 이에 덧붙는 호칭어, 관직명 등은 붙여 쓴다(예: 하수연교수). **해설** 성과 이름, 성과 호 등은 붙여 쓴다. 그러나 이에 덧붙는 호칭어, 관직명 등은 띄어 쓴다(예: 하수연 교수).	(X)
09 단음절로 된 단어가 연이어 나타날 적에는 띄어 쓴다(예: 좀 더 큰 것). **해설** 단음절로 된 단어가 연이어 나타날 적에는 붙여 쓸 수 있다(예: 좀더 큰것, 이것 저것).	(X)
10 두 말을 이어 주거나 열거할 적에 쓰이는 말들은 붙여 쓴다(예: 열 내지 스물). **해설** 두 말을 이어 주거나 열거할 적에 쓰이는 말들은 띄어 쓴다(예: 열 내지 스물).	(X)

창의적 말하기와 글쓰기

CHAPTER 09

새로운 의견을 생성하는 글쓰기

질문할 줄 아는 것은 이미 반은 안 것이다.

– Aristoteles –

______할 줄 아는 것은 이미 반은 _____것이다.

– ____________________ –

■ 학습목표

1. 창의인성의 중요성을 설명할 수 있다.
2. 창의인성의 의미와 특성을 설명할 수 있다.
3. 창의인성의 표현으로서 글쓰기 방법을 설명할 수 있다.

■ Quiz

다음 말이 적합하다고 생각되면 O, 그렇지 않다고 생각되면 X표를 하십시오.

01 글을 잘 쓰기 위해서는 인성보다도 창의적 사고가 더 중요하다.	(O, X)
02 주변의 환경에 대해 예민한 관심을 보이면 자기에게 독특한 글을 쓰기 더 어렵다.	(O, X)
03 생각을 하였으면 일단 글을 도전적으로 써 보아야 한다.	(O, X)
04 다양한 아이디어를 생각해내기 위해서는 우선 자신의 지배적 아이디어나 감정에서 벗어나야 한다.	(O, X)
05 아이디어를 많이 내면 낼수록 생각이 혼란스러워지므로 가능한 아이디어는 적게 내는 것이 좋다.	(O, X)
06 글 작성의 출발점으로 질문하는 것이 좋다. 질문은 호기심의 발로로써 다양한 아이디어를 이끌어 낸다.	(O, X)
07 질문과 관련된 다양한 정보를 탐색하는 것이 좋다. 글을 쓰기 위해서 두뇌 속에 있는 정보만 탐색한다.	(O, X)
08 상상활동을 통하여 자신만의 아이디어를 만들어 본다.	(O, X)
09 상상으로 얻어진 새로운 아이디어는 현실과 관계없어도 되므로 유용성을 고려하지 않는다. 즉 권선징악이 아니라 권악징선의 글을 써도 무방하다.	(O, X)
10 자신의 글에 쉽게 만족하지 않고 글 쓰는 데 대해 자부심을 갖지 않는다.	(O, X)

읽고, 생각하고, 말해보기

내가 틀렸을 수도 있으니까

박원혁

알고 보면 우리의 삶은 매일 매일이 새롭다. 오늘 아침에 일어난 잠자리도 어제 아침에 일어난 잠자리가 아니다. 일어난 시각도 다소 차이 나고, 밖의 밝기도 다르고, 방안의 온도도 다르다. 또 오늘의 나는 어제의 나와 다르다. 나를 맞아주는 하루의 일도 어제의 일과는 다르다. 이렇게 달라진 상황에서 자신이 달라지지 않는다면 적응하기 어려워진다. 러닝머신 위에서 달리는 자신을 상상해보자. 속도가 이전보다 빨라졌는데 이전의 속도로 달리면 자신은 넘어져 사고를 당한다. 그러므로 변화되는 속도에 맞추어 자신의 속도도 변경시켜야 한다. 여기서 인간은 새로운 아이디어를 끊임없이 생각해내야 한다는 것을 의미한다.

노벨 문학상 수상자인 러셀(Russell)은 어렸을 때 지구가 평평하다고 믿고, 부모님, 선생님, 친구들 모두가 지구는 둥글다고 말해주는데도 생각을 바꾸지 않았다. 특별히 신부님께 부탁해 겨우 러셀을 설득시켰다고 한다. 어릴 때의 러셀은 새로운 생각을 할 줄 몰랐던 것일까? 아니면 지구가 평평하다고 하는 지식에 대한 강한 신념이 있었던 것일까? 신념은 불확실한 것을 확실하다고 믿는 정도를 말한다. 따라서 신념은 진리와 다소 거리가 있다. 진리는 확실한 것이니 신념이 필요 없다. 확실한 것을 확실하다고 믿는다는 것은 우스꽝스럽다. 어린 러셀이 어느 누구의 설득으로도 바뀌지 않고 단지 신부님의 설득으로 바뀌었다는 것은 의미 있는 시사점을 던져준다. 신념 대 신념의 대결은 보다 더 강한 신념이 이긴다는 것이다.

기존 지식에 신념처럼 얽매여 새로운 지식을 받아들이지 못하는 사람은 어른이 된 러셀이 한 다음 말을 새겨 볼 필요가 있다.

"난 절대로 내 믿음을 위해 죽지는 않을 것이다. 내가 틀렸을 수도 있으니까."

1. 창의인성의 중요성

"멋진 아이디어는 어디에서 나올까?"

라고 물으면 대부분 창의적 사고에서 나온다고 한다. 마치 창의적 사고기법만 적용하면 마이더스의 손(Midas Touch)이 모든 것을 황금으로 만들 수 있는 것처럼 일반적 아이디어를 독창적 아이디어로 만들 수 있다고 생각한다.

> 마이더스는 기원전 8세기경의 프리기아의 왕이다. 그는 자신이 숭배하는 술과 축제의 신인 디오니소스에게 손에 닿는 모든 것을 황금으로 바꾸는 황금 손을 달라고 부탁하였다. 처음에 디오니소스는 별로 좋은 소원이 아닌 것 같다고 다시 한번 다른 소원을 말하라고 했지만 마이더스의 간절한 소원에 들어 주게 되었다. 이어 마이더스는 황금 손을 얻고 손에 닿는 것마다 황금으로 변하여 많은 재물을 얻고 매우 행복해했다. 그러나 갈수록 마이더스는 행복하지 않았다. 물건, 음식, 사람을 구분하지 않고 무심결에 만지는 모든 것이 모두 황금으로 변하니 당황하지 않을 수 없었다. 끝내는 사랑하는 자기 딸까지 황금으로 만들어 버렸다.

마이더스의 황금의 손 신화는 창의성과 관련하여 두 가지 시사점을 준다. 하나는 새로운 아이디어가 마냥 좋은 것만은 아니라는 것이다. 음식은 음식으로, 사람은 사람으로 있어야 하는데 그것을 황금으로 바꾸어 버려 쓸모가 없듯이 새로운 아이디어가 실생활에 전혀 도움이 되지 않으면 필요가 없는 것이다 다른 하나는 황금의 손이 모든 것을 황금으로 바꿀 수 있다고 하더라도 황금의 손은 하나의 도구일 뿐이고 마이더스의 의욕이 있어야 한다. 마이더스의 의욕과 황금의 손이 함께 작용할 때 가치롭게 사용될 황금이 만들어지는 것이다.

여기서 새로운 아이디어를 생성하기 위해서는 창의적 사고기법만 중요한 것이 아니라 이 기법을 활용하려는 인성이 필요하다는 것을 알 수 있다. 창의성과 인성은 같은 것의 다른 이름일까? 아니면 별개의 것일까? 창의성이란 새로운 관계를 지각하거나, 비범한 아이디어를 산출하거나 또는 전통적 사고 유형에서 벗어나 새로운 유형으로 사고하는 능력이고(교육학 용어사전, 1986), 인성이란 자신을 둘러싸고 있는 대상과 상호작용하는 내면적 특성으로 대인 간 상호작용 기술의 집합이다(박영태, 2000a). 이러한 의미로 창의성 교육은 사고개발교육으로 인성교육은 도덕성을 중심으로 한 정의적 영역의 교육으로 생각하여 별개로 보는 경향도 있다(박영태, 2013b). 그러나 건강한 인성을 가진 자는 모든 영역에서 창의적인 소산과 창의적인 삶으로 스스로를 표현한다는 로저스(Rogers)의 관점(이상우, 정종진 역, 1995)은 창의성과 인성을 완전히 별개의 것이 아니라 오히려 동일한 것의 다른 표현이라는 것을 보여준다. 마치 마이더스의 의욕과 황금의 손이 별개의 것이 아니라 마이더스 본인이라는 것과 같다. 여기서 새로운 아이디어를 생성하는 원천으로 창의인성을 생각해보자.

잠깐!!

소원 말해보기

※ 마이더스가 신에게 '손에 닿는 모든 것을 황금으로 바꾸는 황금 손을 달라'고 한 것처럼, 만약 당신의 소원도 이루어진다면 어떤 소원을 말하고 싶은가요? 세 가지 정도 생각해 봅시다.

•
•
•
•

※ 위 세 가지 소원이 이루어졌다면, 그 후 나에게 어떤 일이 벌어질지 그 결과도 생각해 봅시다.

•
•
•
•

2. 창의인성의 의미와 특성

1) 창의인성의 의미

창의인성은 창의성을 발휘할 수 있는 속성, 즉 정신이 살아 있는 사람이다. 프랭클(Frankl)에 의하면 인간은 신체·심리·정신이라는 3측면을 가지고 있다. 신체와 심리는 환경에 종속되어 자유롭지 못하고, 정신은 환경으로부터 독립되어 자유롭다. 이 중 신체와 심리는 동물들도 가지고 있으나 정신은 인간에게만 있는 특유한 차원이다. 정신의 특성은 새로운 삶의 의미를 추구하는 데 있으므로 창의성의 원천은 정신에 있다. 따라서 인간은 원래 창의성을 갖춘 인성, 즉 창의인성의 존재이다. 창의인성이 글쓰기에 중요한 것은 정신의 자유로움에 있다. 정신이 살아 있어야 새로운 의미를 자유롭게 추구할 것이기 때문이다.

그러나 인간이라고 하여 모두 창의인성을 발휘하는 것은 아니다. 철학자 니체(Nietzsche)에 의하면 인간은 동물과 초인 사이에 늘어진 밧줄과 같다. 따라서 동물 상태에 머물러 있는 사람은 정신이 살아 있지 않고, 오로지 신체와 심리로서만 존재하므로 창의인성을 갖추고 있지 않다.

박영태(2012)는 MeFOT모형에서 창의인성의 특성으로 민감성, 도전성, 융통성, 유창성을 제시하고 있다. 민감성은 주변의 환경에 대해 예민한 관심을 보이고 이를 통해 새로운 탐색영역을 넓히는 태도이다. 도전성은 문제를 해결하려는 의욕으로 문제 상황을 만나 도피하지 않는다. 융통성은 고정적인 사고방식이나 시각 자체를 변환시켜 다양한 해결책을 찾아내는 태도이다. 다시 말하면 자신을 지배하는 정보나 감정에서 벗어나는 태도이다. 유창성은 특정한 문제 상황에서 가능한 한 많은 양의 아이디어를 산출하는 태도이다.

2) 창의인성의 사고특성

민감성, 도전성, 융통성, 유창성은 창의인성의 특징적 사고를 하도록 만들어 준다. 역으로 특징적 사고를 통해 이러한 4 특성이 길러진다. 박영태(2012)는 사고방법으로 MeFOT모형을 제시했다. MeFOT(Metacognitive Four Operations Thinking: 초인지-사칙연산적 사고)모형을 제시하면 다음과 같다.

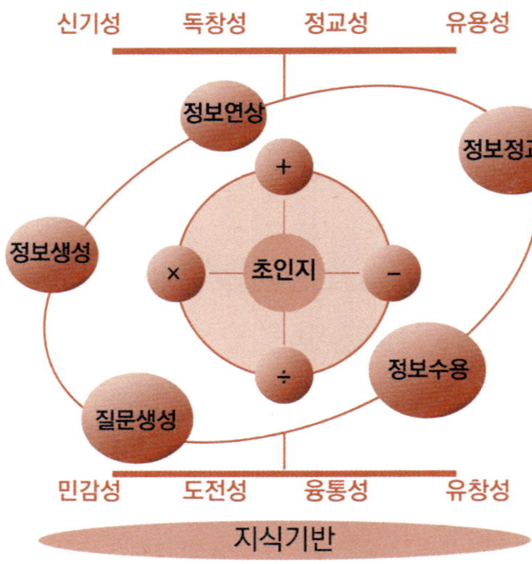

| 그림 9-1 | MeFOT 모형

이 모형은 크게 사고(인성)특성, 사고과정, 사고결과의 3부분으로 이루어져 있다. 이 중 실제적으로 사고가 이루어지는 것은 사고과정이다. 사고과정은 시간적 사고(문제해결적 사고)와 공간적 사고(아이디어 생성적 사고)로 나누어지며, 시간적 사고는 사고가 진행되는 과정(문제해결과정)에 기반을 둔 사고를 말하며 공간적 사고는 다양한 아이디어를 생성하기 위한 사고방법이다. 공간적 사고는 이 책의 3장에서 제시한 생각자석(Think Magnet)과 연결되며 생각의 도구들이다. 시간적 사고는 생각의 도구를 활용하는 과정으로 창의인성의 발현과 직접적으로 관련된다. 시간적 사고는 [그림 9-1]에서 보듯 질문생성, 정보생성, 정보연상, 정보정교화, 정보수용의 단계로 이루어진다.

첫째, 질문생성으로 사고는 시작한다. 질문생성은 의식적으로 사물에 대해 새로운 생각을 하도록 의문을 제기하는 것이다. 질문은 호기심의 표현이며 창의인성의 가장 근본이다. 나아가 다음 단계의 사고를 유도하는 촉발제로 창의적 사고의 출발점이다. 질문은 어떠한 질문이라도 무방하다. 질문은 자연적으로 자신의 인지수준에 맞추어 나올 것이기 때문에 질문을 하는 기회를 많이 제공해서 스스로 질문하는 습관을 형성하도록 하는 것이 중요하다. 개인의 지식수준이 향상되면 질문수준도 함께 향상된다(박영태, 2012). 그러나 질문은 자신 및 타인의 발전, 새로운 정보의 탐색이라는 두 가지 기준에 의해서 하는 것이 바람직하다. 자신의 발전만 도모하고 타인을 무시하는 질문은 타인에게 적대감을 불러일으키게 된다(박영태, 2014).

둘째, 정보생성은 질문에 답을 구하는 데 필요한 정보의 탐색과 활용이다. 상상을 하기 위해서는 상상의 자료인 정보가 필요하다. 정보는 학습된 정보가 저장되어 있는 두뇌와 아직 학습되지 않고 있는 정보가 담겨 있는 외적 자원에 있다. 그러므로 정보의 탐색과 활용은 내적 자원인 학습된 지식과 외적자원인 학습되기를 기다리는 지식을 모두 탐색하여 활용하여야 한다. 창의성 교육이라고 하면 흔히 사고교육을 생각하여 자칫 지식학습을 등한시하기 쉽다. 그러나 자신이 알고 있는 지식중심으로 상상하는 것은 한계에 직면한다(박영태, 2014). 어린이들이 지식학습을 하도록 교사에게서 자극받지 못하면 학습을 통해 얻게 되는 가장 중요한 보상인 지식력을 계속해서 약탈당하게 될 것이다(박영태, 2013a). 스스로 던진 질문과 관련되는 정보를 학습하는 것은 사고의 자료를 풍부히 하여 유용한 새로운 아이디어를 만드는 바탕이 될 것이다.

셋째, 정보연상은 생성한 정보를 다양하게 연결하거나 이를 바탕으로 새로운 정보를 생성하는 상상활동이다. 이때 앞에서 제시한 생각자석들이 활용된다. 상상은 지식의 부족한 부분을 메꾸어 준다. 또 부분 부분의 토막 난 지식을 전체적 지식으로 통합시켜준다. '구슬이 서 말이라도 꿰어야 보물'이라는 말은 상상의 중요성을 강조하고 있다. 상상은 의식적으로도 무의식적으로 이루어진다. 의식적으르 열심히 상상하면 무의식이 이어받아 상상한다. 이 상상을 통해 통찰(insight)이 일어난다. 통찰이란 상황의 본질이나 핵심으로 들여다보는 것(Gick & Lockhart, 1995)으로 직관적으로 문제 장면의 전체적 구조를 파악하는 것이다. 통찰은 자동적인 무의식적 처리라고 말하나(Gick & Lockhart, 1995), 이러한 무의식적 처리를 하도록 만들어 주는 힘은 의식적 상상이다(박영태, 2013a). 그러므로 의식적으로 열심히 상상하는 것은 통찰이 일어나게 하는 원천적 힘이다. 이른바 '최선(의식)을 다하라. 그리고 결과는 하늘(무의식)에 맡기자.'

넷째, 정보 정교화는 상상으로 얻어진 새로운 아이디어를 현실에 적용할 수 있도록 구체화 시키는 것이다. 아무리 새로운 아이디어라도 유용성이 없으면 쓸모가 없다. 오히려 해가 될 수도 있다. 날지 못하는 어린 새가 나는 법을 관찰하여 학습하였더라도 실제 시행착오를 거쳐 나는 연습을 하지 않는다면 날 수 없는 것과 같이 아무리 좋은 아이디어도 현실과 접목하면서 구체화하지 않으면 유용성이 없다. 단지 아이디어로 남을 뿐이다.

다섯째, 정보수용은 생성된 아이디에 만족을 표시하는 것이다. 아이디어를 생성한 자신을 칭찬하는 것이다. 아무리 좋은 아이디어라도 스스로 만족하지 않으면 외부에 활용하지 않는다. 좋은 아이디어는 활용하여 현실적 검증을 거치는 것이 필요하다. 자신이 미처 생각하지 못한 새로운 아이디어를 추가할 수 있기 때문이다. 그러나 자신의 아이디어에 스스로 만족하지 못한다면 언제까지나 자신의 두뇌 속에 존재하다가 사라지고 말 것이다.

3. 창의인성과 글쓰기

좋은 글을 보면 우리는 어떻게 이런 글을 쓸 수 있지 하고 감탄한다. 또 멋진 드라마나 영화를 보면 우리는 감동으로 눈가가 촉촉해지기도 한다. 다른 사람을 감탄하게 하거나 감동하게 만드는 글쓰기는 쉽지 않다. 드라마를 볼 때 이전에 있는 내용과 유사하면 우리는 흥미를 상실한다. 그러나 그 속에서도 새로운 상황이 전개되면 계속 보게 된다. 드라마를 보는 사람을 상상해보자. 그냥 보는 사람도 있지만 등장인물이 하는 말을 미리 맞추어 가면서 보는 사람도 있다. 신기하게 등장인물의 말을 정확하게 맞추기도 한다. 여기서 계속 맞추면 드라마는 뻔한 드라마가 되어 흥미를 상실하게 될 것이다. 그러나 아무리 잘 맞추어도 100% 맞추지는 못한다. 보는 사람의 기대보다 멋진 표현이 등장하면 보는 사람은 신선함을 느낀다.

창의적 글쓰기는 독자가 예측하지 못하는 새로운 아이디어를 제공하는 것이다. 새로운 아이디어는 단지 깊이 생각한다고 하여 나오는 것은 아니다. 작가의 창의인성에서 우러나온다. 이에 창의인성의 발현에 기반하여 창의적 글쓰기의 요령을 생각해보자.

첫째, 정신이 살아 있어야 한다. 환경으로부터 독립하여 자유롭게 새로운 의미를 추구하는 정신이 살아 있어야 한다. 정신이 죽은 사람은 새로움을 창조하지 못한다.

둘째, 주변의 환경에 대해 예민한 관심을 보이고 이를 통해 새로운 탐색을 시도하는 민감성을 가지자. 주변 환경은 항상 변화하고 있으므로 이에 민감하면 새로운 아이디어를 얻을 수 있는 계기가 된다.

셋째, 주어진 문제를 해결하려는 의욕, 즉 도전성을 가지자. 도전하는 것은 생각을 행동으로 옮기는 것이다. 자신의 지갑에 큰돈이 들었다고 하더라도 열어서 활용하지 않는다면 없는 것과 같다. 기회가 오면 반드시 도전하여야 한다.

넷째, 고정적인 사고방식이나 지각 자체를 변환시켜 다양한 해결책을 찾아내는 융통성을 가지자. 지배적 아이디어나 감정에 얽매여 있으면 다른 아이디어는 근접하지 못한다. 밧줄로 꽁꽁 묶인 사람을 상상해보자. 행동의 제약을 받는 불행함이 보인다. 여기서 밧줄은 바로 지배적 아이디어나 감정이다. 스스로 자신의 생각을 꽁꽁 묶지 말고 융통성을 가지자.

다섯째, 특정한 문제 상황에서 가능한 한 많은 양의 아이디어를 산출하는 유창성을 가지자. 다양한 형태의 풍부한 레고블록을 가지고 있으면 다양한 형태의 모양을 만들 수 있다. 반면에 특정 형태의 레고블록을 조금 가지고 있다면 만들 수 있는 모양은 제한적이다. 그러므로 다양한 아이디어를 생성하는 유창성을 가지자.

여섯째, 질문하는 습관을 가지자. 질문은 호기심의 발현이다. 아는 것도 질문부터 해보자. 숲을 지나다 어느 식물을 보았을 때 그냥 지나치지 말고 '저 식물 잎은 독특하네', '어떻게 생겼는지 자세히 볼까?' 등 어떤 질문이라도 던져보자. 그 질문으로 식물에 접근하게 되고 접근하다 보니 그 식물 잎을 갉아 먹는 애벌레를 보게 된다. 애벌레를 보니 식물이 불쌍해져서 애벌레를 잡아 주어야겠다는 생각도 든다. 그러나 귀찮은 생각으로 그냥 지나치면서 생각한다. '가만있어 봐, 저 애벌레는 자라서 나비가 될 수도 있겠지?', '나비가 되면 식물의 수정을 도와 열매를 맺게 하고, 나아가 식물의 종족을 유지 시켜주겠지?', '그러면 애벌레를 잡으면 안 되는 것 아냐?', '그럼 결국 애벌레와 식물은 공생의 관계인가 보다'. 질문 하나로 이어진 다양한 생각들이다. 질문의 중요성은 여기에 있다. 질문은 창의적 사고의 출발점이므로 어떠한 질문이라도 자주 하자. 특히 글을 쓰고 싶다면 글의 주제와 관련된 질문을 자주 하자.

일곱째, 질문을 하였으면 그와 관련 정보를 탐색하자. 자신의 두뇌에 저장된 지식도 탐색하고, 타인, 책, 인터넷 등 외부에 존재하는 정보도 탐색하자. 질문의 목적은 새로운 정보의 학습에 있다. 그러므로 질문으로 그치면 안 된다. 정보를 탐색하여 자신의 지식수준을 높여야 한다. 이는 바로 사고의 자료가 되며 글을 쓰는 자료가 된다. 다음은 저자 중 한 명인 박영태 교수가 초등학교 1학년 때 경험한 일화이다.

나는 친구와 말다툼을 했다. 나는 땅 밑에 물이 없다고 하는데 친구는 계속 땅 밑에 물이 있다고 우겼다. 끝이 나지 않아 선생님께 질문했다. 선생님은 땅 밑에 물이 있다고 하셨다. 그 말에 친구는 의기양양했고, 나는 기가 죽었다. 그러나 의문은 계속 들었다. 땅 밑에 물이 있다니? 그런데 왜 땅이 울렁거리지 않지? 그 의문을 해소하기 위하여 집에 와서 부모님에게 물어보았다. 부모님 역시 선생님 말씀과 같았다. 난 다시 물었다. 그런데 왜 땅이 배 탄 것처럼 울렁거리지 않아요? 그 질문으로 상세한 답을 들었다. 땅 밑에 바다처럼 넓은 물이 있어 땅이 떠 있는 것이 아니고 좁은 강 같은 물이 땅속을 흘러간다고 했다. 그리고 그러한 물로 식물들이 자라고 사람들이 지하수를 얻는다고 했다.

초등학교 1학년 때의 일화에서 보듯 계속 정보를 탐색한 결과 생각이 명쾌해지고, 그로 인해 식물이 뿌리를 통해 땅속의 물을 섭취한다는 것도 알았다. 만일 땅 밑에 물이 있다는 결론적 지식만 탐색하였다면 어떻게 되었을까? 우주 공상 소설을 작성한다고 하면 우주에 관한 정보를 수집하여야 하고, 의학 드라마를 작성하려면 의학에 관한 정보를 수집하여야 한다. 내가 알고 있는 지식만으로는 공감을 얻는 글을 작성할 수 없다.

여덟째, 생성한 정보를 다양하게 연결하거나 이를 바탕으로 새로운 정보를 생성하는 상상활동, 즉 정보연상활동을 하자. 상상활동을 통하여 나만의 지식을 만들어 가자. 상상을 의식적으로 열심히 하자. 의식적 상상은 무의식적 상상으로 자동적으로 옮겨간다. 의식은 새로운 결정을 하도록 도와주지만 그 생각의 범주는 좁게 한정되어 있다. 개인의 이익과 관련된 정보와 감정에 의식이 지배를 당하고 있다면 새로운 정보와 감정은 개입될 여지가 없다. 이러한 경우 차라리 의식에서 벗어나야 한다. 간절한 소망을 품고서 결정은 무의식에 넘겨주는 것이 필요하다(하수연, 2023). 무의식은 전체적 정보를 고려하는 데 큰 도움을 준다.

아홉째, 상상으로 얻어진 새로운 아이디어를 현실에 적용할 수 있도록 구체화 시키자. 이른바 정보 정교화를 하자. 새로운 아이디어를 담은 초고(草稿)의 글은 읽고 또 읽고 생각하면서 다듬어 가자. 다듬어 가면서 현실의 사례와 접목하고, 유용성을 생각하자. 글이 보다 풍부해질 것이다. 아이디어를 현실에 적용할 수 있도록 구체화시키는 과정은 숙성과정과 유사하다. 달걀 속에 모든 것이 포함되었다고 하더라도 따뜻하게 일정 시간을 품어야 새 생명이 태어나는 것과 같다. 또 운동선수가 운동기법을 다 배웠다고 하더라도 일정시간 현장에서 연습하여야 잘 달릴 수 있는 것과 같다. 여기서 현실에 적용할 수 있도록 구체화한다는 것을 실제적 내용만으로 글을 쓰는 것으로 착각해서는 안 된다. 공상과학적 내용을 현실성이 없다고 보기 쉬우나, 이는 인간의 상상력을 도와주어 창의성 함양에 큰 도움을 주기에 유용성이 있는 것이다. 실제 공상과학소설이라 불리는 SF(Science Fiction)는 현실의 과학적 사실, 이론, 기술 등을 기반으로 작가의 상상력이 덧붙여진 것이다. 공상과학이지만, 유용한 것은 정교화되어 실제 현실에서 구현되기도 한다.

열째, 자신의 글에 만족을 표시하자. 글을 쓴 자신을 대견스럽게 생각하자. 만족하면 다시 읽어 보고 싶어진다. 다시 읽어 보면 또 색다른 아이디어가 떠오른다. 그러나 만족하지 않으면 다시는 쳐다보지 않는다. 스스로 창의적 글을 쓸 기회를 포기하는 것이다.

CHAPTER 09 연습해 보기

■ 다음 내용을 읽고 생각해보자.

해리포터(Harry Potter)란 판타지 소설을 써서 일약 2004년에 세계의 부자 순위 552위에 올랐던 영국의 작가 J. K. 롤링을 보자. 그녀는 맨체스터에서 런던으로 가는 기차 안에서 처음 아이디어를 떠올려, 에든버러(Edinburgh)에 있는 작은 카페에서 1997년에 어린 딸을 안고 첫 작품을 썼고, 2016년까지 이어서 계속 작품을 썼다. 하리포터 시리즈는 전 세계적으로 인기를 얻었으며, 역사상 성경 다음으로 가장 많이 팔린 책이다.

그림 출처: https://www.etnews.com/20170806000038

해리포터의 작가 롤링의 창의인성을 다음과 같은 측면에서 생각해보자.

1. 롤링은 정신이 살아 있는가? 왜 그렇게 생각하는가?
2. 롤링은 민감성을 가지고 있는가? 왜 그렇게 생각하는가?
3. 롤링은 도전적인가? 왜 그렇게 생각하는가?
4. 롤링은 융통성이 있는가? 왜 그렇게 생각하는가?
5. 롤링은 유창성이 있는가? 왜 그렇게 생각하는가?
6. 롤링은 질문하는 습관이 있는가? 왜 그렇게 생각하는가?
7. 롤링은 관련 정보를 깊이 탐색하였는가? 왜 그렇게 생각하는가?
8. 롤링은 다양한 상상활동을 하였는가? 왜 그렇게 생각하는가?
9. 롤링은 아이디어를 구체화 시켰는가? 왜 그렇게 생각하는가?
10. 롤링은 자신의 글에 만족하였는가? 왜 그렇게 생각하는가?

CHAPTER 09 연습해 보기에 대한 참고 의견

1. 롤링은 정신이 살아 있는가? 왜 그렇게 생각하는가?

- 정신이 살아 있다.
- 왜냐하면, 남들이 생각하지 못하는 새로운 생각을 추구하였다.

2. 롤링은 민감성을 가지고 있는가? 왜 그렇게 생각하는가?

- 민감성을 가지고 있다.
- 왜냐하면, 이야기에 담겨 있는 다양한 내용들이 현실에 대해 예민하였음을 보여준다.

3. 롤링은 도전적인가? 왜 그렇게 생각하는가?

- 도전적이다.
- 왜냐하면, 기차 속에서 떠오른 아이디어를 무시하지 않고, 우는 어린 자녀를 달래가면서 카페에서 글을 쓰고, 추운 다락방에서도 계속 글을 쓴 것은 매우 도전적임을 보여준다.

4. 롤링은 융통성이 있는가? 왜 그렇게 생각하는가?

- 융통성이 있다.
- 왜냐하면, 다양한 등장인물의 인물 특성을 그에 맞게 부여한 것은 다양한 아이디어와 감정을 생각하였음을 보여준다.

5. 롤링은 유창성이 있는가? 왜 그렇게 생각하는가?

- 유창성이 있다.
- 왜냐하면, 하나의 작품으로 끝내지 않고 여러 작품을 썼다고 하는 것은 그만큼 아이디어를 많이 생성했다는 것이다.

6. 롤링은 질문하는 습관이 있는가? 왜 그렇게 생각하는가?

- 질문하는 습관이 있다.
- 왜냐하면, 작품의 주제는 호기심 없이는 나오기 힘들다. 또한 이야기 전개에서도 등장인물의 활동에 대해서도 스스로 많은 질문을 한 결과로 보인다.

7. 롤링은 관련 정보를 깊이 탐색하였는가? 왜 그렇게 생각하는가?

- 다양한 정보를 수집하였다.
- 왜냐하면, 마술사의 행위와 내용에 대한 다양한 정보가 없이는 쓸 수가 없다.

8. 롤링은 다양한 상상활동을 하였는가? 왜 그렇게 생각하는가?

- 매우 상상적이다.
- 왜냐하면, 공상 판타지 소설 자체가 상상적 산물이다.

9. 롤링은 아이디어를 구체화 시켰는가? 왜 그렇게 생각하는가?

- 구체화 시켰다.
- 왜냐하면, 공상적 소설이지만 공상이 사람의 상상력을 자극하여 아이에게는 공상의 세계로 들어가게 하고, 어른에게는 잃어버린 공상을 하도록 만드는 계기가 되었다. 공상은 창의적 사고에서 필요한 활동이기에 유용성이 있다.

10. 롤링은 자신의 글에 만족하였는가? 왜 그렇게 생각하는가?

- 매우 만족하였다.
- 왜냐하면, 자신의 글에 만족하지 않았으면 시리즈로 글을 쓰지 못했을 것이다.

■ Quiz에 대한 해설

문항	정답
01 글을 잘 쓰기 위해서는 인성보다도 창의적 사고가 더 중요하다. **해설** 글을 잘 쓰기 위해서는 창의적 사고 기법과 함께 어떠한 방향으로 글을 쓰려고 하는 의욕도 중요하다. 따라서 창의인성이 더 중요하다.	(X)
02 주변의 환경에 대해 예민한 관심을 보이면 자기에게 독특한 글을 쓰기 더 어렵다. **해설** 주변의 환경에 대해 예민한 민감성을 가져야 새로운 소재와 정보를 탐색할 수 있다.	(X)
03 생각을 하였으면 일단 글을 도전적으로 써 보아야 한다. **해설** 생각을 하였으면 일단 글을 도전적으로 써 보는 것이 필요하다. 그래야 작품이 나올 수 있다.	(O)
04 다양한 아이디어를 생각해내기 위해서는 우선 자신의 지배적 아이디어나 감정에서 벗어나야 한다. **해설** 자신의 지배적 아이디어나 감정은 오히려 생각을 방해하는 요인이다. 따라서 이에서 벗어나는 융통성이 필요하다.	(O)
05 아이디어를 많이 내면 낼수록 생각이 혼란스러워지므로 가능한 아이디어는 적게 내는 것이 좋다. **해설** 글을 쓰는 자료가 많으면 많을수록 좋다. 아이디어는 돈이라고 생각하고 많이 내면 낼수록 좋다. 이를 위해 유창성이 필요하다.	(X)
06 글 작성의 출발점으로 질문하는 것이 좋다. 질문은 호기심의 발로로써 다양한 아이디어를 이끌어 낸다. **해설** 질문은 삶에서 매우 필요하다. 유아들이 질문을 통해 자신의 지식 폭을 넓혀가듯이 성인도 아는 체하는 마음보다 질문하는 습관이 중요하다.	(O)
07 질문과 관련된 다양한 정보를 탐색하는 것이 좋다. 글을 쓰기 위해서 두뇌 속에 있는 정보만 탐색한다. **해설** 질문과 관련된 다양한 정보를 탐색하는 것이 좋다. 그러나 다양한 정보는 자신이 아는 것뿐만 아니라 외부에도 존재한다. 아는 것만큼 보인다는 말처럼 아는 것만큼 글을 쓸 수 있으므로 많이 알도록 정보를 다양하게 탐색하여야 한다.	(X)
08 상상활동을 통하여 자신만의 아이디어를 만들어 본다. **해설** 상상활동은 기존 정보를 이용하여 자신만의 아이디어를 만들어 보는 좋은 방법이다. 따라서 의식적으로 상상활동을 해보는 것은 매우 좋다. 의식적으로 깊이 간절하게 상상하면 무의식이 이어받아서 상상하여 통찰이라는 이름으로 의식에 알려준다.	(O)

09 상상으로 얻어진 새로운 아이디어는 현실과 관계없어도 되므로 유용성을 고려하지 않는다. 즉 권선징악이 아니라 권악징선의 글을 써도 무방하다. **해설** 상상으로 얻어진 새로운 아이디어는 현실적일 수도 있고, 공상적일 수도 있다. 그러나 그 내용이 인간의 삶에 도움을 주어야 한다. 따라서 악을 권하고 선을 벌주는 그러한 글은 사회를 망하게 하는 것이므로 바람직하지 않다. 독자에게 혐오감을 줄 것이다.	(X)
10 자신의 글에 쉽게 만족하지 않고 글 쓰는 데 대해 자부심을 갖지 않는다. **해설** 자신의 글에 만족하지 않으면 작품을 만들어 내기 어렵다. 또한 글을 쓰는 것을 두려워하게 된다. 잘 쓴 글이든 부족한 글이든 일단 완성하고자 노력하며, 글 쓰는 기쁨과 만족감을 가지는 것이 필요하다.	(X)

CHAPTER 10
학술 리포트 및 논문 작성하기

신성(神性)은 우리들 내부에 있는 것이지
무색 투명한 우주 속에 있는 것은 아니다.

– John Dewey –

________은 우리들 내부에 있는 것이지
________한 우주 속에 있는 것은 아니다.

– ________________________ –

■ 학습목표

1. 논문 및 리포트 작성의 중요성을 설명할 수 있다.
2. 논문 작성법을 설명할 수 있다.
3. 리포트 작성법을 설명할 수 있다.

■ Quiz

다음 말이 적합하다고 생각하면 O, 그렇지 않다고 생각하면 X표를 하십시오.

01 연구는 조사연구, 실험연구, 문헌연구로 크게 나눌 수 있으며 그 양식은 동일하다.	(O, X)
02 연구계획서를 성실히 작성하면 연구는 반이 끝난 것과 같다.	(O, X)
03 논문 제목은 구체적이며 간결 · 명료하여야 한다. 그러나 감정적 표현은 사용하여도 된다.	(O, X)
04 논문에서 각 제목에 기호를 붙일 때 하위 제목이 하나이더라도 기호를 붙여야 한다.	(O, X)
05 서론은 연구의 필요성과 연구목적을 기술하는 것인데 연구주제와 관련된 선행연구를 분석하고, 이 분석결과에서 연구의 필요성을 부각시킨다.	(O, X)
06 연구목적은 구체적이고 명료하게 기술하여야 한다. 단 연구문제는 추상적이어도 무방하다.	(O, X)
07 연구결과는 연구문제 또는 가설의 순서에 따라 제목을 정하고 제시한다.	(O, X)
08 논의 및 결론에서 연구결과와 관련 없는 선행연구나 이론을 인용하여 결론을 내려도 된다.	(O, X)
09 보고서는 특정 정보 전달을 목적으로 하는 것이 주요한 목적이므로, 논문처럼 엄격한 양식에 구애받지 않고 비교적 자유롭다.	(O, X)
10 리포트 작성 시 출처만 명확히 제시하면 인터넷을 통해 다운받은 자료를 재편집하는 것도 무방하다.	(O, X)

읽고, 생각하고, 말해보기

"당신은 살아있습니까?"

하수연

숨을 쉬고 있고, 아침에 눈을 떠서 하루를 움직이고, 밤이 되면 자고, 그다음 날 아침이 되면 다시 눈을 떠서 유사한 일과를 반복하는 우리의 삶이 살아있는 것일까? 생물학적으로는 그렇다. 비록 생명체는 아니지만 자동차(기계)도 마찬가지다. 그들은 아침이면 시동을 걸고 일과에 따라 움직이고 밤이면 긴 시간 휴식을 취하고 다음날 또 같은 일을 반복한다. 그렇다면 숨을 쉰다는 것이 살아있다는 증거인가?

에리히 프롬(Erich Fromm)은 살아있는 사람이 되기 위해서는 희망, 신념, 용기의 세 가지 조건이 필요하다고 했다. 이 세 가지를 모두 충족하지 않으면 살아있으나 살아있는 것이 아니라고 했다. 이 세 가지 조건을 깊이 생각해 보자.

첫째, 나는 「희망」을 가지고 있는가? 희망은 미래에 무엇이 되고 싶다는, 무엇을 하고 싶다는 꿈이요, 삶의 목적이다. 또한 살고 있는 이유이다. 따라서 만약 희망이 없다면 지금이라도 삶의 목적, 꿈을 만들어야 한다.

둘째, 나의 희망이 달성될 수 있다는 강한 「신념」을 가지고 있는가? 희망과 연결된 강한 신념은 자성예언(自成豫言)의 작용을 한다. 할 수 있다는 생각과 할 수 없다는 생각이 교차되는 마음, 변덕스러운 마음은 행동을 머뭇거리게 하며 목표지향적 행동을 방해하는 엄청난 심리적 장애물이 된다.

셋째, 나는 백절불굴(百折不屈)의 「용기」를 가지고 있는가? 용기란 행동의 장애물인 마음의 두려움을 제거하여야 나타나는 것이다. 즉 자신이 하는 일에 두려움이 있는가를 생각해보고 두려움을 제거하여야 한다.

- 화성신문(2020.2.3.). 전문가 칼럼 화성춘추 43 중에서

1. 논문 및 리포트 작성의 중요성

변화의 속도가 느린 사회에서는 선조들이 이미 발견한 법칙과 원리의 학습만으로도 큰 어려움 없이 자유로운 생활이 가능했다. 그러나, 오늘날처럼 변화의 속도가 급격한 시대에는 그렇지가 않다. 관련된 원리와 법칙을 전부 학습하는 것은 어려울 뿐 아니라 불가능하다. 더구나 이전과 다른 새로운 상황의 발생은 이전에 발견된 법칙과 원리에 대한 지식만으로는 자유로운 생활을 영위할 수가 없다.

4차산업혁명 이후 오늘날 사회에서는 이전의 어느 시기보다 연구가 중요하다. 연구라고 하면 연구자나 학자가 하는 일이라고 생각할 수 있다. 그러나, 연구는 우리의 생활 속에서 의식적이든 무의식적이든 항시 이루어지고 있다.

과학적 원리의 발견과정인 연구는 세 가지 측면에서 우리와 항상 함께하고 있다. 첫째, 부딪친 문제 상황을 해결하기 위하여 이미 두뇌 속에 학습되어 있는 정보를 탐색하여 원리를 발견한다. 둘째, 부딪친 문제 상황을 해결하기 위하여 이미 두뇌 속에 저장되어 있는 정보로는 부족하고 타인에 의해 이미 발견된 정보를 각종 문헌이나 자료를 탐색하여 원리를 발견한다. 셋째, 부딪친 문제 상황을 해결하기 위하여 그 대상을 탐색하여 그 속에 내포되어 있는 원리를 발견한다. 이렇게 볼 때 우리는 일상생활에서 사고, 자료수집 및 분석, 관찰과 실험이라는 연구의 방법을 적용하면서 살아가고 있다. 따라서 연구는 우리와 동떨어져 있는 것이 아니라 우리의 생활 그 자체이다.

더구나 교육현장은 창의성이 부각되고 지식전달중심 교육에서 사고중심 교육으로 변화하고 있다. 이러한 점들은 단순히 무의식적으로 진행된 개인의 유사 연구 활동을 현실화하고, 이 연구결과를 체계적으로 보고할 것을 요구하고 있다. 이에 예전에는 주로 대학생들이 과제로 리포트(report)를 작성하였으나 오늘날은 중 · 고등학교는 물론 초등학교에서도 리포트가 활용되고 있다.

논문도 이와 유사하다. 주로 대학교 이상에서 작성되던 것이 이제는 고등학생들도 논문 작성에 참여하고 있다. 사실 논문은 학자들의 전유물이 아니다. 단지 학자들이 많이 작성하고 있을 뿐이다. 아동심리학자인 피아제(Piaget)에 의하면, 11, 12세가 되면 형식적 조작기로서 이미 성인과 마찬가지로 가설을 설정하여 이를 검증할 수 있다. 자신의 이론에 모범을 보이듯 Piaget는 10세 때부터 인정받는 논문을 작성했다. 이에 리포트 및 논문 작성법은 알고 있을 필요가 있다.

2. 논문 작성법

자신이 특정 주제를 조사하거나 연구하여 그 결과를 타인에게 체계적으로 전달할 일이 많다. 특히 공부를 하거나 학문을 연구하는 사람은 반드시 하여야 할 일이기도 하다. 공부와 학문을 하지 않고 현장에서 근무하는 사람도 자신의 일을 체계적으로 전달할 일이 많다. 열심히 리포트를 작성하였는데 자신의 의도가 제대로 전달되지 않으면 작성자의 노력이 물거품이 된다. 자신의 의견을 타인이 이해하도록 체계적이고 논리적으로 기술하는 것으로 리포트와 논문이 있다.

논문 및 리포트 작성에서 작성자로서 유의할 것은 정직성과 연구윤리이다. 정직성이 결여된 연구는 후속연구는 물론 사회적으로도 위해하게 된다. 따라서 연구 부정행위는 심사에서도 탈락하지만 이후에 발견되어도 논문은 취소되며 심하면 징계를 받게 된다. 연구윤리는 책임있는 연구 수행을 위해, 진실성 유지와 생명윤리, 연구분야의 윤리규범 준수 등의 내용을 포함한다. 연구윤리 준수 내용은 엄격히 적용되고 있다.

연구부정행위는 위조, 변조, 표절, 부당한 저자 표기, 부당한 중복 게재, 연구부정행위에 대한 조사 방해 행위 등의 유형이 있다.

1) 연구유형

논문 작성은 연구의 유형에 따라 차이가 있다. 연구유형은 다양하나 양식의 유사성으로 구분해 보면 조사연구, 실험연구, 문헌연구로 크게 나눌 수 있다.

(1) 조사연구

조사연구는 특정 영역에서 일어나는 사상의 실태, 상황, 현상적 조건 등을 분석하여 있는 그대로의 사실을 발견하는 연구이다. 기본적 틀은 다음과 같다.

Ⅰ. 서론
- 1. 연구의 필요성 및 목적
- 2. 연구문제
- 3. 용어 정의

Ⅱ. 이론적 배경

Ⅲ. 연구방법
- 1. 연구대상
- 2. 도구
- 3. 자료수집
- 4. 자료분석

Ⅳ. 연구결과
- 연구문제에 따른 하위목차 설정

Ⅴ. 논의 및 결론

참고문헌

(2) 문헌연구

문헌연구는 문헌자료로부터 문제해결에 필요한 내용을 탐색하고, 추론하여 결론을 도출하는 일련의 탐구과정이다. 문헌연구의 기본적 틀은 다음과 같다.

Ⅰ. 서론

1. 연구의 필요성 및 목적
2. 연구문제(또는 연구내용)
3. 연구방법

Ⅱ. ~ Ⅳ.

- 연구결과에 해당하는 수만큼 목차를 설정(주로 연구내용이 목차가 된다.)

Ⅴ. 결론

참고문헌

(3) 실험연구

실험연구는 변인 간의 인과관계를 구명하기 위한 실험을 하여 어떤 법칙 또는 원리를 발견하는 연구이다. 실험연구의 기본적 틀은 다음과 같다.

> Ⅰ. 서론
> 1. 연구의 필요성 및 목적
> 2. 연구문제(또는 연구가설)
> 3. 용어 정의
>
> Ⅱ. 이론적 배경
>
> Ⅲ. 연구방법
> 1. 연구대상
> 2. 실험설계
> 3. 측정도구
> 4. 실험프로그램
> 5. 실험절차
> 6. 자료분석
>
> Ⅳ. 연구결과
> - 연구문제에 따른 하위목차 설정
>
> Ⅴ. 논의 및 결론
>
> 참고문헌

2) 연구의 과정

단계	내용
논제 선정	• 평소 관심 분야를 중심으로 막연하더라도 주제를 정한다. • 주제와 관련된 선행연구를 분석하여 문제점을 발견한다. • 문제를 해결하는 논제를 선정한다.
⇩	
연구계획서 작성	• 연구진행을 명료히 하기 위해 연구계획서를 미리 작성한다. • 연구계획서를 구체적으로 작성하기 위하여 선행연구를 철저히 분석한다. • 논제를 해결하는 연구문제, 또는 가설을 명료하게 작성한다. • 도구를 준비한다. • 실험연구이면 실험프로그램을 구체화하여 작성한다. • 인용한 참고문헌을 미리 정리해둔다. • 연구계획서를 잘 작성하면 연구의 절반은 끝난 것이다.
⇩	
연구 실시	• 연구계획서에 따라 연구를 진행한다.
⇩	
자료분석	• 수집된 자료를 분석하여 결과를 도출하고 해석한다.
⇩	
논의 및 결론	• 연구결과를 일반화하기 위하여 이론이나 선행연구를 기반으로 논의한다. • 논의한 내용을 바탕으로 일반화한 결론을 도출한다.
⇩	
논문 작성	• 기관의 논문 작성지침에 따라 논문을 작성한다.

[그림 10-1] 논문 작성을 위한 연구 과정

논문을 작성하기 위한 연구과정을 기술하면 [그림 10 - 1]과 같다. 과정 중 연구계획서의 작성은 매우 중요하다. 연구계획서를 잘 작성하면 논문 작성은 이미 절반이 끝난 것과 같다.

■ 연구계획서의 기본 내용

1. 연구제목
2. 연구의 필요성과 목적
3. 연구문제(연구내용) 또는 가설
4. 국내외 연구동향
5. 연구방법
6. 연구추진일정
7. 예상되는 결과(기대효과)
8. 참고문헌

3) 논문 작성요령

논문 양식은 학문영역과 요구하는 기관의 특성에 따라 다소 차이가 있다. 그러나 서론, 본론, 결론의 기본적 틀은 동일하고 단지 작성 양식에 차이가 다소 있다. 작성 양식은 부수적인 것처럼 보이나 논문을 요구하는 기관의 양식을 맞추지 않으면 다시 작성하여야 하는 번거로움이 있다. 따라서 서론, 본론, 결론의 기본 내용을 작성하였으면 요구하는 기관의 작성요령을 수집하여 그에 맞추어 작성하는 것이 좋다. 여기서는 조사연구의 기본 양식과 작성방법을 제시한다.

(1) 제목 표기

- 구체적이며 간결·명료하여야 한다.
- 감정적이고 도발적인 표현, 편파적 표현은 사용하지 않는다.
- 독립변인과 종속변인의 관계로 기술하는 제목이 좋다.
- 제목은 중앙에 균형 있게 위치하도록 한다.

(2) 기호 표기(넘버링)

- 주어진 규칙에 따른다.
- 하위제목의 기호(넘버링)는 둘 이상일 때 붙인다.

(3) 목차 표기

- 내용 목차, 표 목차, 그림목차(도 목차)를 양식에 따라 기술한다.

(4) 서론

① 연구의 필요성 및 목적

- 연구의 주제가 지닌 성질과 그 의의가 무엇인지를 밝힌다. 특히 독립변인과 종속변인을 명료히 하고 이 둘의 관계를 선행연구나 이론을 중심으로 설명한다.
- 연구주제와 관련된 선행연구를 분석하고, 이 분석결과에서 연구의 필요성을 도출한다.
- 연구의 필요성에서 도출한 연구목적을 분명하게 설정한다.
- 연구목적은 간결하면서도 구체적이고 분명한 용어를 사용하여 기술한다.
- 연구의 목적을 보고 연구의 내용, 범위, 한계 등을 알 수 있도록 명료하게 진술한다.

② 연구문제 또는 가설의 선정

- 연구문제나 가설은 연구의 방향을 보다 구체적이고 명료하게 해준다.
- 연구목적을 실현하기 위해 필요한 보다 구체적인 하위 목표들을 의문문으로 진술하거나(연구문제), 평서문으로 진술한다(연구내용).
- 연구문제 대신에 잠정적 해답인 가설을 설정한다. 가설은 연구결과를 미리 제시하는 것이므로 가설을 설정할 시는 충분한 이론적 근거를 서론이나 이론적 배경에서 제시하여야 한다. 가설은 주로 실험연구에서 설정하며 조사연구에서도 설정할 수 있다.

③ 연구의 제한점

자신이 수행하는 연구의 대상, 내용 및 방법 등 여러 가지 절차상에서 갖고 있는 제한점을 먼저 밝힘으로써 읽는 이들이 오해하지 않도록 예의를 갖춘다.

④ 용어의 정의

가설이나 연구문제에서 사용되고 있는 용어를 조작적으로 분명히 정의함으로써 연구에서 사용된 용어의 의미를 정확하게 이해할 수 있도록 한다. 조작적 정의란 기존 연구에서 밝힌 용어의 의미가 아니라 본 연구에서 사용된 의미이다.

(5) 이론적 배경

- 연구주제와 관련된 이론이나 선행연구를 고찰하여 탐색하고자 하는 연구목적을 명료화시킨다. 연구문제 선정과 연구방법, 연구설계에 합리적인 근거를 제시한다.
- 문헌에서 수집, 정리한 자료는 주로 연구문제와 관련지어서 논리적으르 배열한다. 전체적 조직에 일관성이 나타나도록 체계화시키는 일이 중요하다.
- 가설을 설정하는 경우 가설 설정 근거를 이론적 배경에서 설명한다.
- 특히 연구문제와 관련이 없는 문헌이나 연구결과를 이론적 배경에 나열하지 않도록 유의해야 한다.

(6) 연구방법

① 연구대상

- 연구대상의 수와 특성을 설명한다.
- 연구대상을 표집한 방법과 절차를 설명한다.

② 도구

- 자료 수집을 위해 사용한 도구를 설명한다. 연구에서 흔히 사용하는 도구로는 질문지, 면접, 관찰, 조사지, 각종 검사, 표준화 검사 등이 있다.

- 도구를 설명할 때는 도구의 출처, 내용 구성, 채점 기준 등을 기술한다.
- 도구의 타당도와 신뢰도를 기술한다.

③ 자료수집

- 도구를 이용하여 자료를 어떻게 수집하였는지 그 절차와 방법, 시기 등을 명료하게 기술한다.

④ 자료처리

- 수집된 자료를 분석하는 방법을 연구문제별로 기술한다.

(7) 결과의 해석

- 연구결과는 연구문제 또는 가설의 순서에 따라 제시한다.
- 통계적 처리과정을 거쳐서 얻어진 연구결과는 표를 먼저 제시하고 이 표를 기반으로 해석한다.
- 가설을 설정한 경우에는 연구결과에 기반하여 수용 또는 기각되었음을 기술한다.
- 결과의 해석은 자료에 충실하게 객관적으로 하여야 한다. 주관적 해석은 피하고 이는 논의에서 기술하도록 한다.

(8) 논의 및 결론

- 먼저 연구결과를 간략히 기술한 뒤 결과에 대한 논의를 실시한다. 논의는 연구결과를 이론 및 선행연구와 비교하거나 연구자의 관점에 따라 해석, 추론하는데 초점을 둔다. 단 연구결과에서 벗어난 연구자의 주관적, 정서적인 표현은 피하여야 한다.
- 연구결과와 논의를 바탕으로 일반화한 문장으로 결론을 기술한다.
- 결론은 논의된 연구결과에 기반을 두어야 하며 과장이나 비약이 있어서는 안 된다. 반대로 빈약하고 안이한 결론이 되어서도 안 된다.
- 마지막으로 제언을 제시한다. 제언은 본 연구결과의 적용 가능성에 따른 실천적

건의, 앞으로 필요한 연구를 시사하는 내용으로 작성한다.

(9) 참고문헌

- 본문에 인용된 문헌과 참고한 문헌은 논문 끝에 참고문헌으로 반드시 기록한다.
- 논문의 참고문헌은 일반도서의 참고문헌과는 달리 당 논문에서 인용된 문헌에만 한하는 것이 원칙이다. 단 직접 인용하지 않았더라도 중요하게 참고한 자료를 포함하는 것은 무방하다. 전혀 참고하지 않은 자료, 희귀한 자료의 제시는 논문의 진실성을 의심하게 한다.
- 기재 순서는 저자의 가나다순으로 하며, 동일 저자의 책이 여러 권인 경우는 연대순으로 한다. 저자와 연도도 같은 경우에는 연도 뒤에 a, b를 붙여 구분한다.

(10) 영문초록

본문이 국문으로 작성된 경우 외국어 초록을 붙인다. 외국어 초록의 제목에서 관사, 전치사 및 접속사를 제외한 모든 단어의 첫 글자는 대문자로 기재한다.

(11) 부록

- 논문의 본문에 넣기에는 중요도가 낮으나 첨가시키고 싶은 자료는 부록에 넣을 수 있다.
- 설문지, 도구, 사전연구의 자료, 너무 방대한 자료 등은 부록으로 돌린다. 주요 결과만 내용 속에 기재한다.
- 부록에 표가 포함될 때는 표 번호에 계속되게 일련번호를 주어야 한다.

(12) 기타 작성상의 유의사항

① 표 작성 요령

- 표 제목은 내용을 함축하여 간결하게 표시한다.
- 표 제목 앞에는 일련번호 〈표 - 1〉, 〈표 1〉, 〈표 II - 1〉 등을 붙인다.
- 제목은 표의 상단에 작성하며 본문의 바탕글이 끝나는 곳에서 한 줄 비우고 작성한다.
- 표 내용에 별도 설명이 필요한 경우에 그 부분에 *, ** 등의 표시를 하고 표의 하단에 그 내용을 설명한다.
- 인용한 자료는 출처를 명시하여야 한다.
- 영어로 표 제목 표현 시 전치사를 제외하고 모두 첫 글자는 대문자로 한다.
- 단위표시는 오른쪽 상단에 (단위:)를 표시한다.

② 그림 작성 요령

- 그래프, 차트, 사진, 그림 등이 그림에 속한다.
- [그림 1], [그림 - 1], [도 1], [도 - 1] 등으로 표시한다.
- 제목은 그림 하단 중앙에 제시한다.
- 본문 아래위 한 줄씩 비운다.

4) 문장 작성 요령

- 문장은 정확, 간결, 평이하게 진술하며, 가능한 한 짧게 기술한다.
- 문장 진술에서 시제에 유의한다(〈표 10-1〉 참조).

▼ 표 10-1 문장의 시제 사용

현재형	• 연구자의 주장 개진 • 정의 • 어떤 이론의 일반적 진술 • 논의에서 연구자의 의견 삽입 • 연구결과의 일반화로 결론 도출 • 목적의 진술 • 가설진술
과거형	• 특정 연구결과 인용 • 연구방법과 결과 기술 • 요약부분 서술
미래형	• 일반적으로 잘 사용 안 함 • 가설 • 연구계획서

- 문자사용은 한글 사용을 원칙으로 한다. 한자는 의미 혼동시와 시각적 효과에 사용한다. 외래어를 우리말로 번역하여 사용하면서 의미 혼동의 우려가 있는 경우에 괄호 속에 원어를 삽입한다. 이때 처음 한 번만 사용한다. 적절한 역어 없으면 원어 그대로 사용해도 된다.
- 호칭은 '연구자는 ……', '본 연구에서는' 등으로 자신을 표현하고, 경칭은 생략한다.

3. 리포트 작성법

리포트와 논문은 비슷한 성격을 가지고 있다. 그러나 구체적으로 브면 리포트(report)는 특정한 정보를 전달하는 것이 주목적이고, 논문은 특정 주제를 연구 분석하여 나타난 학문적 결과를 자신의 주장으로 내세우는 것이 주목적이다.

형식도 둘 다 논리에 맞게 일관성 있는 일정한 틀에 맞추어 제시하는 것은 동일하다. 그러나 리포트는 형식이 다소 자유로운 데 비하여 논문은 형식이 엄격하다.

리포트는 논문처럼 엄격한 양식에 구애받지 않고 비교적 자유롭다. 서론, 방법, 결과, 논의 등의 기본적 요소를 지키면서 다소 자유롭게 작성하면 된다.

1) 리포트 작성 시 유의사항

- 내용은 성실하고, 창의적이게 작성하고 전체 구조는 깔끔하고 아름답게 작성한다는 마음 자세를 가진다.
- 인터넷을 통해 다운받은 자료를 재편집하는 것은 성실성에 어긋난다.
- 논문, 전문서적 등에서 자료를 수집하여 자료의 신빙성을 증대시킨다.
- 인용, 각주, 참고문헌의 출처를 제시하여 자기 말과 인용한 말을 구분한다.
- 리포트 작성 후 오타, 탈자, 띄어쓰기, 문장의 완성도 등을 확인한다. 오타, 탈자, 띄어쓰기가 맞지 않으면 문장의 완성도도 낮아지며 결국 리포트의 가치가 떨어진다.
- 문단 나누기와 사진, 도표 등의 삽입을 적절히 하여 가독성을 높인다.
- 표지, 서론, 본론, 결론 등을 명백히 구분하여 리포트의 전체 구성을 명료하게 한다.
- 주제를 스스로 정하는 경우에는 논문 제목 표기방법을 고려하여 작성한다.
- 리포트 작성도 논문 작성 방법을 고려한다.
- 페이지마다 페이지 번호를 매긴다.

2) 리포트의 구성

구분	내용
표지	• 리포트의 제목을 상단 중앙에 적는다. • 중앙에 목차를 제시한다. • 하단에 제출자의 이름을 적는다. • 제출 일을 기록 하는 것도 재치이다.
서론	• 주제를 선정하게 된 배경을 적는다. • 주제와 관련된 선행연구를 기술한다. • 연구목적과 구체적 연구문제(또는 연구내용)를 적는다. • 연구방법을 기술한다
본론	• 연구문제에 따른 소제목을 정하고 내용을 기술한다. • 인용한 내용은 반드시 출처를 기재한다. • 인용은 논문, 전문서적 등 신뢰도가 높은 곳에서 한다.
결론	• 연구목적과 방법을 간략히 기술한다. • 본론의 내용을 간단히 요약한 후 자신의 생각을 추가한다. • 간단 · 명료한 결론을 자기 말로 기술한다. • 제언으로 리포트 작성의 소감이나 활용방향 등을 기술한다.
참고문헌	• 참고문헌을 반드시 기술한다.

잠깐!!

리포트에 대한 나의 에피소드

※ 개별이든 팀별이든 리포트를 작성해 보셨을 것입니다. 이때 있었던 기억에 남는 에피소드가 있으면, 간략히 기록해 볼까요?

CHAPTER 10 연습해 보기

■ 다음 기사를 읽고, 생각해 보자.

취업은 젊은이의 최대의 꿈이다. 그러나 2022년 실업률은 3.3%이고 취업자 수가 28,091,000명이고, 실업자 수가 948,000명이다. 실업률은 안정적이지 않고 월별로 변동이 심하다. 즉 실업자 수가 늘었다 줄었다 한다. 국내인의 취업이 어려우나 한편으로는 인력 수급이 안 되어 외국인 근로자를 좀 더 고용하기 위해 복지시설도 확대하고 있다. 젊은 사람의 취업문제는 젊은 사람만의 문제가 아니다. 국가 경제와 인구문제에 영향을 준다. 다음에 제시한 몇 가지 자료와 인터넷에서 더 많은 자료를 수집하여 젊은 사람의 취업에 관련된 리포트를 작성한다고 생각하여 젊은 사람의 취업과 관련된 자신만의 독특한 주제를 만들어 보자.

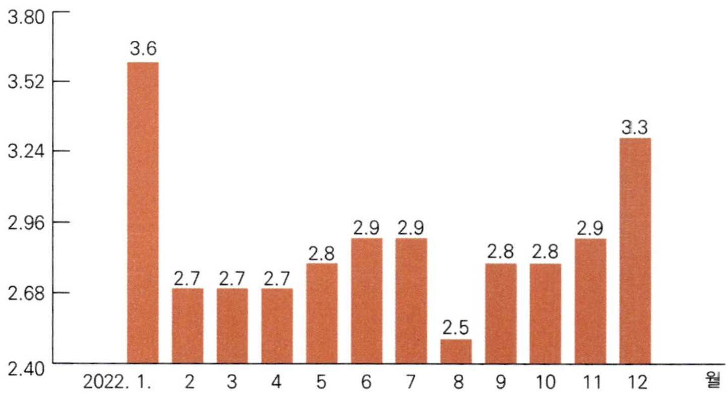

❙그림 10–2❙ 2022년 월별 실업률의 변동

구직급여의 조건 (고용보험법 제40조)

- 이직일 이전 18개월간(초단시간근로자의 경우, 24개월) 피보험단위기간이 통산하여 180일 이상일 것
- 근로의 의사와 능력이 있음에도 불구하고 취업(영리를 목적으로 사업을 영위하는 경우 포함)하지 못한 상태에 있을 것
- 재취업을 위한 노력을 적극적으로 할 것
- 이직사유가 비자발적인 사유일 것(이직 사유가 법 제58조에 따른 수급자격의 제한사유에 해당하지 아니할 것)

노동부 "산업 현장 인력난 호소… 외국인근로자 도입확대·신속배정"

(서울=연합뉴스) 김승욱 기자 = 고용노동부는 올해 국내에서 일할 수 있도록 허용하는 비전문 외국인 근로자를 11만 명으로 결정했다고 발표한 바 있다. 11만 명 중 신규 허용은 8만9천970명, 재입국 허용은 약 2만 명이다. …
김은철 노동부 국제협력관은 "지난해 8만8천 명에 달하는 E-9 외국인 근로자가 입국했지만, 여전히 산업 현장에서 인력난을 호소하고 있다"며 "외국인 근로자 도입 확대와 신속 배정을 위해 최선을 다하겠다."고 말했다.

김승욱 기자(yna.co.kr) 2023.02.01

몸값 뛴 '외노자' 모시기…외국인 복지 강화 나섰다

(서울=연합뉴스) … 농촌 지역에선 외국인 공공기숙사 신축을 추진하는 등 이들을 위한 복지 강화에 나선 상황이다.
1일 서울신문 취재를 종합하면 현재 경기도와 경남, 전북 등 전국적으로 외국인 근로자를 위한 공공기숙사 신축이 추진되고 있다…

설정욱 기자(서울신문, 2023.1.31.)

CHAPTER 10 연습해 보기에 대한 참고 의견

■ 주제 작성 시 다음을 고려하는 것이 좋다.

- 제목만 보아도 무엇을 말하려고 하는지 알 수 있도록 구체적으로 작성한다.
- 감정적이거나 편견에 치우친 용어는 가급적 피한다.
- 통상적인 주제에서 벗어나 자신만의 독창적인 결론을 제시할 수 있는 주제를 턱한다.

예)

- 젊은 사람의 취업문제 (X): 추상적이며 일반적인 주제이다.
- 20대와 70대의 취업 실태 비교 (O): 구체적이며 독창적인 결론이 기대된다.
- 국내 젊은 근로자와 외국인 근로자의 취업 직장 비교 (O): 구체적이며 독창적인 결론이 기대된다.

■ Quiz에 대한 해설

01 연구는 조사연구, 실험연구, 문헌연구로 크게 나눌 수 있으며 그 양식은 동일하다. **해설** 연구는 일반적으로 조사연구, 실험연구, 문헌연구로 크게 나눌 수 있다. 그러나 유형에 따라 양식의 차이가 있다. 조사연구와 실험연구는 다소 유사하나 문헌연구는 연구대상이 문헌연구이므로 연구방법을 서론에서 표시하고 연구결과를 별도 제목으로 제시하는 것이 일반적이다.	(X)
02 연구계획서를 성실히 작성하면 연구는 반이 끝난 것과 같다. **해설** 연구계획서를 성실히 작성하면 연구는 반이 끝난 것과 같다. 연구계획서의 논제는 선행연구를 분석하여 도출되었으므로 선행연구가 이미 이루어지고 있고, 서론에서 연구의 필요성이 언급되고, 연구방법에서 도구가 이미 준비되었고, 참고문헌도 기록되고 있으므로 연구가 반이 실시된 것과 유사하다. 다시 말하면, 연구계획서를 잘 작성해야 좋은 연구가 될 수 있다.	(O)
03 논문 제목은 구체적이며 간결 · 명료하여야 한다. 그러나 감정적 표현은 사용하여도 된다. **해설** 논문 제목은 구체적이며 간결·명료하여야 한다. 그러나 감정적 표현은 사용하여서는 안 된다. 또 편견에 치우친 용어도 피한다. 논문의 전반적 내용에도 감정적 표현은 피해야 한다.	(X)
04 논문에서 각 제목에 기호를 붙일 때 하위 제목이 하나이더라도 기호를 붙여야 한다. **해설** 논문에서 각 제목에 기호를 붙일 때 하위 제목이 하나이면 하위 제목에 기호(넘버링)를 부여하지 않는다.	(X)
05 서론은 연구의 필요성과 연구목적을 기술하는 것인데 연구주제와 관련된 선행연구를 분석하고, 이 분석결과에서 연구의 필요성을 부각시킨다. **해설** 서론은 연구의 필요성과 연구목적을 기술하는 것이다. 연구주제와 관련된 선행연구를 분석하고, 선행연구의 분석이 미비하거나 선행연구 간의 불일치가 있는 등 문제점을 찾아서 연구의 필요성을 부각시켜야 한다.	(O)
06 연구목적은 구체적이고 명료하게 기술하여야 한다. 단 연구문제는 추상적이어도 무방하다. **해설** 연구목적은 구체적이고 명료하게 기술하여야 한다. 연구문제는 연구목적보다 더 구체적으로 기술하여야 한다.	(X)
07 연구결과는 연구문제 또는 가설의 순서에 따라 제목을 정하고 제시한다. **해설** 연구결과는 연구문제 또는 가설의 순서에 따라 제목을 정하고 제시한다. 맞는 말이다.	(O)

08 논의 및 결론에서 연구결과와 관련 없는 선행연구나 이론을 인용하여 결론을 내려도 된다. **해설** 논의 및 결론에서 연구결과와 관련 없는 선행연구나 이론을 인용하여 결론을 내려서는 안 된다. 반드시 연구결과와 관련된 문헌으로 논의하고 결론을 내려야 한다.	(X)
09 보고서는 특정 정보 전달을 목적으로 하는 것이 주요한 목적이므로, 논문처럼 엄격한 양식에 구애받지 않고 비교적 자유롭다. **해설** 보고서는 특정 정보 전달을 목적으로 하는 것이 주요한 목적이므로 논문처럼 검격한 양식에 구애받지 않고 비교적 자유롭다. 맞는 말이다. 그러나 논문의 작성 방법을 준용하면 바람직하다.	(O)
10 리포트 작성 시 출처만 명확히 제시하면 인터넷을 통해 다운받은 자료를 재편집하는 것도 무방하다. **해설** 리포트 작성 시 출처를 명확히 제시하더라도 신뢰성이 높은 자료를 찾아서 인용하고 자기 말을 추가하여 분석하여야 한다.	(X)

CHAPTER 11
가상공간에서의 글쓰기

30년 뒤에 사람들이
컴퓨터로 이루어낼 놀라운 일이 기대됩니다.

- Bill Gates -

____년 뒤에 사람들이
________로 이루어낼 놀라운 일이 기대됩니다.

- ____________________ -

■ 학습목표

1. 가상공간의 특성을 설명할 수 있다.
2. 가상공간에서의 삶을 설명할 수 있다.
3. 가상공간에서의 글쓰기 중요성을 설명할 수 있다.

■ Quiz

다음 말이 적합하다고 생각하면 O, 그렇지 않다고 생각하면 X표를 하십시오.

01 태희는 영희를 좋아하지 않아 항상 나쁜 점을 생각하고 있다. 어느 날 태희는 인터넷에 영희의 나쁜 점을 정직하게 올렸다.	(O, X)
02 남을 리더하기 위해 선동적인 글을 쓴다.	(O, X)
03 기분이 나쁘더라도 가라앉히고 남을 존중하는 글을 쓴다.	(O, X)
04 익명성이 강하므로 잘못된 사람에게는 분노에 찬 댓글을 달아준다.	(O, X)
05 차별하는 글을 쓰지 않는다.	(O, X)
06 구독률을 올리기 위하여 자신의 선정적인 글이나 사진을 올린다.	(O, X)
07 나를 홍보하기 위하여 나의 모든 것을 공개한다.	(O, X)
08 언어적 폭력으로 남을 괴롭히는 글을 쓰지 않는다.	(O, X)
09 신기하고 독창적이고 정교하고 유용한 글을 쓴다.	(O, X)
10 때로 글과 함께 영상, 아이콘 등으로 자신의 감정을 표현한다.	(O, X)

읽고, 생각하고, 말해보기

새로운 에덴동산의 창조

박원혁

에덴동산은 기쁨의 동산, 낙원의 동산으로 우리에게 널리 알려져 있다. 창세기에 보면 에덴동산은 하나님이 친히 계획하여 만드신 하나님의 동산이다. 하나님이 직접 만드신 동산이니 아름다움은 말로 표현할 수 없을 것이다. 낙원에서 근심 걱정 없이 오로지 즐거운 삶을 누리든 인류의 조상 아담과 하와가 뱀의 유혹으로 결국 쫓겨나게 된다. 이로 인하여 인간은 아름다움과 추함, 선함과 악함, 사랑과 증오, 행복과 불행, 평화와 투쟁, 삶과 죽음 등 상반된 이중적 가치로 가득 찬 지금의 세상에서 살게 된다. 아름답게 사는 사람이 있는가 하면 추하게 사는 사람이 있고, 선하게 사는 사람이 있는가 하면 악하게 사는 사람이 있다. 또 사랑하며 사는 사람이 있는가 하면 증오하며 사는 사람이 있다. 이와 같이 이중적 가치의 스펙트럼 상에서 오락가락 행동하며 행복과 불행을 경험하고 있다. 이러한 갈등적 삶은 에덴동산에서 추방될 때부터 각오해야할 삶이었다. 인간이 스스로 자초한 삶의 길이다.

그러나 그러한 삶의 과정에서 인간은 스스로 새로운 에덴동산을 창조할 기회를 가졌다. 이른바 컴퓨터와 함께 등장한 가상공간이다. 하나님이 에덴동산을 창조하였듯이, 인간은 현실공간과 다른 가상공간을 창조하였다. 가상공간은 새롭게 만들어지는 공간이므로 현실공간의 이중적 가치에서 벗어날 수 있다. 그러나 가상공간의 모습은 아름다움으로 가득 찬 천국으로서의 에덴동산과는 너무나 다르다. 오히려 이중적 가치로 가득 찬 현실세계의 모사품으로 만들어지고 있다. 선한 존재가 있는가 하면 악의 존재도 있고, 남을 돕는 존재가 있는가 하면 남을 해치는 존재도 있다.

지금이라도 가상공간을 에덴동산과 비슷하게 만들 수 없을까? 아바타로 언제나 새롭게 태어날 수 있는 가상공간에서 근심 걱정 없는 삶을 누릴 수는 없는 것일까? 오욕으로 물든 인간 능력의 한계일까?

1. 가상공간의 일상 생활화

컴퓨터가 등장하기 전까지 인간의 삶은 현실공간과 상상공간이었다. 현실공간은 자연공간으로서 물질적 형체를 가진 생명체와 사물들이 실제적으로 행동한다. 상상공간은 인간의 두뇌 속 공간으로서 형체는 없으나 현실공간에서의 모든 활동이 무형적으로 이루어질 수 있다. 현실공간과 상상공간은 인쇄물, 영상, 녹음 등을 통하여 상호 교차하고 있다. 예를 들어 인쇄물은 유형적 형태를 가지고 현실공간에서 존재하지만 그 속의 내용은 상상공간의 확장이다. 현실공간에 존재하기 위해서는 눈으로 볼 수 있는 물질적 형체가 있어야 한다. 눈에 보이지 않는 자연법칙 등은 물질적 형태들 간의 상호작용으로 나타난 부산물이었다.

컴퓨터의 등장은 인간의 삶에 혁명적인 변화를 초래하였다. 이른바 이전에는 경험해보지 않은 가상공간이라는 새로운 삶의 공간을 제공해주었다. 가상공간(cyberspace)은 현실세계가 아닌 컴퓨터, 인터넷 등으로 만들어진 가상의 공간이다(위키백과, 2023.02.03). 가상공간이란 용어는 윌리엄 깁슨(William Gibson)이 1982년에 발표한 과학소설 『뉴로맨서(Neuromancer)』에서 최초로 등장하고, 존 페리 발로(John Perry Barlow)가 의사전달의 공간(Communication Space)이라는 개념으로 사용하면서부터 일상적인 용어가 되었다. 가상공간은 인공두뇌학(cybernetics)을 뜻하는 cyber와 공간을 뜻하는 space의 합성어로서 현실이 아니라 두뇌 속의 세계가 펼쳐지는 또 다른 공간을 뜻한다.

초기의 가상공간은 개인의 컴퓨터에 한정되어 그 활용도가 낮았다. 이후 인터넷의 발달은 가상공간의 범위를 개별 컴퓨터 공간에서 전 세계적 공간까지 확대시켰다. 이로 인해 활용도 또한 전 세계적으로 확대되었다. 가상공간은 처음에는 정보를 저장하고 탐색하는 공간이었다. 그러나 멀티미디어(multimedia), 가상현실(virtual reality), 증강현실(augmented reality), 혼합현실(mixed reality), 확장현실(extended reality), 메타버스(metaverse) 등이 발달하면서 가상공간은 현실공간과 유사한 형태로 변해갔다. 더 나아가 두 번째 삶(second life), 블로그, 트위터, SNS(social network system), 유튜브 등이 나타나 현실공간보다 더 나은 대화의 공간과 자기표현의 공간을 제공해 주었다. 또 아바타(avatar), 이모티콘(emoticon) 등은 가상공간에서 자기 모습과 감정 표현을 용이하게 하였다.

이제 가상공간은 사람의 일상생활을 물질적 신체를 반드시 필요로 하는 현실공간에서 물질적 신체가 필요 없는 상상공간으로 이동시키고 있다. 더 나아가 개인의 두뇌에 한정된 상상공간의 삶을 전 세계적으로 연결하면서 상상공간을 무한하게 확장하였다. 인간은 신체에 얽매여 시간과 공간의 제약을 받던 평범한 인간에서 신체의 구속 없이 언제 어디라도 갈 수 있는 시간과 공간을 초월한 초인으로 탈바꿈한 것과 같다. 이제 가상공간은 현실공간에 못지않은 자기표현을 우리에게 요구하고 있다.

2. 가상공간의 특성

가상공간에서 새로운 나를 표현하기 위해서 먼저 가상공간의 특성을 살펴보자.

첫째, 가상공간은 무한한 정보의 저장소로서 현실공간과 같은 활동의 공간이자 학습의 공간이다. 이른바 새로운 삶의 터전이다. 가상공간에서의 정보처리의 신속화, 저장용량의 증대, 공간의 확대, 문화의 풍부화, 표현의 다양화, 접근의 용이성 등은 가상공간의 일상화를 더욱 촉진하고 있다. 나이스비트(Naisbitt)는 컴퓨터 시대에 중요한 것은 물리적 공간이 아니라 개념적 가상적 공간이라고 했다(한국교육개발원 편, 1996). 이제 가상공간은 세계가 하나가 된 거대한 공동사회이다.

둘째, 가상공간은 모든 사람을 평등하게 대한다. 가상공간에서 우리는 쌍방향으로 정보를 주고받으므로 모든 사람은 정보의 소비자이며 동시에 생산자이다. 소비자와 공급자의 역할을 동시에 할 수 있다는 것은 정보의 독점이 이제 불가능하다는 것이다. 먼 옛날 나이 많은 사람이 족장을 하고 존경을 받았던 이유는 연륜으로 경험을 통해 많은 정보를 학습하였기 때문이다. 오늘날은 가상공간을 잘 이용하는 젊은 사람은 연륜이 부족하더라도 더 많은 정보를 소유하고 있다.

셋째, 가상공간은 시간과 공간의 제약 없이 언제나 대화가 가능하다. SNS, 카톡, 메시지, Zoom 등을 통하여 실시간, 비실시간 대화를 할 수 있다.

넷째, 가상공간은 개인의 기록을 영구히 보존한다. 가상공간에 한 번 공개된 정보는 쉽고 빠르게 전 세계 곳곳으로 전파될 수 있기에 개인이 원해도 쉽게 삭제하기도 어렵다.

다섯째, 가상공간은 물질적 형태가 아닌 ID나 아바타 등으로 새로운 나를 창조할 수 있는 곳이다. 아바타는 연령, 성별, 국적 등과 무관하게 자신을 새롭게 창조할 수 있다. 때로 본인의 사진과 이름으로 실명으로 창조할 수도 있다.

여섯째, 가상공간은 새로운 삶의 터전이므로 언제나 새롭게 태어날 수 있다. 가상공간에서의 태어남은 현실공간과는 달리 본인의 의지에 따라 태어난다. 그러므로 '부모님, 왜 저를 낳으셨어요?' 하는 불만이 나올 수 없다. 오로지 자기 책임이다. 이제 가상공간에의 삶이 힘들면 '왜 내가 나를 가상공간에 태어나게 했지?' 하는 후회가 나올 수 있다.

일곱째, 가상공간은 신체적 활동을 요구하지 않으므로 상상만으로 무엇이든지 할 수 있다.

여덟째, 가상공간은 개인 역량을 발휘하고 경제적 수익을 얻을 수 있는 기회를 항상 제공하고 있다. 블로그, 유튜버(YouTuber) 등이 그 예이다. 1인 방송도 가능하다. 블로그나 유튜버 등은 구독자 수에 따라 경제적 수익이 창출되게 되어 있다.

아홉째, 가상공간에서는 익명으로 활동할 수 있다.

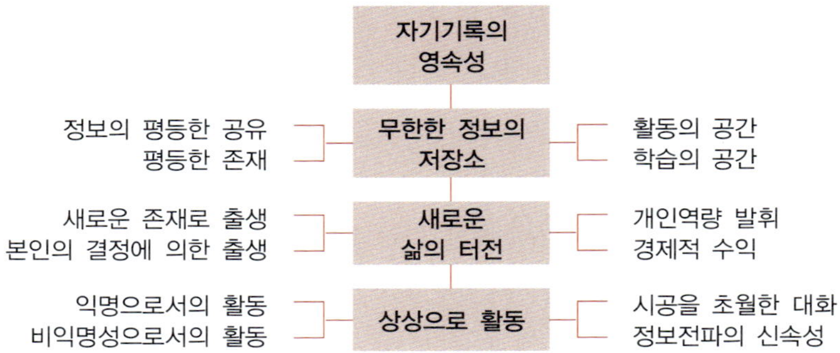

| 그림 11-1 | 가상공간의 특성

이러한 특성을 가진 가상공간에서의 삶의 모습을 정리해보자.

첫째, 가상공간은 새로운 삶의 터전이므로 아바타로 새롭게 태어난다. 따라서 현실공간의 자기 모습을 초월하여 새로운 모습을 생활할 수 있다. 아이가 태어나서 성장하면서 유전과 환경의 영향을 받아 생활하듯이 가상공간에서 태어난 또 다른 나인 아바타는 현실공간의 모습이 유전적 요인처럼 작용하고, 가상공간의 조건이 환경으로 작동하여 변해 갈 것이다.

둘째, 현실공간에서 태어날 때의 모습이 삶에 지속적으로 영향을 주듯이 처음 만든 아바타의 모습은 가상공간에서의 삶에 영향을 줄 것이므로 잘 선택하여 만드는 것이 필요하다. 그러므로 기존의 그림으로 아바타를 만들기보다 스스로 그려서 만드는 것도 좋을 것이다.

셋째, 가상공간에서는 익명성이 보장되므로 악에 물들 위험이 항시 존재한다. 좋지 않은 사이트에의 방문이나 시기나 분노에 찬 댓글을 달고 싶은 충동을 쉽게 받고 이를 이기기 힘들다.

넷째, 가상공간에서는 익명성으로 활동하기도 하나 개방적으로 활동하기도 한다. SNS, 카톡, 메시지를 통한 대화는 익명성이라기보다 개방적이다. 스스로 자기를 알리는 영상이나 사진을 올리고 있기 때문이다. 그러므로 현실공간 못지않게 자기를 챙기는 생활이 필요하다. 그러나 타인의 모습을 실제 볼 수 없으므로 밀폐된 공간에서 행동한다는 착각으로 흐트러진 모습을 보여줄 위험이 있다.

다섯째, 가상공간에서 타인과의 대화는 더욱 빠르고 쉽게 진행된다. 시공간을 초월한 대화가 이루어지는 것이다. 또한, 동시에 최소 2명에서 수십명, 수백명, 수천명 등을 만날 수도 있다. 가상공간에서는 시간과 공간을 초월한다.

여섯째, 가상공간에서 자신의 감정을 시각적으로 표현할 수 있다. 이모티콘, 아이콘 등을 통해 문자보다 더 실감 있게 감정을 표현할 수 있다. 감정을 더 현실감 있게 표현할 수 있다는 것은 상대방이 나의 마음을 더 실제적으로 파악한다는 것을 의미한다. 이에 가상공간에서도 자신의 진면목이 그대로 노출될 수 있다.

일곱째, 가상공간에서는 자기홍보, 자기노출이 쉽고 빠르게 전개되므로 스타가 되느냐, 악인이 되느냐는 현실공간보다 더 빠른 속도로 전개된다.

여덟째, 가상공간에서는 새로운 삶을 살기가 현실공간보다 용이하다. 이전의 아바타를 삭제하고 새로운 아바타로서 생활할 수 있기 때문이다.

아홉째, 가상공간은 언제나 자신의 역량을 발휘하고 경제적 수익을 얻을 수 있다. 블로그, 유튜버 등을 통하여 자신의 능력을 발휘할 기회가 항상 열려 있다. 또한 역량발휘 정도에 따라 수익이 자연스럽게 따라올 기회도 열려 있다. 그러나 다른 사람이 시청해주는 횟수에 따라 수익이 결정되므로 진지한 자신의 능력 표현보다 흥미 위주의 가벼운 표현으로 나타날 우려가 있다.

잠깐!!

자신의 아바타 설계해 보기

※ 가상공간에 활동할 자신의 아바타를 구체적으로 설계해 봅시다(그림과 그에 따른 설명 제시).

가상공간 관련 주요 용어

- 가상현실(virtual reality): 컴퓨터 등을 이용하여 만든 실제와 유사한 환경이나 상황 혹은 그 기술이다. 가상현실은 현실공간에서의 활동과 유사하게 사용자의 오감을 자극하며 공간적, 시간적 체험을 하게 한다.
- 증강 현실(Augmented Reality): 가상현실의 한 분야로 실제로 존재하는 환경에 가상의 사물이나 정보를 합성하여 보여주는 컴퓨터 그래픽 기법이다
- 확장현실(extended reality): 가상현실과 증강현실을 확대하여 더 큰 몰입감을 제공한다.
- 메타버스(metaverse): 메타버스는 초월을 의미하는 '메타(meta-)'와 세계를 의미하는 '유니버스(universe)'로 이루어진 합성어이다. 이른바 현실공간을 초월하여 3차원 가상공간으로 표현한 것이다. 아바타 등을 통해 현실과 같은 가상공간의 쇼핑몰, 학교, 은행, 유적지 등에서 서로 교류하고 소통할 수 있다. HMD 기기를 착용하면 보다 더 실감 나는 현실과 같은 체험을 할 수 있다.
- 두 번째 삶(second Life): 자신의 아바타를 만들어 온라인 가상 세계 내에서 다른 사용자가 만든 콘텐츠와 상호 작용할 수 있는 온라인 멀티미디어 플랫폼이다. 여기서 아바타로 현실공간과는 다른 삶을 살 수 있으므로 두 번째 삶이다.
- 아바타(avatar): 가상공간에서 자신을 표현하기 위해 사용자가 자신을 묘사한 것이다.

3. 가상공간에서의 글쓰기

가상공간도 현실공간과 마찬가지로 자신의 삶의 공간이다. 두 번째 삶(second life)으로 가상공간에서 별도의 삶을 살 수도 있지만 가상공간은 두 번째 삶과는 다르다. 가상공간이지만 현실공간의 모사(模寫)와 가깝다. 마치 거울에 비친 현실과 같다. 따라서 현실과 완전히 분리된 삶이 아니다. 가상공간은 컴퓨터로 만든 공간이라는 특징을 가지고 이미 현실공간의 일부가 되어가고 있다. 따라서 가상공간에서 아바타로 산다고 하더라도 결국은 현실의 자기 모습에 영향을 미친다. 마치 두뇌 속에서 이루어지는 무한한 상상이 현재의 자기 모습과 완전히 분리되지 않는 것과 같다. 가상공간 속에서 자신을 상징하는 아바타가 성실하게 살도록 하여야 한다. 그러기 위해서는 다음과 같은 글쓰기 방법을 생각하자.

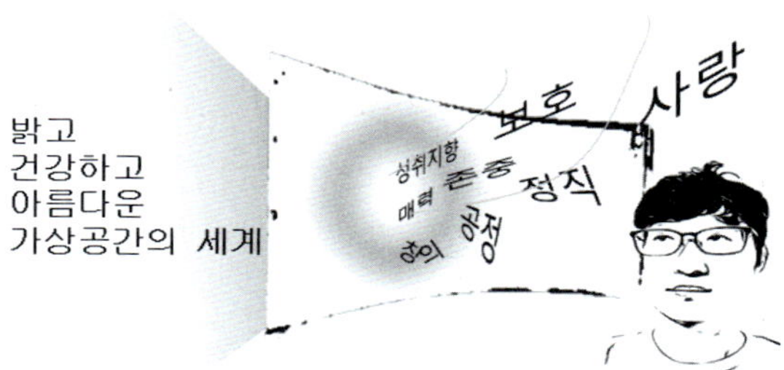

첫째, 효과적인 글을 쓴다. 효과적이란 자신이 의도하는 바를 잘 전달하는 것이다. 목적의식이 분명하여야 한다.

둘째, 효율적인 글을 쓴다. 효율적이란 보다 짧은 문장으로 자신의 의도를 잘 전달하는 것이다. 가상공간은 바다를 항해하는 것처럼 이동이 다양하고 쉬우므로 가능한 불필요한 수식어를 배제하고 짧은 문장으로 작성하는 것이 중요하다.

셋째, 매력적인 글을 쓴다. 매력적이란 다시 읽고 싶은 마음이 생기도록 철자, 띄어쓰기, 단어 사용 등이 바르고, 문장이 이해하기 쉬운 것이다.

넷째, 정직한 글을 쓴다. 정직하다는 것은 허위나 추측에 가득 찬 내용이 아니라 사실로 충만한 내용을 말한다. 현실세계에서 거짓을 말하면 신뢰를 상실한다. 가상공간에서는 신뢰 상실의 정도와 전파 속도가 더 크다.

다섯째, 존중하는 글을 쓴다. 존중한다는 것은 타인의 입장을 이해하고 수용하면서 자신의 의견을 표현하는 것이다.

여섯째, 이성적인 글을 쓴다. 이성적이라는 것은 순간적 감정에 휩싸이지 않는 것을 말한다.

일곱째, 공정한 글을 쓴다. 공정하다고 하는 것은 편견에 치우치지 않고 올바른 판단을 하는 것이다.

여덟째, 창의적인 글을 쓴다. 창의적이란 내용이 신기하고 독창적이고, 정교하고, 유용하다는 것이다.

아홉째, 상대방을 이끄는 글을 쓴다. '이끄는 글'이란 사람의 마음을 성취지향적이 되도록 도와주는 것을 말한다.

열째, 윤리적인 글을 쓴다. 윤리적이란 권선징악(勸善懲惡)을 근본으로 하고, 비도덕인 것을 피하는 것이다.

열한 번째, 지키는 글을 쓴다. '지키는 글'이란 자기를 비롯해서 타인의 개인 정보를 보호하는 것을 말한다.

열두 번째, 감정을 바르게 표현한다. 감정을 바르게란 자신이 느낀 감정을 아이콘이나 이모티콘을 사용하여 표현하는 것이다. 특히 나쁜 감정을 표현할 때는 험한 글로 표현하는 것을 피한다.

CHAPTER 11 연습해 보기

■ 인터넷을 탐색하여 다음과 같은 내용을 하나씩 찾아서 친구에게 보낸 후, 그들의 반응과 나의 마음에 대해 살펴보자.

1. 사람을 즐겁게 하는 내용

2. 사람을 기분 나쁘게 하는 내용

CHAPTER 11 연습해 보기에 대한 참고 내용

1. 사람을 즐겁게 하는 내용

- 내가 선택한 것과 친구들이 선택한 내용을 비교하여 즐겁게 하는 내용의 속성이 무엇인지 생각해보자.

2. 사람을 기분 나쁘게 하는 내용

- 내가 선택한 것과 친구들이 선택한 내용을 비교하여 슬프게 하거나 화나게 하는 내용의 속성이 무엇인지 생각해보자.

■ Quiz에 대한 해설

01 태희는 영희를 좋아하지 않아 항상 나쁜 점을 생각하고 있다. 어느 날 태희는 인터넷에 영희의 나쁜 점을 정직하게 올렸다. (X)

해설 정직하다는 것은 두 가지 의미가 있다. 하나는 자신의 마음을 그대로 표현하는 것이고 다른 하나는 사실을 그대로 표현하는 것이다. 가상공간에 글을 올릴 때에는 나의 마음을 그대로 표현하는 것보다 중요한 것이 사실을 그대로 표현하는 것이다. 비록 영희에게 나쁜 점이 있더라도 좋은 점은 더 많을 수 있다. 나쁜 점을 가상공간에 쓰면 명예훼손죄에 해당할 수 있다(참조 형법 307조).

제307조(명예훼손) ① 공연히 사실을 적시하여 사람의 명예를 훼손한 자는 2년 이하의 징역이나 금고 또는 500만 원 이하의 벌금에 처한다.
② 공연히 허위의 사실을 적시하여 사람의 명예를 훼손한 자는 5년 이하의 징역, 10년 이하의 자격정지 또는 1천만 원 이하의 벌금에 처한다.

02 남을 리더하기 위해 선동적인 글을 쓴다. (X)

해설 가상공간에서의 글은 전파력이 크다. 그래서 분위기 조성을 위해 글을 쓸 수 있다. 그러나 남의 감정을 자극하여 어떤 일이나 행동에 나서도록 하는 선동은 현실공간과 마찬가지로 바람직하지 않다.

03 기분이 나쁘더라도 가라앉히고 남을 존중하는 글을 쓴다. (O)

해설 뿌린 대로 거둔다는 말이 있듯이 가상공간에 글을 쓰는 것은 화단에 꽃씨를 심는 것과 같다. 좋은 씨앗을 심으면 원하는 꽃을 볼 수 있다. 그러나 쓰레기를 버리면 다른 사람도 쓰레기를 버리게 되고, 결국 악취가 가득 찰 것이다.

04 익명성이 강하므로 잘못된 사람에게는 분노에 찬 댓글을 달아준다. (X)

해설 분노에 찬 댓글은 분노를 양산한다. 분노에 찬 댓글은 험한 욕설을 쓸 위험이 있다. 이때는 오히려 분노를 표시하는 아이콘으로 대체하는 것이 좋다. 그림으로 나의 감정을 전달하는 것으로 충분하다. 또 익명이라고 하더라도 개인이 인터넷에 접속하는 IP가 고정되어 있으므로 결국은 신분이 노출될 수 있다. 현실세계에서도 꼬리가 길면 잡힌다는 말이 있다. 댓글과 IP는 길게 연결되어 있으므로 항상 유의하여야 한다.

05 차별하는 글을 쓰지 않는다. (O)

해설 비록 가상공간이 현실공간과 연결되어 있다고 하더라도 '가상공간에서는 누구나 평등하다.'는 생각을 가지는 것은 중요하다.

06 구독률을 올리기 위하여 자신의 선정적인 글이나 사진을 올린다. **해설** 선정적 글과 사진은 본능적으로 사람의 관심을 끈다. 따라서 사람들이 한 번 더 클릭할 수 있다. 그러나 가상공간에서의 정보는 전파력이 크고, 영원히 삭제되기 어려우므로 매우 조심하여야 한다. 제243조(음화반포 등) 음란한 문서, 도화, 필름 기타 물건을 반포, 단매 또는 임대하거나 공연히 전시 또는 상영한 자는 1년 이하의 징역 또는 500만 원 이하의 벌금에 처한다.	(X)
07 나를 홍보하기 위하여 나의 모든 것을 공개한다. **해설** 가상공간은 전파력이 강하고 삭제가 거의 불가능하므로 공개할 것과 공개하지 말아야 할 것을 사전에 반드시 잘 구별하여야 한다.	(X)
08 언어적 폭력으로 남을 괴롭히는 글을 쓰지 않는다. **해설** 분노에 찬 댓글과 마찬가지로 남을 괴롭히는 글은 쓰지 않아야 한다. 그러나 때로 감정에 치우쳐 남을 괴롭히는 글을 쓰고픈 충동을 느낄 수 있으나 자제하는 능력도 길러야 한다.	(O)
09 신기하고 독창적이고 정교하고 유용한 글을 쓴다. **해설** 가상공간을 보다 아름답고 유머 있게 만드는 재능이다.	(O)
10 때로 글과 함께 영상, 아이콘 등으로 자신의 감정을 표현한다. **해설** 글은 정보를 잘 전달해주고, 영상 아이콘 등은 감정을 잘 전달해 줄 수 있으므로 이들을 잘 활용하면 나를 보다 잘 표현할 수 있다.	(O)

CHAPTER 12
진로를 위한 이력서와 자기소개서 작성하기

일을 하지 않는 것과 존재하지 않은 것은 결국 같은 것이다.
게으른 자를 제외하고는 모든 인간은 선하다.

– Voltaire –

____을 하지 않는 것과 ____ 하지 않은 것은 결국 같은 것이다.
________를 제외하고는 모든 인간은 선하다.

– ______________________ –

■ 학습목표

1. 이력서와 자기소개서의 중요성을 설명할 수 있다.
2. 이력서 작성 요령을 설명할 수 있다.
3. 자기소개서 작성 요령을 설명할 수 있다.

■ Quiz

다음 말이 적합하다고 생각하면 O, 그렇지 않다고 생각하면 X표를 하십시오.

01 이력서와 자기소개서는 취업 시 서류전형에 포함되어 있으나, 부족하여도 면접을 볼 수 있다.	(O, X)
02 이력서, 자기소개서를 작성하기 위해서 먼저 자신을 이해하고, 지원하고자 하는 직무가 무엇인지 정확히 파악하는 것이 필요하다.	(O, X)
03 이력서는 나의 관점에서가 아니라 인사담당자가 무엇을 원하는지 그의 관점에서 작성하는 것이 좋다.	(O, X)
04 이력서는 회사에서 요구하는 양식이 있더라도 본인이 작성하기 좋은 양식으로 작성하는 것이 본인의 장점을 살릴 수 있어 좋다.	(O, X)
05 이력서의 사진은 일단 서류전형 합격을 위해 과도하더라도 수정 · 보완하는 것이 좋다.	(O, X)
06 경력사항을 기재할 때 기업에서 요구하는 직무와 연관되는 경력이 없으면 자신의 경력을 그대로 적으면 된다.	(O, X)
07 자기소개서는 기업이 요구하는 직무수행에 대한 자기의 장점을 자랑하는 것이므로 작성을 두려워할 필요가 없다.	(O, X)
08 자기소개서 작성 양식 중 STAR는 상황(Situation), 임무(Task), 행동(Action), 결과(Result)로 구성하는 방법으로, 주어진 특정 상황 및 임무에서 본인의 특정 행동이 어떤 결과를 야기했는지 기술하는 방식이다.	(O, X)
09 이력서와 자기소개서는 비교적 일정한 양식이 있으므로 작성자의 창의성이 개입될 여지가 없다.	(O, X)
10 짜 맞추기, 감상문, 자만심, 격언 및 사족, 불명확, 추상적, 오타 및 탈자 등이 있는 자기소개서는 인사담당자의 관심을 끌지 못한다.	(O, X)

읽고, 생각하고, 말해보기

요령보다는 노력을?

박영태

어떠한 일을 처리하고자 할 때 어른들은 흔히 요령보다는 노력이 더 중요하다고 충고를 한다. 특히 공부에 있어서 요령보다 노력의 중요성은 더욱 강조되고 있다. 요령은 게으른 사람의 자기도피적인 얄팍한 꾀로 간주되거나 사람의 능력개발을 가로막는 크나큰 방애물로 인식되어 학습에 있어 최대의 적(?)으로 경계의 대상이 되고 있다. 실제로 공부가 하기 싫은 자는 열심히 노력하여 당당하게 대처하기보다는 요령을 피워 적당하게 대처하려는 경향을 보이고 있다. 이런 학생들에게는 요령만 피운다고 힐책을 할 만하다. 그러나 요령 그 자체는 나쁜 것이 아니다. 요령을 사용하는 학습자의 마음 상태에 따라 요령의 가치가 결정된다. 마치 돈 그 자체는 나쁜 것이 아니나 돈을 사용하는 사람에 따라 그 가치가 결정되는 것과 같다. …

요령이란 어떤 일을 처리할 때 재치 있게 일을 처리하는 하나의 방법으로서 그 일을 처리하는데 소요되는 시간과 노력을 단축시켜주는 기능을 한다. .... 그러나 요령은 단기적인 안목이나 부분적인 공부로는 습득하기 어렵다. 물의 온도가 계속 상승하다 보면 저절로 수증기가 나타나듯이 공부를 지속하다 보면 저절로 학습요령이 습득된다. 그러므로 지속적인 학습경험 없이 요령만 알려고 하면 얕은꾀에 의해 끝내는 크나큰 학습상의 손실을 입게 된다.

– 박영태(1993). 요령보다는 노력을. 청조. 46호. 부산고등학교에서 발췌

1. 이력서와 자기소개서의 중요성

자기가 원하는 직장에 취업하는 것은 모든 사람의 꿈이다. 특히 젊은 사람들에게 있어 삶의 출발점으로서 더 큰 의미를 가지고 있다. 따라서 단지 생계유지 수단으로서 원하지 않는 직장에 취업하는 경우는 드물다. 부모들도 자녀의 첫 출발이 잘되도록 좋은 직장에 취업하기를 원하고 있다. 이에 구직난과 구인난이 동시에 발생하고 있다. 젊은 사람들이 선호하는 직장은 경쟁이 치열하거나 희소하고, 선호하지 않는 직장에서는 인력을 구하지 못하여 어려워하고 있다.

정부는 취업을 원하는 구직자에게 지원서비스를 종합적으로 제공하고, 저소득 구직자에게는 생계를 위한 최소한의 소득도 함께 지원해주기 위해 국민취업지원제도를 실시하고 있다(고용보험법 40조). 이 제도는 취업하여 6개월 지속 근무 시 50만원, 추가로 6개월 지속 근무 시 100만 원을 취업성공수당으로 지급한다. 그러나 이 제도 역시 구직난과 구인난의 불균형을 해소하지 못하고 있다.

그러므로 원하는 직장에의 취업을 위해서는 경쟁을 감수하고 이를 극복하여야 한다. 많은 기업에서 인력을 채용할 때 제일 먼저 서류전형을 실시한다. 서류전형에서 통과되어야 인성검사/채용검진, 면접에 참여할 수 있다. 아무리 스펙을 쌓고, 영어회화 실력이 있고, 역량이 있어도 서류전형에서 떨어지면 그만이다. 보통 서류전형은 이력서와 자기소개서로서 이루어진다. 평가는 보통 이력서에 대한 정량평가와 자기소개서에 대한 정성평가 점수를 합산한 방식으로 하며 평가기준은 공개하지 않는다. 또 서류전형 통과 시 이력서와 자기소개서는 면접위원의 참고자료로 사용된다. 블라인드 면접을 하는 경우 면접 시 이력서가 활용되지 않으므로 서류전형에서 이력서의 가치가 더 높아진다. 이에 따라 자기소개서 작성을 도와주는 상업적인 곳에 의뢰하는 경우도 있다. 인터넷 검색을 해 보면, 자기소개서 작성을 도와주는 상업적인 곳이 상당히 많음에서 유추해 볼 수 있다.

이력서와 자기소개서는 개인의 역량을 판단하는 첫 출발점인데 이를 외부에서 작성하여 제출한다는 것은 어떻게 보면 자신감 상실이요. 해당 기업에 대한 예의가 아니다. 따라서 부족하더라도 스스로 작성하는 노력을 하는 것이 자기 발전을 위해 필요하다.

2. 이력서 작성

이력서는 살아온 자신의 역사를 간략히 소개하는 것이다. 이를 통해 자신의 경험과 역량의 영역과 수준을 보여준다. 이력서(자기소개서 포함)를 잘 작성하기 위해서 '나 자신을 알라(Know myself)', '지피지기 백전불태(知彼知己 百戰不殆)'라는 말을 새겨볼 필요가 있다.

1) 이력서, 자기소개서 작성 전

(1) 본인 파악

평소 본인의 모든 것이 담긴 이력서를 작성해 보면서 본인의 경력, 경험, 교육, 역량, 기술, 인성 및 태도 등을 잘 분석하고 이해할 필요가 있다. 또한 어떤 분야에서 일하고 싶은지 확실히 정해야 한다.

(2) 지원하고자 하는 직무, 조직 파악

그리고 다음으로 지원하는 곳의 조직문화, 요구하는 직무역량 파악이 중요하다. 모집공고에서 드러나는 내용과 더불어 추가적으로 다양한 방법과 자료를 통해 보다 구체적으로 조직과 해당 직무에 대한 조사와 분석이 필요하다.

(3) 본인의 역량과 해당 직무의 연결

이러한 조사와 분석 결과를 바탕으로 본인의 경력, 교육, 가치관, 역량 등이 해당 직업, 조직을 분석한 결과 및 요구내용과 맞는지 고민하고, 그렇다면 어떻게 본인과 해당 조직/직무를 연결시킬 수 있을지 깊이 생각한다.

이력서는 내가 보는 것이 아니라 해당 기업의 인사담당자가 보는 것이다. 일반적으로 인사담당자는 특정 이력서 하나에 여유 시간을 많이 할애하기가 쉽지 않다. 따라서 많은 이력서 중에서 자신의 이력서가 인사담당자의 눈에 들기 위해서 나의 관점이 아니라 기업의 인사담당자의 관점에서 작성하여야 한다. 인사담당자의 관점이 무엇인지 보자.

- 기업에서 요구하는 직종과 관련된 내용의 이력서인가?
- 자신을 과대포장하거나 지나치게 겸손한 이력서인가?
- 이력서의 내용을 증빙할 자료(자격증, 상장, 참여 프로젝트 등)가 있는가?
- 이력서에 창의적인 프레젠테이션과 함께 잘 작성된 콘텐츠가 있는가?
- 회사에서 요구하는 기본 양식으로 작성되었는가?(회사에서 요구하는 양식이 있는 경우)
- 편하게 읽을 수 있도록 철자, 띄어쓰기, 문장 등이 바르게 되었는가?

2) 이력서 작성

이력서 작성 시 먼저 회사에서 요구하는 양식이 있는지 확인한다. 회사 양식이 있다면 이를 이용하면 된다. 만일 자유롭게 이력서를 선택할 수 있으면 자신의 역량을 잘 보여줄 수 있는 기본 이력서 양식을 사용하면 된다. 일반적으로 이력서에는 연락처, 인적사항, 학력사항, 경력사항, 업적 및 역량, 어학능력+가산점 받을 수 있는 항목 등이 일반적으로 포함된다.

• 인적사항은 거짓 없고 빠짐없이 정확하게 작성한다. 본인 연락처 이외에 비상연락처를 적는 것도 하나의 재치이다. 사진을 첨부할 시는 단정한 정장차림으로 최근 3개월 이내에 찍은 사진으로 한다. 사진을 수정·보완하여 자신의 모습과 너무 차이 나게 하면 서류전형에 통과하여 면접에 가더라도 면접에서 감점을 받을 수 있으므로 지나치게 보정하지 않는다. 또 이력서 상의 내용이 사실과 다를 경우 합격이 취소될 수도 있다.

• 학력사항은 최종 학력부터 순차적으로 기재한다. 학교, 재학기간, 학점 등을 적는다. 학점을 적을 때는 만점도 함께 기재한다. 복수전공, 전과 등도 모두 적어준다. 자유 이력서이면 학점이 낮은 경우 적어주지 않는 것이 좋다. 학점으로 능력수준을 판단하는 것이 아니라 성실성 수준으로 판단하기 때문이다.

• 경력사항은 기업에서 요구하는 직무와 연관되는 것을 강하게 부각시켜 적는다. 만일 연관되는 경력이 없으면 이전 근무한 내용 중에서 가장 연관성 있는 내용을 찾아 최대한 많이 적어준다. 경력을 적을 때 업무명만 쓰지 말고 세부업무 내용을 개조식으로 직무와 연관시키며 적어준다. 경력직의 경우 경력기술서를 별도로 작성한다. 인턴 및 아르바이트 경력도 적어준다. 경력을 증빙하는 서류 및 자격증 등을 최근 취득한 것부터 순서대로 취득일, 등급, 점수, 유효기간 등을 기록한다. 단 업무와 전혀 관계없는 자격증 또는 특기사항을 기재하지 않는 것이 좋다. 사회경험도 경력에 덧붙여 적어준다. 너무 짧은 경력은 제외하도록 한다.

• 프로젝트 경험이 있으면 프로젝트 명, 기간, 역할, 성과에 대한 본인의 기여도, 프로젝트의 구체적인 성과, 본인의 기술(능력) 등을 기재한다. 특히 성과는 자신의 가치를 보여주는 것과 연관되므로 단순히 언어로 표현하는 것보다 수치로 표현하는 것이 좋다. 수치는 사람들에게 보다 구체적이고 정확하다는 인식을 준다.

3. 자기소개서 작성

자기소개서는 의외로 작성하기 어려워한다. 그래서인지 외부의 도움을 받는 경우가 많다. 그러나, 자기소개서는 말 그대로 자기를 소개하는 자신의 이야기이다. 자기소개서(cover letter)의 목적은 직무의 요구 사항에 본인이 어떻게 부합하는지에 대한 서술을 통해 고용주에게 본인이 적임자라는 것을 강조하는 것이다. 다시 말하면 기업이 요구하는 직무수행에 대한 자기의 장점을 자랑하는 것이다. 이에 따라 자기소개서에는 이력서와 함께 첨부되는 간단한 본인소개(동기, 포부 등 포함)와 이력서에 설명된 내용 중 중요한 특정 영역(경력, 교육, 기술 또는 역량)을 강조하는 글이다. 자기의 장점은 본인이 가장 잘 알고 있다. 자기소개서를 작성할 때 답답하고 막막한 것은 자기 자신에 대한 자료가 부족하고, 기업이 요구하는 직무가 무엇인지 분석이 되지 않고 그 직무가 요구하는 역량이 자신에게 부족할 때이다. 따라서 자기소개서를 스스로 작성하는 연습을 하는 것은 본인에게 부족한 것을 찾을 수 있는 준비를 미리 하는 것과 같다.

■ 자기소개서 작성요령

올바른 자기소개서 작성을 위한 일반적인 규칙이나 표준은 없다. 앞에서 언급한 바와 같이 기업이 요구하는 직무수행에 본인이 가장 잘 어울린다는 것을 자랑하면 된다. 스토리텔링 자기소개서, 소제목 및 두괄식 자기소개서, STAR 자기소개서, 4 Mat 자기소개서 등이 주로 쓰이는 자기소개서 작성 방법이다.

- 스토리텔링 자기소개서: 자신에 대한 소개를 구체적인 이야기 형태로 전달하는 것이다. 일관된 흐름에 따라 객관적 사실보다는 흥미와 관심을 유발할 수 있는 상황, 감정, 분위기 등을 중심으로 사건이나 경험 등을 이야기를 하듯 서술하는 것이다.
- 소제목 및 두괄식 자기소개서: 문장의 앞부분에 중요한 자기 주장을 하고 뒤에

설명하는 방식이다. 이는 빠르게 핵심 파악이 가능하고 채용담당자에게 관심을 불러일으킬 수 있다. 다만 문장의 앞부분에 제시하는 자기주장을 자신의 독창적 핵심어가 아니고 너무 잘 알려져 있거나 평범한 격언, 가치관 등으로 표현하면 오히려 자기소개서의 가치를 저하시킬 수 있다.

- STAR[1] 자기소개서: 상황(Situation), 과제(Task), 행동(Action), 결과(Result)로 구성하는 방법이다. 주어진 특정 상황에서 과제를 추진하는 본인의 특정 행동이 어떤 결과를 야기하는지를 기술한다.
- 4Mat[2] 자기소개서: 버니스 맥카시(Bernice McCarthy)의 학습이론에 근거한 내용 전달 및 글쓰기 방법이다. 모든 사람의 관심을 끌 수 있는 기회를 극대화하기 위해 Why – What – How – If 순서로 내용을 전달한다. 즉 어떤 것이 왜 중요하며(Why), 주제가 무엇이며(What), 어떻게 작용하며(How), 영향 또는 결과는 어떠한지(If/Implication)를 기술한다. 즉 목적, 내용, 방법, 결과 중심으로 기술한다.

자기소개서(이력서 포함) 작성 시 양식(format)은 일반적인 틀이 있으므로 창의성이 개입되기 어렵다. 그러나 내용적(contents) 측면은 기본적으로 창의성이 필요하다. 자기소개서는 자신의 가치를 가장 잘 보여줄 수 있도록 도와주는 조직화된 문서이기에 형식은 비교적 자유롭지 못하지만 역량, 전문성, 역량과 전문성의 관련성 등의 내용을 서술함에 있어서 창의성을 보여줄 수 있다. 창의적으로 기술할 수 있는 부분을 보면 다음과 같다.

- 직무 또는 조직과 관련 구체적인 전문 용어, 최신 트랜드 등에 대한 기술
- 본인의 수준, 관심도 등에 대한 기술
- 모집공고에서 드러나는 최소 충족요건을 넘어서는 역량 및 기술을 가진 자신의 모습 기술

---

1) https://nationalcareers.service.gov.uk/careers-advice/interview-advice/the-star-method
https://www.cmu.edu/tepper/alumni/assets/docs/star-story.pdf
https://newsroom.daewoong.co.kr/archives/2493

2) https://crossmancommunications.com/4mat/

• 본인의 비전, 가치관 등에 대한 기술

마지막으로 불명확하거나 추상적 문장, 오타 및 탈자, 잘못된 띄어쓰기 등은 자기소개서의 가치를 스스로 저하시킨다.

CHAPTER 12 연습해 보기

■ OOO 기관 신입사원 지원자처럼 생각하고 자기소개서를 작성해 봅시다.

CHAPTER 12 연습해 보기에 대한 참고 의견

- 제약회사 합격자의 자소서(2021 하반기 신입 광동제약(주), 취업성공툴, 잡코리아(jobkorea.co.kr. 2023.2.3. 인출)를 참고하여 자신의 자소서와 비교하여 보완할 점을 생각해보시기 바랍니다.

성장과정 (최소 100자, 최대 700자 입력가능)

"같은 실수는 반복하지 말자"

제 가치관은 지금 이 순간을 잊지 말고 살자는 것입니다. 왜냐하면, 사람은 순간의 결과를 잊어버리고 항상 그 자리에 머물며 같은 실수를 반복하기 때문입니다. 그래서 저는 항상 메모하며 수시로 진행 상황을 확인합니다. 군대에서 행정병을 하며 업무를 하다가 진행 상황을 제대로 체크하지 못해 휴가자 명단 일부를 누락하는 실수를 했는데 이 경험을 계기로 미리 계획하고 진행 상황을 메모하는 습관을 갖추게 됐습니다.

대학교 행정조교를 하며 교육용 영상을 기획하고 완성한 적이 있습니다. 당시 코로나 19로 졸업과 관련된 학사제도 설명회를 온라인 교육용 영상으로 제작을 기획했습니다. 학번마다 차이 있는 학사제도를 정리하고, 학과 내부 규정을 수집하였습니다. 수집한 정보는 한글 문서로 정리하고 세부 사항은 엑셀로 정리했습니다. 정리한 내용은 PPT나 영상 프로그램을 이용하여 영상을 제작했습니다. 이렇게 만든 영상을 학생들이 볼 수 있게 학과 홈페이지에 게시했고 이후 학생들이 졸업과 관련한 실수가 줄어들게 됐습니다.

계획력과 준비력 같은 역량을 통해 당면한 업무나 과제를 차근차근 확인하며 실수하지 않고 진행할 수 있습니다. 또한, 영업 지원 직무를 수행하며 지금까지 길러 온 계획 능력과 꼼꼼함으로 영업 실적 관리를 하고 직무 수행하며 생길 문제를 해결하겠습니다.

도전을 통한 성취/실패 경험 (최소 100자, 최대 700자 입력가능)

"혼자 할 수 있는 것은 없다"

대학교 2학년 때 전시기획 동아리 회장을 하며 떨어지던 참여율을 끌어올렸습니다. 실패와 자신의 부족함을 인정하고, 최선을 다한다면 성공적인 결과를 가져올 수 있다는 걸 경험했습니다. 처음에는 누군가를 이끌며 혼자 활동 계획을 정하는 것이 동아리원들의 편의상 좋다고 판단했습니다. 그러나 이 행동은 오히려 불만이 생겼고, 학생들의 활동 참여율도 점점 낮아졌습니다. 낮아지는 참여율을 끌어올려 원활한 동아리 운영을 하기 위해 마음가짐을 바꾸고 변화를 주기 시작했습니다.

먼저 온라인 소통의 장을 만들어 활동에 대한 의견을 수렴했습니다. 학생들이 의견을 내고 회의를 통해 다음 활동을 정할 수 있도록 시스템을 재정비했습니다. 활동이 끝나면 피드백을 통해 좋은 점과 아쉬운 점을 이야기했습니다. 참여에 소극적인 학생들도 점점 적극적으로 변하여 전보다 활발한 동아리 활동이 계속되어 참여율도 높아지게 됐습니다.

동아리 경험을 통해 자신의 부족함을 인지하고, 노력하는 것이 좋은 결과를 가져오도록 도움을 준다는 것을 깨달았습니다. 또한, 실패에 좌절하지 않고, 실패의 원인을 수정해 나간다면 나은 결과를 낳게 된다는 걸 알게 됐습니다. 부족한 부분을 채워나가면서 실패에도 좌절하지 않고 극복하여 기업 성장에 도움이 되는 사원이 되겠습니다.

창의적으로 문제를 해결한 경험 (최소 100자, 최대 700자 입력가능)

"내가 있는 곳이 잘되어야 내가 사는 것이다"

주변에 있는 작은 변화를 찾아내려 노력합니다. 학창시절 아르바이트를 하며 문제를 해결하기 위해 노력한 결과 가게의 경제적 손실을 예방한 경험이 있습니다. 'OOOO'에서 아르바이트를 할 때 맥주잔의 소재가 얇아 자주 깨지는 문제가 있었습니다. 잔이 깨지면 주문을 해야 하는데, 그 비용이 만만치 않았습니다. 그렇다고 가맹점의 특성상 마음대로 다른 잔으로 교체하기는 어려웠습니다. 저는 평소에 이 문제를 해결할 방안을 고민하곤 했습니다.

그러다 발주를 넣는 과정에서 '하이볼' 전용 잔을 발견했습니다. 하이볼 잔은 대부분 재질이 두꺼워 맥주잔 대용으로 가능할 것 같았습니다. 저는 사장님께 하이볼 잔을 주문하겠다고 말씀드리고, 괜찮으면 바꾸는 걸 검토해보자고 말씀드렸습니다. 이후 사장님이 배송이 온 잔을 확인해 보신 후 저의 제안을 승낙하셨습니다. 고객들로부터 새로운 잔으로 테스트해본 결과 이전보다 안정감이 있어 좋다는 평을 들었습니다. 이후 기존의 맥주잔을 순차적으로 하이볼 잔으로 교체하기 시작했고, 점점 잔이 깨져 경제적인 손해가 생기는 일이 줄어들게 되었습니다.

주인의식을 갖고 문제점을 파악한 후 해결방안을 생각하는 게 중요합니다. 영업 환경에서 생길 수 있는 문제를 해결을 위해 생각하고 대응하여 경제적 손실을 줄이고, 영업 이익이 극대화할 수 있게 지원 업무를 하겠습니다.

해당직무의 지원동기 (최소 100자, 최대 700자 입력가능)

"서포트 업무의 기본은 정확한 분석으로부터 시작한다"

광동제약의 직원으로서 가장 중요한 역량은 '상황 파악'과 '분석력'입니다. 영업 지원은 상황을 파악하고 의사결정 할 수 있도록 데이터를 분석하여 지원하는 능력이 필요합니다. 저는 이 역량을 키우기 위해 국가 근로를 하며 상황을 파악하고 분석하여 편의성을 높였습니다. 두 가지의 역량을 통해 영업 지원 업무를 수행하기에 적합하다고 판단하여 지원하게 되었습니다.

2018년도 당시 국가 근로를 하며 책 대출 업무를 했습니다. 시험 기간과 과제 제출 기간처럼 특정 기간이 됐을 때 일부 책의 대여 횟수가 늘어났습니다. 대출 프로그램을 통해 이용 횟수가 늘어난 책들을 선별했습니다. 이후 저는 담당자분께 말씀드려 학생들이 서적을 찾는 시간을 줄일 수 있도록 자주 이용하는 일부 책의 위치를 도서관 내부 가운데로 이동했습니다. 이후 학생들이 헷갈리지 않고 쉽게 찾을 수 있도록 위치가 바뀐 서적의 이름을 작성하여 도서관 게시판과 입구에 게시했습니다.

위 경험은 상황을 파악하고 데이터를 분석하여 일의 능률이나 편의성을 높일 수 있었습니다. 영업 지원은 영업을 서포트하고 관리하는 업무입니다. 실적을 분석하여 변하는 상황을 파악하여 효율적인 방안을 통해 대처하겠습니다.

입사후 포부: 광동제약을 통해 실현하고 싶은 가치
(최소 100자, 최대 700자 입력가능)

"영업 보상에 대한 시스템 정립 및 실행"

지원 업무 수행을 명확하게 하며 영업직 직원들의 목소리를 제대로 파악하고 반영하여 보상제도가 제대로 잘 시행되어야 직원들의 동기부여가 될 수 있다고 생각합니다. 이를 위해 저는 2년간 대학교 행정조교를 하면서 학생들의 건의사항을 받아들여 제대로 된 장학 분배가 이뤄지도록 조치했던 경험을 활용하겠습니다.

조교 재직 당시 학생들의 장학금 산정에 대한 문의가 빗발쳐 학과 내부 장학기준을 기획하게 됐습니다. 먼저, 오픈 카톡방을 이용하여 학생들의 장학 선정에 대한 의견을 받았습니다. 다수의 학생은 명확한 선정 기준을 정하고, 공지해주길 요구했습니다. 학생들의 의견을 정리하여 학과장님께 말씀드리고 새로운 장학기준 추가할 것을 제안했습니다.

이후 학과 교수님과 함께 성적과 소득분위를 기준으로 하는 기존의 장학 기준에서 학과의 주요 행사인 학술 답사 및 학술제 등의 참여 여부를 추가하여 명확한 기준을 정했습니다. 새로운 장학 선정 기준을 학생들에게 공지하여 장학 선정에 관한 요구를 들어주며 장학 선정에 대한 문제 제기도 점차 주게 됐습니다.

학생들의 의견을 수렴하고 조치했던 경험은 이후 유기적인 소통을 통해 의견을 수렴하고 올바른 보상 분배를 해야 하는 직무 능력을 키워주는 동력이 되었습니다. 이를 통해 영업직 직원들의 값진 성과에 따른 올바른 보상체계가 이뤄질 수 있도록 하겠습니다.

■ Quiz에 대한 해설

01 이력서와 자기소개서는 취업 시 서류전형에 포함되어 있으나, 부족하여도 면접을 볼 수 있다. **해설** 서류전형에서 탈락하면 면접을 볼 수 없다.	(X)
02 이력서, 자기소개서를 작성하기 위해서 먼저 자신을 이해하고, 지원하고자 하는 직무가 무엇인지 정확히 파악하는 것이 필요하다. **해설** 지피지기면 백전백승이라는 말이 이력서와 자기소개서 작성에도 적용된다. 평소에 자기 자신의 희망, 역량 등을 파악하고, 원하는 직업에서 요구하는 능력이 무엇인지 파악하여 자신의 능력과 연결시키는 것이 중요하다. 능력이 부족하다면 기업이 요구하는 능력을 함양할 필요가 있다.	(O)
03 이력서는 나의 관점에서가 아니라 인사담당자가 무엇을 원하는지 그의 관점에서 작성하는 것이 좋다. **해설** 서류전형의 결정권은 인사담당자에게 있으므로, 이력서는 나의 관점이 아니라 인사담당자의 관점에서 작성하는 것이 좋다. 그렇다고 인사담당자에게 잘 보이기 위해 과장하라는 것은 아니다.	(O)
04 이력서는 회사에서 요구하는 양식이 있더라도 본인이 작성하기 좋은 양식으로 작성하는 것이 본인의 장점을 살릴 수 있어 좋다. **해설** 회사에서 요구하는 이력서 양식이 있으면 그 양식에 따라 작성하여야 한다.	(X)
05 이력서의 사진은 일단 서류전형 합격을 위해 과도하더라도 수정 · 보완하는 것이 좋다. **해설** 이력서에 붙이는 사진을 과도하게 수정·보완하지 않는다. 서류전형에 통과하더라도, 실제 면접에서 불이익을 받을 수 있다.	(X)
06 경력사항을 기재할 때 기업에서 요구하는 직무와 연관되는 경력이 없으면 자신의 경력을 그대로 적으면 된다. **해설** 경력사항을 기재할 때 기업에서 요구하는 직무와 연관되는 경력이 없으면, 자신이 수행한 업무의 내용에서 기업이 요구하는 직무와 관련되는 것을 찾아 최대한 적어주는 것이 좋다.	(X)
07 자기소개서는 기업이 요구하는 직무수행에 대한 자기의 장점을 자랑하는 것이므로 작성을 두려워할 필요가 없다. **해설** 맞는 말이다. 작성하는 과정에서 자신에게 부족한 역량을 스스로 깨칠 수 있다.	(O)
08 자기소개서 작성 양식 중 STAR는 상황(Situation), 임무(Task), 행동(Action), 결과(Result)로 구성하는 방법으로, 주어진 특정 상황 및 임무에서 본인의 특정 행동이 어떤 결과를 야기했는지 기술하는 방식이다. **해설** 맞는 말이다.	(O)

09 이력서와 자기소개서는 비교적 일정한 양식이 있으므로 작성자의 창의성이 개입될 여지가 없다. **해설** 이력서와 자기소개서는 비교적 일정한 양식이 있어 양식의 측면에서는 창의성을 발휘하기 어렵지만, 내용 작성에서 창의성을 발휘할 수 있다.	(X)
10 짜 맞추기, 감상문, 자만심, 격언 및 사족, 불명확, 추상적, 오타 및 탈자 등이 있는 자기소개서는 인사담당자의 관심을 끌지 못한다. **해설** 맞는 말이다. 작성 후, 여러 번 점검하는 절차가 필요하다.	(O)

창의적 말하기와 글쓰기

REFERENCE 참고문헌

고용노동부 정책뉴스(2022.10.27.). 내년 외국인력 11만 명 도입. https://www.asiae.co.kr/article/2022102715161619505.

교육학용어사전(1995). 서울대학교 교육연구소. 네이버 지식백과. (2023.2.7. 인출.)

김명숙, 서혜애, 이미순, 전미란, 진석언, 한기순 역(2010). **영재교육과 재능계발**. 서울: 시그마프레스.

김애경(2019). 진정성 리더십과 변화 지향행동의 관계성: 직장 내 신뢰의 매개효과와 심리적 안전의 조절효과. 숭실대학교 대학원 박사학위논문.

김언주 역(1987). **사고기능의 교육**. 서울: 문음사.

김충선 역(1984). **삶의 의미를 찾아서**(*Victor Frankl 저, The Will to Meaning: Foundations and Applications of Logotherapy*). 서울: 청솔출판사.

김한영 역(1999). **차트로 말하라**. 서울: 씨앗을 뿌리는 사람.

김형자(2009). **김형자의 과학 이야기**. 경기: 베이비북스.

네이버 국어사전(2023).

네이버 지식백과. 듣기 [listening] (Basic 고교생을 위한 국어 용어사전, 2006. 11. 5., 구인환).

네이버 지식백과. 이야기 듣기 (한국향토문화전자대전).

네이버 지식백과. [James-Lange theory, (상담학 사전, 2016. 01. 15., 김춘경, 이수연, 이윤주, 정종진, 최웅용).

네이버 지식백과. [Cannon-Bard theory, (상담학 사전, 2016. 01. 15., 김춘경, 이수연, 이윤주, 정종진, 최웅용).

박권생, 손기준 역(1991). 여섯 가지 사고모-deBono의 사고개발기법, 서울: 교육과학사.

박영태(1993). 요령보다는 노력을. 청조. 46호. 부산고등학교.

박영태(2001). 창의성, 인성, 그리고 창의적 인성의 의미분석. **동아대학생연구**, 29, 23-50.

박영태(2002). **창의성의 별**. 서울: 학지사.

박영태(2004). 사랑의 학습지도법. 서울: 학지사.

박영태(2012). 창의인성 함양을 위한 MeFOT 모형과 질문생성기법. MeFOT 창의인성연구, 1(1), 5-26.

박영태(2013a). MeFOT의 정보생성을 위한 학습의 눈. MeFOT 창의인성연구, 2(2), 5-26.

박영태(2013b). 창의인성 함양을 위한 Think Magnet 2(1), 5-27

박영태(2014). 창의인성 함양을 위한 누리과정에의 MeFOT 적용방안. MeFOT 창의인성연구, 3(1).

박영태(2015). 유치원 교사의 MeFOT기반 스트레스 대처방안. MeFOT 창의인성연구, 4(1) 5-26.

박영태, 하수연(2004). 창의적 두뇌게임. 서울: 학지사.

박영태, 하수연(2008). 유아교육과 프레젠테이션. 부산: 동아대학교 출판부.

박원혁(2016). 대학생의 성취동기와 자기통제력이 셀프리더십에 미치는 영향. 인문사회21, 7(3), 545-570.

박종성 역(2007). 생각의 탄생. 서울: 에코의 서재.

박종성 역(2008). 조앤 에릭슨. 감각의 매혹 내 안의 잠재력을 불러내는 창조성의 열쇠. 서울: 에코의 서재.

박종태, 김현호(2003). 성공 프레젠터의 실전 노하우. 서울: 이비컴.

백종억, 권낙원, 반용성 역(1987) 성공적인 교사가 되는 길(Gordon, T., Teacher Effectiveness Training), 서울: 성원사.

법원사람들(2023.1.23. 인출). 한글 맞춤법 띄어쓰기 규정. https://www.scourt.go.kr/portal/gongbo/PeoplePopupView.work?gubun=24&seqNum=1545.

서영숙 역(2007). 영혼을 깨우는 12감각(알베르트 수스만. De twaalf zintuiger. Leraren Van de mensheid) 서울: 섬돌출판사.

서울신문(2023.1.31.). 몸값 뛴 '외노자' 모시기…외국인 복지 강화 나섰다. https://n.news.naver.com/mnews/article/081/0003336202?sid=102, 2023.1.31.

신승철, 이종만 역(1991). 아직도 가야 할 길(The Road Less Traveled, M. Scott Peck), 서울: 열음사.

심일섭역(2002). 프랭클 실존분석과 로고테라피(Doctor and the Soul. Victor E. Frankl.) 서울: 도서출판 한글.

연세교육개발센터(2005). 파워 프레젠테이션 워크샵.

이관용, 이장호 역(1982). 카운슬링과 심리치료의 이론과 실제. 서울: 대한교과서주식회사.

이상로, 이관용 역(1984). 성격의 이론(Hall, C.S. & Lindzey, G., Theories of Personality), 서울: 중앙적성출판부.

이상우, 정종진 역(1995). 인간성격의 이해(Schultz, D. grow psychology, models of healthy personality), 서울: 중앙적성출판사.

이언영(2017). 영유아교사가 인식하는 원장 리더십과 교환관계, 교사효능감과의 관계 연구. 동방문화대학원대학교 박사학위논문.

잡코리아(jobkorea.co.kr) (2023.02.03.). 취업 자소서 2021 하반기 신입 광동제약(주), 취업성공툴

조진영(2002). 프레젠테이션 전략과 실전 노하우. 서울: 길벗.

조흥소식(1993. 5). 가정에서의 피그메이리언 효과, 제400호.

최수일(2006). "리더십과 권력이 조직유효성에 미치는 영향에 관한 연구". 호서대학교 벤처전문대학원 박사학위논문.

하수연(2018). 장안대학교 학보.

하수연(2021). 화성신문. 전문가 칼럼 화성춘추 110, 2021.07.26

하수연(2021). 화성신문. 전문가 칼럼 화성춘추 124. 2021.11.15.

하수연(2023). 화성신문. 전문가 칼럼 화성춘추 180. 2023.02.06.

한국교육개발원 편(1996). 한국교육비전 2020. 연구보고 RR 96-4.

한국어 어문 규범(2023). https://kornorms.korean.go.kr. 2023. 1. 23.

한국해학연구회(1994). 유모어 화술. 서울: 보성출판사.

한글 맞춤법[시행 2017.3.28.] 문화체육관광부 고시 제2017-12호(2017. 3. 28.). https://kornorms.korean.go.kr. 2023. 1. 23.

한정선(2004). 프레젠테이션, 하나의 예술. 서울: 김영사.

Arnold, M. B.(1960). Emotion and Personality. *Psychological Aspects, 1*. New York: Columbia University Press.

Bass, B. M.(1985). Leadership and Performance Beyond Expectations. New York: Free Press, 31, 4-22.

Bass, B. M.(1990). From Transactional to Transformational Leadership: Learning to Share the Vision. *Organizational Dynamics, 18*(3), 179-189.

Bass, B. M., & Avolio, B.(1993). Transformational Leadership: A Response to Critiques, In M. Chemers & R. Ayman(eds.). *Leadership Theory and Research: Perspectives and Directions, 49-80*, New York: Academic Press.

Bryant, A., & Kazan, A.(2012). Self-leadership: how to become a more successful, efficient, and effective leader from the inside out. New York: McGraw-Hill.

Burns, J. M.(1978). Leadership. NY: Haper & Raw, Publishers.

Cannon, W.(1927). The James-Lange Theory of Emotions: A Critical Examination and an Alternative Theory. *The American Journal of Psychology, 39*(1/4), 106-124. doi:10.2307/1415404. JSTOR 1415404. S2CID 27900216

Clark. R., & Lyons, C.(2004). Graphics for Learning. San Francisco: Pfeiffer, John Wiley & Sons, Inc.

Covey, S. R.(2003). The Seven Habits of Highly Effective People. 김경섭 역(2017). 성공하는 사람들의 7가지 습관. 서울: 김영사.

Devito, J. A.(2003). Human Communication. Pearson Education, Inc.

Diamond, M. & Hopson, J.(1998). Magic trees of the mind. New York: Dutton.

Frankl, V. E.(1970). The Will to Meaning: Foundations and applications of Logotherapy. New American library(김충선 역, 1984. 삶의 의미를 찾아서. 서울: 청솔출판사.)

Fromm, E.(1975). The Art of Loving, 사랑의 기술. 서울: 삼지사.

Fromm, E.(1978). Man for Himself, Routledge & Kegan Paul.

Gick, M. L., & Lockhart, R. S. (1995). Cognitive and affective components of insight. In R. J. Sternberg and J. E. Davidson(Eds.), *The Nature of Insight*, 197-228. Cambridge, MA: MIT Press.

Goldstein, E. B.(2007). Sensation and perception. 7th ed. (김정오, 곽호완, 남종호, 도경수, 박권생, 박창호, 정상철 역, 2008). 감각과 지각. 서울: 시그마프레스

Gordon, T.(1970). PET: Parent Effectiveness Training. New York: New American library.

Gordon, T.(2019). Parent Effectiveness Training: The Proven Program for Raising Responsible Children.

Hersey, P., & Blanchard, K. H.(1988). Management of Organization Behavior. Englewood Cliffs, NJ: Prentice-hall.

Hughes, M., Patterson, L .M., & Terrell, J. B.(2005). Emotional Intelligence in Action. Pfeiffer.

Ilies, R., Morgeson, F. P., & Nahrgang, J. D.(2005). Authentic leadership and eudaemonic well-being: Understanding leader-follower outcomes. *The Leadership*

Quarterly, 16, 373-394

Koontz, H., & O'Donnell C.(1976). Management, a Book of Readings. *McGraw-Hill series in management*. McGraw-Hill.

Lasswell. H. D.(1948). The structure and function communication in society in Bryson (ed.). The Communication Ideas.

LeDoux, J. E.(1996). The Emotional Brain, The mysterious underpinnings of emotional life. New York: Simon & Schuster.

Manz, C. C.(1983). The art of self-leadership: Strategies for personal effectiveness in your life and work. Englewood Cliffs, NJ: Prentice-Hall, Inc.

Manz, C. C.(1986). Self-Leadership toward an expanded theory of self-influence process in organization. *Academy of Management Review, 11*(3), 585-600.

Manz, C. C., & Neck, C. P.(1999). Mastering self-leadership: Empowering yourself for personal excellence(2nd ed.). Upper Saddle River, NJ: Prentice Hall

Manz, C. C., & Sims, H. P.(1990). Self-management as a subsitute for leadership: A social learning theory perspective. *Academy of Management Review, 15*(2), 361-367

Manz, C. C., & Sims, H. P. Jr.(2001). New Super leadership: Leading Others to Lead Themselves. Berrett-Koehler, San Francisco, CA.

Mehrabian, A.(2009). "Silent Messages"- A Wealth of Information About Nonverbal Communication (Body Language)". *Personality, Emotion Tests & Software: Psychological Books & Articles of Popular Interest*. Los Angeles, CA: self-published.

Millenson, J. R.(1967). The Psychology of Emotion: Theories of Emotion Perspective. John Wiley & Sons, 4, 35-36.

Neck, C. P., & Houghton, J. D.(2006). Two decades of self-leadership theory and research: Past developments, present trends, and future possibilities. *Journal of Managerial Psychology, 21*(4), 270-295.

Northouse, P. G.(2004). Leadership: Theory and Practice 3rd ed. Sage Publications of Thousand Oaks, London and New Delhi.

Nystron, C.(1978). Managers and the hi-hi leader myth. *Academy of Management Journal, 21*, 325-331.

Seltzer, S. & B. M. Bass(1990), Transformational leadership: Beyond initiation and consideration. *Journal of Management, 16.*

Spears, L. C(1995). Insights on Leadership, Service, Stewardship, Spirit, and Servant

Leadership (pp.38-42). New York: John Wily & Sons, Inc.

Sternberg, R. J., Ed.(1988). The Nature of Creativity: Contemporary Psychological Perspectives. Cambridge: Cambridge University Press.

Sternberg, R. J.(1988), Triangulating love, Sternberg, RJ. & Barnes M.L.(ED.), The Psychology of Love, Yale University.

Stewart, G. L., Manz, C. C., & Sims, H. P.(1999). Team work and group dynamics. New York: John Wiley.

Stogdill, R. M.(1974). Handbook of Leadership: A Survey of Theory and Research. New York: Free Press.

Walumbwa, F. O., Avolio, B. J., Gardner, W. L., Wernsing, T. S., & Peterson, S. J. (2008). Authentic leadership: Development and validation of a theory-based measure. *Journal of Management, 34*(1), 89-126.

Yukl, G.(2002). Leadership in Organizations: Fifth Edition. New Jersey: Prentice Hall Inc.

http://jincheon.grandculture.net/jincheon

https://crossmancommunications.com/4mat/

https://en.wikipedia.org/wiki/Cannon-Bard_theory. (2023.02.06.)

https://en.wikipedia.org/wiki/Hearing (2023.2.3. 인출).

https://en.wikipedia.org/wiki/James-Lange_theory. (2023.02.06.)

https://nationalcareers.service.gov.uk/careers-advice/interview-advice/the-star-method

https://newsroom.daewoong.co.kr/archives/2493

https://www.cmu.edu/tepper/alumni/assets/docs/star-story.pdf

https://www.merriam-webster.com /dictionary/

https://www.youtube.com/watch?v= BGybHqCJokU

Waldinger. https://www.ted.com/speakers/robert_waldinger, (2023.02.10.)

wikipedia, (2023.2.3.).

AUTHOR 저자소개

하 수 연

경성대학교 유아교육과 졸업
동아대학교 교육대학원 유아교육 전공(교육학 석사)
동아대학교 대학원 교육학 전공(교육학 박사)
현) 장안대학교 유아교육과 교수

박 원 혁

한양대학교 법학과 졸업
Idaho State University(교육학 석사)
Idaho State University(교육학 박사)
전) 영남대학교 고등교육정책연구소 연구교수
현) 영산대학교 연구교수

박 영 태

서울대학교 교육학과 졸업
동아대학교 대학원 교육학과(교육학 석사)
동아대학교 대학원 교육학과(교육학 박사)
전) 동아대학교 교육학과 교수
현) 동아대학교 교육학과 명예교수

창의적 말하기와 글쓰기

초판 1쇄 발행 / 2023년 3월 7일
초판 2쇄 발행 / 2025년 3월 5일

•

공저자 / 하수연 · 박원혁 · 박영태
발행인 / 이 중 수
발행처 / **동 문 사**

•

서울특별시 서대문구 홍제원 1길 12
(홍제동 137-8)
Tel: 02)736-3718(대), 736-3710, 3720
Fax: 02)736-3719
등록번호: 1974.04.27. 제9-17호
가격: 22,000원

•

ISBN: 979-11-6328-513-7(93800)
E-mail: dong736@naver.com
www.dongmunsa.com

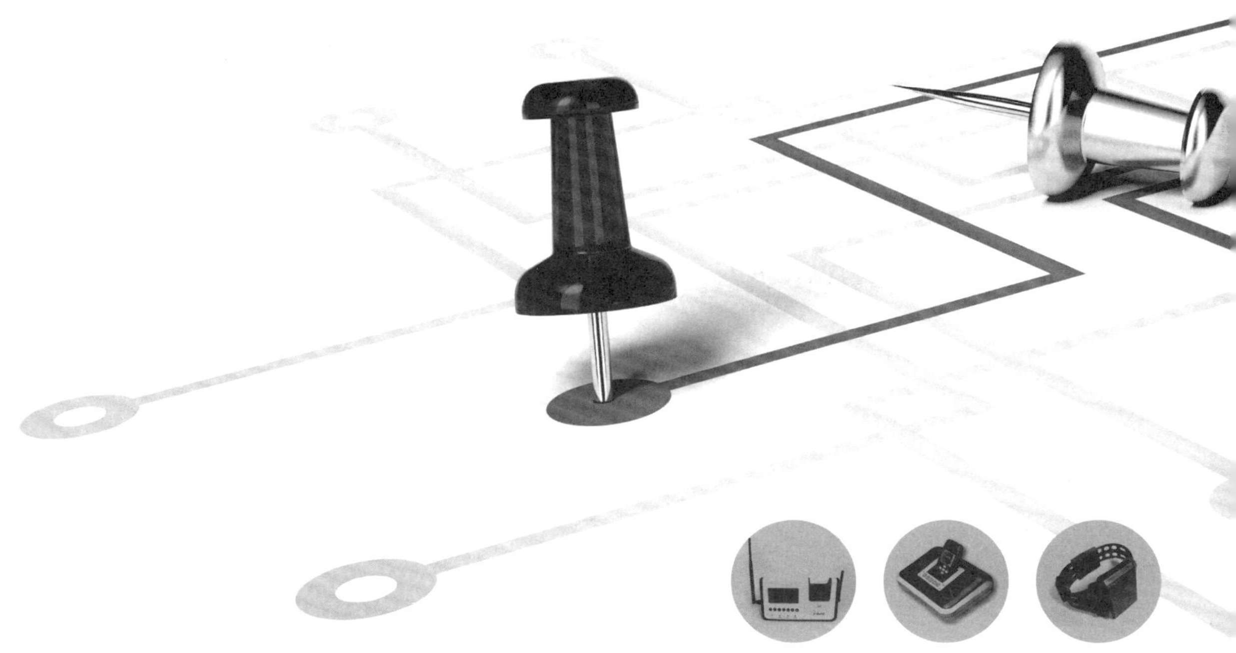

Electronic Monitoring for Offenders

한국 전자감독제도론

범죄인 위치추적과 전자발찌 운용에 관한 이론과 실무

한영수 · 강호성 · 이형섭

박영사

Electronic Monitoring for Offenders in Korea

— Theory and Practice of GPS Tracking and Electronic Tagging —

by

Han, Young Soo
Kang, Ho Sung
Lee, Hyung Seob

머리말

2013년은 우리나라에서 전자감독제도가 시행된 지 5주년이 되는 시점이다. 세계에서 최초로 전자감독을 시행한 미국은 이미 30년의 역사가 있으며, 형사사법 각 단계에서 구금형의 대안이나 사회내처우의 감독 강화를 위한 수단으로 다양한 전자감독 프로그램을 운영하고 있다. 미국, 영국 등과 같이 이미 오래 전부터 전자감독을 실시한 국가에서 전자감독의 초기 모습은 수용시설의 과밀화를 해결하기 위한 형벌의 대안으로서 주로 위험성이 낮고 비폭력적 범죄를 저지른 범죄자에 대한 가택구금 내지 외출제한 명령의 형태였다. 그러나 과학기술이 발달함에 따라 실시간으로 범죄인의 소재지를 파악하는 것이 가능해지면서, 현재 북미와 유럽의 주요 국가에서는 GPS를 활용한 '위치추적 전자감독제도'를 계속 확대하고 있다. 특히 아동을 대상으로 한 성폭력범죄자와 같이 재범위험성이 높은 범죄자에 대한 보안처분으로서 이 제도가 전통적 형사제재들을 대체하고 있는 추세이다.

우리나라는 2008년 9월 성폭력사범에 대한 전자감독을 처음 도입한 이후 짧은 기간 수차례의 법률개정을 통해 전자장치 부착기간을 상향조정하고, 살인과 미성년자유괴를 전자감독의 적용대상범죄로 확대하였으며, 최근에는 소급적용 합헌결정과 함께 강도범에 대한 적용확대가 예정되어 있다. 이처럼 전자감독제도는 빠르게 발전하고 있다. 전자감독에 관한 이론적·경험적 연구문헌도 전에 비해 훨씬 풍성해진 느낌이다. 그러나 우리나라에서의 전자감독제도의 급속한 변화와 발전 속도에 비추어 볼 때, 전자감독의 실제적인 운영에 도움을 줄 수 있는 종합적이고 체계적인 이론 및 실무 교재가 없는 실정이다. 더군다나 전자감독 관련 법규는 사회적 이슈 제기와 여론의 변화에 맞추어 제도시행 5년이라는 짧은 기간에도 거의 매년 개정되어 상대적으로 법체계의 정연함이 부족하고 개정내용도 많아서 형사사법 전문가들조차 쉽게 이해하기 어려운 제도가 되었다.

이러한 상황에서 전자감독제도의 개념을 정의하고 법률에 규정된 전자감독의 부과절차와 집행에 관한 내용을 알기 쉽게 정리하여 이 분야의 전공학생과 관련 종사자에게 제시하는 것은 매우 시의적절한 일로 보인다. 또한 지난 5년간의 시행성과를 되돌아보고 다른 세계 주요 국가의 전자감독제도 운영사례를 벤치마킹하는 것도 필요한 시점이다. 아울러 현행 우리나라 전자감독제도의 문제점과 향후의 발전과제를 점검해 보는 것도 매우 의미 있는 작업이라고 할 수 있다.

이런 이유에서 전자감독에 관한 이론을 다년간 연구하고, 전자감독 실무현장에서 제도운영에 직접 참가하고 있는 저자들이 이 제도를 소개할 개론서를 공동으로 집필하는 데 쉽게 뜻을 모을 수 있었던 것은 그리 놀랄 일이 아니다. 그러나 집필의 과정은 결코 순탄하지 않았다. 국내에서는 아직도 전자감독의 개념, 심지어는 이 제도를 지칭하는 용어에 대한 합의마저 완전히 이루어지지 않은 상황이기 때문이다. 더군다나 최초로 시도되는 전자감독제도에 관한 소개 책자이기 때문에 참고할 만한 문헌이 부족하였고, 제도운영과 관련된 여러 자료에 대한 접근이 용이하지 않았다. 그럼에도 불구하고 관련 자료 수집과 정리에 도움을 준 위치추적중앙관제센터의 성의찬, 차승헌, 윤영국 책임관에게 깊은 감사의 말씀을 드린다. 또한 이 책자가 나오기까지 원고의 교정과 출판을 지원해 주신 박영사 안종만 대표와 박세기 과장과 이강용 편집위원에게도 사의를 표한다.

부디 이 책이 우리나라 전자감독제도 발전의 밑거름이 되기를 바란다. 더 나아가 우리나라의 형사정책과 사회내처우가 더욱 발전하는 데 조금이나마 기여할 수 있게 되기를 바란다.

2013. 9.

공저자

한국 전자감독제도론

차 례

제3부 전자감독제도의 운영

제 6 장 전자감독 운영현황

제 1 부 전자감독의 이해

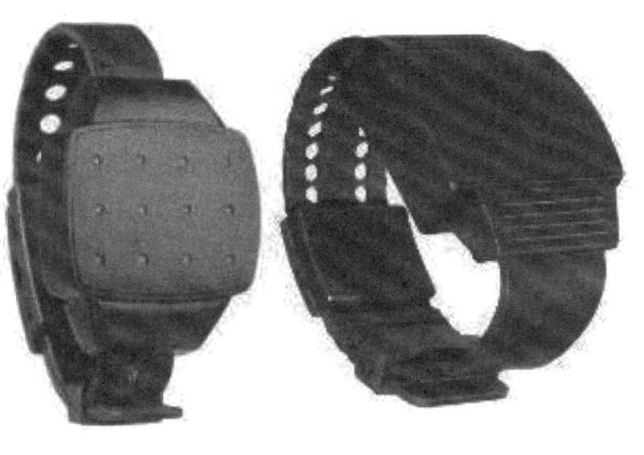

제1장 전자감독의 의의

정보통신기술의 눈부신 발전에 따른 사회의 변화는 급기야 형사사법 영역에도 새로운 변화를 초래하였다. 범죄인에 대한 전자감독의 도입과 시행이 바로 그것이다. 전자감독의 도입은 단순히 새로운 형사제재수단 하나를 도입하는 수준을 넘어 전체 형사통제시스템을 새로이 구축하는 의미를 지니고 있다(한영수, 2000:242). 현재 세계 각국에서는 전자감독을 실로 다양하게 운영하고 있다. 국가마다 그 쓰임새와 용도가 다르기 때문에 그만큼 전자감독의 개념을 정의하기가 쉽지 않다. 이 장에서는 먼저 전자감독의 용어를 정의하고, 전 세계적으로 다양한 용도로 활용되고 있는 전자감독의 방식과 양태를 유형별로 분류한 다음, 전자감독의 정책적·제도적 의의를 논하기로 한다.

제1절 전자감독의 용어 정의

전자감독을 지칭하는 용어들은 다양하다. 현재 우리나라에서 사용되고 있는 용어만 해도 '전자감시', '위치추적제도', '전자발찌제도', '전자장치 부착명령', '위치관리제도' 등이 있다. 이러한 용어들의 개념을 먼저 살펴보고, '전자감독'으로 통칭하려는 이유를 설명하고자 한다.

1. 전자감독을 지칭하는 용어들

(1) 전자감시(Electronic Monitoring)

'전자감시'는 '전자적 기술을 범죄인의 감독에 이용하는 것'을 지칭하는 용어로서 종래까지 우리나라에서 가장 광범위하게 사용되어 왔다(정갑섭, 1993; 명형식, 1999; 이현희, 1999; 정완, 1999; 주희종, 1999; 김혜정, 2000; 곽병선, 2001). 영문 'electronic monitoring'을 그대로 직역한 용어이기도 하다.

그러나 '전자감시'라는 용어는 다음 두 가지 측면에서 제한점이 있다. 첫째, '감시'라는 용어는 억압적이고 부정적 뉘앙스가 있으며 그 용례에 있어서도 제한적이다. 즉, 감시라는 용어를 제도의 명칭으로 사용할 때 치료프로그램의 적용과 같은 범죄인에 대한 처우와 보호관찰관에 의한 대면접촉을 통한 지도감독을 개념적으로 포섭하는 데 장애요인이 된다. 둘째, 개념적 확장성이 크지 않다. 이 용어는 범죄인의 소재 여부를 확인하는 테크놀로지와 주로 관련되어 있다(김일수, 2005:10-11). 따라서 알코올이나 약물 음용 여부의 원격지 확인장치 등 향후 다양하게 발전할 수 있는 전자적 기술의 활용까지 모두 포섭하여 표현하는 데는 한계가 있다.

(2) 위치추적제도(GPS Tracking System)

'위치추적제도'는 위성항법시스템(GPS: Global Positioning System)을 이용하여 24시간 실시간으로 범죄인의 이동경로와 위치를 확인하는 제도를 의미한다. 제도도입 당시에는 '전자위치확인제도'(여의도연구소, 2005)로 불리기도 했으나 2008년 「특정 성폭력범죄자에 대한 위치추적 전자장치 부착 등에 관한 법률」이 제정되면서 '위치추적제도' 또는 '위치추적 전자감독제도'라고 불리게 되었다. 법무부에서는 2011년 공식적으로 '위치관리제도'라는 용어를 사용하기도 하였다(법무부, 2011a:7). 이 용어는 GPS 위치추적방식을 적용하여 실시간으로 범죄인의 이동경로를 확인하는 특정한 유형의 전자감독을 제한적으로 지칭하는 것으로 볼 수 있다.

(3) 전자발찌제도(Electronic Tagging System)

'전자발찌'는 전자감독에 사용되는 전자장치의 일종으로 특히 범죄인의 신체에 부착하는 장치를 일반적으로 지칭하는 용어이다. 법령상으로는 위치추적 전자장치의 일종인 ‘부착장치’를 의미한다. 위치추적 전자장치란 전자파를 발신하고 추적하는 원리를 이용하여 위치를 확인하거나 이동경로를 탐지하는 일련의 기계적 설비를 말한다. 전자발찌인 ‘부착장치’는 ‘휴대용 추적장치’ 및 ‘재택감독장치’와 함께 위치추적 전자장치의 일부분을 구성하고 있을 뿐이다. 따라서 전자적 감독장치를 모두 포괄하는 의미로 이 용어를 사용하는 것은 원칙적으로 부적절하다. 그럼에도 불구하고 ‘전자발찌제도’라고 하면 위치추적 전자장치 중 하나인 전자발찌만을 의미하지 않고 이러한 시스템을 작동하는 원리 또는 위치추적시스템을 의미하는 용어로도 사용되고 있다. 전자발찌(부착장치)가 갖는 대외적인 상징성과 함께 법령에서도 이 장치의 훼손을 가장 엄중하게 처벌하고 있어, 일반적으로 ‘전자발찌’가 위치추적 전자장치를 대표하는 것으로 인식되고 있기 때문이다. 이에 따라 법무부 등 정부당국에서도 대외적인 이해를 위하여 점차 위치추적제도 등의 용어를 갈음하여 ‘전자발찌제도’라는 용어를 공식적으로 더 많이 사용하고 있기도 하다. 일부 학술논문에서도 이 용어를 전자장치를 사용하여 범죄인의 위치를 추적하고 감시하는 형사제재수단을 통칭하는 용어로 사용하고 있다(강호성, 2012:2).

(4) 전자장치 부착명령(전자장치의 부착)

‘전자장치 부착명령’이라 함은 「특정 범죄자에 대한 보호관찰 및 전자장치 부착 등에 관한 법률」(이하 ‘전자감독법률’로 약칭)에 의하여 검사의 청구로 법원이 판결로써 특정 성폭력범죄자, 살인범죄자, 미성년자 유괴범죄자, 강도범죄자 등에 대하여 위치추적 전자장치를 부착하도록 하는 명령을 말한다. 법원은 형 집행 종료 후의 보안처분으로서 부착명령을 선고하거나 보호관찰부 집행유예의 부수처분으로 이를 선고할 수 있다(전자감독법률 제9조 및 제28조). 또한 부착명령 판결을 선고받지 아니한 특정 범죄자로서 형의 집행 중 가석방되거나 치료감호가 가종료(보호감호 가출소 포함)되어 보호관찰을 받게 되는 자는 준수사항 이행 여부 확인 등을 위하여 가석방 또는 가종료·가출소 기간 동안 전자장치를 부착하도록 규정하고 있다(같은 법 제22조 및 제23조). 그러나 가석방(가종료, 가출소)의 경우는 '전자장치 부착명령'이라고 하지 않고 단순히 '전자장치의 부착'이라고 한다. 따라서 '전자장치 부착명령'이라는 용어는 현행 전자감독법률에 의하여 특정 범죄자가 일정한 요건을 충족할 경우에 법원이 판결로써 24시간 이동경로 확인을 위한 위치추적 전자장치 부착을 명령하는 경우만을 의미하는 제한적인 용례로 사용된다.[1)]

(5) 전자감독(Electronic Supervision)

전자감독을 단순히 전자적 장치를 활용하여 범죄인을 감독하는 제도로 이해할 경우, '기계에 의한 인간의 감시'라는 부정적 느낌을 주는 것이 사실이다. 그러나 '전자감독'이란 전자적 기술을 활용하여 범죄인의 형벌 또는 보안처분을 집행하는 것을 의미하며, 단순한 기계적 설비의 적용뿐 아니라 범죄인에 대한 상담 · 치료 등 사회내처우를 포섭하는 상위개념으로 보는 것이 타당하다. 우리나라에서 이 제도를 도입하는 과정에서 "전자감독은 전자감시, 위치추적, 전자탈찌 등과 비교하여 범죄인에 대한 처우적 측면을 포함하는 보다 상위개념의 용어"라고 정의하고, 영문도 'Electronic Monitoring' 대신에 'Electronic Supervision'으로 표기하자는 제안(김일수, 2005:11)을 따른 것이다. 즉, 전자감독이라는 용어를 사용하는 것이 보호관찰관의 대면접촉에 의한 지도감독과 치료 및 교정 프로그램의 시행까지 포섭하는 데 있어서 전자감시라는 용어를 사용하는 것보다 더 적절하다. 특히 '전자감시'라는 용어에서 '감시'라는 단어가 가지는 억압적이고 부정적인 뉘앙스가 없다는 장점도 있다.[2)] 또한 이 용어는 범죄

1) 전자감독법률은 이처럼 '전자장치 부착명령'과 '전자장치의 부착'의 두 가지 법률용어를 주의 깊게 구별하여 사용하고 있고, 두 가지 경우를 공통적으로 표현할 때는 '부착명령 등'으로 표기하고 있다. 따라서 이 책에서도 특히 법률을 설명함에 있어서 이러한 법률용어의 사용례를 따르도록 한다.

2) '감시'라는 한국어 단어는 "단속하기 위하여 주의 깊게 살핀다."라는 의미를 가지고 있어서 일이 잘되고 있는지 또는 문제는 없는지를 단순히 확인한다는 뜻이 강하다. 반면 '감독'은 "일이나 사람 따위가 잘못되지 아니하도록 살피어 단속하거나 하는 일의 전체를 지휘한다."는 뜻으로 범죄인의 사회복귀를 위한 인간적이고 적극적인 조치를 표현하는 데 보다 적합하다. 양자의 어의를 조합해 보면, 감시는 감독을 위한 전 단계로서 살피어 보는 일에 중점이 있고 감독은 그 결과를 바탕으로 바람직한 방향으로 이끌어 가는 실제적 행동 측면까지 포함한다고 볼 수 있다(네이버

인의 관리감독에 원격 알코올 탐지장치나 무인전자보고단말기(Kiosk) 등과 같은 새로운 형태의 전자적 기술을 사용하는 변화를 포괄하는 광의의 의미가 있다(김일수, 2005; 김혜정, 2006; 정진수 외, 2010; 박선영 · 심희기 · 이춘화 2010). 따라서 '전자감독'은 부착장치 등 기존에 사용되는 장치만을 강조하는 '전자발찌제도'라는 용어보다는 개념적 확장성과 발전성을 가진 용어라고 할 수 있다.

2. '전자감독' 용어 사용

'위치추적제도'와 '전자장치 부착명령'은 세계 각국에서 다양한 형태로 이루어지고 있는 전자감독을 개념적으로 모두 포섭할 수 없다. 예를 들어 '가택구금 전자감독'을 포섭하지 못한다. '전자발찌제도'라는 용어는 위치추적 전자장치의 일부 구성요소를 상징화한 것으로 그 개념이 제한적이고, 학술적인 용어로 사용하기 다소 부적절한 측면이 없지 않다. 또한 '전자감시'는 기계적인 감시와 통제에 중점을 둔 개념이기에 보호관찰관에 의한 사회내처우의 요소를 배제하는 단점이 있다(한영수, 2008:38).

그래서 범죄인의 지도감독에 전자적 기술을 적용하는 형벌과 보안처분 등 제반 형사정책수단을 통칭하는 '전자감독'이라는 용어를 사용하기로 한다. 다만 영문 표현으로는 'Electronic Supervision'이라는 용어가 아직 일반적으로 사용되지 않고 있다는 점을 감안하여 'Electronic Monitoring'이라는 표현을 그대로 사용하는 것이 개념상의 혼란을 방지할 수 있으므로 후자의 용어를 계속 사용하기로 한다. '전자감독'이란 일반인에게 다소 생소한 용어이다. 나아가 이 전문용어의 사용에 대해서 형사사법에 종사하는 실무자나 이 분야의 학자들 사이에서 완전한 합의가 이루어진 것도 아니다. 그럼에도 불구하고 저자들은 범죄인을 관리하기 위하여 전자적 기술을 사용하는 일체의 형사제재수단을 통칭하는 용어로서 '전자감독'(電子監督, Electronic Monitoring)이 가장 적합하다고 판단하였다.

국어사전 참조).

3. 전자감독의 개념정의

유럽형사문제위원회(European Committee on Crime Problems)의 행형학 협력자문위원회(Council for Penological Cooperation)는 전자감독(Electronic Monitoring)이란 형사사법절차체계에서 대상자의 위치, 이동, 특정한 행동 등을 감시·감독하는 형태를 의미하는 것으로 정의한다(법무부, 2013). 또한 "전자감독의 기술은 원격 감시통제 형태이며 범죄자들의 삶의 시공간적 스케줄을 유연하게 단속하는 수단으로 이해하면 되고, 그 이상도 그 이하도 아니다."라고 정의하는 사람도 있다(Nellis & Rossell, 2011). 이는 적어도 전통적인 보호관찰과 대비되는 독립적 처분인 전자감독의 '공허함'을 보여 주는 개념정의이다. 그러나 오히려 전자감독의 이러한 '공허함'이 법률입안자나 정책결정자의 관점에서는 장점이 되기도 한다. 왜냐하면 이러한 개념적 공허함으로 인해 전자감독은 다양한 분야에 활용될 수 있으며, 상이한 목표를 충족시킬 수도 있고, 각기 다른 상황에 쉽게 적용할 수 있기 때문이다. 즉, 전자감독은 '카멜레온'과 같이 다중적 성격을 가진다(Nellis, Beyens & Kaminski, 2013). 예를 들어 교도소 과밀수용에 대한 대체수단으로 활용될 수도 있고, 이와 달리 지역사회 내의 범죄자에 대한 감시와 처벌을 강화하라는 요구에 대한 해결책으로 제시될 수도 있다.

전자감독의 가장 핵심적 요소는 범죄자들의 시공간적 위치를 단속하는 기술에 있다(Nellis, Beyens & Kaminski, 2013). 이런 관점에서 보면 전자감독은 범죄를 방지하기 위한 '가상(virtual)감시'의 한 유형이다.[3] 그러나 전자감독이 순전한 가상기술이나 단순한 기계장치의 의미로 한정되어서는 안 된다(Lianos & Douglas, 2000). 물론 24시간 지속되는 연속신호방식과 전산시스템의 자동화된 데이터 저장에 의존하는 전자감독은 사람의 끊임없는 감독을 필요로 하지 않는다는 점에서는 다분히 '기술적'이라고 할 수 있다. 그러나 다른 각도에서 보면 전자감독의 집행은 '인간적·사회적'인 면도 있다. 왜냐하면 전자감독의 실제

3) 전자감독은 '네트워크 사회의 통신 채널'을 통해 거의 실시간으로 거리를 둔 채, 즉 원격으로 광범위한 움직임을 파악하는 원격 의사소통이다. 이는 윌리엄 미첼(William Mitchell)이 '존재의 경제성'이라고 칭했던 것인데, 전자감독은 범죄자들을 직접적으로 시각화(CCTV 방식처럼)하지 않으며 특히 그들의 위치, 존재 또는 부존재를 화면에 기표로 나타낼 뿐이다.

집행절차를 살펴보면 전자장치를 대상자에게 부착하고, 대상자의 규정준수 여부를 확인하며, 위반경보에 대한 현장대응과 법적 후속조치를 취하고, 대상자와 그 가족의 사회적 안정을 도모하는 보호관찰관의 인간적·사회적 활동을 포함하고 있기 때문이다(Nellis, Beyens & Kaminski, 2013). 이와 같은 '사회·기술적 체계'를 지니고 있는 전자감독을 단순히 '기술적 체계'로만 이해해서는 안 된다.

따라서 기존에 사용하던 '전자감시'라는 용어에서 '감시'라는 단어가 가지는 억압적이고 부정적인 뉘앙스와 제한적인 용례를 고려할 때, 이를 대신하여 '전자감독'이라는 표현을 사용하는 것이 타당하다고 본다. 따라서 '전자감독'(Electronic Monitoring)이란 전자적 기술을 활용하여 범죄인의 형벌 또는 보안처분을 집행하는 것으로, 단순한 기계적 설비의 적용뿐 아니라 범죄인에 대한 상담·치료 등 보호관찰관의 사회내처우를 포함하는 개념으로서 전자감시·위치추적·전자발찌와 같은 개념을 모두 포괄하는 용어이다.

제2절 전자감독의 유형분류

1. 가택구금방식과 위치추적방식

(1) 가택구금 전자감독

'가택구금 전자감독'은 흔히 제1세대 전자감독시스템이라고 하며, 범죄인의 주거지 이탈 여부를 파악하기 위하여 주로 '근접탐지기술'을 사용한다(김일수, 2005:12). 가택구금(Home Detention)은 이미 중세 이전부터 활용되어 온 구금제도인데, 1980년대 초반 미국에서 전자감독기술을 접목하여 지역사회 기반의 보호관찰 제재수단으로 사용되면서 영국, 프랑스, 스웨덴, 오스트리아 등 전 세계 30여 국가에서 폭넓게 활용하고 있다(Champion, 2001:464). 가택구금대상자는 미리 허가받은 외출을 제외하고는 자신의 주거지 등으로 체류범위가 제한된다(김일수, 2005:58). 즉, 가택구금대상자의 체류범위는 지정된 가택으로 한정되고, 취업활동·사회봉사·예배·의료처우·교육·직업훈련 등의 특정사유로 허가받은 경우에 한하여 예외적으로 외출할 수 있다.

가택구금 전자감독은 일명 '재택감독제도'라고도 일컫는다. 외국의 사례를 보면, 주로 교통사범이나 절도사범, 가벼운 폭력사범 등 비교적 경미한 범죄자를 중심으로 교도소 과밀구금의 대안인 대체형벌수단으로 도입된 경우가 많았으며, 전자감독기간도 평균 6개월 정도로 짧은 것이 특징이다. 가택구금 전자감독은 단순히 재택 여부만 감독하기 때문에 24시간 이동경로를 감독하는 위치추적방식에 비해서 비용이 적게 든다는 장점이 있다. 그러나 전자감독대상자가 집 밖으로 나갈 경우 위치파악이 곤란하다는 단점도 있다.

(2) 위치추적 전자감독

'위치추적 전자감독'은 전자감독대상자가 어디에 있든지, '위성항법시스템'(GPS: Global Positioning System)을 활용하여 그 이동경로를 추적하는 광대역의 지속적인 전자감독이다(Hoshen & Drake, 2001). 가택구금 전자감독은 전자감독대상자가 일정 장소에 머무르고 있는지 여부만을 확인하는 기능이 있을 뿐, 외출하는 경우에는 통제할 수 없다는 단점이 있어 이러한 문제점을 개선하기 위하여 이동통신기술이 발달한 1990년대 이후 도입이 추진되었으며 가택구금과 구별하기 위해 이를 제2세대 전자감독시스템이라고 한다(Hoshen et al., 1995; Hoshen & Drake, 2001; 김일수, 2005:12-13).

우리나라를 포함하여 외국의 사례를 살펴보면, 위치추적 전자감독은 성폭력범이나 살인범 등과 같은 흉악한 범죄자로부터 사회를 보호하려는 목적에서 형기종료 후 보안처분의 형태로 실시되는 경우가 많고, 전자발찌 부착기간도 가택구금방식에 비해 더 길다는 특징이 있다.

위치추적 전자감독은 24시간 전자감독대상자의 이동경로를 추적하기에 통신비용이 발생하고 휴대용 추적장치를 별도로 지급해야 하며, 준수사항 위반 시 담당보호관찰관이 즉각적으로 개입해야 하기 때문에 가택구금방식에 비해 비용과 인력이 많이 드는 단점이 있다.

그러나 위치추적 전자감독은 제1세대 시스템에 비하여 더 발전된 제2세대 시스템으로서 다음과 같은 장점을 가지고 있다. 첫째, 전자감독대상자의 24시간 이동경로를 확인할 수 있어 출입금지지역이나 피해자 접근금지구역 진입 시 보호관찰관에 의한 즉각적인 개입이 가능하다. 둘째, 전자감독대상자에 의하여 범행이 발생하면, 그의 이동경로 등이 담긴 수신자료를 활용하여 손쉽게 범인을 검거할 수 있다. 셋째, 전자감독대상자의 체류범위가 자신의 주거지에 한정되어 있지 않으므로 사회와의 교류가 단절되지 않은 채 생업에 종사할 수 있어 건전한 사회복귀를 촉진할 수 있다.

(3) 가택구금방식과 위치추적방식의 특징 비교

1990년대 후반 이후 위치추적 전자기술의 눈부신 발전에 따라 위치추적방식의 전자감독제도가 점차 확대되고 있는 추세에 있다. 전자감독에 있어서 가택구금방식과 위치추적방식의 특징을 유형적으로 비교하면 [표 1−1]과 같다. 다만, 이것은 전자감독에 있어서 가택구금방식과 위치추적방식의 외국 입법례를 그 유형별로 일반적 특징에 따라 비교한 것이므로, 개별 국가의 구체적인 전자감독제도는 이와 다를 수 있다.

2. 전자감독 기술방식에 의한 유형분류

'유럽형사문제위원회'의 '행형학 협력자문위원회'는 전자감독의 유형을 기술적 방식의 차이에 따라 1) 무선주파수방식(Radio Frenquency), 2) 위성추적방식(Satellite Tracking), 3) 생체신호확인방식(Biometric)으로 구분하고 있다(법무부, 2013). 전자감독의 유형을 구분하는 기준은 다양하게 설정할 수 있으나, 그 구분기준 내에서의 유형은 상호 유사한 내용을 포함할 수 있다. 전자감독은 대상자의 체류범위를 제한하는 가택구금 전자감독과 그렇지 않은 위치추적 전자감독으로 구분할 수 있는데, 이는 또한 각각 기술적 구분기준에 따른 무선주파수방식과 GPS 방식의 개념구분과 대체로 일치한다. 그러나 이론적으로는 가택구

[표 1-1] 가택구금방식과 위치추적방식의 전자감독 비교

구 분	가택구금	위치추적
도입시기	1980년대 초반 이후	1990년대 후반 이후
도입목적	교도소 과밀수용을 해소하기 위한 구금대안	성폭력 및 살인 등의 흉악한 범죄로부터의 사회방위
법적 성격	단기구금형의 대체형벌	형기종료 후 보안처분
대상범죄	교통사범이나 절도범과 같은 경미범죄자를 주로 대상으로 함 (그러나 최근에는 거의 모든 범죄자로 확대하는 경향을 보임)	주로 성폭력, 살인, 강도, 가정폭력 등의 중범죄
부착기간(평균)	대체로 6개월 미만임	대체로 5년 이상임
장 점	비용이 저렴하고, 장비조작이 간편함	대상자의 이동경로 확인이 가능하고, 범죄발생 시 검거 용이
단 점	가출 시 위치파악 곤란	인력과 예산 많이 소요됨
시행 국가[4]	미국, 영국, 스웨덴, 독일, 싱가포르 등 30여 개 국가	미국, 호주, 프랑스, 네덜란드, 한국 등 10여 개 국가

금 전자감독을 GPS 방식을 적용하여 운영할 수도 있다. 왜냐하면 가택구금이라고 하여 일체의 외출을 허용하지 않는 것이 아니기 때문이다. 이런 관점에서 보면 전자감독 기술방식에 따른 유형구분은 여전히 유효하다.

(1) 무선주파수방식(Radio Frequency)

무선주파수(RF)방식이란 소형 무선주파수 발신기를 전자감독대상자의 발목 또는 손목에 부착하고 그의 집에 설치된 '재택감독장치'에서 그 신호를 수신하게 하여 전자감독대상자가 집안에 있거나 재택감독장치에 접근하면 감독기관

4) 가택구금과 위치추적을 병행하는 국가는 미국, 프랑스, 호주, 네덜란드, 뉴질랜드, 핀란드, 포르투갈 등 10여 개국에 이르고, 위치추적만을 실시하는 국가는 우리나라와 아일랜드 그리고 사우디아라비아 등 3개국이다.

(중앙감시컴퓨터)에 신호가 전달되는 이른바 근접탐지기술을 사용하는 전자감독 방식이다(김일수, 2005:64-68). 이러한 신호전달은 유선이나 휴대전화를 통해 이루어질 수도 있다. 무선주파수(RF)방식의 전자감독은 가택구금이나 외출제한 명령에 사용되기도 한다.

무선주파수방식은 '제1세대 전자감독기술'에 해당한다. 사용하기 용이하기 때문에 여전히 세계적으로 가장 많이 사용되는 전자감독기술로서 지속적인 기술개발이 이루어지고 있다. 그러나 근접탐지기술을 사용하는 무선주파수방식에 의한 전자감독은 대상자의 특정장소(주거지)의 이탈 여부를 파악하는 데 그치고 있기 때문에 그 활용범위가 제한을 받을 수밖에 없다. 위치추적기술의 급진적 발전이 이루어짐에 따라 이제는 제1세대 방식인 무선주파수방식보다는 더 다양한 기능을 가진 위성추적방식인 '제2세대 방식'으로 대체되어 가고 있다. 최근에는 우리나라와 같이 제1세대 방식을 거치지 않고 바로 제2세대 방식의 전자감독을 도입하여 시행하는 국가도 늘어나는 추세이다.

(2) 위성추적방식(Satellite Tracking)

위성추적방식은 휴대전화 위치추적방식과 연계되어 있다. 이 방식은 지표면상과 실내·외를 모두 추적할 수 있다. 다만, 지하는 추적이 되지 않는 지역도 있다. 위치추적방식도 발찌형식의 부착장치가 필요하고[5] 위성과 전자발찌, 그리고 휴대전화 기지국과의 3각측량을 통하여 대상자의 위치정보를 전송하게 된다. 이 장치는 '실시간' 측량이 가능하여 대상자의 소재를 곧바로 관제센터에 알릴 수 있으며 소급적 위치도 추적할 수 있다. 따라서 몇 시간 후에도 지난 시간의 전자감독대상자의 위치와 행적을 찾을 수 있다. 일부 시스템은 전자감독대상자의 실시간 위치추적과 소급적 추적을 결합시키고 있으며 내장된 문자장치로 설명서를 제공할 수도 있다.

위성추적방식의 전자감독대상자들은 매일 자신의 전자장치를 충전하여야 하는 불편함을 감수해야 한다. 종래까지는 위치추적장치를 반드시 전기플러그에

5) 때때로 허리에 벨트 형식으로 된 컴퓨터 장치를 부착해야 하는 경우도 있다.

부착된 상태로 충전할 수 있었지만, 지금은 새로운 기술발전에 힘입어 비록 단거리이기는 하지만 충전기와 일정범위 내에 있기만 해도 충전이 가능하다. 위성추적방식의 전자감독장치는 대상자의 가택구금 시에도 사용가능하고, 출입금지지역이 지정되었거나 행동금지명령이 부과된 전자감독대상자에 대한 지도감독에도 적용할 수 있다. 이 장치는 피해자보호를 위하여 대상자가 접근하거나 일정한 행위를 할 경우 미리 경고하는 수단으로도 활용되기도 한다. 이 시스템은 대부분 지도와 결합되어 최근 발생한 범죄의 장소와 그 부근을 지도상으로 바로 보여 줄 수 있다. 이 정보는 전자감독대상자의 범죄억제를 위한 가시적 수단으로 기능하며, 수사와 재판 과정에서 유죄 혹은 무죄의 증거로도 사용된다.

(3) 생체신호확인방식(Biometric)

1) 음성인식방식(Voice Verification)

음성인식은 전자감독의 한 형태로서, 형의 선고 시 전자감독대상자의 고유한 신체적 성문(聲紋)[6]을 녹음하여 이용하는 것이다. 관제센터가 대상자에게 전화를 걸 때마다 대상자의 목소리는 원래 기록된 성문에 맞도록 저장되며 통화와 동시에 위치 등이 저장된다. 음성인식시스템은 대상자가 일정하게 정해진 장소에 있음을 확인하는 데 사용되거나 몇몇 정해진 장소(사회봉사장소, 직장 등)에서도 위치추적이 가능하다. 이러한 음성인식시스템은 별도의 장치부착을 수반하지 않으며 대상자에 대한 낙인(stigma)효과도 적어 전문가들은 소년범죄 등에 보다 적합한 전자감독시스템이라고 평가하기도 한다.

2) 원격 알코올감독(RAM: Remote Alcohol Monitoring)

원격 알코올감독은 두 가지 형태가 있다. 첫 번째는 음주측정기를 무선주파수방식에 연계시켜 재택감독장치를 집에 설치하는 형태로, 대상자는 무작위로 관제센터로부터 전화를 받고, 이에 바로 음주측정을 한다. 이 결과는 곧바

---

6) 주파수분석장치를 이용하여 사람의 음성을 분석한 것으로서, 사람마다 고유하여 지문처럼 범죄수사에 이용된다.

로 전화선을 통해 관제센터로 전달되고, 음성인식기술이나 사진, 혹은 얼굴인식기술에 의하여 대상자의 동일성 여부를 판별하게 된다. 두 번째는 휴대전화를 이용하는 방식으로 전자감독대상자가 반드시 일정한 위치에 있을 필요가 없도록 그의 신체(예: 발목)에 전자장치를 부착하는 방식이다. 이 전자장치는 피부를 통해 바로 대상자의 체내 알코올농도를 측정하며 정기적으로 알코올수치를 휴대전화망을 이용하여 관제센터에 전송하므로 대상자의 알코올섭취를 측정하고 관리할 수 있다. 이 시스템은 대상자의 알코올섭취량을 줄이거나 제한하거나 심지어 금지함으로써 대상자의 '자기조절'을 유도하는 기능도 있다.

3) 무인정보시스템(Kiosk Reporting)

무인정보시스템은 보호관찰소에 설치된 장치로서 표면상으로는 보호관찰관들이 많은 사건들을 다룰 수 있도록 돕기 위해 고안된 장치이지만, 실제로는 위험도가 낮은 대상자들의 관리를 위한 감독시스템의 형태이다. 보호관찰대상자는 실제 보호관찰관과 대면보고를 하는 것이 아니라 무인정보시스템(키오스크 장치)을 통하여 보고하면 바로 컴퓨터와 연계되어 정보가 처리된다. 대상자는 키오스크 장치에 자신의 지문이나 성문을 입력함으로써 자신의 신원을 확인시킨다. 키오스크 장치는 대상자의 최근 행적에 관한 소정의 질문을 함으로써 대상자의 답변을 기록하며, 그 결과 보호관찰관은 대상자의 준수사항 이행 여부를 확인한다.

3. 형사사법절차에 따른 유형분류

(1) 재판전(pre-trial) 단계에서의 전자감독

재판전 단계에서의 전자감독은 주로 미결구금의 대안으로 가택구금 전자감독을 활용하는 것을 말한다. 구속의 목적이 수사와 재판을 진행하기 위하여 피의자나 피고인의 신병을 확보하는 것에 있다면, 전자감독에 의한 가택구금의 방법으로 그 목적을 충분히 달성할 수도 있다. 그래서 보석의 조건으로 가택구금 전자감독을 명하는 방식이 많이 활용되고 있다.

(2) 재판후 단계에서의 전자감독

1) 정문유형(front door model)의 전자감독

정문유형의 전자감독이란 처음부터 피고인을 구금시설에 수용하지 않고 그 대신에 구금시설 외에서 전자감독을 받게 하는 것이다. 법원이 피고인에게 독자적인 형벌의 일종으로 전자감독을 선고할 수도 있고, 형의 집행이나 형의 선고를 유예하는 조건으로 전자감독을 부과할 수도 있다. 또한 (단기)자유형을 선고하되 그 집행을 가택구금 전자감독의 방법으로 할 수 있게 하는 입법례도 여기에 해당한다.

2) 후문유형(back door model)의 전자감독

후문유형의 전자감독이란 교정시설(또는 감호시설)에서 출소한 자를 대상으로 전자감독을 실시하는 것이다. 조기석방의 조건으로 구금시설 외에서 전자감독을 받게 하는 것이 대표적인 예이다. 형기종료 후에 사회방위를 위한 보안처분의 일종으로 전자감독을 받게 하는 것도 후문유형의 전자감독으로 이해할 수 있다.

제3절 전자감독의 정책적·제도적 의의

1. 전자감독의 이론적 근거

전자감독의 재범방지효과에 관한 이론으로는 1) 억제이론, 2) 합리적 선택이론, 3) 일상활동이론, 4) 통제이론 등이 있다(박선영·심희기·이춘화, 2010; 강호성·문희갑, 2010; 강호성, 2012).

(1) 억제이론(Deterrence Theory)

억제이론이란 엄격하고 신속한 처벌이 범죄를 억제할 수 있다는 전제하에 범죄자를 반드시 검거하여 엄중하게 처벌하여야 범죄가 감소한다는 이론이다

(Vold, Bernard & Sniper, 2002). 억제이론의 핵심적인 내용, 즉 처벌의 엄격성과 범죄에 상응하는 처벌이 갖는 범죄억제효과에 대해서는 이미 18세기 고전주의 범죄학의 시초인 베카리아와 벤담의 시대부터 주장되었다. 억제이론으로부터 나오는 가장 일반적인 형사정책은 법정형 상향조정, 양형가중, 경찰력 강화 등이다(Smith & Akers, 1993; Weisburd et al., 1995).

억제이론에 의하면, 범죄예방효과는 다음 두 가지 방식으로 작용한다. 첫째, 범죄자를 확실히 검거하여 엄중하게 처벌하면 그들이 다시 범죄를 저지르지 않을 것이라는 개별억제(specific deterrence) 내지 특별억제(special deterrence)의 효과이다. 둘째, 범죄자에 대한 엄중한 처벌을 본보기로 보여 줌으로써 국가형벌에 대한 두려움을 일반인에게 심어 주어 범죄를 예방한다는 일반억제(general deterrence)의 효과이다(Zimring & Hawkins, 1968; Akers & Sellers, 2005:46−47).

엄격 · 신속 · 확실한 처벌을 통하여 범죄를 예방할 수 있다는 억제이론은 우리나라의 전자감독제도 도입취지와 상당 부분 부합한다(박선영·심희기·이춘화, 2010:33; 강호성, 2012:19). 전자감독제도가 교정시설 과밀수용의 완화수단 및 사회내처우의 강화수단으로 도입된 외국과 달리, 우리나라의 경우 고위험 성폭력범죄자에 대한 강력한 처벌을 요구하는 국민적 요구에 부응하기 위하여 도입되었기 때문이다. 대상자의 이동경로를 24시간 추적하는 방식의 전자감독제도는 대상자가 범행발생 시간과 장소에 있었는지 여부를 쉽게 파악할 수 있어 범인검거에 상당히 용이하다. 실무에서는 보호관찰관이 이러한 작동원리를 전자감독대상자에게 수시로 교육함으로써 범행발각과 범인처벌에 대한 확실성을 심어 주어 범죄억제의 효과를 높이려고 하고 있기도 하다(강호성·문희갑, 2010; 강호성, 2012:19−20).

(2) 합리적 선택이론(Rational Choice Theory)

합리적 선택이론은 경제학의 '기대효용원리'에 입각하여 범죄행위는 처벌의 가능성과 엄격성에 반비례하므로 범죄비용과 범죄수익을 비교한 범법자의 기대효과와 보상에 기초한다고 주장한다. 즉, 인간은 범죄로 인하여 얻게 될 이익과 손실의 크기를 서로 비교하여 범행 여부를 결정한다는 것이다(박상기·손동권·이순래, 2009:76).

합리적 선택이론은 고전주의 범죄학파에 의해 범죄발생 원인에 관한 이론으로 연구되기 시작되어 1980년대 영국과 미국의 범죄학자들을 중심으로 현대적 범죄이론으로 정립되었다(Akers & Sllers, 2005). 합리적 선택이론이 비록 고전주의적 억제개념에서 시작하였지만 지금에 와서는 그 개념이 상당히 복잡해졌다. 즉, 합리적 선택이론은 잠재적 범죄자뿐만 아니라 피해자의 사고과정 및 선택과정에 대한 수많은 변수들을 구체화함으로써 기존의 억제연구를 확장하였다. 범죄자는 범죄유형을 선택해야 하고, 범행 장소와 시간도 선택해야 하며, 범행 이후에 무엇을 할 것인가도 결정해야 한다(Brown, Esbensen & Geis, 2010:201). 합리성의 정도가 어떻든 간에 '선택'은 범죄자와 피해자의 지속적인 결정과정이며 이러한 선택은 다른 수많은 요인에 또다시 영향을 받는다. 예를 들어 금전욕, 가치관, 학습경험 등 범죄자 자신의 개인적 요인과 범행대상의 보호 정도, 주위환경 등 모든 상황적 요인을 고려해야 하기 때문이다(박상기·손동권·이순래, 2009:76).

합리적 선택이론의 핵심내용은 인간을 합리적 · 경제적 사고를 할 수 있는 존재로 간주하여 인간은 자신의 행위로 인한 기쁨과 이득이 고통과 불편보다 크다고 기대되면 그 행위를 실행하지만, 반대로 그로 인해 기대되는 이득이나 기쁨보다 불편과 고통이 더욱 크다고 판단되면 실행하지 않는다는 것이다. 이 이론을 전자감독과 결부시켜 보면, 대상자들은 자신들이 재범할 경우 즉시 발각되어 처벌될 가능성이 매우 높다는 사실을 알고 있기 때문에 범행을 포기하는 선택을 할 것으로 기대된다(조윤오, 2010; 강호성, 2012:19). 물론 이것은 대상자가 '합리적 · 경제적 인간'임을 전제할 때 성립할 수 있는 이론이다.

(3) 일상활동이론(Routine Activities Theory)

일상활동이론이란 범죄자가 범행을 하기 위해서는 '동기화된 범죄자, 적절한 범죄대상, 감시의 부재'라는 세 가지 조건을 모두 충족해야 한다는 이론이다

(Cohen & Felson, 1979). 예컨대 대인범죄(또는 재산범죄)가 발생하기 위해서는 가해자와 피해자(또는 범행대상물)가 동일한 시간과 공간에 존재해야 하는데, 만일 범죄를 억제할 수 있는 다른 사람, 즉 보호자(guardian)가 함께 있다면 범죄를 예방할 수 있다는 주장이다. 이러한 보호자로는 일반적으로 경찰, 경비원, 이웃, 범죄자의 배우자 등이 예시되고 있으나(Felson & Clarke, 1995), 전자감독을 받는 경우에는 부착된 전자장치가 이러한 보호자의 역할을 하게 된다(Renzema, 2003). 일상활동이론을 전자감독과 결부시켜 보면, 전자장치에 의한 대상자의 위치추적과 이동경로 파악으로 인하여 피해자와의 접촉을 어렵게 하고(접근금지), 아동청소년 보호구역 등에 접근하는 것을 제한하며(출입금지), 특정 시간대 외출을 금지하여(외출제한) 범죄행위에 필요한 조건을 충족하지 못하도록 할 수 있다(강호성, 2012:19-20).

(4) 통제이론(Control Theory)

통제이론에 의하면, 범죄란 개인의 사회적 결속이 약화되거나 붕괴되었을 때 발생한다고 주장한다. 이에 따라 통제이론은 범죄의 동기를 당연한 것으로 여기고 오히려 순응의 문제에 초점을 두고 있다. 사회의 각 구성원이 범죄를 저지르지 않고 오히려 사회에 순응하도록 통제하는 요인으로 '애착·관여·참여·신념' 등을 제시하는 학자도 있다(Hirsh, 1969:16). 애착(attachment)은 우리가 타인에 대하여 가지는 긴밀한 애정, 그들에 대한 존경, 그들과 동일시하는 정도를 말하며, 이러한 애착이 강할수록 타인의 기대에 어긋나지 않도록 노력하게 됨으로써 범죄를 저지르지 않고 사회에 순응한다(Akers & Sellers, 2005:182-186). 관여(commitment)는 법위반을 통해서 상실할 수 있는 개인적 인성과 습성에 대한 투자를 의미하며, 예컨대 전통적 교육이나 직업상의 노력 등을 통해 투자된 것을 말한다. 참여(involvement)는 공부, 가족과 함께 시간 보내기, 과외활동 등과 같은 통상적 활동에 열중하는 것을 말한다. 신념(belief)은 일반적이고 전통적인 가치와 규범에 대한 인정, 특히 법과 사회규칙이 도덕적으로 옳으며 지켜져야 한다는 믿음을 말한다.

전자장치 자체가 가족, 직업, 종교 및 기타 사회제도에 대한 범죄방지적인 결속의 속성을 갖고 있는 것은 아니지만, 그러한 결속력을 키우는 활동에 참여하도록 하는 보조수단으로 기능할 수는 있다고 한다(Renzema, 2003). 즉, 잘못된 사회화 등으로 인하여 높은 충동성과 낮은 자기 통제력을 지니고 있는 범죄자들을 교정하기 위해서는 치료와 교육의 참가를 강제하여 자기 통제력을 강화시켜 줄 필요가 있는데, 전자감독을 위한 전자장치는 마치 부러진 다리를 고정시켜 주는 깁스와 같이 "자신을 통제하는 데 도움을 주는 장치"로 기능한다는 것이다(Renzema, 2003).

2. 전자감독의 정책적 효과

전자감독제도는 구금형의 대안이면서 동시에 고위험군 범죄자에 대한 강화된 통제수단으로서 재범억제, 교정비용 절감, 사회방위, 보호관찰의 통제기능 강화 등의 정책적 효과가 있을 것으로 기대된다.

(1) 재범억제효과

전자감독제도가 범죄자의 재범억제에 효과가 있다는 주장이 있다(강호성, 2012). 전자감독대상자는 자신의 이동경로가 국가에 의하여 실시간으로 추적되고 있으므로 범행 즉시 검거된다는 심리적 압박감을 느끼기 때문에 재범을 효과적으로 억제한다는 것이다. 또한 일반적으로 고위험군인 전자감독대상자의 재범을 방지하기 위해 담당보호관찰관은 대상자와의 접촉빈도를 높이고 대상자의 주거환경에 관한 정보를 수시로 파악하며 직업알선과 같은 사회복귀를 위한 활동을 적극 지원하는 등의 보다 적극적인 개입을 함으로써 재범억제효과를 높인다는 것이다(강호성, 2012:20).

실제로 우리나라의 경우 2008년 9월 1일부터 2012년 8월 31일까지 전자감독제도 시행 4년 동안 전자발찌 착용 성폭력범죄자는 총 1,282명이었으며, 이 가운데 30명이 재범하여 단순재범률이 2.3%였다. 이것은 전자감독제도 시행 직전 4년 동안 성폭력범죄자의 재범률 14.8%의 1/6 수준에 불과한 것이어서 전자감독의 재범억제효과가 높은 것으로 드러났다(강호성, 2012:23). 그리고 2012년 12월 27일에 시행된 전자발찌 소급적용에 대한 헌법재판소의 합헌결정에서도 "전자발찌제도는 성폭력범죄의 재범을 방지하고 사회를 보호하고자 하는 입법목적을 달성할 수 있어 적정한 수단"이었다고 판시하는 등 전자감독제도의 재범억제효과를 긍정하고 있다(2010헌가82).

(2) 과잉구금 완화와 교정비용 절감

1980년대 이후 미국에서 전자감독이 급격하게 확대되어 실시된 이유 중의 하나는 전자감독이 구금형의 대안으로 과잉구금을 완화하여 교도소의 과밀수용을 해소하는 데 어느 정도 효과가 있었기 때문이라는 주장이 있다(곽병선, 2001). 전자감독에 의한 과잉구금의 완화는 교정시설 수용인원을 감축하고, 그 결과 교정비용의 부담을 줄일 수 있는 장점이 있다(Payne & Gainey, 2000). 특히 전자감독에 의한 가택구금제도의 도입을 찬성하는 입장에서는 일반적으로 전자감독에 소요되는 비용이 교정시설 구금비용에 비하여 저렴하므로 전자감독을 실시하면 상응하는 교정비용을 절감할 수 있다고 주장한다(김혜정 2000: 107–108).[7] 반면, 전자감독이 시설수용에 비해 경비를 줄여 주는 것이 아니라 실제로는 오히려 국가예산의 낭비를 초래할 수 있다는 주장도 있다(Byrne & Kelly, 1989).

미국을 비롯한 선진 각국에서 전자감독제도를 처음 도입한 취지가 일차적으

---

7) 전자감독을 통해 시설 내에 구금할 범죄인을 사회 내에서 처우하는 경우 교정시설의 과밀구금을 완화하고, 새로운 구금시설의 증축 수요를 감소시키는 효과가 있다(김일수, 2005:190). 이는 기존의 교정비용을 절감하는 것은 아니지만 장래적인 교정시설을 새롭게 만드는 경우의 경비를 절감할 수 있다. 교도소 신축비용은 구조에 따라 다소 차이는 있지만 외국의 경우 1베드(bed)당 약 25,000~75,000달러 이상이 든다(Fanke, 1985:86–99). 이러한 막대한 예산이 소요됨에도 불구하고, 미국의 경우 1970년대에 들어서 범죄의 증가에 대응하기 위하여 새로운 교정시설의 건설이 긴요한 과제가 되어 교도소 신축확대(build more prisons)가 활발하게 주장되었다. 그러나 이러한 수용공간의 확대는 오히려 실형판결을 증가시키는 결과를 낳았다. 결국 교도소의 확충(more prisons)은 수용자의 확대(more prisoners)로 이어진 것인데, 이러한 상황 속에서 교도소 건설을 중지하는 방편으로 구금장소를 교정시설에서 교정시설 밖(대개는 주거지)으로 옮긴다는 발상의 전환이 일어난 것이 바로 '전자감독하의 가택구금'제도이다.

로 교도소 과밀수용 해소와 교정비용 감소에 있었는 데 반하여, 우리나라는 성폭력범죄자 등 흉악한 범죄자로부터 국민의 생명과 안전을 두텁게 보호하고자 하는 데 있었다. 이 때문에 과밀수용을 대체하는 교정비용 절감효과는 상대적으로 적을 것으로 보인다. 더군다나 전자감독 운영비용 일체를 국가가 부담하는 우리나라의 경우에는 관련 비용을 전자감독대상자가 부담하는 미국과 같은 나라에 비해 상대적으로 그 비용절감효과가 크지 않다(강호성, 2012:21). 그럼에도 불구하고 우리나라의 경우 전자발찌 피부착자 1인에 대한 소요경비는 교도소 수용경비의 1/3~1/5 수준에 불과한 것으로 나타나 어느 정도 국가예산 절감효과가 있는 것으로 볼 수 있다(강호성, 2012:23).[8)]

(3) 사회방위효과

전자감독제도는 기존의 다른 '사회내처우'에 비하여 전자장치를 통한 감시기능을 강화함으로써 사회방위효과를 더 거둘 수 있다는 주장이 있다(김일수, 2005:186). 특히 재범가능성이 높은 이른바 고위험군 범죄자의 형기종료 후 보안처분으로 전자감독을 실시함으로써 사회방위효과를 높일 수 있다고 한다. 또한 고위험군 전자감독대상자가 재범할 경우 신속하게 그를 검거할 수 있게 되어 추가범죄를 예방할 수 있다. 이는 전자감독대상자의 모든 이동경로를 실시간으로 추적하고 있으므로 전자발찌를 착용한 사람 중 어느 누가 범행발생 시간과 장소에 있었는지 여부를 쉽게 파악하여 신속하게 검거함으로써 그에 의한 추가범죄를 막을 수 있기 때문이다(강호성, 2012:20). 전자감독이 급격하게 확대된 이유 중 하나는 '법과 질서'의 유지라는 관점에서 범죄인에 대한 엄중한 처벌을 요구하는 시민감정이 커졌다는 사실에 있기도 하다(곽병선, 2001). 그러나 이러한 측면에서 전자감독제도가 오히려 범죄인에 대한 사회통제망의 확대(net widening)를 초래한다는 지적(Jackson et al., 1995; Cullen et al., 1996; Bonta et al.,

8) 최근 수년간 정보통신(IT)산업의 눈부신 발달로 인하여 종전과는 달리 초기 개발 및 설치비용이 상대적으로 감소하여 훨씬 경제적인 비용으로 전자감독 프로그램을 설치·운영할 수 있게 되었다. 교정시설 수용비용과 비교한 상대적 비용효과성은 이미 전자감독을 실시하고 있는 각국의 평가결과들이 공통적으로 제시하고 있다(김일수, 2005:99-164).

2000a)과 함께, 전자감독제도가 과학적 연구에 기반을 두고 도입된 것이 아니라 고위험군 범죄자에 대한 일반대중의 감정적 대응의 결과물이라는 주장도 있다(Mair, 2005; Button et al., 2009).

(4) 보호관찰의 통제기능 강화

전자감독제도는 집중보호관찰제도와 함께 이른바 '중간적 처벌수단'(intermediate sanctions)으로 보호관찰의 기능을 강화하는 효과가 있다고 한다. 무엇보다 고위험군 범죄자에 대한 사회방위에 있어서 전통적 보호관찰의 내재적 한계를 극복할 수 있는 방안으로 전자감독을 활용할 수 있다는 것이다. 즉, 보호관찰 등의 사회내처우의 재범방지효과를 높일 수 있다는 것이다.

실무에서 보호관찰관의 주요 걱정거리는 '자신이 관리하는 대상자가 혹시 보호관찰기간 중에 재범하지는 않을까?'에 있다고 한다. 특히 재범의 가능성이 높은 고위험군 범죄자가 보호관찰대상자가 되면 보호관찰관의 염려는 더욱 커질 수밖에 없다. 보호관찰대상자의 재범방지를 위한 근본적인 해결책 중의 하나는 사회내처우의 활용을 제한하여 교도소에 더 많은 사람을 더 오래 구금하는 것(교도소 수용의 확대)이고, 다른 하나는 지역사회 내에서 보다 효과적으로 감독할 수 있는 방법(효과적 사회내처우)을 찾는 것이다. 그런데 전자와 같은 방식으로는 교정시설 과밀수용과 시설내처우의 악화 및 국가의 재정압박이라는 문제에 부딪힐 수밖에 없기 때문에 현실적으로 채택하기 곤란하다. 따라서 결국 후자의 방법을 채택할 수밖에 없으며, 이를 위해 이른바 '집중보호관찰'이 사회내처우의 강화방안으로 활용되어 왔다. 즉, 담당보호관찰관은 적은 케이스를 맡으면서 집중보호관찰대상자의 주거지와 직장을 보다 자주 방문하고 다양한 부가적 원호서비스를 제공하는 방식이다. 비교적 근래에는 보다 강력한 사회내처우로서 대상자가 보호관찰관의 허가 없이는 주거지를 이탈할 수 없는 전자감독하의 가택구금이 위와 같은 맥락에서 관심을 받게 된 것이다(Greek, 2002).

이러한 중간적 처벌수단은 전통적인 보호관찰의 통제기능을 전자적 장치나 집중적인 대면접촉 등을 통해 증강시키는 것이지, 기존 보호관찰의 주요 요소인 보호관찰관에 의한 대면접촉이나 재사회화를 위한 다양한 처우프로그램과 상호 배타적인 것은 아니다(김일수, 2005: 187). 실제로 우리나라에서 전자감독제도는 보호관찰을 보다 체계적으로 실시할 수 있는 기반조성에 기여하였다는 평가도 있다. 즉, 단순한 면담 위주의 감독과 지도방법만으로는 재범방지에 한계가 있었는데, 전자발찌시스템이 결합됨으로써 보호관찰 처우기법을 다양화할 수 있게 되었다는 것이다(강호성·문희갑, 2010; 강호성, 2012:20).

(5) 기타 부수적 경제효과

전자감독장비의 개발 및 운영에 참여하는 민간기업의 이익창출과 관련 기술의 연구발전은 민간경제에 순기능적인 역할도 수행한다(김일수, 2005:190). 미국에서 전자감독이 빠르게 발전한 이유 중의 하나로서 전자감독제도의 발전이 전자감독 연관 민간기업의 이해관계와 일치한 데 기인한다는 주장도 있다(곽병선, 2001).

이 밖에도 교정시설 내에서 수용되지 않는 대신에 지역사회 내에서 생활하게 된 전자감독대상자들이 취업을 하는 경우에는 세수가 증대되고 범죄피해자에 대한 민사적인 배상가능성이 늘어나며, 대상자 부양가족들의 경제적 생활안정에 기여한다는 점에서 간접적인 사회적 비용 절감효과가 있다는 주장도 있다(김일수, 2005:189−190).

3. 전자감독의 제도적 의의

범죄인 처우에 관한 국가의 기본철학과 중점시책을 살펴보면 그 나라의 문명수준을 알 수 있다는 말이 있다. 범죄와 형벌에 관한 형사정책은 어느 국가, 어느 시대를 막론하고 국가운영의 주요 내용 중의 하나였음을 웅변해 준다.

1894년 갑오개혁에 의한 근대적 형벌제도가 우리나라에 도입된 이후 근래에 이르기까지 가장 중추적인 범죄인 처우는 교정시설 내의 구금을 통한 교화와 격리에 있었다. 시설내구금 위주의 전통적 범죄인 처우제도는 범죄인 처벌을 통한 피해자의 응보감정 충족과 범죄인의 격리를 통한 사회방위 등과 같은 장점을 가지고 있다. 그러나 사형이나 종신형을 집행하지 않는 이상 그 어떤 범죄인도 언젠가는 출소하여 우리와 함께 살아가야 할 이웃이기에 출소 이후의 효과적인 범죄자 처우가 절실하다. 범죄인의 사회격리기간이 길어질수록 사회복귀는 어려워지고 그만큼 교정비용이 많이 들기 때문에 '시설내구금' 형벌을 대체할 수 있는 새로운 '사회내처우'가 필요하게 되었다.

이러한 구금형의 문제점을 보완하기 위하여 20세기 이후 세계 각국은 앞다투어 보호관찰제도를 도입하여 폭넓게 활용하기 시작하였다. 보호관찰제도는 기존의 '탈사회화 중심'에서 '재사회화 중심'으로 범죄인 처우의 패러다임을 전환했다는 평가를 받으면서 20세기 형사정책의 중심으로 성장하였다. 그러나 보호관찰제도가 비교적 경미한 범죄자의 개선교화에는 적합하지만 성폭력범·살인범 등 흉악한 범죄인으로부터 사회를 보호하기에는 미흡하다는 비판이 제기되면서 보다 강력한 형태의 범죄인 관리수단을 요구하는 목소리가 높아졌다. 우리나라의 경우에도 이러한 이유에서 보호관찰관에 의한 집중적 지도감독을 유지한 채, GPS 위치추적 등의 전자적 기술방식을 보호관찰과 접목하여 보호관찰대상자의 재범을 사전적·적극적으로 차단하려는 취지로 전자감독제도를 도입하게 되었다.

사회내처우의 일환인 전자감독제도는 범죄인을 교도소에 수용하는 것처럼 대상자의 재범을 완벽하게 차단할 수는 없으나, 형기를 마치고 출소한 위험한 범죄인을 비롯한 모든 전자감독대상자의 이동경로를 실시간으로 파악함으로써 대상자의 재범을 효과적으로 통제할 수 있다는 장점이 있다. 또한 전자감독제도는 지역사회 내에서 범죄인을 관리하는 제도 중 가장 강력하면서도 유용한 수단이므로 교도소 과밀수용의 실질적인 대안으로 작용할 수 있다.

제2장 전자감독의 연혁

전자감독제도가 형사정책의 일환으로 활용되기 시작한 것은 이미 30년 전의 일이다. 1983년 미국의 잭 러브 판사는 중세시대부터 시행되었던 가택구금제도를 전자감독과 결합시킴으로써, 거의 사장되었던 역사 속의 유물을 가장 첨단의 현대적 형사정책으로 부활시켰다. 미국에서 탄생한 전자감독제도는 세계 30여 개 이상의 국가로 확산되었으며, 2008년에는 우리나라에까지 도입되어 시행 중에 있다.

제1절 전자감독제도의 효시

전자감독이 미국에서부터 시작되었다는 것은 잘 알려진 사실이나 이에 관한 발생 배경 및 발달 경로에 관하여 명확히 설명해 주는 자료를 찾기는 쉽지 않다. 이하에서는 전자감독제도의 선행연구들을 간단히 알아보고, 미국에서 전자감독제도가 최초로 출범하게 된 경위를 살펴본다.

1. 전자감독제도의 선행연구

(1) 행동심리학적 연구

하버드 대학의 행동심리학자 스위츠게벨(Schwitzgebel)은 쌍방향통신이 가능한 위치추적장치(휴대가능, 그러나 다소 불편)를 이용해 캠브리지와 보스턴 대학의 학생들과 정신병 환자 및 범죄자들을 대상으로 1964년부터 1970년까지 행동심리학적 연구를 진행했다. 이 위치추적장치에는 유도미사일시스템을 적용한 장비가 포함되어 있어, '실험자가 쉽게 범죄자의 위치를 기록'할 수 있었고, 그가 '어디서 시간을 보냈는지' 알 수 있게 했다(Schwitzgebel, 1970). 이러한 위치추적기술은 특허로 등록되었고, 그에 따른 연구결과는 권위 있는 법률학술지와 과학학술지에 게재되었다. 스키너(Skinner)의 행동심리학은 스위츠게벨의 연구가 진행되었던 1960년대의 연구환경에 큰 영향을 미쳤다. 또한 당시 사회학자들 사이에서는 스키너의 역작인 '조작적 조건화 이론'(Operant Conditioning)이 교육이나 범죄통제 분야에도 큰 변화를 불러일으킬 것이라는 생각이 널리 퍼져 있었다(Lilly & Nellis, 2013).

(2) 전파중계기 감시시스템 연구

수학자이자 컴퓨터 과학자인 메이어(Meyer)는 이른바 '전파중계기 감시시스템'(Transponder Surveillance System)을 제안한 바 있다. 이는 모든 동네의 건물 벽 높은 곳(내·외부 모두)에 감지기를 설치하고, 컴퓨터와 연결된 전파중계기의 전국 네트워크를 이용하는 것이다. 유죄선고를 받은 (주로 교도소에서 석방된) 범죄인들의 손목에 제거할 수 없도록 제작된 '전자팔찌'를 부착한 후, 이 장치에서 전송된 특별한 무선주파수방식(RF)의 식별신호를 전파중계기를 통해 실시간으로 수신하게 함으로써 범죄자를 감시하는 방식이다(Meyer, 1971).

(3) 생리학적 원격감시 연구

범죄학자 잉그램(Ingraham)과 스미스(Smith)는 정신기법에 관한 연관성을 토대로 생리학적 원격감시 연구를 진척시켜 나갔다. 이들은 범죄자들의 위치와 심장·맥박·뇌파와 같은 생리학적 요소에 대한 원격감시를 제시하면서, 관제센터에서 수신한 신호가 대상자들이 범죄를 저지르려는 생각을 하고 있거나 현재 범죄를 저지르고 있다는 것을 암시한다면, 그들의 뇌에 이식한 '스티모시버'(stimoceivers)를 통해 원격으로 뇌를 조종하는 방법으로 범죄를 억제하는 방안을 제안했다(Ingraham & Smith, 1972). 메이어의 연구보다 한발 더 나아간 이들의 연구는 행동주의에 대한 반발이 커져 가는 상황 속에서 결국 "정신기법이 도를 넘어섰다."는 비판적인 분위기를 형성하는 데 일조했다(Lilly & Nellis, 2013).

(4) 전자감독의 발전 토대 마련

앞에서 살펴본 바와 같이 스위츠게벨, 메이어, 잉그램, 스미스의 연구는 비록 관점은 달랐지만 범죄자들을 한 장소에 제한하는 방식보다 이동식 장비를 감독하는 위치추적의 형태에 관심을 두었다는 공통점이 있다. 사람들이 붐비는 도시 한가운데나 조그마한 마을에서도 개인의 위치정보를 정확히 파악할 수 있다는 가능성은 당시 상당히 뛰어난 과학기술의 응용이자 범죄통제 분야에서 획기적인 변화의 동인이 되었다. 이러한 초기 선행연구가 있었기 때문에 전자감독제도가 탄생할 수 있었던 것으로 보인다.

또한 미국에서 전자감독제도가 최초로 등장한 이후에도 전자감독에 관한 여러 가지 연구가 진행되었다(Le Mond ad Fry, 1975; Albanese, 1984). 특히 코베트(Corbett)와 막스(Marx)는 미국에서의 1980년대의 전자감독제도 발전에 큰 기여를 한 것으로 보이며, 그들의 연구는 1988년에 이미 '새로운 감시'라고 명명한 감시활동, 즉 약물검사의 발전 및 컴퓨터 데이터베이스와 같이 기술적으로 강화된 형태의 치안유지활동의 맥락에서 이루어졌다(Corbett & Marx, 1991). 비록 최초의 전자감독이 등장한 이후에 진행된 연구였음에도 불구하고, 이후의 기술혁신은 미국에서의 과감한 전자감독제도 시행에 활기를 불어넣었으며, 다른 국가들도 미국으로부터의 '정책이전'(policy transfer)의 과정을 통해 전자감독제도를 시행하게 되었다(Nellis, 2000; Jones and Newburn, 2007).

2. 범죄인에 대한 전자감독제도의 출범

(1) 잭 러브 판사의 문제의식

1977년 미국 뉴멕시코 주 앨버커키 지방법원 잭 러브(Jack Love) 판사는 교도소에 수감 중인 청소년 범죄자를 가석방할 수 있는 방법을 찾고 있었다(Timko, 1986). 그는 곧 범죄에 대한 두려움을 지니고 있는 일반대중을 안심시키기 위해서는 범죄자들이 어디 있는지 그 소재를 파악해야 한다는 사실을 깨달았다. 잭 러브는 이를 위해 슈퍼마켓에서 사용되는 전자카드시스템, 동물이나 화물 추적에 이용되는 과학기술 등 위치감시에 필요한 정보를 닥치는 대로 수집해 나갔다. 잭 러브가 심지어 지역신문에 실린 만화 스파이더맨을 참조했다는 것은 유명한 일화이다. 그 만화에는 악당이 스파이더맨의 손목에—잠재적으로 폭발성을 지닌—위치추적장치를 부착하여 이 정보를 이용해 자신은 보다 유리한 위치를 선점함으로써 붙잡히지 않고 더욱 활개를 치며 다닐 수 있는 장면이 나온다.

출소자들의 위치를 추적하려는 잭 러브의 방안은 당시 뉴멕시코 주 교정부의 관심을 끌지 못했다. 그러나 1980년에 발생한 폭동으로 인해 교도소 내의 열악한 환경이 그 모습을 드러내자, 잭 러브는 독자적으로 자신의 방안을 추진했다(Renzema, 1992).

(2) 고스링크의 개발

잭 러브의 의뢰를 받아 컴퓨터 세일즈맨인 마이클 고스(Michael Goss)는 자신의 이름을 딴 '고스링크'(Gosslink)라는 장비를 개발하였다(Timko, 1986). 고스는 스위츠게벨의 특허권을 알아보고, 기존에 사용되었던 전자부품보다 소형화된 부품을 사용하면 보다 효과적인 위치추적장치를 개발해 낼 수 있다는 사실을 깨달았다. 그가 개발한 '고스링크'는 엄밀히 말하자면 아직 위치추적장치라고 불릴 만한 단계에 접어들지는 못하였으나, 피부착자로부터 기지국과의 근접거리를 측정할 수 있었으며 위반사항이 있을 경우 관제센터에 알릴 수 있는 기능을 지니고 있었다.

1983년 3월 잭 러브는 '고스링크'를 활용하여 그의 재량권 아래에 있는 지방법원에서 이른바 전자감독을 시도했다. 전자감독명령을 내린 전체 대상자 5명 중 첫 번째 대상자는 보호관찰 위반자였다(Timko, 1986; Renzema, 1992).

(3) 전자감독제도의 출범

1983년 초에 플로리다 주는 지역 전체에 적용되는 '지역사회통제 프로그램'

을 구축했으며,[1] 그 직후 웨스트 팜비치 관할구역에서 이 프로그램과 연계한 전자감독을 도입하여 마침내 1983년 12월 앨리슨 디 푸어(Allison de Foor) 판사가 무면허운전 재범자에게 전자감독형을 선고하였다(Renzema, 1992). 또한 1984년 켄터키 주의 켄턴 카운티에서 진행된 소규모 프로젝트는 미국에서 최초로 시행된 보호관찰 전자감독제도이자 교정부에서 최초로 지원한 프로젝트였다.

위에 열거한 두 제도는 모두 가택구금 전자감독제도의 출발점이 되었다. 특히 예로부터 보수성을 지니고 법과 질서를 준수하기로 유명한 플로리다 주는 전자감독장비를 사용하고 도입하는 데 중요한 위치를 차지했고 지금도 그 명맥을 유지하고 있다(Lilly & Nellis, 2013).

제2절 미국의 전자감독제도 연혁

1. 미국의 전자감독제도 발전현황 개관

전자감독이 최초로 고안되고 가장 활성화된 미국에서는 형사사법의 거의 모든 단계에서 범죄인 감독을 위하여 전자적 기술을 다양하게 활용하고 있다(김일수, 2005:99). 1983년 최초로 전자감독 시행 이후 1984년 12월에는 미국 최초로 전자감시 프로그램을 개시한 비영리기업 '프라이드(Pride)사'가 설립되었다.[2] 미국에서 전자감독제도는 이후 더 발전하여 1987년에는 21개 주에서 54개 전자감독 프로그램이 실시되었고, 1989년에는 37개 주와 콜롬비아 특별구

1) 처음에는 전자감독이 없는 형태로 처벌방식의 가택구금 형벌을 적용하였다.

2) 1984년 12월 미국 최초로 전자감독 프로그램을 개시한 비영리기업 '프라이드(Pride)사'가 플로리다 주 팜비치 카운티(Palm Beach County)에 설립되었다. 당시 플로리다 주 교도소의 과밀수용 문제는 구금형을 대체할 수단을 적극적으로 찾게 한 주요한 이유가 되었으며, 그 결과 플로리다 주는 미국에서 가장 먼저 전자감독을 본격적으로 운영하기 시작한 곳이 되었다. 이후 미국에서의 전자감독 발전과정을 살펴보면 연방국가인 미국의 특성에 따라 통일적으로 일원화되어 발전되기보다는 각 주마다 차이가 있었으며, 주 안에서도 법원 관할구역에 따라서 차이를 나타내고 있다(김혜정, 2000: 53-54; 김일수, 2005:99-100).

및 푸에르토리코까지 확대되어 약 6,500명을 대상으로 전자감독이 실시되었다. 1995년에는 미국 50개 주 전역에서 각자 고안한 독자적인 전자감독 프로그램을 운영하게 되었다(법무부 EMP 연구반, 1999).

미국에서 각 주마다 독자적으로 시행되고 있는 전자감독의 법제화 형태는 형사사법의 각 단계별로 구분될 수 있다(Crowe et al., 2002:17; 김일수, 2005:100-109). 그중에서 재판전 단계의 전자감독 프로그램으로는 인디애나 주 매리언(Marion) 카운티에서 실시했던 '보석 조건의 전자감독'제도를 들 수 있다. 그러나 미국에서 전자감독은 재범위험성이 높은 범죄인을 대상으로 한 보다 강화된 보호관찰(즉, 집중보호관찰)의 형태로 실시되는 것이 일반적이다.[3] 이러한 유형의 입법례는 각 주마다 다소 차이가 있다. 뉴햄프셔 주법은 보호관찰의 준수사항으로 가택구금을 규정하고 다시 이에 대한 부수처분 내지 보완조치로 전자감독을 실시할 수 있도록 다소 제한적으로 규정하고 있다.[4] 이에 비해 뉴욕 주는 보호관찰의 일반적 준수사항으로 폭넓게 전자감독을 활용하고 있다.[5] 이와 달

3) 이와 관련된 대표적 입법례로는 플로리다 주를 들 수 있다(Crowe et al., 2002:17). 플로리다 주법(Florida Statues), Title XLVII. 948.03(2)에서는 "(a) 법원은 지역사회의 통제에 놓이게 된 범죄인의 집중적인 감독과 감시(surveillance)를 필요로 할 수 있으며, 이 경우 전자감독(electronic monitoring) 장치나 시스템을 수단으로 한 당국의 감독을 포함할 수 있으나 반드시 여기에 국한되는 것은 아니고…, (b) 형사상 격리된 지역사회통제(criminal quarantine community control)에 놓이게 될 범죄인에게, 법원은… 하루 24시간 동안 전자감독을 필요로 할 수 있다."고 하여 법원의 양형의 일종으로 집중보호관찰, 가택구금, 외출제한 등을 부과하고, 이 경우 전자감독을 실시할 수 있는 것으로 규정하고 있다(김일수, 2005:103).

4) 뉴햄프셔(New Hampshire) 주법 Title 62I. Criminal Code 651:2-V(b)는 "사람이 중범죄나 A급의 경범죄로 기소되거나 또는 RSA 259:39의 의미 내에서 상습적인 범죄인으로 밝혀지고 RSA 262:23하의 범죄로 기소될 때, 보호관찰의 준수사항(조건)으로 A급 경범죄의 경우 1년 이하의 가택구금, 중범죄의 경우 5년 이상의 가택구금을 선고할 수 있다. 이러한 가택구금(home confinement)은 보호관찰관에 의해 집행되고, 주 교정국이나 카운티 교정국의 결정에 의한 준수사항 이행확인을 위한 전자감독(electronic monitoring)에 의하여 보완된다."라고 규정하고 있다(김일수, 2005:103-104).

5) 뉴욕 주 통합법률(New York State Consolidated Laws): 형법전의 Article 65, Section 10(4)에서는 "보호관찰을 부과할 때, 법원은 전자감독(electronic monitoring)장치의 사용 그리고/또는 피고인의 일일 이동상황(daily movement)을 통제하는 일정에 따를 것을 요구할 수 있다. 법원이 재량으로 피고인이 그러한 준수사항(조건)을 따르도록 요구하는 것이 공공안전, 보호관찰대상자의 통제, 보호관찰대상자의 감시를 증진시킬 것으로 결정할 때만이, 오직 그러한 준수사항(조건)을 부과할 수 있다. 전자감독은 보호관찰과(division of probation and correctional

리 미시간 주 등에서는 자유형의 집행단계에서 수형자를 조기에 석방하거나 특정한 조건을 충족한 수형자에 대한 형기집행을 지역사회로 전환하는 형태로 전자감독제도가 운영되고 있다. 또한 귀휴, 외부통근작업, 외부병원진료 등 구금시설에 수용되어 있는 범죄인이 일시적으로 지역사회에 복귀할 때, 전자감독을 받게 하는 경우도 있다.[6] 텍사스 주와 미시간 주 등에서는 보호관찰 집행단계에서 보호관찰 준수사항 위반자에 대한 단계적 제재수단(graduated sanctions)으로 전자감독을 시행하고 있기도 하다.

2. 미국의 가택구금 전자감독제도의 발전

(1) 가택구금과 전자감독의 접목

조직적인 관점에서 보면 전자감독은 대개 보호관찰과 연계되어 큰 발전을 이루었다. 미국의 보호관찰은 주로 주에서 관리를 하지만 그 외는 주와 카운티에서 나눠서 관리하거나 카운티가 자체적으로 관리를 한다. 1970년대 이후 미국 정부는 범죄자의 사회복귀에 주안점을 두고 교도소 활용을 대체하여 '지역

---

alternatives)에서 개발된 표준 절차에 따라 활용된다."라고 규정하고 있다(김일수, 2005:104).

6) 구금형의 집행단계에서 수형자를 조기에 석방하거나 특정한 조건에 달한 수형자에 대한 형기집행을 지역사회에 전환하는 대표적인 입법례는 캔사스 주에서 찾을 수 있다(김일수, 2005:105). 캔사스 주법(Kansas Statues) 21−4603b에서는 "(a) 법원 또는 교정국은 피고인 또는 법원의 판결을 받은 수형자(inmates), 또는 교정국의 구금하에 있는 자에 대하여 가택구금(house arrest) 프로그램을 부과할 수 있다…, (b) 가택구금은 수형자의 자유가 지역사회, 가정 또는 비시설적 거주장소에 제한되고 특정한 제재가 부과되고 강제되는 개별화된 프로그램이다."라고 규정하고 있다. 한편 미시간 주의 경우, 1987년부터 중간처우시설 또는 개방교도소의 성인 수형자(community-based prisoners)를 조기에 사회에 복귀시키면서 전자감독을 받게 하였다. 또한 구금시설에 수용되어 있는 범죄인이 일시적으로 지역사회에 복귀할 때에도 전자감독을 받게 하는 경우가 있다(김일수, 2005:107). 메인 주 왈도(Waldo) 카운티에서는 병원진료, 약물남용치료, 장례식 참석, 기타 응급사항에 의한 귀휴(furlough)나 외출기간 동안 전자적으로 범죄인을 감독하고 있다. 이와 같은 상황에서는 주로 보안관이나 교도관이 계호를 위하여 동행하는데, 전자감독으로 대체하는 것이다(Griffin, 2001). 미시간 주의 오클랜드 카운티(디트로이트)에서도 교도소 수형자가 외부통근작업(work release)을 할 때 형기의 일부를 가정에서 복역할 수 있도록 가택구금과 연계된 전자감독을 실시한다. 이 프로그램의 적용을 받기 위해서는 모범수나 과실범 등 위험성이 낮은 대상자를 선별하여 통상적인 외부통근작업을 30일 이상 성공적으로 이수한 후에야 가택구금으로 전환될 수 있는 자격이 주어진다(Gray, 2001).

사회교정'(community correction)을 확대하기 위하여 노력하였다. 가택구금은 초창기 '지역사회교정' 혁신의 일환으로 시작되었으며, 1971년 세인트루이스에서 최초로 시행되었다. 처음에는 주로 청소년들로 하여금 교도소 수감에 따른 고통과 오명을 덜어 주기 위한 용도로 고안되었다. 그러나 성인 수형자의 증가에 따라 과밀수용 문제가 나타나고 교도소의 수용비용이 급격히 증가하자 가택구금제도를 성인 범죄자들에게까지 확대하게 되었다(Ball & Lilly, 1986; Renzema, 1992).

가택구금제도는 시행 초기에 범죄예방에 관심이 있는 지역사회 봉사자들이 자택방문 혹은 전화연락을 통해 가택구금대상자들을 확인하는 형태로 집행되었다. 이는 보호관찰관의 업무부담을 덜어 주기 위한 목적도 있었지만, 보다 결정적인 이유는 범죄자들이 수월하게 다시 지역사회에 적응할 수 있게 하기 위함이었다(Ball & Lilly, 1986). 이와 같이 가택구금의 시행에 지역사회 봉사자를 활용하는 방안은 실제로는 더 이상 확대되지 않았고, 시행된 지 10년도 안 되어 이와 같은 방식의 가택구금이 '처벌'로서는 비현실적이고 시행하기 힘든 제도라고 인식되었다. 그러나 1980년대에 갑자기 등장한 전자감독(electronic monitoring)은 가택구금대상자를 감시하기 위한 참신한 대체방안으로 떠올랐고, 본질적으로 '가택구금'의 효과를 높이기 위한 필수적 구성요소로서 그 역할을 수행하게 되었다(Goss, 1986).[7]

7) 가택구금형 전자감독은 원칙적으로 24시간이라는 제약이 있지만 애초에 대상자들에게 직장, 학교, 종교, 치료와 관련된 목적으로 외출 혹은 물품을 구매하기 위해 집을 나설 수 있도록 허용하는 것이 일반적이었다(Meyer, 2004:103–104). 일부 대상자들은 일주일에 50시간을 사회봉사나 치료를 목적으로 사용하기도 했다(Renzema, 1992). 각각의 프로그램에 따라 대상자의 외출 여부를 원격으로 감독하기 위해 생체인식이나 음성인식과 같이 약간의 차이점을 지닌 기술을 사용했다. 이를 위해 대상자는 '중앙 컴퓨터에 저장된 샘플 음성과 대조하기 위해 임의적으로 지정된 문장을 따라 말하거나, 카메라 앞에서 특정 개수의 손가락을 들어야 했다(Meyer, 2004:105). 댈러스 카운티 성인 보호관찰부는 지정된 대상자의 자택에 루나 비디오 폰 시스템(Luna Video Phone Systems)을 설치하고 임의로 전화를 걸어 통화하는 도중에 보호관찰대상자에게 "자택에 있다는 사실을 확인하기 위해 루나 시스템을 통해 사진을 보내라."는 지시를 내렸다(Enos et al., 1999:90). 일부 프로그램은 대상자의 자택에 손님이 방문하는 것을 금지하거나 제한을 두었으며 감시장치(카메라가 달린 음주측정기)를 이용해 음주를 금지시킨 프로그램도 있다. 또 다른 프로그램은 관제센터를 보완하기 위해 대상자의 자택(혹은 직장, 출입이 금지된 술집)을 가리키는 소형장치를 사용하여 자동차를 이용한 감시를 실행하기도 했다. 또 다른 프로그

(2) 가택구금 전자감독의 초기 발전의 동력

미국에서 전자감독장비는 주로 민간기업에 의해 개발되었다. 이들 민간기업들은 교도소의 과밀수용을 해결할 방안을 적극적으로 제시하는 공격적인 마케팅을 통해 성장했다. 실용적인 대안을 간절히 원하는 잠재적 고객들에게 외치는 이러한 권유는 매출의 상승을 불러일으켰다(Maxfield & Baumer, 1990). 이윤을 추구하는 민간 영리단체들의 역할은 미국의 전자감독제도 발전에 중요한 의미를 지니고 있다.[8)]

비록 상업적인 동력을 받아 발전하기는 했지만, 시행 초기의 전자감독은 실제로는 지역사회의 교정에 큰 변화를 일으킬 만한 영향을 주지는 못했다. 전자감독을 활용한 조기석방제도가 개시되고, 1986년에 미국 연방정부가 분명히 이 제도에 대한 지지를 보냈음에도 불구하고, 전자감독은 미국 전역으로 빠르게 확산되지 못하였다.

그러나 미국 법무부 산하 사법연구원(The National Institute of Justice)에서 이와 같은 새로운 신기술을 널리 공포하면서, 가택연금(Home Incarceration)과 전자감독 프로젝트에 대한 재정적 지원을 늘리기 시작하면서 이 제도는 급속히 발전하기 시작하였다(Lilly & Ball, 1990).

(3) 가택구금 전자감독제도의 성장

1) 가택구금 전자감독대상자의 증가

1980년대 초반부터 1990년대 초반에 이르기까지 미국 전역에서 '사회내처우'(Community Supervision)를 받는 범죄인의 수는 급증하였고, 이와 연계된 전자감독대상자의 총 누적인원이 250여만 명이나 되었다(Durham, 1994:180). 가택구금

램은 고의적으로 처벌요소를 강화하여 '보다 부피가 큰 장치를 사용하여 감추기 어렵도록 하고 가끔은 짜증스러울 법한 시간대에 범죄자들에게 전화를 걸었다'(Meyer, 2004:116).

8) 그들은 다양한 종류의 시각적 · 청각적 상상을 통해 전통적인 교정기관(correctional agency)에게 스마트한 과학기술을 사용하는 현대적인 모습을 자극하였다. 전자감독에 대한 초기 평가자들은 대개 이 장치들이 과잉판매되었다는 사실과, 많은 예비 테스트들에 만전을 기하지 못했고, 감시 장치와 시스템의 질이 좋지 않았다는 사실을 뼈저리게 느끼고 있었다.

전자감독대상자의 1일 평균인원은 1985년 17명, 1986년 95명, 1987년 826명으로 증가하였다. 당시 가택구금 전자감독대상인원의 급증은 주로 미국 연방정부의 조기석방 프로젝트의 산물이었다. 그 이후 1988년에는 2,277명, 1989년에는 6,400명으로 증가하였으며, 1995년까지 이와 같은 수준에서 계속 머물다가, 1996년에는 7,480명, 1998년에는 1만 827명을 기록했다(Meyer, 2004:99).[9] 전자감독대상자의 대다수는 남성이었는데, 대상인원이 급증했던 1988년 전자감독대상자 중 약 13%만이 여성이었다고 한다(Lilly & Nellis, 2013).

2) 전자감독제도에 대한 우려와 기대의 교차

미국에서 초기 가택구금 전자감독은 주로 가석방자와 재판전 단계에 있던 피고인들을 대상으로 이루어졌다. 전자감독제도의 도입에 관한 정치적 분위기가 당시 그렇게 호의적이지만은 않았으므로 처음부터 징역형을 가택구금 전자감독으로 대체하는 것보다는 수형자들을 조금 빨리 석방시키기 위한 용도로 활용하는 것이 더 용이했기 때문이다(Renzema, 1992). 당시 보호관찰관이나 가석방 담당자 중 극히 일부만이 전자감독에 대해 적극적으로 동조했다고 한다(Harris et al., 1989). 1990년대에 이르러 점점 더 많은 보호관찰관과 가석방 담당자들이 전자감독이 다른 형태의 감시제도와 함께 사용되면 확실히 유용한 통제수단이 될 것이라고 인정하기 시작했다.[10] 그러나 일각에서는 전자감독 관

9) 그러나 이 수치는 당시 미국에서 보호관찰 중인 대상자의 1% 미만에 해당하는 인원이었고, 전체 가석방자의 1.4%에 지나지 않았다(Harris & Byrne, 2007). 당시 미국에서 전자감독기간이 평균 2개월이었다는 가정하에 1일 평균인원을 연간 누적인원으로 환산해 본다면, 전자감독이 시행되었던 초창기 10년간 미국의 전자감독대상자는 여전히 매년 10만 명 미만이었을 것으로 추정된다.

10) 전자감독이 보호관찰과 관련하여 생소하고 이질적인 제도가 아닌 '기존 보호관찰 유형'보다 엄격한 감시를 위한 버전으로 제시되면서 에노스와 그의 동료들은 이러한 유사성을 보호관찰에 적용하기 위해 많은 노력을 기울였다. 가장 명백히 드러난 위험요소는 바로 '전자감독시스템을 구축하는 데 드는 시간과 비용은 곧 또 다른 실행가능한 보호관찰 프로그램의 희생을 의미할 수도 있다.'는 것이었다(Enos et al., 1999:55). 그럼에도 불구하고 그들은 전자감독을 통해 범죄자에게 적용된 보호관찰을 운영하는 모범답안을 검토할 수 있는 기회를 흔쾌히 받아들였고, 중간처우제도의 측면으로 보았을 때 전자감독으로 하여금 보호관찰의 질을 한층 높일 수도 있다고 주장하였다. 그들은 상담 및 감시의 전통적 양극화를 '실패한 이분법'이라고 보았으며, 전자감독의 자동화된 측면을 '보호관찰관으로 하여금 상담체제에 총력을 기할 수 있는 시간을 제공하는 것'이라 여겼다(Enos et al., 1999:159).

련 민간 영리기업들이 보호관찰제도를 대신해 지역사회감독의 제공자 역할을 맡게 될 경우를 우려했다(Lilly & Nellis, 2013). 반면, 가택구금 전자감독 처분을 받은 대상자들의 비율이 상대적으로 낮았음에도 불구하고, 일단 이러한 기술이 도입되어 시행되면 무조건 확대될 것이라는 긍정적인 시각도 있었다. 즉, "현재와 미래 교정학의 가장 주된 차이점은 바로 범죄자를 감시하고 통제하는 데 있어 기술의 역할이 지속적으로 증대될 것"이라는 기대도 컸다(Blomberg & Lucken, 2000:224).

3. 미국의 GPS 위치추적 전자감독제도의 발전

(1) GPS 위치추적기술의 도입

미국에서 전자감독이 가택구금의 집행수단으로 활용되기 이전에도 사람들은 전자감독이 대상자의 움직임을 감지하기 위한 시스템이라고 생각해 왔다. 그러나 1980년대에 지상파를 이용해 위치추적을 가능하게끔 하는 전국적인 통신기반시설은 마련되지 않았기 때문에 전자감독은 대상자의 움직임을 감시하기보다는 대상자가 특정장소에 소재하는지 여부를 파악하는 기술을 채택할 수밖에 없었다.

비록 1970년대 말 이후부터 미군 GPS 위성의 민간사용이 가능해졌지만, 이러한 위치추적기술을 범죄자에 대한 전자감독에 접목시키려는 시도는 없었다. 다만, 콜로라도의 한 보호관찰관이 이른바 '걸어 다니는 교도소'라는 전자장비를 제안한 바 있었고, 이는 위치추적 전자감독제도의 출현에 일조한 것으로 보인다(Lilly & Nellis, 2013).

1994년에 이르러서 미국 사법부로부터 자금지원을 받은 미국과 캐나다의 영리기업(Westinghouse, Motorola, Strategic Technologies Inc. 등)들이 GPS 위치추적기술을 접목시키려는 상업적 경쟁에 뛰어들었다(Lilly & Nellis, 2013). 뉴멕시코 주의 교정투도 캘리포니아의 샌디아 국립연구소(Sandia National Laboratories)에 실시간 위치추적기술을 연구해 달라고 의뢰하였으나, 결국에는 플로리다 주에 기반을 둔 민간기업(Pro-Tech)이 GPS를 기반으로 한 위치추적시스템을 개발했고, 곧 이 분야의 선두주자가 되었다(Lilly & Nellis, 2013). 위성항법 위치추적기술이 범죄자에 대한 통제수단으로 도입되려는 시점에는 이미 GPS 기반의 위치정보가 자동차 임대, 버스와 택시의 차량관리, 여행계획, 휴대폰 위치 및 야생동물 관리 등 민간영역에서 광범위하게 사용되고 있었다.

위치추적기술을 접목한 전자감독은 범죄자의 전반적인 동향을 감시할 수 있고, 출입금지구역으로 지정된 장소(피해자의 집, 또는 대상자가 자주 범죄를 저질렀던 지역) 주위를 감시할 수 있다는 이유로 전자감독 가택구금보다 뛰어나다고 평가받기 시작했다. 또한 전자감독대상자들을 출입허용구역에 머물게 하거나 전통적 형태의 전자감독과 결합한 형태로 감시할 수도 있다는 장점이 부각되었다. 능동적(실시간), 수동적(소급적용) 형태와 혼합적(두 가지의 혼합) 형태로 사용할 수 있는 위치추적 전자감독은 보다 효과적인 통제수단으로 평가되었으며, 이에 따라 수형생활을 마치고 출소하는 고위험군의 성범죄자들도 주요 적용대상으로 등장하였다(Lilly & Nellis, 2013).

(2) GPS 위치추적 전자감독제도의 시행

2001년에 이르러 위치추적기술을 접목한 전자감독은 미국 다수의 주에서 각각 소규모의 범죄자 집단(대개 30명 미만)을 대상으로 시행되었으며, 전문가들은 계속해서 장비의 품질검사를 해 나갔다(Johnson, 2002). 플로리다 주는 '크라임택스'(CrimeTax)라는 소프트웨어와 결합한 위치추적 기반기술을 사용하기 시작하여, 교정 및 법률 집행 컴퓨터시스템이 범죄자의 동향을 파악하게 하여 매일매일 발생하는 범죄현장의 유·무죄를 입증할 수 있게 했다.

또한 플로리다 주는 전자감독제도에 대한 평가를 위한 대규모 연구도 몇 차례 실시했다(Padgett et al., 2006; Bales et al., 2010). 특히 '지역사회통제처분'에 관한 대규모의 연구를 통해 전자감독이 대상자들에게 범죄억제효과가 있었다는 상당히 설득력 있는 결과를 보여 주었다(Padgett et al., 2006). 이와 같은 연구결과는 미국 다수의 주에서 이미 법으로 시행되고 있던, 출소한 성폭력범죄자에 대한 '종신 GPS 위치추적제도'를 뒷받침하였다. 그러나 고도의 재범위험성을 지닌 성폭력범죄자들을 대상으로 한 GPS 위치추적제도의 전면적인 사용에 대해서 의문을 제기하는 학자들도 있었다(Button et al., 2009). GPS 위치추적시스템의 운용에는 상당히 많은 비용이 들기 때문이다. 또한 GPS를 활용한 전자감독이 거대한 데이터베이스와 결합되어 시각적 감시, GPS 위치추적, 통화 녹음과 촬영이 24시간 가능한 사회로 진입하게 될지도 모른다는 우려를 제기하는 학자도 있었다(Marc Renzema, 2009).

(3) 9 · 11테러 이후의 변화

2001년 9 · 11테러사건 이후 미국에서는 테러나 범죄에 대응하여 전자적 기술의 사용을 사용하는 제도를 더욱 확대하였다. 범죄자에 대한 GPS 위치추적제도는 9 · 11사태 이전에도 가속화 작업이 진행되었지만, 9 · 11사태 이후에는 이러한 흐름이 더 심해졌다. 9 · 11사태의 즉각적인 여파 속에서 범죄자의 개인 식별을 용이하게 할 수 있게끔 RFID 칩을 이식하는 가능성도 대두되었다(Nellis, 2012). 또한 가정폭력을 방지하기 위한 방안으로 피해자들과 범죄자들을 떼어 놓을 수 있는 '쌍방적 전자감독'이 추진되었다(Erez et al., 2004). 무선주파수 방식을 기반으로 한 수형자 위치추적시스템도 교정시설 안에서 사용되기 시작했는데, 이것은 비록 광범위하게 사용된 것은 아니지만 기존의 틀을 고수하려는 성향이 강한 보수적인 교정기관에 의해 전자감독이 활용되기 시작했다는 점에서 의미 있는 변화라고 할 수 있다(Halberstadt & La Vigne, 2011).

4. 집중보호관찰의 일환으로서 전자감독의 활용

미국에서 전자감독은 처음부터 가택구금을 가능하게 하는 기술적인 수단으로만 개발된 것은 아니었다. 급증하는 집중보호관찰대상자를 관리하는 방안으로 전자감독이 활용되기 시작하였다(Morris & Tonry, 1990). 특히 법원의 양형단계에서 재범위험성이 높은 대상자에게 강화된 집중보호관찰을 부과할 때 전자감독을 활용하였다

법원은 보호관찰관의 판결전조사 등을 참조하여 재범위험성이 높고 집중된 관리감독이 필요한 대상자에 대하여 특별준수사항으로 전자감독을 받을 것을 명할 수 있다.[11] 이와 관련된 대표적 입법례로는 플로리다 주법을 들 수 있다. 플로리다 주법(Florida Statues)에 의하면 "법원은 보호관찰 등을 부과할 경우 범죄자의 집중적인 감독과 감시(surveillance)를 필요로 할 수 있으며, 이 경우 전자감독(electronic monitoring)을 실시할 수 있다."고 규정되어 있다(Crowe et al, 2002:17). 또한 뉴욕 주 형법도 가택구금이 아닌, 보호관찰의 일반준수사항으로 폭넓게 전자감독이 활용될 수 있는 길을 열어 놓았다(김일수, 2005:99).[12]

미국에서 전자감독은 교정비용 절감의 수단으로서 보수주의자들의 눈길을 끈 것은 사실이지만, 다른 한편 징역형의 대체수단으로서 역시 진보주의자들의 흥미도 자극했다. 이는 '포용적'(범죄자가 지역사회 내에 남아 있다는 점)이면서 동시에 '배타적'(출입허용구역이 제한된다는 점)인 전자감독이 지닌 특성을 중의적으로 나타내고 있다(Lilly & Nellis, 2013). 전자감독은 구금을 대체하여 자유를 누리게 하는 방안이면서도 동시에 여전히 범죄자들에 대한 강화된 통제를 의미하기도 한다. 이런 측면에서 전자감독과 결합된 집중보호관찰은 결과적으로 교도소의 과밀수용을 완화시키고 교정비용 절감을 목표로 하는 '중간처우제도'로 활용되는 동시에 처벌과 감시를 강조하는 방향으로 기존 보호관찰제도의 변화를 유도하고 있기도 하다.

---

11) 전자감독과 결합된 집중보호관찰 프로그램의 하나로 유명한 것은 텍사스(Texas) 주 댈러스의 '스포트라이트 프로젝트'(Project Spotlight)이다. 이것은 댈러스의 시경찰국, 카운티 청소년국, 카운티 보호관찰국이 공동으로 추진한 프로젝트로서 심각한 범죄와 폭력범죄를 저지르고, 범죄율이 높은 특정지역에 살고 있는 14세에서 24세의 젊은 범죄인에 초점을 맞추었던 프로그램이다. 프로젝트에 참가한 세 기관은 공동으로 팀을 구성하여 해당 지역에 현장사무소를 개설하였다. 이 프로그램은 야간외출제한(curfew restrictions)과 약물남용 평가 및 상담·교육 프로그램, 그리고 사회봉사활동 등으로 구성되었으며, 전문적인 경력이 있는 보호관찰관이 오직 10명에서 15명 정도의 대상자를 전담하고 가족과 지역사회 참여자들과 협력하여 활동하였다. 최소 1주일에 다섯 차례 이상의 대면접촉을 하는 강도 높은 프로그램이었다(김일수, 2005:103–104).

12) 각주 5) 참조.

제3절 전자감독제도의 세계적 확산

1. 전자감독제도의 확산

1980년대 초반 미국에서 시작된 전자감독제도는 이제 30여 국가에 도입되어 시행 중에 있다(Nellis, Beyens & Kaminski, 2013). 즉, 북미 국가 중에는 미국에 이어 캐나다로, 그 다음에는 영국, 스웨덴, 오스트리아 등의 서유럽 국가로 확산되었으며, 뉴질랜드와 호주의 남태평양 국가, 폴란드와 불가리아 및 에스토니아 등의 동유럽 국가, 아르헨티나와 브라질 및 콜롬비아 등의 남미 국가에도 도입되어 시행되고 있다.

이 중에서 제1세대 감독방식인 '가택구금 전자감독'을 시행하는 국가는 캐나다(1987), 스웨덴(1994), 오스트리아(1997), 벨기에(1998), 스위스(1999), 독일(2000), 포르투갈(2002), 이탈리아(2003), 이스라엘(2005) 등이다.[13)] 제1세대 방식인 '가택구금 전자감독'과 제2세대 방식인 '위치추적 전자감독'을 병행하는 국가로는 전자감독의 태생국인 미국(1983)을 비롯하여, 영국(1989), 뉴질랜드(1995), 네덜란드(1995), 호주(1996), 스페인(2000), 그리고 프랑스(2003) 등이 있다(Nellis, Beyens & Kaminski, 2013). 2008년에 전자감독제도를 도입한 우리나라는 아일랜드, 사우디아라비아와 함께 제1세 감독방식인 가택구금 전자감독을 거치지 않고 제2세대 방식인 '위치추적 전자감독'을 도입하여 운용하고 있다.

세계 각국이 전자감독을 형사사법에 도입한 배경을 살펴보면, 대부분의 경우 수용인원 증가에 따른 교도소 과밀화의 해소방안으로 전자감독을 도입하였고, 아울러 교정비용과 비교하여 전자감독의 예산절감효과를 기대한 것이었다(Nellis, Beyens & Kaminski, 2013). 즉, 전자감독은 교도소 입소비율을 낮춤으로써 새로운 교도소 건설에 따른 예산을 감축할 수 있는 참신한 방안으로 각광 받았다.

또한 전자감독제도가 세계적으로 확산될 수 있었던 이유 중 다른 하나는 전자감독이 사회내처우의 통제력을 강화하고 시설내구금과 사회내처우 사이의

13) 괄호 안의 숫자는 각국에서 전자감독제도를 최초로 시행한 연도이다.

중간적 제재수단으로 기능할 수 있다는 장점이 부각된 데 있기도 하다. 예컨대 미국의 경우 1990년대에 이르러서는 전자감독이 보호관찰 준수사항 위반에 대한 제재조치로서 시설내구금과 사회내처우 사이의 중간적 형벌로 활용되는 사례가 많았다(Morris & Tonry 1990). 즉, '형사제재로서의 전자감독'은 처벌수단임과 동시에 사회복지수단으로 사용될 수 있는 점이 오히려 매력적으로 부각된 것이다(Nellis, Beyens & Kaminski, 2013).

대부분의 국가에서 상업적인 영리단체들이 전자감독의 기술공급자 또는 업무 전반에 관한 감독자로서 참여하고 있으며, 심지어는 민간기업의 직원들이 '준수사항위반' 결정에 관여하고 있기까지 하다. 이러한 민간기업의 참여는 상업적 이윤추구의 동기로 인해 전자감독제도의 확산에 경쟁적으로 기여하였다는 평가를 받고 있다(Nellis, Beyens & Kaminski, 2013).

2. 유럽에서의 전자감독제도 도입 및 시행 현황[14)]

(1) 유럽 각국의 전자감독제도 도입현황

유럽보호관찰사무국(CEP)은 1998년부터 2011년까지 총 7차에 걸쳐 '유럽전자감독대회'(European Electronic Monitoring Conference)를 개최하였다.[15)] 제7차 유럽전자감독대회(2011. 5. 5~7, 포르투갈)를 위하여 유럽보호관찰사무국은 유럽에서 시행되고 있는 전자감독제도에 관한 광범위한 자료를 수집하였다.[16)] 이에 따르면, 유럽의 18개 사법권역에서 전자감독이 실시되고 있었다. 즉, 오스트리아, 벨기에, 스페인, 덴마크, 영국(England & Wales), 스코틀랜드, 에스토니아, 프랑스, 독일, 아일랜드, 저지 아일랜드(Jersey Island), 룩셈부르크, 네덜란드,

14) 이하 내용은 한영수(2011), 30-38면에서 주로 발췌한 것임.

15) Electronic Monitoring and Probation: Offender Rehabilitation and the Reduction of Prison Populations, 7th European Electronic Monitoring Conference(5th-7th May, ÉEvora, Portugal), Conference Report by Mike Nellis and Núuria Torres Rosell.

16) 7th European Electronic Monitoring Conference Survey of Electronic Monitoring, Analzsis of Questionnaires. (http://www.cepprobation.org/uploaded_files/EM2011_Conference_Analysis-of-EM-Questionnaires.pdf)

노르웨이, 폴란드, 포르투갈, 스위스(Bern, Vaud), 스웨덴에서 전자감독이 실시되고 있다. 스페인, 스위스, 저지 아일랜드의 경우에는 아직까지 일부 지방에 국한하여 전자감독을 실시하고 있지만, 그 외의 나라는 국가 전역에 걸쳐 전자감독을 실시하고 있다.

대부분의 국가에서 전자감독제도는 시범실시 단계를 벗어나 항구적인 사법시스템으로 정착되었지만, 룩셈부르크 · 아일랜드 · 노르웨이는 아직까지도 시범실시 단계에 머물러 있는 실정이다. 또한 폴란드는 2014년 8월까지 시범실시 이후 항구적인 사법제도로 발전시킬 계획이다. 오스트리아는 2차의 시범실시를 거쳐 2010년 9월브터 항구적인 사법제도로 발전시켰다.

아래의 [표 2-1]은 2010년 말 기준 유럽에서 전자감독을 도입한 시기를 유형별로 구분하여 표시한 것이다.[17)]

[표 2-1]을 살펴보면, 유럽에서 활용되고 있는 전자감독의 유형을 어느 정도 알 수 있다. 전자감독제도를 운영하고 있는 대부분의 유럽 국가에서 정문

[표 2-1] 유럽의 전자감독 도입시기

국가(사법권역)	판결 전[18)] (pre-trial)	정문유형[19)] (front door)	후문유형[20)] (back door)	기타 유형
오스트리아	–	2010	–	2010
벨기에	–	2000	–	–
덴마크	–	2005	–	–
영국(England & Wales)	2002	1995	1999	2004
에스토니아	–	–	2007	–

17) 한영수(2011), 32면 [표 2-6] 재인용; 출처는 7th European Electronic Monitoring Conference Survey of Electronic Monitoring, Analzsis of Questionnaires.

18) 판결전 단계에서 전자감독을 보석의 조건으로 활용하는 것을 말한다.

19) 정문유형이란 전자감독을 법원명령(court order), 조건부 법원명령(condition of court order), 형벌집행(execution of prison)의 방법으로 활용하는 것을 말한다.

20) 후문유형이란 전자감독을 조기석방의 조건과 형기종료 후의 보안처분으로 활용하는 것을 말한다.

(계속)

프랑스(RF)	2002	2000	–	–
프랑스(GPS)	2009	2007	2007	–
독 일	–	2010	–	–
아일랜드	–	–	2009	–
저지 아일랜드 (Jersey island)	–	–	2003～2010	–
룩셈부르크	–	2006	2006	–
네덜란드(RF)	–	1995	1995	–
네덜란드(GPS)	–	2005	2010	–
노르웨이	–	2008	2008	–
폴란드	–	2009	–	–
포르투갈	2002	–	2007	2009
스코틀랜드	2005	1998	2006	2005
스페인(Catalonia)	–	2000	–	2009
스웨덴	–	1994	2001	2005
스위스(Bern)	–	1999	1999	–
스위스(Vaud)	–	1999	1999	1999

유형으로 '구금형의 집행방법'이나 후문유형으로 '가석방' 조건으로 전자감독을 실시하고 있다. 단기자유형의 대체수단으로서의 전자감독도 정문유형의 일종이다. 구금시설 외에서 전자감독에 의한 가택구금의 방법으로 단기자유형의 집행을 제도적으로 허용하고 있는 나라는 스웨덴, 네덜란드, 프랑스, 오스트리아 등이 있다. 스웨덴은 유럽에서 가장 먼저 단기자유형의 대체집행 방법으로 가택구금 전자감독을 활용하기 시작했고, 오스트리아는 유럽에서 가장 최근(2010. 9. 1)에 법률개정을 통하여 단기자유형의 집행을 대체하는 전자감독을 제도화한 국가에 속한다.

아래의 [표 2-2]는 전자감독을 도입한 유럽 국가의 인구수 대비 전자감독 대상인원을 비교한 것이다.[21)]

[표 2-2] 유럽의 국가별 인구수 대비 전자감독 대상인원 비교(2010년 기준)

구분 / 국가명	총 인구 (천 명)	인구 10만 명당 수용인원(명)	전자감독 대상인원(명)	10만 명당 전자감독 대상인원(명)
오스트리아	8,350	103	97	0.3
벨기에(2009년)	10,825	97	2,127	10.5
덴마크	5,587	71	1,898	3.6
영국(England & Wales)	55,328	154	99,950	40.5
에스토니아	1,340	256	140	4.4
프랑스	57,300	96	12,124	9.0
독 일	81,629	85	4	7.3
아일랜드	4,453	99	31	0.2
룩셈부르크	507	139	45	6.5
네덜란드	16,600	94	843	1.4
노르웨이	4,853	71	1,001	1.8
폴란드	38,500	217	616	1.6
포르투갈	10,612	112	708	4.9
스코틀랜드	5,222	149	2,626	14.2
스페인(Catalonia)	7,200	136	280	1.1
스웨덴	9,045	78	3,739	10.2
스위스(Bern)	950	79	129	3.2
스위스(Vaud)	452	–	–	61

21) 한영수(2011), 33면 [표 2-7] 재인용; 출처는 7th European Electronic Monitoring Conference Survey of Electronic Monitoring, Analysis of Questionnaires.

아래의 [표 2-3]은 유럽 각국의 1일 전자감독 대상인원을 그 유형별로 구분하여 보여 주고 있다.[22)]

[표 2-3] 유럽 각국의 전자감독 대상인원 비교

(단위: 명)

국가명		2009년 10월 31일 1일 전자감독 대상인원				2010년 10월 31일 1일 전자감독 대상인원			
		정문 유형	후문 유형	기타 유형	전체 (2009)	정문 유형	후문 유형	기타 유형	전체 (2010)
오스트리아		–	–	–	–	2	12	13	27
벨기에		982	–	–	982	1,137	–	–	1,137
덴마크		203	–	–	203	201	–	–	201
영국 (England & Wales)		16,379	3,113	–	19,942	19,173	3,247	–	22,420
에스토니아		50	–	–	50	–	59	–	59
프랑스	RF	3,984	–	–	3,894	5,050	–	–	5,050
	GPS	0	–	–	0	12	40	–	49
독일	GPS	–	–	–	–	4	2	–	6
아일랜드		–	–	–	–	–	11	–	11
네덜란드	RF	117	834	–	951	30	193	–	223
	GPS	7	–	–	7	7	1	–	8
노르웨이		65	7	–	72	80	8	–	88
폴란드		–	–	–	–	–	–	–	–
포르투갈		522	31	–	553	472	24	20	518
스코틀랜드		426	384	4	814	382	358	3	743

22) 한영수(2011), 34면 [표 2-8] 재인용; 출처는 7th European Electronic Monitoring Conference Survey of Electronic Monitoring, Analzsis of Questionnaires.

(계속)

스페인 (Cataloria)	90	–	–	90	77	–	–	77
스웨덴	503	–	460	963	493	–	430	923
스위스 (Bern)	17	7	–	24	21	9	–	30

(2) 유럽 각국의 전자감독 기술방식과 소요경비

유럽에서도 전자감독 기술방식은 제1세대 방식인 기존의 RF 방식에서 제2세대 방식인 GPS 위치추적방식으로 점차 전환되고 있다. 유럽에서 GPS 위치추적방식의 전자감독제도를 시행하는 국가는 에스토니아, 프랑스, 독일, 아일랜드, 네덜란드, 스페인 등이다([표 2-4] 참조).

[표 2-4] 유럽 각국의 전자감독비용과 전자감독 기술방식 비교

구분 / 국가명	대상자 1인당 1일 평균 전자감독비용	Factors included in the costs a) saving in prison use b) cost of equipment and installation c) cost of monitoring d) other costs	기술방식
오스트리아	€22	Cost of social work and equipment	RF
벨기에	€38.65	Cost of EM material monitoring and staff	RF
덴마크	€75	Costs of equipment, installation monitoring and programs for inmates	Mobile telephone, RF
영국(England & Wales)	£11.67	(성인사범)	RF & VV
	£16.46	(소년사범)	
에스토니아	€3	Costs of equipment and installation	RF & GPS
프랑스	€12	Costs of equipment, installation and monitoring	RF
	€30	Costs of equipment, installation and monitoring	GPS

(계속)

독 일	€30	Costs of equipment, installation, monitoring and social work	GPS
아일랜드	€9	Costs of equipment, installation and monitoring	GPS
룩셈부르크	€3.8	Costs of equipment and installation	RF
네덜란드	€13.75	Costs per day	RF
	€121	Cost of connection per participant	GPS
노르웨이	€100	Employee salaries, equipment, maintenance, travel costs	RF
폴란드	€10.34	Administrative costs	RF
포르투갈	€17.79	Saving in prison use, cost of equipment, installation and monitoring	RF
스코틀랜드	£19.44 = £3,500÷6월	Costs of equipment and monitoring	RF
스페인 (Catalonia)	€0.73(연간 €267.516)	Saving in prison use, cost of equipment , installation and monitoring	RF, GPS, VV
스웨덴	€3.45	Costs of equipment and installation	RF
스위스(Bern)	SFr. 56	Costs of equipment, installation monitoring, employees, back-office	RF
스위스 (Vaaud)	SFr. 47	Costs of equipment, installation and monitoring	RF

[표 2-4]는 유럽 각국의 대상자 1인당 전자감독에 소요되는 1일 평균비용을 보여 주고 있다.[23) 다만 전자감독에 소요되는 경비를 산출하는 방법이 국가별로 차이가 나기 때문에 [표 2-4]와 같이 단순하게 비교하는 것은 적절한 방법은 아닐 수 있음을 유념해야 한다. 예컨대 영국(England & Wales)의 경우 전자

23) 한영수(2011), 35면 [표 2-9] 재인용; 출처는 7th European Electronic Monitoring Conference Survey of Electronic Monitoring, Analzsis of Questionnaires.

감독 유형을 구분하지 않고 모든 비용을 합산하여 그 평균값을 산출했지만, 프랑스와 네덜란드의 경우는 RF 방식과 GPS 방식을 구분하여 각 유형별 소요경비를 분리하여 산출하고 있다. 또한 노르웨이의 경우 전자감독을 담당하는 직원들의 봉급을 모두 포함하여 전자감독비용을 산출하였고, 포르투갈도 장비구입 · 직원봉급 · 출장비용 · 건물임차료 등을 모두 포함시켜 산출하였다.

(3) 유럽 각국의 전자감독기간

[표 2–5]는 유럽 각국의 전자감독기간의 상한선을 상호 비교한 것이다.[24] 유형별로 전자감독기간이 차이가 나지만, 그 상한선은 1년 이하로 삼는 나라가 대부분임을 알 수 있다.

[표 2–5] 유럽 각국의 전자감독기간(상한선)

전자감독 최대기간 (상한)	판결 전 pre-trial	정문유형 (front door model)			후문유형 (back door model)		기타 유형
	보석	법원 명령	법원명령의 조건	구금형의 집행방법	가석방	형기 종료	
1월 이하	–	–	–	–	–	–	스페인의 Catalonia (GPS)[25]
2월~6월	–	영국	영국, 스페인의 Catalonia	덴마크, 독일, 노르웨이, 스웨덴	영국, 아일랜드, 노르웨이, 스코틀랜드	–	스코틀랜드, 포르투갈[26]
7월~9월	–	–	–	–	스위스 (Bern)	–	–

24) 한영수(2011), 37면 [표 2–10] 재인용; 출처는 7th European Electronic Monitoring Conference Survey of Electronic Monitoring, Analzsis of Questionnaires.

25) 24시간에서 48시간까지의 귀휴기간에 전자감독 실시.

26) 가정폭력사범에 대한 전자감독제도.

(계속)

10월~12월	–	스코틀랜드	스코틀랜드, 네덜란드[27]	룩셈부르크, 오스트리아, 스위스(Basel,Vaud) Catalonia, 폴란드	포르투갈, 스위스(Vaud), 오스트리아 영국, 에스토니아 네덜란드, 스웨덴	–	오스트리아
24월 이상	포르투갈, 프랑스	포르투갈	–	프랑스	–	프랑스(GPS)	포르투갈
상한 없음	영국, 오스트리아	–	–	–	–	스코틀랜드, 영국	영국

3. 세계 각국의 전자감독제도

(1) 영국의 전자감독제도

1) 전자감독제도 연혁

영국에서 전자감독의 도입논의가 본격화된 것은 1987년 영국 내무위원회의 보고서가 미국 전자감독제도에 대한 연구와 영국에서의 적용가능성을 검토할 것을 권고한 때부터이다.[28] 결국 1989년에 미결구금 단계에서 보석의 조건으로

27) 소년사범에 대한 '구류 및 훈련 명령'으로서 구금과 보호관찰을 절반 정도씩 부과하는 것을 말한다.

28) 1987년 내무위원회(The Home Affairs Committee)의 세 번째 보고서 「교도소의 상태와 사용」(state and use of prisons)에서는 미국 전자감독제도에 대하여 연구할 것과 영국에서의 적용가능성을 검토할 것을 권고하였다. 이후 전자감독제도 시범실시가 1988년 중반에 결정되고, 그 첫 번째 시도가 1989년 여름에 시작되었다(Richardson, 2000:159). 영국 전자감독제도의 도입과 발전의 가장 큰 배경에는 서구에서 1960년대 중반 이후로 심화된 교정시설 과밀수용의 문제가 자리 잡고 있다. 이러한 맥락에서 범죄문제를 해결할 수 있는 유일한 방법은 더 많은 교도소를 신축하는 것뿐이라고 강하게 주장하였던 보수당(The Conservative Party)이 자신들이 집권하고 있던 시기에 전자감독제도를 최초로 도입하였던 것은 예상치 못했던 전개는 아니었다(Nellis, 2005:130). 이후의 노동당 정권(New Labour)도 전자감독의 지속적인 확대정책을 추진하고 있다.

전자감독을 활용하는 최초의 시범실시가 시작되었다.[29] 또한 1991년 '형사사법법'(Criminal Justice Act 1991)의 개정이 직접적인 계기가 되어 전자감독제도에 대한 관심이 새롭게 부각되었다.[30] 1999년 1월에는 전자감독 가택통금명령(Home Detention Curfew)과, 만 16세 이상의 범죄인에 대한 독립적 형사제재인 '전자감독 외출제한명령'(Curfew Orders forced by electronic monitoring)이 영국 전역에 걸쳐 시행되었다.[31] 또한 2001년 '형사법원(양형)권한법'[The Powers of Criminal Courts (Sentencing) Act 2000] 제43조에 근거를 둔 전자감독 외출제한명령이 10~15세의 소년사범을 대상으로도 운영되기 시작하였다. 2002년 4월부터는 '보석법률'(The Bail Act 1976)에 의하여 12~16세의 피의자와 17세의 피의자에 대해서도 각기 별도로 전자감독 외출제한명령이 부과되기 시작하였다. 또한 2002년 5월부터는 '형사법원(양형)권한법' 제75조에 의하여 '구금과 훈련 명령'(Detention and Training Order)에 처해지는 18세 미만의 대상자들을 상대로 임시퇴원 형식의

---

29) 이 해에 시작된 시범실시는 미결구금 단계에 먼저 도입되었는데, 이는 그 당시 전자감독과 관련된 새로운 입법조치 없이도 기존 법률체계 내에서 본 제도가 운영가능했기 때문이었다. 이 해 약 6개월 동안 3개 지역에서 대략 50명 정도에게 시범실시가 시작되었다. 시범실시는 보석에 처해질 성인범죄인을 대상으로 1990년까지 계속되었다. 첫 시범실시에서 대상자 중의 대다수(총 46명 중 24명)가 지시사항을 위반하고 재범을 하는 등 전자감독은 실패로 돌아갔다(김혜정, 2000:61; 김일수, 2005:123).

30) 1991년 '형사사법법'은 '지역사회제재'(community sentence) 활성화를 위하여 법원이 특정한 상황하에서만 구금형을 부과할 수 있도록 규정하는 동시에 여러 가지 지역사회명령을 도입하였는데, 그중 하나로 외출제한명령(curfew orders)을 규정하였다. 이와 함께 1994년「형사사법 및 공공질서에 관한 법률」(Criminal Justice & Public Order Act 1994)에 의거하여 전자감독을 통한 외출제한명령이 새르이 도입되었고, 1995년 7월부터 16세 이상의 범죄인을 대상으로 법원이 선고하는 새로운 '사회내형벌' 형태의 전자감독 외출제한명령 시범실시가 시행되었다. 전자감독 외출제한명령 시범실시는 원래 9개월 동안 시행하기로 되어 있었으나, 1997년 말까지 그 기간이 연장되었다. 시범실시 1차 연도(1995~1996 period) 동안 총 83명의 사람들이 시범실시에 처해졌고, 2차 연도(1996~1997 period) 동안에는 375명에게 동 명령이 부과되었다. 1차 연도의 시범실시 평가결과에 비해 2차 연도의 시범실시 결과는 상당히 호의적으로 평가되었다(Richardson, 2000:164-170).

31) 영국 정부는 5년에 걸친 충분한 시범실시와 철저한 사전준비 후, 1999년 1월 마침내 가석방단계에서의 '전자감독 가택통금'(Home Detention Curfew)과 16세 이상의 범죄인에 대해 독립된 사회내형벌로서의 '전자감독 외출제한명령'(Curfew Orders forced by electronic monitoring)을 전국적으로 시행하게 되었다(법무부 EMP 연구반, 1999:10). 그 후에도 1998년부터 2000년도까지 보석대상자(성인과 소년), 벌금미납자 및 상습 경미범죄인 등을 대상으로 하는 일련의 전자감독제도를 시범실시하였다(김일수, 2005:124).

전자감독제도를 시행하고 있다.[32] 2004년부터 2007년 사이에 영국에서는 상습누범, 가정폭력사범, 성범죄인 등을 대상으로 GPS 위치추적 전자감독을 시범실시하였으며, 현재는 잠정적으로 중단된 상태이다. 전자감독의 운영시스템과 관련하여 영국은 전자감독장치의 운영을 전적으로 민간 경비업체에 위임하고 있는 것이 특징이다.

2) 전자감독제도 도입 배경

1980년대 후반 미국의 다수의 주와 캐나다의 4개 주가 전자감독제도를 활용하여 상당한 효과를 보였다는 점이 영국(잉글랜드와 웨일즈)에서 전자감독을 도입하는 계기가 되었다(Mair & Nee, 1990). 영국은 유럽 국가 중에서 가장 먼저 미국의 전자감독제도를 도입함으로써 유럽의 많은 국가들이 전자감독제도를 형사사법의 일환으로 도입하는 데 선도적 역할을 했다(Mair & Nellis, 2013).[33]

영국에서 전자감독의 도입을 정책적으로 추진하게 만든 동인으로는 다음 두 가지 사건을 들 수 있다(Mair & Nellis, 2013). 첫째, 톰 스테이시(Tom Stacy)라는 저널리스트가 구금형의 대안으로 독자적인 원격감시방안을 제안했고, 이어 1981년 범죄자전자감시협회(Offenders Tag Association)가 설립되었는데, 이것이 영국에서 전자감독제도 도입의 촉매제 역할을 하였다. 둘째, 당시 미국에서 전자감독설비를 제작하고 판매하는 기업이 영국을 새로운 시장으로 간주하고 있었다는 점이다.

전자감독제도에 관한 영국 내무성의 지대한 관심 덕분에 내무성 산하 연구계획부(RPU: The Home Office Research and Planning Unit)는 북미 국가들과 함께 전자감독사업을 공동으로 추진할 수 있었다. 당시 영국에서는 보호관찰부의 사

---

32) 이 외에도 2001년에는 10~17세의 소년범을 대상으로 하는 집중지도감독 프로그램(ISSP), 2003년에는 18~20세를 대상으로 하는 집중통제변화 프로그램(ICCP)의 일환으로 각각 전자감독제도가 활용되기 시작하였다(EM NEWS, 2003).

33) 영국은 스스로를 형법 정책과 실행의 선두 주자라고 보고 있다. 미국, 네덜란드나 다른 유럽 국가들 각자 자국을 보호관찰의 선두 국가라고 주장함에도 불구하고, 보호관찰제도의 창시자로서 자국의 중요성을 강조하며 자부심을 드러내고 있다. 또한 많은 동구권 국가들이 보호관찰제도를 현대화하는 데 있어 잉글랜드와 웨일즈의 학자들 그리고 보호관찰관들이 제시한 방법을 따르고 있다고 주장한다(Mair & Nellis, 2013).

회복지 위주의 사고가 범죄자들에게 너무 가벼운 형벌집행으로 이어진다는 비난이 심해졌다. 이에 따라 영국 정부는 범죄자들에게 더 강력한 형벌이 필요하고, 수형자들의 수를 줄이면서도 강력한 처벌수위를 유지할 수 있는 방안으로 전자감독의 도입이 적절하다고 판단하였다. 특히 공공서비스부문의 비용절감은 당시 영국 정부의 최대 과제로 떠올랐다. 이를 위한 방안으로 가능한 한 공공부문의 업무나 절차를 민영화하자는 주장이 대두되었다. 이에 따라 영국 정부는 경찰과 교정 분야 업무의 일부에 대한 민영화도 추진하였다. 전자감독이 '지역사회형벌'이라는 점에서 전자감독의 도입이 형사사법 분야 민영화 작업의 일환으로 인식되기도 하였다(Nathan, 2003).

3) 전자감독의 시범실시기간

영국에서는 전자감독제도가 도입되기 이전에 '형사사법법'(Criminal Justic Act 1982)에 의거하여 야간외출제한명령제도가 청소년을 대상으로 시행되고 있었다. 그러나 외출제한명령 준수 여부를 효율적으로 감시하는 것이 거의 불가능하다는 이유로 전자감독에 의한 원격감시가 더 신뢰할 수 있는 방안으로 제시되었다(Mair & Nellis, 2013). 무엇보다 전자감독이 대상자를 자택에 머물도록 하는 처벌을 시행하는 데 큰 도움이 될 것으로 기대되었다. 또한 전자감독이 구금형벌에 비하여 자유제한이 적은 제재수단이면서도 범죄자들의 소재나 행방을 추적하는 데 효과적이라고 보았다. 이에 따라 1998년 8월 마침내 세 차례에 걸쳐 전자감독의 시범실시가 이루어졌고, 보석(미결구금의 대체방안)의 조건으로 전자감독을 실시함으로써 이를 위해 별도의 입법행위가 필요하지는 않았다(Mair & Nellis, 2013).

전자감독의 시범실시는 보석 중인 자에 대하여 전자감독을 시행하는 것이 얼마나 어려운지 보여 주었고, 보호관찰소장협회(ACOP: Association of Chief Officers of Probation)나 전국보호관찰관협회(NAPO: National Association of Probation Officers)의 반응은 전자감독에 대해 부정적이었다. 전자감독은 통제적이고 억압적이면서도 인권을 침해하는 행위로서 보호관찰소가 관여해서는 안 되는 것으로 여겨졌다(Mair, 2005).

세 번의 시범실시는 각각 6개월 동안만 지속되었고 전자감독은 대상자에게 하루 최대 24시간 동안 시행되었다. 시행 초기에 드러났던 기술적 문제점은 시범실시기간 중에 해결되었지만, 시범실시의 효과는 명확하게 나타나지 않았다. 기껏해야 전자감독이 실용적으로 '작동'했다고는 하지만, 형벌에 사용될 전자부착장치가 성공적일 것인지에 대하여 아무런 답을 내놓지 못했다(Mair & Nee, 1990).

그러나 외출금지명령은 이미 영국의회에서 입법추진 중인 법안에 추가되었고, 이는 곧 1991년 형사사법법(Criminal Justice Act 1991)에 의해 법률로 제정되었다. 이에 따라 외출금지시간은 하루 2시간에서 12시간으로, 그 기간은 최대 6개월로 제한하기로 하였다.

1990년대 중반까지 정치적 상황에 큰 변동이 없었기에 전자감독제도는 큰 진전 없이 답보상태에 머물러 있었다. 그러던 중 1993년 2월 리버풀에서 발생한 끔찍한 아동 살인사건은 범죄에 대한 일반대중의 분노를 촉발시켰다. 그 해 내무장관으로 마이클 하워드(Michael Howard)가 임명되었는데, 하워드 장관은 범죄자에 대한 더 강력한 형사적 처벌을 강조하면서 전자감독제도의 확립을 위해 중요한 역할을 수행했다(Mair & Nellis, 2013). 1994년에 제정된 「형사사법 및 공공질서법」(Criminal Justice and Public Order Act)은 전자감독 외출제한명령제도를 단계적으로 확대하기로 했다. 이에 따라 전자감독 외출제한명령은 1997년부터 영국의 4개 주로 확대되었다. 또한 전자감독 외출금지명령이 벌금미납자와 상습적 경미범죄자 및 소년사범에게도 부과될 수 있도록 수정되었다.

4) 전자감독의 제도적 안착

그동안의 시범실시를 통해 축적된 성과에 따라 영국은 1999년 1월부터 전자감독 외출제한명령을 전국적으로 시행하였다. 특히 급격히 증가하는 교정시설 수용인원은 전자감독 외출제한명령의 전국적인 시행에 있어 실질적인 기폭제가 되었다.

또한 전자감독을 기반으로 한 조기석방제도, 즉 전자감독에 의한 가택구금 및 외출제한 명령(HDC)을 시행하기에 이른다. 영국(잉글랜드와 웨일즈)의 교정시설 1일 평균 수용인원은 1993년 4만 4,566명에서 1998년에는 6만 5,298명으로 50%나 증가했는데, 이러한 과밀수용을 해소할 방법으로 전자감독에 의한 조기석방, 즉 가택구금 및 외출제한 명령(HDC)을 적극 활용하는 방안이 제시된 것이다(Mair & Nellis, 2013).

가택구금 및 외출제한 명령의 요건을 갖춘 수형자(3개월 이상 4년 이하의 징역을 선고받은 수형자 중 위험평가를 통과하고 전자장치를 부착하는 데 동의한 자)는 형기종료 약 60일 전에 교도소에서 출소하도록 하였다. 결과적으로 가택구금 및 외출제한 명령(HDC) 제도의 시행은 전자감독의 비약적인 발전을 가져왔다(Dodgson et al., 2001).

이 제도가 시행된 첫해인 1999년에 약 1만 4,800여 명이 전자감독을 받았다.[34] 이 중에서 겨우 5%만이 외출제한명령을 위반하여 다시 교도소로 돌아왔다. 이 제도의 활용으로 약 2,000여 개의 교도소를 건설할 수 있는 비용을 절감할 수 있었다는 긍정적 평가도 있다(Mair & Nellis, 2013).

전자감독에 의한 '가택구금 및 외출제한 명령'으로 조기석방된 인원은 2000년 약 1만 5,500명, 2001년 약 1만 3,600명을 각각 기록하였고, 2010년에는 1만 2,250명으로 약간 감소하였는데, 그 이유는 주로 교정당국이 가석방에 수반되는 위험을 회피하려 했기 때문이었다(Ministry of Justice, 2010).

2000년부터 2006년까지의 단기출소자들을 대상으로 실시한 통계연구에 따르면, 가택구금 및 외출제한 명령(HDC)을 받고 출소한 자들이 12개월에서 24개월 사이 재범할 확률이 만기출소자들의 그것에 비해 대체로 낮았는데, 이는 정치적으로 상당히 고무적인 성과였고 가택구금 및 외출제한 명령(HDC)의 비용절감효과를 보여 준 결과가 되었다(Marie et al., 2011). 반면, 소년사범, 상습적 경미범죄자, 벌금미납자 등을 대상으로 한 전자감독 외출제한명령의 활용률은 상대적으로 미미하였다.[35]

---

34) 이 통계치는 수많은 범죄자들이 원격감시를 받았다는 것을 보여 주고 있지만, 가택구금 및 외출제한 명령제도(HDC)에 적합한 총 4만 9,500명의 수형자 중 약 30% 정도만이 전자감독을 받는 조건으로 석방되었다. 이와 같은 통계치가 의미하는 것은 조기석방의 권한을 가진 교도소장들이 '안전한 위험'만 감수했을 것이라는 사실이다.

35) 10세에서 15세 사이 소년범을 대상으로 하는 전자감독 외출제한명령제도(이 연령대에서 적용

영국에서 전자감독이 전국적으로 시행된 지 1년 후, 즉 2000년 제정된 「형사사법과 법원조직법」(Criminal Justice and Court Service Act)에 의하여 다양한 형태의 전자감독이 시행될 수 있었다. 즉, 전자감독은 범죄자들이 '사회내 재활명령'(CRO)과 외출제한명령을 포함한 '사회내 처벌 및 재활명령'(CPRO)을 준수하고 있는지 여부를 확인할 수 있는 도구로 사용되었다. 전자감독은 '구금-훈련명령'[36]에도 도입되었다. 한편, 전자감독 외출제한명령은 죄질이 중한 소년사범을 대상으로 한 '집중보호관찰 및 감시 프로그램'(ISSP)과 17세 이상 20세 미만의 청소년을 대상으로 하는 보호관찰의 한 유형인 '집중통제 및 사회교화 프로그램'(ICCP)으로 이미 시행되고 있었다. 집중보호관찰 및 감시 프로그램(ISSP)은 옥스퍼드 대학에서 실시한 광범위한 평가의 대상이 되었는데, 여기서 전자감독에 의한 집중감시가 범죄율 감소에 효과가 있는지 의문이 제기되었다(Moore, 2005). 특히 집중보호관찰 및 감시 프로그램(ISSP)을 받고 있던 청년이 극악무도한 살인을 저지르는 사건이 발생함에 따라 전자감독에 대한 상당히 부정적인 여론이 형성되었다. 그러나 이와는 대조적으로 가석방으로 출소한 자들에게도 전자감독 외출제한명령을 내릴 수 있도록 한 조치는 매우 성공적이었다는 평가를 받았다(Walter, 2002:4).

5) GPS 위치추적 전자감독의 실시

영국에서도 전자감독의 신기술에 대한 관심이 점차 높아져서, 2000년에 제정된 「형사사법과 법원조직법」은 미국이 1997년에 GPS 위치추적 전자감독을 도입한 점을 고려하여 향후 영국에서도 GPS 위치추적 전자감독의 시행을 예상하고 관련 규정을 정비하였다(Mair & Nellis, 2013). 세간의 이목을 집중시킨, 면

되는 최대기간은 6개월에서 3개월로 축소되었음)에 관한 연구에서 24개월 안에 단 155명만이 전자장치를 부착받을 것을 명령받아서 전자장치를 부착할 확률은 상대적으로 낮았다(Elliott et al., 2000). 한편 보석대상자들에게 17개월 동안 173명에게 198개의 외출제한명령이 떨어졌고 전자감독을 받는 자의 수는 계획보다 적었다(Airs et al., 2000). 벌금미납자가 전자감독을 받을 확률은 약 15% 정도였는데, 73%가 사회봉사를 선호했고, 12%는 정도는 자격이 되지 않았다. 그리고 상습 잡범을 전자감독할 경우 네 명 중 한 명에게 사용이 가능하였고 나머지 75%에게는 사회봉사명령을 내릴 수 있었다(Elliott & Airs, 2000).

36) 구금과 보호관찰의 혼합형태로 주로 소년사범을 대상으로 적용되었다.

식범(성범죄자) 소행의 8세 여아 살인사건에 대한 대응으로 GPS 위치추적 전자감독에 관한 규정이 위 법률에 포함된 것이다. 당시 미디어의 관심은 범죄자들에게 집중되어 있었고, 이 여론에 힘입어 내무부는 위치추적기술을 통해 범죄자의 움직임을 지속적으로 추적할 수 있도록 하였으며, 후에는 출입금지구역까지 지정할 수 있게 하여 범죄자들의 행동반경을 원격감시할 수 있게 했다. 1999년 12월 전국적으로 시행된 전자감독 외출제한명령에 대해 초기 13개월 동안의 평가에 의하면 실제 위치추적 전자감독 활용비율은 예상보다 낮았다. 그 이유는 위치추적 전자감독에 대한 인식이 전반적으로 부족했고, 전자감독의 형벌성에 대한 확신도 부족했던 탓이다(Walter 2002:4). GPS 위치추적 전자감독의 시범실시는 2004년 맨체스터, 웨스트미들랜즈와 햄프셔에서 시작되었다.[37) 2년 이상 시범적으로 시행한 결과 총 336명의 범죄자들이 전자감독에 의하여 위치추적이 되었지만, 여전히 현실에 도입하기에는 GPS 기기와 관련하여 많은 기술적 어려움이 따랐고, 당시로서는 비용 면에서도 효과적이지 않아 시행하기 어렵다는 결론이 내려진 바 있다(Shute, 2007).

한편, 2005년 제정된 「테러방지법률」(Prevention of Terrorism Act)은 체포하지 못하는 테러 용의자에 대한 통제명령제도를 도입했는데, 유럽인권위원회에 의해 한층 더 큰 논란을 야기하였다(Mair & Nellis, 2013). 통제명령에는 개인의 자유를 억압할 수 있는 장치가 포함되어 있었고, 그중 하나가 이른바 '24시간 전자감독 가택구금'이었다. 또한 2007년부터 국가범죄자관리청(NOMS)은 출소자 숙식 지원서비스를 시작하였다. 이 서비스업무 중 하나가 출소한 후 살 집이 없거나 임대할 능력이 없는 수형자 중 적합한 자를 대상으로 가택구금 및 외출제한 명령(HDC)을 실행하는 것이었다.

6) 전자감독 실시현황

1999년부터 2011년까지 영국(잉글랜드와 웨일즈)에서는 76만여 명 이상이 전자감독을 받았다. 전자감독 건수는 2011년 11만 6,900명으로 증가하였다(Mair

37) 대상은 상습범이었고, 맨체스터와 햄프셔에서는 성범죄자와 집중보호관찰대상인 소년사범을 대상으로 하였다.

& Nellis, 2013).[38] 2011년 말 기준 전자감독 대상인원은 약 2만 3,000여 명이다. 이 중 34%는 보석 중이었고, 52%는 사회봉사명령을 받았으며, 나머지 14%는 가석방을 받았다(Mair & Nellis, 2013).

영국에서는 GPS 위치추적 전자감독과 별개로 기존의 가택구금 전자감독에 대해서 긍정적인 평가가 많다. 2006년 영국 감사원(NAO)은 전자감독제도가 사법제도의 중요한 한 부분이 됐다고 보았다. 전자감독 외출제한명령은 1999년 약 9,000건에서 2005년 약 5만 3,000건으로 상당히 증가하여 충분히 주목할 만하다. 전자감독이 교정시설 수용보다는 비용적인 면에서 훨씬 효율적이라고 판단되었으며, 더욱이 교도소에서 석방된 어느 형태의 출소자보다도 유죄판결을 다시 받을 확률이 낮았다(NAO, 2006:3).

(2) 스웨덴의 전자감독제도

1) 유럽 최초의 전국적 확대 실시

스웨덴은 1994년에 「전자감독에 의한 집중처우에 관한 법률」(Lag om intensivövervakning med elektronisk kontroll, 이하 '스웨덴 전자감독법률'로 약칭)을 제정하여 먼저 5개 보호관찰구역에서 약 2개월 정도의 자유형을 선고받은 수형자를 대상으로 가택구금 전자감독을 시범적으로 실시하였다(김혜정, 2000:68). 비록 1994년에 스웨덴 전자감독법률이 제정되기 전까지는 전자감독의 도입문제로 정파에 따라 찬반이 갈라지는 등 많은 논란이 지속되었지만, 전자감독의 시범실시 과정을 거치면서 여론은 전자감독제도에 대하여 긍정적인 평가로 완전히 돌아섰다(김일수, 2005:153).

스웨덴 의회는 전자감독법률을 개정하여 마침내 1997년 1월 1일부터 3월 이하의 자유형을 선고받은 수형자가 교도소가 아닌 자신의 집에서 전자감독을 받으며 형기를 복역할 수 있는, 이른바 '가택구금 전자감독'을 스웨덴 전역에서

38) 이러한 증가수치는 사회내명령 중 2005년에는 3,209명에서 2010년 1만 7,476명으로 늘었고 이는 전자감독 필요 대상자가 3%에서 8%로 증가했음을 뜻한다. 그리고 전자감독대상자로 집행유예 판결을 받은 자가 2005년 526명에서 2010년 8,491명으로 증가하였고, 이는 5%에서 9%로 전자감독대상자가 증가한 것이다(2010년 영국 법무부 자료 참조).

실시할 수 있게 하였다.[39] 유럽에서는 스웨덴이 최초로 전자감독을 전국적으로 확대하여 실시하였다.[40]

스웨덴은 전자감독법률을 개정하여 2005년 4월 1일부터는 6월 이하의 자유형의 집행을 가택구금 전자감독으로 대체할 수 있도록 함으로써 전자감독 적용범위를 확대하였다.[41] 즉, 스웨덴 전자감독법률 제1조를 다음과 같이 개정하였다. "이 법은 6월 이하의 자유형이 선고된 피고인의 형 집행에 있어서 적용된다. 단, 형법 제28장 제3조에 의해 보호관찰조건부 집행유예가 선고된 경우에는 그러하지 아니하다." 여기서 6월 이하의 자유형이란 실형을 의미하며, 집행유예는 해당되지 아니한다. 스웨덴 형법 제28장 제3조에 따라 3월 이하의 자유형에 대해서는 보호관찰 조건부 집행유예가 선고되는 경우가 대부분이므로, 전자감독의 대상은 주로 3월 초과 6월 이하의 실형이 선고된 피고인이다(한영수, 2011:39).

2) 구금시설 외에서의 '6월 이하의 단기자유형'의 집행

스웨덴의 전자감독은 6월 이하의 단기자유형의 집행을 구금시설이 아닌 대상자의 자택에서 전자감독에 의한 집중처우의 방법으로 할 수 있게 했다는 점이 특징이다.[42] 스웨덴 전자감독법률 제3조에 따라 "구금시설 외에서의 형의 집행은 특정시간의 특정목적, 즉 직업, 교육, 치료, 생필품 구매 및 이와 유사한 활동을 제외한 일체의 외출을 금지하는 집중처우의 형태로 이루어진다." 여기서 "외출금지 준수 여부는 전자감독의 방법에 의하여 추적된다." 즉, 전자감

39) Lag(1996:784) om ändring i lagen(1994:451) om försöksverksamhet med intensivövervakning med elektronisk kontroll.

40) 영국은 비록 1989년부터 제한된 범위 내에서 전자감독을 시범적으로 실시하였지만, 전국적으로 확대하여 실시한 것은 스웨덴보다 늦은 1999년부터였다.

41) Lag(2005:42) om ändring i lagen(1994:451) om intensivövervakning med elektronisk kontrol.

42) "스웨덴 전자감독법률 제2조는 6월 이하의 단기자유형을 선고받은 피고인은 전자감독에 의한 '교정시설 외에서의 형 집행'을 청구할 수 있도록 규정하고 있다. 피고인의 전자감독 청구가 있으면, 시설내처우의 필요성 여부를 심사하도록 되어 있다. 다만, 전자감독 청구자격은 피고인이 최근 3년 이내에 '구금시설 외에서 형의 집행'을 받은 전력이 없고, 이 기간 중 벌금형보다 중한 형에 해당하는 범죄를 저지른 전과가 없어야 주어진다. 즉, 피고인이 이미 이전에 전자감독에 의한 '시설 외에서의 형 집행'을 받은 경우 최소한 3년 이상이 경과해야 하며, 이 기간 중 벌금형보다 중한 형에 해당하는 중범죄를 저지르지 아니하여야 한다. 3년 경과규정은 곧 전자감독 결격사유라고 말할 수 있다"(한영수, 2011:39).

독에 의한 '구금시설 외에서의 형 집행'은 직장출근이나 학교출석, 병원진료, 생필품 구매와 같은 특정목적을 위해서만 예외적으로 허용되는 가택구금이다(한영수, 2011:40).

오늘날 스웨덴의 전자감독제도는 단기자유형의 대체수단으로 확고하게 자리잡고 있다. 왜냐하면 가택구금 전자감독제도가 도입 당시부터 다음과 같은 이유로 정당성을 확보하였기 때문이다(김일수, 2005:154). 첫째, 전자감독은 대상자의 거주이동의 자유를 제한하므로 자유형의 대안으로 적절하다. 둘째, 전자감독을 실시함으로써 수용경비를 줄여 국가예산을 절감할 수 있다. 셋째, 교도소 수용보다는 가택구금 전자감독이 대상자의 정체성 손상을 감소시킨다.

3) 전자감독에 의한 집중처우의 내용

스웨덴 전자감독법률 제2조 및 제6조는 '구금시설 외에서의 형의 집행'은 보호관찰관의 지도와 감독하에 이루어지도록 규정하고 있고, 전자감독대상자는 같은 법률 제7조에 따라 구금시설 외에서의 형의 집행을 받는 동안 보호관찰관의 소환에 응하여야 하며, 그에게 부과된 전자감독 준수사항을 잘 지켜야 한다. 또한 전자감독법률 제4조는 전자감독대상자가 "시설 외에서 생활할 수 있는 선량한 성품을 지니고 있어야 하며, 스스로 생활비를 충당할 수 있고 이 법률과 이 법률 시행령이 요구하는 의무를 준수할 수 있는 능력을 갖추고 있어야 한다."고 규정하고 있다. 뿐만 아니라 "전자감독대상자는 알코올이나 마약법상의 금지약물과 같은 중독물질의 흡입을 중단해야 한다."고 규정하고 있다. 이에 따라 전자감독대상자에게 금지약물이나 중독물질의 흡입을 통제하기 위하여 채혈, 채뇨, 호흡검사, 침이나 타액 또는 머리카락 채취에 응할 의무를 부여하고 있으며, 이를 통제하기 위한 강제처분을 허용하고 있다. 즉, "그러한 중독물질에 의하여 영향을 받아 제1항에 저촉되는지 여부를 확인하기 위하여 혈액, 소변, 호흡, 침, 타액이나 머리카락 등을 채취하기 위하여 대상자를 구금할 수 있다." 더 나아가 대상자의 음주중단 여부를 특정 전자장치로 감시할 수 있도록 규정하고 있다(한영수, 2011:41).

(3) 프랑스의 전자감독제도

프랑스는 우럽에서 영국에 이어 두 번째로 전자감독의 활용빈도가 높은 국가이다([표 2-2], [표 2-3] 참조). 전자감독이 프랑스에 도입되어 공식적으로 처음 시행된 것은 2004년부터였고, 2009년에 전자감독의 적용범위를 확대하면서 기존의 RF 방식과 함께 GPS 위치추적방식의 전자감독도 시행하고 있다.

2004년 3월 9일 프랑스는 형법을 개정하여 '1년 이하의 자유형'의 집행을 RF 방식의 가택구금 전자감독으로 대체할 수 있도록 하였다(프랑스 형법 제132-26-1조 내지 제132-25-3조). 그리고 2009년 11월 24일 프랑스 형법 제132-26-1조를 개정하여 '2년 이하의 자유형'을 전자감독으로 집행할 수 있게 함으로써 전자감독의 적용범위를 확대하였다.[43)]

이처럼 프랑스가 전자감독의 적용범위를 확대한 계기는 2007년에 세 차례의 아동강간죄로 18년을 복역한 성폭력범죄자가 출소 직후 5세 아동을 납치 · 강간하여 체포된 후 수사과정에서 40여 회의 추가범행을 자백한 사건이 발생한 데서 비롯된다. 당시 프랑스 의회는 재범방지대책으로 이미 재판이 확정되어 교도소에 수감 중인 범죄자들에게도 형기종료 후 '보안감호'를 소급적으로 적용하는 법안을 통과시켰지만, 프랑스 헌법위원회가 2008년 2월 이 보안감호가 수형자의 신체의 자유를 중대하게 침해한다는 이유로 그 소급적용을 위헌으로 판단하고 그 대안으로 위치추적 전자감독의 활용은 허용하였는데, 이것이 전자감독의 적용범위를 확대하는 쪽으로 나아가게 했던 것이다(심희기, 2010).

전자감독처분의 절차와 집행에 관한 세부적 내용은 프랑스 형사소송법(Code de procédure pénale) 제723-7조 내지 제723-13-1조에 명시되어 있다. 아울러 이 규정에는 잔여형기가 2년 이하인 수형자에 대하여 그 잔여형기 동안 (가)석

43) "전자감독의 방법으로 형의 집행을 대체할 수 있는 자유형의 형기는 초범인 경우에는 2년 이하이며, 누범(재범 이상의 전과자)인 경우에는 1년 이하이다. 즉, 판결법원이 2년 이하의 자유형(실형)을 선고하는 경우, 누범에 대해서는 1년 이하의 자유형(실형)을 선고하는 경우, 그 형의 전부 또는 일부를 전자감독의 방법으로 집행할 것을 결정할 수 있다. 또한 일부 집행유예의 경우에도 유예되지 아니한 자유형의 형기가 2년 이하인 경우, 누범에 대해서는 1년 미만인 경우에 그 형의 집행을 전자감독으로 대체할 수 있다"(한영수, 2011:47).

방하여 가택구금 전자감독의 방식으로 형벌집행을 할 수 있는 규정도 있다.[44] 또한 미결구금의 대체수단으로 가택구금 전자감독을 실시할 수도 있다(프랑스 형사소송법 제142-5 내지 제142-13조 및 제144조).[45]

전자감독에 의한 자유형의 대체집행은 사전에 피고인이 청구하였거나 피고인의 동의가 있어야 가능하다(프랑스 형법 제132-26-1조). 또한 전자감독 지정장소가 수형자의 집이 아닌 경우 그 지정장소의 관리자의 동의도 받아야 하며, 다만 그 장소가 공공장소인 때에는 관리자의 동의를 받을 필요는 없다(프랑스 형사소송법 제723-7조 제3문).

가택구금 전자감독기간은 6월을 초과할 수 없고, 6월 단위로 연장할 수는 있으나 합계 2년을 초과할 수 없다(프랑스 형사소송법 제142-7조).

(4) 독일과 오스트리아의 전자감독제도

독일어권 국가인 독일, 스위스, 오스트리아도 전자감독을 도입하여 시행 중

44) "프랑스 형사소송법 제723-7조는 1개 또는 수개의 자유형을 선고받고 그 형기 합계가 2년을 초과하지 않는 경우, 또는 1개 또는 수개의 자유형을 선고받고 그 잔여 합산 형기가 2년을 초과하지 않는 경우, 형벌집행판사가 형법 제132-26-1조에 정한 전자감독하에 그 형을 집행할 수 있게 규정하고 있다. 다만, 수형자가 누범인 경우 2년의 기간은 1년으로 제한된다. 또한 형벌집행판사는 조건부로 석방된 수형자를 보호관찰 목적으로 1년이 넘지 않는 기간 동안 전자감독에 처할 수 있다. 이때 전자감독은 프랑스 형사소송법 제729조에서 정한 최소 구금기간의 만료 1년 전에 집행할 수 있다"(한영수, 2011:47).

45) "피의자가 2년 이상의 징역에 처할 범죄로 수사를 받는 경우 그의 동의 또는 청구에 따라 예심판사 또는 석방구금판사는 전자감독 가택구금을 명할 수 있다(프랑스 형사소송법 제142-5조). 특별한 사유와 조건에 해당하지 않는 한, 피의자는 자신의 거주지 또는 판사가 지정한 주거지를 이탈해서는 안 된다(프랑스 형사소송법 제142-5조). 미결구금을 대체하는 전자감독 가택구금은 프랑스 형사소송법 제723-8조에 규정한 전자감독방법에 의한다. 즉, 전자감독처분의 집행감독은 형벌집행판사가 지정한 장소에 수형자가 머물러 있는지 여부를 추적 조사하며, 대상자에게 발신기를 부착하는 방법도 포함하되, 전자장치의 집행절차나 사용과정에서 인간의 존엄성과 고결성 및 개인의 사생활이 존중되어야 한다(프랑스 형사소송법 제723-8조). 수사대상인 피의자가 7년 이상의 징역과 보호관찰에 처할 사건으로 수사를 받는 경우에는 프랑스 형사소송법 제763-12조에 정한 이동식 위치추적 전자감독의 대상이 된다(프랑스 형사소송법 제142-5조). 즉, 프랑스 형사소송법 제723-9조 및 제723-12조가 적용되고, 필요한 경우 제763-12조 및 제763-13조가 적용되며, 예심판사가 형벌집행판사에게 부여된 권한을 동일하게 행사한다"(한영수, 2011:54).

에 있다. 스위스는 아직까지 일부 지방에 국한하여 전자감독을 실시하고 있으나, 독일과 오스트리아는 최근에 각각 (연방)형법을 개정하여 전자감독의 전국적 확대실시를 위한 근거규정을 마련하였다. 이하에서는 전자감독에 관한 규정을 형법에 명시한 독일과 오스트리아의 전자감독 입법과정을 살펴본다.

1) 독일의 전자감독제도

독일의 경우 1997년 6월 12일 법무장관대회(Justizministerkonferenz)에서 6월 이하의 자유형을 가택구금 전자감독의 방법으로 집행할 수 있도록 하는 행형법 개정을 권고하는 결의를 한 이후 전자감독의 도입에 관한 찬반 논의가 뜨겁게 일어났다(Fünfsinn, 2009:2). 1999년 7월 9일 연방의회는 1997년 법무장관대회의 결의에 의거한 행형법 개정안을 상정했지만 전자감독제도 도입 여부에 관한 찬반 논의가 팽팽히 맞서 아무런 결론도 내지 못하였다. 그 사이 행형법의 입법권한이 연방에서 각 주로 이관됨에 따라 연방의회 차원에서는 이 문제에 관한 더 이상 논의가 진척되지 못했다.

2000년 5월 2일 헤센(Hessen) 주의 프랑크푸르트(Frankfurt) 법원관할구역에서 파일럿 프로젝트의 일환으로 전자감독제도를 처음으로 활용하기 시작하였다. 이후 헤센 주의 다른 법원관할구역에서도 점차 전자감독제도를 활용하기 시작하였고, 마침내 2007년 11월부터는 헤센 주의 모든 법원관할구역에서 전자감독제도를 시행하게 되었다(Fünfsinn, 2009:2). 헤센 주의 전자감독 모델은 독일 형법 제56조 이하의 규정에 의한 가석방 및 집행유예의 조건 또는 독일 형사소송법 제116조의 미결구금 중지의 조건으로서, 즉 구금형의 대체집행의 형태로 운영되고 있다(황일호, 2009).

독일은 연방 차원에서 독일 형법 제68조의b 제1항 제1문 제12호를 신설함으로써 2011년 1월 1일부터 행상감독처분(Führungsaufsicht, 형기종료 후 보호관찰)[46]의 기간 또는 그 기간 내의 일정시간 동안 이른바 '전자적 위치추적감시'(die

46) 독일 형법상의 행상감독처분(Führungsaufsicht)은 순수한 보안처분으로서 형기종료로 교도소를 출소한 자나 치료감호(정신병원 수용, 금단학교 수용)나 보안감호의 집행을 받다가 출소한 자에 대해서 재범의 위험성이 높다고 판단되는 경우 부과되는 집중보호관찰의 일종이다(독일의 행상감독처분에 대한 자세한 설명은 한영수, 2008: 56-102 참조).

elektronische Überwachung des Aufenthaltsortes), 즉 위치추적 전자감독을 받을 수 있게 하였다(Brauneisen, 2011). 위치추적 전자감독의 적용대상자는 독일 형법상의 행상감독처분을 받는 자이므로 3년 이상의 실형을 선고받아 만기복역한 자나 보안감호 등의 보안처분 종료자로서 출소 후 중범죄를 저지를 위험성이 높은 사람이다. 헤센 주의 전자감독 모델이 구금형의 대체집행으로서 형벌완화의 성격을 지니고 있다면, 연방 전역에 걸쳐 시행되는 독일형법상의 전자감독은 고위험군 범죄자에 대한 보안처분으로서 형벌강화의 성격을 띠고 있다. 독일 형법상의 전자감독처분에 대해서는 대상자의 동의를 요하지 아니하며, GPS 위치추적기술을 사용할 수도 있게 하였다. 또한 전자감독 준수사항을 위반하면 독일 형법 제145조의a에 따라 3년 이하의 자유형이나 벌금형에 처하도록 되어 있다. 종전까지 독일에서는 전자감독제도의 도입에 대한 반대여론이 지속되면서 연방 차원에서 전자감독의 도입이 쉽지 않았는데, 이렇게 급작스럽게 독일 형법을 개정하여 위치추적 전자감독제도를 도입하게 된 계기는 2010년 5월 10일자로 확정된 유럽인권재판소(EGMR) 판결의 효력에 따라 쏟아져 나오는 보안감호(Sicherheitsversicherung) 출소자에 대한 위험관리가 현안이 되었기 때문이다(Brauneisen, 2011). 즉, 고위험군 범죄자의 재범억제와 피해자 안전의 확보, 재범 시 수사와 재판에 필요한 데이터 자료의 활용 등을 목적으로 전자감독제도가 도입되었다(법무부, 2013).

2) 오스트리아의 전자감독제도

오스트리아는 2004년부터 전자감독 가택구금제도의 도입 필요성에 관한 논의를 시작하였고, 2006년에 처음으로 전자감독제도를 시범적으로 실시하였다(Häusle, 2011:1). 제1차 전자감독 시범실시는 기술적인 어려움 때문에 별다른 성공을 거두지 못하였으므로 짧은 휴지기를 거쳐 2008년 1월 1일부터 제2차 전자감독 프로그램을 시범적으로 실시하였다. 제2차 전자감독 시범실시 직후인 2010년 9월 1일 전자감독 가택구금제도는 오스트리아의 행형법(StVG)과 형사소송법(StPO) 및 보호관찰법(BewHG)에 근거규정을 마련하였다(한영수, 2011:56). 즉, 오스트리아는 제2차 시범실시가 성과가 있는 것으로 나타나자 행형법과 형사소송법 및 보호관찰법을 개정하여 2010년 9월 1일부터 전자감독 가택구금제도를 도입하여 본격적으로 시행하였다. 오스트리아의 전자감독제도는 다음과 같이 두 가지 유형으로 도입되었다. 첫째는 단기자유형의 대체집행 방법이고, 둘째는 미결구금의 대체수단으로 전자감독을 활용하는 것이다(한영수, 2011:57-69).

(5) 스페인의 전자감독제도

스페인은 2000년대 초반에 남성 우월적 문화와 중남미 및 동구권에서 많이 유입된 이민자들의 영향을 받아 가정폭력사건이 양적·질적으로 폭증하였고, 가정폭력과 연관된 살인사건이 언론의 이슈가 되었다. 이와 같이 심각한 사회문제로 대두한 가정폭력에 대한 사법적 해결책으로서 가정(폭력)법원이 출범하면서 가정폭력 관련 법률이 지니고 있는 문제점뿐만 아니라 그 해소방안도 신중하게 논의되었다. 특히 가정폭력 문제의 해소에 조직적으로 대처하기 위해 구성된 마드리드(Madrid) 주정부 산하기관인 가정폭력지역감독체는 '가정폭력사범에 대한 전자감독'을 포함한 대책을 수립하는 것을 그 정책의제로 삼았다(법무부, 2013).

스페인은 2003년 11월 형법의 개정을 통해 가정폭력사범에 대한 위치추적 전자감독의 근거규정을 마련한 후, 2004년 4월 마드리드 주정부와 마드리드 대학 등과 장비개발을 위한 협정을 체결하였다. 이후 2005년에 3개월간 전자감독을 시범적으로 실시하였고, 2006년부터는 본격적으로 시행하고 있다(법무부, 2013). 근거규정인 스페인 형법(Código Penal España) 제48조 제4호는 "법원은 허용된 전자장치를 이용하여 접근금지명령의 준수 여부를 감독할 것을 명할 수 있다."고 명시하여, 접근금지형의 실시를 위해서 필요하다면 위치추적의 방법이 사용될 수 있음을 규정하고 있다. 또한 형의 선고단계에서 집행유예의 조건으로 피해자에 대한 '접근금지명령'을 부과할 수 있다. 이 경우 구체적으로 특정장소 내의 거주·통행제한 및 외출제한, 피해자 등과의 통신제한, 피해자 등에 대한 접근제한 등이 부과된다. 형의 집행단계에서는 가정폭력사범이 징역형을 선고받는 경우, 당해 교도소 복역 시 외부통근 및 귀휴 등에 대비 징역형과 함께 접근금지명령을 동시 선고한다. 스페인에서는 재소자 형기의 절반이 경과하면, 낮에는 구금시설 외에서 직업을 영유하고 밤에만 귀가하는 외부통근이 활성화되어 있다.

가정폭력사범의 위치추적과 관련된 주요 관계자는 정책입안 등 주요 책임부서인 마드리드 주정부 내 전담팀 등 3개 기관이 있으며 위치추적장치의 탈부착과 모니터링센터의 운영은 경비용역회사에서 담당하지만, 실제 준수사항 위반 시 대응은 경찰이 담당한다(법무부, 2013).

(6) 호주의 전자감독제도

호주는 전자감독제도를 1992년 6월부터 1994년 3월까지 약 2년간 7개 권역에서 집중보호관찰명령의 준수사항의 일환으로 시범적으로 실시하였다. 1995년부터는 호주의 여러 주가 '양형법'(Sentencing Act 1989)을 개정하여 형사제재수단의 일종으로서 전자감독에 의한 가택구금 · 외출제한 · 집중보호관찰명령 등을 도입하였다(김일수, 2005:141). 1996년 6월부터는 뉴사우스웨일즈(NSW) 주에서 18개월 이상의 자유형에 해당하는 범죄를 저지른 피고인에 대해서 그의 동의를 받아 집중보호관찰을 명하고 그 준수사항으로 가택구금(통행금지)을 부과할 수 있게 하고, 그 준수 여부를 확인하기 위한 방법으로 전자감독을 활용하고 있다(법무부 EMP 연구반, 1999; 법무부, 2003).

호주에서의 '재판전 단계'의 전자감독의 근거규정으로는 웨스턴오스트레일리아 주의 '보석법률'(Bail Act 1982)과 사우스오스트레일리아 주의 '보석법률'(Bail Act 1985)을 들 수 있으며, 법관이 기소된 피고인에게 보석의 조건으로 가택구금 전자감독을 명할 수 있게 하였다(김일수, 2005:142). 전자감독을 형사제재의 일종으로 법제화한 곳은 노던테리토리 주와 웨스턴오스트레일리아 주이며, 전자감독을 가석방의 조건으로 도입한 주는 웨스턴오스트레일리아와 퀸즈랜드가 있다(김일수, 2005:144-145).

제4절 우리나라 전자감독제도의 연혁

1. 전자감독제도의 도입을 위한 준비과정

(1) 전자감독제도의 도입에 관한 논의의 초기단계

1998년 5월에 개최된 '전국 보호관찰 기관장 회의'에서 공식적인 의제로 전자감독제도의 도입에 관한 논의가 시작되면서 외국의 전자감독제도에 대한 연구와 검토 작업이 구체적으로 진행되었다. 당시에는 교도소나 구치소 등의 '시설내처우'에 대한 폐단과 과밀수용으로 인한 교정시설의 열악한 환경과 과도한 비용발생 등의 문제점이 비판받으면서 그 대안으로 '사회내처우'가 점차 확산되는 추세에 있었다. 또한 전자감독제도가 미국과 영국 등에서 사회내처우의 주요 수단으로 활용되고 있는 상황이었다. 그래서 1999년에 법무부는 자체적으로 전자감독제도연구반(EMP 연구반)을 구성하여 영국의 전자감독 시행현황을 견학하는 등의 방법으로 전자감독제도의 도입가능성 및 구체적 시행방법에 관한 연구에 착수하였다. 그러나 전자감독제도의 도입에 관한 논의의 초기단계에서는 너대니얼 호손의 『주홍 글씨』, 조지 오웰의 『1984』 등의 작품에 묘사된 것과 같이 전자감독이 총체적인 인권침해의 서막이 될 것이라는 우려가 제기되었다. 또한 전자장치를 '전자족쇄'로 표현할 만큼 부정적 여론이 지배적이어서 전자감독제도의 도입을 위한 추진동력을 얻기 어려웠다.

(2) 외출제한명령 음성감독시스템의 구축

외출제한명령 음성감독시스템은 야간시간대(보통 22시부터 익일 새벽 6시까지)에 대상자의 집 전화로 컴퓨터가 무작위로 자동 전화하여 최초에 등록된 대상자의 음성과 전화 당시의 목소리를 비교하여 일치 여부를 자동으로 분류하는 첨단시스템이다.[47] 컴퓨터가 대상자의 음성이나 지문 등의 신체정보(biometrics)를 이용하여 주기적으로 본인의 소재와 동일성 여부를 확인하는 전자감시시스

47) 현재의 시스템은 영국의 뉘앙스사에서 사용하고 있는 음성인증 서버를 도입하여 신뢰도를 높이고 있다.

템이라는 점에서, 외출제한명령 음성감독시스템은 전자발찌 부착에 의한 전자감독제도의 도입 이전에 이미 우리나라에서 시행된 '초기 전자감독시스템'이라고 할 수 있다.

2002년 9월 서울보호관찰소 전산실에 음성인증에 의한 수동적 감독방식을 채택한 '음성감독시스템'(CVS)이 구축되었고, 2003년 3월 제정된 법무부의 '외출제한명령음성감독지침'에 의거하여 소년보호관찰대상자를 대상으로 시범적으로 실시한 다음, 2005년부터는 전국적으로 확대하여 실시되고 있다(김일수, 2005:193). 법원은 주로 소년사범에 대한 보호처분 부과 시 특별준수사항으로 야간외출제한명령을 부과하는 경우가 많다. 즉, 전자발찌를 부착하는 형태가 아닌 음성인식방식을 적용한 전자감독제도가 보호관찰 특별준수사항인 야간외출제한명령과 결합되어 이미 2003년의 시범실시를 시작으로 지금까지 시행 중에 있다.

2. '전자감독법률'의 제정과정

(1) 전자감독제도의 도입을 위한 법률제정안의 국회발의

우리나라 전자감독제도 도입의 역사적 계기는 2005년 4월 8일 당시 박근혜 한나라당 대표가 국회교섭단체 대표연설에서 성폭력범죄자에 대한 위치추적 전자장치 부착제도의 도입을 제안[48]하면서 국민적 관심을 불러일으켰고, 이어 같은 해 7월 13일에 한나라당 박세환 의원 등 95명이 「특정 성폭력 범죄자에 대한 위치추적 전자장치 부착에 관한 법률」(이하 '전자감독법률'로 약칭) 제정안을 공동으로 발의한 데 있다.

전자감독제도의 도입을 본격적으로 논의하게 된 배경에는 당시 부녀자 등을 잔인하게 연쇄살인한 유영철 사건(2003. 9~2004. 7), 2명의 초등학생을 비롯한 14명을 성폭행하고 연쇄살인한 정남규(2004. 1~2006. 4) 사건 등 끔찍한 성폭행 사건이 연일 발생하면서 국민의 불안감과 분노가 한층 고조된 사회적 분위기가

48) "부녀자를 대상으로 상습적으로 성폭력을 저지르는 범죄자들에게는 전자칩이나 전자팔찌를 채워서 행동을 감시하는 강력한 제도를 도입해서라도 성폭력범죄는 반드시 뿌리를 뽑겠습니다…"(2005. 4. 8. 제253회 국회 본회의 회의록 인용).

자리하고 있었다. 이는 당시 서울시민 1,986명을 대상으로 한 설문조사에서 우리나라에서 가장 심각한 범죄유형으로 응답자의 25.5%가 강간·성폭력이라고 답한 것을 보면 잘 알 수 있다(김지선 외, 2006).

이러한 배경에서 2005년 7월 13일, 우리나라에서는 최초로 전자감독제도를 도입하는 법률안이 발의된 것이다. 이렇게 발의된 「특정 성폭력범죄자에 대한 위치추적 전자장치 부착에 관한 법률」 제정안은 전자감독의 대상을 형기종료 후 출소한 자로 한정하였고, 전자장치를 부착한 자에 대한 보호관찰관의 지도감독(보호관찰)을 수반하지 않고 있었으며, 단지 전자장치를 부착한 자의 이동경로만을 수신·보관할 수 있게 하여 성범죄 발생 시 전자발찌대상자의 연루 여부를 확인하거나 재판 시 활용하는 형태의 기계적 역할에 초점을 맞추고 있었다. 제정발의안의 주요 내용은 [표 2-6]과 같다.

[표 2-6] 전자감독제도의 도입을 위한 법률제정안의 주요 내용

❑ 전자감독법률 제정안(2005. 7. 13) ❑

가. 강간 또는 추행한 죄 및 미수죄를 대상범죄로 함(안 제2조).
나. 국가는 전자장치의 착용 여부를 타인이 알지 못하도록 기계를 고안하는 등 국민의 인권이 침해되지 아니하도록 주의하여야 함(안 제3조).
다. 특정 성폭력범죄로 2회 이상 징역 이상의 형을 선고받고 그 형기의 합계가 3년 이상인 자로 출소 후 5년 이내에 성폭력범죄를 저지른 자, 성폭력범죄를 수회 범하여 상습성이 인정된 자 그리고 19세 미만의 피해자에 대하여 성폭력범죄를 저지른 자 등에 대해서는 전자장치 부착명령을 청구할 수 있음(안 제4조 제1항).
라. 미성년자에게는 적용하지 아니함(안 제4조 제2항).
마. 전자장치 부착명령사건의 토지관할은 전자장치 부착명령사건과 동시에 심리하는 성폭력범죄사건의 관할에 따르고 사물관할은 합의사건으로 함(안 제5조 제1항).
바. 부착기간은 5년의 범위 내에서 법원이 결정하고, 부착기간 중 정신과 및 상담치료 등을 병과할 수 있음(안 제13조 제5항·제6항).
사. 검사가 수사하여 청구함(안 제7조 및 제8조).
아. 법원은 부착명령 청구사건을 심리한 결과 그 청구가 이유 있다고 인정할 때에는 판결로 전자장치 부착명령을 선고하여야 함(안 제13조 제1항).
자. 성폭력범죄에 집행유예와 벌금형을 선고할 때는 부착명령을 기각함(안 제13조 제2항).
차. 전자장치 부착명령의 집행은 검사의 지휘를 받아 보호관찰관이 집행함(안 제16조).
카. 보존된 자료는 수사 또는 재판용도 외는 사용치 못하고 그 사용을 위하여 법원

의 압수수색영장이 필요함(안 제19조 제3항 · 제4항).
타. 보호관찰소장은 피부착명령자에 대한 부착명령의 집행결과로 성폭력범죄의 재범위험성이 없다고 판단되는 때에는 매 1년마다 당해 보호관찰소를 관할하는 보호관찰심사위원회에 전자장치 부착명령 가해제의 심사를 신청할 수 있음(안 제20조).
파. 피부착명령자가 부착명령을 집행하는 보호관찰관의 정당한 명령에 불복종하거나 도피한 때에는 1년 이하의 징역에 처함(안 제29조).

(2) 법무부의 수정법률안 국회제출

전자감독의 도입을 위한 법률제정안이 국회에 발의된 이후에도 끔찍한 성폭력범죄가 계속해서 발생하였다. 2006년 1월 30일 용인 초등학생 성폭행범의 검거, 같은 해 2월 19일 용산 초등학생 성폭행범의 검거 등이 잇따르면서 이들의 범죄내역이 자세히 보도되었고, 이에 따라 이러한 성폭력범죄에 대한 강력한 대처를 요구하는 여론의 목소리에 힘입어 당시 야당이었던 한나라당 주도로 이른바 '전자발찌 부착 법안'의 심의가 속도를 내기 시작하였다. 이에 반대하여 '빈곤과 차별에 저항하는 인권운동연대' 등 인권단체는 반대의사를 강력하게 표명하고, 당시 여당(민주당) 및 정부 각 부처(건교부, 여성부, 청소년위원회 등)는 전자발찌 대책 대신 성범죄자 신상공개 조치를 강화하는 방안을 제시하기도 하였다. 2006년 3월 16일에는 위 법률안에 대한 국회 공청회를 개최하여 '성폭력범죄에 대한 대응 어떻게 할 것인가?'라는 주제로 제8차 법사위 회의가 진행되었다.[49] 이 공청회에서는 성범죄자 처벌을 강화하기 위하여 전자감독제도의 도입에 찬성하는 의견(교정학회 등), 인권침해를 우려하여 반대하는 의견(인권단체, 변호사협회), 집행유예 및 가석방 등 보호관찰 조건으로 도입하자는 의견(법원, 형사법학회) 등 다양한 의견이 대립되었다. 이와 같은 국회 공청회는 물론 법사위 제2소위 법안심사가 다섯 차례[50]에 걸쳐 진행되었으며 법사위 제2소위

49) 당시 법무부 대표로 이형섭(서울서부보호관찰소 소장), 김정현(공주치료감호소 과장), 법원 대표로 이용구(법원행정처 판사), 대한변호사협회 김서현 변호사, 인권실천시민연대 오창익 사무국장, 이수정 경기대 교수, 이영근 경기대 교수, 한인섭 서울대 교수 8명이 각각 주제발표를 하고 법사위 등 국회의원 30여 명과 질의응답 시간을 가졌다.

50) 제1차 심사(2006. 2), 제2차 심사(2006. 9. 18), 제3차 심사(2006. 12. 5), 제4차 심사(2006. 12. 13), 제5차 심사(2006. 12. 22).

원회 2차 법안심사 때는 법무부에 수정법률안의 제출을 요구하였다.

국회의 요청에 따라 주무부서인 법무부는 2006년 10월에 '위치추적 전자장치 TF팀'을 발족하여 외국의 전자감독 관련 입법례와 이에 필요한 기술적 사항에 대한 연구를 시작하였다. 위치추적 전자장치 TF팀의 연구보고서의 내용을 바탕으로 법무부는 2006년 12월 7일 위 법률안에 대한 법무부 수정의견을 국회에 제출하였다. 즉, 한나라당 박세환 의원 등이 발의한 초기 법안에 대하여 법무부는 현실적인 집행가능성 등을 감안하여 수정안을 국회에 제출하였다. 국회 발의초안은 특정 성폭력범죄자에 대하여 '형기종료 후'에 한정하여 전자장치를 부착하도록 한 데 비하여, 법무부 수정안(2006. 12. 5)은 형사사법절차 단계별로 전자장치를 부착할 수 있도록 했다. 즉, '형기종료 후'는 물론 집행유예의 선고나 가석방(가종료 포함)결정 시에도 위치추적 전자감독을 할 수 있는 근거규정을 담고 있다. 법무부 수정법률안의 주요 내용은 [표 2-7]과 같다.

[표 2-7] 법무부의 수정법률안(2006. 12. 5)의 주요 내용

❑ 법무부의 수정법률안(2006. 12. 5) ❑

가. 적용 배제범위를 신설하여 만 19세 미만의 자에 대하여는 전자장치를 부착할 수 없도록 하며(제4조)
나. 피부착자가 주거를 이전하거나 출국할 때에는 보호관찰관에게 신고하도록 하고(제14조 제2항)
다. 보호관찰관으로 하여금 피부착자의 재범방지 및 건전한 사회복귀를 위하여 필요한 지도와 원호 등을 할 수 있도록 하며(제15조)
라. 보호관찰소의 장으로 하여금 피부착자의 전자장치로부터 수신된 자료를 보존하도록 하고, 수신자료를 재판·수사 목적 외에 보호관찰관의 지도·원호 또는 가해제의 심사를 위하여 사용할 수 있도록 하였으며(제16조 제1항 및 제2항)
마. 가석방된 자가 보호관찰을 받게 되는 경우에는 필요적으로 보호관찰기간 동안 전자장치를 부착하도록 하고(제22조 제1항)
바. 치료감호심의위원회는 가종료 결정 시 보호관찰기간 범위 내에서 전자장치 부착을 부과할 수 있도록 하며(제23조 제1항)
사. 법원이 브호관찰부 집행유예 선고 시 보호관찰기간 범위 내에서 전자장치 부착을 명할 수 있도록 한다(제28조 제1항).

(3) '전자감독법률'의 제정과 시행준비

1) 법률의 제정

마침내 2007년 4월 2일 전자감독제도의 도입을 위한 법률제정안이 국회 본회의를 통과하여, 같은 해 4월 27일 법률로 공포되었다. 「특정 성폭력범죄자에 대한 위치추적 전자장치 부착에 관한 법률」(이하 '전자감독법률'로 약칭)은 공포일로부터 1년 6개월 후인 2008년 10월 28일 시행예정이었다. 전자감독법률의 주요 내용은 [표 2-8]과 같다.

[표 2-8] 전자감독법률(2007. 4. 27)의 주요 내용

❏ 전자감독법률(2007. 4. 27) ❏

가. 이 법의 적용대상인 성폭력범죄의 범위 설정
나. 징역형 종료 후의 전자장치 부착
다. 가석방, 치료감호 가종료, 치료위탁 시의 전자장치 부착
라. 형의 집행유예대상자에 대한 전자장치 부착

2) 법률시행의 준비

2007년 2월에 법무부는 '위치추적 전자장치 TF팀'을 3개 분과, 총 9명의 인원으로 확대 개편하여 약 3개월간 미국 콜로라도, 뉴멕시코, 플로리다 및 캘리포니아 등 4개 주의 전자감독제도 운영현황을 시찰하여 해외운영사례 시찰보고서를 제출하게 하였다. 또한 전자감독제도 도입을 위한 인프라 정비를 위하여 실무추진 TF팀은 약 5개월간 미국 및 유럽 각국 등 총 다섯 차례에 걸쳐서 해외시찰을 다녀왔고 위치추적시스템 구축을 위한 국내외 기술현황을 지속적으로 조사하여 해외운영사례 및 기술력 조사보고서를 제출하였다.

2007년 4월부터 8월까지 법무부는 관계부처와의 협의를 거쳐 전자감독제도의 시행에 필요한 예산 97억 원과 인력 77명을 확보하였다. 또한 2007년 8월부터 2008년 4월까지는 전자감독제도의 시행 대비 후속조치를 추진하여 '위치추적시스템 구축사업' 사업자를 선정하고 사업에 착수하였다. 당시 위치추적시스템 구축사업 사업자는 '삼성 SDS 컨소시엄'이었으며, 총 사업비는 73억 3,100

만 원이었다. 이와 함께 관련 시행령 등 하위법령 제정을 추진하였고 성범죄자 조사 매뉴얼 및 심리치료 프로그램 개발을 진행하였다. 전자감독법률의 제1차 개정에 의하여 법률시행일이 2개월 앞당겨짐에 따라 법무부는 2008년 8월 27일 약 1년 4개월간 추진해 온 '성범죄자 위치추적시스템 구축사업' 종료보고회를 개최하였다.

법무부는 성폭력범죄자의 위치추적을 위하여 '위치추적 중앙관제센터'를 서울보호관찰소(서울특별시 동대문구 휘경동 소재)에 설치하고, 전국 56개 보호관찰소에 전자감독 전담보호관찰관을 지정하였다. '위치추적 중앙관제센터'는 성폭력범죄자의 전자장치로부터 위치정보를 이동통신망을 통해 수신하여 성폭력범죄자의 이동경로를 24시간 추적하는 기능을 담당하고 있다. 이 센터에서 각종 준수사항 위반에 대하여 1차적으로 조치한 후 일선 전담보호관찰관으로 하여금 2차적인 조치를 취하도록 하는 것이다. 일선 보호관찰소의 전담보호관찰관은 위치추적 중앙관제센터로부터 이관받은 사항에 대하여 성폭력범죄자를 상대로 직접 확인 후 조치하는 방식으로 밀착감독을 하도록 하였다.

(4) '전자감독법률'의 제정이유

'전자감독법률'의 제정이유는 "성폭력범죄는 재범의 개연성이 높은 범죄이므로 징역형을 선고받는 성폭력범죄자들 중에서 다시 성폭력범죄를 범할 위험성이 있다고 인정되는 자에 대하여 위치를 확인할 수 있는 전자장치를 부착하게 하여 그 행적을 추적할 수 있도록 함으로써 성폭력범죄의 재발을 예방할 수 있도록 함"에 있다(법제처). 아동과 여성을 대상으로 한 성폭력범죄의 증가추세에 따라 성폭력범죄에 대한 보다 강력한 처벌과 특단의 재범방지대책을 요구하는 여론이 형성되었고, 특정 성폭력범죄자를 대상으로 한 '전자감독법률'의 제정은 이러한 여론의 흐름에 힘입은 바 크다.

2008년 법무부가 발간한 '전자감독법률'에 대한 법령해설집은 이 법률의 제정배경을 다음과 같이 설명한다. "성폭력범죄의 특수성과 심각성에 비추어 기존의 치료적 접근이나 양형강화만으로는 한계가 있고 전 세계적으로 고위험 성폭력범죄자에게 GPS 위치추적을 적용하는 형사정책적 추세에 부응하는 것이다”(법무부, 2008:14-17). 즉, 성폭력범죄의 특수성과 성폭력피해의 심각성으로 인하여 기존의 대책만으로는 성폭력범죄의 재발을 방지하는 데 한계가 있으므로 고위험 성폭력범죄자에 대한 특단의 대책으로서 GPS 위치추적방식의 전자감독을 실시하려는 데 그 입법취지가 있다.

1) 성폭력범죄에 대한 특단의 대책수립의 필요성 증가

앞에서 이미 언급한 바 있듯이 잔인한 성폭력범죄가 연이어 발생하면서 성폭력피해의 심각성에 대한 인식이 크게 고조된 것이 전자감독법률의 제정 배경이 되었다. 이와 같은 여론의 흐름에는 성폭력피해의 심각성과 성폭력범죄의 특수성이 자리하고 있었다.

첫째, 국민들이 성폭력범죄에 대한 두려움을 크게 느끼기 시작하였다. 한국형사정책연구원의 조사 결과, 서울시민들이 가장 심각한 범죄로 인식하고 있는 유형은 권력형 부조리, 청소년비행, 살인 등을 제치고 강간·추행 등의 성폭력범죄인 것으로 나타났다(최인섭·김성언, 1997). 여성가족부가 주관한 실태조사 결과에서도 성인여성의 36.5%가 일상생활에서 성폭력범죄에 대한 공포를 느낀다고 응답하였다(여성가족부, 2010).

둘째, 성폭력피해 및 그 후유증이 매우 크다는 점이다. 강제적 성행위(시도)는 그 자체만으로도 피해자의 인격권을 침해하는 것이지만, 보다 심각한 문제는 피해자에게 장기적인 후유증을 남긴다는 사실이다. 성폭력사건은 시간이 지난 이후에도 피해자에게 심한 불안, 우울증, 무력감, 수치심, 혼란 등의 심리정서적 문제를 야기하며, 피해자의 자살시도나 외상 후 스트레스 장애(PTSD)로 이어질 수 있다(권해수 외, 2011). 특히 아동 및 청소년 시기의 성폭력범죄의 피해경험은 피해자가 성인이 되어서도 우울증에 시달리는 것과 같은 이치로 피해자의 정신건강 상태에까지 부정적인 영향을 미칠 수 있다(Weiss et al., 1999).

셋째, 피해자의 성폭력범죄에 대한 신고비율이 낮다는 점이다(최인섭·김성언, 1997). 특히 남성중심의 가부장적 사회문화가 잔존하고 있는 한국적인 사회문화의 현실로 인해 성폭력피해자가 성적 수치심을 느끼고 피해사실을 감추어

버림으로써 공식적 범죄통계에서 반영되지 않는 성폭력피해사건이 그만큼 많다는 것이다. 즉, 암수범죄의 비율이 높은 성폭력범죄의 특성상 범행의 발각이 쉽지 않다.

요컨대 성폭력범죄의 특수성과 성폭력피해의 심각성에 대한 인식이 점차 커지면서 성폭력범죄에 대한 특단의 대책을 수립하지 않으면 안 되는 상황에 빠지게 된 것이다.

2) 기존 성폭력범죄 대응책의 한계

성폭력범죄에 대한 해결책으로서 그동안 많은 치료프로그램이 개발되어 운용되었으나, 실증적 조사연구에 따르면 이러한 치료프로그램의 효과성에 대해서는 평가가 엇갈리고 있다. 즉, 성폭력범죄를 포함한 범죄문제의 해결책으로서 치료적 접근만을 강조한 많은 프로그램들이 실패한 사례들이 다수 보고되고 있다. 청소년 성범죄자에 대한 유형별 전문화된 치료프로그램의 효과성 연구에서 성범죄 특성화 프로그램에 참여한 참가자 집단이 그렇지 않은 집단보다 더 긍정적인 성과를 나타냈다고 보고하고 있지만(Guarino-Ghezzi & Kimball, 1998), 다른 연구보고서는 성범죄자 전문프로그램의 재범률과 일반프로그램의 재범률의 비교분석에서 유의미한 차이를 발견하지 못했다고 보고하고 있다(Lab, Shields & Schondel, 1993).

성폭력범죄자에 대한 대폭적인 양형강화를 주장하는 엄벌주의 요청은 책임원칙에 제한을 받는다. 근대 형법의 근간이 되는 책임원칙에 따라 범죄자에 대한 형벌의 양은 그 범죄의 죄책에 상응하여야 하며, 다른 범죄의 불법책임과의 형평성도 고려하여 형량이 결정되어야 하므로 성폭력범죄라 하여 무조건 형량을 강화할 수는 없다. 범죄에 대한 억제이론의 입장에서도 처벌의 엄중성보다는 처벌의 신속성과 정확성이 보다 효과적이다. 더구나 암수범죄가 많은 성폭력범죄의 특성상 처벌의 엄중성만으로는 범죄예방효과에 한계가 있으므로 성폭력범죄에 대한 충동을 사전에 억제하여 범죄를 예방할 수 있는 특단의 대책이 필요한 것이다.

3) 성폭력범죄자에 대한 새로운 보안처분의 도입 요청

성폭력범죄는 매우 다양한 형태로 발생하는데, 유형에 따라서는 우발적 범죄부터 지속적으로 발생하는 상습적 범죄에 이르기까지 다양하다.

성범죄자의 재범에 관한 국내외의 조사연구에 의하면, 전체 성범죄자의 재범률은 다른 유형의 범죄에 비하여 조금 낮거나 비슷한 수준이지만 특정유형의 일부 성폭력범죄자는 동종범죄를 다시 저지를 위험성이 매우 높은 것으로 나타난다고 한다(Hanson & Harris, 1998; 이수정 외, 2005). 특히 아동의 납치 및 살인, 여성에 대한 연쇄살인의 일부분 또는 상당 부분은 성적인 동기에 의한 성폭력범죄의 비정상적인 전개에 의해 이루어진다. 즉, 상습적 성폭력범죄자의 다수가 다시 성폭력범죄를 저지를 가능성이 매우 높은 고위험군의 범죄자일 가능성이 높다.

성폭력범죄에 대한 실증적인 조사연구의 결과 구금형벌에만 의존해서는 상습적 성폭력범죄자에 대한 재사회화 효과를 기대하기 어렵다는 주장이 제기되면서 점차 보안처분의 활용에 눈을 돌리게 되었다.

특히 1990년대 이후 세계 각국에서 발생했던 일련의 아동 성폭력사건을 계기로 성폭력범죄에 대한 보다 효과적인 형사적 대응책의 수립에 대한 시민사회의 요구가 높아졌다. 예를 들어 '아동성기호증'과 같은 상습적 성범죄습벽으로 인한 성폭력범죄의 발생을 예방하기 위해서, 이러한 유형의 성폭력범죄자에 대한 보다 강경한 형사적 대응책의 일환으로 신상공개나 전자감독 등의 새로운 보안처분을 도입하는 것이 세계적인 추세이다.

미국의 사회방위법, 메간법, 웨터링법 등에 의한 성범죄자 등록 및 신상공개, 제시카 런스퍼드법에 의한 GPS 위치추적 전자감독, 영국의 형사사법법상의 가중처벌 및 GPS 위치추적 전자감독, 호주의 성범죄자감시법에 의한 GPS 위치추적 전자감독제도의 도입이 그 대표적인 예에 해당한다. 우리나라도 이러한 세계적 추세를 반영하여 특정 성폭력범죄자에 대한 전자감독법률을 제정하기에 이른 것이다.

3. '전자감독법률'의 개정과정

(1) 제1차 법률개정(2008. 6. 13.)

1) 제1차 전자감독법률 개정이유

2008년 6월 13일 전자감독제도의 시행준비를 하던 중에 전자감독법률에 대한 제1차 개정이 이루어졌다. 이처럼 법률이 제정된 후 시행하기도 전에 개정된 사례는 매우 이례적이다. 이는 당시 안양 초등생 살인사건, 일산 초등생 납치미수사건 등 아동 상대 강력범죄의 연이은 발생으로 국민의 불안감이 확산되어 성폭력범죄 재범방지를 위한 특단의 대책이 필요하다는 여론을 반영한 것이었다.

2) 제1차 전자감독법률 개정내용

전자감독법률의 제1차 개정사항 중 주요 내용은 법률의 조기시행, 전자장치 부착명령의 기간연장, 특별준수사항 부과근거 마련 등이다. 즉, 개정된 법률은 시행일을 종전의 2008년 10월 28일에서 약 2개월간 앞당겨 2008년 9월 1일로 조정하였으며, 전자장치 부착기간을 '최장 5년'에서 '최장 10년'으로 연장하였고, 특정지역·장소 출입금지 등의 특별준수사항을 도입하여 특별준수사항 위반 시에는 3년 이하의 징역 또는 1천만 원 이하의 벌금에 처하도록 하였다. 또한 재범 시 부착명령 집행정지를 도입하여 전자장치 부착명령 집행 중에 다른 범죄로 금고 이상의 형의 집행을 받게 되면 부착명령의 집행을 종료하던 것을 재범에 대한 형의 집행이 완료되면 부착명령의 나머지 기간을 집행하도록 하였다.

(2) 제2차 법률개정(2009. 5. 8.)

1) 제2차 전자감독법률 개정이유

전자감독법률에 대한 제2차 개정 법률안은 2009년 4월 17일 국회 본회의를 통과하여, 같은 해 8월 9일부터 시행되었다. 개정이유는 "성폭력범죄와 미성년자 대상 유괴범죄 등은 그 결과가 중대하고 반복될 개연성이 높은 실정인바, 이에 따라 징역형을 선고받는 성폭력범죄자 등 특히 재범의 가능성이 높다고 객관적으로 인정되는 자에게 출소 후 위치를 확인할 수 있는 전자장치를 부가적으로 부착하게 하여 행적을 추적할 수 있도록 함으로써 같은 범죄가 다시 발생하는 것을 예방하려는 것"이었다.

2) 제2차 전자감독법률 개정내용

제2차 법률개정의 주요 내용은 전자감독 대상범죄를 확대하는 것과 그에 따른 법률의 제명 변경이었다. 즉, 전자감독법률 제2조 및 제5조의 대상범죄와 청구요건에 '미성년자 대상 유괴범죄'를 추가하였고, 법률의 제명을 「특정 범죄자에 대한 위치추적 전자장치 부착 등에 관한 법률」(이하에서도 '전자감독법률'로 동일하게 약칭)로 변경하였다. 또한 각 법률조항의 '성폭력범죄자'를 '특정 범죄자'로, '성폭력범죄'를 '특정범죄'로, 그리고 '성폭력범죄사건'을 '특정범죄사건'으로 변경하였다. 또한 전자감독법률 제4조를 개정하여 19세 미만자에 대한 부착명령 선고는 가능하나, 부착집행은 불가능함을 규정함으로써 부착명령 적용범위 규정을 명확히 하였다.

(3) 제3차 법률개정(2010. 4. 15.)

1) 제3차 전자감독법률 개정이유

2008년 12월에 8세 여아를 무참히 강간하고 상해를 가한 '조두순 사건'이 뒤늦게 언론매체에 보도되면서 범행의 잔혹성과 범인의 파렴치함에 공분이 일어났고, 아동대상 성폭력범죄자에 대한 낮은 형량을 두고 논란까지 야기되었다. 그리고 곧이어 2010년 2월 여중생을 납치하여 성폭행하고 살해하여 정화조에 시신을 유기한 '김길태 사건'이 발생하였다. 김길태는 전자감독법률 시행 이전에 성폭력범죄의 전과가 있었기에 범행 당시 이 법의 적용을 받지 않고 있던 상태였다.[51] 이에 성폭력범죄의 재범위험에 적극적으로 대처하기 위하여 이들과 같은 성폭력 전과자에 대해서도 이 법을 소급해서 적용해야 한다는 여론이 비등하였다. 이러한 국민여론에 따라 의원입법으로 전자감독제도 시행 전에 성폭

51) 이 사건에 이어 같은 해 6월에는 초등학교에 침입하여 1학년 여학생을 납치하고 성폭행한 '김수철 사건'이 발생하였는데, 김수철도 성폭행 전과가 있음에도 불구하고 전자감독법률의 시행 이전의 전과였기 때문에 범행 당시 전자감독대상자가 아니었다.

력범죄의 전과로 형이 선고된 사람에 대하여도 재범위험성이 인정되는 경우 전자발찌를 부착할 수 있도록 하는 법률개정안이 제출되었다. 이후 전자감독의 소급적용과 관련된 정부안과 국회의원의 개정안 총 4건에 대한 법안 통합심사 후 국회 법사위 대안이 마련되었고, 2010년 3월 31일 전자감독법률에 대한 제3차 개정법률안이 국회 본회의에서 의결되어 공포 3개월 후인 2010년 7월 16일부터 시행되었다.

전자감독법률에 대한 제3차 개정이유는 "(최근) 잇따르고 있는 성폭력범죄의 재범위험에 적극적으로 대처하기 위하여 과거 성폭력범죄를 저지르고 이미 확정판결을 받아 현행법으로는 위치추적 전자장치를 부착할 수 없는 경우에도 형 집행의 종료 등이 된 후 3년이 지나지 아니한 성폭력범죄자에게는 이를 부착할 수 있는 근거를 마련하고, 아울러 탁월한 재범억제효과를 기대할 수 있는 위치추적 전자장치의 부착기간을 연장하고 그 대상범죄에 살인범죄와 같은 강력범죄를 추가하며, 피부착자가 부착기간 동안 보호관찰을 의무적으로 받게 하는 등의 보완책을 마련함으로써 성폭력범죄 등 특정범죄의 위험으로부터 국민을 두텁게 보호하려는 것"이다(법제처).

2) 제3차 전자감독법률 개정내용

제3차 법률개정의 주요 내용은 전자감독의 소급적용, 전자감독기간의 상한 연장, 전자감독의 적용대상범죄에 살인범죄 추가, 전자감독기간의 의무적인 보호관찰 부과 등이다. 이를 정리하면 다음과 같다.

첫째, 성폭력범죄에 대한 소급적용: 전자감독법률에 부칙 제2조를 신설하여 성폭력범죄를 저질렀으나 2008년 9월 1일 이전에 제1심 판결이 확정된 경우에도 이 법 시행 당시 형 집행 중이거나 형 집행의 종료 등이 된 후 3년이 지나지 아니한 성폭력범죄자에게는 위치추적 전자장치를 소급하여 부착할 수 있도록 하고 그 요건과 절차 등을 마련하였다. 즉, 성폭력범죄자로서 이미 확정판결을 받은 경우에도 소급적용하여 위치추적 전자장치를 부착할 수 있는 근거규정을 마련한 것이다.

둘째, 전자감독기간의 상한 연장: 전자장치 부착기간을 기존의 '최장 10년'에서 '최장 30년'으로 연장하고, 전자장치 부착기간의 하한을 법정형에 따라 1년 이상 등으로 차등화하였으며, 특히 13세 미만의 아동에 대한 범죄인 경우에는 전자장치 부착기간의 하한을 2배로 가중하였다.

셋째, 전자감독의 적용대상범죄에 살인범죄 추가: 이 법의 적용대상이 되는 특정범죄에 살인범죄를 추가하고, 그 부착명령 청구요건을 마련하였다. 또한 성폭력범죄의 경우에도 전자장치의 부착명령 청구요건 중 이전 범죄의 횟수요건을 2회 이상에서 1회로 하고 형기합계의 요건을 삭제하는 등 청구요건을 완화하였다.

넷째, 전자감독기간 보호관찰의 의무화 및 준수사항 강화: 전자감독대상자가 전자장치 부착기간에 보호관찰을 의무적으로 받게 하고, 준수사항에 '주거지역의 제한'을 추가하며, 7일 이상의 국내여행이나 해외출국을 허가사항으로 하고, 전자감독대상자가 준수사항을 위반하거나 그 밖에 사정변경이 있는 등의 경우에 법원이 전자장치 부착기간 연장이나 준수사항의 추가·변경 또는 삭제 결정을 할 수 있도록 하였다.

(4) 제4차 법률개정(2012. 12. 18.)

1) 제4차 전자감독법률 개정이유

나주 초등생 성폭행사건, 서울 중곡동 부녀자 성폭행 후 살해사건 등이 잇따라 발생하자 국회는 2012년 9월 초에 국회 차원의 종합대책을 수립하기 위하여 여성의원들을 중심으로 '아동·여성대상 성폭력대책 특별위원회'를 구성하여 '성폭력범죄처벌특례법 개정안', '아동청소년성보호법 개정안', '특정 범죄자 위치추적 전자장치 부착에 관한 법률 개정안', '성폭력방지 및 피해자보호법 개정안', '성폭력범죄자 성충동 약물치료법 개정안', '형법 개정안' 등을 마련하였고, 이 법안들은 2012년 11월 22일 국회 본회의를 통과하였다.[52)]

---

52) 주요 개정내용은 성폭력범죄에 대한 형법상의 친고죄 규정을 폐지하였고, 성충동 약물치료명령을 16세 미만을 대상으로 한 성폭력범죄자에 국한하여 실시하던 데서 피해자의 연령에 상관없이 모든 성폭력범죄자에 대해서 실시할 수 있도록 그 대상을 확대하였으며, 청소년을 대상으로 한 강간죄에 대해서는 무기형도 선고할 수 있도록 법정형에 무기징역을 추가하였고, 형

'아동·여성 성폭력 근절대책'의 일환으로 추진된 '전자감독법률' 개정안도 같은 날 국회 본회의를 통과하여 2012년 12월 18일 공포되었다. 개정이유는 "특정 범죄자에 대한 형기종료 후 보호관찰제도를 신설하여 법률의 제명을 변경하고, 위치추적 전자장치 부착대상 특정범죄에 강도범죄를 추가하며, 미성년자 및 장애인에 대한 성범죄의 경우 전자장치 부착명령의 청구요건을 완화하고, 수사기관이 전자장치의 수신자료를 열람하는 경우 법원의 허가를 받도록 하되 긴급한 경우 사후허가로 가능하도록 하며, 보호관찰소의 장과 수사기관 간에 피부착자의 의치정보를 공유하도록 하여 고위험 강력범죄로부터 국민의 생명과 안전을 철저히 보호할 수 있도록 하는 한편, 그 밖에 현행 제도의 운영상 나타난 일부 미비점을 개선·보완하려는 것"이었다(법제처). 즉, 전자감독의 적용대상범죄를 강도죄로 확대하고, 형 종료 후 보호관찰을 도입하여 법의 제명도 '특정 범죄자에 대한 보호관찰 및 전자장치 부착 등에 관한 법률'(이하에서도 계속해서 '전자감독법률'로 약칭)로 변경하였다. 다만, '형 종료 후 보호관찰' 제도의 시행은 공포일로부터 6개월 이후인 2013년 6월 19일부터 시행하고 위치추적 전자장치 부착명령의 대상을 강도죄로 확대하는 내용은 1년 6개월 이후인 2014년 6월 19일부터 시행하게 되었다(같은 법 부칙 제1조 참조).

2) 제4차 전자감독법률 개정내용

첫째, 형기종료 후 보호관찰 도입: 종전까지 보호관찰은 성인형사범의 경우 선고유예와 집행유예 및 가석방 등의 조건으로 부과되었으나, 징역형을 복역한 후 출소한 범죄자에 대하여도 보호관찰을 실시할 수 있는 근거규정이 새로 신설되었다(전자감독법률 제2장의2). 형기종료 후 보호관찰의 대상범죄로는 전자감독의 대상범죄와 동일하게 살인·성폭력·미성년자 유괴 및 강도의 죄이다. '형기종료 후 보호관찰'은 앞에 열거한 죄를 범하여 금고 이상의 형이 선고되고 동종 재범의 위험성이 있는 때에 검사의 청구와 법원의 판결로써 부과된다. 검사는 '형기종료 후 보호관찰'의 청구를 위해 보호관찰소에 '청구전조사'를 의뢰할

법상의 강간죄의 객체를 '부녀'에서 '사람'으로 개정하였으며, 형법에 유사강간죄를 신설하여 성인대상 유사성교행위도 강제추행의 죄에 비하여 더 중하게 처벌할 수 있도록 하였고, 강도범죄에 대해서도 전자감독을 실시할 수 있도록 하였다.

수 있다. '형기종료 후 보호관찰'기간은 '2년 이상 5년 이하'이며, 준수사항 또는 의무사항 위반 시 1년의 범위에서 기간연장이 가능하다. 또한 이 법에 의한 보호관찰대상자가 준수사항을 위반하여 경고를 받은 후 재차 위반한 경우에는 형사범으로 처벌이 가능하다.

둘째, 전자감독의 대상범죄에 강도죄의 추가 및 성폭력·살인의 미수·상습범 포함: 전자감독의 적용대상범죄에 기존 '성폭력·미성년자 유괴·살인의 범죄'에 강도죄를 추가하였다(단, 시행일은 2014. 6. 19). 강도범에 대한 전자감독 청구요건은 실형종료 후 10년 이내 재범, 위치추적 전자장치 부착전력자의 동종재범, 2회 이상 동종 범죄로 습벽이 인정되는 것이며, 이것은 성폭력범죄자에 대한 전자감독 청구요건과 동일하다. 또한 제4차 전자감독법률의 개정을 통해 전자감독의 적용대상범죄에 성폭력·살인의 죄 중 누락되어 있던 미수·상습범도 포함시켰다.[53)]

셋째, 미성년자 및 장애인 대상 성폭력범죄자의 전자장치 부착요건 완화 및 부착기간 가중: 종전까지 피해자 연령이 '16세 미만'인 경우에만 단 1회의 범행으로 전자장치 부착명령의 청구가 가능하였다. 그러나 제4차 전자감독법률의 개정을 통해 이제는 성폭력범죄의 피해자가 19세 미만이거나 장애인인 경우에 단 1회의 범행만으로도 전자장치 부착명령의 청구가 가능하도록 전자감독의 부과요건을 완화하였다. 또한 전자장치 부착기간의 하한을 2배 가중하는 대상 피해자의 연령을 기존의 '13세 미만'에서 '19세 미만'으로 상향조정하였다.

넷째, 수신자료 긴급열람제도의 도입 및 보호관찰소의 장과 수사기관과의 전자장치 피부착자의 신상정보 공유 강화: 전자감독 수신자료의 열람·조회는 종전까지 법관이 발부한 사전영장에 의해서만 가능하였으나, 제4차 전자감독법률 개정으로 긴급한 사유가 있는 경우에는 사전영장을 청구할 필요 없이 '선 열람·조회 후 법원의 허가'를 받아 전자감독 수신자료의 긴급열람을 허용하고 있다. 즉, 법원의 허가를 받아 수신자료 열람·조회가 가능하지만, 법원의 사전

---

53) 형법 제305조의2(강간 등 상습범), 제342조(강도강간 등 미수범), 제88조(내란목적의 살인), 제89조(미수범), 제342조의5(인질살해 미수범), 제342조(강도살인 및 해상강도살인 미수범) 등이 그것이다.

허가를 받을 수 없는 긴급한 사유가 있을 때에는 '선 열람 · 조회 후 법원의 허가 취득'의 방법도 가능하게 개정한 것이다. 또한 보호관찰소의 장이 범죄예방 및 수사에 활용되도록 수사기관에 피부착자의 신상정보를 제공하고 수사기관은 피부착자를 체포 · 구속한 경우 보호관찰소의 장에게 통보하는 규정을 신설하여 보호관찰소와 경찰과의 피부착자에 대한 신상정보 공유를 강화하였다.

다섯째, 보호관찰관의 개입 강화: 제4차 전자감독법률의 개정내용 중에는 보호관찰관의 임무를 추가하여 전자감독대상자의 재범방지와 수치심으로 인한 과도한 고통의 방지를 위하여 의료기관에서의 치료 등 필요한 조치를 취할 수 있게 하였다. 또한 전자감독대상자의 교정시설(또는 감호시설) 내에서의 수용생활실태를 파악할 수 있는 자료를 교도소장 등에게 요청할 수 있게 하고, 현재 형의 집행 중에 있거나 치료감호를 받고 있는 전자감독대상자를 직접 면접할 수 있는 근거규정도 신설하였다. 또한 준수사항 위반자에 대한 관리를 강화하여 전자장치 피부착자가 「보호관찰 등에 관한 법률」상의 준수사항을 위반하여 경고를 받은 후 재차 위반한 경우에는 1년 이하의 징역 또는 5백만 원 이하의 벌금에 처하도록 하는 규정을 신설하였다.

4. 제 · 개정 과정에서 나타난 우리나라 전자감독제도의 특징

우리나라의 경우 처음에는 특정 성폭력범죄자에 대한 재범방지의 실질적인 대안으로 전자감독을 도입하였다. 그러나 전자감독의 도입취지, 운영방식, 적용대상범죄 등에 있어서 전자감독제도를 이미 도입하여 실시하고 있는 국가들과는 몇 가지 다른 특색을 보이고 있다.

첫째, 미국, 영국 등 전자감독제도를 시행하고 있는 대부분의 국가에서 전자감독은 교도소 과밀구금의 대안으로 도입되었지만, 우리나라는 전자감독제도를 처음부터 성폭력범죄자(나중에 미성년자 유괴범 · 살인범 · 강도범으로 확대)와 같은 '위험한 범죄자'로부터 사회를 방위하기 위한 목적으로 도입하였다. 즉, 우리나라는 전자감독을 구금완화의 목적이 아니라 강성 형벌정책의 일환으로 도입하였다. 그 이유는 미국이나 영국 등의 선진국에 비해 우리나라의 교도소 과밀수용 문제가 그다지 심각하지 않았기 때문이며, 2000년대에 들어서면서 급증하는 성폭력범죄로부터 아동과 부녀자를 보호하는 것이 더욱 시급한 과제로 떠올랐기 때문이다.

둘째, 우리나라는 제1세대형인 가택구금 전자감독시스템을 경험하지 않고 곧바로 제2세대형인 위치추적 전자감독시스템을 도입하였다는 점이 또 다른 특징이다. 위치추적 전자감독은 전자발찌를 부착한 감독대상자들의 이동상황을 24시간 실시간으로 감시(monitoring)할 수 있는 장점이 있으나, 이동통신기술의 발전 등과 같은 사회적 인프라가 잘 구축되어 있어야 하고 가택구금방식에 비해 상대적으로 많은 비용이 든다는 이유로 전 세계적으로 볼 때 그렇게 폭넓게 활용되고 있지는 않은 실정이다. 그러나 우리나라가 전자감독제도의 도입을 추진하던 2008년 무렵에는 가택구금방식보다는 위치추적방식에 대한 관심이 점차 고조되던 시기였고, 우리나라의 경우 이동통신기술과 IT 기술의 발전이 눈부시게 이루어져 위치추적방식의 전자감독을 시행할 수 있는 사회적 인프라가 우수하였기 때문에 곧바로 위치추적 전자감독시스템을 도입하여 시행하게 되었다.

셋째, 우리나라 전자감독의 적용대상범죄는 성폭력, 미성년자 유괴, 살인 그리고 강도 등 사회적 위험이 큰 범죄자를 대상으로 실시되고 있다는 점이다. 또한 낙인효과 최소화 등 인권침해에 대한 논란으로 19세 미만의 미성년자는 적용대상에서 제외하였다. 많은 국가에서 19세 미만 미성년자들에게도 야간외출제한을 담보하는 수단으로 전자감독을 폭넓게 활용하고 있는 점에 비추어 신중한 선택이었다고 할 수 있다.

넷째, 우리나라의 경우 전자감독의 도입을 매우 급속하게 추진하였다는 특징이 있다. 2005년 4월 8일 당시 야당대표가 국회교섭단체 대표연설에서 성범죄자들에게 전자감독제도의 도입을 제안한 때부터 2008년 9월 1일 시행하기까지 불과 3년이 조금 넘은 시간이 걸렸을 뿐이다. 그리고 전자감독제도의 시행 후 5년이 채 경과하지 않은 시점까지 총 네 차례에 걸친 법률개정이 이루어지고, 소급적용·기간연장·대상범죄 확대 등과 같은 중요한 내용에 대한 개정이 신속하게 이루어졌다. 이는 위험한 범죄자로부터 안전하기를 바라는 국민적 요구가 반영된 결과이다. 국민의 이러한 보안요구는 우리나라가 전자감독을 도입한 이후에도 성범죄자 신상정보 공개·고지제도와 성충동 약물치료명령을 도입하여 시행 중에 있다는 사실에서도 잘 알 수 있다.

제 2 부

전자감독의 요건과 절차

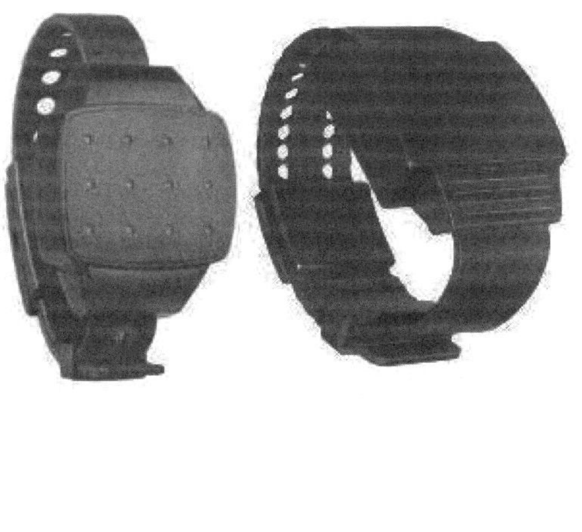

제3장 현행 전자감독법률의 제정 목적과 적용범위

현재 우리나라에서 시행되고 있는 전자감독제도의 근거법률은 「특정 범죄자에 대한 보호관찰 및 전자장치 부착 등에 관한 법률」(이하 '전자감독법률'로 약칭)이다. 전자감독법률은 애초에는 일부 제한된 성폭력범죄자의 특별한 위험성에 대응하기 위하여 그에게 위치추적 전자장치를 부착하고 그 이동경로를 감시하기 위하여 제정되었다. 그러나 성폭력범죄의 심각성이 좀처럼 완화되지 않고 다른 유형의 '위험한' 범죄자에 대한 재범방지대책의 필요성 또한 제기됨에 따라 점차 그 적용대상을 확대하여 왔다. 이 법의 적용을 받는 성폭력범죄자의 범위를 확대하고 전자장치 부착의 상한기간을 연장하며 성폭력 이외의 살인이나 미성년자 유괴, 심지어 강도의 범죄 등으로 그 적용대상 영역을 확대하였다. 이 장에서는 현행 전자감독법률의 제정목적과 적용범위에 대해서 먼저 논하고, 전자감독 유형분류기준에 따라 현행 우리나라 전자감독제도를 분석한다.

제1절 전자감독의 목적

1. 전자감독법률 제1조

전자감독법률 제1조는 "이 법은 특정범죄를 저지른 사람의 재범방지를 위하여 형기를 마친 뒤에 보호관찰 등을 통해 지도하고 보살피며 도움으로써 건전한 사회복귀를 촉진하고 위치추적 전자장치를 신체에 부착하게 하는 부가적인 조치를 취함으로써 특정범죄로부터 국민을 보호함을 목적으로 한다."고 규정하고 있다. 이 조문의 내용을 분석해 보면 다음과 같은 입법취지를 도출할 수 있다.

(1) 국민의 보호

앞서 언급한 바 있듯이 전자감독법률 제1조는 '국민보호'를 이 법의 궁극적 목적으로 선언하고 있다. 특정(강력)범죄로부터 국민의 안전을 보호하기 위하여 형의 집행유예 및 가석방과 치료감호의 가종료, 형 집행 종료 이후 등 다양한 형사사법 단계에서 전자감독을 실시할 수 있게 한 것이다. 따라서 전자장치 부착기간 동안 재범을 방지함으로써 국민과 사회의 안전을 보장하는 것이 이 법의 궁극적인 입법취지이다.

미국을 비롯해서 여러 나라에서는 성폭력범죄자에 대한 GPS 위치추적 전자감독의 목적이 사회방위 혹은 공공안전임을 명시적으로 선언하고 있다. 예를 들어 캘리포니아 형법은 보호관찰대상자 관련 조항에서 '지속적 전자감독 장비의 사용목적은 공공안전의 강화'라고 밝히고 있다. 또한 호주의 경우 「고위험성범죄자감독법」 제1조 제1항은 "이 법의 목적은 특정 성범죄로 인하여 자유형을 선고받아 지역사회에 심각한 위험이 되는 범법자들이 사회에 머무르는 동안 지속적 감독을 받을 수 있도록 함으로써 지역사회의 안전을 도모함에 있다."고 규정하고 있다.

(2) 특정 범죄자의 재범방지

전자감독법률 제1조는 '국민의 보호'라는 궁극적 목적을 달성하기 위하여 '특정 범죄자의 재범방지'를 강조하고 있다. 재범방지를 위한 방법으로써 범죄인에 대한 통제강화와 함께 재사회화를 위한 조치를 병행할 것을 요구한다. 특정한 고위험범죄자를 지역사회 내에서 효과적으로 통제하기 위하여 위치추적 전자장치를 부착하는 것과 동시에 성행교정 프로그램의 실시와 이를 통한 재사회화를 이 법의 주요한 목적 중 하나로 규정하고 있는 것이다. 프랑스의 「형사범죄 재범처리에 관한 법률」 제1조 제1항도 "이 법의 목적은 기존 형법과 행형법을 수정하여 재범에 대한 억지력을 강화하고 다른 한편으로 재범방지책을 개선하기 위함에 있다."고 규정함으로써 '재범방지'의 측면을 강조하고 있다.

재범방지의 목적을 달성하기 위하여 전자감독법률 제15조 제2항(보호관찰관의 임무, 치료 등 필요한 조치) 및 제28조 제2항(법원, 치료 등 필요한 조치 부과) 등이 특정 범죄자의 재사회화를 위한 조치로 규정되었다. 또한 2008년 제1차 개정에서는 제9조 제1항에 부착명령의 특별준수사항이 신설되면서 제4호에 '치료프로그램의 이수'가 규정되었다. 또한 이를 위반할 경우 특별준수사항 위반죄로 처벌할 수 있도록 규정되어 있다.

2. 국가의 책무

전자감독법률 제3조는 위치추적 전자감독제도의 시행과 관련하여 "국가는 이 법의 집행과정에서 국민의 인권이 부당하게 침해되지 아니하도록 주의하여야 한다."고 국가의 책무를 규정하고 있다. 인권침해의 논란에도 불구하고 특정 범죄자에 대한 국가의 형사적 대응책으로서 위치추적 전자장치의 부착명령은 국민의 보호라는 목적에 의하여 정당화될 수 있다. 다만 기술적으로는 육안으로 확인할 수 없는 개인의 정보까지 수집할 수 있는 가능성이 여전히 있다는 점에서 사생활(프라이버시)침해의 가능성을 완전히 부정할 수는 없을 것이므로 전자장치를 통해 수집되는 정보는 이 법에서 정한 범죄인의 재범방지를 위한 목적 수행에 필요최소한 범위 내로 제한될 필요가 있다.

미국의 몇몇 주는 특별히 전자감독에 사용될 수 있는 장치들을 제한하거나 혹은 특정 형태의 전자감독 자체를 금지하고 있다. 예를 들면 켄터키 주의 KRS 532.200(5)에서는 "(a) 피고인의 얼굴 이외의 시각적 이미지, (b) 피고인의 음성 이외의 일체의 청각적 소리 또는 음성이나 유선통신, 또는 (c) 집안에 있는 동안의 수감자(prisoner)의 활동에 관한 정보를 기록하거나 전송할 수 있는 감시(모니터링)장치는 승인되지 않는다."고 규정하고 있다. 유사하게 네바다 주는 NRS 213.124에서 "전자감독장치는 가석방자의 주거지 현존 여부에 관한 정보의 기록과 송출기능만 수행할 수 있을 정도로, 즉 최소한의 범위 내에서만 대상자의 인권이 침해될 수 있어야 한다."고 규정하고 있다. 우리나라 전자감독법률은 특정 범죄자의 재범방지를 위한 위치추적 전자감독제도가 본래 목적 이상으로 과도하게 사용됨으로써 부당하게 인권을 침해하지 않도록 국가가 노력하여야 한다는 주의적 규정을 두어 대상자의 인권침해의 가능성을 최소화하기 위한 행정당국의 노력을 환기시키고 있다.

제2절 전자감독의 적용범위

1. 인적 적용범위

2007년에 처음 제정될 당시 전자감독법률의 제4조(적용범위)는 "만 19세 미만의 자에 대하여는 이 법에 따른 전자장치를 부착할 수 없다."고 규정하였다. 그런데 이 조항의 해석에 있어서 만 19세 미만에 자에 대하여도 법원이 전자장치 부착명령을 선고할 수 있는지에 대해서는 논란의 소지가 있었다. 실무상으로는 이 규정의 입법취지에 비추어 만 19세 미만의 자에 대해서도 전자감독의 선고는 가능하지만, 대상자의 연령이 만 19세에 이르기까지는 전자감독을 집행할 수 없는 것으로 해석하였다. 이와 같은 해석론을 반영하여 2009년의 제2차 법률개정을 통해 이 조문의 내용은 "만 19세 미만의 자에 대하여 부착명령을 선고한 때에는 19세에 이르기까지 이 법에 따른 전자장치를 부착할 수 없다."고 수정되었다.

그러므로 우리나라의 경우는 외국의 다수의 입법례와 달리 전자장치 부착명령의 (집행)대상에서 미성년자를 제외하고 있다. 이는 우리나라가 전자감독을 단기자유형의 대체집행(즉, 형벌완화 성격)보다는 위험한 범죄자에 대한 기존의 형사제재수단의 통제기능 강화(즉, 형벌강화 성격)를 위해 도입했기 때문이다. 공범 중 일부가 미성년자인 경우 전자감독은 성년인 공범에게만 집행가능하다.

또한 신체 또는 정신적인 장애가 있는 성년인 사람도 전자감독의 적용대상이 될 수 있다.

2. 적용대상 '특정범죄'

전자감독법률의 적용대상인 '특정범죄'란 성폭력, 미성년자 유괴, 살인 및 강도의 죄이다(제2조 제1호).

(1) 성폭력범죄

1) 형법상의 성폭력범죄

전자감독법률 제2조 제1호에 의하면 이 법의 적용을 받는 '성폭력범죄'란 다음과 같다. 형법 제32장의 강간과 추행의 죄 중에서 제297조(강간), 제298조(강제추행), 제299조(준강간, 준강제추행), 제300조(미수범), 제301조(강간 등 상해·치상), 제301조의2(강간 등 살인·치사), 제302조(미성년자 등에 대한 간음), 제303조(업무상위력 등에 의한 간음)·제305조(미성년자에 대한 간음과 추행), 제305조의2(상습범), 제339조(강도강간), 제340조(해상강도) 제3항 및 제342조(미수범)의 죄가 여기에 해당된다. 또한 상기의 범죄로서 다른 법률에 따라 가중처벌되는 범죄도 여기에 포함된다. 형법 제22장의 죄는 사회적 법익을 침해하는 범죄이므로 전자감독의 적용대상이 되는 성폭력범죄가 아니다. 즉, 형법 제242조(음행매개), 제243조(음화 등 반포), 제244조(음화 등 제조), 제245조(공연음란) 등의 성풍속에 관한 죄는 여기에 해당되지 않는다. 또한 형법 제340조(해상강도) 제3항은 사람을 강간한 때에 한하며, 제342조(미수범)의 죄도 역시 제339조 및 제340조 제3항 중 사람을 강간한 죄의 미수범만을 의미한다.

2) 「성폭력범죄의 처벌 등에 관한 특례법」상의 성폭력범죄

「성폭력범죄의 처벌 등에 관한 특례법」(이하 '성폭력특례법') 제3조부터 제10조까지의 죄 및 제14조의 죄(제3조부터 제9조까지의 미수범)도 전자감독법률의 적용을 받는다. 즉, 성폭력특례법상의 특수강도강간(제3조), 특수강간(제4조), 친족관계에 의한 강간(제5조), 장애인에 대한 강간 · 강제추행(제6조), 13세 미만의 미성년자에 대한 강간 · 강제추행(제7조), (특수)강간 등 상해 · 치상(제8조), (특수)강간 등 살인 · 치사(제9조), 업무상 위력 등에 의한 추행(제10조)의 죄가 전자감독의 적용대상이다. 또한 위에 열거한 범죄로서 다른 법률에 따라 가중처벌되는 범죄도 여기에 포함된다.

3) 「아동 · 청소년의 성보호에 관한 법률」상의 성폭력범죄

「아동 · 청소년의 성보호에 관한 법률」 제7조(아동 · 청소년에 대한 강간 · 강제추행 등)의 죄가 전자감독의 적용대상이다. 즉, 아동 · 청소년에 대한 강간, 유사강간, 추행, 위계 · 위력에 의한 강간 · 추행의 죄와 그 미수범 및 이러한 범죄로서 다른 법률에 다라 가중처벌되는 죄가 여기에 해당한다.

(2) 미성년자 대상 유괴범죄

미성년자 대상 유괴범죄자에 대하여 위치추적 전자장치를 부착할 수 있게 된 것은 전자감독법률의 시행 이후 채 1년도 지나지 않은 상황이었던 2009년의 제2차 법률개정을 통해서이다. 이처럼 전자감독의 적용대상을 유괴범에게까지 확대한 이유는 미성년자를 대상으로 한 유괴범의 경우 성폭력범죄자와 마찬가지로 그 범죄피해가 중대하고, 또한 동종범죄를 반복할 가능성이 높기 때문이었다.

1) 형법상의 미성년자 유괴범죄

전자감독의 적용대상이 되는 형법상의 유괴범죄는 형법 제287조(미성년자의 약취, 유인), 제288조(영리 등을 위한 약취, 유인, 매매), 제289조(국외이송을 위한 약취, 유인, 매매), 제290조(예비, 음모), 제291조(결혼을 위한 약취, 유인), 제292조(약취, 유인, 매매된 자의 수수 또는 은닉), 제293조(상습범), 제294조(미수범), 제324조의2(인질강요) 및 제336조(인질강도)의 죄 중에서 미성년자를 대상으로 한 범죄이다. 또한 앞에 열거한 범죄로서 다른 법률에 따라 가중처벌되는 죄도 전자감독의 적용대상이다.

2) 「특정범죄 가중처벌 등에 관한 법률」상의 미성년자 유괴범죄

미성년자에 대한 약취·유인의 죄(형법 제287조)는 약취·유인의 목적에 따라 「특정범죄 가중처벌 등에 관한 법률」(이하 '특가법'으로 약칭) 제5조의2에 의하여 가중처벌된다. 이처럼 특가법에 의하여 가중처벌되는 미성년자 대상 약취·유인·매매 등의 범죄가 전자감독의 적용대상이 된다.

(3) 살인범죄

전자감독법률의 제3차 개정(2010년)에 의하여 살인범죄도 전자감독의 적용대상으로 편입되었다. 전자감독법률의 제정 당시 일부 성폭력범죄자에게 적용되었던 전자감독의 2년간의 시행결과 재범억제의 긍정적인 효과가 나타나면서 전자감독의 적용대상범죄에 살인죄와 같은 강력범죄를 추가한 것이다.

1) 형법상의 살인범죄

전자감독의 적용대상이 되는 형법상의 살인범죄는 형법 제88조(내란목적의 살인)·제89조(미수범)의 죄, 제250조(살인, 존속살해)·제251조(영아살해)·제252조(촉탁, 승낙에 의한 살인 등)·제253조(위계 등에 의한 촉탁살인 등)·제254조(미수범)·제255조(예비, 음모), 제301조의2(강간 등 살인·치사), 제324조의4(인질살해·치사)·제324조의5(미수범)의 죄, 제338조(강도살인·치사)·제340조(해상강도) 제3항(사람을 살해한 죄)·제342조(미수범)의 죄 등이다. 상기 범죄로서 다른 법률에 따라 가중처벌되는 경우도 전자감독의 적용대상이다.

2) 성폭력특례법상의 살인범죄

살인범죄에 해당하는 성폭력특례법 제9조 제1항(특수강간살인)의 죄 및 제15조(그 미수범의 죄)는 전자감독의 적용대상이다.

3) 특가법상의 살인범죄

특가법 제5조의2 제2항 제2호(미성년자를 약취·유인하여 살해하는 죄)의 죄 및 제6조(그 미수범의 죄)는 전자감독의 적용대상이다.

(4) 강도범죄

전자감독법률 제4차 개정(2012년)을 통해 전자감독의 적용대상이 되는 범죄에 강도범죄가 추가되었다(시행일 2014. 6. 19).

1) 형법상의 강도범죄

전자감독의 적용대상이 되는 형법상의 강도범죄는 형법 제333조(강도)·제334조(특수강도)·제335조(준강도)·제336조(인질강도)·제337조(강도상해·치상)·제338조(강도살인·치사)·제339조(강도강간)·제340조(해상강도)·제341조(상습범)·제342조(미수범)의 죄 및 제343조(예비, 음모)의 죄이다. 여기서 형법 제342조의 미수범은 제333조부터 제341조까지의 미수범을 말한다. 상기 범죄로서 다른 법률에 따라 가중처벌을 받는 경우에도 전자감독의 적용대상이다.

2) 성폭력특례법상의 강도범죄

강도범죄인 성폭력특례법 제3조 제2항(특수강도가 강간·유사강간·강제추행 등의 죄를 범한 경우)의 죄와 제15조(그 미수범의 죄)는 전자감독의 적용대상이다.

제3절 현행 전자감독의 종류

현재 우리나라에서 시행되고 있는 전자감독의 유형은 여러 가지 분류기준에 따라 다양하게 구별할 수 있다. 1) 형사사법의 단계별로, 2) 전자감독의 부과주체별로, 그리고 3) 그 법적 성격에 따라 전자감독의 유형을 각각 달리 구분할 수 있다(한영수, 2008:21-28).

1. 형사사법의 단계별 유형분류

현행 전자감독법률에 의거하여 시행되고 있는 우리나라의 전자감독은 이른바 '재판전'(pre-trial) 단계에서는 찾아볼 수 없다. 즉, 보석의 조건이나 미결구금의 대체수단으로는 전자감독이 활용되고 있지 않다. 현행법상 집행유예의 조건으로 부과되는 전자감독은 이른바 '정문유형'(front-door model)에 해당한다. 이른바 '후문유형'(back-door model)으로는 가석방 또는 가종료자에 대한 전자감독과 형기종료 후에 집행되는 전자감독이 시행되고 있다. '형기종료 후'의 전자감독은 형사사법절차상 마지막 단계에 집행되지만, 현행 전자감독법률은 첫째 유형의 전자감독으로 제2장에서 규율하고 있다. 그리고 둘째 유형의 전자감독인 가석방(가종료)자에 대한 전자감독에 관한 규정은 제3장에 두고 있다. 마지막으로 집행유예대상자에 대한 전자감독은 셋째 유형의 전자감독으로 제4장에서 규율하고 있다.

2. 전자감독의 부과주체에 따른 구분

전자감독을 부과하는 주체에 따라 전자감독의 유형을 분류하면, 법원의 판결에 의한 사법처분으로 부과되는 전자감독과 행정기관이 결정하는 행정처분으로 부과되는 전자감독으로 구분할 수 있다(한영수, 2008:22-24).

(1) 사법처분으로서의 전자감독

형 집행 종료 이후 단계의 전자장치 부착명령과 형의 집행유예 단계의 전자장치 부착명령, 즉 앞에서 언급한 첫째 유형과 셋째 유형의 경우 법원이 형의 선고단계에서 부과할 수 있도록 되어 있다. 즉, 검사가 전자장치 부착명령을 청구한 사건에서 법원이 피고인에게 징역형을 선고하면서 형 집행 종료 후의 전자감독을 함께 부과하거나, 그 형의 집행유예를 선고하면서 전자감독을 집행유예의 조건으로 부과할 수 있다. 따라서 형기종료 후의 전자감독이나 집행유예의 조건으로서의 전자감독은 그 부과주체가 법원이라는 점에서 사법처분이다.

(2) 행정처분으로서의 전자감독

1) 가석방 조건으로서의 필요적 부착

전자감독법률은 이 법의 적용을 받는 특정 범죄자가 가(假)석방의 경우 전자감독을 “필요적으로” 부과하도록 되어 있다. 가석방 허가 여부는 법무부장관이 성인수형자에 대해서는 ‘가석방심사위원회’, 소년수형자에 대해서는 ‘보호관찰심사위원회’의 심의를 거쳐 결정하도록 되어 있다. 따라서 가석방결정은 비(非)사법처분으로서 행정처분의 일종이다. 법무부장관이 전자감독법률의 적용을 받는 ‘특정 범죄자’에게 가석방을 허가하면, 그 가석방기간 전자감독(전자장치의 부착)을 필요적으로 실시하게 되어 있다. 즉, 형기종료 후의 전자장치 부착명령의 판결을 선고받지 아니하고, 이 법의 적용을 받는 “특정 범죄자로서 형의 집행 중 가석방되어 보호관찰을 받게 되는 자는 준수사항 이행 여부 확인 등을 위하여 가석방기간 동안 전자장치를 부착하여야 한다”(전자감독법률 제22조 제1항). 다만, 전자감독법률 제22조 제1항 단서는 예외적으로 보호관찰심사위원회가 해당 가석방대상자에게 전자장치 부착이 필요하지 아니하다고 결정한 경우에는 전자장치를 부착하지 않을 수도 있다(같은 법 제22조 제1항 단서)고 규정하고 있다.

2) 가종료(치료위탁) 및 가출소의 조건으로서의 임의적 부착

치료감호 가(假)종료 또는 치료위탁의 허가 여부도 법무부장관이 치료감호심의위원회의 심의를 거쳐 결정하도록 되어 있다. 전자감독법률의 적용을 받는 특정 범죄자의 가종료 또는 치료위탁 시에는 치료감호심의위원회가 전자장치 부착 여부를 결정하도록 되어 있다. 또한 폐지되기 전의 (구)사회보호법에 의하여 일부 남아 있는 보호감호의 집행대상자들이 가출소할 경우에도 치료감호심의위원회가 전자장치의 부착 여부를 결정할 수 있다. 즉, 전자감독법률 제23조 제1항은 “전자장치 부착명령의 판결을 선고받지 아니한 특정 범죄자로서 치료감호의 집행 중 가종료 또는 치료위탁되는 피치료감호자나 보호감호의 집행 중 가출소되는 피보호감호자에 대하여 치료감호법 또는 (구)사회보호법에 따른 준수사항 이행 여부 확인 등을 위하여 보호관찰기간의 범위에서 기간을 정하여 전자장치를 부착하게 할 수 있다.”고 규정하고 있다. 가석방의 경우와 달리 가종료 등의 경우에는 전자장치 부착이 필요적인 것은 아니며, 치료감호심의위원회가 필요하다고 판단하는 경우에 한하여 전자감독을 실시할 수 있도록 되어 있다.

3. 전자감독의 법적 성격에 따른 구분

현행 전자감독법률상의 전자감독은 그 법적 성격에 따라 순수한 보안처분인 경우와 형벌집행의 변형인 경우로 나누어 볼 수 있다.

(1) 순수한 보안처분으로서의 전자감독

형 집행 종료 후의 전자장치 부착명령과 치료감호 가종료 및 보호감호 가출소의 조건으로서의 전자장치의 부착은 순수한 보안처분으로서의 전자감독이다(한영수, 2008:24-26).

1) 형 집행 종료 후의 전자장치 부착명령

형 집행 종료 후의 전자장치 부착명령은 전형적인 의미의 보안처분에 해당한다. 형벌과 보안처분을 구별하는 형사제재 이원론을 따른다면, 형 집행 종료 후의 전자감독은 과거의 범죄행위에 대한 책임 때문이 아니라 피고인이 만기출소 이후에도 특정범죄를 저지를 위험성이 매우 높기 때문에 사회방위 목적의 순수한 보안처분이다. 전자감독법률 제9조 제7항이 "부착명령의 선고는 특정범죄사건의 양형에 유리하게 참작되어서는 아니 된다."고 규정하고 있는 이유도 전자감독은 기존의 형벌과는 전혀 별개의 보안처분으로 간주하고 있기 때문이다. 형 집행 종료 후의 전자감독은 피고인의 재범위험성에 기인하여 부과되는 보안처분이므로 형기종료 후에 전자감독을 받도록 하였다고 해서 과거의 범죄행위에 대한 책임을 묻는 형벌의 양을 감축하는 양형은 금지된다. 형의 양정과 보안처분의 부과 여부는 전혀 별개의 문제이기 때문이다(한영수, 2008:24).

2) 가종료 및 가출소의 조건으로서의 전자장치 부착

치료감호와 보호감호는 전형적인 자유박탈 보안처분에 속한다. (구)사회보호법 제23조에 의하면 보호감호와 징역형의 병과 시 징역형이 종료된 이후에 보호감호를 집행하도록 되어 있다. 반면, 치료감호의 경우에는 함께 부과된 징역형은 치료감호 이후에 집행하도록 되어 있다. 치료감호기간은 형기에 산입하도록 되어 있어 치료감호 이후에도 남은 형기만 교도소에서 집행되지만, 실제에 있어서는 치료감호의 기간이 형기를 상회하는 경우가 많다. 특히 2008년부터는 치료감호의 대상을 기존의 심신장애자나 약물·알코올 중독자 이외에 소아성기호증 등의 정신성적 장애를 지닌 성폭력범죄자까지 확대하는 치료감호법의 개정이 이루어졌다. 이와 같이 정신성적 장애를 가진 성폭력범죄자도 치료감호대상에 포함되어 최장 15년까지 감호소에서 치료를 받을 수 있다. 전자감독법률 제23조는 이처럼 특정 범죄자로서 치료감호의 집행 중 가종료 또는 치료위탁되거나 보호감호의 집행 중 가출소되는 경우 그에 대하여 전자장치를 부착할 수 있게 하였다. 따라서 여기서의 전자감독은 '자유박탈 보안처분'(치료감호 또는 보호감호)의 집행이 유보되면서 추가적으로 부과되는 '자유제한 보안처분'의 일종으로 보는 것이 타당하다.

(2) 형벌집행의 변형으로서의 전자감독

징역형의 집행유예나 가석방의 조건으로 부과되는 전자장치 부착명령은 순수한 의미의 보안처분은 아니다. 집행유예가 처음부터 형벌의 집행을 유예하는 것이라면, 가석방은 형기의 일부, 즉 아직 남아 있는 형벌의 집행을 유예하는 것으로서 이와 결부된 전자감독은 보안처분이라기보다는 형벌집행의 변형으로 이해하는 것이 타당하다. 자유박탈 형벌인 징역형의 집행이 유예되는 대신에 전자감독을 받게 하기 때문이다. 이미 선고된 징역형의 집행이 교정시설이 아닌 사회 내에서 전자장치를 부착한 채 이루어진다는 뜻이다(한영수, 2008:26).

4. 전자감독처분의 독자성 여부를 기준으로 한 구분

(1) 조건부 전자감독

집행유예나 가석방 또는 가종료(치료위탁)의 경우 부과되는 전자장치 부착명령은 일종의 조건부 전자감독이라고 말할 수 있다. 보호관찰과 결부된 전자감독을 제대로 이행할 것을 조건으로 처음부터 형의 집행을 유예하거나, 자유형이나 치료감호의 잔여기간 그 집행을 유예하는 것이다. 전자감독을 제대로 받지 아니하면 언제든지 유예되었던 형벌이나 보안처분이 다시 집행될 수 있다. 즉, 집행유예·가석방·가종료 등의 취소라는 제재수단을 처음부터 확보하고 있다. 이런 관점에서 보면, 조건부로 부과된 전자감독은 이미 선고된 '자유박탈 형벌'이나 '자유박탈 보안처분'의 완화된 형태의 사회내처우의 일종이라고 할 수 있다(한영수, 2008:26-27).

(2) 독자적인 처분으로서의 전자감독

형 집행 종료 후의 전자장치 부착명령은 독자적인 전자감독처분이다. 징역형 종료 이후의 전자감독은 이미 집행된 징역형과 별개의 성격을 지닌 보안처분으로서 독자성을 갖고 있다. 징역형의 형기는 만료되었기 때문에 '집행유예의 취소'나 '가석방의 취소'의 방식으로 이미 집행한 징역형을 다시 집행할 수도 없다. 즉, 형기종료 후의 전자감독이 독자적인 보안처분이기 때문에 이미 선고된 형벌이나 보안처분에 자동적으로 연동된 형태의 압박수단이 있을 수 없다. 만일 이처럼 독자적인 전자감독(또는 그 준수사항)을 위반하더라도 마땅히 제재를 가할 수 없다면 전자감독의 실효성도 확보될 수 없다(한영수, 2008:27).

이와 같은 이유에서 전자감독법률은 제6장 벌칙조항에 '전자감독 준수사항 위반'의 죄를 정하여 놓고 있다. 즉, 전자감독법률 제39조는 전자장치 피부착자가 '피해자 등 특정인에의 접근금지'(제9조의2 제1항 제3호)나 '특정범죄 치료 프로그램의 이수'(제9조의2 제1항 제4호)의 준수사항을 정당한 사유 없이 위반한 때에는 3년 이하의 징역 또는 1천만 원 이하의 벌금을 부과할 수 있으며, '야간 등 특정 시간대의 외출제한'(제9조의2 제1항 제1호), '특정지역·장소에의 출입금지'(제9조의2 제1항 제2호), '주거지역의 제한'(제9조의2 제1항 제2호의2), '그 밖에 부착명령을 선고받는 자의 재범방지와 성행교정을 위하여 필요한 사항'(제9조의2 제1항 제5호)의 준수사항을 정당한 사유 없이 위반한 때에는 1천만 원 이하의 벌금을 부과할 수 있도록 규정하고 있다.

제4장 전자감독의 부과절차

전자감독의 부과 절차는 크게 1) 판결이나 결정으로 특정 범죄자에 대한 전자장치 부착이 확정되기까지의 절차와, 2) 이들에 대하여 신체의 일부(발목)에 전자장치를 부착하고 국가공무원인 보호관찰관이 그 전자감독대상자를 지도·감독하는 일체의 활동으로 나누어 볼 수 있다. 전자를 1) '전자감독의 부과절차', 후자를 2) '전자감독의 집행절차'로 각각 구분하여 명명할 수 있다. 이 장에서는 '전자감독의 부과절차'에 대해서 논하그, '전자감독의 집행절차'에 대해서는 장을 바꾸어 제5장에서 설명한다.

전자감독법률은 전자감독이 어떠한 절차에 따라 부과되는지 상세하게 규율하고 있다. 즉, 전자감독의 유형을 '형 집행 종료 후의 전자감독'과 '가석방·가종료·가출소 대상자에 대한 전자감독' 및 '집행유예의 조건으로 부과되는 전자감독'으로 구별하여 각각의 요건과 절차를 규정하고 있다. 전자감독법률이 정하고 있는 전자감독의 유형별 실시절차를 도식화하면 [그림 4-1]과 같다.

앞 장에서 이미 살펴본 바와 같이 현재 우리나라에서 시행되고 있는 전자감독의 종류는 적용단계, 부과주체, 법적 성격에 따라 다양하기 때문에 그 부과절차를 일률적으로 논하기는 어렵다. 따라서 이 장에서는 전자감독법률이 전자감독을 구분하여 규정한 순서에 따라 그 부과절차를 각각 설명하기로 한다.

제1절 형 집행 종료 후의 전자감독 부과절차

형 집행 종료 후의 전자감독(전자장치 부착명령)은 전자감독법률 제5조의 청구요건에 해당하는 특정 범죄자에 대하여 검사가 같은 법 제6조의 조사절차를 거친 다음 법원에 청구하고, 이에 대하여 법원이 같은 법 제9조에 따라 판결하는 절차로 구성되어 있다. 또한 검사는 형 집행 종료 후의 전자감독을 청구하기 전에 보호관찰소의 장에게 특정 범죄자에 대한 조사를 의뢰할 수 있다. 이것을 '청구전조사'라고 한다.

[그림 4-1] 현행 전자감독의 유형별 실시절차 개관

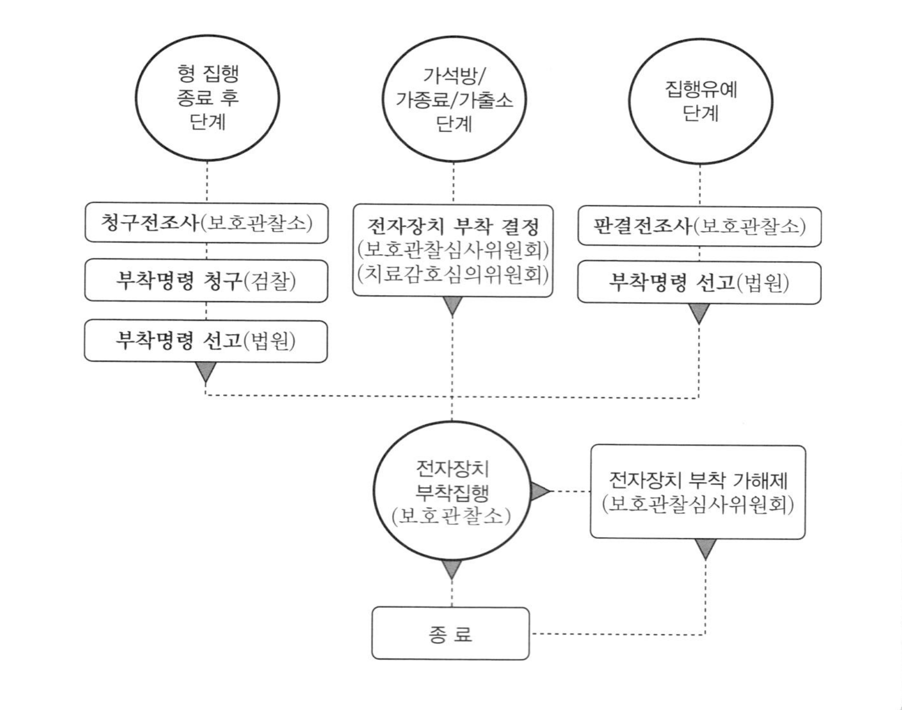

1. 전자장치 부착명령의 청구요건

(1) 성폭력범죄자

전자감독의 청구대상이 되는 성폭력범죄자는 다음 각 경우의 어느 하나에 해당되고 성폭력범죄의 재범위험성이 있다고 인정되는 사람들이다(전자감독법률 제5조 제1항). 1) 성폭력범죄로 징역형의 실형을 선고받은 사람이 그 집행을 종료한 후 또는 집행이 면제된 후 10년 이내에 성폭력범죄를 다시 저지른 때, 2) 성폭력범죄로 전자감독법률에 따른 전자장치를 부착받은 전력이 있는 사람이 다시 성폭력범죄를 저지른 때, 3) 성폭력범죄를 2회 이상 범하여(유죄의 확정

성폭력범죄자에 대한 전자감독 입법례 비교

미국의 일부 주에서는 성폭력흉악범(SVP: Sexually Violent Predator)으로 지정된 경우에는 종신토록 위치추적 전자감독을 받게 하고 있다. 여기서 '성폭력흉악범'이란 성폭력범죄로 유죄선고를 받거나 고소되었고 성폭력범죄를 저지를 가능성을 높이는 정신이상이나 성격장어를 가지고 있는 자이다. 다만, 미국의 각 주마다 그 선정절차나 요건은 상이하다. 디 연방대법원은 성폭력흉악범의 지정을 통해 형기종료 이후 강제시설 입소를 위한 기본적인 요건으로 1) 성폭력 범죄경력이 있을 것, 2) 성범죄와 관련된 정신이상 혹은 성격장애를 가질 것, 3) 성폭력범죄의 재범위험성이 존재할 것을 제시하고 있다(Kansas v. Crane, 2002).

영국에서는 특정 성폭력범죄자에 대하여 최고 형기를 2년에서 10년간 가중하면서 구금형기의 절반이 지나면 가석방위원회의 재량으로 가석방할 수 있도록 하고 있다. 영국의 전자감독 관련 법률은 가석방 시 원래 정해진 형기(가석방 만료시점)에 더하여 최장 8년간 사회 내에서의 처우를 받도록 하고, 이 기간 동안 외출제한 등의 조건을 부과하면서 그 이행 여부 확인 등을 위하여 전자감독을 할 수 있다고 규정하고 있다.[1)]

---

1) 특정 성폭력범죄자는 영국 '형사사법법'(2003)의 부칙 제15편에 규정되어 있다. 이에는 「범죄법」(1956, 2003)에 의한 강간, 위협·기망에 의한 성교, 16세 이하 자와의 성교, 13세 이하 자와의 성교, 성교목적의 약물사용, 근친상간, 남색을 위한 폭행, 성매매유발, 매춘영업(포주), 18세 이하의 미혼여성 유괴, 아동매춘이나 포르노 알선, 매춘을 위한 마약밀매, 노출, 관음, 수간, 시간, 「정신건강법」(1956)에 의한 환자와의 성교, 「아동추행법」(1960)에 의한 아동성추행 등 총 153개 주요 성범죄 항목이 해당된다.

판결을 받은 경우 포함) 그 습벽이 인정된 때, 4) 19세 미만의 사람에 대하여 성폭력범죄를 저지른 때, 5) 신체적 또는 정신적 장애가 있는 사람에 대하여 성폭력범죄를 저지른 때이다. 검사는 성폭력범죄자가 위의 요건 중 어느 하나에 해당하는 경우 전자장치 부착명령을 법원에 청구할 수 있다.

성폭력범죄자에 대한 '형 집행 종료 후 전자장치 부착명령'의 청구요건을 보다 구체적으로 살펴보면 다음과 같다.

1) 재범 요건

전자감독법률은 성폭력범죄로 실형을 선고받은 전력(재범 이상)이 있는 경우, '형 집행 종료 후 전자장치 부착명령'의 청구대상으로 규정하고 있다(전자감독법률 제5조 제1항 제1호). 미국의 입법례는 특정 성폭력범죄의 전력이 있는 경우에는 종신 위치추적 전자감독을 부과하고 있다. 미국 플로리다 주나 미주리 주 등의 경우, 일반적 성범죄(2급 성범죄)의 경우에도 성범죄의 전과가 있을 때 '성폭력흉악범'(SVP)으로 간주하고 있다.[2)]

2) 전자장치 부착전력 요건

전자감독법률은 전자감독의 실효성을 확보하기 위하여 전자장치를 부착받은 전력이 있는 자에 대해서는 전자장치 부착명령 청구대상이 되게 하였다(전자감독법률 제5조 제1항 제2호). 미국 위싱턴 주 등의 경우 성범죄자 등록 및 위치추적과 관련된 규정을 위반한 경우도 위치추적대상자로 삼고 있다.[3)]

---

2) 미국 플로리다 주법은 1회의 1급 성범죄(12세 미만 아동상대 강간, 성추행, 성폭행목적 약취, 유인 등 아동상대 성범죄), 2회의 2급 성범죄(노인, 장애인에 대한 성추행 등)를 저지른 경우 법원의 판결에 의해서 성폭력흉악범으로 지정하고, 지정된 대상자들에 대하여 성범죄자 등록시스템에 등록하도록 강제하며 종신 위치추적을 실시한다. 미국 미주리 주법은 14세 미만 미성년자 강간 등 1급 성범죄(statutory rape, first degree)를 저지르고 해당 성범죄자가 성범죄 전과가 있을 때 종신 위치추적을 실시할 수 있도록 하고 있다.

3) 미국 워싱턴 주는 법원이 비상습적 범죄자(nonpersistent offender)를 제외한 특정 성폭력범죄자에게 자유형을 선고하거나, 혹은 성범죄자 등록과 관계된 규정 위반으로 자유형을 부과하는 경우, 법원은 원래 선고할 양형 외에 추가적으로 양형위원회에서 설정한 기간의 범위 내에서 '사회내구금'(community custody)을 선고하도록 규정하고 있다. 이 경우 사회내구금의 기간은 원래의 구금형기 종료와 함께 시작하며, 법원은 준수사항으로 위치추적 전자감독과 거주제한·출입금지 등의 준수사항을 부과할 수 있다.

3) 상습성 요건

성폭력범죄를 2회 이상 범하여(유죄의 확정판결을 받은 경우 포함) 그 습벽이 인정된 때 전자장치를 부착할 수 있다(전자감독법률 제5조 제1항 제3호). 여기서 '습벽이 인정된 때'란 성폭력범죄의 상습성이 인정되는 경우를 말한다. 이처럼 상습성 요건을 별도로 규정한 이유는 성폭력범죄로 인해 지금까지 실형을 선고받은 전력이 없더라도 그 상습성이 인정되는 경우에 전자장치를 부착하기 위함이다. 성폭력범죄를 2회 이상 범하여 그 습벽이 인정될 것을 요구할 뿐이므로, 전자감독 청구의 원인이 된 사건 자체가 수개일 것을 요구하는 것은 아니다.

전자감독법률 제5조 제1항 제3호에 "유죄의 확정판결을 받은 경우를 포함한다."라는 규정을 삽입한 이유는 본 청구 범죄사건이 1개인 경우 이전 성범죄로 실형을 선고받지 않았지만 집행유예를 선고받은 전력이나 고소취하로 인한 공소권 없음의 불기소처분 전력이 있는 상습범에 대해서도 전자장치 부착명령을 청구할 수 있도록 하기 위함이다. 즉, 상습성이 인정되는 수개의 성폭력범죄에 대해 재판진행 중 고소취하되어 1개의 범죄사실만 남게 된 경우 전자장치 부착명령을 청구할 수 없다는 문제점을 해소할 수 있다(다만, 최근의 형법 개정으로 모든 성폭력범죄가 비(非)친고죄로 변경되었기 때문에 향후 이러한 문제는 수그러들 전망이다). 위치추적 전자장치 부착과 관련된 외국의 대부분의 입법례도 우리나라와 같이 상습적인 성폭력범죄자에 대해서는 전자장치 부착을 하도록 규정하고 있다.

4) 19세 미만의 미성년자 대상의 성폭력범죄 요건

종전까지는 '13세 미만'의 아동을 대상으로 한 성폭력범죄자는 초범이라도 전자장치의 부착대상으로 하였으나, 전자감독법률의 제4차 개정(2012)에 의하여 현재는 '19세 미만'의 미성년자를 대상으로 한 성폭력범죄자의 경우 초범이라도 전자장치 부착명령의 청구대상이다(전자감독법률 제5조 제1항 제4호). 미국의 대부분의 주와 영국, 호주 등에서는 아동대상 성범죄자를 '성범죄자 등록 및 위치추적(종신 위치추적 포함)'의 제1순위 대상으로 삼고 있다. 외국의 경우 통상 12~14세 미만자를 대상으로 한 성범죄에 대하여 소아성기호증 등의 이상성애착 성향이 강하고 재범위험성이 높다는 점을 고려하여 가중처벌하고 있는 것이 일반적이나, 우리나라는 '19세 미만'을 대상으로 한 성폭력범죄의 경우 특별히 초범자에 대해서도 전자장치를 부착할 수 있도록 처벌요건을 강화한 것이 특징이다.[4)]

5) 장애인 대상의 성폭력범죄 요건

신체적 또는 정신적 장애가 있는 사람에 대하여 성폭력범죄를 저지른 때에는 초범이라도 전자장치의 부착대상이 된다(전자감독법률 제5조 제1항 제5호). 전자감독법률의 제4차 개정(2012)에 의하여 새롭게 추가된 요건이다. 장애인을 대상으로 한 성폭력범죄피해의 심각성과 가해사실이 은폐되기 쉬운 피해자 특성을 반영한 것이다. 청각장애인 학교시설에서 교직원 등이 학생을 상대로 저지른 성폭력범죄의 전말을 고발한 대중영화 「도가니」에 의하여 촉발된 사회적 반향이 입법에 큰 영향을 미쳤다.

(2) 미성년자 대상 유괴범죄자

미성년자 대상 유괴범죄자도 전자감독의 청구대상이다. 미성년자를 대상으로 유괴범죄를 저지른 사람에게 미성년자 대상 유괴범죄를 다시 범할 위험성이 있다고 인정되면 검사는 형 집행 종료 후의 전자장치 부착명령을 청구할 수 있다(전자감독법률 제5조 제2항 본문). 또한 이미 유괴범죄의 전과자로서 징역형의 실형 이상의 형을 선고받아 그 집행이 종료 또는 면제된 후 다시 유괴범죄를 저지른 경우에는 검사는 필요적으로 전자장치 부착명령을 청구하여야 한다(같은

4) 미국 플로리다 주법은 12세 미만의 아동을 상대로 한 강간과 그 미수, 성추행(a lewd or lascivious molestation) 등 아동상대 특정 성범죄를 저지른 자를 대상으로 종신 위치추적 전자감독을 부과할 수 있도록 규정하고 있다. 미주리 주법은 14세 미만 미성년자 상대 폭력수반 강간(forcible rape), 1급 아동성추행(child molestation, first degree), 노출 등 아동 관련 성적 비행(sexual misconduct), 근친성범죄(incest) 등의 특정 성범죄를 저지르고 해당 성범죄자가 성범죄 전과가 있을 때 종신 위치추적을 실시하고 있다. 사우스캐롤라이나 주에서도 미성년자와 성적 접촉을 가진 자로서 성범죄자 등록시스템에 등록되도록 규정된 성범죄자는 구금형 복역 이후에 위치추적 전자감독을 받게 된다. 조지아 주는 14세 미만의 아동을 상대로 한 성범죄를 저지른 자에게 종신형이 선고되지 않은 경우 분리선고(spilt sentence)를 통해 최소 25년간의 구금에 이은 위치추적 전자감독을 실시한다.

법 제5조 제2항 단서). 미성년자 대상 유괴범죄자가 유괴전과가 없이 단지 재범의 위험성이 높은 경우에는 임의적 전자감독 청구요건에 해당하지만, 유괴전과로 인하여 이미 실형 이상의 형을 선고받은 경우에는 필요적 전자감독 청구요건에 해당한다.[5)]

(3) 살인범죄자

살인범죄자도 전자감독의 청구대상이다. 검사는 살인범죄를 저지른 사람으로서 살인범죄를 다시 범할 위험성이 있다고 인정되는 사람에 대하여 부착명령을 법원에 청구할 수 있다(전자감독법률 제5조 제3항 본문). 즉, 살인전과가 없이 재범의 위험성만 있는 경우에는 임의적 전자감독 청구요건에 해당한다. 그러나 살인의 전과로 이미 징역형의 실형 이상의 형을 선고받아 그 집행이 종료 또는 면제된 후 다시 살인범죄를 저지른 경우에는 검사는 전자장치 부착명령을 반드시 청구하여야 한다(같은 법 제5조 제3항). 즉, 필요적 청구요건에 해당한다.

(4) 강도범죄자

강도범죄자도 2014년 6월 19일부터 전자감독의 청구대상이다. 즉, 강도범죄자로서 다음 경우 중 어느 하나에 해당하면서 강도의 재범위험성이 있는 사람에 대해서는 검사가 전자감독을 청구할 수 있다(전자감독법률 제5조 제4항). 1) 강도범죄로 징역형의 실형을 선고받은 사람이 그 집행을 종료한 후 또는 집행이 면제된 후 10년 이내에 다시 강도범죄를 저지른 때, 2) 강도범죄로 이 법에 따른 전자장치를 부착했던 전력이 있는 사람이 다시 강도범죄를 저지른 때, 3) 강도범죄를 2회 이상 범하여(유죄의 확정판결을 받은 경우 포함) 그 습벽이 인정된 때.

---

5) 미국 디주리 주법은 성폭행 목적 미성년자 유괴범죄(enticement of a child)를 저지른 자에게 성범죄 전과가 있을 때에는 종신 위치추적을 실시하고 있다. 미국 사우스캐롤라이나 주에서는 미성년자 유인 등의 범죄를 저지른 자는 성범죄자 등록시스템에 등록하게 하고 자유형의 집행 이후에도 위치추적 전자감독을 받도록 규정하고 있다. 미국 조지아 주에서도 14세 미만의 아동을 상대로 감금·납치·유인 등을 저지른 자에게 자유형의 집행에 이어 위치추적 전자감독을 실시한다.

2. 전자장치 부착명령의 청구절차

(1) 전자장치 부착명령의 청구

검사는 전자감독법률 제5조 제1항 내지 제4항의 청구요건을 충족한 경우 전자장치 부착명령을 법원에 청구할 수 있다. 또한 필요적 청구요건을 충족한 경우 검사는 전자장치 부착명령을 법원에 반드시 청구해야 한다.

법원은 공소가 제기된 특정범죄사건을 심리한 결과 비록 검사가 전자감독을 청구하지 않았지만 전자장치 부착명령을 선고할 필요가 있다고 인정하는 때에는 검사에게 전자감독의 청구를 요구할 수 있다(전자감독법률 제5조 제6항).

(2) 전자장치 부착명령의 청구기한

전자장치 부착명령의 청구는 공소가 제기된 특정범죄사건의 항소심 변론종결 시까지 하여야 한다(전자감독법률 제5조 제5항). 그러나 전자장치 부착명령 청구의 대상이 되는 특정범죄사건에 대하여 판결의 확정 없이 공소가 제기된 때부터 15년이 경과한 경우에는 전자장치 부착명령을 청구할 수 없다(같은 법 제5조 제7항).

(3) 전자장치 부착명령 청구사건의 관할

전자장치 부착명령 청구사건의 관할은 전자감독 청구사건과 동시에 심리하는 특정범죄사건의 법원 관할에 따른다(전자감독법률 제7조 제1항). 또한 전자장치 부착명령 청구사건의 제1심 재판은 지방법원(지원) 합의부의 관할로 한다(같은 법 제7조 제2항).

(4) 전자장치 부착명령 청구서

전자장치 부착명령 청구서에는 전자감독 청구대상자(이하 '피부착명령청구자')의 성명과 주민등록번호·직업·주거·등록기준지, 청구의 원인이 되는 사실, 적용 법조, 죄명 등을 기재하여야 한다(전자감독법률 제8조 제1항 및 시행령 제5조 제1항). 법원은 검사의 전자장치 부착명령 청구가 있는 때에는 지체 없이 부착명령 청구서의 부본을 피부착명령청구자 또는 그의 변호인에게 송부하여야 하고, 이 경우 특정범죄사건에 대한 공소제기와 동시에 부착명령 청구가 있는 때에는 제1회 공판기일 5일 전까지, 특정범죄사건의 심리 중에 부착명령 청구가 있는 때에는 다음 공판기일 5일 전까지 송부하여야 한다(같은 법 제8조 제2항).

검사가 공소 제기와 동시에 전자장치 부착명령을 청구할 경우에는 공소장에 전자감독 청구의 원인이 되는 사실과 적용 법조문을 추가하여 적시하는 것으로 부착명령 청구서를 대신할 수 있다(전자감독법률 시행령 제5조 제2항). 공소를 제기한 후에 검사가 전자장치 부착명령을 청구하는 경우에는 부착명령 청구사건과 병합심리할 피고사건의 법원명, 사건번호, 피고인명, 죄명 등을 명시하여 부착명령 청구사건의 관할 법원에 병합심리를 신청하여야 한다(전자감독법률 시행규칙 제4조 제2항).

3. 전자감독의 청구전조사

(1) 청구전조사 제도의 의의

전자감독법률은 제정 당시부터 위치추적 전자감독제도에 관한 미국과 영국 및 호주 등의 세계 각국의 입법례를 참조하여 '재범위험성'이라는 실질적 청구요건을 추가하였다. 미국과 영국 등에서 시행되고 있는 재범위험성 평가보고서에는 미래의 범죄행위가능성, 성범죄의 패턴과 유형, 행위원인의 해결을 위한 현재까지의 노력(재활프로그램의 참여 등), 범죄자의 인적 배경, 파악된 위험요소의 증감요인 등에 대한 평가가 포함되어야 한다.

전자감독법률은 이러한 재범위험성의 판정을 위한 위험성 평가절차를 규정하고 있다. 즉, "검사는 부착명령을 청구하기 위하여 필요하다고 인정하는 때에는 피의자의 주거지 또는 소속 검찰청 및 지청 소재지를 관할하는 보호관찰소 및 지소의 장에게 범죄의 동기, 피해자와의 관계, 심리상태, 재범의 위험성 등 피의자에 관하여 필요한 사항의 조사를 요청할 수 있다”(전자감독법률 제6조 제1항). ‘청구전조사’는 전자장치 부착명령의 필요성을 잘 판단하기 위한 것으로서, 청구대상자의 실질적 요건을 사전에 충분히 조사하여 검사의 청구와 법원의 판결에 참고하도록 한 제도이다.

청구전조사에는 조사대상자의 가정환경, 성장배경, 범죄동기 등 「보호관찰 등에 관한 법률」상의 판결전조사와 유사한 조사항목이 포함되어 있다. 전자장치 부착명령이 필요한 대상자인지 여부를 판단하기 위해서는 위와 같은 사항을 조사할 필요가 있고, 여기에는 전문적인 경험과 조사기법이 필요한 만큼, 이미 판결전조사를 실시해 온 경험이 있는 기관인 보호관찰(지)소에서 조사를 실시하도록 한 것이다. 예를 들어 전자감독의 적용대상범죄 중의 하나인 성폭력범죄의 발생원인이 범죄인의 이상심리나 성충동에 기인한 심리사회적인 문제와 결부되어 있는 것으로 조사결과가 나온다면, 이러한 조사내용은 법관의 판단에 지대한 영향을 미칠 수 있다. 그만큼 청구전조사의 의의는 크다고 생각한다.

외국에서도 적합한 전자감독대상자 선정을 위하여 보호관찰관의 조사 및 위험성 평가 등을 실시하도록 하는 경우가 많다. 미국의 대부분의 주에서는 형 선고 이전 단계에서 재범의 위험성을 판단하고 있다. 양형단계에서 위험성 판단에 관한 직접적인 명문규정을 두는 법제는 드물고, 일반적으로 특정범죄에 해당하면 자동적으로 종신형 혹은 분리양형을 통해 전자감독을 부과하는 형태를 띠거나, 미국의 조지아 주, 플로리다 주 등에서는 성폭력흉악범(sexually violent predators)에 해당가능한 특정 범죄자에게는 의무적으로 전자감독을 부과하면서, 이를 평가하는 과정에서 재범의 위험성을 사정한다. 또한 미국 워싱턴 주의 경우 법원이 ‘사회내구금’의 일환으로 위치추적 전자감독 중에 있는 성범죄자의 위험성을 지속적으로 평가하여 공공의 안전을 위협할 수 있다는 결정을 내리는 경우, 당해 범죄의 최장 법정형 내에서 조건의 일부 혹은 전부를 연장하고 있다.

영국의 경우 위치추적을 받는 범죄자의 대부분은 교도소와 보호관찰소 공동의 ‘범죄자위험성 평가’(OASys: Offender Assessment System)를 통해 지역사회에 해악을 끼치거나 재범할 가능성이 매우 높다고 판정된 자들이다. 또한 호주 빅토리아 주의 경우, 특정 성폭력범죄자가 연장감독명령의 대상이 되기 위해서는 심리학자, 정신치료사, 기타 법률의 규정에 의한 의료서비스 제공자에 의해 작성된 평가보고서가 제출되어야 한다.

(2) 청구전조사의 절차

검사의 청구전조사 요청을 받은 보호관찰소의 장은 조사할 보호관찰관을 지명하여야 하고, 지명된 보호관찰관은 지체 없이 필요한 사항을 조사한 후 검사에게 조사보고서를 제출하여야 한다(전자감독법률 제6조 제2항 및 제3항). 검사는 보호관찰소 및 지소의 장에게 청구전조사를 요청할 때에는 전자장치 부착명령을 청구하는 피의자의 인적사항 및 범죄사실의 요지를 통보하여야 한다(같은 법 시행령 제4조 제1항). 이 경우 피의자 신문조서, 피해자 진술조서, 범죄경력자료 및 수사경력자료 등 참고자료를 보낼 수 있다(같은 법 시행규칙 제3조 제2항). 이는 보다 충실한 조사가 이루어질 수 있도록 하는 근거규정이다. 「보호관찰 등에 관한 법률 시행령」 제7조(판결전조사)에도 이와 유사한 규정이 있다. 또한 보호관찰소의 장은 청구전조사를 위하여 교도소·소년교도소·구치소·군교도소의 장, 경찰서장, 치료감호소의 장(이하 "수용기관의 장"이라 한다)에게 협조를 요청을 할 수 있으며, 이 경우 수용기관의 장은 특별한 사유가 없으면 협조하여야 한다(전자감독법률 시행령 제4조 제2항). 「보호관찰 등에 관한 법률」 제26조(환경조사) 제2항과 같은 법 시행령 제15조(수용기관의 장의 협조)에도 이와 유사한 규정이 있다.

검사는 청구전조사의 요청을 받은 보호관찰소의 장에게 조사 진행상황의 보고를 요구할 수 있으며(전자감독법률 제6조 제4항), 전자장치 부착명령을 청구함에 있어서 필요한 경우에는 피의자에 대한 정신감정이나 그 밖에 전문가의 진단 등의 결과를 참고하여야 한다(같은 법 제6조 제5항).

(3) 청구전조사의 내용과 구성

검사가 청구전조사를 의뢰하면, 조사담당 보호관찰관은 우선 피의자에 대한 범죄·수사경력 조회, 주민등록, 국가보조금 수급 여부, 학교생활기록부 등 관계 자료를 광범위하게 수집·분석한 후 피의자에 대한 면담조사를 실시한다. 또한 필요한 경우 피의자의 가족, 피해자, 관계인 등을 대상으로 피의자의 특성 및 생활태도, 피해자와의 합의 노력, 합의 여부 등을 파악한다. 이러한 절차를 통해 확보한 자료를 토대로 조사서를 작성하여, 요청한 검사에게 조사결과를 통보한다. 조사에 소요되는 기간은 사안에 따라 다양하나 일반적으로 약 2주가 소요된다.

청구전조사는 양형의 단순한 참고자료가 아니라, 전자장치 부착명령의 청구요건인 재범위험성의 유무에 대한 실질적인 조사와 더불어 조사대상자의 범죄동기, 심리상태, 피해자와의 관계 등도 광범위하게 조사하는 특징이 있다. 특히 재범위험성 평가결과는 전자장치 부착명령의 선고 여부, 즉 '형벌권의 존부와 범위'를 다투는 형사소송법상 엄격한 증명을 요하는 사실이다.

청구전조사는 크게 세 가지 내용으로 구성된다. 1) 범행 및 범죄전력 등에 관한 사항, 2) 피조사자에 대한 내용, 3) 조사자 의견이다.

1) 범행 및 범죄전력 등에 관한 사항

청구전조사의 첫 번째 구성부분은 범행 및 범죄전력 등에 관한 사항이다. 이 부분에서는 당해 범행의 개요, 범행 전후 정황, 범행동기, 범죄전력을 비롯하여 피해자 관련 사항을 파악한다. 피해자 관련 사항으로는 피해자의 나이, 성별, 피조사자와의 관계 등 기본적 특성과 피해자의 취약성 또는 피조사자가 피해자를 범행의 대상으로 특정한 이유 등을 확인하고, 그 외에도 피해 정도 및 피해회복 여부, 피해자 의견 등을 확인한다.

2) 피조사자에 관한 내용

청구전조사의 두 번째 구성부분은 피조사자에 관한 내용이다. 이 부분에서는 피조사자의 가정적·사회적·심리적 환경 등에 대해 종합적이고 광범위하게 파악한다. 구체적으로 피조사자의 가족사항 및 성장과정, 학력사항, 직업사항, 주거 및 경제 상태, 대인관계 및 여가활동, 음주 및 흡연, 약물 관련 사항, 인지능력, 신체 및 건강 상태, 정서 및 성격 특성을 파악하고, 성범죄자의 경우에는

청구전조사 예시 1: 피해자 특성

- 피해자인 A(여, 당시 13세)와 B(여, 당시 11세)는 자매 사이이며, 피조사자와는 약 12년 전 피해자의 부가 영업용 택시를 운행하면서 알게 된 뒤 피해자들이 피조사자를 '큰아빠'라고 부르는 가까운 사이임
- 피해자들은 편부 슬하에서 성장, 부의 알코올 문제로 가정에서 필요한 보살핌을 제대로 받지 못하고 경제적으로도 열악한 상황에서 어려울 때마다(학습 준비물이 필요하거나 병원비 등) '큰아빠'라고 부르는 피조사자에게 연락하여 그 문제를 해결하는 일이 잦았고,
- 이로 인해 피해자들은 피조사자를 경계하지 않고 신뢰했던 점이 본 건 범행 시 피조사자에게 유리하게 작용했을 것으로 여겨짐

청구전조사 예시 2: 피해내용 및 피해회복 여부

[피해내용]

- A센터 심리치료 담당자 B에 의하면, 피해자들은 본 건 직후 주 1회 심리상담을 받고 있으며, 현재 드러나는 부적응 문제는 뚜렷하지 않으나, 피조사자가 피해자들을 찾아오는 데 대한 두려움과 공포감을 호소하고, 보호력의 부재로 인해 장기간 개입을 계획하고 있다고 함

[피해회복 여부: 합의함]

- 피조사자는 피해자 측을 찾아가 용서를 구하고, 향후 월 50만 원씩 10년 동안 생활비 지원을 약속한 후 피해자로부터 고소 취하장, 합의서 및 탄원서를 받아, 검찰에 제출했다고 함

[피해자 의견]

- 피해자 부는 피조사자와 피해자 사이에서 갈등했으나, 피해자들이 큰 문제를 보이지 않는다고 판단, 합의하고 탄원서까지 작성하여 제출했다고 진술함
- C 센터 심리치료 담당자 D는 피해자들이 피조사자를 다시는 만나고 싶어 하지 않는다고 함

심리성적 특성, 일탈적 성적 환상 및 충동 여부도 확인한다.

피조사자에 관한 내용 중 핵심사항은 재범위험성의 평가이다. 성폭력범죄에

청구전조사 예시 3: 정서 및 성격 특성

- 피조사자는 자신에 대해 내성적으로 자신의 생각이나 감정을 잘 표현하지 못하며, 화가 나면 대부분 속으로 삭히는 스타일이라고 표현, 처는 강한 인상과는 달리 주위 사람들을 자상하게 챙기며, 남을 먼저 배려하고 편하게 해 준다고 함
- MMPI-2 검사결과, 외향적인 성향의 피조사자는 다른 사람의 관심이나 지지를 필요로 하고, 타인과 원만한 관계를 유지하기는 하나 타인의 조언에 귀를 기울이기보다는 자기중심적으로 행동하며, 사회적 관습이나 규칙보다는 자신이 설정한 목표나 기준을 중시하는 양상이 있는 것으로 드러남
- 한편 피조사자는 생각보다는 행동이 우선하여 자기 행동에 대한 결과를 예측하지 못하고 충동적으로 행동하는 등 신중성이 다소 부족하고, 타인의 감정이나 입장을 고려하는 데 제한적임

청구전조사 예시 4: 재범위험성 평가

[한국 성범죄자 재범위험성 평가척도(KSORAS) 적용결과]

- 피조사자가 현재 강제추행사건에 대해 부인하고 있는 상황인바, 강간 및 강제추행사건 모두를 전제로 하고, 한국 성범죄자 재범위험성 평가척도를 적용해 보면, 총점 13점으로 재범위험성이 '상' 수준에 속함
- 피해자가 2명이고, 그중 한 명은 만 13세 미만이며, 성범죄를 반복한 점, 과거 폭력전과가 있는 점 등이 위험요인으로 작용함

[정신병질자 선별도구(PCL-R) 평가결과]

- 본 건 사실을 전제로 할 때, 정신병질자 선별도구(PCL-R)를 적용해 보면 정신병질적 성향이 '중' 수준에 속하며, 이는 본 건에 드러나는 충동성 및 행동통제력 부족, 타인의 고통이나 감정을 제대로 공감하지 못하고, 자기 행동에 대한 책임감이 부족하며, 자기 행동의 책임을 축소하거나 합리화하려는 태도 등을 위험요인으로 들 수 있음

[재범위험성 평가결과 종합]

- 본 건 사실을 전제로 할 때, 범행의 특성, 과거 다수의 폭력전과 및 자녀양육에서 엿볼 수 있는 무책임성 등은 부정적으로 평가되나, 현재 건강상태가 좋지 않음에도 직업적 기능을 유지하고 있고, 처와 친밀한 관계를 지속하고 있는 점 및 본 건에서 자신의 책임을 인정하는 태도 등은 긍정적으로 평가할 수 있는바, 향후 재범위험성 수준은 '중'으로 평가됨

대한 재범위험성 평가를 위한 객관적 도구로 한국 성범죄자 위험성 평가척도(KSORAS)와 정신병질자 선별도구(PCL-R)를 사용하고, 그 외의 심리평가 도구로 미네소타 다면적 인성검사(MMPI), 문장완성 검사, 강간통념 척도, 로젠버그 자존감 척도, 대인관계 반응지수, 성을 통한 대처척도, UCLA 고독감 척도, 애착척도, 알코올 사용장애 선별검사 등을 활용하고 있다. 미성년자 대상 유괴범죄 및 살인범죄에 대한 재범위험성 평가도구로는 정신병질자 선별도구(PCL-R)와 한국 범죄자 위험성 평가척도(KORAS-G)를 사용하고 있다.

피조사자에 관한 내용 중에서 기타 참고사항으로는 피조사자의 태도, 향후 생활계획 등도 파악한다. 피조사자의 장래에 대한 태도나 인식을 확인하는 것으로서 장래의 목표, 세부 실천계획, 피조사자의 실천의지나 진정성을 확인하고, 아울러 피조사자가 설정한 목표가 향후 범행의 재발방지에 어떠한 영향을 미칠지에 대해서도 평가한다.

청구전조사 예시 5: 조사자 의견

[처분의견]

- 반사회성 및 폭력성이 두드러지지 않은 점, 피해자와 원만히 합의한 점, 본 건에 대해 반성하는 태도를 보이는 점은 긍정적이나, 특정 장소와 특정 피해자를 대상으로 성추행을 하는 등 범행양식이 정형화되어 있는 점, 피해자가 15세의 미성년자인 점, 성충동 조절에 어려움이 있는 등 재범위험성이 높은 점, 집행유예기간 중에 본 건이 발생한 점 등을 고려할 때 사회내처우는 부적합함

[위치추적 전자장치 부착 필요성]

- 재범위험성이 높은바, 전자장치 부착이 피조사자의 성충동을 억제하는 효과가 일부 있을 것으로 생각됨

[특별준수사항 부과 관련]

- 피조사자의 범행 특성과 성폭력에 대한 일탈적 성인식이 있는 점, 일탈적인 성행동 등의 심리문제로 고통을 겪고 있는 점을 고려할 때, 특별준수사항으로 '피조사자가 거주하는 지역의 시외버스터미널 및 기차역에 출입을 금할 것', '성폭력가해자 심리치료를 이수할 것', '일정기간 동안 정신과 상담 및 개인 심리치료를 받을 것'을 권고할 수 있음

3) 조사자 의견

청구전조사의 세 번째 구성부분은 조사자 의견이다. 조사자 의견은 조사결과 요약 및 처분의견으로 구성되며, 조사서 본문과 별도로 별지에 작성한다. 조사결과 요약은 앞에서 언급한 범행 관련 사항과 피조사자에 관한 사항을 요약정리한 것이며, 처분의견은 피조사자에 대한 처분의견, 즉 시설내처우 부과, 전자장치 부착명령 부과 및 특별준수사항 등의 부과 여부에 관하여 의견을 제시한다.

4. 전자감독의 판결

(1) 전자장치 부착명령의 판결절차

1) 전자장치 부착명령의 선고

법원은 전자감독 청구가 이유 있다고 인정하는 때에는 판결로써 전자장치 부착명령을 선고하여야 한다(전자감독법률 제9조 제1항). 전자장치 부착명령의 선고는 해당 특정범죄사건의 판결과 동시에 하여야 한다(같은 법 제9조 제5항). 전자장치 부착명령 선고의 판결이유에는 요건으로 되는 사실, 증거의 요지 및 적용 법조를 명시하여야 한다(같은 법 제9조 제6항). 또한 전자장치 부착명령의 선고는 해당 특정범죄사건의 양형에 유리하게 참작되어서는 안 된다(같은 법 제9조 제7항).

법원은 전자장치 부착명령을 선고한 때에는 그 판결이 확정된 날부터 3일 이내에 전자장치 부착명령을 선고받은 자("피부착명령자")의 주거지를 관할하는 보호관찰소의 장에게 판결문의 등본을 송부하여야 한다(같은 법 제10조 제1항). 이는 형사소송규칙 제147조의3 제1항을 고려하여 절차의 통일성을 기하기 위해 판결이 확정된 날로부터 3일 이내에 송부하도록 규정한 것이다(법무부, 2008:65).

2) 전자장치 부착명령의 기각

법원은 특정범죄사건에 대하여 전자장치 부착명령 청구가 이유 없다고 인정하는 때, 무죄[6] · 면소 · 공소기각의 판결 또는 결정을 선고하는 때, 벌금형을 선고하는 때, 또는 선고유예나 집행유예를 선고하는 때 중 어느 하나에 해당하는 경우에는 판결로써 전자장치 부착명령 청구를 기각하여야 한다(전자감독법률 제9조 제4항). 다만, 이 경우에도 법원은 전자감독법률 제28조 제1항에 따라 특정범죄자에 대하여 형의 집행을 유예하면서 보호관찰의 조건으로 전자장치 부착명령을 선고하는 것은 가능하다.

3) 국선변호인의 조력

형사소송법의 국선변호인 관련 규정은 전자장치 부착명령 청구사건에 준용한다(전자감독법률 제11조). 국선변호인을 선정하여야 하는 사건에서는 변호인 없이 개정할 수 없으며, 변호인이 출석하지 않은 경우 직권으로 국선변호인을 선정하여야 한다(형사소송법 제282조 및 제283조). 법원이 직권으로 국선변호인을 선정하여야 하는 경우로는 "피고인이 구속된 때, 미성년자인 때, 70세 이상인 때, 농아자인 때, 심신장애의 의심이 있는 때, 사형 · 무기 또는 단기 3년 이상의 징역이나 금고에 해당하는 사건으로 기소된 때" 중 어느 하나에 해당하면서 변호인을 선임하지 못한 경우이다(형사소송법 제33조 제1항). 또한 피고인이 빈곤 그 밖의 사유로 변호인을 선임할 수 없는 경우에 피고인의 청구가 있는 때에는 법원이 국선변호인을 선정하여야 한다(형사소송법 제33조 제2항). 뿐만 아니라 법원이 피고인의 연령 · 지능 및 교육 정도 등을 참작하여 권리보호를 위하여 필요하다고 인정하는 때에는 피고인의 명시적 의사에 반하지 아니하는 범위 안에서 국선변호인을 선정하여야 한다(형사소송법 제33조 제3항).

4) 상소 및 상소의 포기 · 취하의 의제

특정범죄사건의 판결에 대하여 상소 및 상소의 포기 · 취하가 있는 때에는 전자장치 부착명령 청구사건의 판결에 대하여도 상소 및 상소의 포기 · 취하가 있는 것으로 보며, 상소권회복 또는 재심의 청구나 비상상고가 있는 때에도 이와 같다(전자감독법률 제9조 제8항).[7] 다만, 위의 의제규정에도 불구하고 검사 또는

6) 다만, 심신상실을 이유로 치료감호가 선고된 경우는 제외한다(전자감독법률 제9조 제4항).

7) 대법원은 '통영 초등학생 살인사건'을 다룬 항소심 법원이 전자장치 부착명령에 대한 판단과 선

피부착명령청구자 및 피고인을 위하여 상소하는 피고인의 법정대리인, 배우자, 직계친족, 형제자매, 원심의 대리인이나 변호인은 전자장치 부착명령에 대하여 독립하여 상소 및 상소의 포기·취하를 할 수 있다. 상소권회복 또는 재심의 청구나 비상상고의 경우에도 또한 같다(같은 법 제9조 제9항, 형사소송법 제340조 및 제341조).

(2) 전자장치 부착기간

법원은 전자장치 부착명령을 선고할 때는 다음과 같은 기간의 범위 내에서 부착기간을 정하여야 한다(전자감독법률 제9조 제1항). 법정형의 상한이 사형 또는 무기징역인 특정범죄의 전자장치 부착명령의 기간은 10년 이상 30년 이하이며, 법정형 중 징역형의 하한이 3년 이상의 유기징역인 특정범죄의 부착명령 기간은 3년 이상 20년 이하이다. 그리고 법정형 중 징역형의 하한이 3년 미만의 유기징역인 특정범죄의 경우에는 부착명령의 기간은 1년 이상 10년 이하이다.

13세 미만의 아동에 대하여 특정범죄를 저지른 경우에는 전자장치 부착기간 하한을 위의 각 부착기간 하한의 2배로 한다(같은 법 제9조 제1항). 전자감독법률 제정 당시에는 전자장치 부착기간이 '최장 5년'으로 제한되어 있었으나, 제1차 법률개정(2008)을 통해 '최장 10년'으로 연장되었다가 다시 제3차 법률개정(2010)을 통해 '최장 30년'으로 되었다. 특정 범죄자의 높은 재범위험성과 범죄피해를 감안하여 재범방지와 피해자보호의 관점에서 전자장치 부착기간의 상한이 계속 연장되어 왔으나, 과연 최장 30년의 전자장치 부착기간을 무사히 도과할 전자감독대상자가 있을지에 대해서는 의문이 든다.

고를 누락했다면서 사건을 파기환송하였다. 대법원 3부는 2013년 4월 25일 피고인(45세)에 대한 상고심에서 원심이 무기징역을 선고한 것은 합당하지만 전자장치 부착명령에 대한 판단과 선고를 누락한 부분에 문제가 있다고 지적하면서 사건을 부산고법으로 돌려보냈다. 제1심은 피고인에게 무기징역을 선고하고 신상정보공개 10년과 위치추적 전자장치 부착 30년을 명령했다. 제2심은 피고인의 항소를 기각하면서 신상정보공개 및 위치추적 전자장치 부착명령을 별도로 판단하지 않았다. 전자감독법률에 따르면 항소심은 피고인의 항소내용에 대해서 판단을 하면서 전자장치 부착명령에 대해서도 판단을 했어야 했다. 그런데 항소심 재판부의 착각으로 징역 20년을 선고한 제1심 판결에 대해서만 판단을 하고 전자장치 부착명령에 대해서는 판단을 하지 않았다(조선일보, 2013. 4. 26.자, A10면 사회 참조).

전자장치 부착기간과 관련된 외국의 입법례를 살펴보면, 부착기간의 상한을 정하지 않는 부정기형의 입법례와 그 상한을 정한 정기형의 입법례로 분류된다. 부정기형 입법례를 규정한 미국의 경우, 플로리다 및 미주리 등 7개 주는 재범위험성이 높은 특정 성폭력범죄자에게 종신 위치추적을 명하고 있으며, 정기형 입법례를 규정하고 있는 국가들은 호주 빅토리아 주(15년), 뉴질랜드(10년), 영국(8년) 및 프랑스(6년, 다만 2회까지 연장가능) 등 다양한 입법례가 있다. 정기형 입법례를 취하는 국가의 경우에도 전자장치 부착기간의 상한 내에서 기간연장이 가능하게 하는 규정을 마련하는 등 성범죄자의 재범위험성에 탄력적으로 대응하는 추세이다.

법원이 여러 개의 특정범죄에 대하여 동시에 전자장치 부착명령을 선고할 때에는 법정형이 가장 중한 죄의 부착기간 상한의 2분의 1까지 가중하되, 각 죄의 전자장치 부착기간의 상한을 합산한 기간을 초과할 수 없으며, 다만 하나의 행위가 여러 특정범죄에 해당하는 경우에는 가장 중한 죄의 전자장치 부착기간을 부착기간으로 한다(같은법 제9조 제2항).

(3) 보호관찰의 병과와 준수사항

1) 보호관찰의 강행병과

전자장치 부착명령을 선고받은 사람은 부착기간 동안 「보호관찰 등에 관한 법률」에 따른 보호관찰을 받는다(전자감독법률 제9조 제3항). 따라서 전자감독대상자는 「보호관찰 등에 관한 법률」 제32조의 보호관찰 준수사항을 지켜야 할 의무가 생긴다. 이러한 보호관찰 준수사항은 아래에서 설명할 부착명령의 준수사항과 실제 운영에 있어서 중복될 가능성이 있다. 그러나 보호관찰 준수사항은 일반적 보호관찰대상자 지도감독을 위한 것이고, 전자감독법률 제9조의2에 따른 준수사항은 전자감독대상자의 특별한 위험성에 대응하기 위한 것이다. 따라서 이를 '전자장치 부착명령 특별준수사항'이라고 부르는 것이 타당하다고 본다. 입법론적으로는 복잡한 준수사항의 부과체계와 벌칙조항들을 통합하여 정비할 필요성이 있다.

2) 준수사항의 부과

법원은 전자감독법률 제9조 제1항에 따라 전자장치 부착명령을 선고하는 경우 부착기간의 범위에서 준수기간을 정하여 야간 등 특정 시간대의 외출제한, 특정지역·장소에의 출입금지, 주거지역의 제한, 피해자 등 특정인에의 접근금지, 특정범죄 치료프로그램의 이수, 기타 재범방지와 성행교정을 위하여 필요한 사항 등의 준수사항 중 하나 이상을 부과할 수 있다. 다만, 특정범죄 치료프로그램의 이수에 관한 준수사항은 500시간의 범위에서 그 기간을 정하여야 한다(전자감독법률 제9조의2 제1항). 치료프로그램 이수 500시간의 상한선은 현재 운영 중인 치료프로그램이 이상적으로는 주당 3시간 프로그램으로 진행되고(연간 약 160시간), 통상 성폭력범죄자의 성행교정을 위해서는 3년 정도의 지속적인 치료프로그램이 필요하다는 점을 감안하여 산출한 것이다(법무부, 2008:60).

특정 범죄자에 대한 상시 위치추적은 심리적 압박을 통한 재범방지에 기여할 것으로 보이나, 보다 근본적인 범죄예방에는 한계가 있다. 범죄 취약시간대인 야간의 외출제한, 학교주변 등 아동성범죄 취약지역에 대한 출입금지, 피해자에의 접근금지 등의 특별준수사항의 부과를 통해 범행기회를 사전에 차단할 필요가 있다. 또한 성범죄자의 성행교정을 위한 전문 심리치료나 교육프로그램의 실시를 병행하는 것이 성폭력범죄의 근본적인 해결을 위하여 바람직하다. 한편 전자감독법률은 이러한 특별준수사항의 실효성 확보를 위해 준수사항을 위반한 경우 형사처벌을 하도록 규정하고 있다.[8]

형 집행 종료 후 전자장치 부착을 명하는 대부분의 입법례는 재범방지의 효율성을 제고하기 위하여 다양한 준수사항을 규정하고, 그 위반 시 각각 처벌조항을 두고 있다. 미국의 워싱턴 주는 형기종료 후 위치추적을 수반한 지도감독과 함께 출입금지 및 거주제한 등의 준수사항을 부과하고, 위반할 경우 법원모독죄로 처벌(1년 미만의 자유형 또는 5백만 원 미만의 벌금)하고 있다. 호주의

8) 집행유예나 가석방·가종료, 보호처분의 경우는 준수사항을 위반할 경우 집행유예의 취소, 가석방·가종료의 취소, 보호처분의 변경·취소와 같은 제재수단이 있으나, 형 집행 종료 후의 경우는 부착명령자가 준수사항을 위반한 경우에는 이와 같이 원처분에 대한 변경·취소가 불가능하므로 별도의 범죄를 구성하여 형사처벌을 받도록 규정되어 있다.

「고위험 성범죄자감시법」도 주거이전신고 및 치료프로그램 이수 등 광범위한 준수사항을 규정하고, 위반할 경우 최장 5년의 자유형을 부과할 수 있도록 하고 있다.

전자감독법률은 전자장치 피부착자가 피해자 등에 대한 접근금지와 치료프로그램 이수의 준수사항을 정당한 사유 없이 위반한 때에는 3년 이하의 징역 또는 1천만 원 이하의 벌금에 처하도록 규정하고 있다(전자감독법률 제39조 제1항). 또한 전자장치 피부착자가 전자감독법률 제9조의2 제1항의 외출제한, 출입금지, 주거지역 제한 및 기타 재범방지 및 성행교정 조치의 준수사항을 정당한 사유 없이 위반한 때에는 1천만 원 이하의 벌금에 처한다(같은 법 제39조 제3항).

참고로 접근금지에 관하여 규정하고 있는 「가정폭력범죄의 처벌 등에 관한 특례법」 제40조 제1항에 따르면, 법원은 가정폭력행위자가 피해자에게 접근하는 행위를 제한할 수 있고, 같은 법 제63조에서 가정폭력행위자가 이를 이행하지 아니하는 경우 2년 이하의 징역이나 2천만 원 이하의 벌금 또는 구류에 처하도록 하고 있다.

전자장치 피부착자의 재범위험성이 없다고 판단되는 경우에는 전자장치 부착명령이 가해제될 수 있다. 이처럼 전자장치 부착명령이 가해제되면 이에 부수하는 특별준수사항도 가해제되는 것으로 본다(전자감독법률 제18조 제6항). 가해제된 피부착자가 주거이전 상황 등의 보고에 불응하는 등 재범위험성이 있다고 판단되는 경우에는 가해제 취소가 가능한 만큼, 특별준수사항의 효력은 그대로 존속되는 것으로 보는 것이 타당하다.

피부착자에게 외출제한 등의 특별준수사항을 다시 부과시켜야 될 상황이 발생하는 경우에는 가해제취소제도를 활용할 수 있다(같은 법 제19조 참조). 즉, 전자장치 부착명령이 가해제된 자가 특정범죄(성폭력 · 살인 · 미성년자 유괴 · 강도)를 저지르거나 주거이전 상황 등의 보고에 불응하는 경우에는 가해제가 취소될 수 있으며, 이러한 경우 잔여 부착명령기간 동안 전자감독을 받아야 한다.

제2절 가석방·가종료·가출소와 전자장치의 부착

1. 가석방과 전자장치의 부착

(1) 필요적 전자장치의 부착

형 집행 종료 후의 전자감독 판결을 선고받지 않고 특정범죄로 실형의 집행 중 가석방되어 보호관찰을 받게 되는 자에 대해서는 보호관찰 준수사항의 이행 여부 확인 등을 위하여 가석방기간 동안 전자장치를 부착한다(전자감독법률 제22조 제1항). 일반교도소 재소자에 대해서는 법무부 가석방심사위원회가, 소년교도소 재소자에 대해서는 보호관찰심사위원회가 각각 가석방 허가 여부를 심사하고, 그 심사결과에 따라 법무부장관에 의하여 특정 범죄자에게 가석방이 허가되면 그 가석방기간 동안 전자감독을 반드시 실시하도록 되어 있다.

가석방은 형기의 일부, 즉 남아 있는 형벌의 집행방법을 변경하는 비사법적 처분이다. 형 집행 종료 후 전자장치 부착명령은 법원의 선고에 의한 독자적인 사법처분이지만, 가석방 및 보호관찰에 부수하는 전자감독은 가석방 등의 실효성을 확보하기 위한 조건부의 비사법적 처분으로서, 그 법적 성격은 법률규정에 의한 강행적인 '형벌집행변형'으로 보는 것이 타당하다.

가석방과 결부된 전자감독에 관한 입법례를 살펴보면, 미국의 경우 최소한 25개 이상의 주에서 가석방 보호관찰(parole)의 준수사항 또는 지도감독 보조수단으로 위치추적 전자감독을 실시하고 있다(법무부, 2008:94). 미국 아이오와 주의 성범죄자 등록시스템에 등록되도록 규정된 자가 보호관찰부 가석방, 작업석방 등 조건부로 석방된 경우, 그 조건부 석방기간 동안 위치추적 전자감독을 받게 된다. 성범죄자 등록기간은 10년이지만, 반드시 조건부 석방이 될 경우에만 전자감독을 받게 된다.[9] 미국의 캘리포니아 주에서는 전통적으로 비폭력사

---

9) 미국 아이오와 주의 2005년 개정「형사법」(Title XII criminal law and procedure)과「범죄통제와 범죄인에 관한 법률」(subtitle 1. crime control and criminal acts) 제629A장 등에서는 미성년자 상대 형사범죄, 가중범죄, 성적 착취, 다른 관련 범죄 혹은 강력 성폭력범죄를 저지른 사람은 첫 번째 유죄판결을 기준으로 10년간 성범죄자로 등록되어야 한다고 규정하고 있다. 같은 법에서는 이러한 등록 성범죄자 가운데 집행유예보호관찰(probation), 가석방보호관찰(parole), 작업석

범을 대상으로 한 교도소 수감의 대안으로서 '지역사회제재'(community sentence)의 일환으로 가택구금 전자감독을 시행해 오고 있었다. 또한 2005년에 개정된 캘리포니아 형벌법(California Penal Code)은 공공안전의 강화를 목적으로 집행유예 보호관찰(probation)과 가석방 보호관찰(parole) 단계에서의 지도감독을 위한 범죄자 추적시스템 사용을 법제화하였다.10)

(2) 보호관찰심사위원회의 불요결정

특정범죄로 실형의 집행 중 가석방되어 보호관찰을 받게 되는 자에 대해서는 '필요적으로' 전자감독을 부과하게 되어 있다. 다만, 보호관찰심사위원회가 전자장치 부착이 필요하지 아니하다고 결정한 경우에는 위치추적 전자장치를 부착하지 아니할 수 있다(전자감독법률 제22조 제1항 단서). 성인 가석방자에 대한 전자장치 부착의 실제에 있어서는 가석방예정자에 대한 교정당국의 가석방 심사자료 작성과 보호관찰심사위위원회의 '보호관찰 사안조사'11) 실시과정에서

방, 특별양형 또는 다른 어떤 형태로 조건부 석방이 된 자에 대해서는 원래의 지도감독의 조건 이외에 전자추적(electronic tracking)장치와 전자감독(electronic monitoring)장치에 의하여 '집중보호관찰'(intensive supervision)을 할 수 있다고 규정하고 있다. '집중보호관찰'은 전자감독, 주간보고(day reporting) 등을 포함하여 전통적인 의미의 보호관찰과 가석방보다 높은 수준의 지도감독을 제공하지만, 유사감금처벌보다는 덜 자유제한적이다.

10) 캘리포니아 형벌법(California Penal Code), 제9장 chapter 2 지역사회 기반의 제재(community based punishment)는 최근 공공안전의 강화를 목적으로 집행유예(probation) 및 가석방(parole) 보호관찰 단계에서의 지도감독을 위한 범죄자 추적시스템 사용을 법제화하였다(section 1210.7−1210.16, section 3010−3010.9). 2006년 말 기준으로 캘리포니아에서는 section 3010−3010.9를 통해 가석방 단계의 성범죄자 1,800여 명을 대상으로 GPS 위치추적 전자감독을 실시하였다. 카운티 보호관찰국(county probation department)은 보호관찰대상자의 행방을 전자적 수단을 통해 감시하기 위해 법률에 규정된 바와 같이 지속적 전자감독(continuous electronic monitoring) 장비를 사용할 수 있으며, 이러한 지속적 전자감독장비에는 GPS로 알려진 전파위치탐지(radio navigation)기술을 포함할 수 있다.

11) '보호관찰 사안조사'라 함은 수용자의 범죄 또는 비행의 동기, 수용 전의 직업, 생활환경, 교우관계, 가족상황, 피해회복 여부, 생계대책, 석방 후의 재범위험성 및 사회생활에 대한 적응가능성 등에 관한 조사를 실시하여 가석방 시 보호관찰의 필요 여부를 조사하는 제도이다. 「보호관찰 등에 관한 법률」 제28조에 의하면, 교도소·구치소·소년교도소(이하 '교도소 등')의 장은 징역 또는 금고 이상의 형을 선고받은 성인, 즉 성인수형자에 대하여 「형의 집행 및 수용자의 처우에 관한 법률」 제121조에 따라 가석방심사위원회에 가석방 적격심사신청을 할 때에 신청과 동시에 가석방 적격심사신청 대상자의 명단과 신상조사서를 해당 교도소 등의 소재지를 관

전자감독이 수반된 가석방의 거부의사를 확인하고 있다. 가석방예정자가 명시적 거부의사를 밝히는 경우에는 가석방심사자료 등에 이를 기재하고, 가석방심사 시에 이를 참고하고 있기 때문에 가석방 자체가 불허되는 것이 일반적이다. 따라서 가석방이 허가되면서 전자감독이 부과되지 않는 경우는 극히 이례적인 사례에 해당한다.

(3) 보호관찰심사위원회의 통보

보호관찰심사위원회는 가석방기간 동안 전자장치를 부착하게 되는 자의 주거지를 관할하는 보호관찰소의 장에게 가석방자의 인적사항 등 전자장치 부착에 필요한 사항을 즉시 통보하여야 한다(전자감독법률 제22조 제2항). 또한 교도소장 등은 가석방 예정자가 석방되기 5일 전까지 그의 주거지를 관할하는 보호관찰소의 장에게 그 사실을 통보하여 사전에 전자장치 부착을 위한 준비를 할 수 있도록 해야 한다(같은 법 제22조 제3항).

2. 가종료 · 가출소와 전자장치의 부착

(1) 임의적 전자장치의 부착

법무부에 설치된 치료감호심의위원회[12]는 전자감독법률에 의한 형 집행 종

할하는 심사위원회에 보내야 한다(제1조). 보호관찰심사위원회는 교도소 등의 장으로부터 위와 같은 자료를 받으면 해당 성인수형자를 면담하여 보호관찰 사안조사를 하거나 교도소 등의 소재지 또는 해당 성인수형자의 거주예정지를 관할하는 보호관찰소의 장에게 그 자료를 보내 보호관찰 사안조사를 의뢰할 수 있다(제2조). 보호관찰 사안조사를 의뢰받은 보호관찰소의 장은 지체 없이 보호관찰 사안조사를 하고 그 결과를 심사위원회에 통보하여야 한다(제3조). 또한 교도소 등의 장은 심사위원회 또는 보호관찰소의 장으로부터 보호관찰 사안조사를 위하여 성인수형자의 면담 등 필요한 협조요청을 받으면 이에 협조하여야 한다(제4조).

12) 치료감호심의위원회(이하 "위원회"라 한다)는 치료감호 및 보호관찰의 관리와 집행에 관한 사항을 심사 · 결정하기 위하여 법무부에 설치하는 합의제 기관이다(치료감호법 제37조 제1항). 위원회는 판사 · 검사 또는 변호사의 자격이 있는 6명 이내의 위원과 정신건강의학과 등 전문의의 자격이 있는 3명 이내의 위원으로 구성하고 위원장은 법무부차관으로 하며(제2항), 전문적 학식과 덕망이 있는 자 중에서 위원장의 제청으로 법무부장관이 위촉하는 자문위원을 둘 수 있다(제4항). 위원회의 구체적인 직무는, ① 피치료감호자에 대한 치료의 위탁 · 가종료 및 그

료 후의 전자감독을 선고받지 아니한 특정 범죄자로서 치료감호의 집행 중 가종료 또는 치료위탁되는 피치료감호자나 보호감호의 집행 중 가출소되는 피보호감호자(이하 "가종료자 등"이라 한다)에 대하여 「치료감호법」 또는 「사회보호법」(법률 제7656호로 폐지되기 전의 법률)에 따른 준수사항 이행 여부 확인 등을 위하여 전자장치를 부착하게 할 수 있다(전자감독법률 제23조 제1항). 이때의 전자장치 부착은 보호관찰의 부수처분이기 때문에 보호관찰기간의 범위에서 따로 부착기간을 정하여야 한다(같은 법 제23조 제1항 후단).

우리나라의 치료감호 가종료 전자장치 부착제도와 유사한 외국의 입법례로는 미국의 수용치료처분(civil commitment)[13] 이후 위치추적 전자감독을 실시하는 사례에서 찾을 수 있다. 미국 버지니아 주에서는 민간 정신건강시설에서 수용치료처분 중인 성폭력흉악범(SVP)이 재범위험성의 감소로 수용시설에서 조건부로 석방되는 경우, 그 석방기간 동안 위치추적 전자장치 부착을 포함한 전자감독을 실시한다(버지니아 주 정신보건법 37.2·912). 또한 미국 텍사스 주에서는 민사법원의 결정을 통해 성폭력흉악범(SVP)은 교도소 복역 후 또는 정신병원에서 퇴원할 경우, 외래 성범죄자 치료프로그램(Outpatient Sex Offender Treatment)과 함께 위치추적 전자장치를 부착한다(TC 841).

(2) 치료감호심의위원회의 통보

특정 범죄자로서 치료감호의 집행 중 가종료 또는 치료위탁되는 피치료감호자나 보호감호의 집행 중 가출소되는 피보호감호자에 대해서는 치료감호심의위원회의 심사·결정으로 전자장치를 부착할 수 있다. 이 경우 전자장치의 부착 여부는 치료감호심의위원회의 재량사항으로 '임의적' 전자감독에 해당한다.

취소와 치료감호 종료 여부에 관한 사항, ② 피보호관찰자에 대한 준수사항의 부과 및 지시·감독과 그 위반 시의 제재에 관한 사항, ③ 그 밖에 위의 두 가지에 관련된 사항 등을 심사·결정하는 것이다(제3항).

13) 미국의 수용치료처분(civil commitment)은 성폭력흉악범 등 고위험 성범죄자로 형기만료 이후에도 성범죄의 재범위험성이 존재하고 성범죄와 관련 있는 정신이상이 발견되는 경우 (민간의) 정신건강시설에 무기한 치료위탁하는 것이다. 수용치료처분은 2006년 현재 미국 플로리다 주 등 약 16개 주에서 시행하고 있다.

2012년 기준으로 가출소에 대해서는 2건, 가종료에는 21건의 전자감독이 인용되었다(법무부 내부자료). 가종료 및 가출소의 전자감독의 경우에도 보호관찰 사안조사를 실시하여 전자장치 부착에 대한 동의 여부를 조사하고 있으나, 치료감호심의위원회는 심사과정에서 이에 기속되지는 않는다. 특히 가종료의 경우에는 병명 등에 따른 실효성을 주된 판단기준으로 삼고 있다.

치료감호심의위원회는 가종료(치료위탁)자 및 가출소자에 대하여 전자장치 부착을 결정한 경우에는 즉시 피부착결정자의 주거지를 관할하는 보호관찰소의 장에게 통보하여야 한다(전자감독법률 제23조 제2항). 치료감호시설의 장·보호감호시설의 장 또는 교도소의 장은 가종료자 등이 가종료 또는 치료위탁되거나 가출소되기 5일 전까지 가종료자 등의 주거지를 관할하는 보호관찰소의 장에게 그 사실을 통보하여야 한다(같은 법 제23조 제3항).

제3절 형의 집행유예와 전자장치 부착명령

1. 집행유예 시 부과되는 전자감독의 법적 성격

법원은 특정범죄를 범한 자에 대하여 형의 집행을 유예하면서 보호관찰을 받을 것을 명할 때 전자장치 부착을 함께 명할 수 있다(전자감독법률 제28조 제1항). 이러한 전자감독은 보호관찰기간의 범위 내에서 부착기간을 정하여 준수사항의 이행 여부 확인 등을 위하여 부과하는 보호관찰의 부수처분이다. 집행유예의 조건으로 부과되는 보호관찰의 법적 성격을 형벌집행방법의 변경으로 볼 수 있으므로, 보호관찰부 집행유예의 부수처분인 전자장치 부착명령도 '형벌집행변형'으로 보는 것이 타당하다. 이러한 측면에서 가석방 시의 전자감독과 그 법적 성격에서 유사하나, 집행유예 시의 전자감독은 법원의 판결에 따른 사법처분이라는 점에서 행정처분적 성격이 강한 가석방 시의 전자감독과 차이가 있다.

2. 집행유예 시 부과되는 전자장치 부착명령의 내용

「보호관찰 등에 관한 법률」 제32조 제3항 및 '같은 법 시행령' 제19조에 의하면, 특정 범죄자에 대해 형의 집행유예를 선고할 때는 외출제한·특정지역의 출입금지·피해자와의 접촉금지 등 특별준수사항을 부과할 수 있다. 과거에는 이러한 특별준수사항의 실효성을 확보하기 위한 전자감독의 근거규정이 마련되어 있지 않았지만, 이제는 전자감독법률 제32조에 의하여 GPS 위치추적 전자장치 부착이 가능해져서 특별준수사항의 실효성이 강화되었다.

법원은 전자장치 부착기간 중 대상자의 소재지 인근 의료기관에서의 치료, 지정 상담시설에서의 상담치료 등 대상자의 재범방지를 위하여 필요한 조치들을 취할 수 있다(전자감독법률 제28조 제2항). 집행유예단계에서도 전자장치의 부착은 전문적인 치료·처우프로그램과 병행할 때, 보다 효과적으로 범죄자의 범죄충동 억제와 범죄성향 개선에 기여할 수 있을 것이므로 법원이 정신치료, 심리상담 등 전문적 재사회화 조치를 부과할 수 있도록 근거규정을 마련한 것이다.

형의 집행유예와 전자감독에 관한 외국의 입법례를 살펴보면, 우선 미국 텍사스 주법은 가택구금에서 전자감독이 필수적으로 결합되는 것으로 규정하는 한편, 집행유예 보호관찰(probation)의 주요한 일반적 준수사항 24가지 가운데 하나로 '전자감독에의 순응'(submit to electronic monitoring)을 규정하고 있다. 또한 미국 워싱턴 주의 경우 일반적 법정 준수사항 외에 거주제한, 출입금지 등을 포함한 특별준수사항을 전자감독과는 별도의 장과 조항에서 규정하고 있으며, 전자감독의 경우는 특정 범죄자 등에 대한 강화된 조치로서 교정청이 부과하는 (성격이 다른) 준수사항(conditions)으로 규정하는 한편 별도로 기술적인 측면에 관한 정의규정을 두었다.[14] 또한 미국 플로리다 주법에 의하면 법원이 보

---

14) 워싱턴 주법은 사회내처분의 준수사항을 다음과 같이 규정하고 있다.

〈일반 준수사항(9.94A.700.4)〉

1. 대상자는 지시받은 대로 보고하고 접촉할 수 있도록 하여야 한다.
2. 대상자는 보호관찰소에서 승인한 교육, 취업, 지역사회 배상(사회봉사), 또는 이들이 병합된 활동을 하여야 한다.
3. 대상자는 합법적인 처방전이 발부된 경우를 제외하고는 사용이 통제된 약물을 소지하거나

호관찰명령을 부과할 때 법률의 규정에 의하여 법정준수사항의 일환으로, 보호관찰관과의 면담의무, 직업활동과 사회봉사명령 이행시간 외에는 가택구금, 사회봉사명령 이행 시 '전자감독 장치나 시스템에 의한 보호관찰소의 감독'이 부과될 수 있다.

영국 「형사사법법」(CJS 2003) 제177조(사회내제재) 제1항에서는 보호관찰의 주요한 준수사항(principal requirements)으로 사회봉사, 프로그램 참가, 출입금지, 외출제한, 특정장소 거주, 약물재활, 정신건강치료, 알코올치료 등을 규정하고 있다. 또한 같은 법 제177조 제3항은 특별히 출입금지 또는 외출제한의 준수사항을 부과할 때는 반드시 전자감독 준수사항을 병과하도록 하였다. 이는 '전자감독 준수사항'이 사회내제재(보호관찰) 준수사항의 일종이기는 하지만, 그 성격이 다른 주요 준수사항을 보완하는 기술적 준수사항이기 때문인 것으로 보인다.

영국의 경우 2003년의 「형사사법법」에 의해 대체된 과거 2000년의 「형사법원(양형)권한법」에서도 전자감독 준수사항은 외출제한명령에 부가되는 특별준수사항으로 규정되었고, 해석상 일반적인 보호관찰명령에는 적용되지 않는 것으로 보았다. 한편 출입금지명령(exclusion order)의 준수사항으로 2000년 「형사사법과 법원서비스법」에 의해서 전자감독은 새로운 영역을 개척하게 되었다. 그 중의 하나는 새로운 사회내제재의 유형으로서 '출입금지명령'을 도입하고 이에 부수하는 준수사항으로 전자감독의 실시근거를 마련하게 된 것이다. 「형사법원(양형)권한법' 제40A조(CJCSA 2000의 46조에 의해 삽입)에 의한 '출입금지명령'은

소비해서는 안 된다.

4. 대상자는 보호관찰소에서 정한 대로 감독비용(supervision fees)을 납부하여야 한다.
5. 보호관찰(community placement)기간 동안의 주거위치와 거주준비에 대하여 사전에 교정부의 승인을 얻어야 한다.

〈특별 준수사항(9.94A.700.5)〉

1. 대상자는 특정한 지리적 범위(geographical boundary) 내에 또는 외부에 머물러야 한다.
2. 대상자는 그의 범죄행위 피해자나 특정한 부류의 개인(specified class of individuals)들과 직접적 또는 간접적으로 접촉해서는 안 된다.
3. 대상자는 범죄와 관련 있는 치료나 상담서비스에 참여하여야 한다.
4. 대상자는 알코올을 음용해서는 안 된다.
5. 대상자는 어떠한 범죄 관련 금지조치에도 순응하여야 한다.

기존의 외출제한명령과 다른 차원으로 사회내제재에서 전자감독이 적용되는 영역을 확대하였는데, 이 명령으로 범죄인에 대해 특정 (잠재적) 피해자의 보호를 위한 특정장소 출입금지가 가능해졌다.

3. 집행유예 시 부과되는 전자장치 부착명령 판결전조사

형의 집행유예단계에서도 전자장치의 부착은 다른 준수사항과의 결합 등을 통해 대상자의 범죄성 개선과 재사회화에 적합하고 또한 필요한 경우에만 실시되어야 하므로, 전자감독법률은 적격 대상자 선정을 위한 조사, 전문가의 감정 등의 조사절차를 규정하고 있다.

조사요청의 주체는 법원이며, 전자감독법률 제28조 제1항에 따른 부착명령을 위하여 필요하다고 인정하는 때 피고인의 주거지 또는 그 법원의 소재지를 관할하는 보호관찰소의 장에게 범죄의 동기, 피해자와의 관계, 심리상태, 재범의 위험성 등 피고인에 관하여 필요한 사항의 조사를 요청할 수 있다(같은 법 제28조 제3항). 이 조사는 검사가 전자장치 부착을 청구하기 위해 보호관찰소의 장에게 의뢰하는 청구전조사와 구별하여 판결전조사라고 한다.

제5장 전자감독의 집행

전자감독의 집행이란 특정 범죄자의 신체의 일부(발목)에 전자장치를 부착하고 국가공무원인 보호관찰관이 전자감독대상자를 지도감독하는 일체의 활동이다. 현행 전자감독법률은 전자감독이 어떠한 절차에 따라 집행되는지 상세한 규정을 두고 있다. 우선 전자감독의 집행에 있어서 공통적으로 적용되는 절차를 중심으로 논하고, 전자감독의 유형별로 고유한 내용이 있는 경우에는 별도로 관련 사항을 다루기로 한다.

제1절 전자감독 집행절차의 개관

전자감독의 집행은 형사사법 적용단계에 따라 방식의 차이가 있다. 일반적으로 위치추적 전자장치(부착장치)는 교정시설 등에 수용되었다가 출소하는 경우에는 그 직전에 부착한다. 전자장치 부착 이후에 피부착자에 대한 지도감독은 일선 보호관찰소의 전담보호관찰관이 담당하게 되는데, 이들은 대상자 개인별 감독등급을 분류하고 처우계획을 수립하여 실시한다. 보호관찰관은 대상자의 이동경로 패턴을 분석하여 재범의 우려가 있는지를 사전에 점검할 뿐 아니라, 그들의 성행을 교정하기 위한 치료프로그램을 병행하여 지도감독을 실시하고 있다. 또한 직업훈련, 취업알선 등을 통해 생활안정을 확보하고 범죄의 유혹을 사전에 차단하는 노력도 하고 있다.

그럼에도 불구하고 전자감독대상자가 전자장치의 효용유지의무를 해태하거나 출입금지, 접근금지, 외출제한 등과 같은 특별준수사항을 위반한 경우에는 별도의 범죄로 기소하거나 원처분을 취소하는 제재조치를 법원 등에 신청하게 된다. 반면, 전자감독대상자가 보호관찰관의 지도감독에 순응하고 전자장치 효

[그림 5-1] 전자감독의 집행절차

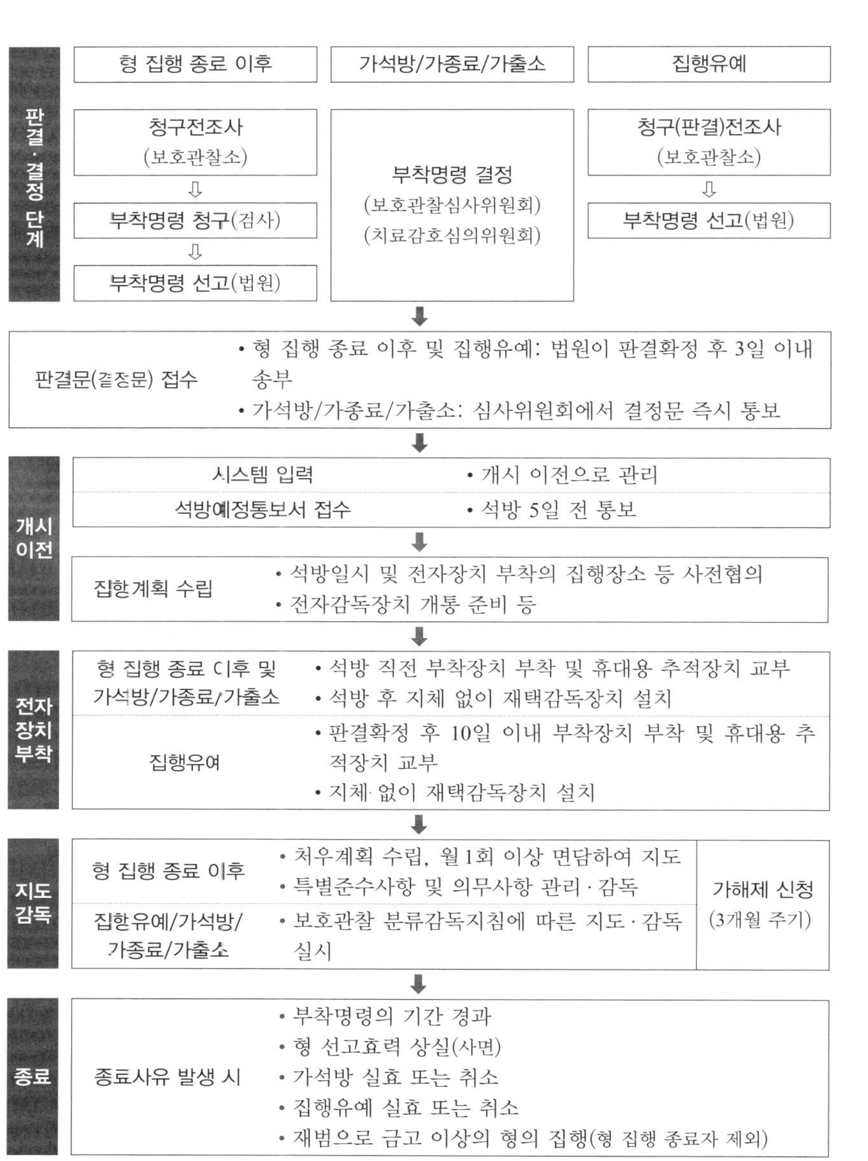

출처: 법무부(2017a), 위치관리 업무매뉴얼, p. 11의 그림을 참조하여 수정.

용유지의무를 위반함이 없이 일정기간이 경과하고 재범의 위험성이 없다고 판단될 경우에는 전자감독의 가해제를 결정하여 전자장치 부착명령의 집행을 중지할 수 있다. 전자감독은 그 기간이 경과하거나 원처분의 실효 또는 취소, 그리고 재범으로 금고 이상의 형의 집행을 받게 될 때 그 집행이 종료된다.

전자감독의 집행절차를 요약하면 [그림 5-1]과 같다.

제2절 전자장치의 부착절차

1. 전자장치 부착의 개시

전자감독은 대상자의 신체에 전자장치를 부착하고, 대상자에게 휴대용 추적장치를 교부하며, 그의 주거지에 재택감독장치를 고정하여 설치함으로써 개시된다(법무부, 2011a:15). 전자장치 부착의 개시시점은 그 유형에 따라 차이가 있다. 형 집행 종료 이후의 전자감독은 대상자의 형의 집행이 종료되거나 면제·가석방되는 날, 가석방·가종료·가출소 시의 전자감독은 대상자의 가석방 또는 가종료·가출소되는 날에 각각 전자감독의 집행이 개시되는데, 각 해당 일 석방 직전에 대상자의 신체에 전자장치를 부착한다(전자감독법률 제13조 제1항 본문). 그러나 집행유예 피부착예정자는 법원의 판결이 확정된 날부터 집행이 개시되는 것이 원칙이나, 실제에 있어서는 10일 이내에 주거지를 관할하는 보호관찰소에 출석하여 서면으로 신고함으로써 집행개시가 이루어진다.

전자장치 부착명령의 원인이 된 특정범죄사건이 아닌 다른 범죄사건으로 형이나 치료감호의 집행이 계속될 경우에는 부착명령의 원인이 된 특정범죄사건이 아닌 다른 범죄사건에 대한 형의 집행이 종료되거나 면제·가석방되는 날 또는 치료감호의 집행이 종료·가종료되는 날부터 집행한다(같은 법 제13조 제1항 단서).[1)]

---

1) 전자감독법률 제13조 제1항과 관련해서는 다음과 같은 개정이 이루어졌다. 국회발의 초안에 없던 사면으로 인한 '형의 집행이 면제된 때'가 제정법에 규정되었으며, 2008년 제1차 법률개정을 통해 '치료감호의 집행이 종료·가종료되는 날'이 추가되었다. 또한 2012년 제3차 법률개정으로

보호관찰소의 집행실무를 살펴보면, 전자장치 부착과 관련해서는 다음과 같은 사항을 유의하여 집행하고 있다. 먼저 전자장치 부착을 위한 준비절차는 전자감독법률 제10조 제1항, 제22조 제2항 및 제23조 제2항 등에 따라 법원 등의 판결문 등이 접수됨으로써 시작된다. 이때 보호관찰소는 전자감독대상자에게 특별준수사항이 부과되었는지 여부를 확인한다. 또한 교정시설로부터 전자감독대상자의 석방예정통보서가 접수된 때에는 판결문 또는 결정서 등의 신상정보와 즉시 대조하여 확인한다. 전담보호관찰관은 집행유예 피부착예정자가 신고기간 내에 신고하지 않은 때에는 지체 없이 서면으로 출석을 요구하고, 이에 불응한 때에는 '보호관찰대상자 분류 · 감독지침'상 '추적조사대상자'로 분류하여 그 소재를 추적한다.

2. 전자장치 부착집행

(1) 전자장치 부착집행의 준비

1) 교도소장 등의 통보의무

교도소, 소년교도소, 구치소, 군교도소 및 치료감호소의 장은 피부착명령자가 석방되기 5일 전까지 피부착명령자의 주거지를 관할하는 보호관찰소의 장에게 그 사실을 통보하여야 한다(전자감독법률 제10조 제2항). 5일의 통보기한은 실무상 가석방 허가절차 등을 감안한 규정으로 국회발의 초안에는 7일로 규정되어 있었다.

전자장치 부착명령의 집행이 정지된 자를 이송할 경우에도 수용기관의 장 등이 전자장치를 부착하여야 하는 보호관찰소의 장에게 그 사실을 통보하여 전자장치 부착명령의 집행에 차질이 없도록 하여야 한다(같은 법 시행령 제9조).

2) 전담보호관찰관의 집행준비

전자감독 전담보호관찰관은 전자장치 부착명령 등을 집행하기 전에 판결문이나 결정서 등의 관련 서류를 확인한 후 집행일시, 장소 및 방법 등 집행에 관

제13조 제1항에 단서조항이 신설되었다.

한 세부계획을 수립한다. 이 경우 전담보호관찰관이 석방예정통보서를 접수한 때에는 교정시설 담당자와 석방일시 및 전자장치 부착명령 등의 집행장소 등을 사전협의하여 필요한 조치를 취한다. 또한 전담보호관찰관은 부착명령 등을 집행하기 전에 전자장치를 배정·개통·충전하고 전자장치의 정상작동 여부를 확인하는 등 부착명령 등의 집행을 위한 준비를 실시한다.

전담보호관찰관은 전자장치 부착명령 등을 집행하기 전에 피부착예정자에게 피부착자의 의무사항과 벌칙 등 기타 부착명령 등에 필요한 사항에 대하여 사전에 교육한다(전자감독법률 시행령 제7조 제2항). 특히 전자장치 효용유지의무를 위반한 때 또는 위반하였다고 의심되는 때에는 보호관찰관은 물론 경찰도 주거지, 직장 등의 현장에 즉시 출동하여 위반사항을 확인할 수 있음을 고지한다. 또한 전자장치 사용방법 등에 관한 교육도 실시한다.

(2) 전자장치 부착집행의 방법

1) 전자장치의 부착 및 설치

전자장치 부착명령은 보호관찰관이 집행하며(전자감독법률 제12조), 전자장치 부착명령이 여러 개인 경우 확정된 순서에 따라 집행한다(같은 법 제13조 제3항). 예를 들어 특정범죄를 범하여 전자발찌를 부착하고 생활하던 중에 다시금 동종범행을 저질러 전자장치를 부착하게 되어 전자장치 부착이 2건 이상이 되면 신사건으로 인해 이전 전자장치 부착명령이 없어지는 것이 아니라 여전히 유효하며, 이전 사건의 잔여 전자감독을 집행한 후 신 사건으로 인해 부과된 전자감독을 집행하여야 한다. 그런데 이 경우 문제가 되는 것은 두 사건 사이에 법원에서 부과한 '피해자 접근금지명령'이나 '야간외출제한명령' 등의 특별준수사항 내용이 상이할 수 있다는 점이다. 즉, 전자장치 피부착자의 위험성은 동일한데 이를 집행하는 방식이 다르기 때문에 효율적으로 재범을 방지하는 데 문제점이 있다. 이를 해결하기 위해서 담당보호관찰관은 법원에 적극적으로 특별준수사항을 추가 변경 신청하여 재범위험성을 사전에 차단하는 것이 바람직하다.[2)]

---

2) 이와 관련하여 실제 문제가 되었던 사례가 있다. 2012년 6월 13일 강제추행으로 징역 1년과 전자

전자장치는 피부착명령자의 신체에 부착함으로써 집행하는데(같은 법 제13조 제1항), 우리나라의 경우 '휴대용 추적장치'와 '부착장치'가 분리되어 있기 때문에 다음과 같은 방법으로 집행한다. 우선 휴대용 추적장치는 피부착명령자가 휴대할 수 있도록 고부한다. 부착장치는 피부착명령자의 발목에 부착한다. 다만, 발목에 부착할 수 없는 특별한 사유가 있으면 다른 신체부위에 부착할 수 있다. 부착장치를 손목이 아닌 발목에 부착하는 이유는 다른 사람들의 눈에 잘 띄지 않게 하여 사회적 낙인을 최소화하고자 하는 점과, 발목은 손목에 비해 신체구조상 손쉽게 탈착이 되지 않는다는 점 등을 고려하였다. '재택감독장치'는 피부착명령자의 석방 후 지체 없이 피부착명령자의 주거지에 고정하여 설치한다. 다만, 피부착명령자의 주거가 일정하지 아니하거나 그 밖에 재택감독장치를 설치하기 어려운 사정이 있는 경우에는 설치하지 아니할 수 있다(같은 법 시행령 제7조 제3항). 법무부 내부규정에 따르면 재택감독장치를 설치하지 않는 경우는 특별관제대상으로 지정하고 각별히 주의하여 위치추적을 실시하도록 되어 있다.

전자장치 부착명령의 집행은 신체의 완전성을 해하지 아니하는 범위 내에서 이루어져야 하며(같은 법 제13조 제2항), 전자장치의 이식 등 신체에 손상을 주는 방안은 불가하다. 부착장치 착용으로 인해 신체 건강에 현저한 위험을 초래하는 기타의 방법 역시 채택이 불가하다. 예를 들면 안정성이 검증되지 않은 일체형 장비를 착용한 채 전력원에 장치를 연결하는 것 등을 말한다. 전담보호관찰관은 전자장치를 부착함에 있어 발목 안쪽 복사뼈를 제외한 평평한 부분을 기준으로 양말을 신지 않은 상태에서 부착장치의 스트랩과 발목 사이의 간격은 2cm 이내를 원칙으로 부착하는데, 이는 너무 느슨하게 착용함으로써 전자발찌가 발목에서 빠지는 것을 방지하기 위한 것이다. 전담보호관찰관은 전자발찌를

장치 부착명령 5년에 특별준수사항으로 '피해자 접근금지', '120시간 성폭력 치료프로그램 이수명령'을 부과받고 출소한 A씨(55세)는 2012년 7월 30일 오전 06시 30분경에 자신이 강제추행한 피해자가 운영하던 식당에 찾아가 자신을 신고한 부분에 대해 피해자를 협박하고 위협한 사건이 발생하였다. 그런데 이때 피해자 접근금지와 관련 경보가 발생하지 않아 보호관찰관이 이런 범행을 사전에 예방하지 못하였다. 그 이유는 이전 사건의 경우 '피해자 접근금지'가 부과되지 않았고 부착명령이 여러 개인 경우 확정된 순서에 따라 집행한다는 규정에 따라 집행하였기 때문이다.

부착함에 있어 발목에 부착할 수 없는 특별한 사유가 있는 때에는 손목 등 다른 신체부위에 부착할 수 있지만, 발목 이외의 신체부위에 부착한 실제 사례는 현재까지는 없다. 전담보호관찰관은 전자장치를 부착 또는 재부착한 경우에는 부착 직후 관제센터에 유·무선으로 통보하여 전자장치의 정상작동 여부를 확인한다.

보호관찰소의 장은 소속 보호관찰관이 전자장치 부착명령을 집행하기 위하여 필요한 경우 수용기관의 장에게 협조를 요청할 수 있다. 이 경우 수용기관의 장은 특별한 사유가 없으면 협조하여야 한다(같은 법 시행령 제7조 제4항).

2) 특별준수사항에 관한 위치추적시스템의 설정

피부착예정자의 특별준수사항으로 피해자 등 특정인 접근금지가 부과된 때에는 그 특정인에게 전자장치 부착명령 등이 집행될 예정임을 서면으로 고지하여야 한다. 전담보호관찰관은 피부착예정자에게 특정지역·장소에의 출입금지, 특정인 접근금지 또는 주거지역 제한의 특별준수사항이 부과된 경우, 통상 다음과 같이 금지구역을 설정한다. 출입금지의 경우, 해당 출입금지지역을 중심으로 반경 50m의 원형 출입금지구역 설정 및 50m의 원형 완충지역(버퍼 존)을 설정한다. 접근금지의 경우에도 해당 피해자 등 특정인의 거주지, 직장 등 주요 생활 근거지를 중심으로 반경 50m의 원형 접근금지구역 설정 및 50m의 원형 완충지역을 설정한다. 그리고 주거제한의 경우에는 주거가 제한되는 해당 설정지역과 인접한 지역의 경계선을 중심으로 100m 안쪽을 완충지역으로 설정한다.

3) 전자장치 부착집행의 불응자에 대한 조치

전담보호관찰관은 형 집행 종료 이후 피부착예정자, 가석방 피부착예정자 및 가종료 등 피부착예정자가 전자장치 부착명령 등의 집행을 거부하는 때에는 전자감독법률 시행령 제7조 제4항에 따라 수용기관의 장의 협조를 받아 전자장치를 부착하여야 한다. 반면, 집행유예 피부착예정자가 전자장치 부착명령의 집행을 위한 소환에 불응하는 때에는 전담보호관찰관은 주거지 등을 방문하여 전자장치를 부착하여야 한다.

(3) 전자장치 부착집행의 특례

1) 19세 미만자에 대한 집행

전담보호관찰관은 부착명령 집행일 기준으로 피부착예정자가 만 19세 미만인 경우에는 간 19세에 도달하는 날 피부착예정자를 소환하거나 또는 주거지 등을 방문하여 전자장치 부착명령을 집행하여야 한다.

2) 군법 피적용자에 대한 특례

피부착자가 전자장치 부착명령의 집행 중 군입대하여 군법 적용대상이 되는 때에는 전담보호관찰관은 입영 직전에 피부착자를 소환하여 전자장치를 분리하여야 한다. 이들 군법 피적용자가 입대 후 조기귀환이나 군복무를 모두 마친 경우 등으로 인해 군법의 적용을 받지 않게 되고 전자장치 부착명령의 잔여기간이 있는 때에는 즉시 별도의 소환절차를 통해서 전자장치를 재부착하여야 한다.

한편, 전자감독법률을 적용함에 있어서 「군사법원법」 제2조 제1항 각 호의 어느 하나에 해당하는 자에 대하여 군사법원은 법원의, 군검찰관은 검사의, 군사법경찰관리는 사법경찰관리의, 군교도소장은 교도소장의 직무를 각각 행하며, 전자감독법률에 규정이 있는 경우를 제외하고는 그 성질에 반하지 아니하는 범위 내에서 「형사소송법」 및 「보호관찰 등에 관한 법률」 규정을 준용한다(전자감독법률 제34조).

3. 전자장치 부착의 중지

(1) 전자장치 부착의 집행정지

1) 전자감독의 집행정지제도의 의의

전자감독의 집행정지제도는 전자장치 부착명령 등의 집행 중 재범한 자 등에 대한 전자감독의 엄정집행을 위해 마련되었다. 즉, 전자장치 부착명령 등의 집행 중 다른 죄를 범하여 구속영장의 집행을 받아 구금된 때, 전자장치 부착명령 등의 집행 중 다른 죄를 범하여 금고 이상의 형의 집행을 받게 된 때에는 전자장치 부착명령의 집행을 정지한다(전자감독법률 제13조 제4항). 특히 이 규정은 제1차 법률개정(2008)으로 종전의 '종료'사유에서 '정지'사유로 변경되었다. 전자감독법률의 제정 당시 규정은 전자장치 피부착자가 재범으로 실형을 받게 되면 사실상 전자장치 부착명령의 집행이 불가능하기 때문에 전자장치 부착명령 등을 종료하도록 되어 있었다. 그러나 전자장치 피부착자에 대한 성행교정이 이루어지지 않고 그의 재범위험성이 소멸되지 않은 상태에서 다시 범죄를 저질러 수감됐다는 이유로 전자장치 부착명령을 종료시키는 것은 전자감독제도 도입의 본래 취지에 반하는 것이었다. 특히 전자장치 부착명령을 회피할 목적으로 경미한 범죄를 저질러 단기자유형을 받게 되는 경우에는 문제가 더욱 심각해졌다. 그래서 전자장치 피부착자가 부착기간 중 재범으로 실형을 받게 되는 경우 전자감독의 집행을 '정지'하여 이 제도의 실효성을 높이려고 한 것이다.

가석방 또는 가종료된 자에 대하여 전자장치 부착기간 동안 가석방 또는 가종료가 취소되거나 실효된 때에도 전자감독의 집행을 정지한다. 가석방 및 가종료 등의 전자장치 부착집행 및 집행유예 부착명령 등의 집행 중 보호관찰 준수사항 위반으로 유치허가장의 집행을 받아 유치된 때에도 전자감독의 집행이 정지된다(같은 법 제24조 제3항 및 제29조 제2항).

2) 전자감독 집행정지의 효과

전자장치 부착명령 등의 집행이 정지되면 부착기간은 더 이상 진행되지 않는다. 또한 보호관찰관은 전자감독법률 제13조 제4항의 집행정지에 관한 규정에 따라 전자장치 부착명령 등의 집행이 정지되면 지체 없이 전자장치를 분리하여 회수하여야 한다. 이 경우 부착명령 등의 집행기간은 신체에서 부착장치를 분리한 때부터 정지된다(전자감독법률 시행령 제8조 제1항).

3) 수용기관의 장의 통보의무

수용기관의 장은 전자감독법률 제13조 제4항 각 호의 사유로 피부착자가 구금된 경우에는 즉시 그의 주거지를 관할하는 보호관찰소의 장에게 그 사실을 통보하여야 한다(같은 법 시행령 제8조 제2항). 또한 수용기관의 장은 전자감독법률 제13조 제4항에 따라 전자장치 부착명령 등의 집행이 정지된 사람을 다른 수용기관으로 이송할 경우에는 그의 주거지를 관할하는 보호관찰소의 장과 해당 수용기관의 장에게 그 사실을 통보하여야 한다(같은 법 시행령 제9조).

4) 잔여기간의 재집행

재범으로 구속된 경우에는 구금이 해제되거나 금고 이상의 형의 집행을 받지 아니하게 확정된 때부터 그 잔여기간 전자감독을 다시 집행한다. 재범으로 금고 이상의 형의 집행을 받게 된 경우에는 그 형의 집행이 종료되거나 면제된 후 또는 가석방된 때부터 그 잔여기간 전자감독을 집행한다. 가석방 또는 가종료의 취소 및 실효의 경우에는 그 형이나 치료감호의 집행이 종료되거나 면제된 후 그 잔여기간 전자감독을 집행한다(전자감독법률 제13조 제5항). 담당보호관찰관은 위와 같이 전자장치 부착명령 등의 잔여기간에 전자감독의 집행사유가 발생한 경우 다시 전자장치를 부착하여야 한다. 이 경우 부착명령 등의 집행기간은 신체에 부착장치를 부착한 때부터 진행한다(같은 법 시행령 제8조 제3항).

수용기관의 장은 전자장치 부착명령 등의 집행 중 구속영장의 집행을 받아 구금되었다가 해제되거나 형의 집행을 받지 아니하게 확정된 때에는 구금을 해제하기 전에 전자장치 피부착예정자의 주거지를 관할하는 보호관찰소의 장에게 그 사실을 통보하여야 한다(같은 법 시행령 제8조 제4항). 또한 수용기관의 장은 전자장치 부착명령 등의 집행 중 재범으로 금고 이상의 형의 집행을 받게 되었다가 그 형의 집행이 종료되거나 면제된 후 또는 가석방된 때, 전자장치 부착기간 동안 가석방 또는 가종료가 취소되거나 실효되었다가 그 형이나 치료감호의 집행이 종료되거나 면제된 후에는 부착명령의 집행이 정지된 사람이 석방되기 5일 전까지 그의 주거지를 관할하는 보호관찰소의 장에게 그 사실을 통보하여야 한다(같은 법 시행령 제8조 제5항).

가석방 및 가종료 등의 전자장치 부착집행 중 보호관찰 준수사항 위반으로 유치되어 부착집행이 정지된 때에는 보호관찰심사위원회가 보호관찰소의 장의 가석방 취소신청을 기각한 날 또는 법무부장관이 보호관찰심사위원회의 허가신청을 불허한 날부터 그 잔여기간 전자감독을 집행한다(같은 법 제24조 제3항).

또한 집행유예 전자장치 부착명령의 집행 중 보호관찰 준수사항 위반으로 유치되어 전자장치 부착명령이 정지된 때는 검사가 보호관찰소의 장의 집행유예 취소신청을 기각한 날 또는 법원이 검사의 집행유예취소청구를 기각한 날부터 그 잔여기간 전자감독을 집행한다(같은 법 제29조 제2항).

5) 전담보호관찰관의 조치

전담보호관찰관은 형 집행 종료 후의 피부착자의 부착명령(전자감독법률 제13조 제4항), 가석방 · 가종료 · 가출소 피부착자의 전자장치 부착(같은 법 제27조) 및 집행유예 피부착자의 부착명령(같은 법 제31조)의 집행이 정지된 때에는 특별한 사정이 없는 한 24시간 내에 부착장치를 분리하고 휴대용 추적장치를 회수하여야 한다. 전담보호관찰관은 가석방 및 가종료 등의 전자장치 부착집행 및 집행유예 부착명령의 집행 중 보호관찰 준수사항 위반으로 유치허가장의 집행을 받아 유치되어 부착집행이 정지된 때에는 유치와 동시에 부착장치를 분리하고 휴대용 추적장치를 회수하여야 한다. 위의 각 경우에 전담보호관찰관은 피부착자의 주거에 설치된 재택감독장치에 대하여는 피부착자 및 그 동거인 등에게 재택감독장치의 회수를 고지하고, 특별한 사유가 없는 한 신속히 그 장치를 회수하여야 한다.

전담보호관찰관은 전자장치 부착명령의 집행 중 다른 죄를 범하여 구속영장의 집행을 받아 구금되었다가 그 구금이 해제되거나 금고 이상의 형의 집행을 받지 아니하게 확정된 때에는 지체 없이 해당 수용시설을 방문하여 전자장치를 재부착하여야 한다(같은 법 제13조 제5항 제1호). 또한 전담보호관찰관은 전자장치 부착명령의 집행 중 다른 죄를 범하여 금고 이상의 형의 집행을 받게 되었다가 그 형의 집행이 종료되거나 면제 또는 가석방된 때(같은 법 제13조 제5항 제2호), 가석방 또는 가종료된 자에 대하여 전자장치 부착기간 동안 가석방 또는 가종료가 취소되거나 실효되었다가 그 형이나 치료감호의 집행이 종료되거나 면제된 때(같은 법 제13조 제5항 제3호), 전자장치 부착집행 중 보호관찰 준수사항 위반으로 유치되었던 자가 석방될 때(같은 법 제24조 제3항 및 제29조 제2항)는 각각 석방 직전에 전자장치 부착명령을 재집행하여야 한다.

(2) 전자장치의 일시분리

1) 전자장치 일시분리제도의 의의

전자장치 일시분리제도는 전자감독대상자의 신체로부터 불가피하게 전자장치를 일시분리해야 할 긴급한 사유에 대응하기 위하여 마련되었다. 보호관찰관은 피부착자의 치료, 전자장치의 교체, 그 밖에 전자장치를 일시분리할 필요가 있는 경우 보호관찰소의 장의 승인을 받아 전자장치의 전부 또는 일부를 피부착자의 신체 또는 주거에서 일시적으로 분리할 수 있다. 다만, 전자장치의 일시분리에 대한 승인을 받을 시간적 여유가 없을 경우에는 먼저 부착장치를 분리한 후 지체 없이 보고하여야 한다(전자감독법률 시행령 제10조 제1항).

2) 전자장치 일시분리의 효과

전자장치의 일시분리는 전자장치 부착기간의 진행을 막지 못한다. 피부착자에게 책임을 물을 수 없는 긴급한 사유로 전자장치를 분리하는 것이기 때문이다. 그러므로 전자장치의 일시분리는 매우 제한된 단기간의 범위 내에서 엄격한 사전·사후 통제하에 이루어져야 한다. 전자장치 일시분리제도가 남용될 경우, 전자장치 부착명령 집행이 형해화될 위험성이 있기 때문이다. 이에 따라 전자감독법률 시행령은 전자장치의 자의적 일시분리를 막기 위하여 보호관찰관이 일시분리 사실을 대장에 적고 그 대장을 비치하도록 규정하고 있다(전자감독법률 시행령 제10조 제2항).

3) 전담보호관찰관의 조치

전담보호관찰관은 전자감독법률 시행령 제10조 제1항에 따라 피부착자의 전자장치를 일시적으로 분리하는 때에는 보호관찰소의 장에게 서면으로 사전승인을 받아야 한다. 단, 사전승인을 위한 시간적 여유가 없는 때에는 분리 후 지체 없이 보고하여야 한다. 전담보호관찰관은 피부착자의 의료적 치료 등 긴급한 사유가 있는 때에는 의사 등에게 전자장치의 일시분리를 허가할 수 있다. 이 경우 지체 없이 보호관찰소의 장에게 보고하여야 한다. 여기서 긴급한 사유라 함은 피부착자가 부착명령 집행 이전의 범죄로 구속영장의 집행을 받아 구금되거나 금고 이상의 형의 집행을 받게 된 때, 피부착자가 부착명령 집행 이

전 또는 집행 후에 행한 범죄로 벌금 또는 과료를 선고받았음에도 이를 납입하지 않아 노역유치된 때, 그리고 의료적 치료 등으로 전자장치의 일시분리가 필요하다고 판단된 때 등이다. 이 경우 일시분리 사유가 소멸한 때에는 지체 없이 전자장치를 재부착하여야 한다.

(3) 전자장치 부착명령 등의 감독중지

전자장치 부착명령 등의 집행정지나 가해제 및 전자장치 일시분리 등의 사유로 전자장치가 분리된 때에는 그 감독이 중지된다. 전담보호관찰관은 위와 같은 사유 외에도 전자장치 피부착자가 부착기간 중 소재불명이나 해외출국 등의 사유로 그 집행이 사실상 불가능하다고 판단되는 때에는 감독을 중지하여야 한다. 전자장치 부착명령의 감독이 중지된 자에 대해서는 위치추적시스템에 감독중지 사유 및 일시 등을 입력하고 감독중지 사유의 소멸 여부를 수시로 확인하여 그 사유가 소멸한 때에는 지체 없이 부착명령을 재집행하여야 한다.

전자장치 부착명령 등의 감독중지자에 대한 부착기간 산입은 다음과 같이 처리된다. 우선 전자감독 집행정지의 경우에는 전자장치 분리 익일부터 재부착 전일까지의 기간을 부착기간에 산입하지 아니한다. 소재불명의 경우에는 그 사유로 감독중지를 입력한 날부터 재집행 전일까지의 기간을 부착기간에 산입하지 아니한다. 단, 피부착자의 귀책 없는 사유로 인한 때에는 그러하지 아니하다. 전자장치 일시분리 및 군법 피적용자의 경우에는 전자장치가 분리된 기간을 부착기간에 산입한다. 단, 분리 후 부착명령의 재집행을 위한 소환 등에 불응하여 소재불명이 된 때에는 감독중지를 입력한 날부터 재집행 전일까지의 기간을 부착기간에 산입하지 아니한다. 전자장치 부착명령 가해제의 경우 그 기간은 부착기간에 산입한다. 단, 가해제가 취소된 때에는 전자장치 분리 익일부터 재부착 전일까지의 기간을 부착기간에 산입하지 아니한다. 집행유예 피부착자가 형 확정일로부터 10일 이내에 신고하지 않은 때에는 부착기간이 기산되지 아니한다. 한편 피부착자가 출국하여 해외에 체류한 기간은 부착기간에 산입한다. 단, 미리 신고한 기간에 재입국하지 않는 등의 사유로 소재불명이 된 때에는 감독중지를 입력한 날부터 재집행 전일까지의 기간을 부착기간에 산입하지 아니한다.

제3절 전자장치 피부착자의 의무사항과 제재조치

1. 피부착자의 의무사항

전자장치 피부착자의 의무에 관하여 현행 전자감독법률은 전자장치 부착명령제도의 '실효성 확보'와 형기종료 이후의 '형사적 개입 최소화'라는 서로 상충된 입장의 조화를 도모하였다. 외국의 대부분의 입법례가 전자장치 피부착자에게 비교적 광범위한 준수사항을 규정함에 반해,[3] 우리나라 전자감독법률은 전자장치 부착명령의 실효성 담보를 위한 최소한의 내용을 피부착자의 의무사항으로 규정하였다.

(1) 전자장치 효용유지의무

전자장치가 부착된 자(피부착자)는 전자장치의 부착기간 중 전자장치를 신체에서 임의로 분리·손상, 전파방해 또는 수신자료의 변조, 그 밖의 방법으로 그 효용을 해하여서는 안 된다(전자감독법률 제14조 제1항). 신체에서 임의로 분리·손상하는 경우라 함은 특히 부착장치의 스트랩을 절단하거나 고정피스를 훼손하여 부착장치를 신체에서 떼어 내는 경우 등을 말한다. 전파방해 또는 수신자료의 변조로 전자장치 효용유지의무를 위반한 사례는 다행히 아직까지는 없다.

3) 전자장치 피부착자의 의무와 관련한 외국의 입법례를 살펴보면, 먼저 미국 위스콘신 주법은 출입금지지역 설정 등 비교적 광범위한 준수사항 및 위치추적 전자장치 또는 유사장비 훼손 시 별도의 형사처벌을 규정하였다(WRS 제301.48조 및 제946.465조). 또한 사우스캐롤라이나 주법은 전자장치 훼손·탈착 시 형사처벌, 전자감독 관련 지침 준수의무 및 전자장치 오작동 시 보호관찰국에 2시간 내 보고의무, 장치훼손과 같은 위반 시 형사처벌을 규정하였다(SCCOL, 제23-3-540조). 한편 호주 빅토리아 주의 관련법은 주거이전신고, 고용관계보고, 현장방문 수인(受忍) 등 가장 광범위한 준수사항 및 전자장치 훼손을 포함한 모든 준수사항 위반 시 형사처벌을 규정하고 있다(SSOMA 제40조).

이는 이론적으로는 GPS 교란기와 같은 특수한 장비를 사용하여 관세센터에서 정확한 위치정보를 식별하지 못하게 하는 행위[4] 등을 말한다. 또한 기타의 방법이란 전자장치의 충전을 고의적, 상습적으로 해태하여 장치의 기능이 정상적으로 수행되지 못하도록 하는 행위 등을 말한다. 전자장치의 효용유지는 전자감독대상자의 원활한 위치추적을 위한 필수적인 전제조건이다.

구체적으로 전자장치 피부착자는 전자장치의 부착기간 중 전자장치의 효용유지를 위하여 다음과 같은 사항을 준수하여야 한다. 1) 전자장치의 기능이 정상적으로 유지될 수 있도록 전자장치를 충전, 휴대 또는 관리할 것, 2) 전자장치가 정상적으로 작동하지 아니하는 경우 지체 없이 그 사실을 보호관찰관에게 알릴 것, 3) 전자장치의 기능 유지를 위한 보호관찰관의 정당한 지시에 따를 것(같은 법 시행령 제11조).

(2) 신고의무

1) 개시신고의무

전자장치 피부착자는 특정범죄사건에 대한 형의 집행이 종료되거나 면제·가석방되는 날부터 10일 이내에 주거지를 관할하는 보호관찰소에 출석하여 서면으로 신고하여야 한다(전자감독법률 제14조 제2항). 전자장치 피부착자는 전자감독법률 제14조 제2항에 따른 신고를 할 때 주거, 직업, 생활계획, 그 밖에 피부착자에 대한 지도·감독에 필요한 사항을 적은 서면을 제출하여야 한다(같은 법 시행령 제12조 제1항).

---

4) 그러나 GPS 교란기는 위치추적 전파를 방해하는 기능을 거의 수행하지 못한다. 원래 이 장치는 외국에서 (차량의 이동경로에 대한 기록을 왜곡함으로써) 회사차량을 개인용도로 사용하기 위하여 유통된 차량용 불법제품이다. 대부분 수공업방식으로 제작되기 때문에 품질이 매우 떨어지고 동작이 불안정한 것이 일반적이다. 이 장치는 최적의 환경에서 동작할 경우, 장치로부터 반경 5m까지는 GPS 신호를 차단할 경우도 있지만 반경 20m 이상에서는 GPS 신호에 전혀 영향이 없다. 또한 이 장치가 기능할 경우에도 위치추적 전자감독에 사용되는 휴대용 추적장치는 보조측위방식(P-cell)으로 전환되어 정상적인 측위가 개시되기 때문에 전자감독대상자의 이동경로의 추적이 지속적으로 가능하다. 오히려 개활지에서 GPS 신호가 교란되는 것은 관제센터에서 쉽게 확인할 수 있기 때문에 이러한 유형의 불법행위 및 시도는 즉각적인 식별이 가능하고 그에 따른 처벌을 받게 된다.

2) 주거이전 관련 신고의무

전자장치 피부착자는 주거를 이전하거나 7일 이상의 국내여행을 할 때에는 미리 보호관찰관의 허가를 받아야 한다(전자감독법률 제14조 제3항). 일반보호관찰대상자는 1개월 이상 국내·외 여행을 할 경우 신고할 의무를 규정하고 있는데 비하여, 전자감독대상자는 이보다 훨씬 짧은 7일 이상의 국내여행으로 한정하여 규정하고 신고가 아니라 허가를 받도록 하고 있다. 이는 재범의 위험성이 상대적으로 더 높은 전자감독대상자에게 일반보호관찰대상자에 비하여 그 기준을 더 엄격하게 정한 것으로 볼 수 있다.

주거이전이나 7일 이상의 국내여행에 대한 허가를 받으려고 할 때에는 본인의 성명, 주거, 주거이전 예정지나 국내여행 예정지, 주거이전 이유나 국내여행 목적, 주거이전 일자나 국내여행 기간 등을 적은 허가신청서와 소명자료를 보호관찰소에 출석하여 제출하여야 한다(같은 법 시행령 제12조 제2항). 위와 같은 허가신청을 받은 보호관찰관은 신청일로부터 7일 이내에 주거이전 예정지나 국내여행 예정지, 주거이전 이유나 국내여행 목적 등을 종합적으로 고려하여 허가 여부를 결정하여야 한다(같은 법 시행령 제12조 제3항). 전자장치 피부착자는 주거이전 허가를 받아 다른 보호관찰소의 관할구역으로 주거를 이전한 경우 3일 이내에 새로운 주거지를 관할하는 보호관찰소에 출석하여 신고를 하여야 한다(같은 법 시행령 제12조 제4항).

3) 출국 관련 신고 및 출석의무

전자장치 피부착자가 출국할 때에는 미리 보호관찰관의 허가를 받아야 한다(전자감독법률 제14조 제3항). 즉, 전자장치 피부착자도 보호관찰관의 허가를 받으면 출국할 수 있다. 이처럼 전자장치 피부착자에게 출국을 허가하는 이유는 전자장치 피부착자도 헌법이 보장하는 기본권의 주체이기에 공공의 안전보장을 위해 「출입국관리법」 등에서 출국금지사유에 해당하지 않는 한 기본적으로 출국을 불허할 수 없기 때문이다. 그리고 전자장치 피부착자의 원만한 재사회화도 법률제정의 목적이므로 사업이나 결혼 등을 위해 출국이 필요한 경우에는 허가하는 것이 바람직할 것이다.[5)]

전자장치 피부착자가 출국허가를 받으려고 할 때에는 본인의 성명, 주거, 출국 예정지, 출국목적, 출국기간 등을 적은 허가신청서와 소명자료를 보호관찰소에 출석하여 제출하여야 한다(전자감독법률 시행령 제12조 제2항). 출국허가 신청을 받은 보호관찰관은 신청일로부터 7일 이내에 출국 예정지, 출국의 목적 등을 종합적으로 고려하여 허가 여부를 결정하여야 한다(같은 법 시행령 제12조 제3항). 보호관찰소의 장은 소속 보호관찰관이 위와 같은 절차에 따라 전자장치 피부착자에게 출국을 허가한 경우 법무부장관에게 전자장치 피부착자의 출입국 사실을 통보하여 줄 것을 요청하여야 하며, 법무부장관은 이러한 요청을 받은 경우에는 피부착자의 출입국 시 지체 없이 그 사실을 보호관찰소의 장에게 통보하여야 한다(같은 법 시행령 제12조 제5항 및 제6항). 출국허가를 받아 출국했던 전자장치 피부착자는 입국한 후 지체 없이 관할 보호관찰소에 출석하여 전자장치가 정상적으로 작동하는지를 확인받아야 한다(같은 법 시행령 제12조 제7항).

출국허가를 받아 외국으로 출국한 전자감독대상자의 집행기간은 정지되지 않고 집행기간에 포함된다. 전자감독법률 제13조 제4항이 전자장치 부착명령의 집행정지 사유를 열거하면서 출국에 대한 규정을 두지 않고 있는데 이는 해외출국이 전자감독의 원활한 집행을 위한 한 과정이며, 피부착자의 재사회화를 위해서도 도움이 된다고 보기 때문이다. 다만, 출국허가를 받고 출국한 전자감독대상자가 허가기간 중에 입국하지 않는 경우 해외에 체류한 기간을 전자장치 부착명령 집행기간에 삽입해야 하는가의 문제가 발생한다. 전자감독법률은 이에 대해 아무런 규정을 두고 있지 않고 있기에, 법무부 내부 시행지침(제19조)은 소재불명의 경우와 마찬가지로 사실상 전자장치 부착명령의 집행이 불가능하므로 전자감독을 중지하고 그 집행기간에 산입하지 않도록 규정하고 있다. 이 부분은 입법상의 불비라고 할 수 있다.

---

5) 출입국 허가자 및 건수는 제도시행 후 4년이 경과한 2012년 8월까지 각각 총 24명, 26건이며, 허가기간은 최소 3일부터 최대 5개월까지 있었고, 출국허가기간이 너무 임의적이라는 문제가 제기되어 2013년 6월 대통령령 개정 시 최대 허가기간을 3개월로 규정하였다. 그리고 출국국가는 중국, 일본, 태국 등 대부분이 아시아 국가들이다.

전자감독 특별준수사항 (전자감독법률 제9조의2 제1항)

1. 야간 등 특정 시간대의 외출제한
2. 특정지역·장소에의 출입금지

2의2. 주거지역의 제한

3. 피해자 등 특정인에의 접근금지
4. 특정범죄 치료 프로그램의 이수
5. 그 밖에 부착명령을 선고받는 사람의 재범방지와 성행교정을 위하여 필요한 사항

(3) 전자감독 특별준수사항 준수의무

법원은 형 집행 종료 후의 전자장치 부착명령을 선고하는 경우 부착기간의 범위에서 준수기간을 정하여 전자감독법률 제9조의2 제1항 각 호의 준수사항 중 하나 이상을 부과할 수 있다. 다만, 제4호의 준수사항은 500시간의 범위에서 그 기간을 정하여야 한다.

형 집행 종료 후의 전자감독대상자는 법원에서 부과된 특별준수사항을 지켜야 하며, 이를 위반할 경우에는 전자감독법률 제39조에 의한 처벌을 받게 된다. 또한 전자감독법률 제9조 제3항에 의하여 부착기간 동안 「보호관찰 등에 관한 법률」에 따른 보호관찰도 받게 되므로 같은 법 제32조에 규정한 보호관찰 준수사항도 준수해야 한다.

가석방 피브착자와 집행유예 피부착자의 경우에는 보호관찰이 반드시 병과되어 「보호관찰 등에 관한 법률」 제32조의 준수사항 규정이 적용되지만, 전자감독법률 제9조의2의 특별준수사항은 적용되지 않는다. 그러나 「보호관찰 등에 관한 법률」에 의해서도 법원이나 보호관찰심사위원회는 피해자 접근금지, 출입금지, 야간외출제한 등 특별준수사항을 부과할 수 있다.

2. 의무위반에 대한 제재조치

(1) 전자장치 효용유지의무 위반죄

전자장치 피부착자가 전자감독법률 제14조(제27조 및 제31조에 따라 준용되는 경우 포함)를 위반하여 전자장치의 부착기간 중 전자장치를 신체에서 임의로 분리·손상, 전파 방해 또는 수신자료의 변조, 그 밖의 방법으로 그 효용을 해한 때에는 7년 이하의 징역 또는 2천만 원 이하의 벌금에 처한다(같은 법 제38조).[6] 이 처벌조항은 전자감독제도의 시행을 위한 가장 기본적 의무사항과 관련되어 있어 형 집행 종료 이후 피부착자, 가석방·가종료·가출소 피부착자, 집행유예 피부착자 모두에게 공통적으로 적용된다. 참고로 미국 위스콘신 주법에 의하면 교정국의 허가 없이 위치추적 전자장치 및 그 기술을 해한 사람은 1급 중죄(3년 6월 미만의 구금형)로 처벌한다(WRS 946.465).

전자장치 부착 업무를 담당하는 자가 정당한 사유 없이 피부착자의 전자장치를 해제하거나 손상한 때에는 1년 이상의 유기징역에 처하며(같은 법 제36조 제1항), 전자장치 부착 업무를 담당하는 자가 금품을 수수·요구 또는 약속하고 제1항의 죄를 범한 때에는 2년 이상의 유기징역에 처한다(같은 법 제36조 제2항).

전담보호관찰관은 전자장치 피부착자가 전자감독법률 제14조 제1항 및 같은 법 시행령 제11조의 전자장치 효용유지 의무를 위반하였다고 의심할 만한 상당한 이유가 있는 때에는 피부착자를 소환하는 등의 방법으로 조사하여야 한다. 전자장치 효용유지의무 위반에 대한 조치는 전자감독의 유형에 따라 차이가 있다. 형 집행 종료 후의 전자감독의 경우에는 피부착자가 전자장치를 고의로 훼손하지 않았더라도 위치추적을 회피할 목적으로 휴대용 추적장치 및 재택감독장치의 신호를 실종케 하는 행위를 하거나 전자장치의 감응범위를 이탈시키는 행위를 한 것으로 확인된 때에는 전담보호관찰관은 피부착자를 수사의뢰하여야 한다.

가석방 피부착자·가종료 등 피부착자·집행유예 피부착자의 특정한 행위로

6) 형법 제367조 공용물파손죄 등과의 균형을 고려하여 처벌수준을 정한 것이다(법무부, 2008 참조).

인하여 보호관찰을 계속함이 적절하지 않다고 판단되는 때에는 가석방 · 가종료 · 가출소 또는 치료위탁 · 집행유예의 취소가 가능하다. 이러한 행위로는 전자장치 효용유지의무를 위반하거나, 전담보호관찰관 및 관제센터 요원의 부착명령 집행에 우압 또는 위계로 방해하거나, 부착명령의 집행에 관한 전담보호관찰관의 소환 등 지시에 정당한 사유 없이 불응하거나, 미신고 또는 소재불명이 지속되는 경우 등이 있다.

(2) 신고의무 위반에 대한 제재조치

전자장치 피부착자가 정당한 사유 없이 교정시설 출소 이후 10일 이내에 주거지를 관할하는 보호관찰소에 출석신고의무(전자감독법률 제14조 제2항)와 주거이전, 7일 이상 국내여행, 출국 시 보호관찰관의 사전허가를 받아야 하는 의무(같은 법 제14조 제3항)를 위반하여 허가를 받지 아니하였거나 거짓으로 허가를 받은 경우 법원은 보호관찰소의 장의 신청에 따른 검사의 청구로 1년의 범위 내에서 전자장치 부착기간을 연장하거나 전자감독법률 제9조의2 제1항의 준수사항을 추가 또는 변경하는 결정을 할 수 있다(같은 법 제14조의2).

(3) 특별준수사항 위반에 대한 제재조치

1) 수사의뢰 또는 원처분의 취소신청

보호관찰소의 장은 형 집행 종료 이후 피부착자가 피해자 등 특정인에의 접근금지(전자감독법률 제9조의2 제1항 제3호), 특정범죄 치료프로그램의 이수(같은 법 제9조의2 제1항 제4호), 야간 등 특정시간대의 외출제한 · 출입금지 · 주거지역 제한(같은 법 제9조의2 제1항 제1호 및 제2호), 그리고 그 밖에 부착명령을 선고받은 자의 재범방지와 성행교정을 위하여 필요한 사항(같은 법 제9조의2 제1항 제5호)을 정당한 사유 없이 위반한 경우에는 수사기관에 수사의뢰하여야 한다.

전담보호관찰관은 형 집행 종료 후 피부착자가 전자감독 특별준수사항을 위반하였다고 의심할 만한 상당한 이유가 있는 때에는 피부착자를 소환하는 등의 방법으로 조사한다. 이때 피해자 등 특정인에의 접근금지, 성폭력 치료프로그램의 이수를 정당한 사유 없이 위반한 때에는 3년 이하의 징역 또는 1천만 원 이하의 벌금에 처한다(같은 법 제39조 제1항). 또한 야간 등 특정 시간대의 외출제한, 출입금지, 그 밖에 피부착자의 재범방지와 성행교정을 위해 필요한 사항을 정당한 사유 없이 위반한 때에는 1천만 원 이하의 벌금에 처하게 된다(같은 법 제39조 제2항).

전자장치 피부착자가 정당한 사유 없이 「보호관찰 등에 관한 법률」 제32조 제2항 또는 제3항에 따른 준수사항을 위반하여 같은 법 제38조에 따른 경고를 받은 후 다시 정당한 사유 없이 보호관찰 준수사항을 위반한 경우 1년 이하의 징역 또는 5백만 원 이하의 벌금에 처한다(전자감독법률 제39조 제2항). 한편, 가석방·가종료 등 피부착자 및 집행유예 피부착자에게는 전자감독법률 제39조의 벌칙조항을 따르지 않고, 「보호관찰 등에 관한 법률」에 따라 원처분의 취소절차를 취할 수 있다.

참고로 미국 워싱턴 주에서는 형 집행 종료 후의 지도감독에서 어떠한 준수사항의 위반도 형 선고 위반으로 간주되며, 법원모독죄로 처벌하고 있다(RCW 9.94A.715[5]). 또한 호주에서는 주거이전신고, 치료프로그램 참가 등 광범위한 준수사항을 피부착명령자의 의무로 규정하고, 어떠한 준수사항의 위반도 최장 5년의 구금형을 부과하고 있다(SSOMA 제40조 및 제41조).

2) 기간연장 및 준수사항 변경

보호관찰소의 장은 피부착자가 정당한 사유 없이 「보호관찰 등에 관한 법률」 제32조에 따른 준수사항을 위반한 경우에는 전자장치 부착기간의 연장 또는 전자감독 특별준수사항의 추가 또는 변경을 신청할 수 있다.

그 이외에도 보호관찰소의 장은 피부착자의 준수사항 이행확인을 위해 다른 준수사항이 필요하다고 판단되는 경우나 최초 부과된 준수사항이 부착명령 집행 중의 상황변동에 따라 집행이 현저히 곤란해지는 등 준수사항의 범위, 기간 등의 변경이 필요하다고 판단되는 경우, 그리고 그 밖에 범죄특성, 가정환경, 재범가능성 등 대상자의 개별 특성 및 보호관찰 중의 행태, 심리변화 정도 등을 종합적으로 고려하여 피부착자의 재범예방을 위해 준수사항 추가·변경의 필요성이 있다고 판단되는 경우에는 전자감독법률 제9조의2 제1항의 준수사항의 추가, 변경, 삭제를 신청할 수 있다.

제4절 전자장치 피부착자에 대한 지도감독

1. 전자장치 피부착자에 대한 보호관찰관의 임무

(1) 전자감독법률 제15조(보호관찰관의 임무)

전자감독법률 제15조는 전자장치 부착명령 등의 집행담당자인 보호관찰관이 피부착자의 재범방지와 성행교정을 위하여 취해야 할 임무에 대하여 규정하고 있다. 국회발의 전자감독법률 초안 제19조 제2항은 전자장치 부착 이외의 피부착자에 대한 어떠한 행위통제도 금지하였으나, 이에 대해서 학계 및 실무계로부터 전자장치가 그 효용을 유지하여 위치를 항시 추적하기 위해서는 피부착자의 지속적인 협력이 반드시 필요하다는 점을 간과하였다는 비판이 제기되었다. 외국의 모든 입법례를 볼 때에도 전자장치 부착은 피부착자가 재범하지 않도록 성행을 교정·치료하며 지역사회 내에서 관리감독하기 위한 수단으로서 기능하고 있다.[7] 현행 전자감독법률 제15조는 국회발의 초안에 대한 비판을 수용하여

7) 미국 플로리다 주법은 위치추적 전자감독이 수반되는 '지역사회통제명령'의 조건으로 보호관찰 준수사항. 즉 보호관찰관 지시사항의 보고, 보호관찰관의 방문 수인, 건전한 직업생활의 유지, 부양가족의 부양책임 이행 등을 부과하고 있다. 이 외에도 ① 보호관찰관과의 특정된 접촉, ② 직업활동과 사회봉사명령 이행시간 외에는 협의된 주거지로 가택구금, ③ 사회봉사명령 이행의 추가적 조건이 부과될 수 있다. 워싱턴 주에서는 특정 성폭력범죄자(특정 폭력범죄, 대인범죄 포함)에 대하여 형 집행 종료 후 일정기간 동안 사회내구금을 하는 경우, 보호관찰관의 지도감독에 순응하고 주거이전의 사전허가 등 주법 9.94A.700(4)에 규정된 사회내처분의 법정(일반)준수사항 외에도 거주제한, 출입금지 등의 내용을 포함한 9.94A.700(5)의 특별준수사항도 부과하고 있다. 2000년 7월 1일 이후에 저질러진 범죄로 인해 사회내구금에 처해진 범죄자의 경우, 보호관찰소는 당해 범죄자의 재범위험성을 평가하고 지역사회 안전에 끼칠 위험에 대한 판단에 근거하여, 법원이 부과한 사회내구금의 조건 외에 다른 조건을 부과하거나 당해 조건을 변경할 수 있다. 다만 이 경우 보호관찰소는 법원에 의해서 부과된 준수사항과 상반되는 준수사항을 부과할 수 없으며, 또한 법원이 부과한 준수사항을 위반하거나 조정할 수 없고 보호관찰소의 어떠한 준수사항의 변경도 반드시 대상자에게 문서로 고지해야만 한다. 한편 영국에서는 연

보호관찰관의 임무규정을 편입하여 제1항에서 전자장치 부착명령 집행에 수반하여 보호관찰관의 지도와 원호가 가능하도록 하였고, 제2항에서 전자감독대상자의 성행교정을 위한 의료적·상담적 치료조치를 규정하였다.

(2) 전담보호관찰관의 지정

보호관찰소의 장은 소속 보호관찰관 중에서 검사가 부착명령을 청구하기 위하여 필요한 피의자에 대한 조사, 부착명령의 집행, 피부착자의 재범방지와 건전한 사회복귀를 위한 치료 등 필요한 조치의 부과, 그리고 그 밖에 피부착자의 「보호관찰 등에 관한 법률」에 따른 준수사항 이행 여부 확인 등의 피부착자에 대한 지도·감독 및 원호의 사항을 전담하는 보호관찰관을 지정하여야 한다(전자감독법률 제32조의2). 그러나 이러한 업무를 한 명의 보호관찰관이 모두 전담하지는 않고, 각 업무별로 별도의 보호관찰관을 지정하여 전담하게 하고 있다.

(3) 보호관찰관 임무로서의 '지도와 원호'

보호관찰관은 전자장치 피부착자의 재범방지와 건전한 사회복귀를 위하여 필요한 지도와 원호를 한다(전자감독법률 제15조 제1항).

여기서 전자장치 피부착자에 대한 '지도'란 피부착자의 전자장치 효용유지, 주거이전 신고의무 등의 전자감독법률 제14조의 의무이행 확보를 위한 지도, 치료프로그램 참여 등의 같은 법 제15조의 필요조치 이행협력을 위한 지도, 기타 피부착자의 재범을 방지하고 건전한 사회복귀를 촉진하기 위하여 필요한 지도 등을 의미한다. 구체적인 지도의 방법은 「보호관찰 등에 관한 법률」 제33조의 '지도·감독'의 방법을 유추하여 적용할 수 있다. 따라서 전자장치 부착명령 집행의 성격상 맞지 않는 경우를 제외하고는 '긴밀한 접촉과 행동 및 환경의 관

장감독명령을 부과받은 성범죄자의 경우, 이들의 출소 전에 가석방위원회가 보호관찰관의 접촉 등을 지시하는 표준조건에 추가하여 치료 및 교육 프로그램 참가, 취업활동 등 다양한 석방조건을 부과할 수 있다. 출입금지 및 외출제한의 추가적 조건은 위성위치추적대상자에게 의무적으로 부과되어야 하는 것은 아니지만 가급적 부과가 권고되고 있다. 호주 빅토리아 주에서 연장감독명령에 처해진 대상자는 성인가석방위원회의 감독을 받아야 하며, 이 경우 위성위치추적장치를 활용한 위치추적, 치료프로그램의 이수 등 다양한 준수사항이 부과된다.

찰, 의무 및 준수사항 이행 여부 확인을 위한 적절한 지시' 등의 지도방법을 포함한다(같은 법 제33조 제2항).

'원호'는 전자장치 피부착자에게 이익이 되는 활동이므로 「보호관찰 등에 관한 법률」 제34조에서 규정한 숙식제공, 취업알선, 직업훈련 기회제공, 환경개선 등의 원호와 다를 바가 없다. 피부착자가 자립의 노력을 함에 있어 그의 개선과 자립을 위하여 필요하다고 인정되는 원호를 실시하여야 한다. 다만, 본인의 의사에 반하여 위와 같은 원호조치를 취할 수는 없다고 보는 것이 타당하다.

2. 전자장치 피부착자에 대한 지도감독의 주요 내용

(1) 사전면접 및 자료확보

보호관찰관은 필요한 경우 전자장치 부착명령의 집행을 개시하기 전에 교도소장 등에게 요청하여 「형의 집행 및 수용자의 처우에 관한 법률」 제63조의 교육, 제64조의 교화프로그램 및 제107조의 징벌에 관한 자료 등 피부착자의 형 또는 치료감호 집행 중의 생활실태를 확인할 수 있는 자료를 확보하고, 형 또는 치료감호의 집행을 받고 있는 피부착자를 면접할 수 있다. 이 경우 교도소장 등은 보호관찰관에게 협조하여야 한다(전자감독법률 제15조 제3항). 이 부분은 제4차 법률개정(2012년)에 의하여 보호관찰관의 임무로 추가된 것으로서 피부착자의 수용 중 생활실태를 확인할 수 있는 자료를 확보하고 이를 토대로 피부착자를 지도·원호하기 위한 것이다.

(2) 초기면담 및 처우계획수립

전자장치 부착의 착수시점부터 10일 이내에 피부착자는 주거지를 관할하는 보호관찰소에 출석하여 서면으로 신고하여야 한다. 전담보호관찰관은 피부착자가 신고할 경우 처우계획을 수립하기 전에 초기면담을 실시하여 특이사항, 참고사항 등 개별 처우를 위한 자료를 확보한다. 주로 대상자가 신고서에 기재한 사항을 기초로 대상자와 면담이 이루어지는데 이 과정에서 전담보호관찰관은 작성된 신고서의 사실 여부를 확인하고 미비한 사항에 대하여 피부착자 및 보호자 등 관계인에게 질의하거나 판·결정문의 내용을 참조하여 보충한다. 피부착자의 인적사항, 학력, 취미(특기), 성격, 가족, 생활환경, 성장과정, 교우관계, 범죄동기 및 내용과 방법, 범죄경력, 향후 진로 및 생활계획 등에 관하여 초기면담을 실시한다. 또한 법원 및 심사위원회의 처분내용 및 위치추적 전자감독제도와 집행절차에 대하여 설명한다. 피부착자는 원칙적으로 '보호관찰대상자 분류·감독지침'에 의한 '집중보호관찰대상자'로 분류되어 관리된다. 전담보호관찰관은 피부착자가 부착명령이 집행중지된 때에는 재분류할 수 있다.

전담보호관찰관은 전자감독 개시일로부터 20일 이내에 재범위험성을 평가한 후 위치추적시스템에 입력하고 그 결과를 바탕으로 처우계획을 수립하여야 한다. 이 경우 전담보호관찰관은 피부착자의 청구전조사서, 판결전조사서 및 보호관찰사안조사서상의 평가결과를 참고할 수 있다. 단, 별도의 조사가 이루어지지 아니하였던 경우, 성폭력범죄자에 대해서는 한국 성범죄자 위험성 평가척도(KSORAS)', '정신병질자 선별도구(PCL-R)' 또는 성인 보호관찰대상자 재범위험성 평가도구(K-PRAI)를 실시하여 참조하여야 한다. 피부착자에 대한 처우계획은 피부착자들의 건전한 사회복귀를 촉진하고 재범을 방지하는 목적을 실현하는 데 기여하여야 한다. 따라서 처우계획은 피부착자를 일관되고 효과적으로 지도감독할 수 있도록 구체적이며 실현가능하게 수립되어야 한다. 또한 지역사

처우계획수립이란?

전자감독의 초기단계에 대상자가 부여된 준수사항을 잘 이행하며 재범하지 않고 건전하게 사회에 복귀하도록 하기 위해 범행내용, 재범위험성, 대상자의 개별적 특성에 기초하여 적절한 처우목표와 구체적 개입방법을 수립하는 것을 말한다. 담당보호관찰관은 처우계획을 수립함에 있어 대상자의 심리적·행동적 특성, 가정환경, 대인관계, 직업환경 등에 대한 진단을 통해 위험요인과 보호요인을 추출한다. 그리고 전자발찌 부착기간 동안 대상자가 자신의 문제행동경향을 감소시키고 바람직한 행동방식을 만들어 갈 수 있도록 하기 위해, 구체적이고 현실성이 있는 목표를 수립하고 이의 이행을 위해 대상자와의 친밀한 관계형성과 자발적 동기부여에 노력한다.

회의 각종 사회복지단체나 전문적인 민간자원의 연계를 도모하여 실질적인 사회정착 지원이 가능하도록 하고 성별, 연령, 학력, 가정환경, 범죄내용 등을 충분히 고려하여 개별적인 처우계획을 수립하여야 한다.

(3) 피부착자와의 대면접촉

전자장치 피부착자에 대한 대면접촉 횟수는 여행, 원거리 취업 등 불가피한 사유가 있는 때를 제외하고 개시 후 재범위험이 가장 높은 3개월까지는 매월 4회 이상의 대면접촉을 실시한다. 대면접촉은 위치측위를 통해 확인한 현재지 중심의 불시출장 방식으로 주·야간에 이루어진다. 전자감독이 개시된 후 3개월이 경과한 때부터는 매월 3회 이상의 대면접촉을 하는 것으로 조정된다.

피부착자와 대면접촉하는 때에는 전자장치의 부착상태, 전자장치의 정상작동 여부 등을 확인하여 피부착자를 관리하는 전산시스템에 그 상황을 입력하여 기록을 보존한다. 전담보호관찰관은 피부착자에 대한 현지출장을 실시하는 때에는 피부착자의 활동반경 내 재범우려가 있는 장소 등에 대한 현장확인을 실시하여야 한다.

(4) 특별준수사항의 관리

전담보호관찰관은 특별준수사항으로 피해자 등 특정인에 대한 접근금지명령이 부과된 경우, 피해자 등이 동의하는 때에는 전자장치 부착명령의 집행개시 및 집행종료 상황을 신속하게 그 피해자 등에게 통보하여야 한다. 전담보호관찰관은 전화, 대면접촉 등을 통해 정기적으로 피해자 등 특정인의 연락처 및 거주지 변동 여부를 확인하고 보호관찰시스템에 입력하여야 한다. 다만, 피해자 등 특정인이 전담보호관찰관과의 접촉거부 의사를 밝히거나 접촉거부를 위해 의도적으로 연락처 등을 변경한 때에는 그러하지 아니한다. 전담보호관찰관은 특별준수사항으로 피해자 등 특정인에 대한 접근금지가 부과된 때에는 피부착자를 지도감독하는 과정에서 피해자 등의 개인정보가 불필요하게 공개되지 않도록 주의하여야 한다.

전담보호관찰관은 피부착자가 명령집행기간 중 질병치료 등의 사유로 특별준수사항을 일시적으로 이행하기 어려운 때에는 피부착자의 신청으로 특별준수사항의 일시 감독정지를 허가할 수 있다. 이 경우 전담보호관찰관은 피부착자의 재범위험성, 감독정지의 사유 및 부착명령 이행상황 등을 종합적으로 검토하여 특별준수사항의 일시 감독정지 여부를 결정하여야 한다. 특별준수사항 중 대리운전이나 화물차 야간운전 등 취업의 이유로 야간외출제한명령에 대한 일시 감독정지를 요청하는 경우가 많은데 이 경우 비교적 장기간에 걸쳐 지속되기에 일시적으로 특별준수사항을 이행하기 곤란한 사유에 해당한다고 할 수 없으므로 일시 감독정지의 사유로 볼 수 있을 것인가의 문제가 있다. 따라서 특별준수사항 일시정지는 긴급한 경우 제한적·예외적으로 적용하여야 하기에, 생업을 이유로 한 비교적 장기간 지속되는 경우에는 이를 일시 감독정지로 처리하지 않고 특별준수사항 추가·변경을 통해 명령이행이 가능한 대체준수사항을 부과하는 것이 바람직할 것이다.

전담보호관찰관은 특별준수사항 중 외출제한, 출입금지 및 접근금지의 정지를 허가한 때에는 이를 위치추적시스템에 입력하여 관리하고 정지기간 중 이동경로 등을 철저히 확인하여야 한다.

(5) 피부착자의 주거이전, 여행 및 출국 시의 조치

전담보호관찰관은 피부착자가 주거이전·7일 이상의 국내여행 및 출국 허가서를 제출한 때에는 이를 증빙할 수 있는 소명자료를 확인하여 허가 여부를 결정하여야 한다. 전담보호관찰관은 피부착자에 대해 주거이전이나 7일 이상의 국내여행을 허가한 경우에는 위치추적시스템상 이동경로 검색을 통해 허가사항 이행 여부를 확인하여야 한다.

전담보호관찰관은 피부착자가 출국할 경우에는 '피부착자 출입국 시 주의사항'을 교육하여야 한다. 전담보호관찰관은 피부착자의 출국예정일시에 위치추적시스템 등으로 피부착자의 탑승 여부를 확인한 후 부착명령 감독중지상황을 입력하고, 원격으로 휴대용 추적장치의 전원을 해제하여야 한다. 단, 전담보호관찰관은 해외출국을 위해 전자장치의 일시분리가 필요하다고 판단되는 때에는 피부착자의 출국 직전에 전자장치를 일시분리할 수 있다. 전담보호관찰관은 피부착자가 출국한 때에는 전자감독법률 시행령 제12조 제5항의 출입국사실통보 요청과는 별도로 월 2회 이상 출입국사실조회 등의 방법으로 피부착자의 입국사실을 확인하고 그 결과를 보호관찰정보시스템에 입력하여야 한다. 전담보호관찰관은 피부착자의 출국기간 동안 이메일 등의 방법으로 통신지도에 응할 것을 지시할 수 있다. 피부착자가 입국한 때에는 전담보호관찰관은 지체 없이 피부착자를 소환하는 등의 방법으로 전자장치가 정상적으로 작동하도록 필요한 조치를 취하여야 한다. 단, 전자장치를 일시분리한 피부착자는 입국 직후에 전자장치를 재부착하여야 한다.

3. 피부착자 성행교정치료

(1) 성행교정치료의 의의

전담보호관찰관은 전자장치 부착기간 중 피부착자의 소재지 인근 의료기관에서의 치료, 상담시설에서의 상담치료 등 피부착자의 재범방지 및 수치심으로 인한 과도한 고통의 방지를 위하여 필요한 조치를 할 수 있다(전자감독법률 제15조 제2항). '수치심으로 인한 과도한 고통의 방지'는 제4차 법률개정(2012년)에 의하여 변경된 내용으로 피부착자의 자살 등 수치심이나 부적응으로 인해 문제사례들이 발생함에 따라 이들에 대한 심리치료적 접근을 보호관찰관의 임무로 추가한 것이다.

전자감독법률 제15조 제2항은 피부착자 중 성폭력범죄자 등을 대상으로 성행교정을 위한 조치로서, 특히 의료기관이나 상담기관을 통한 치료적 개입조치를 규정한 것이다. 이에 따라 전자감독법률 시행령은 '의료기관에서의 치료, 상담시설에서의 상담치료 등 피부착자의 재범방지를 위하여 필요한 조치'를 구체화하고 있다. 즉, 전자감독법률 시행령 제13조는 성폭력사범 전문상담치료기관의 지정요건, 지정기준과 지정 및 취소절차를 규정하고, 예산의 범위 내에서의 필요비용

지불과 법무부장관의 치료프로그램 개발 및 관리에 대하여 규정하고 있다.

법무부장관은 「정신보건법」 제3조 제2호의 정신보건시설, 「성폭력방지 및 피해자보호 등에 관한 법률」 제10조에 따른 성폭력피해상담소, 같은 법 제27조에 따른 성폭력전담의료기관, 그리고 특정 범죄자를 치료하고 특정 범죄자 교정프로그램을 개발·실시한 경험이 있는 민간단체 또는 기관 등을 지정하여 전자감독법률 제15조 제2항의 치료 및 상담치료 등을 실시하게 할 수 있으며, 법무부장관은 위와 같은 치료 및 상담치료 등에 대하여 예산의 범위에서 비용의 전부 또는 일부를 지급할 수 있고, 필요한 프로그램의 개발과 전문인력의 양성을 위하여 노력하여야 한다(전자감독법률 시행령 제13조). 한편 법무부장관은 전자감독법률 시행령 제13조 제1항에 따른 지정을 받은 시설 또는 단체가 치료 및 상담치료 등을 실시하기에 부적당한 경우 그 지정을 취소할 수 있다. 이러한 규정들은 전자감독법률 제9조의2 제1항 제4호의 성폭력 치료프로그램 이수에 관한 특별준수사항의 집행과 제28조에 규정된 집행유예 시 법원이 상담치료 등 필요조치를 부과할 경우에도 적용된다.

(2) 상담치료 등의 집행

1) 성행교정 치료프로그램

전자감독법률 제9조의2 제1항 제4호에 따른 특정범죄 치료프로그램의 집행과 같은 법 시행령 제13조 제1항 및 같은 법 시행규칙 제10조의3에 따른 치료기관 지정 및 변경, 그리고 치료프로그램의 이행시간·장소·방법 등에 관한 사항은 성폭력치료 수강명령 집행에 준하여 이루어지고 있다. 전담보호관찰관은 특별준수사항으로 '특정범죄 치료프로그램의 이수'가 부과되지 않은 경우에도 피부착자의 성행교정을 위해 성폭력 치료프로그램을 받게 할 수 있다. 이 경우 치료프로그램의 이행은 가해제 심사에서 중요하게 참작되는데, 전담보호관찰관은 이 사실을 피부착자에게 고지하여야 한다.

성폭력범죄자가 대상자인 경우에는 그의 개별적 특성에 따라 필요한 경우 지역사회 내의 전문기관이나 의사 등과 협조하여 특별강의를 실시하는 등 예

[표 5-1] 법률상의 성폭력 상담치료 전문기관

❑ 성폭력 상담치료 전문기관 ❑

○ **"정신보건시설"이란 정신보건법에 의한 정신의료기관·정신질환자 사회복귀시설 및 정신요양시설을 의미한다**(정신보건법 제3조).

- "정신의료기관"이라 함은 의료법에 의한 의료기관 중 주로 정신질환자의 진료를 행할 목적으로 보건복지부령이 정한 시설기준 등에 적합하게 설치된 병원(이하 "정신병원"이라 한다)과 의원 및 병원급 이상의 의료기관에 설치된 정신과를 말한다.
- "정신질환자사회복귀시설"(이하 "사회복귀시설"이라 한다)이라 함은 정신보건법에 의하여 설치된 시설로서 정신질환자를 정신의료기관에 입원시키거나 정신요양시설에 입소시키지 아니하고 사회복귀촉진을 위한 훈련을 행하는 시설
  1. 정신질환자생활시설: 정신질환자가 필요한 기간 동안 생활하면서 재활에 필요한 상담 · 훈련 등의 서비스를 받아 사회복귀를 준비하거나 장애로 인하여 장기간 생활하는 시설
  2. 정신질환자지역사회재활시설: 정신질환자복지관, 의료재활시설, 체육시설, 수련시설, 공동생활가정 등 정신질환자에게 전문적인 상담 · 훈련 등을 제공하거나 여가활동 및 사회참여활동 등에 필요한 편의를 제공하는 시설
  3. 정신질환자직업재활시설: 일반 고용이 어려운 정신질환자가 특별히 준비된 작업환경에서 직업훈련을 받거나 직업생활을 영위할 수 있도록 하는 시설
  4. 중독자재활시설: 알코올, 약물 등 유해약물이나 도박, 인터넷 게임 등 유해행위에 의존하거나 그 유해약물이나 유해행위를 남용하여 중독된 정신질환자를 치유하거나 재활을 돕는 시설
  5. 정신질환자생산품판매시설: 정신질환자가 생산한 생산품을 판매하거나 유통을 대행하고, 정신질환자가 생산한 생산품이나 서비스에 관한 상담, 홍보, 마케팅, 판로개척, 정보제공 등을 지원하는 시설
  6. 정신질환자종합시설: 정신질환자에게 생활지원, 주거지원, 재활훈련, 심신수련 등의 기능을 복합적 · 종합적으로 제공하는 시설
- "정신요양시설"이라 함은 정신보건법에 의하여 설치된 시설로서 정신의료기관에서 의뢰된 정신질환자와 만성정신질환자를 입소시켜 요양과 사회복귀촉진을 위한 훈련을 행하는 시설

○ **성폭력피해상담소**(성폭력방지 및 피해자보호 등에 관한 법률 제10조)

- 국가 또는 지방자치단체 또는 그 이외의 자가 설치, 운영

○ **성폭력 전담의료기관**(성폭력방지 및 피해자보호 등에 관한 법률 제27조)

- 여성가족부장관, 지방자치단체장은 국립 · 공립병원, 보건소 또는 민간의료시설을 성폭력피해자의 치료를 위한 전담의료기관으로 지정

방·치료프로그램을 시행하고 있다. 전담보호관찰관은 치료프로그램의 이행방법, 이행장소 및 이행시기에 관해 구체적으로 통지하여야 한다.

2) 성폭력 상담치료 전문기관

전담보호관찰관은 피부착자가 치료프로그램의 이수대상자인 경우, 성폭력 상담치료 전문기관을 활용하고 있다. 성폭력 상담치료 전문기관은 1) 「정신보건법」 제3조의 정신보건시설, 2) 「성폭력방지 및 피해자보호 등에 관한 법률」 제10조의 성폭력피해상담소와 제27조의 성폭력 전담의료기관, 3) 성폭력범죄자의 치료·교정프로그램의 개발과 실시 경험이 있는 민간단체 및 기관 중에서 법무부장관이 지정한 시설 및 단체를 말한다([표 5-1] 참조).

4. 전자장치 부착명령사건의 이송

보호관찰소의 장은 주거이전 등의 사유로 부착명령 등 사건을 이송할 필요가 있는 때에는 관련 증빙자료를 참작하여 이송예정일을 결정하고 그 사실을 피부착자 및 신 주거지를 관할하는 보호관찰소의 장에게 통보하여야 한다. 이 경우 전담보호관찰관은 피부착자에게 이송예정일로부터 3일 이내에 신 주거지를 관할하는 보호관찰소에 신고할 것을 고지하고, 이송예정일까지 이송처리를 완료하여야 한다. 신 주거지 전담보호관찰관은 이송예정일에 이송처리가 완료되었음을 확인하면 지체 없이 그 사실을 피부착자를 이송하는 전담보호관찰관에게 통보하고 부착명령 등의 집행을 개시하여야 한다.

전자장치 부착명령 등의 사건이송에 따른 재택감독장치의 이전은 특별한 사정이 없는 한 이송하는 전담보호관찰관이 피부착자의 주거이전 예정일 또는 주거이전 예정일 전일에 재택감독장치를 수거하고, 이송받는 전담보호관찰관이 피부착자의 주거이전신고 후 지체 없이 별도의 재택감독장치를 신 주거지에 설치하는 방식으로 한다.

제5절 수신자료 및 위치추적경보의 관리

1. 수신자료 관리절차

수신자료는 피부착자의 전자장치로부터 발신되는 전자파 등을 통칭하며, 통상적으로 피부착자의 이동경로 및 경보발생 상황 등을 지칭한다. 전자장치로부터 발신되는 전자파인 수신자료는 피부착자의 프라이버시에 관한 개인의 중요 정보를 담고 있다. 따라서 수신자료의 남용으로 인한 피부착자의 인권침해를 차단하기 위하여 엄격한 관리가 필요하다. 전자감독법률은 불필요한 피부착자의 인권침해를 사전에 방지하기 위해, 수신자료의 사용요건 및 절차를 엄격히 제한하고 있다. 「개인정보 보호법」 제18조에 의하면 보호관찰대상자의 신상정보는 수사와 재판 목적으로 제공이 가능함에 비하여, 검찰 또는 사법경찰관이 전자감독법률상의 수신자료를 열람·조회하려면 법원의 허가를 받도록 하여 절차적 엄격성을 더하고 있다(전자감독법률 제16조 제4항).

전담보호관찰관 또는 위치추적 관제센터의 장은 전자감독법률 제16조 제2항 제1호 및 제3호에 따라 수신자료를 제공하는 때에 필요하다고 인정되는 경우에는 위치정보 파일을 첨부할 수 있다. 보호관찰소의 장은 전자감독법률 제16조 제5항 제1호부터 제3호 및 같은 법 시행령 제15조 제1항의 어느 하나의 사유가 있는 때에는 관제센터의 장에게 문서로 수신자료의 폐기를 요청하여야 한다. 폐기요청을 받은 관제센터의 장은 요청내용이 수신자료의 폐기사유에 해당하는지 여부를 검토하여 전산자료에서 삭제하는 방법으로 수신자료를 폐기하여야 한다. 이상과 같은 수신자료의 관리절차를 요약하여 정리하면 [그림 5-2]와 같다.

2. 수신자료 보존·사용·폐기

(1) 수신자료 보존

보호관찰소의 장은 피부착자의 전자장치로부터 발신되는 전자파를 수신하여

[그림 5-2] 수신자료 관리절차

단계	내용
수신자료 사용요건 (열람·조회·공개)	• 피부착자의 특정범죄 혐의에 대한 수사 또는 재판자료 • 전담보호관찰관이 지도·원호를 목적으로 사용 • 부착명령 가해제와 그 취소에 관한 심사를 위하여 사용
⬇	
수신자료 제공	• 수사·재판자료 보고서 제출 • 위치추적 집행감독 종합결과보고서 제출 • 필요한 경우 위치정보 파일 제출
⬇	
수사기관 수신자료 통보	• 피부착자가 특정범죄를 저질렀다고 의심할 만한 상당한 이유가 있는 때 관할 검찰청에 수신자료 통보
⬇	
수사기관 수신자료 열람, 조회	• 검사 또는 사법경찰관은 법원의 허가를 득한 후 열람, 조회 가능. 단, 긴급한 사유가 있는 경우 선 열람·조회 이후 법원의 사후허가 가능 • 피부착자의 범죄혐의에 대한 수사를 목적으로 수사기관으로부터 특정 피부착자가 특정시간에 특정장소에 있었는지 등에 대한 확인요청 시 수신자료를 제외한 '요청사항 확인서'는 통보 가능
⬇	
수신자료 사용대장	• '수신자료 사용대장' 기재, 비치 관리
⬇	
수신자료의 폐기	• 부착명령과 함께 선고된 형이 실효되거나 사면으로 그 효력을 상실한 때 • 전자장치 부착을 종료한 날부터 5년이 경과한 때 • 관제센터장에게 요청 ⇒ 수신자료 삭제

출처: 법무부(2011), 위치관리 업무매뉴얼, p. 78.

그 자료(수신자료)를 보존하여야 한다(전자감독법률 제16조 제1항). 수신자료의 보존기간은 전자장치 부착을 종료한 날부터 5년간이다(같은 법 제16조 제7항).

(2) 수신자료 사용

1) 수신자료 사용의 의의

수신자료는 피부착자의 특정범죄 혐의에 대한 수사 또는 재판자료로 사용하는 경우, 보호관찰관이 지도·원호를 목적으로 사용하는 경우, 「보호관찰 등에 관한 법률」 제5조에 따른 보호관찰심사위원회의 부착명령 가해제와 그 취소에 관한 심사를 위하여 사용하는 경우 이외에는 열람·조회 또는 공개할 수 없다

(전자감독법률 제16조 제2항).

전자장치 피부착자의 특정범죄 혐의에 대한 수사·재판자료로 사용하는 경우는 피부착자 본인의 특정범죄(성폭력, 아동 유괴범죄, 살인, 강도) 혐의에 대한 경우에 한정된다. 따라서 현행법상 원칙적으로는 성폭력 피부착자가 절도나 강도 등 다른 범죄를 범하거나 또는 피부착자가 피해자인 사건 등에는 수신자료를 제공할 수 없다. 전담보호관찰관은 지도감독과정에서 피부착자가 특정범죄를 저질렀다고 의심할 만한 상당한 이유가 있는 경우에는 전자감독법률 제16조 제3항에 따라 관할 검찰청에 수신자료를 제공할 수 있으며, 이 경우 수사의뢰의 절차에 의하도록 하고 있다.

보호관찰관이 지도·원호를 목적으로 사용하는 경우란 주로 보호관찰관이 일일감독소견의 작성, 이동경로 패턴 분석 등 수신자료를 준수사항 이행 여부 확인 등의 전자감독대상자의 지도·감독 및 원호에 활용하는 경우를 말한다.

보호관찰심사위원회의 부착명령 가해제 및 취소심사의 경우 전담보호관찰관은 피부착자의 부착명령 가해제 신청 시 '부착명령 집행상황보고서' 등 관련 수신자료를 제공할 수 있다. 보호관찰소의 장 및 위치추적 관제센터의 장은 수신자료가 수사 및 재판자료로 사용되는 경우와, 보호관찰심사위원회의 가해제 심사를 위하여 사용되는 경우에는 그 사실을 대장에 적고 이를 비치하여야 한다(전자감독법률 시행령 제14조).

수신자료는 개인 신상에 관한 중요정보이므로 보호관찰소의 장이 법률의 규정에 의하여 사용하는 경우에도 사용대장에 그 목적 등을 기재하여 철저한 관리가 이루어지도록 하고 있다. 수신자료를 관리하는 자가 전자감독법률 제16조 제2항을 위반한 때에는 1년 이상의 유기징역에 처한다(같은 법 제36조 제3항).

2) 수사기관의 사용과 법원의 허가

검사 또는 사법경찰관은 수신자료를 열람 또는 조회하는 경우 관할 지방법원(보통군사법원을 포함한다) 또는 지원의 허가를 받아야 한다. 다만, 관할 지방법원 또는 지원의 허가를 받을 수 없는 긴급한 사유가 있는 때에는 수신자료 열람 또는 조회를 요청한 후 지체 없이 그 허가를 받아 보호관찰소의 장에게 송부하여야 한다(전자감독법률 제16조 제4항). 과거에는 검사 또는 사법경찰관은 수신자료를 열람 또는 조회하는 경우 법관이 발부한 압수수색영장을 제시하도록 하였으나, 제4차 법률개정(2012년)에 의하여 법원 허가사항으로 변경되었다. 압수수색영장은 사전영장만이 가능하여 통상 영장에 의한 수신자료 사용에 3일 정도의 시간이 소요되므로 긴급한 상황에 대응하는 데 한계가 있었다. 따라서 긴급한 사유가 발생하였을 때 수사기관의 열람·조회 이후 법원의 사후허가를 받을 수 있는 규정을 도입한 것이다. 한편 검사 또는 사법경찰관은 전자감독법률 제16조 제4항 단서의 규정에 따라 긴급한 사유로 수신자료를 열람 또는 조회하였으나 지방법원 또는 지원의 허가를 받지 못한 경우에는 지체 없이 열람 또는 조회한 수신자료를 폐기하고, 그 사실을 보호관찰소의 장에게 통지하여야 한다(같은 법 제16조 제5항).

3) 수신자료의 제공절차

수신자료 제공절차는 다음과 같다. 우선 피부착자의 특정 범죄혐의에 대한 수사·재판을 목적으로 수사기관으로부터 법원의 허가 없이 공문 등으로 수신자료의 요청이 있는 경우에는 수신자료 제공은 불가하나, 일반적으로 관제센터나 보호관찰소는 범죄사건과 관련되어 일정한 범위의 사항에 대해서는 경찰관서에 확인해 주고 있다. 그러한 사항으로는 특정 피부착자가 특정시간에 특정장소에 있었는지 여부, 특정 시간대 및 특정장소에 소재한 피부착자가 있었는지 여부 등에 대한 것이다.

통상적으로 수사기관에서 법원의 허가를 발부받기 위해서는 범죄의 혐의가 상당 정도 입증이 되어야 하므로, 수사기관이 상기사항에 대해 단순확인을 요청하는 경우에는 수사절차 진행을 위해 협조하는 것이다. 법원의 허가에 의한 열람요청 및 보호관찰관 수사의뢰의 경우에는 위치추적시스템상 부착명령 집행상황 위반보고서, 수사·재판자료 보고서, 위치추적 집행감독 종합결과보고서 등을 제출하고, 필요하다고 인정되는 때에는 위치정보 파일을 첨부하고 있다. 수신자료를 제공한 경우에는 '수신자료 사용대장'에 관련 상황을 기재하고 비치하여야 한다.

(3) 수신자료 폐기

수신자료 폐기는 다음과 같은 경우에 실시한다(전자감독법률 제16조 제5항). 우선 전자장치 부착명령과 함께 선고된 형이 「형의 실효 등에 관한 법률」 제7조 또는 형법 제81조에 따라 실효된 때에 수신자료를 폐기한다. 「형의 실효 등에 관한 법률」상의 형의 실효는 기간경과로 인한 당연실효이며, 형법상의 형의 실효는 본인의 신청에 의한 실효이다. 다음으로 전자장치 부착명령과 함께 선고된 형이 사면으로 인하여 그 효력을 상실한 때는 수신자료를 폐기한다. 일반사면은 일반적으로 형의 효력이 상실되기는 하나 범죄의 종류를 특정하므로 통상 성폭력사범 혹은 아동유괴사범이 포함될 가능성은 낮다. 특별사면은 원칙적으로 형 집행이 면제되고, 예외적으로 특별한 사정이 있는 경우에만 형의 효력을 상실케 한다. 마지막으로 전자장치 부착이 종료된 자가 자격정지 이상의 형 또는 전자감독을 받음이 없이 전자장치 부착을 종료한 날부터 5년이 경과한 때에도 수신자료를 폐기한다. 단, 전자장치 부착기간이 끝난 사람이 부착을 마친 날부터 5년 내에 자격정지 이상의 형을 받은 경우에는 그 형의 집행이 끝난 날부터 5년이 지난 때에 폐기한다(전자감독법률 시행령 제15조 제1항).

수신자료 폐기는 전산자료에서 삭제하는 방법으로 한다(같은 법 시행령 제15조 제2항). 전자감독법률 시행령 제15조 제1항은 전자감독법률 제16조 규정의 내용상의 미비점을 보완하기 위한 것이다. 전자감독법률 제16조 제6항 제3호에 의하면, 부착종료 후 일정기간 경과된 자가 자격정지 이상의 형이 확정된 경우에는 수신자료를 폐기할 수 없고 이를 영구보전해야 하는 문제가 발생한다. 따라서 이를 해결하기 위해 같은 법 시행령 제15조 제1항을 규정한 것으로 보인다. 그러나 입법론으로는 수신자료 보존기간은 피부착자의 인권과 관련하여 매우 중요한 사항이므로 법률로 규정하는 것이 바람직하다.

수신자료 폐기절차와 관련하여 보호관찰소의 장은 수신자료 폐기요건 중 어느 하나의 사유가 있는 때에는 관제센터의 장에게 수신자료의 폐기를 요청할 수 있다. 보호관찰소의 장으로부터 수신자료 폐기요청을 받은 관제센터의 장은 요청내용의 적합성 여부를 검토한 후, 폐기요청이 적합하다고 판단되는 경우에는 전산자료에서 삭제하는 방법으로 수신자료를 폐기한다.

3. 피부착자의 신상정보 제공

보호관찰소의 장은 전자장치 피부착자가 전자감독법률 제14조 제2항에 따라 신고한 신상정보를 범죄예방 및 수사에 활용하게 하기 위하여 피부착자의 주거지를 관할하는 경찰관서의 장 등 수사기관에게 제공할 수 있다(같은 법 제16조의2 제1항). 전자장치 피부착자의 사진, 주소, 전화번호, 최근 직업 등의 신상정보를 보호관찰기관이나 위치추적 관제센터에서 경찰에 제공하는 방법은 엑셀파일 형태로 주기적으로 제공하는 방법과 '형사사법 정보통합정보망'을 통해 상시 열람이 가능하게 시스템적으로 제공하는 방법이 있는데, 경찰에서 정보의 활용을 손쉽게 하고 신상정보 제공에 따른 법적 책임을 분명하게 하기 위해서는 시스템적으로 하는 것이 바람직하다.

전자장치 피부착자의 신상정보를 제공하기 위해서는 신상정보를 제공받은 수사기관은 범죄예방 및 수사활동 중 인지한 사실이 피부착자 지도·감독에 활용할 만한 자료라고 판단될 경우 이를 보호관찰소의 장에게 제공할 수 있다(같은 법 제16조의2 제2항). 보호관찰소의 장은 피부착자가 범죄를 저질렀거나 저질렀다고 의심할 만한 상당한 이유가 있을 때에는 이를 수사기관에 통보하여야 한다(같은 법 제16조의2 제3항). 또한 수사기관은 체포 또는 구속한 사람이 피부착자임을 알게 된 경우에는 피부착자의 주거지를 관할하는 보호관찰소의 장에게 그 사실을 통보하여야 한다(같은 법 제16조의2 제4항)는 내용이 제4차 법률개정(2012년)을 통해 추가되었다.

4. 위치추적경보의 처리

(1) 경보의 종류 및 처리

위치추적시스템에서 제공되는 경보는 위반사항의 중요도에 따라 위험경보와 주의경보로 구분된다. 위험경보는 피부착자의 위반사항이 중하여 전담보호관찰관의 즉각적인 현장확인이 필요한 경보로서, 부착장치 훼손경보, 휴대용 추적장치의 신호실종, 출입금지 또는 접근금지 위반경보 등 일곱 가지 종류가 있다. 한편 주의경보는 피부착자의 위반사항이 경미하거나 혹은 위반사항으로 나아갈 위험이 있어 전담보호관찰관의 확인이 필요한 경보이다. 부착장치와 휴대용 추적장치 간 감응범위 이탈이나 재택감독장치의 이동, 외출제한명령 위반 등 아홉 가지 종류의 경보가 여기에 해당된다.

이 외에도 위치추적관제센터에서는 경보로 진행될 위험성이 있어 예의 주시할 필요가 있거나 경보상황에서 복원되는 신호 등 기술적 고려사항을 참조정보로 관리하고 있다. 3종의 경보의 구체적 유형은 총 61가지로 구분되며 그중 핵심적인 내용은 [표 5-2]와 같다.

관제센터 요원은 위치추적시스템으로부터 경보를 수신한 때에는 지체 없이 피부착자 및 관계인에게 전화연락 등의 방법으로 해당 경보의 진위 여부를 확인하여 '준수', '위반' 또는 '기타' 등으로 처리하여 필요한 조치를 취한다. 이때 '기타'로 처리하는 경우는 이동통신의 일시적 장애 등으로 경보의 진위 여부를 확인할 수 없거나 경보의 속성상 '준수' 또는 '위반'으로 경보를 처리할 필요가 없는 때를 말한다. 예를 들면, 지하공사장 등에서 일하는 관계로 이동통신이 원활하게 소통되지 않아 일시적, 단속적으로 음영지역이 발생하는 경우 등이다.

한편 관제요원은 발생된 경보가 '위반'으로 처리된 경우 및 '기타'로 처리된 때 등 전담보호관찰관의 확인이 필요한 경우에는 그 경보를 전담보호관찰관에게 이관하여 전담보호관찰관이 추가적인 조치를 취할 수 있도록 하고 있다. 또한 관제센터 요원은 위험경보 중 전자장치 훼손 관련 경보발생 시에는 경보의 진위 여부와 상관없이 경찰 112신고센터에 피부착자 검거요청 및 경보를 이관하고, 경찰 112신고센터는 가장 가까운 지구대나 파출소에 연락하여 경보발생 현장에 신속히 출동하고 있다.

[표 5-2] 위험경보와 주의경보의 유형 및 내용

구 분	경보명	경보내용	경보분류
준수사항 위반	외출금지 위반	• 외출금지 시작 전 미귀가, 시작 후 무단외출	주의
	출입금지 위반	• 출입금지구역에 진입한 경우	위험
	접근금지 위반	• 접근금지구역에 진입한 경우	
의무위반 (1급)	부착장치 훼손	• 부착장치의 본체나 스트랩이 훼손된 경우	
	휴대용 추적장치 훼손	• 휴대용 추적장치의 본체가 훼손된 경우	
	재택감독장치 훼손	• 재택감독장치의 본체가 훼손된 경우	
의무위반 (2급)	휴대용 추적장치 신호실종	• 휴대용 추적장치로부터 보고되는 위치정보나 상태정보가 일정시간 동안 수신되지 않는 경우	
	재택감독장치 신호실종	• 재택감독장치로부터 보고되는 재택 여부 정보나 상태정보가 일정시간 동안 수신되지 않는 경우	
	재택감독장치 이동	• 재택감독장치 최초 설치장소에서 이동된 경우	주의
	재택감독장치 전원차단	• 재택감독장치의 AC 전원이 차단된 경우	
	감응범위 이탈	• 휴대용 추적장치 혹은 재택감독장치에서 부착장치가 감응범위를 지정된 시간 동안 이탈한 경우	
기타	부착장치 저전력	• 부착장치 배터리 전력이 기준치 이하로 떨어진 경우	주의
	휴대용 추적장치 저전력	• 휴대용 추적장치 배터리 전력이 기준치 이하로 떨어진 경우	
	재택감독장치 비상 배터리 저전력	• 재택감독장치 비상 배터리 전력이 기준치 이하로 떨어진 경우	
	출입금지 예상	• 출입금지구역의 버퍼존으로 진입하는 경우	
	접근금지 예상	• 접근금지구역의 버퍼존으로 진입하는 경우	

(2) 특별관제

관제선터의 장은 위치추적시스템의 통일적 운영 및 효율적인 관제업무 수행을 위해 전담보호관찰관에게 '위치추적시스템 환경설정 업무권고'를 하고 있다. 또한 전담보호관찰관은 피부착자가 특별한 관제가 필요하다고 판단되는 때에는 그 사유와 특별관제 요령을 구체적으로 기록하여 관제센터의 장에게 '특별관제 피부착자 지정'을 요청할 수 있다. 특별관제의 사유로는 특이한 주거 및 직장환경으로 피부착자의 귀책사유 없이 신호실종 등의 경보가 지속적으로 발생하여 예외적인 경보처리가 필요한 경우나 기타 피부착자의 비정상 생활행태 등으로 재범위험성이 높아 관제센터 요원의 추가적인 이동경로 탐색이 필요한 경우를 말한다. 특별관제 피부착자로 지정한 경우 그 기간은 최장 3개월로 하며, 3개월이 경과할 때까지 기간연장을 위한 특별관제 재요청이 없는 경우 특별관제가 종료된 것으로 본다.

관제센터 요원은 특별관제 피부착자에 대해서 필요한 시간, 경보처리방법 또는 경보처리 시 필요한 조치 등에 대해 전담보호관찰관과 협의 후 필요 최소한의 범위 내에서 예외적 경보처리를 할 수 있다. 또한 재범위험성이 높은 특별관제 피부착자에 대해서는 피부착자의 이동경로를 지속적으로 탐색하여 피부착자가 재범의 우려가 있는 장소에 출입하는 등 필요한 경우 피부착자 또는 전담보호관찰관에게 연락하여 적절한 조치를 취하게 할 수 있다.

관제센터의 요원은 관제업무를 수행함에 있어서 특별관제 피부착자의 지정 또는 변경 여부, 경보가 특정시간 이상 발생하지 않은 피부착자의 전자장치 정상작동 여부 등을 수시로 확인한다. 또한 관제센터 요원은 다양한 측위방식을 병행하여 상습적으로 야간시간대에 외출하는 자 또는 수일간 재택상태로만 있는 자 등에 대한 이동경로 탐색을 추가 실시하고 있다.

(3) 전자장치 훼손에 대한 현장대응

전담보호관찰관은 위치추적 전자장치 훼손 등의 경보가 이관된 때에는 지체 없이 전화연락 등의 방법으로 위험경보의 진위 여부를 확인하고, 피부착자와 연락이 되지 않거나 경보가 사실인 것으로 의심되는 때에는 현지출장 등 필요한 조치를 취하여야 한다. 전담보호관찰관은 현지출장을 실시하는 경우, 경보의 내용에 따라 사법경찰관리의 협조가 필요하다고 판단되는 때에는 현지출장 예정지 인근 경찰관서 등의 사법경찰관리에게 협조를 요청할 수 있다.

전자장치 훼손사건이 발생하여 관제센터에서 경보를 이관한 경우에는 해당 기관의 전담보호관찰관 또는 경보처리전담팀은 피부착자의 신병확보를 위해 지체 없이 훼손 발생장소로 출동하고, 출동경찰과 적극적인 현장확인 등의 조치를 취하여야 한다. 훼손사건 발생현장에 출동한 전담보호관찰관 또는 경찰이 피부착자를 검거한 경우, 전담보호관찰관은 전자장치 훼손사실 입증을 위한 구인·조사 후 보호관찰소의 소재지 인근 경찰서에 수사의뢰하여야 한다. 이 경우 전담보호관찰관은 수사의뢰를 위하여 필요한 때에는 위치추적관제센터에 전자장치 훼손 등 장치상태에 대한 정밀분석을 의뢰할 수 있다. 한편 전담보호관찰관은 전자장치 훼손사건 발생 시 경찰과의 긴밀한 공조체제 유지를 위해서 관할구역 내 경찰서와 상시 비상연락체계를 구축하고 있다.

한편 2013년 3월부터는 보호관찰소에 야간이나 휴일의 비상경보 처리를 전담하는 '전자감독 신속대응팀'이 구성되어 운영되고 있다. 전자감독 신속대응팀에는 무도유단자(3단 이상)를 대상으로 특별채용된 계약직 공무원과 기존의 전담보호관찰관이 합동으로 편성되어 있다.

제6절 전자장치 부착의 가해제 및 종료

1. 전자장치 부착의 가해제

(1) 전자장치 부착 가해제의 의의

전자장치 피부착자의 범죄성 개선에 대한 전문가 판단과 피부착자의 재범방지를 위한 노력을 평가하여, 전자장치 부착을 조기에 종료하는 법제로서 가해제제도가 있다. 전자장치 부착기간 동안 가해제 가능성을 바라보고 재사회화를 위한 보호관찰관의 지도감독 및 전문적인 정신치료 등 치료프로그램에 대한 피부착자의 순응성을 확보함으로 피부착자의 성행개선을 자발적으로 촉진할 수 있다는 데 그 제도적 의의가 있다.

가해제제도의 이론적 근거로는 행동주의적 강화조건관리 및 단계적 대응을 들 수 있다. 범죄학 분야의 학자들은 대부분 일관된 규칙의 중요성을 강조하며 지역사회 내에서 범죄자를 효과적으로 관리하기 위해서는 지켜야 할 기본적 규칙의 명확한 제시와 함께 행동주의적 접근에서 활용되는 강화조건관리(contingency management)가 필요하다고 지적한다. 강화조건관리는 바람직한 재사회화를 위해 긍정적인 행동에 대한 보상과 부정적인 행동에 대한 처벌을 통해 미래 행동의 가능성을 조정하거나 변화시키는 것이다. 이러한 강화조건(contingency)으로는 강화물, 부적 강화물, 처벌 등이 있다. 선시제도 등은 이러한 강화조건관리를 응용한 대표적인 제도이며, 가해제 역시 '처벌의 완화'라는 강화물을 활용하는 제도라고 할 수 있다(법무부, 2008:89). 또한 긍정적 행동변화를 위해서는 범죄자의 순응 정도에 따른 단계적 대응(graduated response or graduate sanctions)이 중요하다(Taxman, 2002). 미국의 연방보호관찰지침이나 영국의 국가표준안 등 범죄자에 대한 사회 내 관리감독의 기본적인 지침은 일정기간 동안 집중적 감독 이후에 대상자의 순응 정도에 따라 감독수준을 완화하는 '단계적 대응'을 원칙으로 세우고 있다(법무부, 2008:89).

(2) 전자장치 부착 가해제의 절차

1) 가해제 절차 개관

전자장치 부착명령의 가해제는 보호관찰소의 장, 피부착자 또는 법정대리인의 신청으로 보호관찰심사위원회에서 심사·결정한다. 보호관찰심사위원회는 전문가의 의견을 고려하고, 필요한 경우 심사대상자를 소환하여 조사한 후 재범위험성이 없다고 판단될 경우 가해제 결정을 한다. 보호관찰소의 장은 보호관찰심사위원회가 가해제 결정 시 부과한 의무사항을 피부착자가 이행하지 아니하는 등 재범위험성이 있다고 판단되는 때에는 보호관찰심사위원회에 가해제의 취소를 신청할 수 있다. 이상과 같은 부착명령 가해제의 절차를 정리하면 [그림 5-3]과 같다.

[그림 5-3] 전자장치 부착 가해제의 절차

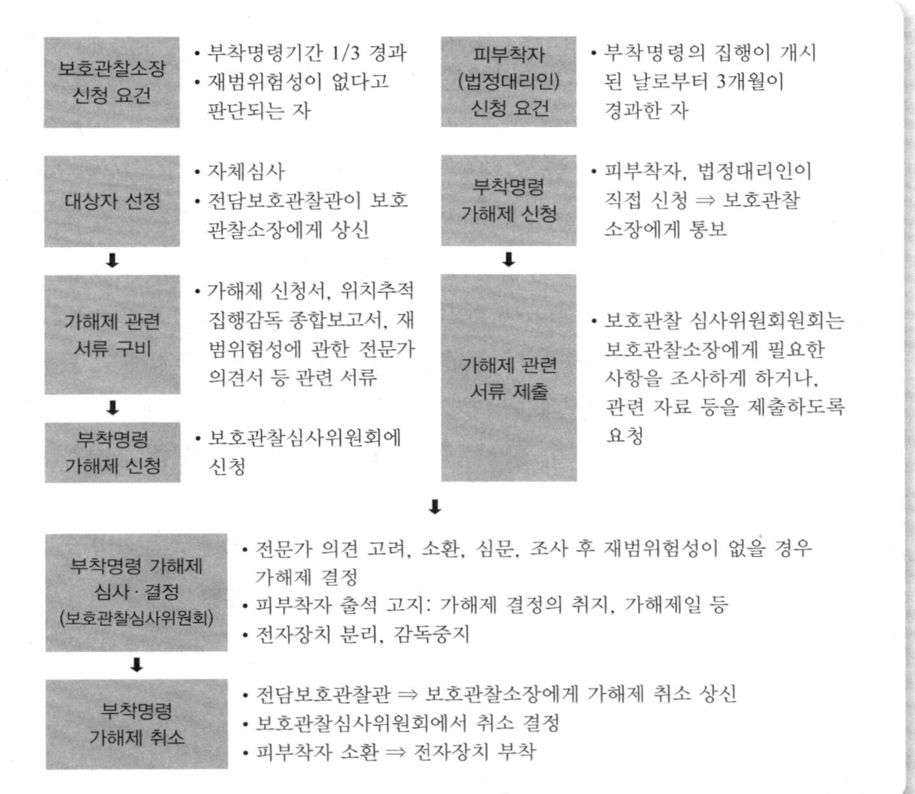

출처: 법무부(2011), 위치관리 업무매뉴얼, p. 87.

2) 가해제의 신청

보호관찰소의 장 또는 피부착자 및 그 법정대리인은 해당 보호관찰소를 관할하는 보호관찰심사위원회에 서면으로 부착명령 등의 가해제를 신청할 수 있다(전자감독법률 제17조 제1항 및 같은 법 시행령 제16조 제1항). 가해제의 결정권자는 해당 보호관찰소를 관할하는 보호관찰심사위원회이며, 신청권자는 보호관

찰소의 장과 피부착자 및 그 법정대리인이다.[8)]

피부착자나 법정대리인이 가해제를 신청하는 경우에는 부착명령 등의 집행이 개시된 날부터 3개월이 경과한 후 가능하고, 신청이 기각된 경우에는 기각된 날부터 3개월이 경과한 후 재신청이 가능하다(같은 법 제17조 제2항). 가해제의 신청을 할 때에는 신청서에 가해제의 심사에 참고가 될 자료를 첨부하여 제출하여야 한다(같은 법 제17조 제3항). 피부착자 및 그 법정대리인은 보호관찰심사위원회에 직접 신청하며, 이 경우 보호관찰심사위원회는 지체 없이 그 사실을 보호관찰소의 장에게 통보하여야 한다(같은 법 시행령 제16조 제2항). 이와 같이 전자장치 부착명령 등의 가해제는 신청권자, 신청요건 등에서 보호관찰 임시해제(가해제)와 구분되는데, 그 주요한 차이점은 [표 5-3]과 같다.

[표 5-3] 보호관찰 임시해제와 부착명령 가해제의 비교

구 분	보호관찰 임시해제(가해제)	부착명령 가해제
근 거	• 보호관찰법 제52조	• 전자감독법률 제17조 및 제33조, 전자감독법률 시행지침
신청자	• 보호관찰소의 장(심사위원회 직권심사 가능)	• 보호관찰소의 장 • 피부착자 또는 그 법정대리인(심사위원회 직권심사 불가)
신청요건	• 보호관찰대상자의 성적 양호	• 부착명령 집행개시 후 3월 경과시(피부착자 신청 시), 집행개시 후 3월 경과 및 부착명령기간 1/3 경과(보호관찰소의 장 신청 시) • 재범위험성이 없다고 판단되는 때

8) 미국 위스콘신 주법은 평생 위치추적 후 20년 경과 시점부터 대상자가 감독종결 신청이 가능하나 전문가의 '재범위험성 소멸 보고 시'에 한하여 실시하는 것으로 규정하고 있다(WRS 제301.48[6]조 및 제301.48[7]조). 또한 미주리 주의 경우에는 평생 위치추적 대상자가 65세 이상이 된 경우, 위험성 평가를 통해 조기종결하며 지도감독 종결권한은 법원과 가석방위원회가 보유한다(MRS 제217.735조 및 제559.106조). 한편 호주 빅토리아 주의 경우에는 법무부장관과 대상자 모두가 지도감독 조기종결 신청권을 보유하며 명령취소권은 법원에 있다(SSOMA 제21조 내지 제23조).

(계속)

효 과	• 보호관찰 미실시 • 단, 보호관찰 준수사항 이행의무 지속 • 보호관찰부 피부착자의 경우, 부착명령은 보호관찰의 부수처분이므로 보호관찰 임시해제 시 부착명령도 가해제됨	• 부착명령만 가해제 • 형기종료 피부착자의 경우 준수사항도 가해제(준수사항 이행의무 없음) • 보호관찰부 피부착자의 경우, 부착명령 가해제 시 보호관찰은 지속되며, 보호관찰 준수사항도 지속됨
취 소	• 보호관찰소 장의 신청(심사위원회의 직권 가능)	• 보호관찰소 장의 신청(심사위원회 직권규정 없음)
취소결정 시 기간 산입	• 보호관찰기간에 산입	• 부착명령기간 불산입

보호관찰소의 장은 피부착자의 부착기간이 1/3 이상 경과하고 부착명령 이행상황 등에 비추어 재범위험성이 현저히 낮다고 판단되는 때에는 보호관찰심사위원회에 부착명령의 가해제를 신청할 수 있다. 이때의 신청은 부착명령의 집행개시 후 3개월이 경과하여야 가능하다. 보호관찰소의 장이 가해제를 신청할 경우에는 '부착명령 가해제 신청서'(전자감독법률 시행규칙 별지 제36호 서식)와 함께 가해제 심사에 참고가 될 자료를 첨부하여 해당 보호관찰소를 관할하는 보호관찰심사위원회에 제출한다.

3) 가해제의 심사 및 결정

보호관찰심사위원회는 가해제를 심사할 때에는 피부착자의 인격, 생활태도, 부착명령 이행상황 및 재범의 위험성에 대한 보호관찰관 등 전문가의 의견 등을 고려하여야 한다(전자감독법률 제18조 제1항). 심사위원회는 전자감독법률 제18조 제1항에 따라 부착명령의 가해제를 심사할 때에는 정신건강의학과 의사, 정신보건임상심리사, 그 밖의 전문가의 의견을 고려하여야 한다. 보호관찰심사위원회가 전자감독법률 제18조 제1항에 따라 전문가 의견을 고려한 경우 의견을 진술하거나 자료를 제출한 전문가에게는 예산의 범위에서 필요한 비용의 전부 또는 일부를 지급할 수 있다(같은 법 시행령 제17조 제1항 및 제4항).

보호관찰심사위원회는 원활한 가해제 심사자료 확보를 위해 필요한 경우 가해제 심사전조사를 실시한다. 보호관찰심사위원회는 보호관찰소의 장에게 필요사항 조사요구가 가능하며, 이 경우 보호관찰소의 장은 필요사항을 조사하여 보호관찰심사위원회에 통보하여야 한다. 보호관찰심사위원회는 필요한 경우 피부착자나 그 밖의 관계인을 직접소환 · 심문 또는 조사할 수도 있다.

보호관찰심사위원회는 피부착자가 부착명령을 계속 집행할 필요가 없을 정도로 개선되어 재범의 위험성이 없다고 인정하는 때에는 부착명령의 가해제를 결정할 수 있는데, 가해제 심사의 필수적 고려사항으로는 피부착자의 인격, 생활태도, 부착명령 이행상황 및 재범의 위험성 등이 있다. 이 경우 피부착자로 하여금 주거이전 상황 등을 보호관찰소의 장에게 정기적으로 보고하도록 할 수 있다. 한편 보호관찰심사위원회는 부착명령의 가해제를 하지 아니하기로 결정한 때에는 결정서에 그 이유를 명시하여야 한다. 보호관찰심사위원회는 가해제 인용 및 기각 결정을 하면 지체 없이 그 결정서 등본을 관할 보호관찰소의 장과 신청인에게 송달하여야 한다(같은 법 시행령 제17조 제2항). 전담보호관찰관은 부착명령 가해제 결정이 있으면 결정서에 기재된 가해제일에 전자장치를 회수하여야 한다(같은 법 시행령 제17조 제3항). 전담보호관찰관은 심사위원회에서 가해제 결정이 있는 때에는 지체 없이 피부착자에게 결정내용을 고지하여야 한다. 전담보호관찰관은 가해제 결정서에 기재된 가해제일에 전자장치를 분리하고, 위치추적시스템에 그 상황을 입력하여야 한다.

4) 가해제의 취소

보호관찰소의 장은 부착명령이 가해제된 자가 특정범죄를 저지르거나 주거이전 상황 등의 보고에 불응하는 등 재범의 위험성이 있다고 판단되는 때에는 보호관찰심사위원회에 가해제의 취소를 신청할 수 있다. 이 경우 심사위원회는 가해제된 자의 재범의 위험성이 현저하다고 인정될 때에는 가해제를 취소하여야 한다(전자감독법률 제19조 제1항). 가해제가 취소된 자는 잔여 부착명령기간 동안 전자장치를 부착하여야 한다. 이 경우 가해제기간은 부착명령기간에 산입하지 아니한다(같은 법 제19조 제2항).

보호관찰심사위원회는 부착명령의 가해제 취소 결정을 하였을 때에는 지체 없이 그 사실을 관할 보호관찰소의 장에게 통보하여야 한다(같은 법 시행령 제18조 제2항). 전담보호관찰관은 부착명령의 가해제 취소 결정이 있으면 피부착명령자에게 결정서를 제시한 후 전자장치를 부착하여야 한다(같은 법 시행령 제18조 제3항). 가해제가 취소된 경우 부착명령 집행기간은 부착장치를 피부착명령자의 신체에 부착한 때부터 진행한다(같은 법 시행령 제18조 제4항).

보호관찰소의 장은 심사위원회가 가종료 등의 피부착자에 대한 가해제 또는 가해제 취소 결정을 한 때에는 그 사항을 치료감호심의위원회에 지체 없이 통보하여야 한다.

5) 가해제의 의제

전자장치 부착명령이 가해제된 경우에는 전자감독법률 제9조 제3항에 따른 보호관찰과 같은 법 제9조의2에 따른 준수사항이 가해제된 것으로 본다(같은 법 제18조 제6항). 보호관찰이 가해제된 경우에는 전자장치 부착도 가해제된 것으로 본다(같은 법 제33조). 특히 가석방, 가종료, 형의 집행유예 등의 경우, 전자장치 부착은 보호관찰의 부수처분으로 보호관찰의 부과가 전자장치 부착의 필수적인 전제이며 부착(명령)의 취지도 준수사항 이행 여부 확인 등에 있으므로 이러한 가해제의 의제규정은 당연한 논리적 귀결이다.

2. 전자장치 부착의 종료 및 시효

(1) 전자장치 부착의 종료

1) 종료사유

전자감독법률 제9조에 따라 선고된 전자장치 부착명령은 부착기간이 경과한 때, 부착명령과 함께 선고한 형이 사면되어 그 선고의 효력을 상실하게 된 때, 부착명령이 가해제된 자가 그 가해제가 취소됨이 없이 잔여 부착명령기간을 경과한 때 중 어느 하나에 해당하는 경우에는 그 집행이 종료된다(같은 법 제20조). 이때 전자장치 부착기간은 이를 집행한 날부터 기산하며 초일은 시간을 계산함이 없이 1일로 산정한다(같은 법 제32조 제1항). 피부착자가 전자장치를 그의 신체로부터 분리하거나 손상하는 등 그 효용을 해한 기간은 그 전자장치 부착기간에 산입하지 아니하며 보호관찰이 부과된 자의 전자장치 부착기간은 보호관찰기간을 초과할 수 없다(같은 법 제32조 제2항).

2) 전담보호관찰관의 조치

전담보호관찰관은 전자감독법률에 규정된 종료사유가 발생하였을 경우, 기간이 경과한 때에는 부착명령기간 마지막 날이 경과한 이후, 사면 등 기간경과 이외의 사유로 종료된 때에는 그 사유가 발생한 당일에 각각 전자장치의 분리 및 회수를 한다. 이 경우 전담보호관찰관은 피부착자에게 출석을 요구하거나 주거지 등을 방문하여 전자장치를 분리하고 회수한다. 전담보호관찰관은 피부착자가 전자장치 분리 기준일에 원거리 취업, 심야시간 등 전자장치를 분리하기 곤란한 사유가 있는 때에는 기준일 이후로 전자장치의 분리시간을 조정하되, 종료 기준일이 경과한 직후 원격으로 전자장치의 전원을 해제하거나, 관제센터의 장에게 전원의 해제를 요청한다.

(2) 전자장치 부착명령의 시효

전자장치 피부착명령자는 그 판결이 확정된 후 집행을 받지 아니하고 함께 선고된 특정범죄사건의 형의 시효가 완성되면 그 집행이 면제된다(전자감독법률 제21조 제1항). 전자장치 부착명령의 시효는 피부착명령자를 체포함으로써 중단된다(같은 법 제21조 제2항).

제 3 부 전자감독제도의 운영

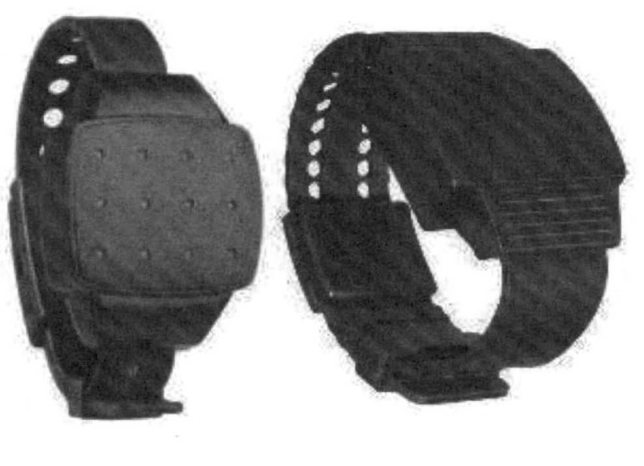

제6장 전자감독 운영현황

전자감독의 운영은 법무부가 담당하고 있다. 중앙조직은 법무부의 범죄예방정책국이며, 실제 집행은 범죄예방정책국 산하 56개 보호관찰소에서 이루어지고 있다. 각 보호관찰소에는 전자감독업무를 전담하는 직원이 지정되어 있다. 전자감독대상자의 실시간 모니터링, 경보업무처리, 수신자료의 관리 및 장치와 시스템 연구개발을 위한 특수기관으로 서울과 대전에 위치추적관제센터가 각각 설치되어 있다.

제1절 전자감독 운영조직

1. 중앙조직

전자감독운영의 중앙조직은 법무부의 범죄예방정책국이다(법무부 직제 제11조 제1항). 법무부 범죄예방정책국은 범죄예방기획과, 법질서선진화과, 보호법제과, 보호관찰과, 소년과 등 5개과로 구성되어 있다. 이 중에서 범죄예방기획과는 전자감독에 관한 인사·예산업무를, 보호법제과는 법령제정 및 연구평가업무를, 그리고 보호관찰과는 전자감독에 관한 정책기획과 일선 보호관찰소의 전자감독 업무수행의 지휘감독을 담당하고 있다.

우선 범죄예방기획과는 보호관찰기관 및 소년보호기관(소년원 및 소년분류심사원)의 시설, 예산 및 동 기관에 근무하는 보호직 공무원의 인사 등의 업무를 담당한다. 보호법제과는 보호관찰 관련 법령정비 및 신제도 연구기획, 소속 공무원 복무감독, 치료감호업무 등을 담당한다. 보호관찰과는 보호관찰·수강명령·사회봉사명령의 집행 등 보호관찰 실시, 판결(결정)전조사 및 환경개선업무, 한국법무보호복지공단 및 민간 갱생보호사업자 관리업무 등과 함께 특정

[그림 6-1] 보호관찰 조직도

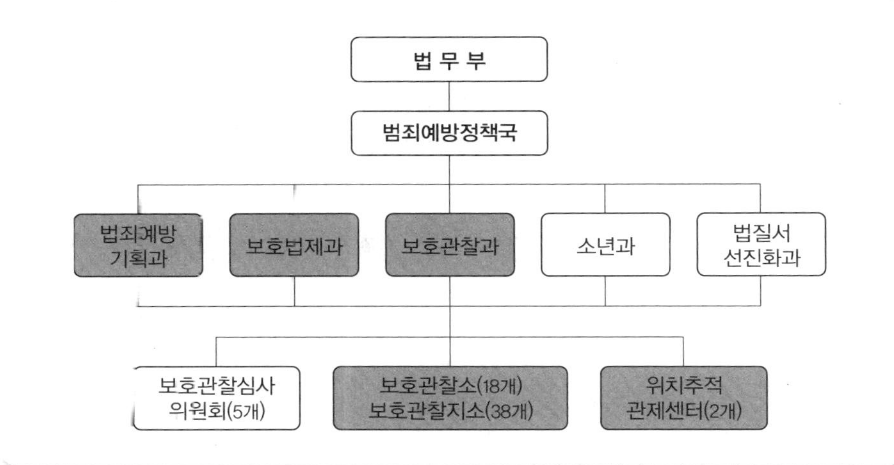

범죄자 위치추적제도, 성충동약물치료 및 성범죄자 신상공개제도 운영을 담당한다(법무부 직제 제11조 및 동 시행규칙 제7조 참조).

보호관찰의 일선조직은 전국에 5개 보호관찰심사위원회, 56개 보호관찰소, 2개 위치추적관제센터 등 총 63개 기관에 이르고 있다(2013년 6월 기준).

2. 위치추적관제센터

위치추적관제센터는 전자감독대상자의 위치추적과 관련된 기술적 위반사항을 1차적으로 점검하며, 위반과 관련된 경보를 일선기관에 이관하고 수신자료를 관리하는 업무를 수행한다. 서울 소재의 중앙관제센터는 위치추적 전자장치나 시스템의 유지보수, 신장치 제작 및 시스템 성능개선을 위한 연구개발사업을 추진하고 있다. 관제센터의 관할구역을 살펴보면, 중앙관제센터는 서울, 인천, 경기, 강원, 대구, 경북, 경남, 제주 지역 소재 보호관찰소에서 지도감독하는 전자감독대상자를, 대전관제센터는 대전, 충북, 충남, 울산, 부산, 광주, 전북, 전남 지역 소재 보호관찰소의 대상자를 각각 관리하고 있다.

중앙과 대전 두 곳의 관제센터에는 각각 전국상황을 대형스크린을 통해 한

눈에 파악할 수 있는 관제상황실이 설치되어 있다. 중앙관제센터는 관제 및 행정팀과 기술보안팀으로 구성되어[1)] 24시간 365일 무중단으로 위치추적대상자의 이동상황을 모니터하고 있다. 기술보안팀에서는 전산직 기술요원들이 배치되어 있어 전자장치 및 시스템의 기능개선 및 문제상황 정밀분석 등의 기술적 지원을 실시하고 있다. 이러한 기술지원은 전자장치 및 시스템 유지보수계약에 의하여 참여하고 있는 민간 전문기업의 파견직원들과 협업체제로 이루어지고 있다. 대전관제센터도 역시 24시간 실시간 위치추적 및 경보관리 업무를 교대로 수행하고 있다.[2)]

3. 보호관찰소와 전담보호관찰관

(1) 보호관찰소

보호관찰소는 1989년 5월 본소 12개소, 지소 6개소에 직원 271명으로 처음 출발하였다. 이후 보호관찰대상자가 증가하는 상황에서 수차례에 걸쳐 직제개정이 이루어져 현재는 전국 법원·검찰이 소재한 중·소 도시에까지 대부분 설치되었다. 2013년 6월 현재 보호관찰소는 전국적으로 본소 18개소, 지소 38개소에 직원 1,554명(보호직 1,452명, 별정직 5명, 기능직 97명)으로 구성되어 있다.[3)] 전국 56개 보호관찰소에 소속된 전담보호관찰관들이 전자감독대상자와 직접 접촉하며 이동경로를 분석하고 면밀한 관찰과 사회복귀에 필요한 조치를 통하여 지도·감독하는 역할을 수행하고 있다. 보호관찰소는 전자감독업무 이외에도 보호관찰대상자의 원활한 사회복귀와 재범방지를 위해 보호관찰의 실시, 사회봉사·수강명령의 집행, 판결·결정·청구전조사 및 범죄예방활동에 관한 사무를 관장한다.

1) 중앙관제센터 관제요원은 총 20명으로 각 5명의 4개 조로 편성되어 있다(2013년 6월 기준).

2) 대전관제센터에는 총 16명의 관제요원이 4개 조로 편성되어 있다(2013년 6월 기준).

3) 보호관찰대상자가 증가함에 따라 2002년 5월 총 35개 기관에 보호관찰직원의 수가 500명을 넘어섰고, 같은 해 8월에는 소년보호직렬 150명이 보호관찰직렬로 전직하여 정원이 700명을 상회하였다. 2007년 1월 1일 소년보호직렬과 보호관찰직렬이 전격 보호직렬로 통합되었다(법무부, 2009:96).

개청 당시 보호관찰소의 하부조직으로는 관호과, 조사과, 사무과 등이 있었다. 2005년 8월에는 신속한 의사결정과 업무경쟁체제 구축을 위하여 기존 과 단위 체계를 팀 단위 하부조직으로 재구성하는 '팀'제를 전면 실시하기도 하였다(법무부, 2005). 그러나 2011년부터는 팀제가 폐지되고 다시 과거의 '과' 편제로 회귀하였다. 현재 보호관찰소의 주요 '과' 직제는 행정지원과, 관찰과, 집행과, 조사과 등이다. 기관규모에 따라 관찰과는 소년, 성인, 고위험(전자감독)전담 등으로 세분화되고, 집행과는 수강, 사회봉사 등으로 나뉜다. 전자감독에 관한 업무는 전자감독 전담과 또는 관찰과에서 담당하고 있다.

(2) 전자감독 전담보호관찰관의 지정

보호관찰소의 장은 소속 기관의 보호관찰관 중에서 전자장치 부착명령의 집행을 전담하는 보호관찰관과 보조직원을 지정하여야 한다. 2013년 6월 현재, 전국 보호관찰소의 전자감독 전담직원은 169명이다. 상당수의 전담직원은 전자감독사건 이외에 다른 업무도 병행하고 있다. 법무부는 2008년도 전자감독 업무를 처음 시작할 당시 전자감독사건 1건을 집중보호관찰사건 4건에 해당하는 업무부담으로 간주하고 직원 간의 담당업무량을 조정하였으나, 전자감독제도를 시행한 지 약 5년이 경과한 현재 시점에는 전자감독의 업무량을 상향조정하여 일반보호관찰사건 10건이나 집중보호관찰사건 6건 정도에 해당하는 업무로 보고 있다. 또한 담당직원의 최대 사건 수는 10건을 초과하지 않도록 집행원칙을 세워 놓고 있다. 다만, 소속 직원 규모 등의 여건에 따라 담당직원의 사건 수를 조정하기 곤란한 부득이한 사유가 있는 경우 담당직원에게 10건을 초과한 사건을 분담시킬 수 있다. 하지만 이 경우에도 전자장치 부착명령 등의 사건 이외의 일반보호관찰사건의 규모는 최소화되도록 조정하고 있다. 그럼에도 불구하고 잦은 야간출동, 대상자관리의 어려움, 재범사건에 대한 언론의 관심 등에 부담을 느껴 대부분의 보호관찰관들에게 이 업무는 가장 선호되지 않는 업무 중 하나이다.

현장 사례

어느 전자감독 전담직원의 고충 사례

“전자감독 전담직원 A는 결혼하여 초등학생인 두 자녀를 두고 있다. 원래 A는 가족들과 대전에서 살고 있었다. A는 1년 전 승진과 함께 차량으로 수 시간 거리인 통영에 위치한 보호관찰소로 발령받아 근무하게 되었다. 자녀의 교육문제와 경제적인 사정으로 가족들은 대전에 계속 거주하고 A가 주말마다 집으로 돌아간다. 그러나 최근에는 교통비 등도 경제적으로 부담되고 전자감독 전담업무를 맡아 잦은 야간출동으로 체력적으로도 힘들어 2주에 한 번꼴로 집으로 가서 가족들과 시간을 보낸다. 한 번은 주말인데도 잔무가 있어 A는 토요일 오후에나 출발할 수 있었다. 그러나 2주 만에 집에 도착하여 가족들과 만난 지 2시간 만에 전자감독 경보상황이 발생하였다. 긴급한 상황이었으므로 다시 수 시간 거리의 업무현장으로 복귀하게 되었다. A가 떠날 때 A와 그의 부인은 부둥켜안고 한참이나 눈물을 흘렸다.”

출처: 이형섭(2012), “보호관찰관의 역할정체성 형성과정에 관한 연구”, 서울대학교 사회복지학 박사학위논문, p. 95.

(3) 전자감독제도와 근무형태의 변경

2008년에 처음 도입된 특정 범죄자들에 대한 전자감독제도(속칭 ‘전자발찌제도’)는 이들에 대한 24시간 감시체제를 가동케 하였다. 이에 따른 전담직원의 배치와 비상대기조 구성 등은 보호관찰관의 근무형태에 커다란 변화를 가져왔다. 특히 전자감독 전담직원이 겪는 어려움은 대단히 크다. 보호관찰관의 전체 업무 중에서 전자감독과 같은 강도 높은 통제적 기능이 차지하는 비중이 급격하게 높아지고 있다. 따라서 충분한 인력보강과 전자감독 전담직원의 업무강도에 대한 완화노력이 없이는 장기적인 전자감독제도 발전에 장애를 초래할 가능성이 높다. 통제지향적인 신제도 도입에 따른 업무량의 증가와 업무강도의 가중은 단기적으로는 보호관찰관들의 사기를 저하시키는 요인이 되기도 한다. 하지만 장기적으로 볼 때 이러한 새로운 제도는 기관의 규모와 보호관찰관의 인원수 증가, 시설 및 예산의 확충을 가져오는 긍정적인 기능도 없지 않을 것으로 보인다(이형섭, 2012:95–96).

제2절 전자감독 실시현황

1. 전자감독대상자 현황

(1) 총괄적 현황

전자장치 부착 특정 범죄자의 법적 상태는 크게 징역형 종료 후 단계, 가석방 또는 가종료 단계 그리고 집행유예 단계 등 세 유형으로 구분하고 있다. [그림 6-2]에서 보는 것처럼 2008년 9월 전자감독제도 도입 이후 전자감독 대상인원은 상당히 증가하였다. 2012년까지 5년간의 집행 누적인원은 2,292명, 전자장치 부착명령 판결은 받았지만 아직 형기가 종료하지 않은 등의 이유로 집행에 착수하지 않은 개시 이전 누적인원은 1,438명이다. 2010년 이후 성폭력범죄자에 대한 엄벌주의로 방침이 바뀐 이후에는 가석방 대신 만기석방을 원칙으로 함에 따라 가석방 인원이 감소하고 대신 형기종료 인원이 증가하였다. 다만, 2012년에는 전자감독 소급효 관련 헌법재판이 계류 중이어서 소급적용이 중단

[그림 6-2] 연도별 전자감독 집행인원(연말 기준 현재원) 추이

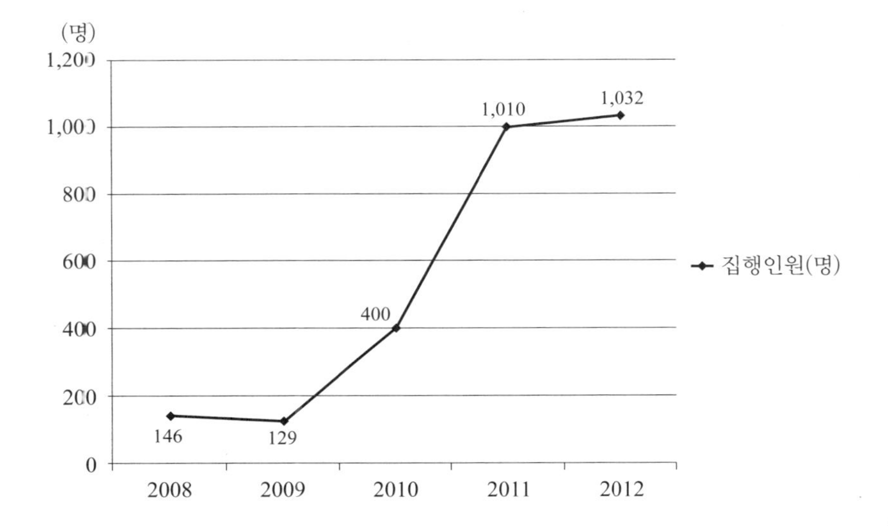

되었던 영향으로 형기종료 대상자가 2011년 대비 59.6% 감소하기도 했다.

연도별 집행인원(연말 기준 현재원)의 추이를 보면, 2008년 146명에서 2010년 400명, 2011년 1,010명으로 매년 큰 폭의 증가세를 보이다가 2012년에는 전년에 비해 약간 증가한 1,032명이었다. 전체 집행누적인원의 경우에도 2008년 188명, 2010년 1,000명, 2012년 2,292명으로 대폭적인 증가추세를 나타내고 있다.

[표 6-1]에서 볼 수 있듯이, 전자감독제도 시행 5년간의 집행누적인원을 처분별 유형으로 살펴보면, 가석방이 1,513명으로 가장 많고, 이어서 형기종료가 615명, 집행유예가 96명, 가종료 및 가출소가 68명의 순서이다.

[표 6-1] 연도별 집행누적인원

(단위: 명)

연 도	계	가석방	가종료	가출소	집행유예	형기종료		
						계	일 반	소 급
계	2,292	1,513	59	9	96	615	205	410
2008	188	186	1	0	1	0	0	0
2009	347	329	12	0	5	1	1	0
2010	465	306	12	2	29	116	18	98
2011	766	397	6	5	46	312	68	244
2012	526	295	28	2	15	186	118	68

앞서 살펴본 바와 같이 처분별 인원에서 가석방이 차지하는 비율이 아직까지는 상대적으로 높은 편에 속하지만, 형기종료 대상자의 수가 해마다 증가하고 있다. 특히 형기종료 부착명령의 경우, 그 처분의 특성상 집행이 이루어지지 않은 채 누적되는 까닭에 처분을 받았으나 아직 개시되지 않은 인원이 상당수를 차지한다. [표 6-2]를 보면 알 수 있듯이, 전자감독 제도시행 5년 동안 개시 이전 누적인원 1,438명 중 1,403명이 형기종료 대상자이다. 2013년 6월 말 현재 개시 이전 누적인원은 1,728명을 넘어서고 있다. 형기종료 부착명령의 경우에는 교도소에서 출소한 직후부터 전자발찌를 착용하게 된다(법무부, 2013).

[표 6-2] 전자감독대상자 중 개시 이전 누적인원

(단위: 명)

연 도	개시 이전					
	계	집행유예	가출소 가종료	가석방	형기종료	
					일 반	소 급
계	1,438	1	4	0	1,403	30
2008	1	0	0	0	1	0
2009	71	0	0	0	71	0
2010	298	0	0	0	290	8
2011	515	0	0	0	502	13
2012	553	1	4	0	539	9

(2) 세부 유형별 현황

1) 범죄자 유형별(사범별) 현황

성폭력범을 대상으로 시작한 전자감독은 2009년 유괴범과 2010년 살인범을 추가하며 그 대상을 넓혀 갔으며, 집행인원 누계로 성폭력범 58.86%, 살인범 41.01%, 유괴범 0.13% 순이다. 아울러 2008년 전자감독제도의 도입 이후 성폭력범죄인에 대한 가석방의 부수명령으로서 전자장치 부착명령이 활발하게 활용되었던 점과는 달리, 2009년 이후 국민적 반감을 사유로 가석방보다는 만기출소 형태로 성폭력범죄자 출소관리가 변화됨에 따라 가석방자의 상대적 점유율이 감소하였다([표 6-3] 참조).

2) 근거법률별 현황

전자감독처분의 근거법률별 실시사건 분포는 형법 67.6%, 전자감독법률 26.6%, 치료감호법 3.1%, 성폭력특별법 2.2%, 아동청소년성보호법 0.5% 순이다([표 6-4] 참조). 한 가지 특기할 사항은 2008년과 2009년의 제도도입 초창기에는 형법상 전자장치 부착, 특히 가석방대상자의 비율이 압도적이었으나 2012년에는 전자감독법률에 의거한 '형 집행 종료 후 전자장치 부착명령'의 점유비율이 거의 대등한 비율로 높아지게 되었다는 점이다. 가석방대상자의 내용적인

[표 6-3] 범죄자 유형별 누적집행인원

(단위: 명)

사 범	집행인원						형기종료		
	연 도	계	가석방	가종료	가출소	집행유예	계	일 반	소 급
전 체	총 계	2,292	1,513	59	9	96	615	205	410
	2008	188	186	1	0	1	0	0	0
	2009	347	329	12	0	5	1	1	0
	2010	465	306	12	2	29	116	18	98
	2011	766	397	6	5	46	312	68	244
	2012	526	295	28	2	15	186	118	68
성폭력	소 계	1,349	602	32	9	94	612	202	410
	2008	188	186	1	0	1	0	0	0
	2009	347	329	12	0	5	1	1	0
	2010	239	84	8	2	29	116	18	98
	2011	366	3	3	5	44	311	67	244
	2012	209	0	8	2	15	184	116	68
유 괴	소 계	3	1	0	0	1	1	1	0
	2009	0	0	0	0	0	0	0	0
	2010	0	0	0	0	0	0	0	0
	2011	2	1	0	0	1	0	0	0
	2012	1	0	0	0	0	1	1	0
살인	소 계	940	910	27	0	1	2	2	0
	2010	226	222	4	0	0	0	0	0
	2011	398	393	3	0	1	1	1	0
	2012	316	295	20	0	0	1	1	0

[표 6-4] 근거법률별 실시사건 현황

(단위: 명)

연 도	근거법률	개 시				종 료				
		계	구 수	신 수	이 입	계	기간 만료	취소 변경 등	이 송	기 타
2008	계	205	0	188	17	59	40	2	17	0
	형 법	204	0	187	17	59	40	2	17	0
	치료감호법	1	0	1	0	0	0	0	0	0
	성폭력특별법	–	–	–	–	–	–	–	–	–
	전자감독법률	–	–	–	–	–	–	–	–	–
2009	계	591	146	347	98	462	348	15	99	–
	형 법	572	145	332	95	457	347	14	96	0
	치료감호법	13	1	12	0	2	1	1	0	0
	성폭력특별법	5	0	2	3	3	0	0	3	0
	전자감독법률	1	0	1	0	0	0	0	0	0
2010	계	714	130	466	118	324	200	4	116	4
	형 법	509	114	318	77	266	196	3	76	1
	치료감호법	31	12	15	4	9	3	1	4	1
	성폭력특별법	24	3	17	4	7	1	0	5	1
	전자감독법률	150	1	116	33	32	0	0	31	1
2011	계	1,561	415	764	382	551	218	13	302	18
	형 법	857	235	415	252	462	208	9	161	3
	치료감호법	57	33	13	11	17	3	3	11	0
	성독력특별법	44	22	20	2	5	2	1	2	0
	전자감독법률	592	125	306	161	147	5	0	127	15
	아동청소년법	11	0	10	1	1	0	0	1	1

(계속)

2012	계	1,747	930	526	291	715	391	19	294	11
	형 법	896	444	298	154	535	365	11	158	1
	치료감호법	79	41	30	8	26	11	4	7	4
	성폭력특별법	57	40	11	6	16	6	2	6	2
	전자감독법률	705	396	186	123	134	8	0	123	3
	아동청소년법	10	9	1	0	4	1	2	0	1

측면에서도 변화가 있었는데, 2011년 이후 성폭력범으로 가석방되는 경우가 거의 사라짐에 따라 가석방의 조건으로 부과되는 전자감독의 대부분은 형법상의 살인범이 차지하고 있다.

3) 처분유형별 현황

2008년에는 전체 접수사건의 98.9%가 가석방사건으로 구성되었으나, 2010년부터 전자감독 소급적용자에 대한 비율이 증가하고 가석방자의 비율이 감소하는 현상을 보이고 있다.

[표 6-5] 처분유형별 실시사건 현황

(단위: 명)

연 도	처분유형	개 시				종 료				
		계	구 수	신 수	이 입	계	기간 만료	취소 변경 등	이 송	기 타
2008	계	205	0	188	17	59	40	2	17	0
	집행유예	1	0	1	0	0	0	0	0	0
	가석방	203	0	186	17	59	40	2	17	0
	가종료	1	0	1	0	0	0	0	0	0
	형기종료	–	–	–	–	–	–	–	–	–
2009	계	591	146	347	98	462	348	15	99	–
	집행유예	9	1	5	3	3	0	0	3	0

(계속)

2009	가석방	568	144	329	95	457	347	14	96	0
	가종료	13	1	12	0	2	1	1	0	0
	형기종료	1	0	1	0	0	0	0	0	0
2010	계	714	130	466	118	324	200	4	116	4
	집행유예	41	6	30	5	10	4	0	5	1
	가석방	492	111	305	76	263	193	3	76	1
	가증료	31	12	15	4	9	3	1	4	1
	형기종료	150	1	116	33	32	0	0	31	1
2011	계	1,561	415	764	382	551	218	13	302	18
	집행유예	90	32	50	8	15	6	2	7	0
	가석방	822	225	395	202	372	204	8	157	3
	가종료	57	33	13	11	17	3	3	11	0
	형기종료	592	125	306	161	147	5	0	127	15
2012	계	1,747	930	526	291	715	391	19	294	11
	집행유예	98	72	15	11	32	11	7	11	3
	가석방	865	421	295	149	523	361	8	153	1
	가종료	79	41	30	8	26	11	4	7	4
	형기종료	705	396	186	123	134	8	0	123	3

[그림 6-3]을 보면 알 수 있듯이, 2012년의 전자감독 실시사건의 처분유형을 살펴보면 가석방이 49.5%로 여전히 가장 높은 비율이며, 그 다음으로 형기종료가 40.4%로 상대적으로 비중이 높아졌고, 집행유예와 가종료는 각각 5.6%와 4.5%로 낮은 비율을 차지하고 있다.

[그림 6-3] 처분유형별 전자감독 실시인원 현황(2012년)

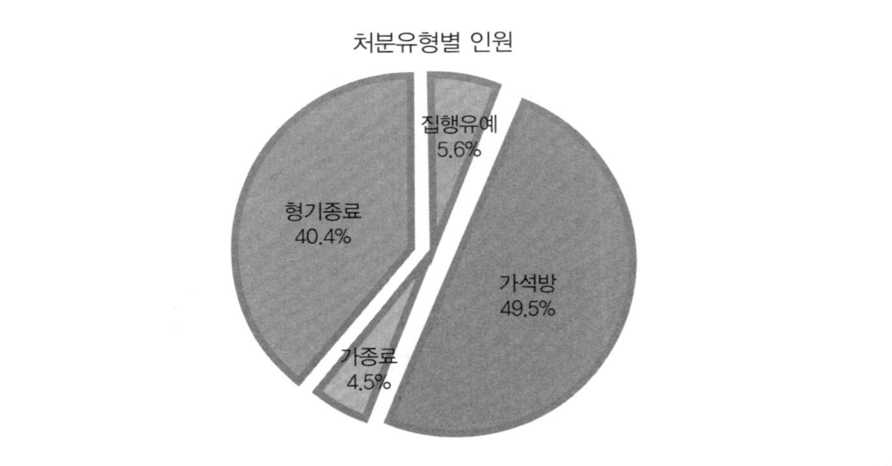

4) 전자장치 부착기간별 현황

제도도입 초창기에는 전자감독대상자가 대부분 가석방자였으므로 전자장치 부착기간은 가석방일자를 기준으로 잔여형기였던 관계로 전자장치 부착기간의 분포도에서 6개월 미만이 점유하는 비율이 2008년 82%, 2009년 66.5%를 점

[표 6-6] 전자장치 부착기간별 현황 (단위: 명)

연 도	계	3월 미만	3월 이상 6월 미만	6월 이상 1년 미만	1년 이상 5년 미만	5년 이상 10년 미만	10년 이하	20년 이하	30년 이하	31년 이상
계	3,199	313	493	483	1,386	474	44	5	1	–
2008	207	86	83	29	9	–	–	–	4)	
2009	445	135	165	98	46	1	–	–		
2010	584	65	74	76	196	64	7	2	–	–
2011	1,146	15	86	157	624	250	13	–	1	–
2012	817	12	85	123	411	159	24	3	–	–

4) 전자장치 부착기간이 30년으로 상향된 것은 2010. 7. 16.부터이다.

유하여 비교적 단기 위주로 집행되었다. 그러나 2010년 이후로는 형 집행 종료 후 전자감독의 실시인원이 증가함에 따라 1년 이상 5년 미만 전자장치 부착기간의 비율이 52.3%로 증가하였다.

[그림 6-4]는 2008년부터 2012년까지 전자감독 제도시행 5년간의 전자장치 부착기간별 누적인원을 보여 준다. 전자장치 부착기간이 1년 이상 5년 미만인 경우가 총 1,386건으로 가장 많은 비중(43.3%)을 차지하였고, 3월 이상 6월 미만이 493건, 6월 이상 1년 미만이 483건이었으며, 5년 이상 10년 미만도 474건으로 상당한 비중을 차지하였다. 2010년 이후 10년 이상은 44건, 20년 이상도 6건이 있는 등 장기 부착자가 계속 늘어나고 있어 이들이 중도에 포기하지 않고 준수사항을 지속적으로 지킬 수 있도록 다양한 처우기법의 개발이 필요하다.

[그림 6-4] 전자장치 부착기간별 누적인원 현황(2008~2012년)

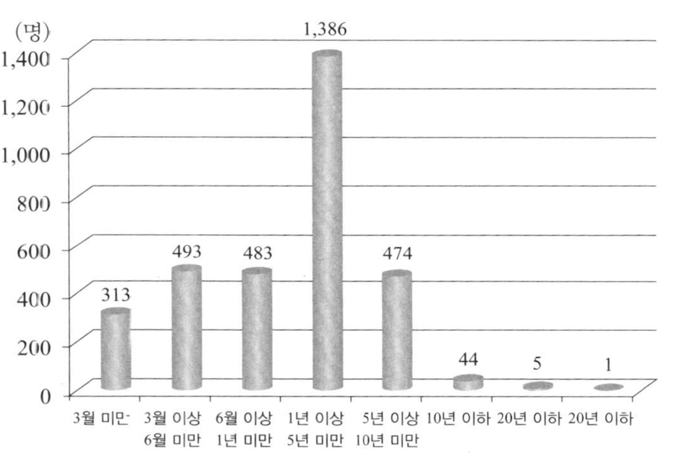

5) 전자감독대상자 연령별 현황

전자감독대상자의 연령대별 분포도를 살펴보면 [표 6-7]에서 보는 것처럼, 40세 이상 50세 미만의 대상자가 2008년부터 2012년까지 전자감독제도 시행 5년간의 누적인원 집계에서 991명으로 전체 대상자 중 30.9%로 가장 높은 비중

[표 6-7] 전자감독대상자의 연령별 현황

(단위: 세, 명)

연 도	계	19 이상 20 미만	20 이상 30 미만	30 이상 40 미만	40 이상 50 미만	50 이상 60 미만	50 이상 70 미만	70 이상 80 미만	80 이상
계	3,199	22	476	903	991	578	172	46	11
2008	207	–	70	87	37	10	3	–	–
2009	445	5	152	159	90	34	4	1	–
2010	584	7	75	148	195	119	35	3	2
2011	1,146	4	108	308	410	222	63	28	3
2012	817	6	71	201	259	193	67	14	6

을 차지하고 있다. 특기할 점은 살인범이 전자감독의 대상으로 확대된 2010년 이후에는 40세 이상의 대상자가 2009년 대비 급격하게 증가하는 현상을 보이고 있다. 이러한 현상은 살인죄의 경우 다른 범죄에 비하여 교도소 수용기간이

[그림 6-5] 전자감독대상자의 연령별 누적인원(2008~2012년)

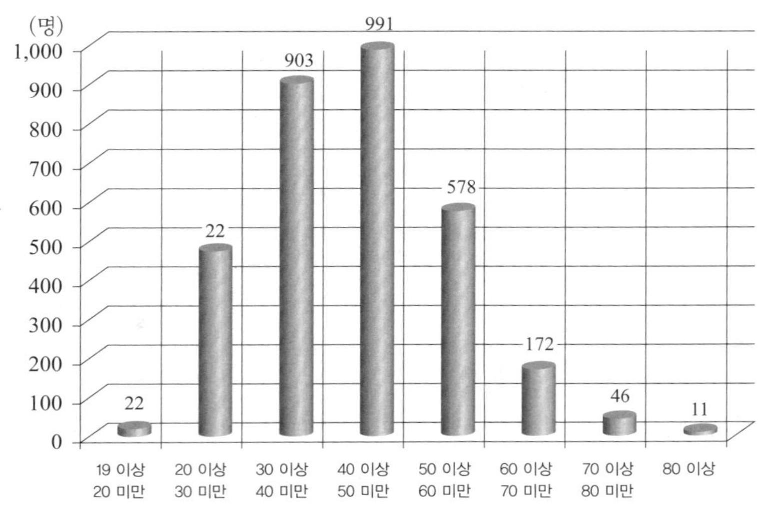

장기간이어서 출소자가 노령화되었기 때문인 것으로 분석된다.

[그림 6-5]는 전자감독대상자의 연령별 누적인원 현황을 보여 준다. 40세 이상 50세 미만이 가장 많은 비중을 차지하고 있고, 그 다음이 30세 이상 40세 미만이며, 50세 이상 60세 미만의 연령대 인원이 20세 이상 30세 미만의 연령대 인원보다 조금 더 많다는 점이 특이하다. 70세 이상의 고령자는 57명으로 전체의 1.7%이며 그중에서 80세 이상의 초고령자도 11명이나 된다.

6) 전자감독대상자의 범죄경력(전과) 현황

모든 전자감독대상자의 전과현황을 조사하지는 않았지만, 2011년 12월에 성폭력범죄로 전자감독을 받은 자 중 재범위험성이 가장 높다는 형기종료 후 전자장치를 부착하거나 소급하여 부착한 대상자 중 전자발찌 착용일이 6개월 미만인 204명에 대한 연구결과(강호성, 2012)에 의하면, 조사대상자의 전과(전체 범죄경력) 현황은 [표 6-8]과 같다. 조사대상자의 범죄경력(전과횟수) 평균은 7.5회이며, 2~4회인 경우가 30.4%로 가장 높고, 14회 이상인 경우도 12.2%나 된다.

[표 6-8] 전자감독대상자 204명의 범죄경력

구 분	1회	2~4회	5~7회	8~10회	11~13회	14회 이상
빈 도	15	62	54	30	18	25
비 율(%)	7.4	30.4	26.5	14.7	8.8	12.2

앞의 연구결과(강호성, 2012)를 [표 6-9]에서 제시한 것처럼 성폭력으로 전자발찌를 착용한 204명의 '성폭력'범죄경력(전과횟수)은 평균 2.06회이며, 성폭력전과횟수가 1회인 경우가 34.8%로 가장 높고, 성폭력전과횟수가 2회인 경우도

[표 6-9] 전자감독대상자 204명의 성폭력범죄경력

구 분	1회	2회	3회	4회	5회 이상
빈 도	71	78	31	17	7
비 율(%)	34.8	38.2	15.2	8.3	3.4

38.2%로 근소한 차이로 두 번째로 높은 편에 속한다.

7) 인구사회학적 특성 현황

강호성(2012)이 조사한 성폭력 전자발찌 부착자 204명의 인구사회학적 특성은 [표 6-10]과 같다. 조사대상자의 교육연수는 평균 9.92년으로 고등학교 1학년 중퇴의 학력수준을 나타내고 있으며, 전체 대상자의 87.7%가 고등학교 졸업 이하의 학력수준을 보이고 있는데, 일반국민 가운데 고등학교 졸업 이하의 비율이 73.1%[5]인 것에 비해 상대적으로 낮다. 월소득 수준을 살펴보면 평균 월소득 수준이 188만 9,200원으로 월소득 200만 원 미만인 경우가 전체의 47.5%를 차지하여 전반적인 소득수준이 높지 않은 것으로 나타났다.

직업별 분포는 일용노동직이 25.5%, 무직자가 25.0%, 종업원이 12.2%로 조사대상자의 62.7%가 무직이거나 일용노동자, 종업원과 같은 대체적으로 소득이 낮은 직업군에 종사하는 것으로 나타났다. 이는 원래부터 기술과 학력부족 등으로 소득이 낮은 직업군에 속해 있었거나 또는 오랜 시간 교도소에서 수형생활을 하고 출소한 전과자에 대해 우리 사회의 편견과 낙인으로 소득이 높은 직장을 구하기가 쉽지 않기 때문인 것으로 보인다(강호성, 2012:63-66).

[표 6-10] 전자감독대상자 204명의 인구사회학적 특성

변 수	구 분	빈 도	비 율(%)
교육연수	무 학	8	3.9
	초등학교	34	16.7
	중학교	38	18.6
	고등학교	99	48.5
	전문대학	13	6.4
	대학교	10	4.9
	대학원	2	1.0

5) e-나라지표, "국민교육수준(학력별 인구분포)", 검색일 2012. 4. 2.

(계속)

월소득	없 음	10	4.9
	100만 원 미만	29	14.2
	200만 원 미만	58	28.4
	300만 원 미만	29	14.2
	400만 원 미만	15	7.4
	500만 원 미만	7	3.4
	500만 원 이상	12	5.9
	결 측	44	21.6
직 업	무 직	51	25.0
	사무직	15	7.4
	일용노동직	52	25.5
	자영업	20	9.8
	종업원	25	12.2
	기 타	41	20.1

2. 전자감독 청구 및 선고 현황

(1) 청구전조사 현황

2008년부터 2012년까지 전자감독제도 시행 5년간의 전자장치 부착명령의 청구 및 선고가 늘어남과 더불어 청구전조사도 지속적으로 증가하여 왔다. 앞에서 살펴보았듯이 검사는 전자장치 부착명령을 청구하기 전에 보호관찰소의 장에게 재범위험성 여부 등에 대한 청구전조사를 실시하여야 한다. [표 6−11]에서와 같이 2009년 304건에 불과했던 청구전조사는 2010년에 3,627건으로 약 12배 증가하였다.

특히 전자장치 부착명령의 소급효를 인정한 제3차 법률개정(2010)에 따라

[표 6-11] 청구전조사 접수현황

(단위: 건)

구 분	계	2008	2009	2010	2011	2012
청구전조사	5,401	92	304	1,376	1,933	1,696
소급청구전조사	3,377	–	–	2,251	772	354
계	8,778	92	304	3,627	2,705	2,050

2010년에만 청구전조사가 무려 3,627건이 접수되었다. 이 당시에는 폭주하는 조사의뢰를 감당하기 위하여 보호관찰기관의 전체 역량을 조사업무에 집중 투입해야 했다. [그림 6-6]에서 보는 바와 같이 청구전조사는 2010년을 정점으로 2011년과 2012년 점차 감소하는 추세에 있으나 소급적용을 위한 청구전조사를 제외하고 볼 때 대체로 3년 평균 약 1,600건 정도의 추이를 보이고 있다.

(2) 전자장치 부착명령 청구 및 선고 현황

2008년과 2009년의 제도도입 초창기 2년 동안 전자장치 부착명령은 총

[그림 6-6] 연도별 청구전조사 접수현황

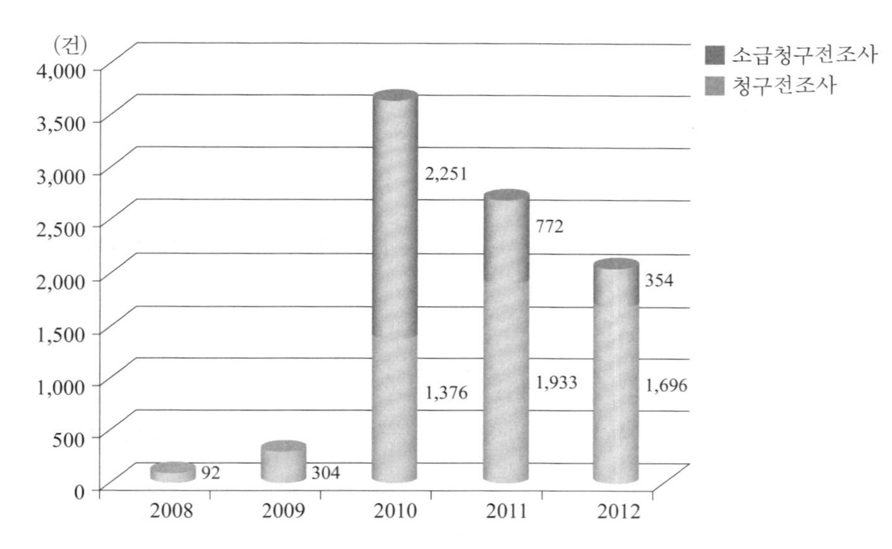

[표 6-12] 전자장치 부착명령 청구 및 선고 현황

(단위: 건)

연 도	부착명령 청구	처 리				재판 중
		계	선고(인용)	기 각	기 타	
2008	85	46	35	11	–	39
2009	259	196	167	24	5	99
2010	1,062	834	586	204	44	319
2011	1,277	1,279	685	559	35	314

344건이 청구되어 그중 202건이 선고(인용)됨으로써 부착명령 인용비율은 약 83.5%의 높은 비율을 보였다. 그러나 2010년에는 1,062건이 청구되어 834건이 처리되었고, 그중 586건이 인용되어 70.2%의 부착명령 인용비율을 보였으며, 2011년에는 53.6%로 부착명령 인용비율이 점차 낮아졌다. 2010년 이후 부착명령 인용비율이 급격히 낮아진 원인 중의 하나는 소급적용에 관한 법률개정에 따른 부착명령 소급청구가 급증하였고 법원은 인권침해 우려 등을 이유로 이들에 대해 보다 신중하게 부착명령 결정을 내리기 때문인 것으로 분석된다.

3. 전자감독대상자에 대한 제재조치 및 가해제 현황

(1) 제재조치 및 처벌 현황

전자장치 피부착자의 준수사항 위반으로 인하여 구인·유치되고 집행유예·가석방·가종료 등 원처분이 취소되거나 부착기간의 연장, 준수사항의 추가변경 등 제재조치는 [표 6-13]에서 보는 것처럼 2012년에 총 106건 실시되었다.[6] 그러나 전자감독대상자 개인별로 볼 때 구인 및 유치 건수가 기준이 될 수 있는

6) 다만, 준수사항 추가변경은 엄격한 의미에서 제재조치로 볼 수 없다. 왜냐하면 준수사항 추가변경은 피해자 접근금지나 야간외출제한명령 또는 아동보호구역 출입금지명령처럼 재범을 예방하기 위해 보호관찰관이 이전 범행내용이나 최근의 이동경로 분석을 통해 법원에 신청하는 것으로 일부는 준수사항 위반에 따른 제재수단으로 부과되지만 일부는 사전적 범죄예방수단으로 부과되므로 이 모두를 제재조치의 결과로 볼 수는 없다.

[표 6-13] 전자감독대상자에 대한 제재조치 현황

(단위: 건)

연 도	구 인	유 치	집행유예 취소	가석방 취소	가종료 등 취소	부착기간 연장	준수사항 추가변경
2008	2	2	–	2	–	–	–
2009	7	6	–	10	1	–	–
2010	20	6	17	5	1	1	5
2011	11	9	2	8	2	–	15
2012	43	10	4	8	4	–	37

데, 2012년에 총 43명이 구인되고 그중에서 유치된 경우는 10건이다.

(2) 전자장치 훼손에 대한 처벌현황

전자감독대상자의 의무위반 중에서는 전자장치 훼손이 가장 중요하게 다루어지고 있다. 제도시행 후 훼손사건 수는 2010년 10건, 2011년과 2012년 각 12건으로 조금 증가하였으나, 2010년 스프링강(鋼)을 삽입한 전자발찌 보급 이후부터는 전자감독대상자가 급증하였음에도 불구하고 훼손비율은 2010년 1.40%

[표 6-14] 전자장치 훼손 및 처벌 현황

(단위: 건)

연 도	실시사건	훼손건수	훼손비율 (%)	처 벌		
				벌 금	징 역	기 타
2008	206	1	0.49	1	–	–
2009	591	5	0.85	2	3	–
2010	714	10	1.40	1	8	1
2011	1,561	12	0.77	5	5	2
2012	1,747	12	0.60	1	10	1
계	4,819	40	0.83	10	26	4

출처 : 법무부 보호관찰과 내부자료.

를 정점으로 2011년 0.77%, 2012년 0.60%로 오히려 감소하였다. 한편, 전자장치 훼손 후 도주자는 19명이었는데 모두 검거되었다.

전자장치 훼손을 방지하기 위하여 전자발찌 스트랩에 강철을 삽입하여 사용하는 나라는 현재까지 없으며, 미국 영국 등 전자감독제도를 실시하고 있는 외국의 훼손비율은 나라마다 다소 차이를 보이고 있으나 약 1~2%로 우리나라 훼손비율 0.88%보다 높다(법무부 내부보고, 2011).

피부착자가 전자장치를 훼손하는 경우 법정형은 7년 이하의 징역이나 2천만원 이하의 벌금에 처하도록 규정되어 있다. 2012년 말까지 전체 훼손사건 40건 중 벌금형이 10건이고 징역형은 26건이며, 징역형의 대부분도 6개월 미만이라

[표 6-15] 전자감독 가해제 현황

(단위: 건)

구분		2010년			2011년			2012년		
		계	가해제	가해제 취소	계	가해제	가해제 취소	계	가해제	가해제 취소
소 계		1	1	–	38	38	–	143	142	1
형 법	집행유예	–	–	–	–	–	–	–	–	–
	가석방	1	1	–	37	37		143	142	1
치료감호	가출소	–	–	–	–	–	–	–	–	–
	가종료	–	–	–	–	–	–	–	–	–
성폭력 특별법	집행유예	–	–	–	–	–	–	–	–	–
전자감독 법률	일반 형기종료	–	–	–	–	–	–	–	–	–
	소급 형기종료	–	–	–	1	1	–	–	–	–
아동 청소년	집행유예	–	–	–	–	–	–	–	–	–

출처 : 법무부 통계보고 참조.

서 전자장치 훼손사범에 대한 처벌이 상대적으로 너무 약한 실정이다.

(3) 가해제 현황

전자감독대상자가 준수사항 등을 성실히 이행하고 재범위험성이 없다고 판단되는 경우에는 전자장치 부착기간 중에도 집행을 중지하는 가해제를 실시할 수 있다. 가해제는 본인, 법정대리인, 그리고 보호관찰소장의 신청에 따라 보호관찰심사위원회에서 결정한다. [표 6-15]에서 보는 것처럼 2010년에는 가해제가 단 1건 인용되었지만, 2011년에는 38건, 2012년에는 143건으로 대폭 증가하였다. 이에 비하여 가해제 취소는 2012년에 단 1건 발생하였다. 전자감독 가해제의 대부분은 형법상의 살인범 가석방대상자에 대해 실시되었으며, 성폭력사범에 대한 가해제는 2011년에 단 1건 실시되었다.

(4) 전자감독대상자에 대한 원호활동

[표 6-16]에서 보듯이 법무부는 전자감독대상자의 원활한 사회복귀를 위하여 숙소알선, 취업지원 등 원호도 실시하고 있는데 매년 큰 폭으로 증가하고 있다. 예를 들면, 2009년 8건에 불과하던 숙소알선조치는 2010년 17건, 2011년

[표 6-16] 전자감독대상자에 대한 원호현황

(단위: 건, 명)

연 도	숙소 알선	취업 알선	직업 훈련	복학 주선	경제구호 등		문신 제거	기 타
					인 원	금액(천 원)		
계	115	34	152	1	1,965	–	8	188
2008	–	–	5	–	5	1,531	–	–
2009	8	1	30	–	46	10,991	2	4
2010	17	1	36	–	106	567,001	4	–
2011	37	12	43	–	543	34,048	–	50
2012	53	20	38	1	1,265	60,445	2	134

출처 : 법무샘 통계보고 참조.

37건에 이어 2012년에는 총 53건이 실시되었다. 경제구호의 경우에는 2011년 543건에서 2012년 1,265건으로 2배 이상 증가하였다.

이처럼 전자감독대상자를 지원하는 원호조치를 활성화하는 이유는 전자발찌만 채워 놓는다고 재범이 방지된다고 볼 수 없으며, 전자감독대상자들의 재범방지를 위해서는 이들에게 안정된 직업을 통한 경제활동을 가능하게 하고 가족관계 회복을 통한 가족 내 지원체계를 보다 견고히 구축해 주는 것이 필요하기 때문이다. 전자감독대상자들의 월수입이 50만 원 증가할수록 재범가능성은 약 24%씩 감소한다는 연구결과도 나와 있듯이 경제적 자립이 재범방지에 핵심적인 부분이라고 할 수 있다(강호성, 2012:96).

4. 전자감독 담당직원 및 전자장치 현황

(1) 전자감독 전담직원 현황

2013년 6월 기준으로 전담보호관찰관 56명을 포함하여 총 169명의 전담직원이 지정되어 전자감독대상자를 지도감독하고 있다. 이들은 전자감독대상자의 일일상황을 점검하고 관제센터로부터 이관된 경보를 처리하며 필요시 현지 출장확인, 대상자 면담 등을 실시하며, 제재조치나 원호활동에 관여하고 있다. 2013년 6월 기준 전담직원 평균 업무담당기간은 11개월이다.

전자감독업무만을 전담하는 직원은 평균 13명의 전자감독대상자를 담당하고 있으며, 전자감독업무 이외에 일반보호관찰업무도 병행하는 직원은 전자감독 8건과 평균 67건의 일반보호관찰사건을 병행하여 담당하고 있다([표 6-18] 참조). 외국의 경우 일반보호관찰사건 기준으로 약 40건의 사건을 담당하는 것을 이상적으로 보고 있는 점을 고려할 때, 우리나라 전자감독 전담직원의 업무량이 매우 과중한 수준임을 알 수 있다.

[표 6-17]에서 보는 바와 같이 전담직원의 직급은 7급이 37.6%이며, 8급이 30.3%, 6급이 21.2%로 대부분 다년간 보호관찰경력이 있는 직원들이 전자감독 업무를 담당하고 있다.

[표 6-17] 전자감독 전담직원의 직급별 현황(2013년 6월 기준)

구 분	계	6급	7급	8급	9급
인원(%)	165명 (100%)	35명 (21.2%)	62명 (37.6%)	50명 (30.3%)	18명 (10.9%)

[표 6-18] 전자감독 전담직원의 업무량

구 분	2013년 6월	2012년	2011년
전자감독사건 1인 평균 담당건수	13건	8건	7건
일반보호관찰사건 1인 평균 담당건수	67건	94건	87건

야간·휴일 등에 발생하는 전자감독 경보처리를 위하여 기존에는 보호관찰소 모든 직원을 비상대기조에 편입하여 운영하였다. 그러나 2013년 3월 14일부터는 전자감독 신속대응팀을 구성하여 운영 중에 있다. 전자감독 신속대응팀은 전자감독대상자가 준수사항을 위반할 때 발생하는 제반 경보에 24시간 신속하게 대응하고, 특히 재범위험성이 높은 대상자에 대한 불시 현장출동 등의 업무를 처리하기 위하여 구성되었다. 전자감독 신속대응팀을 구성하기 위하여 무도 3단 이상의 유단자 42명을 기간제근로자로 특별채용하였다. 전자감독 신속대응팀은 이들과 기존의 전담직원을 혼성 편재한 것으로, 전담반 구성으로 인하여 24시간 365일 전자감독 경보상황에 즉각적인 대응태세를 갖추게 되었다. 전자감독 신속대응팀은 2013년 6월 현재 전국 56개 보호관찰소 중 대상자 숫자 등을 고려하여 우선적으로 서울 등 26개 기관에 설치하여 운영 중이다. 향후 예산확보를 통해 현재 전자감독 신속대응팀을 운영하지 않는 기관에도 조속히 실시하는 것이 바람직할 것이다.

(2) 전자장치 현황

전자장치는 시행 초기인 2008년에 500세트를 제작하였고, 이후 매년 성능을 개선하여 2009년 700세트, 2011년 800세트, 2012년 715세트를 추가 제작하여 총 2,715세트를 제작하였다.

통상 전자장치의 사용연한은 3년이므로 2008년에 제작한 500세트는 불용처분하여, 2013년 6월 현재 가용 전자장치는 약 2,300대 수준이다. 그러나 전자장치의 교체, 일시분리나 재처리 등을 위한 전자장치의 회전율(예비율)을 약 30% 정도로 보고 있으므로 현재 상태에서 정확한 의미의 적정 가용장치는 1,500대 수준이라고 할 수 있으며, 전자감독 대상인원이 2013년 6월 현재 약 1,200명이므로 부족하지는 않다. 전자장치는 부족하면 안 되지만 그렇다고 너무 여분을 많이 보유하는 것도 예산낭비가 될 수 있다. 또한 전자장치는 신제품을 제작할 때마다 새로운 기술개발 내용이 반영되기 때문에 너무 많은 재고를 보유하면 그만큼 효용성이 떨어진다. 그러므로 적정 장비수요량을 예측하여 전자장치를 제작하고 보유하는 것이 중요하다.

제7장 전자감독의 기술적 기반

현행 전자감독의 기술적 기반은 크게 범죄인의 위치를 파악하는 측위기술인 '위치추적기술'과 위치확인 및 이동경로 탐지에 사용되는 기계적 설비인 '위치추적 전자장치'로 구분된다. 위치추적기술은 1차적으로 '위성항법시스템'(GPS) 기술에 의존하고 있다. 그러나 이 기술은 실내나 지하에서는 적용되기 어려우므로 보조적으로 '코드분할다중접속방식'(CDMA) 이동통신망의 기지국을 이용한 측위방식을 병행하고 있다. 또한 전자감독대상자가 주거지 또는 특정장소에 장기간 머무르는 경우에는 '무선주파수'(RF)통신방식을 이용한 재택감독 방식을 채택하여 위치추적의 효율성을 높이고 있다. 한편 위치추적 전자장치와 관련하여 우리나라에서는 '휴대용 추적장치', '부착장치', 그리고 '재택감독장치' 등 세 가지 유형의 장치가 1개의 세트가 되는 분리형 전자장치 구성방식을 채택하고 있다.

이하에서는 우선 위성항법시스템(GPS), CDMA 이동통신기술, RF 통신기술 등을 중심으로 위치추적기술을 살펴보고, 전자감독에 적용될 수 있는 차세대 측위기술에 대하여 전망해본다. 또한 전자장치와 관련해서는 전자장치의 유형과 기술적 고려사항 등 개괄적인 내용을 살펴보고 해외의 전자장치를 소개한다. 이어서 우리나라에서 개발되어 현재 운용되고 있는 전자장치를 구체적으로 알아본다.

제1절 위치추적기술

1. 위성항법시스템(GPS) 위치추적기술

(1) 위성항컵시스템(GPS)의 기술적 특성

1) 위성항법시스템(GPS)의 의의

위성항법시스템, 즉 GPS(Global Positioning System)는 위성에서 보내는 신호를 수신해 사용자의 현재 위치를 계산하는 것으로 현재 가장 일반적으로 운용되고 있는 범지구적 위치결정시스템이다.[1] 주로 항공기, 선박, 자동차 등의 내비게이션 장치에 쓰이고 있으며, 최근에는 스마트폰, 태블릿 PC 등에서도 많이 활용되는 추세이다. 원래 GPS는 미국 국방성에서 폭격의 정확성을 높이기 위해 군사용의 목적으로 개발한 것으로서 공식명칭은 NAVSTAR[2] GPS이다. 무기유도, 항법, 측량, 지도제작, 측지, 시각동기 등의 군용 및 민간용 목적으로 사용되고 있다.[3] 24개 위성[4]이 기본설계로 되어 있으며, 이들 위성을 이용하여 위도, 경도, 고도, 속도 및 시간 정보를 얻는다. 현재는 29개 위성이 배열되어 있다. 위성의 이동주기는 11시간 58분이며 고도는 약 20,183~20,187km에 위치하여 있다. 위성의 궤도는 여섯 개의 경사궤도면이 있는데 적도면과 55도 각도를 이루고 있으며, 각 궤도면에 네 개의 위성이 위치하여 있다. 각각의 인공위성에는 4개의 원자시계가 탑재되어 있는데 매우 정확한 시간정보를 제공하여 3

---

1) 위성항컵시스템(GPS)은 미국에서 개발하여 운용하고 있는 것이며, 2011년부터 러시아는 GLONASS라는 위성을 이용한 자체적인 위치결정시스템을 운영하고 있다. 또한 EU에서는 '갈릴레오'라는 위성을 이용한 위치결정시스템을 구축 중이며, 대한민국도 2013년부터 이 사업에 참여하고 있다.

2) NAVSTAR는 원래 약자가 아니다. 그러나 종종 NAVigation System with Timing And Ranging의 약자라고 하는 경우도 있다.

3) GPS 위성은 미국 공군 제50우주비행단에서 관리하고 있다. 노후 위성의 교체와 새로운 위성발사 등 유지와 연구, 개발에 필요한 비용은 연간 7억 5,000만 달러에 이른다. 그러나 GPS는 전 세계에서 무료로 사용가능하다. 최초 군사용으로 시작된 GPS는 민간부분에 개방됨으로써 지도 및 토목측량 부분의 산업계와 Navigator 등의 개인부분으로 발전되어 개인위치정보 획득 외에도 차량위치관제, 물류관제 등의 분야에서 널리 사용되고 있다.

4) 이 중 21개 위성이 항법용이고 세 개는 예비용 위성이다.

[그림 7-1] GPS의 위성궤도

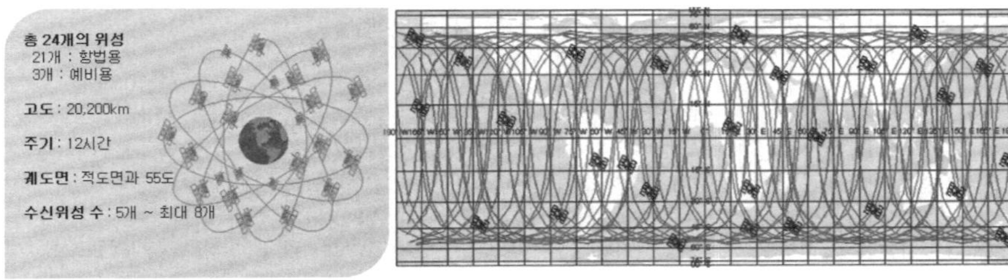

만 6,000년에 1초의 오차가 발생할 정도의 정밀도를 가지고 있다.

위성과 수신기의 거리는 빛의 속도와 경과시간을 통하여 구한다. GPS 위성이 보내는 전파에 담긴 시간정보를 수신기에서 받은 시간과 비교한 후 시간차이에 따른 빛의 이동거리를 계산한다면 GPS 위성과 측정위치와의 거리를 구할 수 있다. GPS 측위 원리는 삼각측량의 원리를 적용하여 각 위성에서 수신되는 신호의 신호지연(delay)을 빛의 속도로 곱하여 계산하는 것이다. 만일 우리가 GPS 위성의 위치와 거리를 정확하게 알 수 있다면 세 개의 GPS 위성만 있어도 정확한 위치를 알 수 있다. 하지만 실제로는 위성에 장착된 시계와 수신기에 장착된 시계가 일치하지 않아 오차가 발생하기 때문에 이것만으로는 거리를 정확하게 계산할 수 없다. 따라서 네 개 이상의 GPS 위성에서 전파를 수신해야 정확한 위치를 파악할 수 있게 된다. 한편 위성의 일반용 위치정보는 L1(1,575.42MHz)을 통해, 군사용 위치정보는 L2(1,227.60MHz) 밴드를 통해 각각 코드분할방식으로 지상에 전송된다.

2) 위성항법시스템(GPS)의 유형

GPS는 우선 사용목적에 따라 군사용, 산업용 및 일반상용 GPS로 나뉜다. 원래 GPS 기술은 미국이 군사적 목적으로 개발한 것으로서 오차의 범위가 1m 이내에 이르는 매우 정확한 기술이다. 미국 정부가 GPS 정밀도를 제한하기 위해 고의적으로 보냈던 잡음인 '선택적 유용성'(SA: Selective Availability)을 해제한 2000년 이후에 본격적으로 상용화되었다.

[그림 7-2] 산업용 GPS 단말기

〈토목공사용 GPS 휴대측정기〉

GPS 측위오차: 정지 시 10mm 이내
실제 측위오차: 약 1m 이내
GPS Engine: Topcon

〈교각건설용 GPS 고정측정기〉

GPS 측위오차: 정지 시 5mm 이내
GPS Engine: Topcon

출처: TOPCON 홈페이지(http://global.topcon.com).

산업용 GPS는 정밀한 기계를 이용하여 교각건설 등에 활용되는 것으로 오차의 범위가 군사용에 버금갈 정도로 매우 정확하다. 그러나 이러한 위치측위를 위해서는 매우 고가의 전용단말기를 사용하여야 하기 때문에 일반적 목적으로 상용되기에는 어려운 단점이 있다. 따라서 범죄자의 위치측위에 사용되는 GPS 기술도 차량용 내비게이션 등에 적용되는 일반상용 GPS 기술을 사용하고 있다.

일반용 GPS 유형으로는 S(standalone)-GPS 방식과 A(assisted)-GPS 방식이 대표적이다. [표 7-1]에서 보듯이 S-GPS는 GPS 위성신호를 다른 부분의 도움

[표 7-1] S-GPS와 A-GPS의 장단점 비교

항 목	Standalone GPS	vs.	Assisted GPS
Cold Start (초기 Setup 시 장치작동)	수분~수 십분	〈 측위신속성	10초
Hot Start (1~2분 GPS 미수신 시 장치 재작동)	10~60초	〈 측위신속성	10초

(계속)

최소 보고주기	10초	=	10초
통신망 장애 시	GPS 수신 가능	〉 통신망 장애 시 측위 가능	GPS 측위 불가
배터리 소모량	대	〈 전력제어 가능	중

없이 스스로 측정하고 계산하는 것으로서 차량용 내비게이션 등에 사용되고 있다. 반면 A-GPS는 단말기가 GPS 위성으로부터 받은 위치정보를 이동통신망의 PDE(Position Determination Entity)에 전달하여 PDE가 단말기의 위치를 계산하는 방식이다. 위성신호는 단말기가 수신하지만, 위성신호를 분석하는 기초정보 제공 및 실제 단말기 위치 계산 등은 통신망에서 수행하기 때문에 '도움을 받는(assisted)' GPS 방식이라 불리는 것이다.

2013년 6월 현재 우리나라는 A-GPS 방식을 채용하고 있지만, 2014년 이후에는 S-GPS와 A-GPS를 병용하는 체제로 전환될 예정이다.

3) 위성항법시스템(GPS)의 정확도

GPS는 대기층에 의한 잡음, 건물이 밀집된 곳 등에서의 다중경로 현상, 위성의 배치상황 등에 의하여 오차가 발생할 수 있다([그림 7-3] 참조). 구체적으로는 인공위성 시간오차가 0~1.5m, 인공위성 위치오차가 1~5m , 전리층 및 대류층 굴절오차가 각각 0~30m, 수신기 잡음오차가 0~10m, 다중경로에 의한 오차가 0~1m, 위성 선택오차가 0~70m 범위 내에서 발생할 수 있다(법무부, 2012). 이러한 모든 상황을 종합적으로 적용할 때 통상 일반용 GPS의 공식적인 오차범위는 10~22m로 알려져 있으며, 실제 위치추적에 사용되는 GPS의 오차는 평균 약 10m 정도로 보고되고 있다(법무부, 2011).

(2) 위치추적 전자감독과 GPS 기술

위치측위기술을 적용하는 방식은 [그림 7-4]와 같다. 즉, 위성에서 송신된 위치정

[그림 7-3] GPS의 오차발생 원인

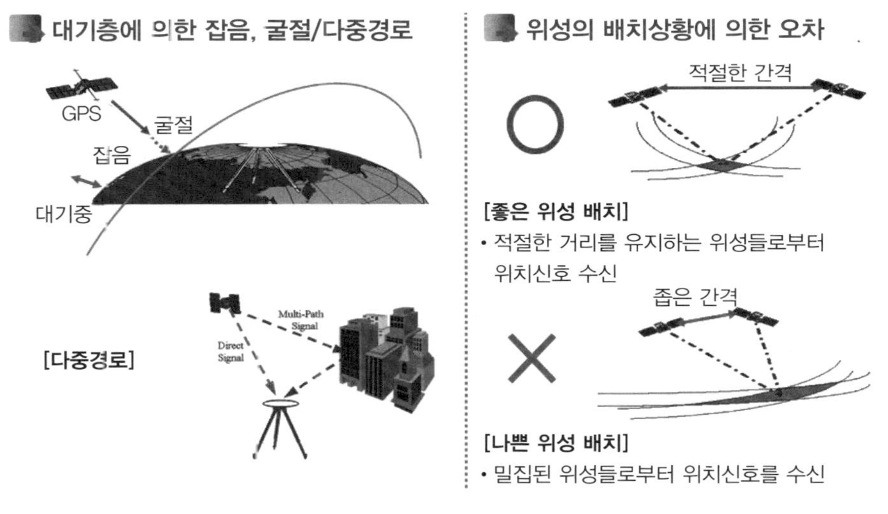

[그림 7-4] GPS의 위치추적 전자감독 적용방식

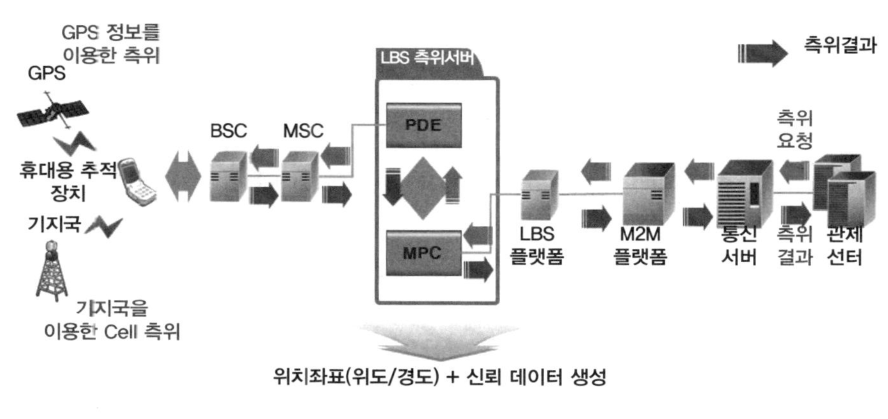

보가 휴대용 추적장치에 수신되어 통신회사의 이동통신망과 위치기반서비스(LBS)를 이용하여 관제센터에 전송됨으로써 전자감독대상자의 현재위치가 측정된다.

2. 코드분할다중접속(CDMA) 이동통신기술

(1) CDMA 통신기술의 특성

1) CDMA 방식의 의의

코드분할다중접속(CDMA: Code Division Multiple Access)은 미국의 퀄컴(Qualcomm)사에서 개발한 확산대역기술을 이용한 디지털 이동통신방식으로 다수의 사용자들이 동시에 시간과 주파수를 공유하며 접속이 가능한 '다중접속'(multiple access)방식의 하나이다. 이동통신은 주파수라는 한정된 자원을 이용하기 때문에 쓸 수 있는 분량이 제한된 주파수 자원을 여러 사람이 효율적으로 함께 쓸 수 있도록 해 주는 다중접속이 필수적인 기술이다. 다중접속기술에는 FDMA(주파수분할다중접속), TDMA(시분할다중접속), CDMA 등의 방식이 있다.

이 중 CDMA 방식은 대역확산기술을 이동통신에 적용한 것으로 보내고자 하는 신호를 그 신호의 주파수 대역보다 아주 넓은 주파수 대역으로 확산시켜 전송하는 방식이다. '대역확산'이란 정보통신의 근간이 되는 이론으로 그 내용의 요체는 정보율(C)을 높이기 위해서는 송신출력을 높이는 것보다는 대역을 넓히는 것이 효율적이라는 것이다. 같은 공간(주파수 대역)에서 모든 사람들이 동시에 대화를 하되 서로 다른 언어(코드)로 얘기하게끔 한다고 여기면 된다. 따라서 이렇게 하면 동시에 대화할 수 있는 사람 수를 크게 늘릴 수 있다. FDMA와 비교할 때 TDMA는 약 3배, CDMA는 약 11배 정도의 용량 증가효과가 있다.

코드분할방식(CDMA)은 서로 직교(orthogonal)하는 코드로서 원신호 값을 변환(Modulation)하여 구분하는 방식이다. 자연현상에서 나타나는 직교하는 코드의 예는, 매우 시끄러운 장소(지하철, 운동장 등)에서 애인의 목소리를 구분하거나 숲 속의 새들이 자신의 새끼가 내는 소리를 구분하는 것 등이다. 따라서 CDMA는 다른 방식에 비하여 통화품질이 우수하고 통화절단율도 훨씬 낮다. 또한 여러 방향에서 오는 전파들을 각각 수신하여 그 세기를 더할 수 있어 수신 신호의 품질이 깨끗하며 전력소모도 적어 배터리의 수명이 길어지는 장점이 있다. 우리나라에서는 1995년 연구개발에 성공하여 세계에서 처음으로 1996년 1월부터 서비스가 시작되었다.

2) CDMA 방식의 보안성

CDMA 방식은 각각의 사용자가 서로 다른 코드를 이용하므로 통신비밀보호에 유리한 장점이 있다. 즉, 대역확산이라는 기술을 적용함으로써 전송하려는 신호의 전력밀도가 낮아져서 신호의 존재 유무를 검출하기 어렵고 수신기에서 수신된 신호를 역으로 확산시키는 과정에서 원래의 신호를 만들어 내기 위해서는, 확산할 때에 사용한 부호를 정확히 알고 있어야 하므로 통신의 비밀이 보장된다. 또한 외부의 방해신호는 역확산 과정에서 반대로 확산되므로 통신을 방해하지 않는다([그림 7-5] 참조).

[그림 7-5] CDMA 코드와 보안

CDMA: 코드를 알아야 내용을 알 수 있다

단말기용 코드

- **CDMA 단말기에 적용되는 코드는 단말기 장치번호(ESN: Electronic Serial Number)를 이용하여 242–1의 주기를 가지며 이 주기는 약 41.125일의 시간주기이다.**
- **CDMA의 모든 기술을 습득하고 관련된 모든 장비를 소유하여도 임의의 CDMA 신호를 해킹하기 위하여서는 신호 획득 후 최소 41.25일의 시간이 필요함.**

(2) 위치추적 전자감독과 CDMA 통신기술

1) 위치추적신호의 송수신

CDMA 통신방식이 위치추적 전자감독의 기술적 구성에서 차지하는 비중은 매우 크다. 휴대용 추적장치가 GPS 위성에서 수신한 위치정보는 이동통신망 사업자가 제공하는 상용 이동통신서비스를 통하여 관제센터에 전송된다. 이때 사용되는 통신방식이 바로 CDMA 방식이다. 뒤에서 설명하겠지만 GPS 기술의 경우, 그 위치정보를 제대로 수신할 수 없는 환경에서는 보완적인 방식에 의해서 위치추적이 정상적으로 진행될 수 있다. 반면 CDMA 통신에 장애가 발생하는 경우에는 위치추적이 중단되는 결과가 초래될 수 있기 때문에 전체 시스템에서 차지하는 기술적 중요도는 매우 높다.

2) 위치추적의 보조적인 측위방식

CDMA 이동통신의 기술은 GPS 기술을 보완하여 위치추적 전자감독대상자의 현재위치를 파악하는 데 사용되고 있다. GPS 위성신호는 대상자가 실내나 지하시설물에 진입할 경우, 신호가 차단되어 위치를 파악할 수 없는 한계가 있다. 이때 이동통신사의 기지국에 송신되는 CDMA 신호를 패턴매칭(P-cell 방식) 또는 단일측량(cell 방식)하여 위치를 확인하는 방식을 병행한다. 그러나 이러한 측위방식은 GPS 위치측위방식에 비하여 정확도가 상대적으로 떨어지기 때문에 보완적인 측위방식으로 사용된다. 95% 신뢰수준에서 P-cell 방식의 오차범위는 약 50m에서 255m 사이이며 Cell 방식은 오차가 수백 미터에서 최대 4km까지 발생할 수 있다.

따라서 시스템에는 측위방식의 우선순위가 GPS 방식, P-cell 방식, 그리고 Cell 방식의 순서로 부여되어 있는데, 보다 정확한 측위방식이 적용될 수 없는 환경에서만 다음의 측위방식이 자동적으로 적용된다. 한편 지하철 이용구간에서는 이동통신망 사업자가 별도의 지하 송수신안테나(Beacon)를 설치하여 통신

[그림 7-6] 광의의 RF 통신 개념도

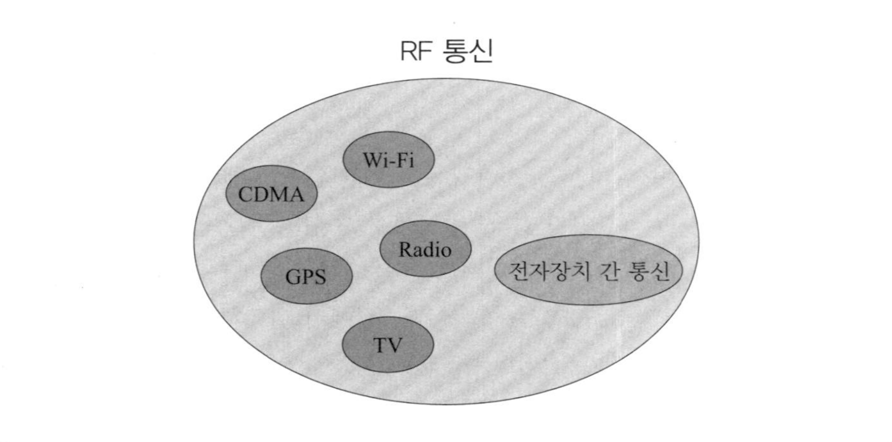

서비스의 질적 수준을 향상하기 위하여 노력하고 있는데, 이 설비는 지하철에서 위치추적을 하는 데 유용하게 활용된다. 참고로 비콘(Beacon)[5] 측위의 정확도는 GPS 방식과 P-cell 방식의 중간 정도이다.

3. 무선주파수(RF) 통신기술

(1) RF 통신의 의의

1) RF 통신의 개념

RF(Radio Frequency)란 무선주파수 또는 방사주파수라는 뜻으로, 전자기파 주파수 대역을 통한 무선통신 및 고주파를 활용한 장비 또는 연구공학 분야를 일컫는 용어이다. 어원적으로 'R(Radio)'는 원래 무선(wireless)을 의미하며 이것이 변천되어 전파에 의한 음성방송과 이를 수신하는 기기, 즉 수신기를 지칭하게 되었다.[6] 'F(Frequency)'는 주파수를 의미하는데, 이는 진동하거나 변화하는 전류에서 초당 교류의 방향이 바뀌는 완전한 사이클 수를 의미한다. 모든 신호는 주기적 교류파형 형태를 가지며, 주기는 신호가 다시 원래 위치로 돌아오는 시간을 의미한다. 주파수는 주기의 역수로 결국 1초 동안 몇 번이나 진동하는지를 나타내는 진동수이며 표준단위는 헤르츠(Hz)이다. RF의 일반적인 의미로는 무선전파를 사용하는 모든 통신방식을 말하며, 전자감독에 국한해서는 부착장치와 휴대장치, 부착장치와 재택장치 간 통신방식을 의미한다.

2) RF 통신의 기술적 특성

일상생활에서 우리가 흔히 'RF'라고 칭하는 기술적 영역은 신호를 고주파로 올려서 각종 증폭, 필터링 등의 과정을 거쳐 보내고 받는 기계장치의 무선 송·

---

5) 원래 비콘(Beacon)은 선박항해용어로 항행의 안전성을 확보하기 위해 빛·형상·색채·전파 등으로 안전한 항로를 표시하기 위해 설치하는 목표물 또는 신호장치를 총칭하는 말이지만(해양과학대사전, 2005), 일반적으로는 교차로 신호등에 적외선 무선신호 등의 전송장치를 부착하여 차량과 데이터를 송수신할 수 있는 장치를 말한다(지식경제사전, 2010).

6) '라디오(radio)'는 일반적으로 대중에게는 전파음성방송을 의미하는 공중파 라디오를 지칭하는 용어로 사용되고 있다. 이는 전파란 것이 처음 알려지기 시작하면서 대중에게 가장 친숙한 무선 매체가 되었기 때문이다.

수신부를 말하며, 안테나와 그 안테나로 전파를 쏘고 받기 위한 각종 회로, 구조물, 주변장치 등으로 구성되어 있다. 주의할 점은 무선장치 전체를 RF라고 하지는 않는다는 것이다. 다시 말해 RF는 무선 송수신장치에서도 데이터를 유선으로 보내지 않고, 무선화해서 보내기 위해 존재하는 각종 아날로그 신호처리 부분을 말한다.

무선통신은 전자기파(electromagnetic wave), 즉 공기 혹은 부도체를 매질로 하는 전자기적 파동이 전해지는 현상을 통해 이루어진다. 이때 전자기파는 장애물에 의해 회절되거나 소산되는 파동의 일반적인 특징을 가지고 있기 때문에 지면의 평탄도, 대기환경 등 자연환경적 요소에 영향을 받는다. 또한 가전제품, 지하철, 전력선, 건물의 실내구조 등 전파출력장치나 지형지물의 간섭도 많이 받게 된다.

RF 통신장치에서 전파로 신호를 변환해서 보내고 받는 안테나 이외의 부분은 모두 선로로 연결된 유선회로인데, 안테나는 이러한 유선상의 교류(AC)신호를 전자기파로 변환해 주는 역할, 또는 그 반대 역할을 하고 있다. 따라서 안테나의 길이나 위치는 통신감도에 영향을 많이 미친다.

3) RF 통신과 주파수 대역

전자기파 자체는 파동을 의미하기 때문에, 반드시 주파수가 존재하며 그에 따라 다양한 특성을 나타내게 된다. 한편 마이크로웨이브(microwave)라는 용어는 특정한 주파수 대역을 일컫는 것으로서 무선장비 분야를 통칭하는 RF와는 개념적으로 차이가 있다. 여기서 '마이크로(micro)'는 파장이 매우 작다는 뜻으로 고주파를 의미한다. 통상 마이크로웨이브는 300MHz~300GHz의 높은 주파수 대역을 말한다. 주파수가 높다는 것은 정해진 시간 동안 진동수가 많으며 결국 파형이 훨씬 촘촘해진다는 의미이다. 이러한 마이크로웨이브의 주파수 대역은 범위에 따라 여러 가지 밴드(band)가 있는데, 일반적으로 이동통신은 현재 L-band에서 중점적으로 이루어지고 있다.[7)]

---

7) 최근에는 산업, 과학, 의료용 기기에서 사용가능한 주파수 대역인 ISM(Industrial Scientific Medical) 밴드를 주파수 대역으로 사용하여, 허가가 불필요한 소출력 무선기기들이 많이 사용되고 있어서 이 주파수 대역에 대한 관심이 높아지고 있다. 다만, 이 주파수 대역을 사용하는

[표 7-2] 주파수 대역과 RF 통신 활용 분야

주파수 대역	주파수 활용 허가내역
526~1.6MHz	AM 라디오방송
30M~328MHz	VHF, FM 방송, 무선호출, 해상, 항공, 아마추어 무선통신
375M~399MHz	주파수 공용통신(TRS)
806M~821MHz	주파수 공용통신(TRS)
824M~984MHz	휴대전화(Cellular)
898M~960MHz	무선데이터통신, 무선전화기
961M~1.53GHz	항공무선, 지구탐사위성, 천문전파
1.53G~1.66GHz	위성통신
1.71G~1.87GHz	개인휴대통신(PCS)
1.88G~2.2GHz	IMT-2000
2.3G~2.4GHz	무선전화 가입망(WLL)
2.4G~14GHz	무선랜, 블루투스, 전자레인지, 위성라디오, 위성용 주파수
24G~27GHz	광대역 무선접속서비스
31G~275GHz	고정·이동통신, 위성, 우주연구

실제로 RF가 특수하다고 볼 수 있는 이유는 다루는 주파수가 매우 높은 고주파가 많기 때문이다. 주파수가 높으면 파장이 짧아지고, 그 때문에 서로 간섭도 심해져서 신호의 '혼선'이 발생하게 된다. 그러나 고주파의 경우 파장이 짧은 점을 이용하여 안테나나 회로를 좀 더 작게 만들 수 있고 넓은 대역폭을 사용하기 때문에 더 많은 양의 데이터를 전송할 수 있는 장점도 있다.

통신장비는 ISM 기기들과 이 대역을 사용하는 통신장비 간에 간섭을 용인한다는 조건에서 사용할 수 있다. 특히 2.4GHz 대역은 공중 무선 LAN 서비스, 블루투스, 무선식별시스템(RFID), 디지털 코드 없는 전화 등 다양한 통신에 사용되고 있다. 이 외에도 S-band에서는 차세대의 여러 통신이 준비되고 있고, C-band나 X-band는 주로 위성통신용으로 많이 사용되고 있으며, 그 이상의 주파수, 즉 Ku, K, Ka-band는 군사용 등의 분야에 적용되고 있다.

(2) 위치추적 전자감독과 RF 통신기술

위치추적 전자감독에서 RF 통신(협의)은 주로 부착장치와 휴대용 추적장치, 그리고 부착장치와 재택감독장치 상호 간의 인증을 위하여 사용된다. 따라서 장치 간 일정한 감응거리를 이탈하는지 여부는 RF 통신을 통하여 확인되며, RF 통신이 끊어지거나 신호가 일정수준 이하로 미약해질 경우에는 관제센터에 경보가 발생한다.

장치 간 감응거리는 RF 통신이 동작하는 구체적 통신환경에 따라 차이가 발생하기 때문에 일률적으로 설명하기는 어려운 부분이 있다. 피부착자가 재택 상태에 있을 때에는 실내의 각종 가전제품, 통신기기 및 전자파 반사체에 의한 전자파 잡음에 주의하여야 한다. 따라서 재택감독장치는 TV, 냉장고, 컴퓨터, 오디오기기, 어항 주변에 설치해서는 안 된다. 또한 설치위치는 전체 실내의 중앙에서 가급적 높은 곳에 설치할 필요가 있다. 피부착자가 외출 시에는 계곡, 숲 등 지형지물이나 우천 등 대기환경에 영향을 받을 수 있으며, 특히 고압 전력선 부근 등에서는 장치 간 전파감응이 원활하지 않을 수 있다는 점을 주의할 필요가 있다.

[표 7-3] 장치 간 감응거리에 영향을 미치는 요인

구 분	항 목	세부항목	비 고
재택 모드	전자파 잡음	가전제품, 통신기기, 전자파 반사체	재택설치 주의사항: TV, 냉장고, 컴퓨터, 오디오기기, 어항 주변 설치 불가 ※설치위치는 가능한 한 높은 곳
	실내의 구조	재택설치의 위치/높이	–
외출 모드	대기환경	습도/온도	–
	전파환경	모터, 자동차엔진 소음, 강력한 자석성분, 전자파 반사체, 고압선	–

※ 감응거리=10^{[(송신출력–수신감도–32.4–감쇄(시간)]/20–log(주파수)}

4. 차세대 측위기술

위치측정은 개인정보화 기기 및 IT 기술의 발전과 이동통신서비스의 확산으로 상용화되어 다양한 분야에서 널리 사용되고 있다. 위치측정은 다양한 기술과 응용 분야에서 발전되어 왔으며 기술적 측면에서 GPS(Global Position System)를 중심으로 발전되어 왔고 이외의 기술부분은 GPS의 부족한 부분을 보완하는 기술로 개발되었다. 여기서는 이러한 보완적 위치측위기술 중에서 최근에 관심을 받고 있는 Wi-Fi와 센서 네트워크의 기술을 적용한 측위방식을 살펴본다.

(1) 와이파이(Wi-Fi) 측위기술

GPS 위치측위의 단점을 보완하기 위한 기술로는 Wi-Fi 위치측위기술이 발전되어 왔다. Wi-Fi 위치측위는 Wi-Fi 신호수신이 가능한 단말기가 자신의 주변에 존재하는 Wi-Fi 서비스를 제공하는 무선인터넷공유기(AP: Access Point)의 정보를 탐색하여 획득된 AP들의 정보를 WPS(Wi-Fi Positioning System)에 전송하

[그림 7-7] Wi-Fi 위치측위방식

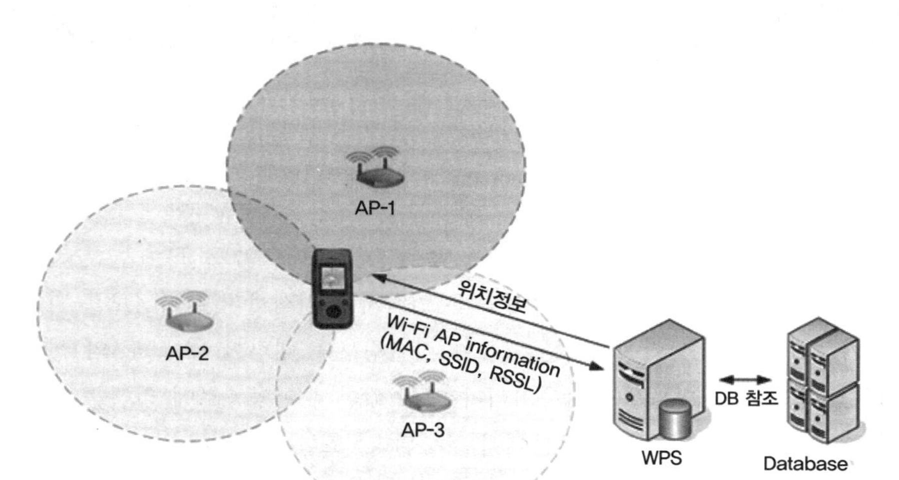

면 WPS는 자신이 보유하고 있는 Wi-Fi AP 정보의 데이터베이스(DB)를 조회하여 단말기의 위치를 계산하는 방식이다.

Wi-Fi 위치측위는 Wi-Fi의 보급이 일반화되면서 Wi-Fi 통신기능을 탑재한 휴대용 이동통신단말기, 특히 스마트폰(smart phone)의 보급이 일반화되고 효율성이 매우 높아지면서 GPS를 보완하는 위치측위기술로 발전하였다. 특히 GPS 신호가 도달하지 않는 건물 내부, 지하공간, 지하철 등에서 그 실효성은 더욱더 증대되어 GPS를 대체하는 솔루션으로 사용되고 있다. 우리나라도 2012년 말에 Wi-Fi 기술을 탑재한 전자장치의 개발이 완료되었으며, 2013년부터 활용하고 있다.

(2) 센서 네트워크 측위기술

한정된 공간 내에서의 위치관리는 물류 및 제품 관리와 사람 등의 이동량 관리의 목적으로 발전되어 왔다. 센서 네트워크 측위에 적용되는 기술로는 RFID, Zigbee, Bluetooth 등이 있다([표 7-4] 참조).

[표 7-4] 센서 네트워크를 통한 위치측위기술

구 분	구 성	감응거리	기타 사항
RFID	RFID Reader RFID Tag	수 미터	–
Zigbee	Zigbee AP Zigbee Tag	수백 미터	교도소 수감자 관리
Bluetooth	Bluetooth AP Bluetooth Tag	수십 미터	–

RFID는 물류 분야에 널리 사용되는 측위기술로 대형마트 또는 물류창고 등에서 운영되고 있으며 측위 분야의 고유 인식자를 인식하여 위치정보를 획득하는 기술이다. RFID 방식에서는 고유한 식별정보를 내장한 태그(tag)와 신호감지기, 즉 리더(reader) 간의 감응거리가 매우 짧아서 이동통로에 리더를 설치하여 출입관리 등의 한정적인 부분에서 사용된다. 또한 RFID 리더(reader)를 별도로 설치하여야 하므로 한정적인 공간 내에서의 측위로는 가능하지만 전국적인 범위의 측위기술로는 적합하지 않다. Zigbee와 Bluetooth를 이용한 측위기술은

AP를 고정설치하고 AP 주변에 존재하는 태그의 인식자를 인식하여 그 위치정보를 획득하는 기술로서 AP를 별도로 설치하여야 한다. 따라서 이 또한 한정적인 공간에서의 측위로는 가능하지만 전국적인 범위의 측위기술로는 적합하지 않다.

최근 세간에서는 위치추적의 새로운 방식으로 범죄인의 신체 내부에 내장형 칩을 이식하여 이를 이용한 전자감독에 대한 아이디어가 제안되고 있다. 그러나 이러한 위치추적방식의 아이디어는 기본적으로 위와 같은 센서 네트워크 방식을 적용한 것으로서 한정된 공간에서만 측위가 가능한 현존 기술로는 활용상의 명백한 제한점이 있다. 따라서 우리나라에서 현재 운영되고 있는 전국적인 범위의 실시간 위치추적방식으로 채택되기에는 한계가 있다.

제2절 위치추적 전자장치

1. 위치추적 전자감독의 기술유형

'위치추적 전자장치'는 전자파를 발신하고 추적하는 원리를 이용하여 위치를 확인하거나 이동경로를 탐지하는 일련의 기계적 설비를 말한다(전자감독법률 제2조 제4호).

이러한 위치추적 전자감독의 기술유형을 제1세대 및 제2세대로 이분하거나 제3세대를 추가하여 삼분해서 설명하는 경우가 있다(Hoshen & Drake, 2001; 법무부, 1999). 이러한 세대구분은 전자기술의 발전과 기술방식의 차이를 반영하고 있다. 또한 이러한 기술적 진보에 영향을 받은 전자감독의 적용범위 및 정도에 의한 내용적 구분으로도 평가할 수 있다(김일수, 2005:64). 제1세대 방식은 주로 '가택구금' 등과 연계되어 제한된 장소의 출입을 감독하는 것인데, 범죄인에게 외출이 허용되었을 때는 어디에 있는지 파악할 수 없다는 단점이 있다. 제2세대 시스템은 이러한 문제점을 보완하여 계속해서 넓은 지역에 걸쳐 범죄인을 추적할 수 있도록 구축되었다. 이런 이유로 2세대 시스템을 '광대역'(wide area)

전자감독시스템이라고 한다(Hoshen & Drake, 2001).

제3세대 시스템은 제2세대 시스템보다 훨씬 복잡한 옵션(option)을 제공한다. 실시간으로 이루어지는 범죄인과의 통신에서 정해진 규정이 지켜지지 않을 경우, 전자장치를 통해 직접 범죄인에게 약간의 전기쇼크를 가할 수 있다. 이에 따라 '전자감옥시스템'(EIS: Electronic Incarceration Systems)이라고도 한다. 그러나 신체형적인 요소를 가지고 있고, 아직 기술수준이 만족할 만한 단계에 이르지 않아 현실적으로 사용되고 있지 않다. 따라서 이하에서는 2세대 구분을 채택하여 논의를 전개한다(김일수, 2005:64).

(1) 제1세대 시스템

제1세대 시스템의 전형적인 형태는 소형 무선주파수 발신기를 범죄인의 발목 또는 손목에 부착하고, 범죄인의 특정장소(주거지) 이탈 여부를 파악하기 위하여 '근접탐지기술'(Proximity Detection Techniques)을 사용하는 것이다. 제1세대 시스템은 매우 간단한 시스템으로 이미 20여 년 이상 사용되면서 계속 발전되어왔다(법무부, 1999). 제1세대 시스템은 기술방식에 따라 '수동적(passive) · 능동적(active) 감독방식' 또는 '단속적 · 계속적 감시시스템'으로 구분하기도 한다(김혜정, 2000:37–43; 김일수, 2005:65).

1) 수동적(passive) 감독방식

전자감독의 운영방식은 지정된 주거 및 정해진 시간에 대상자의 소재 여부 확인방식 및 운영방법에 따라 다양한 형태로 실행이 가능하다. 예를 들면 중앙감시시스템의 컴퓨터가 무작위로 또는 선정된 시간에 대상자를 전화로 호출하고, 그 응답 여부를 통해 소재를 확인하는 방식 등이 가능하다. 이 방식은 사용되는 전자감독기술이나 장치에 따라 다음과 같이 두 가지로 구분할 수 있다(김일수, 2005:65–66). 첫 번째 유형은 탐지기의 방식이다. 대상자의 팔목이나 발목에 전자감응장치를 부착하고 주거지 전화기에는 검지기를 설치하여, 중앙감시센터의 전화호출에 따라 대상자가 자신의 팔이나 발에 장착된 전자감응장치를 검지기에 접촉함으로써 소재 여부를 확인시키는 방식이다. 두 번째 유형은 지문, 음성, 안면윤곽 등 바이오 측정기술을 적용한 신원인증장치를 사용하는 방식이다. 가장 대표적으로 활용되는 것이 지문확인과 음성인증방식이다.[8)]

이러한 방식은 기술적으로 복잡하지 않고 비용이 저렴하여 오류가능성도 비교적 낮다. 특히 바이오 측정기술을 활용한 신원인증장치는 대상자의 신체에 추가로 기계적인 장치를 착용시킬 필요가 없기 때문에 장치의 외부적 인식 및 그에 따른 낙인의 위험성이 없다는 점에서 장점이 있다. 그러나 대상자의 빈틈없는 감시가 불가능하며 특정장소에 소재하는지 여부만을 확인할 수 있다는 단점이 있다(김일수, 2005:66).

2) 능동적(active) 감독방식

전자감독대상자의 발목 또는 손목 등에 소형 전파발신기를 착용시켜 발신기가 일정한 시간 간격으로 무선신호를 자동발신하면 지정된 주거지 전화기에 부착된 수신장치가 그 신호를 탐지, 이를 중앙감시컴퓨터에 전송하고 중앙감시컴퓨터는 전송된 사항과 해당 전자감시대상자에게 주어진 지시사항을 대조하여 위반사항 여부를 확인하는 전파식별(RF)방식이다(법무부, 1999). 능동적 감독방식은 대상자가 수신기로부터 멀어지거나[9)] 발신기를 떼어 내는 순간 경고신호가 중앙감시시스템의 컴퓨터로 전송되며, 대상자의 신체에 부착된 발신기에 각 대상자별 통행금지시간 지정 등 개별 준수사항과 고유식별번호(ID)를 부여할 수 있다(법무부, 1999). 능동적 방식은 대상자의 지속적 감독이 가능하지만, 가전제품 등에 의한 전자신호의 오작동 가능성이 있다.[10)] 그러나 현재는 전자감

---

8) 지문확인방식은 전화호출에 따라 범죄인이 자신의 손가락을 주거지 전화기에 연결된 감지기에 접촉시키면 미리 중앙감시컴퓨터가 기억하고 있는 범죄인의 지문과 대조하여 확인하는 것이고, 음성인증방식은 전화로 범죄인에게 일정한 질문을 하여 전화응답 시 미리 중앙감시컴퓨터가 기억하고 있는 범죄인의 성문(聲紋)과 자동으로 대조하여 확인하는 방식이다. 영상확인방식은 안면윤곽이나 홍채의 바이오 측정기술을 이용하는 방법이지만 안면위치나 자세 등의 차이에 따라 인증실패율이 높아질 가능성이 있다(법무부, 1999; Crowe et al., 2002).

9) 대상자의 위험성 수준에 따라 반경거리는 조정이 가능한데, 특별히 예외적으로 인정되는 경우를 제외하고는 수신기에서 30m 내지 45m 내에서 조정된다.

10) TV, 비디오, 전자레인지 등에 의한 전파방해가 발생할 수 있다. 따라서 중앙감시컴퓨터에 경고신호 접수 시 당해 경고상황이 전자파 방해에 의한 오작동인지, 실제 준수사항 위반인지 확인하는 절차가 필요하게 된다.

독장치의 기술력 발전으로 오작동에 의한 오류가능성이 상당 부분 감소되고 있고, 정전 등으로 전화접촉이 중단된 경우 전화기에 부착된 수신기가 전화기가 정상적으로 작동될 때까지 모든 메시지 정보를 자동으로 저장한 후 재작동 시 당해 메시지 정보를 중앙컴퓨터에 송신하는 기능도 있다(김혜정, 2000:39-40).

(2) 제2세대 시스템

지금까지 살펴본 제1세대 방식은 대상자가 지정된 주거지에 머무르고 있는지 여부, 즉 일정지역에서의 소재 유무를 확인하는 통제기능만 가능할 뿐 대상자가 집 밖에 있는 경우에는 통제할 수 없다는 단점이 있었다. 이러한 문제점을 개선하기 위해 개발된 것이 제2세대 방식이다(Hoshen & Drake, 2001).

1) 제2세대 시스템의 초기 모델

1990년대 이후 대상자가 지정된 주거지에서 외출한 경우에도 그 위치를 확인할 수 있는 기술의 개발을 통해, 제1세대 방식에 의한 전자감독의 제한적인 효용성을 보완하고자 하는 논의가 본격화되었다. 가택구금이나 외출제한의 운용에 있어서도 범죄인의 생업유지 등의 이유로 외부활동을 허용할 필요성이 있다. 이 경우 제1세대 방식으로는 "감독에서 벗어날 수 있는 기회"가 생기는 허점이 있다(Hoshen & Drake, 2001). 제1세대 방식의 이런 단점을 보완하기 위한 "광대역의 지속적(wide area continuous) 전자감독"이 바로 제2세대 시스템인 것이다(Hoshen, Sennott & Winkler, 1995; 김일수, 2005:69).[11)]

제2세대 위치추적(tracking)방식은 1994년 미국의 사법연구소(NIJ: National Institute of Justice)가 웨스팅하우스 주식회사(Westinghouse Corp.)에 소위 '탐지

11) Hoshen과 Drake(2001)는 제1세대 방식과 비교한 제2세대 시스템의 장점을 다음과 같이 평가하고 있다. 우선 이 방식은 외부활동에 대한 감독의 한계를 극복하여, 생업활동이나 교정·치료프로그램의 참가 등을 용이하게 함으로써 지역사회에 재통합하는 것을 가능하게 한다. 또한 감독의 빈틈을 메움으로써 공공의 안전(public safety)을 증진하고, 동시에 구금에 대한 효과적인 대안이 될 수 있다는 기대를 형사사법의 주요한 이해당사자(stake-holders)들에게 제공할 수 있게 되어, 결과적으로 교정비용의 절감에 기여할 것이다. 또 다른 부수적인 효과로는 대상자의 위치행적에 대한 정보가 시간단위로 기록되는데, 이러한 기록은 향후 범죄발생 현장과 비교됨으로써 범죄수사에 매우 결정적인 정보를 제공할 수 있게 된다.

(tracking)시스템' 개발을 발주하면서 본격화되었다. 1996년 NIJ의 요청으로 샌디아(Sandia) 국립연구소는 미국 전역의 6개 지역에서 광대역 전자감독의 기본 모델(prototype)을 개발하기 위한 5개년 계획을 제출했다. 비슷한 시기에 AT&T는 NIJ에게, 이 기본 모델을 구축하기 위한 컨소시엄 구성을 비공식적으로 제안했다(Hosher & Drake, 2001; 김일수, 2005:70). 이러한 제2세대 위치추적방식의 기술적 체계로 초기에는 기존의 전파식별(RF)방식과 개인이동통신(PCS) 휴대전화기술을 응용하면서, 그 장소적 적용범위를 확대하는 방식들이 사용되거나 구상되었다. 예를 들면 이 방식은 전화기를 사용하는 것이 아니고 대상자에게 소형전파발신기를 부착시킨 후 감독자가 전파수신기가 부착된 차량 등을 이용하여 대상자의 주거지나 활동 허용지역을 순회하며 감시하는 것이다(김혜정, 2000:40-41).[12] 하지만 이런 탐지방식은 전자감시신호 수신기를 부착한 차량이나 전파중계기가 필수적으로 요구되어 전체 대상자나 전 지역에 확대하기에는 막대한 비용이 소요된다는 단점 때문에 제한적으로 운용되었다.

2) 위성항법시스템(GPS) 방식

위성항법시스템(GPS: Global Positioning Systems) 방식은 2세대 시스템 중에서 진보된 위성통신기술을 사용하는 비교적 최신의 감독방식이다. 이 방식은 대상자에게 부착된 발신기(tag)에서 발신한 위치신호를 역시 대상자에게 부착된 수신기가 받아 이를 중계기로 전송하고, 중계기는 대상자 신호를 중앙감시컴퓨터로 전송하여 대상자의 위치를 확인하는 방식이다. 이 방식은 1990년대 후반 미국의 플로리다 주에서 시험적으로 실시하면서 시작되었는데, 3~5개의 위성을 사용하여 GPS 수신기가 지구상의 어디에 위치하더라도 그 위치를 정확히 짚어내게 된다(Greek, 2002).

---

12) 지역사회 내에서 활동하는 범죄인의 행적을 확인하기 위하여 초기에 사용한 장비는 기존의 전파식별(RF)방식을 응용한 '현장 모니터링 장치'(Field Monitoring Devices)이다. 보호관찰관이 운행하는 운송수단의 지붕 위에 안테나를 설치하고 이 장치를 휴대할 경우, 대상자가 착용한 발신기에서 발신하는 무선신호를 60~300m 이내의 범위에서 탐지할 수 있다. 이 장치는 범죄인이 정해진 시간에 특별한 처우프로그램에 참가했는지 아니면 학교나 근로현장에 있는지를 확인하는 경우에 유용하며, 특히 폭력 또는 폭력혐의 사건에서 범죄인의 현장 존재 또는 부존재를 확인하는 데도 유용하다(Conway, 2001b; NLECTC, 1999; 김일수, 2005:81).

영국에서는 통신방식의 실시간 여부에 따라 수동(passive)방식, 능동(active)방식 및 혼합(hybrid)방식으로 구분하여 시범실시되었다(NPS, 2005). 1) 수동적 위치추적(passive tracking)방식은 대상자의 발목에 전파발신장치를 부착하고 허리에는 전파수신기(tracking device)를 착용시켜 대상자의 위치정보를 일정시간 동안 수신기가 저장하였다가 유선전화 케이블을 통해 중앙감시컴퓨터로 일괄(1일 1회 또는 4회) 전송하여 대상자의 위치정보를 일정시간이 경과한 다음에 파악하는 방식이다. 2) 능동적 위치탐지방식(active tracking)은 휴대전화 모형의 소형 전파수신기에 휴대용 위치추적기술을 적용하여 대상자의 위치정보를 실시간(1분 단위)으로 중앙감시컴퓨터로 전송하여 대상자의 위치를 실시간으로 파악하는 것이다. 3) 혼합(hybrid)방식은 평상시에는 수신기가 수동적 방식으로 작동하다가 대상자가 출입금지구역에 들어오는 경우 능동적 방식으로 전환되어 대상자의 위치정보를 실시간으로 중앙감시센터로 경고전파를 발송하는 절충형태이다.

GPS는 무선주파수(RF)방식보다 값비싼 장비와 부가적인 휴대전화비용을 감안하면 약 3~5배 정도 비용이 많이 들지만, 통신기술 발달과 활용대상자 수 증가 등으로 소요되는 비용은 점점 낮아질 수 있다. 그러나 GPS는 지속적으로 범죄인의 위치를 추적하여 생성된 정보를 검토하고 위반행위를 발견하면 대응해야 하므로 직원의 업무를 증가시킴으로써 잠재적인 비용증가 요인이 될 수 있다(Crowe et al., 2002:67).

2. 위치추적 전자장치의 기술적 고려사항

다른 전자장치와 마찬가지로 위치추적 전자장치도 정상적으로 작동되기 위해서는 전원의 지속적이며 안정적 공급과, 물리적·전자적·전파적 충격과 간섭의 배제 등이 매우 중요하다. 더욱이 이동통신을 기반으로 하는 전자장치이기 때문에 통신감도와 수신율 향상을 위한 환경조성이 필수적으로 요구된다. 이러한 중요한 기술적 고려사항에 더하여 위치추적 전자장치는 그 기구적·기능적 특성으로 인하여 다음과 같은 몇 가지 추가적 사항을 기술적으로 구현하여야만 제대로 기능할 수 있다.

(1) 위치측위기술의 정확성

위치추적 전자장치가 전자감독대상자의 이동패턴을 제대로 파악하기 위하여 가장 기본적으로 요구되는 것은 위치측위기술의 정확성이다. 이와 관련해서는 GPS의 방식, 이동통신을 이용한 보조측위방식의 병행 여부, GPS 추적장치로부터 관제센터에 위치정보를 전송하는 방식, 위치측위의 정확도를 예상할 수 있는 위치보조정보의 제공 여부 등이 중요하다.

(2) 배터리 성능

위치추적 전자장치의 배터리 용량과 효율도 매우 중요한 기술적 고려사항의 하나이다. 특히 휴대용 추적장치의 경우 배터리의 성능이 최소 1일 이상 지속될 필요가 있다. 하루 종일 쉬지 않고 3~4분 간격으로 다량의 데이터를 전송하는 휴대용 추적장치는 일반 휴대전화에 비하여 전력소비량이 훨씬 많은 기계장치이다. 위치추적 전자감독대상자의 일상생활을 방해하지 않고 정상적으로 작동하기 위해서는 1회 완전충전으로 최소 24시간 이상 기능이 지속될 필요가 있다. 우리나라는 탈부착에 따르는 대상자 불편 해소와 처리비용 절감을 위하여 부착장치에도 2차전지를 사용하고 있다. 부착장치가 1회 충전으로 지속되는 시간이 대상자의 편의성과 장치 안정성의 제고를 위한 중요한 과제로 부각되고 있다.

(3) 통신감도 및 수신율

통신감도 또는 수신율의 문제는 주로 GPS 수신율을 향상시키기 위한 안테나의 구성과 통신에 사용되는 주파수 대역에 관한 것이다. 따라서 GPS 수신율을 향상시키기 위한 안테나의 형식과 배치, 복수 안테나의 채용 여부 등이 중요한 고려사항이다. 또한 어떠한 주파수 대역을 사용하는지도 매우 중요한 기술적 사항이다. 왜냐하면 전자감독장비가 효율적인 주파수 대역을 사용해서 통신해야만 간섭을 덜 받고 감응지역 확보가 보다 용이하기 때문이다.

(4) 전자장치의 견고성

위치추적 전자장치의 물리적 견고성은 주로 부착장치 스트랩을 얼마나 강하게 만드느냐에 달려 있다. 스트랩이 쉽게 절단 또는 훼손될 경우에는 충동적으로 훼손을 시도하는 대상자를 막기에 충분하지 않다. 반면 너무 강한 스트랩은 부착이 곤란하고 대상자의 일상생활에도 많은 부담을 줄 수 있다. 이 때문에 적정한 균형점을 찾는 것이 매우 중요하다. 전자장치의 견고성과 관련해서는 방수기능도 중요한 과제이다. 특히 부착장치로 인해 피부착자의 목욕, 샤워, 수영 등의 일상생활이 방해받지 않아야 하기 때문이다.

(5) 전자장치의 탐지기능

위치추적 전자감독이 정상적으로 기능하기 위한 핵심적 전제요건 중의 하나는 전자장치가 물리적 훼손이나 전파의 위·변조 등에 대한 적절한 대비책을 가지고 있어야 한다는 점이다. 전자장치에는 일반적으로 케이스를 분해하거나 물리적 충격을 주는지 여부에 대한 탐지기능이 탑재될 필요가 있다. 그러나 무엇보다 중요한 것은 부착장치의 스트랩을 훼손하는지 여부에 대한 탐지기능의 민감성을 확보하는 것이 필요하다.

(6) 전자장치의 보안성

위치추적 전자장치에서 수·발신되는 대상자의 이동경로 정보는 개인의 사생활보호 차원에서 엄격히 보호될 필요가 있다. 따라서 전자장치는 적정한 보안 알고리즘을 채택하여야 하고 부정한 목적으로 사용되지 않도록 원격에서 충분히 제어가 가능한 형태로 개발될 필요가 있다.

3. 미국의 3M사 위치추적 전자장치

미국의 3M사는 전자감독(Electronic Monitoring System) 분야의 선두기업인 프로테크(Pro-Tech)를 인수하였고, 프로테크는 전화음성을 이용한 재택감독장치를 시작으로 하여 RF 신호를 이용한 재택감독시스템으로 발전시켰으며, 최근에는 GPS를 이용한 위치추적 전자장치를 비롯한 전자감독 분야에서 다양한 서비스를 제공하고 있다.

(1) 미국 3M사의 분리형 전자장치

미국 3M사의 분리형(2Track) 위치추적 전자장치는 부착장치(Transmitter), 휴대용 추적장치(Tracker), 그리고 재택감독장치(Base Station)로 구성되어 있다.

1) 부착장치

부착장치는 대상자의 발목 또는 팔목에 부착하여 RF 통신을 통하여 휴대용 추적장치나 재택감독장치와 연동하여 대상자를 감독하는 역할을 수행한다. 3M

[그림 7-8] 미국 3M사의 위치추적 전자장치 제품군

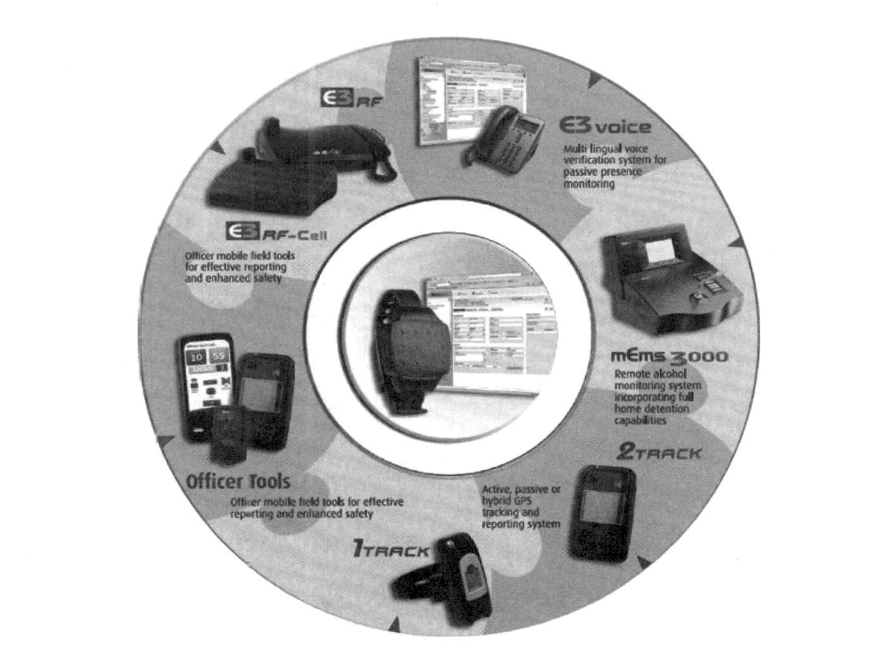

출처: (구)Elmotech 홈페이지(http://www.elmotech.com).

[그림 7-9] 미국 3M사의 부착장치

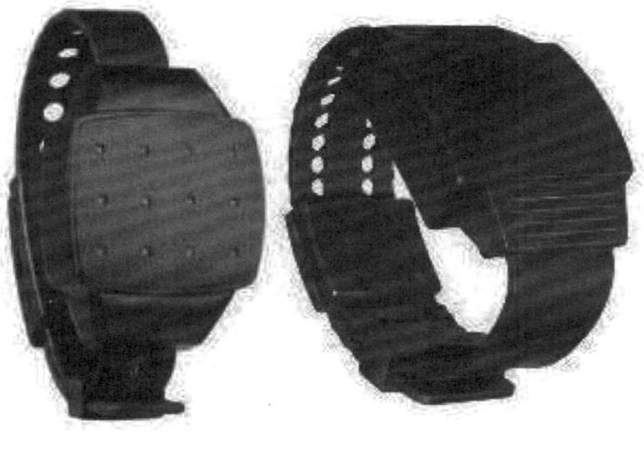

출처: (구)Elmotech 홈페이지(http://www.elmotech.com).

사의 부착장치는 양방향통신이 아닌 단방향통신을 사용하기 때문에 부착장치의 상태를 휴대용 추적장치나 재택감독장치에 송신하는 기능을 수행하며, 고정피스 탈거인식기능을 포함한 스트랩 절단인식기능과 본체 훼손감지기능이 있다.

미국 3M사의 부착장치는 [그림 7-10]의 a와 같이 몸체의 상단과 하단의 기구물을 초음파 융착기로 융착함으로써 방수기능을 구현한다. 초음파 융착이란 매우 빠른 속도의 미세한 진동으로 접합면을 순간적으로 녹여 붙이는 방식이다. 방수를 위한 초음파 융착 시 융착부품인 몸체의 상단 기구물과 하단 기구물 이외의 내부의 전자부품에 미칠 수 있는 초음파 영향을 최소화하기 위하여 전용의 초음파 융착기를 개발·제작하여 사용함으로써 부착장치 본체 내부의 전자회로에 미치는 초음파 충격을 최소화한다. 그러나 전자회로의 각종 부품 중 특히 진동소자는 융착 시 발생하는 강한 초음파에 노출되는 경우 고유의 특성이 파손되거나 변경되어 성능저하 및 오동작의 원인으로 작용할 수 있다.

전자감독대상자에게 부착하기 위한 스트랩은 좌·우 각 1개씩 2개가 본체에 연결되도록 구성되어 있다. 본체와 스트랩의 결합은 [그림 7-10]의 b와 같이 별도의 피스와 볼트로 체결된다. 이때 사용된 볼트의 머리부분은 일자/십자/별모양의 상용제품이 아닌 특수제작된 형태로 전용공구만을 사용하여 체결과 해

[그림 7-10] 미국 3M사 부착장치의 구성요소 간 접합부분

a. 부착장치의 초음파 융착부분

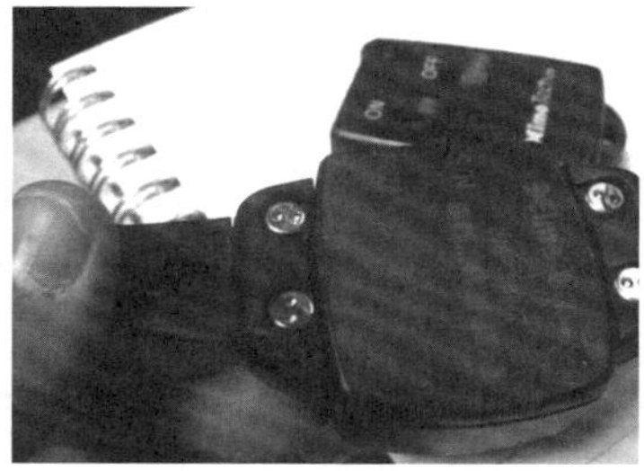

b. 본체와 스트랩의 체결부분

출처: 법무부, 2011년 해외벤치마킹 사례보고서.

체가 가능하다.

좌·우 스트랩 사이는 고정피스로 체결되도록 설계되어 있다. [그림 7-11]의 c의 스트랩 우측부분 하단의 화살표시가 된 부분이 고정피스로 연결되는 곳이다. 각각의 스트랩 내부에는 FPCB(Flexible Printed Circuit Board)가 내장되어 있어서 스트랩 절단을 감지하며, 종단부분의 회로단자를 통하여 스트랩 고정피스 파손을 감지한다.

미국 3M사의 부착장치 스트랩은 대상자의 부착 편리성과 부착장치의 소형화를 위하여 부드러운 재질로 제작되어 부착장치의 탈부착이 용이한 장점이 있

[그림 7-11] 미국 3M사의 분리형 부착장치 본체와 스트랩

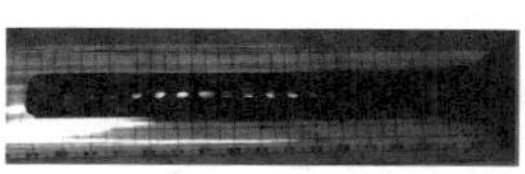

a. 스트랩(좌)

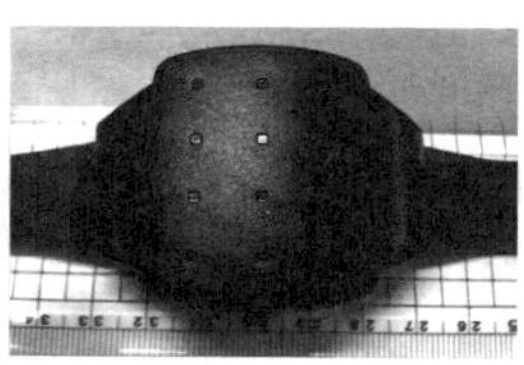

b. 부착장치 본체

c. 스트랩(우)

출처: 법무부, 2011년 해외벤치마킹 사례보고서.

[표 7-5] 미국 3M사 부착장치의 주요 기능

기 능	설 명	비 고
부착방식	발목 부착	–
통신방식	ISM 대역 RF 단방향통신	저전력 동작에 유리하나 보안에 취약할 수 있음
데이터 암호화	미적용	–
훼손경보	Case Open, Strap 절단	–
스트랩 구조	연성 우레탄, FPCB 회로	가정용 가위로 절단가능
본체 재질	저자극 플라스틱 재질	–
동작시간	24 ~ 36개월	–
방 수	완전방수	–

으나 그만큼 대상자가 쉽게 스트랩을 절단할 수도 있다. 스트랩 부착 후 대상자에 의한 임의의 탈착을 확인하기 위하여 고정피스는 상단과 하단의 두 조각으로 구성되어 있다. 전자장치의 부착을 위하여 고정피스를 일단 부착하고 나면, 이후에 전자감독대상자가 임의로 고정피스를 분리하는 경우에는 결합부분이 자동으로 파손된다. 이 때문에 전자감독대상자가 고정피스를 훼손했는지 여부를 시각적으로 쉽게 확인할 수 있다.

2) 휴대용 추적장치

미국 3M사 휴대용 추적장치는 대상자가 외출 시 소지하는 장치로 GPS 측위를 통하여 전자감독대상자의 위치정보를 획득하고 서버에 주기적으로 보고한다. 전자감독대상자의 위치정보를 포함하는 주기보고는 무선통신(GSM/GPRS)을 통한 서버의 주기적 즉시보고와 내장 메모리를 활용한 일일보고 및 면담보고를 지원한다. 주기적 즉시보고는 설정된 주기보고시간에 따른 자동적 보고를 의미한다. 일일보고는 내장 메모리에 저장된 내용을 보호관찰관이 매일 1회 확인하는 것이고, 면담보고는 보호관찰관이 전자감독대상자와 면담할 경우 내장 메모리의 내용을 확인하는 것이다.

[그림 7-12] 미국 3M사의 휴대용 추적장치

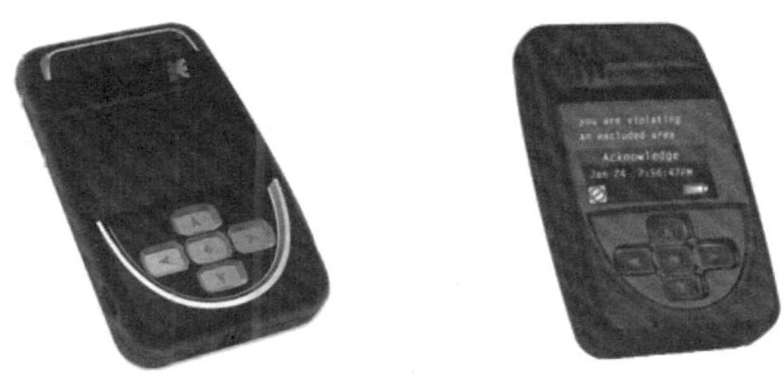

출처: 법무부, 2011년 해외벤치마킹 사례보고서.

GPS를 활용하여 대상자의 위치를 확인하며, GPS 신호 음영지역(건물 내)에 진입하면 GPS 음영지역 경고가 발생한다. 이러한 GPS 음영지역에서의 위치정보 획득을 위하여 GPS 위치측위 이외의 측위방식(LBS, WiFi 등)의 도입을 준비

[표 7-6] 미국 3M사의 휴대용 추적장치 주요 기능

기 능	설 명	비 고
휴대방식	대상자 휴대	-
통신방식	GSM/GPRS	-
장치 간 통신방식	ISM 대역 RF 단방향통신	-
위치측위	GPS	-
보호관찰관 연동	음성통화 및 문자(SMS)통신	-
이벤트 저장	30일 분량 이벤트 저장(8MB)	내장 메모리 저장
훼손경보	Case Open	-
무 게	180g	-
본체기구물 재질	저자극 플라스틱 재질	-
동작시간	1회 충전 후 24시간	-
방 수	미지원(생활방수)	-

중이다. 미국 3M사의 휴대용 추적장치의 주요 기능은 [표 7-6]과 같은 특징으로 구성되어 있다.

3) 재택감독장치

[그림 7-13]에서 보는 것과 같이 미국 3M사의 재택감독장치는 전자감독대상자의 주거지에 설치되어 부착장치와 연계하여 대상자의 재택상태를 감독한다. 이를 이용하여 외출제한 및 재택구금 기능을 수행할 수 있다.

[그림 7-13] 미국 3M사의 재택감독장치

출처: 법무부, 2011년 해외벤치마킹 사례보고서.

미국 3M사의 재택감독장치는 관제서버와의 통신을 위하여 무선 솔루션(GSM/GPRS)을 지원하나, 경우에 따라서는 인터넷선(Ethernet)이나 전화선을 이용할 수 있다. 재택감독장치의 주요 기능은 [표 7-7]과 같은 특징으로 구성되어 있다.

[표 7-7] 미국 3M사 재택감독장치의 주요 기능

기 능	설 명
설치방식	대상자 재택설치
통신방식	GSM/GPRS
	선택적으로 Landline 또는 Ethernet 지원

(계속)

장치 간 통신방식	ISM 대역 RF 단방향통신
주요 기능	대상자 재택상태 감시
전 원	외부 전원

(2) 미국 3M사의 일체형 전자장치

[그림 7-14]에서 보듯이 미국 3M사의 일체형(1Track) 전자장치는 전자감독대상자의 발목에 부착되는 장치로 앞서 기술한 분리형(2Track) 전자장치 중 부착장치와 휴대용 추적장치를 하나로 합친 개념이다. 즉, 일체형 전자장치는 전자감독대상자의 발목에 부착되어 GPS 위치측위 및 무선통신(GSM/GPRS)을 통하여 서버에 대상자의 위치정보 및 상태정보를 주기적으로 보고하는 장치이다.

[그림 7-14] 미국 3M사의 일체형 전자장치

출처: 법무브, 2011년 해외벤치마킹 사례보고서.

일체형 전자장치의 장점은 부착장치와 휴대용 추적장치가 하나로 합쳐짐에 따라 부착장치와 휴대장치 간 통신이 필요가 없어 시스템이 간결해진다는 점이다. 그러나 각종 기능이 일체형 장치에 집중되어, 배터리 소모량이 많아져서 기존 분리형 부착장치에 비해 크기가 약 1.5배 정도 크고 무거워지는 단점이 있다.

일체형 전자장치의 스트랩은 연성의 우레탄 재질로 된 띠 형태로 대상자의

발목 길이에 맞추어 자른 후 [그림 7-15]의 b와 같이 스트랩의 양 끝단에 '스트랩 고정핀'을 결합하여 사용한다. 스트랩의 내부 중앙에는 광케이블이 내장되어 있어서 'IR 발광 LED'와 'IR 수신센서'를 통하여 스트랩 결합상태와 분리 또는 절단 상태를 감시한다.

충전은 [그림 7-15]의 c의 접촉식 충전단자를 통하여 외부 충전되며, [그림 7-15]의 d와 같이 충전기를 결합하여 충전한다. 충전기 단자부분에는 자석이 내장되어 있어, 일체형 전자장치 충전 시 접점이 안정적으로 유지되어 충전 신뢰도를 높일 수 있다. 일체형 추적장치의 1회 충전 후 동작시간은 24시간으로 대상자는 보호관찰규정에 따라 매일 1회 이상 완전충전을 수행하여야 한다. 일

[그림 7-15] 미국 3M사의 일체형 전자장치의 각 구성부분

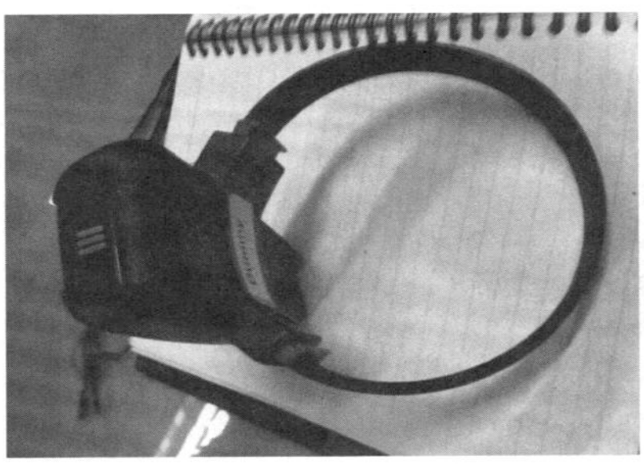

a. 일체형 장치의 스트랩

b. 일체형 장치 스트랩 고정핀

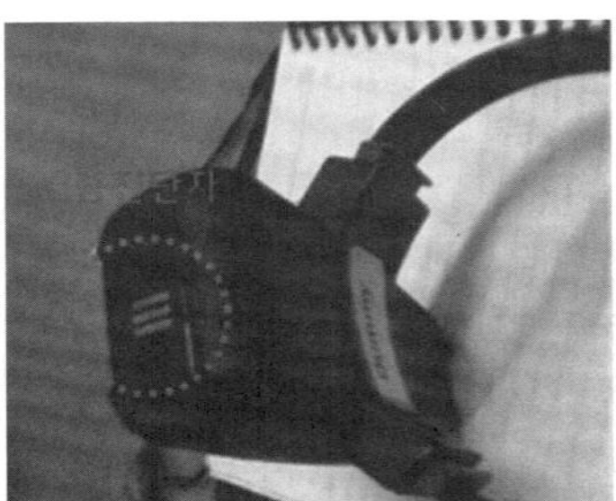

c. 일체형 전자장치 충전단자

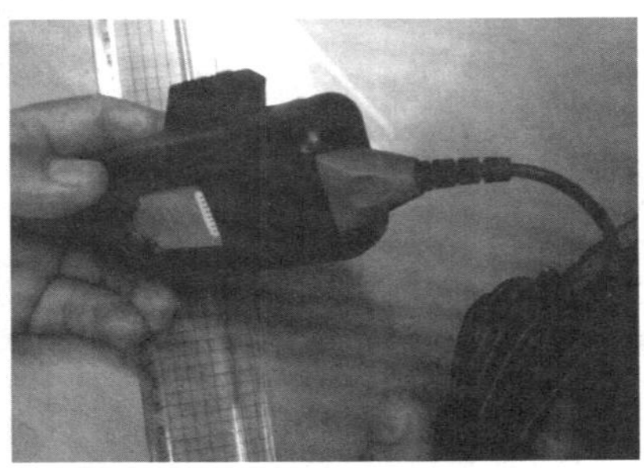

d. 일체형 전자장치 충전모습

출처: 법무부, 2011년 해외벤치마킹 사례보고서.

체형 추적장치의 주요 기능은 [표 7-8]과 같은 특징으로 구성되어 있다.

[표 7-8] 미국 3M사의 일체형 추적장치 주요 기능

구 분	상세 기능
외형/형태	신체(발목) 부착형-일체형 스트랩
크 기	미공개
두 께	246g
측 위	GPS
무선통신	GSM/GPRS
센서기능	Case Open, Strap 파손, 저전력 감지
동작시간	1회 충전 후 24시간 동작
스트랩 재질	우레탄, 광섬유 내장-가위/커터로 절단가능
기 타	LED 충전표시, 5만 개 상태정보 저장

4. 미국의 BI사 위치추적 전자장치

미국 BI사는 미국 정부에 보호관찰 및 교정서비스를 제공하기 위하여 1978년에 설립되었다. BI사는 현재 가석방 및 집행유예 보호관찰대상자, 미결구금단계의 보석대상자 그리고 불법체류 외국인 등에 대한 총체적인 전자감독기술과 인지행동 교정·치료프로그램 등 지역사회 복귀서비스를 제공하고 있으며, 미국 정부기관에 독점적인 서비스를 제공하는 국가적인 전자감독관제센터를 운영하고 있다.

(1) 미국 BI사 분리형 전자장치

1) A형 장치(type A)

미국기업 BI사가 개발한 분리형 전자장치는 [그림 7-16]과 같이 부착장치, 휴대용 추적장치, 재택감독장치로 구성되어 있다. 휴대용 추적장치는 GPS 추

[그림 7-16] 미국 BI사 분리형 추적장치(A형) 세트

출처: BI 홈페이지(http://bi.com).

적 및 위치보고를 위하여 사용되고 재택감독장치는 전자감독대상자의 귀가 여부를 확인한다. 분리형 추적장치(A형)의 주요 기능은 [표 7-9]와 같이 구성되어 있다.

[표 7-9] 미국 BI사 분리형 추적장치(A형)의 주요 기능

구 분	상세 기능	비 고
외형/형태	휴대용	–
크 기	50×177.8×38.1(mm)	–
무 게	340g	–
측 위	GPS	–
무선통신	GSM/GPRS	–
동작시간	1회 만충전 후 20시간 동작	–
기 타	움직임 감지, 문자메시지 수신, 통화기능	단방향통신

2) B형 장치(type B)

미국 BI사에서 생산하는 또 다른 형태의 분리형 추적장치는 [그림 7-17]과 같이 부착장치와 휴대용 추적장치 간 통신을 실시하며, 휴대용 추적장치는

[그림 7-17] 미국 BI사 분리형 추적장치(B형)

출처: 법무부, 2011년 해외벤치마킹 사례보고서.

GPS 추적을 위하여 사용된다. GPS 추적이 가능한 휴대용 추적장치는 무선망을 이용한 자체적인 보고기능이 없으며, 귀가하여 재택장치에 충전하면 재택장치를 통하여 위치정보 데이터를 관제센터에 보고한다. B형 모델은 A형 모델에 비하여 무선통신기능이 없으며 수동형(passive) 측위방식을 사용하기에 가벼운 특징이 있다.

[표 7-10] 미국 BI사 분리형 추적장치(B형)의 주요 기능

구 분	상세 기능	비 고
의형/형태	휴대용	–
크 기	88.9×127×31.75(mm)	–
무 게	255g	–
측 위	GPS	수동형(passive)
무선통신	없음	–
동작시간	1회 만충전 후 20시간 동작	–
기 타	재택장치에 결합 시 위치 데이터 송신	–

3) 재택감독장치

미국 BI사의 재택감독장치는 [그림 7-18]에서 보듯이 부착장치의 신호를 감지함으로써 대상자의 재택 여부만을 판단할 수 있도록 고안된 장치이다.

[그림 7-18] 미국 BI사의 재택감독장치

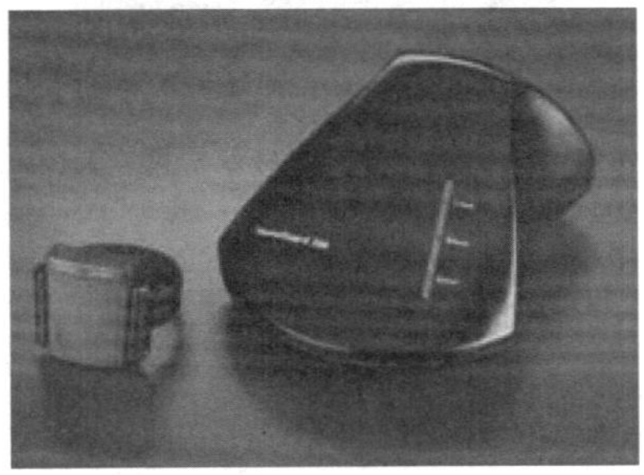

출처: 법무부, 2011년 해외벤치마킹 사례보고서.

주거지의 유선전화를 이용한 BI사의 HomeGuard 200 모델과 이동통신망을 이용한 BI HomeGuard 206DS 모델이 있다. BI사의 재택감독장치의 주요 기능은 [표 7-11]과 같은 특성을 가지고 있다.

[표 7-11] 미국 BI사 재택감독장치의 주요 기능

구 분	상세 기능	비 고
외형/형태	재택설치용	–
크 기	비공개	–
무 게	비공개	–
측 위	GPS	수동형(passive)
무선통신	없음(HomeGuard 200) GSM/GPRS(HomeGuard 206DS)	–
동작시간	1회 충전 후 48시간 동작	–
기 타	총 4,800개 메시지 저장가능	비휘발성 메모리

(2) 미국 BI사의 일체형 전자장치

미국의 BI사는 최근 전자감독업무의 효율화를 목적으로 위치측위, 무선통신과 부착기능을 포함하는 일체형 추적장치(모델명: BI ExacuTrack)를 출시하였다. 일체형 추적장치는 [그림 7-19]와 같이 대상자의 발목에 부착되는 장치로 GPS 위치측위 및 무선통신(GSM/GPRS)을 통하여 서버에 대상자의 위치정보 및 상태정보를 주기적으로 브고한다. 이 장치는 대상자가 주거지에 머물 때에는 [그림 7-19]의 b와 같은 '재택 비콘(beacon)장치'와 연계하여 대상자의 재택상태를 감시한다. 일체형 추적장치의 주요 기능은 [표 7-12]와 같이 구성되어 있으며, 재택 비콘(Beacon)장치는 [표 7-13]과 같은 기술적 특성으로 구성되어 있다.

[그림 7-19] 미국 BI사의 일체형 추적장치와 재택 비콘장치

a. 일체형 추적장치

b. 재택 비콘장치

출처: 법무부, 2011년 해외벤치마킹 사례보고서.

[표 7-12] 미국 BI사 일체형 추적장치의 주요 기능

구 분	상세 기능	비 고
외형/형태	신체(발목) 부착형-일체형 스트랩	-
크 기	-	미공개
무 게	246g	-
측 위	GPS	-

(계속)

무선통신	GSM/GPRS	–
센서기능	Case Open, 스트랩 파손, 저전력 감지	단방향통신
동작시간	1회 만충전 후 20시간 동작	단방향통신
스트랩 재질	우레탄, 광섬유 내장	가위로 절단가능
기 타	LED 충전표시, 5만 개 상태정보 저장	–

[표 7-13] 미국 BI사 재택 비콘장치의 주요 기능

구 분	상세 기능	비 고
외형/형태	재택설치용 비콘(Beacon)	–
크 기	–	미공개
무 게	454g	–
전 원	배터리 전용	–
기 타	3개의 비콘까지 설치가능	–

5. 우리나라 위치추적 전자장치

우리나라 위치추적 전자장치는 세 개의 독립된 장치가 하나의 세트로 기능하는 분리형 모델로 구성되어 있다. 위치추적 전자장치는 2008년에 신규 개발되었으며, 개발사업은 삼성SDS 컨소시엄에서 수행하였다. 2011년 이후에는 ㈜SK텔레콤이 주사업자로서 전자장치를 제작하고 있다. 위치추적 전자장치 중에서 부착장치에 대해서는 거의 매년 기능개선이 이루어졌는데, 대체적으로는 장치성능 안정화와 훼손방지를 위한 스트랩 강화에 초점을 맞추어 성능개선사업이 수행되어 왔다. 휴대용 추적장치에 대해서는 최초 개발 이후 2012년 한 차례 측위고도화 사업이 실시되었다. 실내측위에 Wi-Fi 통신기술을 적용하여 GPS 음영지역에서의 측위정확도를 제고하고, 기존 A-GPS 방식에 S-GPS 방식을 병행함으로써 보다 세밀한 위치측위가 가능하도록 한 것이다. 외형적으로도

LCD 창을 확대하고 고용량 배터리를 탑재함으로써 전체 사이즈가 다소 확장되었다. 한편 비교적 단순한 기능을 수행하는 재택장치는 신규개발 이후 성능개선이 이루어지지 않았다.

(1) 우리나라 부착장치

1) 부착장치의 개요

부착장치는 피부착자의 발목(혹은 팔목)에 부착되는 전자장치로 위치를 측정하는 휴대용 추적장치의 근접거리에 대상자가 있다는 인증신호를 알려 주는 기능을 수행한다. 부착장치는 본체, 스트랩, 고정피스 및 보조피스로 구성되어 있다. 본체는 주기적으로 착용상태를 보고하며 스트랩은 발목에 본체와 연결하는 우레탄 재질의 줄로 훼손상태를 감지한다.[13] 고정피스는 발목에 스트랩을 연결하여 고정시키고 스트랩의 고정피스 결합감지부를 작동시킨다. 보조피스는 여분의 스트랩을 고정하는 역할을 한다.

부착장치는 전자신호 발신기로서 지속적 신호장치(Continuous Signaling Devices)이며 범죄인이 항상 착용하고 있어야 한다. 이 장치는 일반적으로 무선주파수 신호를 1분에 2회 정도 내보낸다. 우리나라의 부착장치는 40초에 한 번씩 신호를 송출하도록 설계되어 있다. 오늘날 사용되는 대부분의 발신기는 매우 작고 가벼우며, 약 30g에서 110g 정도의 무게이다. 발신기 전지수명은 1년에서 2년 동안 지속되며, 현재의 모든 모델들은 저전력이 되면 알려 주는 기능이 있다(Conway, 2001b).

2) 부착장치의 특징

2011년 개발된 제4세대 부착장치는 충전이 가능한 2차전지를 적용하여 사용가능시간을 대폭 늘렸으며 완전방수기능을 지녀 피부착자의 일상생활에 지장

13) 전자신호발신기를 제작하는 모든 제조업자들은 발신기에 장치를 훼손하지 못하도록 하는 경고문을 부착하도록 되어 있다. 발신기에는 기본적으로 무단 변형을 알아내고 이를 즉각적으로 감독기관과 보호관찰관에게 알릴 수 있는 하나 이상의 기술적 처리가 가해져 있다. 한편 장래의 장치훼손을 막기 위해서는 이러한 기술적 보완수단도 중요하지만, 보호관찰관 등 감독기관이 수시로 장치의 착용상태와 훼손시도 여부를 면밀히 확인하는 것도 필수적인 과정이다(L. Connelly, 2001; 김일수, 2005:77).

이 없도록 설계되었다. 한편 부착장치의 정상작동 온도조건은 영하 20°C ~ 영상 50°C이고 무게는 150g 이하이다. 기존 부착장치 스트랩에는 훼손방지를 위한 저항절단력을 높이기 위하여 스프링강선이 삽입되어 있었다. 최근에는 스트랩에 내재된 스프링강선을 대신하여 저항절단력은 강화하면서도 착용감이 상대적으로 부드러운 강화스테인리스(SUS: Steel Use Stainless)를 적용한 부착장치 스트랩이 개발되어 2013년부터 사용되고 있다.

[표 7-14] 현행 부착장치의 주요 특징

	핵심기능	주요 내용
제4세대 부착장치 	RF 통신	400MHz 대역(암호화통신–쌍방향통신)
	센서기능	클립 분리감지
		스트랩 절단감지
		본체 손상감지
	전 원	충전기능(완충 후 약 30일 사용)
	스트랩 재질	우레탄(RoHS 기준)
	배터리	850mAh(수명 약 1년)
	방진/방수	IP68/완전방수
	온도조건	−20℃ ~ 50℃
	무 게	150g 이하

(2) 우리나라 휴대용 추적장치

1) 휴대용 추적장치 개요

휴대용 추적장치는 '휴대장치'라고도 하며, 피부착자의 위치를 측정하여 중앙관제시스템으로 송신하는 장치로 음성통화 및 문자(경고)메시지를 수신하는 기능을 수행한다. 휴대용 위치추적장치는 항상 피부착자의 위치를 파악하기 위하여 부착장치의 신호범위 내에 있어야 한다. 일반적으로 휴대용 위치추적장치는 휴대전화의 외형을 하고 있으며 무게는 약 0.9~1.8kg인 작은 상자 모양이다

(Renzema, 2000a, 2000b).

휴대장치의 내부에는 GPS 통신, RF 통신 및 CDMA 통신 모듈이 각각 탑재되어 있어 위성으로부터 피부착자의 위치정보를 수신하고 이를 관제센터에 보고한다. 또한 부착장치와 지속적으로 상호 교신하여 두 장치 간 이격이 발생하지 않도록 통제하는 기능을 수행하고 있다. 만약 휴대용 추적장치가 더 이상 부착장치로부터 신호를 수신하지 못하면 관제센터에 경보가 전해진다. GPS 위치추적방식에서 일부 나타나는 기술적 문제점은 GPS 신호가 특정 종류의 건축물에 의해 방해받을 수 있다는 점이다(Connelly, 2001; Renzema, 2000b; 김일수, 200582–83).[14)]

2) 휴대용 추적장치의 특징

휴대장치는 피부착자의 모션 감지기능과 케이스 분해감지기능이 있어서 훼손시도를 사전에 파악할 수 있고 완전방수로 설계되어 있다. 휴대장치의 정상작동 온도조건은 영하 20°C ~ 영상 50°C이고 무게는 250g 이하이다. 휴대장치 전면 상반부는 LCD 창으로 구성되어 있다. LCD 창에는 휴대장치의 상태를 알려 주는 중요한 정보가 게시된다. 우선 CDMA 통신감도를 표시하여 통화가능 상태를 알려 준다. 부착장치와의 RF 통신감도도 표시하여 장치 간 이격이 적정 수준 이상으로 벗어나지 않도록 통제하는 기능을 수행한다. 또한 배터리 잔량도 나타내어 휴대장치가 저전력 상태에 빠지지 않도록 관리하는 데 도움을 준다. 최근에는 휴대용 추적장치의 전용 충전 크래들(cradle)이 보급되어 이동 중에도 범용충전기를 이용하여 편하게 충전할 수 있도록 지원하고 있다. 한편 휴대장치의 전면 하단부에는 담당보호관찰관과 관제센터에 연결되는 비상호출버튼이 탑재되어 있어 피부착자가 긴급한 상황 시 연락이 가능하도록 되어 있으나 일반통화기능은 부여되어 있지 않다. 이 외에도 하단부에는 메뉴선택과 확인 등의 버튼이 있어 기본적 조작이 가능하도록 하였다. 휴대장치에는 전원버

14) 예컨대 범죄인이 건물 내부, 특히 지하실에 있는 경우에 신호가 방해받게 된다. 대부분의 시스템은 이런 현상이 발생하면 경보를 보내고 휴대용 위치추적장치는 그러한 경보신호를 탐지할 수 있다. 또한 대부분의 위치추적시스템은 휴대전화기술을 통하여 의사교환을 하는데, 휴대전화시스템의 결점 중 하나는 '불통이 되는 시점'(dead spots)의 존재이다. 이것은 범죄인이 순간적이나마 실시간으로 추적되지 않을 수 있다는 사실을 의미한다(김일수, 200582–83).

튼도 탑재되어 있으나 전자감독대상자는 조작하여도 작동하지 않도록 초기값이 설정되어 있고, 전담보호관찰관의 조작이 필요한 경우 관제센터에서 원격으로 잠금을 해제하여 사용하도록 하고 있다. 휴대용 추적장치에 내장된 배터리의 표준지속시간은 25시간이므로 전자감독대상자는 매일 이 장치를 충전하여야 한다. 이러한 충전의무를 해태하고 그 정도가 심하면 전자장치 효용유지의무 위반으로 처벌을 받게 된다.

[표 7-15] 현행 휴대용 추적장치의 주요 특징

	핵심기능	주요 내용
휴대용 추적장치 	RF 통신	400MHz 대역(암호화 통신)
	GPS 통신	피부착자 위치정보 수신
	CDMA 통신	피부착자 위치보고
		문자메시지 수신
		긴급 발신/수신 통화
	센서기능	피부착자 모션감지
		케이스 분해감지
	배터리	2,300mAh(25시간 기준)
	방진/방수	IP57/완전방수
	온도조건	−20℃ ~ 50℃
	무 게	250g 이하

(3) 우리나라 재택감독장치

1) 재택감독장치 개요

재택감독장치는 '재택장치'라고도 하는데, 피부착자의 재택 여부를 감독하고 문자(경고)메시지 수신 및 휴대용 추적장치의 충전기능을 수행한다. 피부착자가 주거지나 미리 신고한 장소에 진입할 때 휴대용 추적장치를 대신하여 부착장치와 우선적으로 통신한다. 이를 통하여 해당 피부착자가 재택상태에 있음을 알게 해 주는데, 이는 배터리가 쉽게 소진되며 실내에서는 위치측위 정확도가 떨어지는 휴대용 추적장치의 약점을 보완하기 위한 것이다. 재택감독장치는 부착장치와 강력한 RF 통신을 하며 피부착자가 일정범위 내에서 머무르고 있다는 사실을 알게 해 줌으로써 외출제한 준수사항 등의 감독을 기술적으로 가능하게 한다.

수신기는 발신기의 신호를 탐지하고 무선주파수 수신이 중단되거나 신호가 재개되는 경우 중앙컴퓨터에 보고하는데 전화기를 경유하여 메시지를 전달한다. 수신기는 발신기 신호를 정해진 수신범위 내에서 수신하게 되는데, 범죄인의 위험성과 개별적 가정상황을 고려하여 수신범위를 10m에서 150m까지 탄력적으로 설정하기도 한다. 어떤 경우에는 해당 지역의 위치와 건물 특성에 따라 수신범위가 바뀌기도 한다(Crowe et al., 2002:63).

수신기는 전자감독대상자들이 설치위치를 이동시키거나 기능을 훼손하는 것을 방지하기 위한 장치를 갖추고 있다. 수신기는 백업용 전지를 갖추고 있는데 장비유형에 따라 다르지만 만일 전자서비스가 중단된다면 일반적으로 백업용 전지가 장비를 8~48시간 동안 유지시켜 줄 수 있다. 또한 대부분의 장비들은 전압이 고갈되었을 때를 대비하여 예비 데이터를 저장하는데, 이렇게 함으로써 후에 장비로부터 정보를 회수할 수 있다(Conway, 2001b). 전화선을 사용할 경우 실시간으로 대상자의 소재 여부를 확인할 수 있지만, 전화선을 사용하지 않는 예외적인 일부 시스템에서는 대상자가 수신기를 지참하여 정기적으로 기관에 출두하여 보고하도록 하고, 이때 축적된 감독 데이터를 다운로드하여 일괄적으로 확인한다.[15] 전화사용 중에는 신호송출이 대기되다가 통화종료 후 자동으로 송출된다. 수신기가 사용되기 위해서는 무선전화기, 휴대전화기, 자동응답기, 그리고 송수화 차단서비스 등의 사용은 제한될 필요가 있다(Conway, 2001b). 중앙컴퓨터는 대상자가 미리 보고한 스케줄과 주거지에 설치된 수신기로부터의 메시지를 서로 비교한다.[16]

15) 소위 수동적(passive) 감독시스템이다.

16) 예컨대 대상자가 오전 8:00에 일하기 위해 주거지를 떠나 오후 5:30에 귀가하도록 허락받았다면, 수신기에는 범죄인이 집을 떠난 8:00 이후에는 신호가 잡히지 않아야 하고, 오후 5:30에

[표 7-16] 현행 재택감독장치의 주요 특징

	핵심기능	주요 내용
재택감독장치 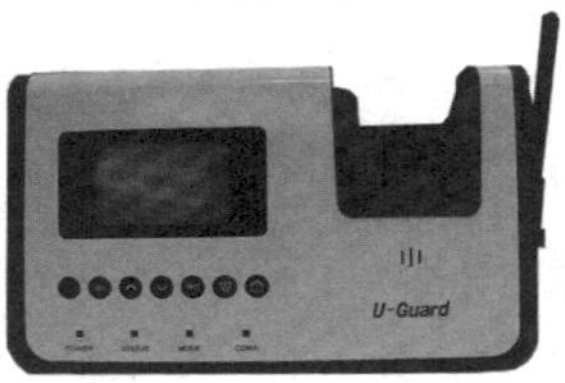	RF 통신	400MHz 대역(암호화 통신)
	CDMA 통신	재택상태 주기보고
	센서기능	케이스 이동감지
		케이스 분해감지
		전원 이탈감지
	배터리	850mAh 정전대비 보조용
	방진/방수	IP44/생활방수
	온도조건	−20℃ ~ 50℃
	무 게	700g 이하

2) 재택감독장치의 특징

재택감독장치는 부착장치와 400MHz 대역에서 RF 통신을 하며 두 장치 간 상호 이격이 일정수준 이상으로 벌어지지 않도록 통제한다. 한편 CDMA 통신을 통하여 관제센터에서는 피부착자 재택상태에 대한 주기보고를 한다. 재택감독장치에는 장치 이동·분해 및 전원이탈을 감지하는 센서기능이 있다. 정전 시에도 일정시간 장치기능을 지속할 수 있는 내장용 배터리가 탑재되어 있으며 무게는 700g 이하이다. 재택감독장치의 전면부도 휴대용 추적장치와 유사하게 LCD 창과 전원, 메뉴선택, 비상호출 등의 버튼으로 구성되어 있다. 재택감독장치의 전원버튼은 초기에 단말기를 켜는 데 사용하고 이후에 관제센터에서 원격으로 제어하게 되면 취소버튼의 기능만을 수행하게 된다.

전자감독대상자가 귀가를 하면 다시 신호가 탐지되어야 한다. 그러나 만약 신호가 외출제한시간에 끊기거나 대상자가 집에 있으면 안 되는 시간에 재개되면, 컴퓨터는 위반사실을 감독직원에게 경고보고를 한다. 그러면 감독직원은 사전에 정해진 절차에 따라 경고가 발생한 이유를 확인한다(김일수, 2005:80).

제 4 부

전자감독제도의 발전

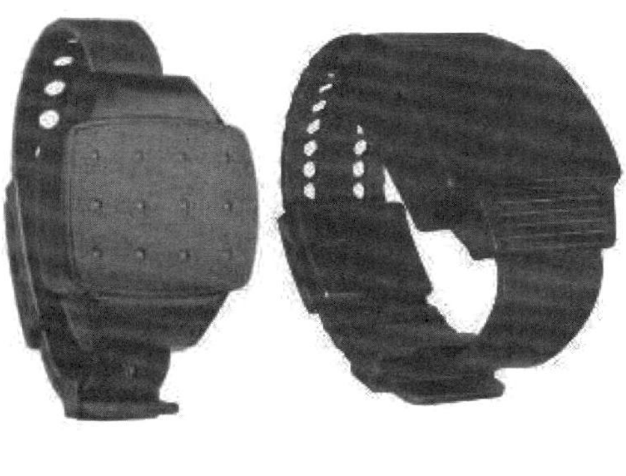

제 8 장 전자감독제도의 쟁점과 효과성 평가

전자감독제도의 발전을 위해서는 현행 전자감독제도가 지니고 있는 문제점을 분석할 필요가 있다. 따라서 전자감독의 법률적·정책적·실증적 쟁점을 정리하고, 전자감독의 효과성에 관한 문제도 검토하고자 한다. 또한 각국에서 전자감독제도 시행 이후 비용효과성과 재범률 측면에서 각각 어떠한 결과가 보고되고 있는지도 정리하여 살펴본다. 이어서 전자감독제도의 실제 운영상의 문제점을 알아보고 그러한 한계 속에서 이 제도가 어떻게 발전해 나갈 것인지 향후 전망을 논한다.

제1절 전자감독제도의 쟁점

1. 전자감독제도에 대한 찬반론

전자감독제도 도입 당시에는 찬성, 반대, 조건부 찬성 등 다양한 의견이 많았다. 특히 인권단체 등에서는 초기에 인권침해 등의 이유로 강력한 반대의사를 표명하였다. 그러나 흉악한 성폭력범죄가 계속 발생하면서 여론이 도입을 강력히 지지하자 점차 관망하는 자세를 취하다가, 이후 대체적으로 전자감독제도 도입을 수용하는 분위기가 형성되었다(국회 법제사법위원회, 2005). 찬성론과 반대론의 주요 논점을 살펴보면 다음과 같다.

(1) 전자감독제도 찬성론

우리나라에서 전자감독제도 도입 당시 이를 찬성하는 입장에서는 1) 위험한 범죄자에 효과적인 대응, 2) 교도소의 과밀수용 완화와 비용절감, 3) 보호관찰 등의 사회내처우의 강화효과가 기대된다는 논지를 폈다(국회 법제사법위원회, 2005).[1]

1) 위험한 범죄자에 대한 효과적인 대응수단

상습적인 고위험군 범죄자에 대한 비자유박탈적 보안처분으로서 전자감독의 유용성이 거론됐다(한영수, 2008:14-18). 재범의 위험성이 매우 높은 출소자에 대해서는 기존의 누범·상습범 가중이나 특별법에 의한 법정형의 상향조정 등과 같은 '형벌가중'의 방식만으로는 범죄예방의 효과를 기대하기 어렵고, 고위험군 범죄자의 경우 형기를 마치고 다시 출소하면, 또다시 재범할 가능성이 매우 높기 때문이다. 그러므로 상습적인 고위험범죄자에 대하여는 출소 이후 일정 시점까지 재범방지를 위한 특별한 대책이 필요하다(한영수, 2008:18). 또한 범행의 상습성을 지닌 출소자의 경우 그의 내재적 범죄성향을 치료하는 것이 재범방지의 지름길이므로(허경미, 2008:53), 사회 내에서 치료와 통제를 받을 수 있도록 하는 '형 집행 종료 후 전자감독'과 같은 보안처분의 도입이 필요하다는 것이다.

2) 비용절감의 효과

전자감독제도를 찬성하는 입장에서 강조하는 것 중의 하나는 전자감독의 운영비용이 시설내구금의 그것과 비교하여 상당히 저렴하기 때문에 막대한 교정비용을 절감할 수 있다는 점이다(박선영 외, 2010:36). 교정시설 수용비용과 비교한 상대적 비용효과성은 이미 전자감독을 실시하고 있는 각국의 평가결과들이 공통적으로 제시하는 것이기도 하다(김혜정, 2000:107-108). 만일 전자감독을 단

---

1) 2005년 10월 발간된 국회 법제사법위원회 우윤근 의원실 자료집을 보면 다음과 같이 찬성하는 입장이 정리되어 있다. "① 무엇보다도 교도소 과밀수용의 완화를 위해 필요한 자유형의 대체효과와 함께 수용비용을 절감할 수 있고, 교도소 수용 없이도 수용의 목적을 충족시킬 가능성을 가지고 있다는 것에서 그 의의를 찾는다. ② 전자감시대상자는 사회 안에서 평범한 생활을 통해 스스로 책임과 의무를 행하는 것을 배우고 그를 통해 원활한 재사회화와 법원에서 다양한 조건의 단결을 선고하는 데 상당한 탄력성을 부여하는 등의 긍정적 측면과, 범죄자에 대한 꾸준한 감시를 통해 다른 사회내처우보다 일반시민이 더 잘 보호될 수 있다고 한다."

기자유형의 대체집행수단으로 활용한다면, 교도소의 과밀수용 완화와 더불어 비용절감의 효과가 극대화될 수 있다. 특히 최근 수년간 정보통신(IT)산업의 눈부신 발달로 인하여 종전과는 달리 초기 개발 및 설치비용이 상대적으로 감소하여 훨씬 경제적인 비용으로 전자감독 프로그램을 설치·운영할 수 있게 되었다(김일수, 2005:189).

3) 사회내처우의 강화효과

범죄인의 재사회화 기능도 사회내처우로서의 전자감독의 장점으로 제시되었다. 시설구금을 통한 수동적인 행태변화는 내적 통제능력을 키우는 데 큰 도움을 주지 못하는 경우가 있다. 그러나 전자감독은 대상자가 지역사회 내에서 정상적인 직업생활과 가정생활을 병행하도록 하는 사회내처우로서 전자기술과 장치에 의한 외부적 통제와 함께 범죄인 스스로의 내부적 통제가 동시에 작용할 수 있는 기반을 마련하여 줄 수 있다(박선영 외, 2010:36). 즉, 국가기관에 의한 외부적·공식적 통제가 대상자 본인이나 가족의 내부적·비공식적 통제로 전환하여 이행하는 데 도움을 줄 수 있는 것이다(김일수, 2005:23). 또한 교정시설에 구금됨으로써 발생할 수 있는 폐해, 즉 직업의 상실, 가정의 해체, 악풍의 감염 등을 회피할 수 있어 사회와의 단절 없이 일상적인 사회생활을 영위함으로써 보다 쉽게 사회에 재적응할 수 있다(김일수, 2005:24).

(2) 전자감독제도 반대론

전자감독제도의 도입을 반대했던 입장에서는 1) 전자발찌로 인한 낙인효과로 인한 인권침해 가능성, 2) 형사사법망의 확대 우려, 3) 과학적 연구에 근거하지 않은 감정적인 대응책이라는 점을 논거로 제시하였다.[2)]

---

2) 전자감독제도 도입 당시 반대론의 입장은 다음과 같다. "① 인권 및 윤리문제와 사회경제적 편견이 개입될 소지가 있다. ② 전자감시제도가 실패할 경우 사회의 안전이 훼손될 위험성과 사회통제망의 확대 및 형사사법대상자의 단순 증가로 비용절감효과가 발생하지 않는다. ③ 우리나라 현실과 관련하여 높은 경제적 부담을 감수하면서 굳이 전자감시제도를 도입할 필요성이 있는지, 그에 따른 효과를 어느 정도 기대할 수 있는지 여부 및 우리나라 정서상 전자감시제도가 받아들여질 수 있는지 여부에 대하여 회의적 시각이 있다"(국회 법제사법위원회, 2005).

1) 전자발찌의 낙인효과

전자감독제도는 사람의 신체에 전자장치를 24시간 부착하게 하는 것이기 때문에 피부착자에게 수치심을 불러일으켜 자존감을 떨어뜨리며 사생활을 지나치게 침해하는 등 인권침해의 가능성이 높다는 비판을 받았다(김혜정, 2000:107; 윤영철, 2008:209; 박선영 외, 2010:39). 특히 전자발찌를 늘 착용하는 데 따른 낙인효과가 크고 항상 감시받고 있다는 데 따른 심리적 위축과 생활상의 부자유함, 자신과 밀접한 지인들까지도 전자감독망에 포착될 수도 있다는 두려움 등이 거론되었다(한영수, 2008:46). 전자감독제도의 도입이 논의되던 당시 형사법 교수와 법조인을 대상으로 한 설문조사에 따르면, 조사대상자의 다수가 이 제도를 도입하기 위해서 가장 선결되어야 할 문제가 인권침해 논란의 불식이라고 응답한 바 있다(김일수, 2005). 또한 전자감독에 의한 지나친 통제에서 기인한 대인관계와 직장생활 위축으로 인한 사회복귀 실패, 배우자나 연인 등에게 자신이 전자감독대상자임이 드러나면 관계가 파탄되는 등의 부작용이 일어날 수도 있다는 점이 거론되었다(박선영 외, 2010:39).

2) 형사사법망의 확대 우려

전자감독을 반대하는 입장에서 강력하게 제기하는 또 하나의 논거는 이 제도가 형사사법망의 확대(net widening)를 초래한다는 것이다(윤영철, 2008;205-210; 박선영 외, 2010:37-38; Bonta et al., 2000; Padgett et al., 2006). 캐나다에서 전자감독을 실시한 결과 전자감독대상자들이 일반보호관찰대상자들과 비교하여 그 위험성 수준에서 별다른 차이를 보이지 않아 실제로 형사사법망의 확대만 가져왔다는 연구결과도 있다(Bonta et al., 2000). 또한 전자감독대상자가 전자감독의무 및 준수사항 위반으로 제재적 구금을 추가적으로 받게 되어 오히려 구금이 확대되는 현상이 발생한다는 주장도 있다(박선영 외, 2010:38 재인용; Padgett et al., 2006).

3) 과학적 연구에 근거하지 않은 감정적인 대응책

형사사법망의 확대와 더불어 전자감독에 대한 반대입장의 주된 논거는 전자감독제도가 과학적 연구에 기반을 두고 있지 않은 감정적인 대응책이라는 주장이다(박선영 외, 2010:38). 특정(성폭력) 범죄자에 대하여 대중은 공포감과 심한 거부감을 가지고 있어서 이에 대응하여 정치가나 정책결정자들이 장기적 관점이 배제된 임시방편적이고 근시안적 대응을 한다는 것이다. '전자발찌'로 대표되는 이미지는 대중에게 쉽게 각인될 수 있기 때문에 정치가들이 자신들의 입지를 강화하는 데 활용하고 싶은 욕구를 갖게 만든다. 이것은 형사사법 분야의 정책결정에서 나타나는 현상인 '상징적 정책'(symbolic politics)의 좋은 사례로 보고 있다(Stolz, 2002). 즉, 정책입안자들은 대중을 안심시키기 위해 서둘러서 입법정책을 결정한다. 그러나 이러한 정책결정의 대부분은 특정(성폭력)범죄와 관련된 과학적 연구결과에 기반을 두기보다는 대중의 잘못된 믿음에 기반을 두고 있다는 비판이다(박선영 외, 2010:38).

2. 전자감독제도의 법률적 쟁점

(1) 이중처벌의 논란

이중처벌의 논란은 특히 현행 '형 집행 종료 후 전자감독'제도와 관련되어 있다. 즉, 특정 범죄자에게 형벌을 부과하고 그 형벌의 집행이 종료한 후에 또다시 전자감독을 받게 하는 것은 헌법상의 '이중처벌금지의 원칙'에 위반된다는 주장이 있다(참여연대, 2005:3). 이중처벌금지의 원칙은 동일한 범죄행위에 대하여 국가가 형벌권을 거듭 행사할 수 없도록 함으로써 국민의 기본권 특히 신체의 자유를 보장하기 위함이다. 이는 폐지된 (구)사회보호법상의 보호감호제도에 대하여 이중처벌의 논란이 있었던 것과 맥락을 같이하는 것으로서, '형 집행 종료 후의 전자감독'을 순수한 보안처분이 아닌, 형벌의 일종으로 이해하기 때문에 나오는 비판이다(윤영철, 2008:205–210). 즉, 전자감독은 사실상 수치형 또는 명예형과 유사한 성격이 있어서 이미 집행된 징역형에 이어 전자감독을 다시 부과하는 것은 중복처벌이라는 논거이다.[3)]

3) 「아동·청소년 성보호에 관한 법률」상의 신상공개제도가 이중처벌이라는 비판도 이와 같은 맥락에서 이해된다. 이에 대해서 헌법재판소는 "개인의 신상정보를 공개하는 과정에서 부수적으로 수치심 등이 발생된다고 하여 형벌로 수치형이나 명예형에 해당한다고 볼 수 없어 이중처벌금지 원

이러한 비판논거는 '형 집행 종료 후 전자감독'이 형벌이 아니라 보안처분이라는 관점에서 반론이 제기될 수 있다.[4] 사회를 방위하기 위하여 책임능력 없는 위험한 범죄자에게 치료감호 등의 보안처분을 부과한다고 이를 이중처벌이라고 주장하는 견해는 찾아보기 어렵다(한영수, 2008:42). 또한 책임능력이 있으면서도 매우 위험한 범죄자에 대하여도 과거의 범죄행위에 대한 책임에 근거한 형벌과 미래의 재범위험성을 방지하기 위한 보안처분의 병과는 법이론상 얼마든지 가능하다(정현미, 2009:334). 형벌과 보안처분을 구별하는 이원론[5]의 입장에서 보면, 고위험군의 특정 범죄자에게 그 위험성 때문에 사회를 방위하기 위하여 일정기간 사회내처우의 내용을 담고 있는 비(非)자유박탈 보안처분을 과하는 것은 이중처벌이 아니다.[6] 과거의 행위에 대한 책임을 묻는 '형벌'과 교도

칙에 위태되지 않는다."고 결정한 바 있다(헌법재판소 2003. 6. 26. 선고 2002헌가14 결정).

4) 대법원 2009. 9. 10. 선고 2009도6061, 2009전도13 판결: "특정 성폭력범죄자에 대한 위치추적 전자장치 부착에 관한 법률에 의한 전자감시제도는 성폭력범죄자의 재범방지와 성행교정을 통한 재사회화를 위하여 그의 행적을 추적하여 위치를 확인할 수 있는 전자장치를 신체에 부착하게 하는 부가적인 조치를 취함으로써 성폭력범죄로부터 국민을 보호함을 목적으로 하는 일종의 보안처분이다."

5) 형벌과 보안처분은 별개의 제도라는 것이 헌법재판소의 일관된 입장이기도 하다. 우리나라 헌법재판소는 헌재 2001. 3. 21. 선고 99헌바7 결정에서 "보호감호처분은 재범의 위험성이 있고 특수한 교육·개선 및 치료가 필요하다고 인정되는 자에 대하여 사회복귀를 촉진하고 사회를 보호하기 위하여 헌법 제12조 제1항을 근거로 한 보안처분으로서 그 본질과 추구하는 목적 및 기능에 있어 형벌과는 다른 독자적 의의를 가진 사회보호적인 처분이므로, 형벌과 보호감호를 서로 병과하여 선고한다고 해서 그것이 헌법 제13조 제1항 소정의 거듭처벌금지의 원칙에 위반된다고 할 수 없다."고 판시한 바 있다.

6) 자유형과 자유박탈 보안처분의 병과가 이루어지면, 자유박탈 보안처분을 선 집행하고 그 기간만큼 남은 형기에 산입하는 이른바 형벌과 보안처분의 대체주의를 취하는 경향이 있다. 예를 들어 치료감호법상 정신성적 장애자들에 대하여는 치료감호를 먼저 집행하고, 그 보안처분기간만큼 함께 선고된 징역형의 형기에 산입하는 방식을 취하고 있다. 이것은 자유박탈 보안처분의 목적이 '치료'에 있으며 자유박탈은 단지 수단적 성격을 지니고 있는 반면, 자유형의 형벌해악의 핵심은 자유박탈 그 자체에 있는데, 치료목적의 자유박탈 보안처분의 집행 속에 자유형의 목적도 결과적으로는 상당 부분 달성된다고 보기 때문이다. 징역형의 집행 이후에 개시되던 보호감호 역시 자유박탈 보안처분이었다는 점에서 이중처벌의 논란이 있었던 것이다. 즉, 내용상 거의 동일한 자유박탈 형사제재가 중복되고 있다는 혐의를 받았던 것이다. 그러나 '형 집행 종료 후 전자감독'은 일종의 사회내처우의 내용을 담고 있는 비(非)자유박탈 보안처분이다. 따라서 징역형의 실형과 전자감독이 실제 내용상 동일한 형사제재라고 말할 수 없다(정현미, 2009:334; 한영수, 2008:44).

소 출소 이후의 재범위험성으로 인한 '보안처분'은 법적으로 다른 성격을 지니고 있기 때문에 "재범위험성이 상당히 높음에도 불구하고 형벌집행을 모두 마쳤다고 하여 책임원칙상 보안처분의 대상이 되지 않아야 한다는 논리는 책임주의 도그마에 갇혀서 보안처분 자체를 부인하는 결론에 이르게 된다"(한영수, 2008:45). 보안처분에 대해서 책임원칙에 입각하여 비판하는 것은 잘못이다. 형벌의 제한원리가 책임원칙이라면, 보안처분의 제한원리는 비례성의 원칙이므로 '형기종료 후 전자감독'은 보안처분으로서 비례성의 원칙에 제한을 받는다(한영수, 2008:45-46).

(2) 소급적용의 위헌성 논란

2010년 4월 15일 전자감독법률의 제3차 개정을 통해 부칙 제2조에 '형 집행 종료 후의 전자감독'의 청구를 이 법 시행 전에 저지른 특정 범죄자에 대하여도 '소급적으로' 할 수 있게 규정함에 따라 이 개정법의 위헌성이 논쟁의 중심이 되었다.

보안처분의 소급효 인정 여부와 관련하여 대법원은 원칙적으로 위헌이 아니라는 입장이다. "보호관찰은 형벌이 아니라 보안처분의 성격을 갖는 것으로서, 과거의 불법에 대한 책임에 기초하고 있는 제재가 아니라 장래의 위험성으로부터 행위자를 보호하고 사회를 방위하기 위한 합목적적인 조치이므로, 그에 관하여 반드시 행위 이전에 규정되어 있어야 하는 것은 아니며, 재판 시의 규정에 의하여 보호관찰을 받을 것을 명할 수 있다"(대법원 1997. 6. 13. 선고 97도703 판결). 그러나 실질적으로 형벌에 준하여 부과되는 보안처분이라면 소급효금지의 원칙이 적용된다고 보고 있다. 대법원은 "가정폭력범죄의 처벌 등에 관한 특례법이 정한 보호처분 중의 하나인 사회봉사명령은 가정폭력범죄를 범한 자에 대하여 환경의 조정과 성행의 교정을 목적으로 하는 것으로서 형벌 그 자체가 아니라 보안처분의 성격을 가지는 것이 사실이다. 그러나 한편으로 이는 가정폭력범죄행위에 대하여 형사처벌 대신 부과되는 것으로서, 가정폭력범죄를 범한 자에게 의무적 노동을 부과하고 여가시간을 박탈하여 실질적으로는 신체적 자유를 제한하게 되므로, 이에 대하여는 원칙적으로 형벌불소급의 원칙에 따라 행의시법을 적용함이 상당하다"(대법원 2008. 7. 24.자 2008어4 결정)고 판시하였다. 즉, 보호관찰은 순수한 의미의 보안처분으로서 소급적용을 인정하지만, 사회봉사명령은 실질적으로 형벌의 성격을 지닌 보안처분이기 때문에 소급적용은 허용되지 않는다는 것이다.

또한 헌법재판소는 상습범 등에 대한 보안처분의 하나로서 신체에 대한 자유의 박탈을 그 내용으르 하는 보호감호처분은 소급입법에 의하여 허용될 수 없다고 판시한 바 있다(헌법재판소 1989. 7. 14. 88헌가5 전원재판부 결정).

2010년 8월 25일 청주지방법원 충주지원은 "전자발찌 부착 자체는 일종의 보안처분이지만 외출제한이나 접근금지를 함께 부과할 수 있고, 주거이전의 허가를 받아야 하는 등 형벌과 실질적으로 동일한 점을 고려하면 소급입법금지의 원칙이 적용돼야 한다", 또한 "미래의 범죄위험으로부터 사회를 보호하려는 것이라고 해도 출소자 등의 형 집행 종료 후 사회복귀라는 신뢰이익에 대한 침해는 소급적용으로 달성하려는 공익을 압도하여 과잉금지의 원칙에 위배되는 것이다."라는 이유로 전자발찌 소급적용 규정에 대해 위헌법률심판을 직권으로 제청하였다.

이에 법무부는 이 개정법의 위헌성을 부정하는 의견을 제시하였는데, 그 논거는 다음과 같다. 첫째, 전자감독제도는 보안처분의 일종으로 전자발찌 부착의 소급적용으로 인한 성범죄 예방, 사회방위라는 가치와 해당 범죄자의 인권침해 정도를 비교해 보면 성폭력범죄 피해의 심각성을 막고자 하는 공익상의 이익이 크다. 둘째, 집행개시 후 3개월이 경과하면 재범위험성 평가를 받아 조기종결할 수 있는 탄력적인 가해제제도가 마련되어 있기 때문에 과잉금지원칙에도 위반되지 않는다. 셋째, 미국[7]과 프랑스[8] 등 외국에서도 전자감독의 소급

7) 미국 연방대법원은 재범위험성이 높은 성폭력범을 형기종료 후에도 계속하여 구금할 수 있도록 한 캔사스 주법에 대해 소급효금지조항에 위배되지 않는다고 판시했다(Kansas v. Hendricks, 521 U.S.346, 117 S. Ct.2072, 138 L. Ed. 2d 501, 1997).

8) 프랑스 헌법위원회는 성폭력범을 시설에 강제수용하는 '보안유치'제도를 판결이 확정된 재소자에게 소급적용하는 법안에 대해 신체의 자유를 중대하게 침해한다는 이유로 소급효를 인정하지 않았으나, 전자발찌를 채우는 '전자감시처분'은 재소자에 대해 소급적으로 부과하는 것을 허용

적용을 인정하는 나라가 많다는 점 등을 논거로 제시하였다.

결과적으로 2012년 12월 27일 헌법재판소는 결정문에서 "전자장치 부착명령은 전통적 의미의 형벌이 아닐 뿐 아니라, 성폭력범죄자의 성행교정과 재범방지를 도모하고 국민을 성폭력범죄로부터 보호한다는 공익을 목적으로 한다. 부착명령은 범죄행위를 한 사람에 대한 응보를 주된 목적으로 책임을 추궁하는 사후적 처분인 형벌과 구별되는 보안처분으로 소급효금지원칙이 적용되지 않는다."고 밝혔다. 이어 "전자장치의 부착을 통해 피부착자의 행동 자체를 통제하는 것도 아니라는 점에서 자유를 박탈하는 구금과는 구별되고 부착명령이 내려졌을 때 처벌적인 효과가 있다고 보기 어렵다."며 합헌결정을 하였다.[9)]

(3) 기타 헌법적 기본권의 침해문제

1) 인간의 존엄성 침해문제

전자감독제도는 '인간에 대한 기계의 감시'라는 측면에서 헌법상 기본권 중에서도 인간존엄성을 침해한다는 비판이 있다(김혜정, 2000:94−95; 이진국, 2004:166−167). 전자감독이 전자장치에 의한 맹목적인 감시와 통제에 머문다면, 이것은 인간을 비인격적인 기계의 감시대상으로 전락시키는 것이므로 헌법상의 인간존엄성 요청에 반한다는 비판을 받게 된다(김혜정, 2000:94; 이진국, 2004:166; 김일수, 2005:167). 또한 전자감독이 '잔혹하고 비정상적인 처벌'(cruel an unusual punishment)에 해당하는지도 문제된다(Crowe et al., 2002:23). 전자감독제도는 범죄로 인해 기소되거나 유죄가 확정된 범죄인에게만 적용되기 때문에 필연적으로 자유제한성을 그 본질적 요소로 하고 있다. 그러므로 그 자유제한의 정도와 가혹성이 대표적인 형사처벌인 자유형에 비하여 심하다고 할 수 있는지가 이 문제의 판단기준이 될 것이다(김일수, 2005:167). 그러나 "전자장치의 사용

하였다(2008. 2. 21. 헌법위원회 Décision n. 2008−562 DC).

9) **[헌법재판소 2012. 12. 27. 2010헌가82 합헌]** 헌법재판관 9명 중 4명이 전자발찌 부착은 형벌이 아니라 보안처분이기 때문에 소급적용금지원칙이 적용되지 않는다고 하여 합헌의견을, 4명은 이미 형 집행이 종료된 사람에게도 부착명령을 소급해 내릴 수 있게 한 부분은 위헌이라는 일부위헌 의견을, 나머지 1명은 전자장치 부착은 형벌적 성격이 강해 법 시행 이전에 범죄를 저지른 사람에게 소급하는 것 전부 위헌이라는 의견을 내 위헌결정 정족수 6명에 이르지 못하였다.

이 구금(incarceration)보다는 자유제한이 덜하고 오히려 인간적이다."라는 주장도 있다(Del Carmen & Vaughn, 1986). 전자감독은 자유박탈을 내용으로 하는 구금형에 비하여 기존의 사회생활을 유지하는 비(非)자유박탈적인 사회내처우의 일종이므로 인간의 존엄성을 침해하는 가혹하고 비정상적인 형사제재라고 할 수 없다(김혜정, 2000:94-95; 이진국, 2004:166-167; 김일수, 2005:167-168). 그러나 전자감독이 '인간에 대한 기계의 감시'로 전락하지 않기 위해서는 전자감독대상자에 대한 보호관찰관의 대면접촉이 반드시 필요하다. 특히 장기간의 전자장치 부착이 가져올 부작용을 방지하기 위한 노력이 필요하다.

2) 프라이버시권 침해 여부

전자장치를 이용하여 범죄인을 24시간 추적 감시한다는 점에서 대상자의 프라이버시(privacy) 침해 여부가 문제될 수 있다(정완, 1999:192). 특히 현행 전자감독제도는 대상자의 이동상황과 행적에 대한 정보를 24시간 365일 기록하고 있다. 범죄발생의 관련성이 의심스러울 경우 언제든지 이를 활용할 수도 있으므로 행적정보에 대한 기록이 해당 전자감독대상자의 사생활의 비밀을 침해할 수도 있다는 비판이 따른다(정완, 1999:192; 김일수, 2005:172).

그러나 위치추적 전자장치의 부착은 전자감독대상자의 위치확인만을 위한 것일 뿐 대상자의 일상적인 활동이나 대화의 내용까지 통제하는 것은 아니다. 사실 "전자적 기술은 통상의 육안감시를 통해 얻을 수 있는 것과 동일한 목적을 달성하도록 형사사법종사자의 능력을 강화하는 것에 불과하다."고 할 수 있다(Del Carmen & Vaughn, 1986).[10] 그럼에도 불구하고 국가의 시민에 대한 완벽한 통제(total 감시)욕구를 제어할 수 있는 장치는 반드시 필요하다.

---

10) 프라이버시권과 관련하여 미 연방대법원은 1984년 Knotts사건 판결(United States v. Knotts, 460 U.S. 276, 1983)에서 "영장 없이 전자감독장치(beeper)에 의하여 행해지는 감독행위는 육안(肉眼)에 의해서도 동일 정보를 획득할 수 있을 때에는 미 연방헌법 수정 제4조에 위반되지 않는다."고 판시하였고, Karo사건 판결(United States v. Karo, 468 U.S. 705, 104 S.Ct. 3296, 1984)에서는 "영장이 없더라도 대상자의 동의에 의해 전자감독장치를 부착하는 것 자체는 헌법에 위반되지 않으나, 육안에 의한 감독을 통해 동일 정보를 얻지 못하는 경우에 영장 없이 전자장치에 의해 감독을 행하는 것은 대상자의 프라이버시를 침해하는 것으로서 허용되지 아니한다."고 판시하고 있다(김일수, 2005:173).

3) 동거인의 기본권 침해가능성

위치추적 전자장치의 부착이 전자감독대상자와 밀접한 관계를 맺고 있는 제3자의 기본권을 침해할 수 있다는 비판이 있다. 전자감독대상자의 주거지에서 동거하는 가족이나 친지도 정신적 불안과 사실상의 부담을 안게 되고 전자감독장치에 의한 사생활의 비밀이 누출될 가능성이 있다는 것이다(김일수, 2005:174). 주거제한과 결부된 전자감독(예: 가택구금 전자감독)은 대상자의 주거지 이탈 여부를 주로 감시하므로 동거인의 사생활보호가 문제 될 수 있다.

'가석방 및 집행유예와 결부된 전자감독'의 경우는 징역형의 집행을 구금시설이 아닌 곳에서, 즉 집이나 사회 내에서 하는 것이다. 범죄인이 가족과 헤어져 시설에 구금될 경우에 겪어야 할 동거가족의 심리적인 불안과 정서적인 고통이 클 수밖에 없다. 범죄인의 경제력 상실로 인한 경제적 궁핍도 가족 고통의 주요한 원인이 될 수 있다. 이에 비하여 가족과의 동거와 일정한 직업활동을 허용하는 전자감독의 경우, 가족의 불안과 고통 해소에 실제적으로 기여할 수 있다고 본다(김일수, 2005:22).

그럼에도 불구하고 실질적으로 동거인의 기본권이 침해되는 경우가 발생할 개연성은 여전히 있다. 따라서 가족의 사생활과 관련된 정보의 누출을 막기 위해서 전자감독을 위하여 수집하는 정보의 범위와 한계, 그리고 그 관리에 관한 명확한 범위설정이 필수적이다(김일수, 2005:174). 또한 실제 제도운영에 있어서 가족 등 동거인의 기본권이 침해되지 않도록 각별한 주의 노력이 필요하다.

제2절 전자감독제도의 효과성 평가

1. 이론적 평가

(1) 사회내처우의 일반적 효과

지난 20년간 사회 내에서 범죄인을 관리감독하는 많은 프로그램의 효과성에 대한 실증적인 메타분석 결과, 치료적 접근만을 강조하거나 반대로 오직 통제만을 강화하려는 프로그램들은 모두 유의미한 효과성을 발견하지 못하였다고 한다(Taxman, 2002). 다만, 통제를 강화한 상태에서 치료적 접근을 병행한 결과, 재범률의 유의미한 감소가 발견되었다는 연구결과가 있으며 이는 전자감독 등으로 대표되는 강화된 통제감독수단이 치료적 접근의 순응성을 증가시킨 결과로 추정된다(Petersilia & Turner 1991; Mackenzie et al., 1995; Gendreau, Goggin & Fulton, 2000).

보호관찰 프로그램 효과성에 대한 기존의 연구들을 정리한 메타분석에서 집중보호관찰 프로그램의 구성요소로서 대상자에 대한 감시수준을 높인 상황에서 처우의 수준도 함께 높였을 때, 재범률의 상당한 감소가 나타났다는 연구결과도 있다(Mackenzie et al., 1995). 통제적 요소와 치료적 요소를 활발하게 운영한 프로그램에서 10%에서 20%의 재범률 감소를 나타낸 외국의 연구성과가 보고되기도 했다(법무부, 2008:20).

이상의 연구결과들은 대부분 범죄인처우에 있어서 치료와 통제의 양자의 스펙트럼에서 어느 한쪽에 치우친 접근보다는 양자의 균형적 접근이 필요함을 보고하고 있다. 결론적으로 전자감독을 통한 범죄인에 대한 통제력 증강은 치료적 접근과 어떻게 조화를 이루며 운영되느냐에 따라서 그 효과가 달리 나타날 수 있다.

(2) 전자감독의 효과성 연구

전자감독의 효과와 그 영향력에 대해서는 찬반 의견이 지속적으로 대립하고 있다. 이하에서는 전자감독제도의 찬성론에서 주로 주장하는 교정비용의 절감효과, 교화 및 개선 효과, 그리고 재범률 감소의 세 가지 효과성 측면에서 주목할 만한 연구결과들을 정리하여 소개하기로 한다.

1) 교정비용의 절감효과(비용효과성)

전자감독을 찬성하는 입장에서 큰 장점으로 제시하는 것 중의 하나는 전자감독이 비용절감효과가 있다는 점이다(Duke & Hassen, 2000; Payne & Gainey, 2000; Dodgson et al., 2001; Crowe et al., 2002; 김일수, 2005). 외국의 경우 전자감독 시행의 목적이 교도소 등 구금시설의 과밀수용과 그에 따른 교정비용의 부담 감소를 위한 것이기도 했다. 교정시설의 수용을 대신하는 가택구금 전자감독의 경우에는 비용절감의 논리가 성립될 수 있다. 그러나 만기출소 후의 추가적인 보안처분에 해당하는 '형 집행 종료 후의 전자감독'의 경우에는 이러한 비용절감효과를 그대로 설명하기에는 한계가 따른다(박선영 외, 2010:36).

우리나라 전자감독제도는 미국, 영국 등 다른 나라들과 달리 성폭력범 등 흉악한 범죄자로부터 국민의 생명과 안전을 보호하려는 취지에서 도입되었고, 전자감독의 운용경비도 피부착자에게 부담시키지 않고 있기 때문에 전체 국가적 차원에서 비용절감의 효과가 상대적으로 작다는 주장도 있다(강호성, 2012:21). 그러나 가석방 또는 가종료와 결부된 전자감독은 시설내구금을 대체하는 효과는 있으므로 비용절감의 효과를 기대할 수 있다. 또한 흉악범죄자에 대한 사회방위의 대책으로서 자유박탈 보안처분인 보호수용(보호감호)을 재도입하는 것에 비하면, 시설수용을 하지 않는 전자감독이 여전히 비용절감의 효과가 있다고 본다.[11)]

더군다나 전자감독의 비용절감효과는 단순히 교정비용의 절감 차원으로만 볼 것은 아니다. 전자감독이 재범률 감소뿐 아니라 장기적인 범죄성 개선효과가 있다는 연구결과(Marklund & Holmberg, 2009)를 바탕으로 범죄경력 초기에 있는 청년범죄자들에게 전자감독을 적극적으로 적용하여야 한다는 주장도 있다(Yeh, 2010). 이러한 주장의 근거로 상습적인 범죄자들이 일생 동안 범죄로 인해 평균 약 60회 정도 체포되며 이로 인해 발생하는 범죄피해 등 사회적 비용이

11) 미국, 영국, 호주 등 외국에서는 성범죄자를 무기한 시설에 구금할 수 없음에도 불구하고 아동대상 성범죄 등 특정 성범죄에 대한 시민사회의 불안이 증가하고 사회방위적 측면에서 이들 범죄자에 대한 엄벌주의의 요구가 높아지고 있다. 이에 따라 이들 국가의 의회는 시민사회의 요구를 수용하여 정신이상 또는 성격장애에 해당하는 특정 성범죄자에 대하여는 형 집행 종료 후의 그 치료가 입증될 때까지 무기한의 강제입원치료를 시행하는 수용치료처분제도를 적용한다. 이러한 추세에 따라 미국에서는 1990년 이후 애리조나, 캘리포니아, 플로리다, 일리노이, 아이오와, 캔사스, 메사추세츠, 미네소타, 미주리, 뉴저지, 노스다코타, 사우스캐롤라이나, 텍사스, 버지니아, 워싱턴, 위스콘신 등의 16개 주에서 성폭력흉악범(Sexually Violent Predators)으로 분류되는 특정 성폭력사범에 대해서 형 집행 종료 후에도 이들을 시설에 구금하고 강제치료를 받게 하는 수용치료처분(civil commitment)제도를 시행 중이며, 이는 미국의 대법원에서 두 차례 합헌결정(Kansas v. Crane, 2002; Kansas v. Hendricks)을 받은 바 있다(법무부, 2005:21).

상습범죄자 500명당 약 570만 달러라는 연구결과(DeLisi & Gatling, 2003)를 인용하고 있다. 이런 관점에서 보면, 만일 전자감독제도가 흉악범죄의 예방에 크게 기여한다면 흉악범죄로 인한 사회적 비용절감의 효과가 있다고 할 것이다.

2) 교화 및 개선 효과

전자감독은 보호관찰과 같은 일반적인 사회내처우에 비하여 통제적 성격이 훨씬 강하기 때문에 범죄자가 수동적이 될 수밖에 없어서 재사회화를 기대하기 어렵다는 비판이 있다(김혜정, 200:107). 또한 지나치게 큰 고통을 주기 때문에 집행기간을 무사히 마치는 것이 구금형에 비하여 오히려 어렵다는 주장도 있다(정갑섭, 1993; Black & Smith, 2003). 특히 전자발찌를 착용한 사실이 노출되면 직장동료나 고용주가 이들을 기피하기 때문에 사회적응과 재사회화에 오히려 부정적인 영향을 줄 수 있다는 것이다(Black & Smith, 2003).

그러나 전자감독을 지지하는 입장에서는 반대로 전자감독을 구금 대신 사용함으로써 범죄자의 사회적·가정적 관계를 지속할 수 있게 함으로써 교화와 개선에 더 큰 효과가 있다고 주장하고 있다. 즉, 구금시설의 역기능을 해소하고 사회적 지지 네트워크를 통해 범죄자의 성공적 사회 재통합을 돕는다는 것이다(Elrod & Brown, 1996; Bazemore et al., 2000; Gainey et al, 2000; 박선영 외, 2010:36 재인용).

미국에서 전자감독 관련 연구논문 151편을 수집하여 이를 메타분석한 연구결과(Renzema, 2003)는 결론적으로 전자감독이 다른 형태의 개입에 대한 순응성을 강화시키는 수단으로 사용될 수 있으므로 범죄인 교화·개선에 효과적이라고 분석하였다. 특히 치료프로그램과 병행하여 소아성애자 등에 대한 교정정책으로 전자감독이 가장 적합하다고 추천하고 있다. 다른 연구결과(Bonta et al., 2000; Finn, 2002)에서도 전자감독에 처해져 있는 상황이 해당 범죄자의 치료프로그램에의 순응성을 증진시키는 역할을 한다고 보고 있다(법무부, 2008:20-21).

3) 재범률 감소

전자감독의 효과성에 관한 평가연구들을 메타분석한 연구자들은 기존 효과성 연구의 대다수가 연구방법론상의 문제점들로 인해 전자감독 관련 정책결정에 유의미한 근거자료가 되기 어렵다고 주장한다(Renzama & Mayo-Wilson, 2005; Yeh, 2010; Bales et al., 2010). 그러나 가장 최근에 한 단계 더 강화된 연구방법론을 사용한 연구(Padgett et al., 2006; Marklund & Holmberg, 2009; Yeh, 2010; Bales et al., 2010)에서는 전자감독이 대상자의 재범률을 낮추는 데 효과가 있다는 연구결과를 공통적으로 내놓고 있다.

특히 조사대상인 모든 범죄유형(성폭력범, 마약사범, 폭력사범, 재산범)[12)]과 모든 연령집단에서 눈에 띄는 재범률의 감소를 보여 주었다는 연구결과도 있다(Bales et al., 2010). 즉, 전자감독대상자가 일반보호관찰대상자에 비하여 재범이나 준수사항 위반으로 재구금되는 '사회내처우 실패율'(risk of failure)이 31% 감소하였다고 한다. 또한 GPS 방식의 전자감독이 RF 방식의 전자감독에 비하여 대상자의 순응성을 높이고 실패율을 줄여 준다고 한다. 우리나라에서도 전자감독대상자가 일반보호관찰대상자에 비하여 준수사항의 의도적 위반을 81.8%나 덜했다는 연구결과도 있다(조윤오, 2010).

전자감독이 종료된 이후에도 대상자에게 과연 장기적인 효과가 있는지에 대한 연구는 그리 많지 않다. 최소 2년 이상 교정시설에서 복역한 260명의 스웨덴 출소자를 대상으로 전자감독이 종료된 이후 그들에 대한 약 3년간의 추수조사를 실시한 연구(Marklund & Holmberg, 2009)에 따르면, 가석방 단계에서 전자감독을 받은 범죄자와 전자감독 없이 만기출소한 범죄자를 상호 비교하였을 때 전자감독 경험자의 3년 이내 재범률은 26%인 데 비해 일반출소자는 38%였으며, 중범죄로 기소된 비율도 각각 14%와 26%로 큰 차이를 보였다. 그 이유로는 전자감독기간이 대상자들에게 통제된 상황에서 규칙적인 생활을 하도록 하는 사회 재적응의 완충지대로서 기능하였기 때문이라고 해석하고 있다. 즉, 전자감독이 종료 이후의 장기적인 관점에서 보더라도 대상자의 범죄성 감소에 효과가 있다는 것이다.

12) 전자감독은 다른 유형, 즉 약물사범이나 성폭력범, 재산범 등에 비하여 폭력범에게는 효과가 작다고 한다. 그럼에도 불구하고 이들 모두에게 역시 유의미한 효과가 있다고 한다.

2. 미국과 영국의 전자감독 시행평가

(1) 미국의 전자감득 시행평가

1) 교정비용의 절감

미국의 전자감독제도 시행평가 결과, 교정비용의 절감 측면의 경우에는 대부분 긍정적인 평가를 받고 있는 것으로 나타났다(김일수, 2005:16). 음주운전자에 대한 전자감독의 경우, 사회의 안전을 해하지 않고 사회통제망(net of social control)의 불필요한 확대 없이 구금형과 비교하여 비용효과성이 매우 우수한 것으로 평가되었다(Courtright et al., 1997). 비용분석이 용이하도록 가공한 사례에서 총 105명의 범죄인을 교정시설에 수용하는 대신 각각 1~3개월간의 전자감독을 한다는 가정하에서 수용비용과 비교하였을 때 약 16만 6,699달러의 교정비용이 절감된다는 분석결과도 있었다(Crowe et al., 2002:45). 미국 앨라배마 주 청소년국(DYS)의 소년집중감독 보호관찰의 경우 프로그램 평가자들은 3년 내 약 70만 달러의 시설수용비용을 절감할 수 있을 것으로 추정하였다(Duke & Hassen, 2000). 또한 미국 미시간 주에서 실시하고 있는 성인범에 대한 집중감독 보호관찰 프로그램의 경우 범죄인을 구금시설에 보내는 것보다 약 4분의 3 정도의 비용절감효과가 있는 것으로 보고되었다(Crowe et al., 2002:6).

2) 재범률과의 관계

미국 인디애나 주 레이크 카운티(Lake county)에서 1989년부터 5년간 진행된 인디애나 주립대의 연구에 의하면, 전자감독 프로그램의 적용대상자들이 대부분 성공적으로 프로그램을 종료한 것으로 보고되었다(김일수, 2005:121).[13] 또한 음주운전으로 유죄선고를 받은 범죄인들에게 시동잠금장치를 활용한 전자감독을 실시한 결과 재범자가 65%나 감소하였다고 한다(Beck, Rauch & Baker, 1997). 한편 미시간 주의 집중보호관찰 평가결과는 중범죄자들에 대한 전자감독이 상당히 효과적임을 제시하고 있는데, 약 8% 미만이 도주, 약 3% 미만이 중죄 재

13) 이 연구는 소년범 560명과 성인범 233명을 대상으로 하였는데, 전자감독 프로그램이 적용된 소년비행자 중 초범의 93%가 성공적으로 전자감독 프로그램을 종료하였고, 성인범의 경우에는 초범 및 재범자의 78%가 각각 성공적으로 프로그램을 마친 것으로 보고되었다.

범, 나머지 89%가 성공적으로 프로그램을 종료하였다. 또한 미국 뉴저지 주의 전자감독 프로그램 평가연구 결과는 1년의 기간 동안 전자감독 집단의 재범률이 약 10%임에 반해, 일반재소자의 재범률은 25%에 이른다는 증거를 제시하고 있다(Crowe et al., 2002). 또 다른 연구에 따르면 범죄의 심각성과 전자감독 프로그램의 적용을 받는 대상자의 행동을 통제하는 것 사이에는 유의미한 상관관계가 있음이 밝혀지기도 하였다(Cooprider & Kerby, 1990; Cooprider, 1992).

(2) 영국의 전자감독 시행평가

1) 교정비용의 절감

영국 내무성의 의뢰를 받아 1999년 1월부터 약 16개월간 전자감독 외출제한명령의 효과성을 검증한 「석방된 재소자의 전자감독: 전자감독 가택통금의 평가보고서」(Dodgson et al., 2001)에 의하면, 전자감독 외출제한명령에 처해진 대상자들의 평균 외출제한기간은 약 45일, 개별 대상자에게 지출된 비용은 대략 1,300파운드로 집계되었다. 전자감독에 소요되는 비용은 주로 대상자 선정평가, 전자감독시스템 운영계약, 처분취소비용 등으로 구성되며, 시행 첫 12개월간 가장 큰 지출항목은 전자감독시스템 운영비용으로 약 2,100만 파운드가 소요되었다고 한다. 따라서 전자감독 외출제한명령의 시행으로 인한 교도소의 연간 비용감소금액(기회비용)은 같은 기간 동안 대략 6,340만 파운드로 추정되며, 전자감독 외출제한명령의 시행으로 인한 1년간의 추정 순수익 금액은 약 3,675만 파운드 상당으로 집계되었다고 한다. 이후 영국에서는 전자감독시스템 운영비용이 절감될 것이므로 비용효과성이 더 높게 나올 것으로 기대되었다(김일수, 2005:140).

2) 재범률과의 관계

재범률과 관련해서 영국 내무성(Home Office)에서 발간한 전자감독제도 시행평가보고서에서는 초기에 시행된 일부 연구(Mair & Nee, 1990; 김혜정 2000:61)를 제외하고는 대부분 긍정적인 평가결과가 제시되어 있다(Airs, Elliott & Conrad, 2000; Dodgson et al., 2001; Walter, 2002). 우선 미결구금단계 프로그램에 대한 한 평가연구의 결과는 대상자의 약 6%가 도주하였다고 보고하고 있는데 이 수치는 전국적으로 시행되고 있는 조건부 보석의 도주 비율에 비하면 상당히 낮은 수준이다(Airs, Elliott & Conrad, 2000). 한편 형사제재수단으로서의 전자감독에 대한 한 평가연구 결과에 의하면, 전반적인 명령 이행률은 약 83%로서 보호관찰명령 이행률(81%)과 사회봉사명령 이행률(71%)보다 높았다(Walter, 2002).

또한 전자감독 외출제한명령을 부과받은 대상자 중 약 2%는 외출제한명령 기간 중 재범을 범하였는데, 비교집단에 비하여 훨씬 낮은 재범률을 보였다(Dodgson et. al., 2001). 구체적으로 석방 4개월 후의 재범률을 보면 전자감독대상자의 재범률이 약 8%임에 반해, 비교집단의 재범률은 무려 31%에 달했다. 그러나 이러한 재범률의 평가가 외출제한명령의 직접적 효과인지 아니면 대상자 선발과정의 위험성 차이에 기인한 것인지는 명확하지 않다(김일수, 205:140).

3. 우리나라의 전자감독 시행평가

우리나라는 전자감독제도를 시행한 지 약 5년이 경과하고 있으므로 아직까지 제도시행 초기단계라 할 수 있다. 따라서 상당수의 전자감독대상자가 종료 이전이거나 종료 후 기간경과가 충분하지 않아 과학적 연구방법을 통한 효과성 평가연구가 많지 않은 상황이다(한영수 2013:197).

2007년 4월 26일 한국형사정책연구원이 발표한 자료에 따르면 성폭력범죄의 재범률은 52.8%이고,[14] 2008년 11월 5일자 매일경제신문은 성폭력범죄의 재범률이 35%이며 성폭력범죄자의 동종 재범자 중 1년 이내 재범률은 43%, 3년 이내 재범률은 71%에 이른다고 보도하였다.[15] 또한 대검찰청이 자체 분석하여 2008년에 발표한 자료에 따르면 2005년부터 2008년까지 4년간의 성폭력범죄자에 대한 동종 재범률은 14.8%였다. 이와 비교하여 우리나라의 전자감독제도 시행 후 4년 동안, 즉 2008년 9월부터 2012년 8월까지의 전자발찌 착용 성폭력범죄자의 동종 재범률은 2.3%에 불과하였다.[16] 우리나라 전자감독제도의 재범억제효과는 한국형사정책

14) 세계일보, 2007년 4월 27일자, 001면 종합 참조.

15) 매일경제, 2008년 11월 5일자, A37면 매경춘추(사람과 사람).

16) 전자발찌 부착 성폭력범죄자는 총 1,282명이며 이 중 30명이 재범을 하여 재범률은 2.3%이다.

연구원(2007년)이 발표한 성폭력범죄의 재범률 52.8%의 약 1/23 수준이고, 매일경제신문에서 인용한 35%의 1/15 수준이며, 대검찰청이 분석한 14.8%의 1/6 수준이어서 재범억제효과가 있는 것으로 볼 수 있다.

이러한 재범억제효과를 경제적 가치로 환산하면 약 1,500억 원 이상의 범죄로 인한 사회적 비용을 절감한 것으로 보인다.[17] 또한 전자감독대상자 1인에 대한 소요경비는 교도소 수용경비의 약 1/3～1/5 수준에 불과한 것으로 나타나 국가예산을 크게 절감한 것으로 보인다(강호성, 2012:23). 반면, 전자감독의 도입으로 인한 형사사법망의 확대를 우려하는 진영에서는 전에 없던 형사적 통제가 더 이루어지는 만큼 국가예산이 전자감독의 시행을 위해 추가적으로 소요되는 것일 뿐이라는 비판을 하기도 한다.

제3절 전자감독의 한계

1. 전자감독제도의 운영상의 문제점

전자감독제도의 운영상의 문제점 중의 하나는 전자감독시스템의 기술적 한계에 관한 것이다(김일수, 2005:190－191; 강호성, 2012:22). 전자감독에 필수적인

그리고 이처럼 재범산정기간을 통상 2~3년보다 긴 4년으로 한 것은 대검에서 발표한 재범산정기간인 4년과 그 기간을 맞추기 위해서였다. 물론 전자감독 시행 초기단계에서는 대상자의 다수가 가석방에 결부되어 있었기 때문에 재범률이 상대적으로 낮게 나올 수밖에 없다는 비판이 있는 것은 사실이다. 형기종료 후 전자감독대상자의 비율이 급격히 높아진 시점부터 향후 2~3년까지의 4년간의 재범률을 조사한다면 보다 정확한 통계가 나올 수 있다고 본다.

17) 전자감독제도 시행 후 성폭력범죄 전자감독 실시인원은 약 2,500명이며, 이를 제도시행 전 재범률 14.8%(대검찰청 자료) 기준으로 재범인원을 추정하면 370명이 발생하는데, 전자감독제도 시행 후 재범률을 2.3%로 낮추어 재범인원이 57명에 불과하므로 재범예방인원은 313명이 된다고 할 수 있다. 「성폭력사건에 관한 사회적 비용 연구」(한국형사정책연구원, 2011년)에 의하면 성폭력범죄 1건 발생 시 범인검거를 위한 수사에서부터 재판 그리고 형 집행비용과 피해자에 대한 심리치료비용 등 약 2억 원이 발생하고, 이를 보다 중한 강간범죄로 한정 시 약 4억 원 정도의 사회적 비용이 발생한다고 하므로 전자감독제도 도입 이후 절감된 사회적 비용은 약 1,200억 원에 이른다고 할 수 있다. 이를 살인범으로까지 포함하여 계산하면 1,500억 원 이상의 사회적 비용을 절감할 수 있다는 결론에 이른다.

전자장치와 운영시스템에 대한 신뢰성은 전자감독제도의 성패를 좌우할 만큼 매우 중요한 과제이다.

1990년대 중반까지도 전자감독 프로젝트의 주요한 실패원인 가운데 하나는 전자감독장비의 기술적 면에서의 신뢰성 문제와 관련되어 있었다(Fridl & Vaughn, 1986; 정갑섭, 1993). 그러나 최근의 정보통신기술의 급격한 발전으로 전자감독장치의 기계적 오류가능성은 매우 감소하였다(김일수, 2005:190). 특히 우리나라에서 현재 운영되고 있는 전자감독 운영시스템과 전자장치는 세계 최고 수준의 IT 기술에 입각하여 지속적인 기능개선이 이루어지면서 이러한 기술적 문제는 크게 부각되지 않고 있다(강호성, 2012:23).

또한 전자감독제도는 사실상 전자장치를 이용하여 대상자의 위치를 확인할 수 있을 뿐, 구체적 행동까지는 통제할 수 없다는 점에서 사회방위와 범죄인의 재사회화에는 일정한 한계가 있다.

이를 보완하기 위하여 전자감독제도의 실제 운영에 있어서는 전자장치에 의한 외부적 통제와 함께 보호관찰관의 대면접촉에 의한 지도감독, 치료프로그램의 제공, 취업알선과 같은 사회적 지원이 병행되고 있다. 이처럼 전자감독대상자 스스로의 내부적 통제가 동시에 작용할 수 있는 기반을 잘 마련하여 준다면, 전자장치에 의한 외적·공식적 통제를 대상자 자신의 내적 통제로 이행하는 데 도움을 줄 수 있다(김일수, 2005:185).

전자감독제도의 운영에서 또 다른 중요한 문제점으로는 전자감독업무를 담당하는 인력의 부족과 업무수행의 어려움을 들 수 있다.

전자감독업무를 담당하는 보호관찰관들은 "야간과 주말 등에 수시로 현장에 출동하거나 출동을 준비하며 대기하여야 하고, 전자감독대상자가 재범하거나 전자발찌를 훼손하는 것에 대한 큰 부담감에 시달리고 있으며 심지어는 전자감독대상자들의 온갖 불평과 욕설을 감내해야 하기 때문에" 극심한 스트레스에 시달리고 있다(강호성, 2012:220). 따라서 전자감독제도의 성공적인 운영을 위해서는 충분한 인력보강과 함께 전담보호관찰관의 업무량 축소를 위한 노력이 경주되어야 한다.

2. 전자감독의 한계 극복

미국에서 전자감독제도가 처음 시행될 때에는 종전의 형사사법체계가 안고 있는 수많은 심각한 문제들, 즉 구금시설의 과밀수용, 보호관찰의 과다한 업무부담, 높은 교정비용 등의 문제들을 타개할 수 있는 좋은 해결책으로 선포되었던 것이 사실이다(김일수, 2005:61−62). 그 때문에 1980년대 중반부터 미국의 여러 주에서는 형사사법 분야의 전문가들이 전자감독제도의 도입을 열정적으로 추진하였다(Crowe et al., 2002:2). 이에 따라 1987년부터 1988년까지 불과 1년 사이에 미국에서 전자감독의 활용이 무려 3배나 증가하였다(Corbett, 1989). "전자감독은 향후 20년 안에 보호관찰 지도감독의 주된 수단이 될 것이다."라는 주장(Bennett, 1989:74)을 인용하면서 전자감독제도에 대한 열정과 기대를 숨기지 않기도 했다(Corbett, 1989).

그러나 전자감독제도는 현재까지 이 기술의 초기 주창자들이 기대한 것과 같은 '만병통치약'으로 사용되고 있지는 않다(Crowe et al., 2002:3). 전자감독제도는 기소된 피고인과 형이 확정된 범죄인을 지역사회에서 감독하는 일부 프로그램에서만 확립된 구성부분으로 정착되어 있다. 그럼에도 사법체계의 교차지점에서는 전자감독이 필요하다(Paparozzi & Wicklund, 1998). 즉, 구치소나 교도소와 같은 구금시설의 행형시스템과 보호관찰소 등의 일반적인 지역사회 내 관리감독시스템이 교차하는 지점에서 전자감독은 유용한 역할을 수행할 수 있다(김일수, 2005:61). 전자감독은 구금과 비구금의 틈새에서 중간적인 대안으로 제시될 수 있으며 이는 형사정책의 합리화와 개별화에 기여할 수 있을 것이다. 다만 여기서 간과해서는 안 될 점은, 전자감독기술은 단지 기술일 뿐이고 그 이상도 그 이하도 아니라는 점이다. 즉, 전자감독기술을 어떻게 활용하여 어떠한 프로그램을 운영할 것인가가 전자감독의 성패를 좌우한다(김일수, 2005:62). 따라서 전자장치를 범죄인에게 착용시키는 것 이상의 조치, 즉 지역사회에 재통합되고 개선갱생을 도모할 수 있는 교정 · 치료프로그램, 취업지원 등의 사회정착지원이 병행될 필요가 있다.

현재까지 세계 각국에서 실시되고 있는 전자감독의 구체적인 모습을 보면

극단적인 사생활침해나 인권침해의 우려는 다분히 과장된 측면이 없지 않다. 이러한 비판의 근저에는 공상과학영화에서 볼 수 있는 기계(컴퓨터)에 의한 완벽한 통제사회에 대한 막연한 두려움도 어느 정도 깔려 있다(한영수, 2000:246). 그러나 전자감독의 주된 내용은 대상자의 소재와 이동경로를 파악하는 것이지 그의 구체적 '활동'이나 '대화'를 감시하고 감청하는 것은 아니다. 그러므로 전자감독제도는 단순한 '기계적 감시'가 아닌, 보호관찰관의 지도·감독 및 대면접촉이 수반되는 '인격적 감독'의 형태로 운영되어야 한다(한영수, 2008:47). 전자감독의 본질적 목적은 단순히 사회방위에만 있는 것이 아니라 대상자의 재사회화와 건전한 사회복귀를 지향하고 있다. 따라서 전자감독을 집행하는 보호관찰관의 역할이 실제적으로 매우 중요한 의미가 있다. 반면, 위치추적 전자장치는 범죄예방의 목적을 달성하기 위한 보조수단일 뿐이다. 위치추적 전자장치는 대상자의 소재와 이동경로를 파악하여 출입금지지역에 진입하거나 피해자 주거지 등에 접근하면 자동적으로 경보음을 내게 할 수는 있어도 그 어떤 범죄행위도 완벽하게 방지하지는 못한다. 이것이 위치추적 전자장치의 근본적인 한계이다. 결국 위치추적 전자장치를 활용한 범죄예방의 성패는 전자장치의 기술력 여부로 결정되는 것이 아니라, 전자감독을 집행하는 보호관찰관의 능동적이고 적극적인 노력에 달려 있다(한영수, 2008:47-48).

제9장 전자감독제도의 발전과제

우리나라의 전자감독제도가 운영상의 한계점을 극복하고 효과적인 형사정책으로 정착되기 위해서는 보다 발전적인 방안을 모색할 필요가 있다. 이를 위해 전자감독제도의 발전방향을 크게 기술적 측면과 실천적·정책적 측면으로 나누어 설명한다. 기술적 측면에서는 우리나라 전자장치의 기능개선을 위하여 적용가능한 외국의 신기술들을 소개하고 이동통신망의 최신 동향을 살펴봄으로써 향후 기술적 발전방향의 참고자료를 제공하고, 실천적·정책적 발전방안에 대해서는 최근의 전자감독제도에 관한 국내외 연구에서 제안되었던 방안을 종합적으로 정리하여 제시한다.

제1절 전자감독에 필요한 기술의 발전

현재 사용하고 있는 전자감독기술은 전자감독대상자들의 위치를 확인하고 이동경로를 분석함으로써 재범을 억제하는 데 활용되고 있다. 그러나 범죄를 현장에서 사전적·선제적으로 예방하지 못한다는 문제점이 있어, 생체정보나 이전 범행 시 패턴분석을 통해 보다 적극적으로 범행을 사전에 차단하는 기술을 개발할 필요성이 제기되고 있다. 이에 따라 법무부는 범죄 징후를 사전에 감지해 재범을 막는 지능형 전자발찌 개발을 추진 중이다[1].

1) 매일경제, 2013년 3월 30일자, a19면 참조.

1. 전자감독 관련 신기술 현황

(1) 음주단속 전자감독 관련 기술

1) 알코올센서

알코올센서는 음주감독(alcohol monitoring)에 사용되는 기술로서 주로 운전자 음주단속에 적용하였다. 미국에서는 최근 전자감독대상자 중에서 알코올중독에 의한 문제를 가지고 있어 알코올금지 준수사항이 부과된 대상자들의 감시에 활용하고 있다. 알코올검사는 일반적으로 채혈검사, 호흡검사, 소변검사 등과 함께 분비물검사인 경피(經皮)기법(Transdermal Technology) 등이 있다. 알코올중독자의 전자감독에 응용되는 알코올센서는 '호흡 알코올검사'(Electro-Chemical Breath Alcohol Testing)와 '피부분비물 알코올검사'(Elector-Chemical Perspiration Alcohol Testing)의 두 가지 방식이 응용되고 있다.

호흡검사방식의 센서는 상대적으로 정확한 검사결과를 획득할 수 있는 방식으로 검사대상자의 호흡 시 방출되는 공기 중의 알코올성분을 감지하여 음주여부를 확인하는 것이다. 이에 비해 분비물검사방식의 센서는 대상자의 피부로 분비되는 땀 등의 생치분비물 내에 존재하는 알코올성분을 감지하는 접촉식 검출방식이다. 이 방식은 호흡검사방식에 비하여 즉각적인 검사가 가능하지만 접촉 신체부위에 수분이 존재하는 경우 실제 음주상태를 제대로 검출해 내지 못하는 것이 단점이다. [표 9-1]은 알코올검사방법별 비교표이다.

[표 9-1] 알코올검사방법별 비교표

항 목	분비물검사	호흡검사
검사주기	연속적 검사(24시간 / 7일)	정해진 시간 검사
검사당 비용	낮음	높음
감독비용(인력, 시간)	낮음	높음
보호관찰관 업무량	낮음	높음
검사-결과의 신뢰도	매우 낮음	매우 높음

[그림 9-1] 음주단속 부착장치

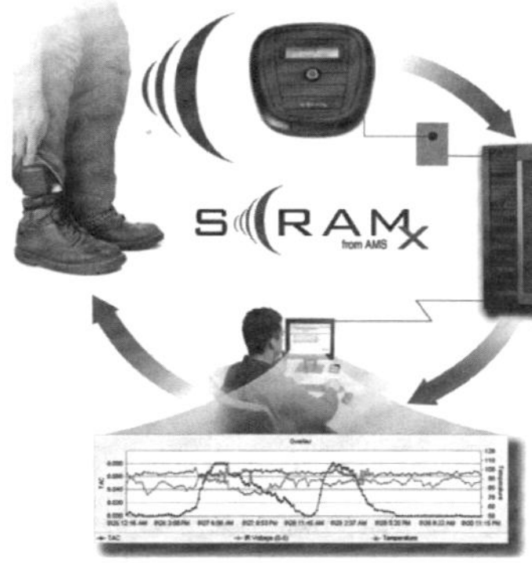

출처: 법무부, 2011년 해외벤치마킹 사례보고서.

2) 알코올센서와 음주단속 전자감독

원격으로 음주 여부를 확인하고 통제하는 방법은 크게 두 가지로 나뉜다. 하나는 대상자의 발목에 부착하는 부착장치에 알코올센서를 탑재하여 자동적으로 음주 여부를 측정하는 방법이다. 또 다른 방법은 재택감독장치에 내장된 알코올 호흡측정기에 대상자가 자신의 호흡을 직접 불어넣어 음주 여부를 확인하는 것이다.

'음주단속 부착장치'는 대상자에게 부착하는 부착장치의 센서를 이용하여 대상자의 땀의 성분을 30분 주기로 파악하여 음주 여부를 확인한다. 재택감독장치는 부착장치로부터 데이터를 수집하여 서버에 보고한다. 이 방법은 자동적으로 대상자의 실시간 음주 여부를 측정하지만 채혈이나 호흡측정방식 등에 비하여 정확성이 떨어진다는 단점이 있다.

'음주단속 재택감독장치'는 [그림 9-2]에서 보는 것처럼 우선 대상자 주거지에 설치된 재택감독장치의 영상통화기능을 통하여 대상자 본인임을 인증한다. 재택감독장치의 카메라로 촬영된 대상자의 실시간 영상을 관제센터에 전송하고 관제센터의 관제요원이 전송된 대상자 촬영이미지로 대상자를 인증하는 것이다. 인증

[그림 9-2] 음주단속 재택감독장치

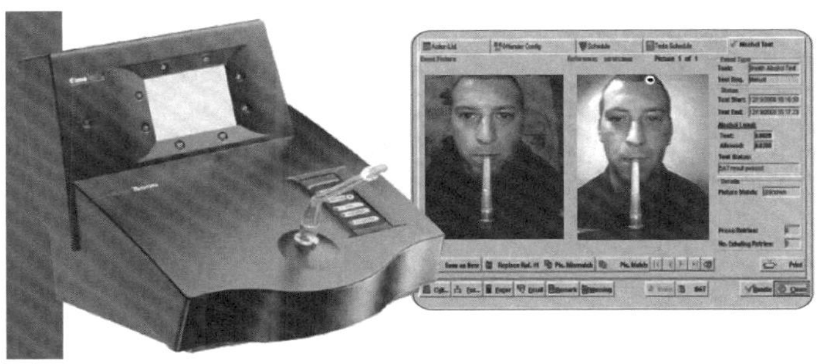

출처: 법무부, 2011년 해외벤치마킹 사례보고서.

된 대상자는 전자장치의 호흡측정방식의 알코올센서를 통하여 혈중알코올농도 수치를 측정한다. 재택감독장치는 측정된 대상자의 혈중알코올농도 수치를 관제센터에 전송함으로써 알코올중독대상자의 전자감독을 진행한다.

(2) 전자장치 기능개선 관련 기술

1) 부착감지센서

전자감독대상자의 부착상태를 감지하는 방식으로는 부착장치의 스트랩 절단 감지와 고정피스 분리감지 등이 널리 사용되고 있다. 이러한 전통적인 방식 이외에 최근에는 휴대폰의 버튼 또는 스마트폰의 터치패널(touch pannel)의 동작에 적용되는 정전방식의 센서 또는 IR(Infrared Radiation) 센서를 응용하는 방식이 연구되고 있다. 즉, 부착장치의 대상자 접촉부분에 정전방식 또는 IR 센서를 적용하여 부착장치가 대상자의 피부로부터 이탈되었을 경우 부착장치의 탈착을 감지하는 보조수단으로 사용될 수 있다. 이러한 센서방식과 기존의 방식을 복합적으로 응용하여 운영하는 경우 스트랩 훼손의 오경보를 최소화할 수 있는 방식으로 기대하고 있다.

[그림 9-3] 부착감지센서

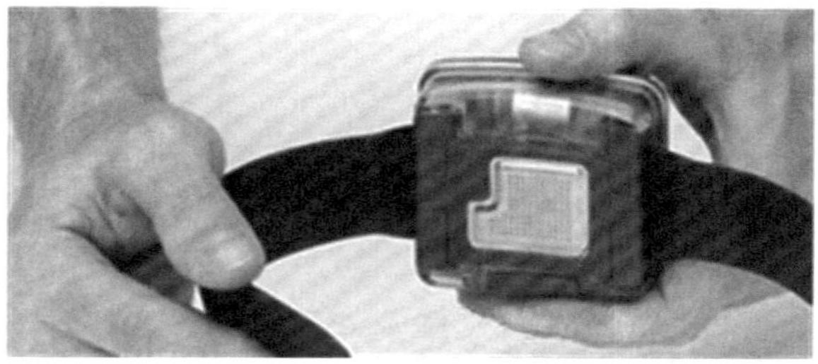

출처: 법무부, 2011년 해외벤치마킹 사례보고서.

2) 모션센서

모션(motion)센서는 휴대폰 또는 게임기 등에 널리 사용되어 온 것으로 대상물 또는 대상자가 정지하고 있거나 또는 움직이는 상태를 구분하는 센서이다. 모션센서를 휴대용 추적장치 또는 특히 부착장치에 적용하여 대상자가 장시간 움직임이 없는 경우 대상자의 상태를 확인함으로써 대상자의 건강상의 위험감지 또는 감지되지 않은 부착장치 훼손 및 분리의 위험요소를 최소화할 수 있다.

3) 카메라센서

전자감독은 전자장치를 통한 보호관찰대상자를 원격지에서 관리하는 방식으로서 보호관찰관의 업무효율을 극대화할 수 있지만 원격지에서 관리하는 공간적인 한계로 인하여 보호관찰 현장상태를 시각적으로 확인하는 데에는 한계가 존재한다. 따라서 휴대용 추적장치나 재택감독장치에 카메라센서를 적용함으로써 주변의 비명소리나 범행 시 다투는 소리 등을 실시간으로 파악할 수 있으므로, 필요한 경우 원격지에서 보호관찰 현장의 상태를 시각적으로 확인할 수 있는 방안으로 응용될 수 있다. 물론 이와 같은 카메라센서를 적용하면 사생활 침해의 가능성이 훨씬 높아진다는 문제점이 있기는 하다.

4) IR 센서

광무선 통신에서는 가시광선을 이용하기도 하지만 이보다는 적외선을 전달

[그림 9-4] IrDA 로고와 IR 센서

IrDA 로고

IR 센서

출처: 법무부, 2011년 해외벤치마킹 사례보고서.

매체로 이용하는 경우가 더 많다. 적외선은 가시광선에 비해 파장이 길기 때문에 공기 중에 떠도는 미립자를 원활히 통과할 수 있으며, 기기 간의 거리가 짧다면 전파에 비해 넓은 대역폭(데이터를 전달하는 통로)을 쉽게 확보할 수 있어 고속으로 데이터 전송을 할 수 있다. 이런 장점 덕분에 현대에 사용하는 광무선 통신기반 기기들은 대부분 적외선방식을 채용하고 있다.

그 외에도 적외선 통신은 빛을 매체로 이용하므로 제품을 생산할 경우 주파수 사용허가를 받을 필요가 없고 소비전력이 적은 것도 특징이다. 덕분에 와이파이나 블루투스 기반의 통신장비에 비해 융통성 있는 제품설계가 가능하고, 법률이나 라이선스의 제한도 적은 편이라 신속한 제품 출시 및 유통이 가능하다.

적외선 통신기술은 완전한 표준규격이 정해져 있지 않았기 때문에 기기 제조사가 다르면 서로 기능 호환이 되지 않는 경우가 많았다. 하지만 1993년에 IBM, HP, 마이크로소프트 등이 주축이 되어 'IrDA'(Infrared Data Association)라는 규격단체를 설립하고 적외선 통신의 표준규격을 정하기에 이른다.

TV 리모컨과 같은 단순한 기기를 제외하면 현재 출시되고 있는 대부분의 기기에 탑재된 적외선 통신기술은 IrDA의 표준을 따르고 있으므로 서로 호환이 된다. IrDA DATA 1.4 규격을 준수하는 기기끼리는 1m 이내의 거리에서 최대 16Mbps의 속도로 무선 데이터 통신이 가능하다. 이렇게 적외선을 이용한 통신은 저전력 무선통신을 사용하여 고속 데이터 전송이 가능하기 때문에 부착장치의 데이터를 재택장치에 송신할 수도 있으며, 부착장치의 소프트웨어 업그레이드 등에 좋은 대안이 될 수 있다.

또한 전기적 신호를 이용하지 않기 때문에, 방수 특성이 필수적으로 보장되어야 하는 부착장치의 스트랩에 습기나 물의 영향을 받지 않고 적용이 가능하다. 부가적으로 적외선을 사용한 스트랩은 전기적 신호를 이용한 스트랩에 비하여 대상자가 임의로 조작하는 것이 현실적으로 불가능하다는 장점도 있다.

2. 이동통신망과 전자감독의 기술발전

이동통신망은 유선통신망의 네트워크기술을 기반으로 하여 단말기의 이동성 개선과 통신속도 증대의 방향으로 발전하였다. IMT-2000은 단말기의 이동성 극대화, 즉 국가와 통신망의 제한 없이 하나의 단말기로 전 세계 어디서나 통화하는 것을 목표로 하여 WCDMA를 기반으로 개발되었다. 이러한 이동통신망의 발전은 위치추적 전자장치의 개발과 밀접한 연관을 맺고 있으며, 현재

[그림 9-5] 이동통신시스템의 발전

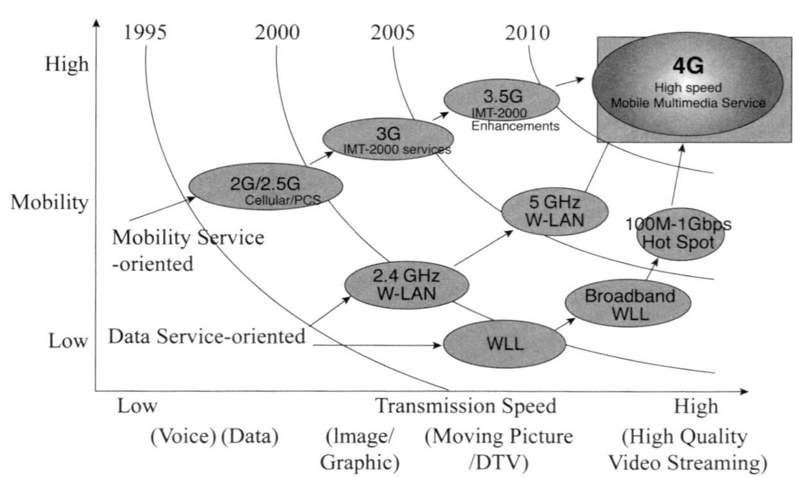

출처: 법무부, 2011년 해외벤치마킹 사례보고서.

의 전자감독시스템을 구축하는 데 매우 중요한 의미를 지니고 있다. 더 나아가 이동통신망의 급속한 발전은 향후 전자감독제도 발전에 지대한 영향을 미칠 수 있다.

(1) 이동통신망의 현황과 기술발전

1) 이동통신망의 현황

이동통신망은 유선통신망의 기간망(core network) 기술을 기반으로 하여 가입자 또는 단말기의 이동성을 목표로 발전되어 왔다.

이동통신 1세대는 1980년대 처음 등장한 아날로그방식 휴대전화였고, 2세대 이동통신망인 디지털방식 휴대전화(PCS), 3세대의 데이터와 음성통신을 결합한 IMT-2000 휴대전화, 그리고 4세대는 고속의 데이터 및 동영상 전송기능을 장착한 무선이동통신으로 발전하였다. 기존 1~2세대는 음성통화를 기본으로 한 서비스였다. 3세대와 4세대 이동통신의 주요 기술적인 사항들을 비교해 보면 [표 9-2]와 같다.

2) 이동통신당의 진화

셀(cell) 기반의 이동통신망의 개념은 1970년대 초반 미국의 벨(Bell)연구소에서

[표 9-2] 3세대 및 4세대 이동통신 주요 기술 비교

항 목	3세대	4세대
검사주기	연속적 검사(24시간 / 7일)	정해진 시간 검사
주파수 대역	2GHz	20~60GHz
주요 서비스	음성 및 저속의 멀티미디어 (multimedia) 서비스	DATA 및 고속의 멀티미디어 (multimedia) 서비스
전송속도	144Kbps~2Mbps	2Mbps~150Mbps
로밍(roaming)	제한된 로밍	글로벌 로밍
무선접속기술	CDMA dedicated FDD/TDD (Single Carrier/Multi Carrier)	CDMA/TDMA mixed FDD/TDD (Multi Carrier)

개발하였다. 북유럽 국가들은 지리적 특성에 의한 필요성으로 450Mhz 대역을 사용하는 NMT-450으로 최초 개발되었고 북미지역에서는 AMPS가 개발되었다. 1980년대에 유럽과 북미지역에서 개발된 1세대 이동통신망은 아날로그방식으로 개발되어 국내에는 1984년 한국통신에서 분사한 한국이동통신(이후 SK텔레콤으로 변경)이 북미지역 방식인 AMPS를 도입하여 서비스를 시작하였다.

1990년대 이동통신망은 아날로그방식에서 디지털방식으로 진화하였으며 한국도 유럽방식의 GSM과 북미방식의 CDMA 방식 중 CDMA를 선택하여 1995년 세계 최초로 CDMA 방식의 디지털방식 이동통신망을 상용화하였다. CDMA의 상용화를 초석으로 이후 한국은 이동통신 단말부문에서 세계적인 선두국가로 발전하였다.

3) 이동통신서비스의 발전

상대적으로 인구가 많은 유럽지역에서 시작된 GSM 방식은 이후 세계적으로 급속히 확산되어 2세대 이동통신망서비스 가입자의 85% 이상이 사용하는 실질적인 '전 세계 서비스'의 위상을 확보하였다. 실제적으로 GSM 단말기(GSM 방식의 휴대폰) 하나로 세계 모든 국가에서 로밍(roaming) 또는 가입자카드(SIM)를 교체하여 이동전화 통화서비스를 받을 수 있다.

[표 9-3] 이동통신망의 진화

연 도	이동통신시스템	기 타
1981	NMT-450(Nordic Mobile Telephone 450)	북유럽 국가
1983	AMPS(American Mobile Phone System)	미국, 캐나다
1984	AMPS 한국 도입(한국이동통신)	–
1991	Global System for Mobile Communication(GSM)	2세대 디지털방식, 유럽
1992	Digital Cellular System(DCS)	–
1995	CDMA 상용화	한국 세계 최초
2005	WCDMA 상용화	3세대, 한국 세계 최초
2011	LTE 상용화	4세대 이동통신

GSM에 비하여 CDMA는 이동통신서비스 가입자와 서비스 국가 및 지역이 협소하기 때문에 단말기의 이동성 극대화를 목표로 진화된 3세대 이동통신망은 이동통신망 기반 기술을 GSM 방식으로 따르고 단말기 접속기술 부분은 WCDMA를 채택하여 개발되었다. 3세대 WCDMA 단말기는 일반적으로 GSM 방식의 이동통신망과 호환성을 유지함으로써 GSM 방식의 이동통신시스템의 단말기 이동성과 이동통신망 개방성을 공유할 수 있다.

3세대 이동통신시스템은 국가별로 개별 운영되고 있는 다양한 이동전화시스템의 규격 통일, 세계 어느 곳에서도 하나의 단말기 또는 사용자 접속카드로 서비스 이용, 고품질 음성 · 인터넷 · 영상 등 멀티미디어 통신서비스 등의 목표로 개발되었다. 이에 따라 3세대 이동통신망은 규격이 동일하므로 단일 단말기와 단일 가입자카드로 3세대 이동통신서비스를 제공하는 전 세계 모든 이동통신망을 이용하여 서비스를 받을 수 있다. 3세대 이동통신시스템은 기술적인 측면에서는 완성단계에 도달하였으나 이동통신망의 서비스영역(coverage) 측면에서는 아직도 성장 중에 있다.

이동통신망의 진화와 이동통신단말기의 발전 및 이동통신 콘텐츠의 다양화에 따라 이동통신망의 고속데이터 요구가 급격히 증대되고 있다. 특히 2010년부터 급속히 증가한 스마트폰의 보급으로 고속데이터에 대한 요구가 급증하였고, 이에 따라 고속의 데이터를 목표로 하는 4세대 이동통신망(LTE: Long Term Evolution)이 개발되어 국내에서는 2011년부터 상용서비스를 개시하여 급격히 보급되고 있다.

(2) 이동통신기술의 발전에 따른 위치추적시스템의 구축

현재 위치추적 전자장치는 2세대 이동통신(CDMA)을 통해 전자장치와 피부착자의 실시간 정보를 중앙서버(관제센터)로 전송하고 있다. 전송되는 정보들의 특성이 다양해 통신망에서 제공하는 M2M(사물통신) 서비스를 통해 정보를 분류하고 있고, 전자장치의 원격제어, 무선 업그레이드, 실시간 상태 모니터링 등을 효율적으로 수행하고 있다.

그러나 최근 이동통신 도입과 보급을 주도한 2세대(CDMA) 통신기술에서 보다 빠르고 표준화된 3세대(WCDMA) 통신기술로의 변화와 새로운 개념의 4세대(LTE) 통신기술의 등장으로 통신시장 환경이 급격히 변화하고 있다. 이에 따라 2세대(CDMA) M2M 서비스 기반에서 3세대(WCDMA) M2M 서비스 기반으로 수요 이동이 발생하고 있는 상황에서 위치추적 전자장치의 기술적 부분도 시대적 흐름에 맞출 수 있도록 선행적 기술개발과 적용이 필수적으로 요구되고 있다.

2012년 12월 법무부는 위치추적 전자장치 고도화 사업을 추진하여 3세대(WCDMA) 통신기술을 적용한 휴대용 추적장치와 위치추적시스템의 개발을 완료하였다. 새로이 개발된 기술을 적용할 경우, 대상자가 소지하고 있는 휴대용 추적장치는 더 많은 위치정보 데이터를 더 빠른 시간에 전송할 수 있게 될 것으로 기대된다. 향후에는 4세대(LTE) 통신기술을 적용한 전자장치의 개발과 보급이 필요하며, 이 경우 멀티미디어 기반의 입체적인 전자감독의 구현이 가능해질 것으로 보인다. 예를 들면, 전자감독대상자는 보호관찰관의 지도에 따라 소지한 휴대용 추적장치를 사용하여 자신의 주변상황을 영상촬영하고 이를 전송할 수 있다. 참고로 2013년 4월에 보급한 보호관찰관의 현장감독 PDA[2)]는 최신의 4세대(LTE) 통신기술을 적용하고 있다.

3. 지능형 전자감독시스템의 구축

전자발찌에 의하여 범죄발생 후에 범죄자를 조기검거하는 수동적 역할에 그치지 않고, 범죄의 징후를 사전에 알려 주는 '지능형' 전자감독(전자발찌)시스템의 구축이 논의 중이다. 지능형 전자감독시스템에 적용되는 기술은 크게 패턴분석과 생체정보인식의 두 가지로 구분할 수 있다.

우선 '패턴분석'은 여러 정보들의 변동형태를 DB화하여 특정패턴을 추출하고 이를 통하여 향후 정보들의 변화형태를 예측하는 기술이다. 패턴분석 방법

2) 현장감독 PDA는 전자감독대상자를 현장에서 지도감독하거나 경보발생 등 긴급상황에 대응한 현장출동 중에도 위치추적시스템에 접속하여 대상자의 정보확인, 지도감독 및 경보처리 상황의 관리가 가능한 모바일 기기이다.

을 적용한 지능형 전자감독시스템은 대상자의 범행수법, 이동경로 패턴 등 빅데이터 분석을 통하여 범죄 징후를 미리 전자감독시스템이나 보호관찰관에게 알려 주도록 함으로써 범행을 사전에 차단할 수 있게 된다. 한편 이러한 패턴분석이 효과적으로 수행되기 위해서는 프로파일링(profiling)을 통하여 전자감독대상자의 재범위험 영향요인을 분석하고 이를 사전에 시스템에 반영할 필요가 있다.

지능형 전자감독시스템의 또 다른 유형은 보다 직접적으로 범죄의 사전 징후를 파악하는 것이며, 더 긴급한 상황에 적용하는 것이다. 이는 전자발찌에 범죄를 사전에 인지하는 기능을 추가하여 범행 시나 범행이 의심되는 상황에서 신속한 대응이 가능하도록 하는 방법이다. 주로 앞서 언급한 생체인식기술을 전자발찌와 연계하는 방법으로 구현하는 방안이 검토되고 있다. 예를 들면 'Sobrietor'는 전화연결로 음성인증 이후 폐호흡 표본으로 알코올음용 여부를 탐지하는 장치인데, 만약 특정인의 범죄패턴이 알코올음용과 관련성이 깊다면, 알코올음용 여부를 원격에서 탐지 또는 통제함으로써 범죄를 사전에 차단하는 방식이다. 이 외에도 다양한 외부정보의 감지기능이 전자발찌에 탑재될 수 있다. 전자감독대상자의 맥박·체온·음주 여부 등 생체정보, 나아가 피해자의 비명 등 주변 외부정보를 감지하는 기능이 탑재된 전자장치를 개발하고 이를 통하여 대상자의 심리적·신체적 상태(음주·흥분 상태 등) 및 변화 정도를 파악하는 것이다. 이는 대상자의 범행시도에 대한 전자감독의 기술적 통제력을 강화하는 방법이다. 다만 전자감독대상자의 생체정보(맥박·체온, 음주 여부 등)를 활용하는 것은 인권침해의 소지가 있고 법률상 해결해야 할 많은 문제점이 있기 때문에 도입을 위해서는 충분한 검토가 필요하다.

4. 전자장치 소형화 및 기능개선

전자감독제도의 성공적인 정착과 발전을 위하여 무엇보다도 중요한 것은 전자장치, 특히 부착장치의 소형화 등 장치기능의 개선이라고 할 수 있다(강호성, 2012:113-114). 전자감독대상자들이 재범하지 않고 사회에 잘 적응할 수 있게 하기 위한 사항 중 빠뜨릴 수 없는 것이 사회적 낙인을 최소화할 수 있도록 부착장치를 소형화하는 것과 전자장치의 성능 고도화를 통해 오작동을 줄여 장치의 신뢰도를 높이는 일이다.

위치추적 전자장치 소형화와 관련하여 우리나라에서 현재 사용하고 있는 부착장치 등은 선진 각국과 비교할 때 비교적 소형이기는 하나 아직까지 피부착자들이 전자발찌를 착용한 상태에서 자유롭게 생활하는 데 지장을 주고 있고 심리적으로 거부감을 많이 가지고 있는 것이 사실이다(강호성 등, 2010). 전자발찌를 착용한 대상자들과의 면접조사에서 대상자들은 항상 긴바지를 입고 다니고 목욕탕에도 가지 않는 등 다른 사람들에게 전자발찌 부착자라는 사실이 드러나지 않게 하려고 노력하며, 최대한 숨기고 싶으므로 전자발찌의 크기가 더 작아지기를 원한다는 연구결과도 있다(박선영 외 2인, 2010). 전자발찌 착용자들은 전자발찌가 외부에 노출될 확률이 높아 대인관계나 구직활동에서 위축되고 자존감이 낮아진다고 한다. 이러한 결과 왜곡된 대인관계는 오히려 재범을 촉진할 수도 있으므로 전자발찌를 눈에 잘 띄지 않도록 작게 제작하여 전자발찌 착용 사실로 인해 대상자들이 심리적으로 고립되지 않고 타인과의 관계도 긍정적으로 형성해 나갈 수 있도록 하여야 한다.

또한 전자장치시스템의 기능고도화 작업이 필요하다. 2008년 전자감독제도 시행 초기에는 장치의 과도한 민감성으로 경보가 울리지 않아야 하는 상황에서도 경보가 울리는 'false positive'의 문제로 보호관찰관이 방문하거나 확인전화를 하여야 하는 경우가 많았다(조윤오, 2009a). 이후 네 차례에 걸친 장치기능 개선작업으로 초기단계에 비해 대상자의 잘못이나 통신환경 등 외부적인 요인이 아닌 순전한 장치오류로 인하여 경보가 발생하는 비율은 약 3% 정도로 많이 낮추었으나 아직도 일부 오경보가 발생하는 것으로 나타나고 있다(법무부, 2011c). 전자장치시스템의 신뢰성 문제는 단순히 프로그램과정 문제에 그치는 것이 아니라, 추가적인 확인작업으로 인해 행정력이 낭비되고, 전자장치 피부착자의 전자감독에 대한 신뢰성을 약화시켜 보호관찰관의 지시에 대한 순응 정도를 감소시키는 결과를 초래하게 될 것이다(조윤오, 2009a). 그러므로 추가적인 기능개선을 통해 오경보 발생률을 최소화하여 전자장치의 신뢰성을 확보하는 것이 중요하다.

제2절 전자감독제도의 실천적·정책적 발전과제

우리나라 전자감독제드는 제도도입 후 비교적 짧은 시간 내에 많은 발전을 이룬 것으로 평가받고 있다. 그러나 전자발찌를 부착한 상태에서 재범사건이 지속되고 있고 이를 담당하는 조직체계가 효율적으로 의사를 결정하고 문제상황의 발생 시 신속하게 대응하는 시스템을 갖추었다고 할 수 없기에 제도발전을 위한 보다 심도 있는 대안제시가 필요하다. 이를 실천적인 부분과 새로운 정책도입을 위한 부분으로 나누어 살펴본다.

1. 전자감독제도의 실천적 발전과제

성폭력범죄로 인하여 전자감독을 받은 204명의 조사대상자들의 재범영향요인을 연구한 강호성(2012)의 학위논문에 의하면, 전자감독대상자는 평균학력이 중졸 정도(평균 교육연수 9.9년)인 40대 초반(평균연령 42.2세)의 청장년층 남성들이다. 경제적 측면에서 이들은 절반 이상이 무직이거나 일용노동직에 종사하고 월소득은 평균 188만 9,200원의 수입을 올리고 있어 취업상태나 경제상황이 양호하지 못한 편이다. 또한 범죄경력과 관련해서는 본건 처분 이전에 성폭력범죄경력 포함, 평균 일곱 차례 이상의 범죄경력이 있는 등 상습적 범죄성향을 보이고 있으며, 전자발찌 부착기간은 평균 4년 6개월이었다. 이 연구에서는 전자감독을 받고 있는 성폭력범죄자를 재범이나 전자발찌 훼손 및 신호실종 등의 행위가 있었던 재범집단 46명과 그러한 행위가 없었던 모범집단 158명을 서로 구분하여 비교하였다. 그 결과 재범집단은 모범집단에 비하여 월소득이 상대적으로 적고 자신의 경제상황에 대한 부정적 인식이 더 강하였으며, 전과횟수도 더 많았다. 또한 재범집단은 가족 등 사회적 지지에 대한 인식이 전반적으로 낮았으며 수치심을 느끼는 수준, 상호 의존성, 책임성 인식, 처벌 공정성에 대한 인식 등도 모두 부족하였다(강호성, 2012:100-101). 이러한 연구결과를 바탕으로 다음과 같은 전자감독제도의 실천적 발전과제를 제언한다.[3)]

(1) 전자감독대상자에 대한 경제적 안정 지원

전자감독대상자들의 월소득 수준을 높여 경제적 안정을 도모함으로써 사회에 적응하도록 돕는 것이 재범방지를 위하여 꼭 필요한 일이다. 실무현장에서 일하고 있는 보호관찰관들의 대다수가 재범방지를 위해서는 전자감독대상자의 안정된 직장생활과 경제적 안정이 중요함을 경험하고 있다. 전자감독대상자들은 일반적으로 오랜 교도소 수용생활로 사회와 단절되어 급속히 변화하는 주변환경에 제대로 적응하는 데 어려움이 많다. 특히 기술은 있어도 전과자라는 낙인 때문에 취업이 어려워 대부분이 무직이나 일용직 노동자로 생계를 꾸리는 경우가 많고, 조사대상자의 가계 월평균 소득이 180만 원 정도로 도시가계 기준 평균 생활수준 이하의 소득을 보이고 있다. 이러한 인구사회학적 특징만을 고려한다면 이들은 사회적 약자이고 복지혜택을 받아야 할 대상이다. 이처럼 열악한 경제적 환경이 '빈곤의 악순환'을 넘어 '범죄의 악순환'으로 연결되는 현실을 감안할 때 보다 과감한 경제적 지원대책이 요구된다.

그러나 경제적 수입이 적어 재범의 유혹에 빠지기 쉬운 전자감독대상자들에게 즉각적이고 직접적으로 도움을 주는 것이 필요하다고 해서 한정된 정부예산으로 이들만을 우선적으로 지원하는 것은 현실적으로 쉽지 않다.[4] 따라서 담당 보호관찰관이나 관계기관은 범죄예방지역협의회나 라이온스클럽 등과 같은 민간단체의 협조를 구해 당장 경제적 어려움에 처한 대상자에 대한 지원방안을 모색할 필요가 있다.

전자감독대상자들의 경제적 곤궁함을 해소할 수 있는 보다 근본적인 대책으로 현재 무직이거나 일용노동직인 대상자들에게 고용노동부에서 실시하고 있는 '취업성공패키지' 사업에 참여시켜 취업지원을 통한 안정된 일자리를 제공하는 것도 하나의 방법이 될 수 있다. 취업성공패키지는 사회적 소외계층에 대

---

3) 이와 관련된 내용은 강호성(2012)의 박사학위논문 「전자발찌 착용 성폭력범죄자의 재범에 영향을 미치는 요인에 관한 연구」, pp. 102-110의 내용에서 발췌·수정·추가한 것이다.

4) 정부예산으로 이들에게 직접적으로 경제적 도움을 줄 수 없는 이유는 현재 예산편성이 안 되어 있을뿐더러 범죄 피해자에 대한 지원도 제대로 마련되지 않은 현실에서 가해자인 이들을 지원하는 것에 대한 국민적 합의를 이루어 내기에 어려움이 있기 때문이다.

한 취업을 장려하기 위해 고용주와 취업을 지원하는 사람 모두에게 혜택을 주는 사업으로, 상담을 통해 취업 지원자의 적성에 맞는 직업군을 모색하고 이에 필요한 직업훈련을 지원하며, 최종적으로 취업 지원자들의 욕구에 맞는 직장에 대한 정보를 제고하거나 구직 시 면접지도 등을 통해 4대보험이 가입된 사업장에 취업시키고 있다.[5)]

또한 전자감독대상자에게 창업의지와 이에 필요한 기술은 있으나, 자본금이 없어 창업에 어려움을 겪을 때는 한국법무보호복지공단이 '미소금융 중앙재단'으로부터 지원받아 최고 5천만 원까지 최저금리로 창업지원자금을 제공하는 창업지원사업[6)]에 지원하도록 돕는 것도 하나의 방안이다.

(2) 전자감독대상자에 대한 사회적 지지의 강화

재범방지를 위해서는 전자감독대상자에 대한 보호관찰관의 사회적 지지수준을 확대하고 강화하여야 한다. 전자감독대상자와 담당보호관찰관의 긍정적 파트너십 형성이 중요한 재범억제요인이 되기 때문이다(Shauna, 2007). 전자발찌를 채웠다는 사실만으로 대상자의 재범을 완벽하게 방지할 수는 없다는 점은 이미 앞에서 설명한 바 있다. 전자감독대상자의 건전한 사회복귀를 위해서는 전자발찌 부착 이외에 담당보호관찰관의 열정적인 지도·원호가 필요하다. 전자감독의 시행으로 인한 재범률의 감소현상은 전자발찌의 통제기능에 기인한 측면이 있지만, 이에 더하여 담당보호관찰관의 적극적 개입과 다양한 지원이 있었기에 가능했다. 즉, 담당보호관찰관들은 하루에 몇 차례씩 전자감독대상자들과 전화통화를 하면서 가정이나 직장을 방문하여 고민을 들어주고, 그들이 겪고 있는 가정적·경제적 어려움을 함께 해결하고자 노력하는 등의 멘토

5) 2013년 6월까지 출소자 총 9,314명이 취업성공패키지 사업에 참여하여 2,861명이 진행 중이며, 수료자 6,414명 중 3,591명(55.9%)이 고용보험이 가입된 사업장에 취업하였으며 취업한 이후 재범자는10명(0.2%)에 불과하다.

6) 창업지원사업은 2009년부터 한국법무보호복지공단이 미소금융 중앙재단과 연계하여 1인당 최대 5,000만 원까지 무담보 창업자금을 지원하고 있으며 2013년 6월 현재 131명의 출소자에게 총 53억 5,385만 원을 지원하여 창업의 꿈을 이룰 수 있도록 하였으며, 이 중 불과 2명만이 재범(1.5%)하여 매우 높은 사업적 효율성을 보여 주고 있다.

역할을 함으로써 대상자와의 깊은 유대감 및 신뢰감을 형성한다(허경미, 2009).[7] 이러한 사회적 지지기능은 전자발찌 부착기간 내에 재범을 방지하는 것뿐만 아니라, 부착기간이 경과하여 전자발찌를 분리한 이후에도 재범하지 않고 건강한 사회구성원으로 생활할 수 있게 해 준다.

그러므로 보호관찰관의 사회적 지지수준을 높이려는 보다 체계적이고 포괄적인 노력을 할 필요가 있다. 그리고 보호관찰관의 정서적·평가적·정보적 지지수준에 비해 물질적 지지수준에 대한 전자감독대상자의 만족도가 낮은 점을 감안하여 경제적 지원이 지금보다 더 강화되어야 한다. 경제적 지원은 일회성에 그치기보다는 지속적이고 장기적이어야 한다. 또한 쌀이나 생활필수품에 대한 지원 등 당장의 어려움을 해결할 수 있는 지원도 중요하지만, 직업훈련이나 취업알선 등을 통해 환경의 변화를 도모하는 것이 더 중요하다. 전자감독대상자의 변화는 가족에 대한 지원을 함께해야 성공적으로 이루어질 수 있다는 점을 고려할 때 대상자 본인뿐만 아니라 가족에 대한 지원도 더불어 하는 것이 바람직하다.[8]

형기종료 후 전자감독대상자들은 오랜 교도소 수용생활 등으로 심리적으로 고립되어 있고 정서적으로 불안정한 사람들이 많아 재범에 쉽게 노출될 수 있다. 이들에게는 어려움이 닥쳤을 때 마땅히 도움을 요청할 사람이 없는 경우가 많기 때문에 보호관찰관의 '돕는 역할'이 더욱 중요하다고 할 수 있다. 그러

7) 보호관찰 현장에서는 다양한 형태로 전자감독대상자에 대한 지원이 이루어지고 있다. 그중 몇 가지를 소개하면, 대상자가 모친상을 당했는데도 교통비가 없고 그동안 가족과의 왕래가 적어서 장례식에 참가하지 못하고 걱정하는 것을 담당직원이 교통비를 지원하고 함께 문상을 다녀온 사례(의정부), 직장이 없어 걱정하는 대상자를 위해 지역 내 범죄예방위원의 소개를 통해 직업을 알선하고 면접장에 함께 다녀와서 취업시킨 사례(수원 등 다수), 전자발찌 때문에 목욕탕을 가지 못하여 불편한 대상자들을 위해 목욕탕 휴업일에 보호관찰관이 함께 목욕을 하고 식사를 한 사례(창원, 부산 등), 경제적 빈곤으로 어려움을 겪고 있는 대상자를 위해 지역사회자원을 활용하여 쌀과 생활비를 지원한 사례(전국 대다수), 사회봉사대상자들을 투입하여 낡은 집을 수리해 준 사례(안동 등 다수), 등산 또는 영화감상 등을 함께함으로써 정서적 유대를 증진한 사례 등 수많은 사례가 있다[2012년 전국 위치관리 담당직원 워크숍 발표자료(미발간)].

8) 이런 의미에서 최근 일부 보호관찰소에서 실시하고 있는 전자감독대상자의 자녀를 위해 아동용 도서를 기증받아 전달한 사례나, 건강상의 이유 등으로 취업에 어려움을 겪고 있는 대상자를 대신하여 배우자의 취업을 지원한 사례 등은 전국적으로 전파할 필요가 있다[2012년 전국 위치관리 담당직원 워크숍 발표자료(미발간)].

므로 보다 효과적으로 전자감독대상자들을 지원하기 위해서 담당보호관찰관은 자존감이나 정서적 지지수준이 낮은 대상자들을 보다 깊이 이해하고 이들의 이야기를 경청하고 공감할 필요가 있다. 또한 동기강화기법 등에 대한 상담교육을 실시하고 이와 병행하여 보호관찰관에 의한 사회적 지지를 확대하고 표준화하기 위한 전국단위의 통일된 매뉴얼을 개발할 필요가 있다.

(3) 전자감독대상자의 가족지원 프로그램의 확충

전자감독대상자에 대한 가족의 사회적 지지수준을 강화하여야 한다. 가족의 사회적 지지 정도가 전자발찌 착용 범죄자의 성공적인 사회적응 여부를 결정하는 데 중요한 요인이기 때문이다(강호성, 2010). 가족의 사회적 지지가 재범방지에 큰 역할을 하므로 교정시설 내에서도 범죄자와 그 가족과의 유대를 강화하기 위한 다양한 프로그램이 제공되어야 한다는 연구들이 많다(Mustin, 1987; Harm, 1999; 전영실 등, 2007). 즉, 범죄자의 가족을 지원하는 것이 범죄자 교화의 효과성을 제고할 수 있다(Mustin, 1987). 또한 범죄자가 가족구성원들과 건강한 관계를 유지하는 것이 보호관찰 단계에서도 준수사항 위반율과 재범률을 감소시켜 준다(Harm, 1999).

전자감독대상자의 재범방지를 위해 가족의 사회적 지지가 무엇보다도 중요함에도 불구하고, 가족들은 대상자의 오랜 수형생활로 경제적 어려움을 겪었고 출소 후에는 이웃 사람들의 비난과 경계 등으로 마음에 상처를 입고 살아가야 하는 현실로 인해 대상자에 대한 가족의 전폭적인 지지를 기대하기는 어려운 것이 사실이다. 그러므로 대상자 가족에 대한 지원을 강화하기 위하여 가족구성원의 자존감을 높여 주고 가족에 대한 정부 차원의 지원을 확대하는 등의 다양한 노력을 할 필요가 있다. 우선, 가족구성원이 함께 생활하면서 정서적·평가적 지지를 높일 수 있도록 하기 위해서 가족구성원 공동의 주거공간이 없는 출소자에게 저렴한 비용으로 입주할 수 있는 주거지를 마련해 주는 것도 한 가지 방안이 될 수 있다. 현재도 한국법무보호복지공단이 국토교통부의 지원을 받아 매년 150호씩 '주거지원사업'[9]을 통해 출소자들이 가족과 함께 생활할 수 있는 주거를 지원하는 사업을 하고 있다. 그러나 지원자가 많아 그중 일부만이 혜택을 보고 있다. 또한 전자발찌 착용자의 경우 사회적 편견으로 인해 집을 구하기가 더욱 어렵다는 점[10]을 감안할 때 공급물량을 확대할 필요가 있다.

전자감독대상자의 손상된 가족기능을 회복시키기 위해서는 보호관찰관이나 민간 전문상담원의 지원을 받아 가족심리치료를 실시할 필요가 있다. 전자감독대상자의 가족은 그동안 범죄자가족이라는 사회적 낙인으로 인하여 가족구성원으로서의 자존감이 낮아졌기 때문에 대상자에게 적절한 사회적 지지를 할 수 없어 결국 대상자의 재범방지를 위한 가족의 역할을 다하지 못하는 경우가 많다. 그러므로 가족구성원 간의 신뢰를 높이고 손상된 기능을 회복시키기 위해서는 가족구성원 모두가 심리치료를 받는 것이 필요하다.[11] 아울러 지역사회 내의 사회복지관 등과 협력하여 가족구성원 간의 역동성을 강화하고 신뢰를 회복하기 위해 가족에 대한 사례관리도 실시할 필요가 있다.

(4) 치료프로그램의 내실화

전자감독대상자의 성행교정을 위한 치료프로그램을 강화해야 한다. 특히 전자발찌 착용 성폭력범죄자에 대한 치료프로그램은 매우 중요하다. 성폭력 치료프로그램을 이수한 범죄자들이 준수사항 위반이나 재범의 비율이 낮았다는 연구결과(박선영 외, 2010)와, 치료프로그램에 참여한 보호관찰대상자들이 보호관찰 준수사항을 더 잘 지키고 새로운 범죄로 경찰에 체포될 확률이 줄어들어 재범방지효과가 나타났다는 연구결과(Petersilia et. al., 1990; Jolin et. al., 1992)도 일관성 있게 치료프로그램의 효과를 제시하고 있기 때문이다.

---

9) 2005년부터 출소자의 주거지원을 위해 국토교통부와 LH공사 그리고 법무부가 협약을 통해 매년 150호씩(2012년부터는 160호로 증가함) 10년간 1,500호를 지원하는 사업이다. 2012년 6월 현재 1,168세대에게 지원하였고 이 중 재범자는 3.7%인 43명에 불과할 정도로 효과가 좋다고 한다(강호성, 2012:109).

10) 2011년 4월부터 성폭력범죄자에 대한 신상정보 우편고지제도 시행 이후 지역주민들의 반발 등으로 성폭력범죄자는 집을 구하기가 더욱 어려워지고 있다.

11) 가족심리 치료프로그램의 성패는 배우자를 비롯한 자녀 등 가족구성원의 협조와 참여에 의해 좌우될 수 있으므로 가족구성원 모두의 참여를 강제할 수 있는 제도적 장치의 마련도 검토가 요구된다.

그러나 이처럼 선행연구들에서 제기된 성폭력 치료프로그램의 중요성에 비하여 실제 치료프로그램의 집행이 만족할 만한 수준에서 이루어지고 있지는 않다. 그러므로 지금보다 효과적인 치료프로그램의 집행을 위한 개선방안이 필요하다. 무엇보다 전자발찌 착용 성폭력범죄자에 대한 치료프로그램을 보호관찰 단계에서 내실 있게 집행하여야 한다. 이를 위해서는 효과성이 검증된 프로그램 개발과 전문적인 강사 확보가 시급하다. 또한 구금처우를 담당하는 교정당국도 구금시설 내에서 성폭력범죄자에 대한 실효성 있는 치료프로그램을 확대하여야 한다.

최근에는 교도소 내에서의 성폭력 치료프로그램의 중요성과 필요성에 대한 인식이 확산되었다(박선영 외, 2010). 이에 따라 「아동·청소년의 성 보호 등에 관한 법률」과 「성폭력범죄의 처벌 등에 관한 특례법」에 성폭력 치료프로그램 이수명령제도가 도입되어, 2012년부터는 3단계에 걸친 성폭력 치료프로그램이 본격적으로 시행되고 있다.[12)]

아울러 교정시설 내에서 집행된 치료프로그램 내용이 보호관찰 단계에서 유기적으로 연계되어 지속적으로 치료프로그램이 실시될 때 재범감소효과가 크다고 한다(Renzema el. al., 2005). 그러나 현재까지 두 기관 간에 치료프로그램에 대한 조율이나 진행상황에 대한 정보교환, 그리고 양 기관 담당자 간의 워크숍 공동개최 등과 같은 네트워크 구축 노력은 미미한 수준에 머물고 있는 실정이다.

향후 전자발찌 착용 성폭력범죄자는 교도소에서 3단계까지 치료과정을 이수한 후 출소하는 경우가 대부분일 것이므로 이들에 대한 보다 효과적인 치료를 위해서는 양 기관 담당자들 사이에 보다 활발한 정보교환과 유기적 협력이 절실하다.

12) 1단계는 전국 교도소에서 성범죄자에 대해 기본교육으로 40시간 치료프로그램을 집행하고, 이 중 이수명령이 부과된 자들을 대상으로 포항, 공주, 마산 등 성폭력치료 중점 교도소에서 2단계로 80시간에서 100시간 프로그램을 실시하며, 마지막 3단계로 13세 미만 아동을 성폭력하였거나 성폭력전과가 많은 사람에 대해서 영등포교도소에 있는 '교정심리치료센터'에서 6개월간 집중적으로 치료프로그램을 실시하고 있다.

2. 정책적 발전과제

(1) 전자감독 담당인력 증원 및 조직체계 정비

전자감독대상자에 대한 보호관찰관의 사회적 지지수준을 높이기 위해서는 담당보호관찰관에게 적정수준의 업무량을 부여하여야 하며, 이를 위해서는 전담인력 충원이 시급하다(강호성, 2012:111-112). 앞에서 이미 언급한 바 있듯이 전자감독의 효과성을 높이기 위해서는 담당보호관찰관의 역할이 무엇보다 중요하며 특히 전자감독대상자와 보호관찰관과의 긍정적인 관계형성이 제도의 성패를 좌우한다(강호성, 2012:111).

그러나 우리나라의 경우 2008년 9월에 전자감독제도를 처음 도입하여 짧은 기간 수차례의 법률개정을 통해 전자감독 적용영역을 확대해 나갔지만 이에 필요한 인력지원은 충분히 이루어지지 않았다. 기존 보호관찰관이 일반보호관찰이나 사회봉사 등의 업무를 담당하면서 동시에 전자감독대상자 관리업무를 담당하고 있는 실정이다(박선영 외, 2010). 추가적인 인력증원이 이루어지지 않으면 전자감독업무의 부실화는 물론 연쇄적으로 일반보호관찰대상자 관리도 부실화될 수 있다(강호성 등, 2010). 2013년 6월 기준으로 전자감독 전담보호관찰관은 전자감독대상자를 평균 13명씩 관리하고 이에 더하여 일반보호관찰대상자를 평균 67명씩 담당하고 있는 실정이다. 특히 우려되는 것은 전자감독대상자의 수가 제도시행 이후 폭발적으로 증가하였고, 더군다나 최근의 소급효 합헌결정과 강도범 적용확대 등으로 2014년 이후에는 더욱 급격하게 증가할 것이 예상된다는 점이다.

이와 같이 전체 전자감독대상자의 수가 격증하고 그 대상범죄의 유형이 다양해질 뿐아니라, 제도의 안정적 정착 및 운영을 위한 여러 해결과제들이 속속 등장함에 따라 전자감독업무와 관련된 각종 시책의 연구 및 입안 등 정책기능 강화가 긴요한 상황이다. 이에 따라 2013년 6월 현재 법무무는 전자감독 및 관제업무, 신상공개제도, 성충동 약물치료제도 등 성폭력범죄자를 비롯한 고위험 강력범죄자에게 특화된 정책을 총괄하는 전담 정책부서 신설을 추진 중에 있다.

아울러 전자감독대상자의 폭증에 대응하여 보호관찰기관의 조직과 운영체계를 정비할 필요성이 대두되고 있다. 이를 위해 일선 보호관찰소에 전자감독업무를 담당할 가칭 '강력범죄예방과' 등의 별도의 전담조직을 구성하는 것이 필요하다. 현재 전자감독대상자 관리업무는 보호관찰업무를 담당하는 '관찰과'에서 수행하고 있는데, 이는 1989년 소년범을 대상으로 보호관찰제도가 처음으로 도입된 이후 지금까지 그대로 유지되고 있다. 그러나 전자감독대상자의 수가 증가하고 있고, 보호관찰대상자 중 성폭력 등 강력범의 수가 급증하고 있어 현재의 '관찰과' 체제로는 신규제도 및 급증하는 강력사범에 대한 실질적인 관리감독에 한계가 있다.

또한 전자감독업무는 전자발찌 부착자 관리감독 이외에 전자장치 및 관제시스템에 대한 전문적인 지식과 이해가 요구되며, 전자감독대상자는 기존 지도·원호 중심 처우 외에 엄격한 통제, 준수사항 위반 시 즉각 제재 등 차별화된 체계적 대응이 필요하므로 일반보호관찰대상자를 관리하는 '관찰과'와는 별도로 전자감독업무를 전담할 조직 구축이 필요하다.

한편 법무부는 2013년 3월부터 폭주하는 비상경보를 전담하여 처리하는 '전자감독 신속대응팀'을 구성하여 운영하고 있다. 즉, 무도유단자(3단 이상)를 대상으로 42명의 계약직 공무원을 특별채용하고, 이들과 기존의 전담보호관찰관과 함께 합동으로 전자감독 신속대응팀을 편제하여 운영하고 있다. 그러나 전국적으로 1일 평균 약 20건의 경보가 이관된다는 점과 향후 전자감독대상자의 폭증이 예상되는 점을 고려할 때 더 많은 인력보강이 필요하다.

장기적으로는 영미의 경우와 같이, 서로 다른 사법적 원칙에 의하여 운영되는 성인과 소년의 보호관찰조직을 분리하고 성인보호관찰소에서 전자감독업무를 전담하도록 하는 조직구조의 재설계가 바람직하다. 이 경우 분화된 집행기능을 통합·조정하기 위하여, 광역단위의 교정시설을 관장하는 지방교정청과 유사한 중간 감독기구, 즉 '지방보호청(가칭)'의 신설이 불가피하다.

결론적으로 향후 전담보호관찰관들이 보다 집중적으로 전자감독대상자들에게 필요한 사회적 지지수준을 높이는 노력을 할 수 있도록 업무량을 줄여 주고, 이에 필요한 인력충원과 함께 전자감독 신속대응팀의 전국 확대와 본부 및 일선의 조직체계를 정비할 필요가 있다(강호성, 2012:111-112).

(2) 전자감독 전담직원의 스트레스 관리

전자감독 전담직원의 스트레스 치료를 위한 적절한 조치도 필요하다. 전담직원들은 단순히 업무량이 많은 부담 외에도 야간이나 휴일에도 수시로 발생하는 전자장치 훼손 또는 신호실종 등의 경보를 처리하기 위해 지체 없이 현장에 출동하여 위험한 상황에서 문제를 해결해야 하는 부담이 크다(강호성, 2012:112). 이러한 긴장요인은 전담직원의 직무만족도를 심각하게 저하시키고 피로감을 증가시켜서 심각한 스트레스로 작용하고 있다. 2012년 3월 법무부가 민간 전문기관에 의뢰하여 수도권 전자감독 업무담당 직원 52명을 대상으로 조사한 결과, 조사대상자 가운데 절반이 스트레스 및 우울증 수준에서 치료를 요하는 '위험군'으로 나타났다. 이는 우리나라 성인의 위험군이 평균 9%인 데 비해 그보다 5배 이상 높았고, 우울척도에서도 기준점수인 21점보다 훨씬 높은 39.42점으로 나타나 심각한 수준임을 보여 주고 있다(법무부, 2012). 그러므로 성폭력범 등 고위험군 범죄자의 재범방지를 위한 핵심정책인 전자감독제도의 성공적 발전을 위해서는 무엇보다도 전담직원의 스트레스 관리가 주요한 과제가 되고 있다.

(3) 가택구금 전자감독의 도입

미국, 영국, 프랑스, 스웨덴, 오스트리아 등 세계 여러 나라에서 시행 중인 '가택구금 전자감독'제도는 아직까지 우리나라에는 도입되지 않았다. 가택구금 전자감독의 제도적 의의는 '나의 집이 곧 나의 감옥'(My home is my prison)으로 사용된다는 데 있다(Weigend, 1989:298). 종전까지 교정시설을 폐쇄교도소와 개방교도소로 구분했다면, 이제는 피고인의 '자택'이 제3의 구금시설 역할을 수행하게 되었다는 의미이다(한영수, 2011:75). 외국의 사례에서 볼 수 있듯이 전자감독의 초기형태는 교정시설의 단기구금형의 대체집행수단이거나 가석방이나 조기석방을 활성화하는 '형벌완화 성격'이 강했던 것이 사실이다.

가택구금 전자감독제도는 1) 미결구금의 대체수단, 2) 집행유예의 조건, 3) 독자적인 형벌, 4) 단기자유형 집행방법의 일종, 5) 가석방의 조건 등 다양한 형태로 도입될 수 있다.

미결구금의 대체수단으로 도입하는 방법으로는 피의자의 구속적부심사청구제도를 활용하는 방안이 있다. 즉, 법원에서 피의자의 구속 여부를 결정함에 있어서 지금과 같이 '기각' 혹은 '석방'의 양자택일이 아니라 기각과 석방의 중간형태로 전자감독조건부 석방결정을 할 수 있게 하는 방안이 있다(박선영 외, 2010:208). 물론 여기서 전자감독은 반드시 가택구금의 형식일 필요는 없다. 법원이 필요에 따라 가택구금방식과 위치추적방식 중에서 택일해서 결정하도록 하면 된다. 또한 보석의 조건으로 전자감독을 받게 함으로써 미결구금을 대체하는 방안도 있다. 전자감독의 종류는 법원이 필요에 따라 결정하도록 하는 것은 위와 마찬가지이다. 가택구금 전자감독은 피의자나 피고인의 신병확보수단으로서 미결구금을 대체할 수 있는 좋은 방안의 하나라고 생각한다.

집행유예의 조건으로 이미 위치추적방식의 전자감독이 도입되어 시행 중에 있다. 그러나 전자감독법률의 적용대상인 '특정범죄'의 성격상 쉽게 형의 집행을 유예하기 힘들다. 그래서 집행유예의 조건으로 전자감독이 부과되는 빈도는 가석방이나 형기종료 후의 그것과 비교하여 월등히 낮다. 외출이 자유로운 현행 위치추적방식의 전자감독에 비하여 가택구금 전자감독은 보다 강한 제재적 성격을 갖고 있기 때문에 집행유예의 조건으로 지금보다 더 자주 활용될 여지가 있다고 생각한다.

가택구금 전자감독을 독자적인 형벌로 부과하는 방안은 단기자유형의 집행을 가택구금으로 대체하는 방안과 연관시켜 생각해 볼 필요가 있다. 양자는 단기구금의 폐허를 없애고 교정시설의 과밀수용을 완화하려는 동일한 목적을 지니고 있다는 점에서 본질적으로 유사하다. 미국이나 영국의 경우 가택구금 전자감독이 독자적인 형벌의 성격이 강하다면, 스웨덴이나 오스트리아의 가택구금 전자감독은 먼저 법원이 단기자유형을 선고하고 난 다음에 그 집행을 교도소가 아닌, 전자감독하의 자택에서 한다는 점에서 성격이 다르다. 전자가 독자적인 형벌의 일종으로 전자감독을 도입하는 방안이라면, 후자는 단기자유형의 집행방법으로 전자감독을 도입하는 방안이다.

가석방의 조건으로 위치추적방식의 전자감독제도가 이미 시행 중이다. 앞서 집행유예 부분에서도 설명한 바 있듯이 가택구금의 방식은 외출을 자유롭게 허용하지 않기 때문에 위치추적방식의 전자감독보다 가석방의 조건으로 더 유용하게 활용될 여지가 있다. 더군다나 영국 등에서의 다년간 제도운영에 대한 평가 결과, 가석방자에 대한 가택구금이 일반적인 조기석방에 비하여 재범률이 현저히 낮았으며, 동시에 교정비용을 크게 절감하였다는 사실이 입증되었다. 이러한 이유로 현재는 형사정책의 주요한 한 부분을 담당하고 있다(영국의 사례 참조).

우리나라는 가택구금에 적용되는 무선주파수(RF)방식보다 훨씬 진보되고 난이도가 높은 GPS 위치추적방식을 적용하여 전자감독을 운영한 다년간의 경험을 가지고 있다. 더군다나 이미 구축된 관련 인프라와 숙련된 인적 자원을 활용할 경우 가택구금 전자감독의 도입과 운영은 그렇게 어렵지 않을 것으로 예상된다. 따라서 단기구금으로 인한 폐해 극복과 교정시설 과밀수용 해소, 교정비용 절감 등의 목적을 위해 가택구금 전자감독을 도입하여 시행할 필요가 있다. 일단 집행유예와 가석방의 조건으로 가택구금 전자감독제도를 도입하여 위치추적방식의 전자감독제도와 병행시행한 다음에 제도시행의 장단점을 분석하고 그 실효성 여부를 확인한 후에 미결구금의 대체수단으로서 피의자에 대한 전자감독 조건부 석방결정이나 피고인에 대한 보석의 조건으로서 가택구금 전자감독을 부과하는 방안을 도입할 필요가 있다. 그런 다음 마지막으로 단기자유형의 집행방법으로 가택구금제도를 활용하는 방안의 도입을 논하면 된다.

(4) 소년 범죄자에 대한 전자감독 도입

우리나라는 인권침해의 우려 때문에 미성년자에 대해서는 전자감독을 실시하지 않고 있으며, 다만 소년범에 대하여 특별준수사항으로 음성감독을 통한 외출제한명령만을 실시하고 있다. 그 이유는 우리나라가 전자감독을 도입함에 있어서 형벌완화보다는 형벌강화의 목적이 더 컸기 때문이다. 예를 들어 '형기 종료 후의 전자감독'은 피고인의 동의도 요하지 아니한 채 부과되는 '구금의 연장' 내지 '추가적인 제재'의 성격이 강하기 때문에 이렇게 강력한 보안처분을 소년 범죄자에게 실시할 수 없다는 논리이다. 그러나 '가택구금 전자감독'제도를 도입하여 단기구금형의 집행방법으로 활용한다면 소년 범죄자를 대상에서 굳이 제외할 필요는 없다고 생각한다. 앞에서 설명한 바 있듯이, 가택구금 전자감독은 교정시설에서가 아니라, 피고인의 집에서 징역형의 집행이 이루어진다는 점에서 형벌완화의 효과가 있기 때문이다. 또한 미결구금의 대체수단으로서 전자감독을 활용할 수 있는 제도가 도입된다면, 똑같은 이유에서 전자감독의 적용대상에서 소년 범죄자를 제외할 이유는 없다(박선영 외, 2010:207). 뿐만 아니라 구속 중인 소년 피고인의 보석결정 시에 허가조건으로 전자감독을 활용할 수 있는 제도가 도입된다면, 지금과 같이 서약서와 출석보증서를 활용하는 것보다 전자감독이 오히려 수사와 재판에 필요한 출석담보효과를 높여 주고 구금으로 인한 폐해는 감소시키는 효과가 있을 것이다(박선영 외, 2010:208).

외출제한명령의 감독수단으로 전자감독을 실시하는 문제도 검토할 필요가 있다(박선영 외, 2010:289-299). 현재 운용 중인 음성감독에 의한 외출제한명령은 전화기를 통해 본인 여부를 확인하는 방식이기 때문에 대상자 가족들의 수면권을 침해하기도 하고, 너무 늦은 시간대에 전화하기 어려운 점을 악용하여 대상자가 전화를 받고 외출하는 경우를 통제하는 데 한계가 있다. 따라서 보다 근본적인 대안제시가 필요한 실정이다. 그러므로 원격으로 탈부착이 가능한 전자발찌를 제작하여 야간외출명령이 부과된 시간대에 한정하여 전자감독을 실시하는 방안이 필요하다. 즉, 학교에서 귀가한 후 전자발찌를 원격으로 부착하고 다음날 아침 학교나 외부에 외출할 때 탈착하는 시스템의 도입을 검토할 필요가 있다.

(5) 전자감독 가해제제도의 활용 확대

전자감독대상자가 일정기간 동안 준수사항을 성실히 이행하고 재범위험성이 없다고 판단되면, 보호관찰심사위원회가 전자장치 부착명령의 가해제를 심사·결정할 수 있다. 가해제제도 시행 이후 2013년 6월까지 가해제 인용건수는 267명에 불과하다. 전자감독 준수사항 위반자에 대해서는 엄격히 처벌하되 준수사항을 성실히 이행하고 재범위험성이 낮은 대상자에 대해서는 준법 인센티브로서 가해제제도를 보다 적극적으로 병행하여 전자장치 부착으로 인한 인권침해 우려를 최소화하는 배려가 필요하다고 생각된다.

참고문헌

1. 국내문헌

강호성(2012). "전자발찌 착용 성폭력범죄자의 재범에 영향을 미치는 요인에 관한 연구", 숭실대학교 대학원 사회복지학 박사학위 논문.

강호성 · 군희갑(2010). "전자발찌 도입 2년의 성과와 확대발전 방향", 한국보호관찰학회 제10권 제2호, 39-135.

곽병선(2001). "사회내처우로서 전자감시에 의한 보호관찰 도입방안", 형사정책 13(2), 81-83.

국회 법제사법위원회(2005). 우윤근 의원실 자료집.

권해수 외(2011). 성폭력피해자 치유회복 프로그램의 효과성 분석 및 매뉴얼 개발. 여성가족부.

김일수(2005). 범죄인 전자감독에 관한 연구. 한국보호관찰학회.

김지선 · 박디숙 · 김지영 · 홍영오(2006). 한국의 범죄피해에 대한 조사연구(5). 한국형사정책연구원.

김혜정(2000). "전자감시제도의 도입 및 운영을 위한 예비연구", 한국형사정책연구원.

______(2006). "우리 형사사법시스템에서 전자감독의 적용방안에 관한 검토", 형사정책연구 제17권 제4호, 통권 제68호, 505-536.

______(2009). "'특정 성폭력범죄자에 대한 위치추적 전자장치 부착에 관한 법률'에 관한 검토", 형사정책연구 제20권 제1호, 645-668.

명형식(1999). "사회내처우로서의 전자감시제도", 교정논설 7월호.

박상기 · 손동권 · 이순래(2009). 형사정책. 한국형사정책연구원.

박선영 · 심희기 · 이춘화(2010). 재범방지를 위한 범죄자처우의 과학화에 관한 연구(Ⅰ), 전자감독에 관한 연구, 한국형사정책연구원, 35−39.

법무부(2003). 호주의 보호관찰과 가택구금. 해외시찰보고서(미발간).

______(2005). 성범죄자 위치추적제도 도입타당성 검토보고서(미발간).

______(2007). 유럽의 위치추적제도 운영현황(미발간).

______(2008). 특정 성폭력범죄자 위치추적법령 해설.

______(2009). 보호관찰 20년사 '열정과 희망의 발자취.'

______(2010). 위치추적 전자감독시스템 안내 리플렛.

______(2011). 위치관리업무매뉴얼.

______(2011b). 위치관리업무 개선방안 연구결과 분석보고서(미발간).

______(2011c). 위치관리 해외사례 벤치마킹보고서(미발간).

______(2012). "위치측위 기술동향", 전자감독전담직원 워크숍 자료집.

______(2013). "2012년 11월 유럽전자감독회의 국외출장 결과보고서"(미발간).

법무부 EMP 연구반(1999). "사회내처우로서 전자감시 보호관찰에 관한 연구", 보호 9, 140−142.

심희기(2010). 성범죄자와 강력범죄자에 대한 전자감독에 수반하는 법적 쟁점들. 한국형사정책연구원.

여성가족부(2010). 전국 성폭력 실태조사.

여의도연구소(2005). 성범죄자 전자위치확인제도 도입방안. 여의도연구소 이슈브리프.

오삼광(2012). "현행법상 전자감시제도의 문제점과 발전방안에 관한 연구", 서울법학 제20권 제1호, 311−343.

윤영철 (2008). "우리나라의 전자감시제도에 관한 비판적 소고", 형사정책연구 제19권 제3호.

이수정 · 김경옥 · 공정식(2005). "성범죄 재범률 실태 및 치료적 대안 모색: 보안감시를 넘어서", "법과 심리학의 만남: 사법개혁과 성범죄를 중심으로", 한국법심리학회, 2005년 춘계 국제학술대회 자료집, 62−90.

이진국(2004). 사회내 제재수단의 도입 및 활성화방안. 한국형사정책연구원.

이현희(1999). "미국의 밀착보호관찰 프로그램", 보호관찰제도의 회고와 전망(제24회 형사정책세미나자료집), 한국형사정책연구원, 201-216.

이형섭(2012). "보호관찰관의 역할정체성 형성과정에 관한 연구: 사회복지사 자격을 소지한 보호관찰관의 사례를 중심으로", 서울대학교 대학원 사회복지학 박사학위 논문.

정갑섭(1993). "미국의 전자감시 시스템과 가택구금의 연구", 교정연구 3, 한국교정학회, 109-110.

정 완(1999). "미국의 전자감시제도", 형사정책연구 제10권 제1호, 192-193.

정진수 · 탁선영 · 윤창식 · 이춘화 · 황의갑(2010). 재범방지를 위한 범죄자처우의 과학화에 관한 연구(1): 총괄보고서. 한국형사정책연구원.

정현미(2009). "성폭력범죄대책과 전자감시 —'특정 범죄자에 대한 위치추적 전자장치 부착에 관한 법률'의 검토를 중심으로—", 형사정책 제21권 제1호, 321-349.

주희종(1999). "미국의 가택구금", 보호관찰제도의 회고와 전망(제24회 형사정책세미나자료집), 한국형사정책연구원, 169-178.

전신현 · 이성식(1995). "규범행위에 있어서 죄책감과 수치심의 역할", 고려사회학논집 제9호.

전영실 · 신현희 · 김영식(2007). 수형자 가족관계 건강성 실태조사 및 향상방안 연구, 한국형사정책연구원.

정기원 · 권량희(2006). "부모 및 교사 애착과 청소년 비행의 관계: 일반긴장이론의 실증 분석", 청소년학연구 13(5-2), 81-102.

조윤오(2009). 성폭력 범죄자에 대한 위치추적 전자감독제도의 효과성 연구. 법무부 용역과제.

______(2010). "경향성 점수를 활용한 전자감시제도의 효과성 분석", 한국공안행정학회보 제39호, 367-395.

참여연대(2005). "특정 성폭력범죄자에 대한 위치추적 전자장치 부착에 관한 법률안에 대한 의견서", 2005년 정기국회 사회인권분야 정책보고서 2.

최인섭 · 김성언(1997). 성폭력 실태와 원인에 관한 연구Ⅱ. 한국형사정책연구원.

한영수(2000). 행형과 형사사법. 세창출판사.

______(2008). 형기종료 후 보호관찰제도 도입 및 전자감독 확대방안에 대한 연구. 법무부 용역과제.

______(2011). 단기구금형 대체수단으로서 전자감독제도의 도입에 관한 연구. 법무부 용역과제.

______(2013). "위험한 범죄자에 대한 실효성 확보방안", 형사정책연구 제24권 제1호, 173−209.

허경미(2009). "지역사회교정 관점의 전자감시제의 한계 및 개선방향", 교정연구 제42호, 75−107.

황일호(2009). "사회내교정의 수단으로서의 전자감시제도", 교정연구 제44호, 7−30.

2. 국외문헌

Airs, J., Elliott, R. & Conrad, E.(2000). *Electronically monitored curfew as a condition of bail—report of the pilot*, Home Office.

Akers, R. L. & Sellers, C. S.(2005). 범죄학이론(*Criminological Theories*: *Introduction*, *Evaluation*, *and Application*). 민수홍 외 역. 서울: 나남출판.

Albanese, J. S.(1984). *Justice*, *Privacy and Crime Control*. New York: University Press of America.

Bales, W., Mann, K., Blomberg, T., McManus, B. & Dhungana, K.(2010). "Electronic monitoring in Florida", *Journal of offender Monitoring*, 22:2, 5−12.

Ball, R. A. & Lilly, J. R.(1986). "A theoretical examination of home incarceration", *Federal Probation*, 70:1, 17−24.

Beck, K. H., Rauch, W. J. & Baker, E. A.(1997). "The effects of alcohol ignition interlock license restriction on multiple alcohol offenders: A randomized trial in Maryland", Alcohol, *Drugs and Traffic Safety*, 1.

Black. M. & Smith, R. G.(2003). "Electronic monitoring in the criminal justice system", *Australian institute of criminology*.

Blomberg, T. G. & Lucken, K.(2000). *American penology: A history of control*. New York: Cambridge University Press.

Bonta, J., Wallace-Capretta, S., & Rooney, J.(2000a). "A quasi-experimental evaluation of an intensive rehabilitation program", *Criminal Justice and Behavior*, 27, 312−329.

_____(2000b). "Can electronic monitoring make a difference? An evaluation of three Canadian programs", *Crime & Delinquency*, 46, 61−75.

Bottoms, A.(1995). "The philosophy and politics of punishment and sentencing", in C. V. Clakson and R. Morgan(eds.) *The Politics of Sentencing Reform*, Oxford: Clarendon Press, 17−49.

Brauneisen, A.(2011), *Die elektronische Überwachung des Aufenthaltsortes als neues Instrument der Führungsaufsicht*, StV 5·2011, 311−316.

Brown, S. E., Es bensen, F. & Geis, G.(2011). 범죄학[*Criminology: Explaining Crime and Its Context*(7th ed.)]. 황의갑 외 역. 서울: 도서출판 그린.

Button, D. M., DeMichele, M. & Payne, B. K.(2009). "Usinf Electronic Monitoring to Supervise Sex Offenders: legislative patterns and implications for community corrections officers", *Criminal Justice Policy Review*, 20:4, 414−436.

Byrne, J., & Kelly, L.(1989). "Restructuring Probation as an Intermediate Sanction: An Evaluation of the Massachusetts Intensive Probation Supervision Program", Final report to the National Institute of Justice, U.S. Department of Justice, Research Program on the Punishment and Control of Offenders, Washington, D.C.

Champion, D. J.(2001). *Corrections in the United States: A Contemporary Perspective*(3rd ed.). Prentice-Hall.

Cohen, L., & Felson, M.(1979). "Social Change and Crime Rate Trends: A Routine Activities Approach", *American Sociological Review*, 44:2, 14−241.

Conway, P.(2001a). "A basic introduction to electronic monitoring: Remote supervision technology", *The journal of offender monitoring*, 14:1, 6−10.

Conway, P.(2001b). "The survey of electronic monitoring manufacturers—Year 2001", *The journal of offender monitoring*, 14:2, 14−41.

Cooprider, K. W.(1992). "Pretrial Bond Supervision : An Empirical Analysis With Policy Implications", *Federal Probation*, 56:3, 41−49.

Cooprider, K. W. & Kerby, J.(1990). "Practical Application of Electronic Monitoring at the Pretrial Stage", *Federal Probation*, 54:1, 28−35.

Corbett, R., & Marx. G.(1991). "Critique: No Soul in the New Machine: Techno Falacies in the Electronic Monitoring Movement", *Justice Quarterly*, 8, 399−414.

Courtright, K. E.(1997). "Effects of House Arrest With Electronic Monitoring on DUI Offenders", *Journal of Offender Rehabilitation*, 24:3/4, 35−51.

Crowe, A. H., Sydney, L., Bancroft, P. & Lawrence, B.(2002). *Offender Supervision with Electronic Technologies*. U.S. Department of justice.

Cullen, F., Wright, J., & Applegate, B.(1996). *Control in the Community: The Limits of Reform*? Thousand Oaks, CA: Sage.

Del Carmen, R. V., & Vaughn, J. B.(1986). "Legal issues in the use of electronic surveillance in probation", *Federal Probation*, 50:2, 19−27.

Dodgson, K., Goodwin, P., Howard, P., Llewellyn-Thomas, S., Mortimer, E., Russel, N. & Weiner, M.(2001). *Electronic monitoring of released prisoners: an evaluation of the Home Detention Curfew scheme*. Home Office.

Duke, O. T. & Hassen, J.(2000). "Juvenile monitoring in Alabama", *The journal of offender monitoring*, 13:4, 16−17.

Durham, A. M.(1994). Crisis and Reform: *Current issues in American punishment*. Boston: Little, Brown and Company.

Elliott, R. & Airs, J.(2000). *New Measurement for Fine Defaulters, Persistent Petty Offenders and Others*. Home Office.

EM NEWS(2003). National Probation Service.

Enos, R., Holman, J. E. & Carroll, M. E.(1999). *Alternative Sentencing: Electronically monitored correctional supervision*(2nd ed.). Bristol: Wyndham Hall Press.

Erez, M. Ibarra, P. R. and Lurie, N. A.(2004). "Electronic monitoring of domestic violence cases", *Federal Probation*, 68:1, 15–20.

Fanke, G. S.(1985). "Economics of Prison Crowding", *The Annuals*, Vol. 478, March, 86–99.

Felson, M. & Clarke, R. V.(1995). "Routine precautions, criminology, and crime prevention", in Hugh Barlow(ed.), *Crime and Public policy: putting theory to Work*. Boulder, CO: Westview press.

Finn, M. A. & Muirhead-Steves, S.(2002). "The effectiveness of electronic monitoring with violent male parolees", *Justice Quarterly*, 19, 293–312.

Foucault, M.(1979). *Discipline and Punish: The Birth of Prison*. New York: Vintage Books.

Fridl, C. M. & Vaughn, J. B (1986). "A Consumer's Guide to the Electronic Monitoring of Probation", *Federal Probation*, 50:3, 9–10.

Goss, M.(1989). "Electronic monitoring: the missing link for successful house arrest", *Corrections Today*, 51:4, 106–108.

Gray, K.(2001). "Inmates' teachers come with catch", *Detroit Free press*, 2001, January 2.

Greek, C. E.(2002). "The cutting edge—Tracking probationers", *Federal Probation*, 66:1.

Griffin, W.(2001). "Waldo county oks use of monitor", *Bangor Daily News*, 2001, September 13.

Guarino-Ghezzi, S. & Kimball L. M.(1998). "Juvenile Sex Offenders in Treatment", *Corrections Management Quarterly*, 2:1, 45–54.

Halberstadt, R. L. & La Vigne, N. G.(2011). "Evaluating the use of radio frequency(RFID) technology to prevent and investigate sexual assaults in a correctional setting", *The Prison Journal*, 91:2, 227–249.

Ham, N.(1999). "Family and Re-Entry Process", *Family & Corrections Network Report*, Issue 21.

Hanson, R. & Harris, A.(1998). *Dynamic predictors of sexual recidivism*. Ottawa: Solicitor General of Canada.

Harris, F. M. & Byrne, J. M.(2007). "Community Corrections and Hard technology", in *The*

New Technology of Crime, Law and Social Control, New York: Criminal Justice Press, 287–326.

Harris, P. M., Clear, T. R. and Baird, S. C.(1989). "Have Community Service Officers changed their attitudes toward their work? *Justice Quarterly*, 6:2, 233–246.

Häusle, P.(2011). *Elektronische Fußfessel als Alternitive zum Strafvollzug*.

Hirsch, T.(1969). *Causes of delinquency*. Berkeley: University of California press.

Hoshen, J. & Drake, G. B.(2001). "Offender Wide Area Continuous Electronic Monitoring Systems, Final Report to U.S. Department of justice", Washington, D.C.: Department of Justice.

Ingraham, B. L. & Smith, G. S.(1972). "The use of electronic in the observation and control of human behaviour and its possible use in rehabilitation and parole", *Issue in Criminology*, 7:2, 35–53.

Jackson, J., De Keijer, J., & Michon, J.(1995). "A Critical Look at Research on Alternatives to Custody", *Federal probation*, 59.

Jolin, A. & Stipak, B.(1992). "Drug Treatment and Electronically Monitored Home Confinement: An Evaluation of a Community-based Sentencing Option", *Crime and Delinquency*, 38, 158–170.

Jones, R.(2000). "Digital rule: punishment, control and technology", *Punishement and Society*, 2:1, 5–22.

Jones, T. & Newburn, T.(2007). *Policy Transfer and Criminal Justice: Exploring the US influence over British crime control policy*. Maidenhead: Open University Press.

Johnson, K.(2002). "States's use of offender tracking system", *Journal of Offender monitoring*, 15:2, 15–23.

Johnston, W.(2000). "Project Spotlight", *The journal of offender monitoring*, 13:3, 13–15.

Lab, S. P., Shields, G. & Schondel, C.(1993). "An Evaluation of Juvenile Sexual Offender Treatment", *Crime & Delinquency*, 39:4, 543–555.

Le Mond, A. & Fry, R.(1975). *No Place to Hide: A guide to bugs, wire taps, surveilance and privacy invasions*. New York: St. Martin's Press.

Lianos, M. & Douglas, M.(2000). "Dangerization and the end of deviance: the institutional environment", in D. Garland and R. Sparks(eds.), *Criminology and Social Theory*. Oxford: Oxford University Press, 98−117.

Lilly, J. R. & Ball, R. A.(1990). "The development home confinement and electronic monitoring in the United States", *Community Corrections*, Cincinnati: Anderson Publishing Ltd, 73−92.

Lilly, J. R. & Nellis, M.(2013). "The limit of techno-utopianism: electronic monitoring in the United States of America", in M. Nellis, K. Beyens and D. Kaminish(eds.), *Electronically Monitored Punishment: International and critical perspectives*, London and New York: Routledge, 21−43.

Mair, G.(2005). "Electronic monitoring in England and Wales: evidence-based or not?" *Criminal Justice*, 5:3, 257−277.

Mair, G. & Nee, C.(1990). *Electric Monitoring: The trials and their results*. London: HMSO.

Mair, G. & Nellis, M.(2013). "Parallel tracks': probation and electronic monitoring in England, Wales and Scotland", in M. Nellis, K. Beyens and D. Kaminish(eds.), *Electronically Monitored Punishment: International and critical perspectives*, London and New York: Routledge, 63−81.

Maire, O., Moreton, K. & Goncalves, M.(2011). *The effect of Early Release of prisoners on home Detention Curfew(HDC) on Recidivism*. London: Ministry of Justice.

Marklund, F., & Holmberg, S.(2009). "Effects of early release from prison using electronic tagging in Sweden", *Journal of Experimental Criminology*, 5:1, 41−61.

Maxfield, M. G. & Baumer, T. L.(1990). "Home detention with electronic monitoring: comparing pretrial with postconviction programmes", *Crime and Delinquency*, 36:4, 521−536.

Mayer, M., Haverkamp, R. & Levy, R.(2004). "Electronic monitoring in Europe", *European Journal of Crime, Criminal Law and Criminal Justice*, 12:1, 36−45.

Meyer, J. A.(1971). "Crime deterrent transponder system", *Transactions on Aerospace and*

Electronic Systems, 7:1, 1−22.

Meyer, J. F.(2004). "Home confinement with electronic monitoring", in G. A. Caputo(ed.), *Intermediate Sanctions in Corrections*, Denton: University of North Texas Press, 97−123.

Ministry of Justice(2010). *Offender Management Statistics*: Quarterly bulletin. London: Home Office.

Moore, R.(2005). "The use of electronic and human surveillance in a multi-model programme", *Youth Justice*, 5:5, 17−32.

Morris, N. & Tonry, M.(1990). *Between Prison and Probation*: *intermediate punishments in a rational sentencing system*. Oxford: Oxford University Press.

Mustin, J.(1987). "The Family: A Critical Factor for Corrections", Family & Corrections Network Report: http://www.fcnetwork.org/reading.

National Audit Office(2006). *The Electronic Monitoring of Adult offenders*. London: The Stationery Office.

Nathan, S.(2003). "Prison privatization in the United Kingdom", in *Capitalist Punishment*: *Prison privatization and human rights*, London: Zed Books, 162−178.

Nellis, M.(2000). "Law and Order: the electronic monitoring of offenders in England and wales", in D. Dolowitz(ed.), *Policy Transfer and British Social policy*: *Learning from the US*? Buckingham: Open University Press.

_____(2005). "Out of this world: The advent of the satellite tracking of offenders in England and Wales", *Howard Journal*, 44, 125−150.

_____(2012). "Implant technology and electronic monitoring of offenders: old and new qustions about compliance, control and legitimacy", in A. Crawford and A. Hucklesby(eds.) *Legitimacy and Compliance in Criminal justice*, Cullompton: Willan.

Nellis, M., Beyens, K. & Kaminski, D.(2013). "Introduction: Making sense of electronic monitoring", in M. Nellis, K. Beyens and D. Kaminish(eds.), *Electronically Monitored Punishment*: *International and critical perspectives*, London and New York: Routledge, 1−18.

Nellis, M. & Rossell, N. T.(2011). *Electronic Monitoring and Probation: Offender rehabilitation and the reduction of prison populations—Report on 7th European Electronic Monitoring Conference*, 5−7 May, Evora, Portugal.

Padgett, K., Bales, W., & Blomberg, T.(2006). "Under Surveillance: An empirical test of the effectiveness and consequences of electronic monitoring", *Criminology and Public Policy*, 5:1, 61−92.

Payne, B. K. & Gainey, R. R.(1998). "A qualitative assessment of the pains experienced in electronic monitoring", *International Journal of Offender Therapy and Comparative Criminology*, 42, 84−96.

_____(2000). "Understanding the Experience of House Arrest with Electronic Monitoring: An Analysis of Quantitative and Qualitative Data", *International Journal of Offender Therapy and Comparative Criminology*, 44.

Petersilia, J. & Turner, S.(1991). "Comparing Intensive and Regular Supervision for High Risk Probationers", *Crime & Delinquency*, 36.

Raine, J. W. & Will, M. J.(1997). "Beyond Managerialism in Criminal Justice", *The Howard Journal of Criminal Justice*, 36:1, 80−95.

Renzema, M.(1992). "Home confinement programmes: development, implementation and impact", in J. M. Byrne, A. L. Lurigio & J. R. Petersilia(eds.), *Smart Sentencing: The emergence of intermediate sanctions*, New York: Sage, 41−53.

_____(1998). "How the global positioning system works", *The journal of offender monitoring*, 11:2, 8−9.

_____(2000a). "GPS monitoring by a Pennsylvania prosecutor's office", *The journal of offender monitoring*, 13:1, 5−6.

_____(2000b). "Tracking GPS: A third look", *The journal of offender monitoring*, 13:2, 6−9.

_____(2003). "The Scope of Electronic Monitoring Today", *The journal of offender monitoring*, 4, 6−11.

_____(2009). "Rationalizing the use of electronic monitoring", *Journal of Offender*

Monitoring, 22:1, 1−11.

Renzema, M. & Mayo-Willson, E.(2005). "Can electronic monitoring reduce crime for moderate to high-risk offenders?" *Journal of Experimental Criminology*, 1:2, 215−237.

Richardson, F.(2000). "Electronic tagging of offenders: trials in England", *Howard Journal*, 38, 158−172.

Schwitzgebel, R. K.(1970). "Behavioral electronics could empty the world's prisons", *The Futurist*, April.

Shauna, B.(2007). "An Overview of Electronic Monitoring in Corrections: The Issues and Implications, Ottawa", Research Branch Correctional Service Canada, 18.

Shute, S.(2007). *Satellite Tracking of Offenders*: A Study of the pilots in England and wales. London: Ministry of Justice.

Siegel, L. J.(2008). 범죄학: 이론과 유형(*Criminology*: *Theories*, *Patterns*, *and Typologies*). 이민식 외 역. 서울: CENGAGE Learning.

Smith, L. G. & Akers, R. L.(1993). "A research note on radical disparity in sentencing to prison or community control", *Department of Criminology*, University of South Florida.

Stolze, B.(2002). *Criminal Justice Policy Making*. Westport: Praeger Publishers.

Taxman, F. S.(2002). "Supervision-Exploring the Dimensions of Effectiveness", *Federal Probation*, 66:2, 182−204.

Timko, F. K.(1986). "Electronic monitoring: how it all began—conversations with Love and Goss", *Journal of probation and Parole*, 17, 15−16.

Vold, G., Bernard, T., & Sniper, J.(2002). *Theoretical Criminology*(5th ed.). New York: Oxford University Press.

Walter, I.(2002). *Evaluation of the national roll-out of curfew orders*. London: Home Office.

Weigend. T.(1989). *Privatgefängnisse*, *Hausarrest und andere Neuheiten*. in: BewHi. 1989. 4.

Weisburd, D., Waring, E. and Chayet, E.(1995). "Specific deterrence in a sample of offenders convicted of white collar crimes", *Criminology*, 587−607.

Weiss, E. L., Longhurst, J. G., Carolyn, M. & Mazure, J.(1999). "Childhood Sexual Abuse as a Risk Factor for Depression in Women: Psychosocial and Neurobiological Correlates", *American Psychiatry*, 156, 816−828.

Wilson, D., Gallagher, C. & MacKenzie, D.(2000). "A Meta-Analysis of Corrections—Based Education, Vocation, and Work Programs for Adult Offenders", *Journal of Research in Crime and Delinquency*, 27:4, 347−368.

Yeh, S. S.(2010). "Cost-benefit analysis of reducing crime through electronic monitoring of parolees and probationers", *Journal of Criminal Justice*, 38:5, 1090−1096.

Zimring, F. & Hawkins, G.(1968). "Deterrence and marginal groups", *Journal of Research in Crime and Delinquency* 5, 100−1115.

찾아보기

ㅇ

ㅊ

공저자 약력

한 영 수(韓榮洙)

고려대학교 법과대학 졸업
고려대학교 대학원(법학 석사)
독일 쾰른(Köln) 대학(법학 박사)
사법시험 및 각종 국가시험 출제위원 역임
경원대학교 법학과 부교수 역임
현재 아주대학교 법학전문대학원 교수
　　서울고등검찰청 항고심사회 심사위원
　　경기지방경찰청 수사이의 심의위원
　　한국보호관찰학회 부회장
　　한국형사정책학회 편집위원장
　　한국형사법학회 이사

강 호 성(姜鎬成)

성균관대학교 행정학과 졸업
성균관대학교 대학원(행정학 석사)
숭실대학교 대학원(사회복지학 박사)
제36회 행정고시 합격
법무부 범죄예방정책국 부이사관
호주 시드니 국제교정연수원 객원연구원
서울남부보호관찰소장 역임
서울동부보호관찰소장 역임
법무부 범죄예방정책국 보호관찰과장 역임
현재 대전보호관찰소장
　　한국보호관찰학회 이사
　　한국교정사회복지학회 총무이사

이 형 섭(李亨燮)

서울대학교 사회복지학과 졸업
일본 사이타마 대학교 정책과학대학원(정책분석학 석사)
서울대학교 대학원(사회복지학 박사)
제38회 행정고시 합격
법무부 범죄예방정책국 서기관
영국 포츠머스 대학 형사사법연구소(ICJS) 객원연구원
성남보호관찰소장 역임
부천보호관찰소장 역임
법무부 위치추적중앙관제센터장 역임
현재 서울북부보호관찰소장
　　한국보호관찰학회 이사
　　한국교정사회복지학회 이사

한국 전자감독제도론

초판인쇄 2013년 9월 25일
초판발행 2013년 9월 30일

지은이 한영수·강호성·이형섭
펴낸이 안종만

편 집 김선민·이강용
기획/마케팅 박세기
표지디자인 김지은
제 작 우인도·고철민

펴낸곳 (주) 박영사
서울특별시 종로구 평동 13-31번지
등록 1959. 3. 11. 제300-1959-1호(倫)

전 화 02)733-6771
f a x 02)736-4818
e-mail pys@pybook.co.kr
homepage www.pybook.co.kr

ISBN 979-11-303-0017-7 93350

정 가 25,000원